LE LIVRE DES ANGES
Rêves – Signes – Méditation

Angéologie Traditionnelle

2ᵉ édition

LE LIVRE DES ANGES
Rêves – Signes – Méditation

Angéologie Traditionnelle

2ᵉ édition

Kaya
Christiane Muller

univers/cité mikaël
ORGANISME SANS BUT LUCRATIF
MAISON D'ÉDITION ET DE DIFFUSION

Univers/Cité Mikaël (UCM)
organisme sans but lucratif
Maison d'édition et de diffusion
51, rue Saint-Antoine
Sainte-Agathe-des-Monts, QC
Canada J8C 2C4

Administrateur : Jean Morissette, avocat

Téléphone : (450) 227-8581
Téléphone administration UCM : (819) 326-2354
Télécopieur : (819) 326-8834
Courriel : info@ucm.ca
Sites (français et anglais) : www.72anges.ca et www.72angels.ca

Transcription, structuration, aide à la rédaction et révision : Andrée Hamelin
Transcription et travail de soutien : Michel et Ginette Nadon, Jocelyne Renaud, Micheline Ross et Kasara
Révision : Lyne Bonneau et Denise Fredette
Éditique : Michel Malouin
Page couverture et illustrations : Gabriell, peintre visionnaire
Photo : M'Dean Mazboudi
Graphisme : Michel Malouin et Claudette Chapados

Dépôt légal : 1er trimestre 2003
Bibliothèque nationale du Québec
Bibliothèque nationale du Canada
ISBN : 2-923097-00-9
Imprimé au Canada

© Univers/Cité Mikaël (UCM) organisme sans but lucratif
Maison d'édition et de diffusion
Tous droits de traduction, d'adaptation ou de reproduction,
par quelque procédé que ce soit, réservés pour tous les pays.

Le lecteur comprendra mieux le langage
utilisé dans ce volume s'il veut bien
ne pas perdre de vue qu'il s'agit,
mis à part les chapitres d'introduction,
d'un enseignement oral.

Kaya

Ce livre a été réalisé à partir d'extraits de cours
que mon époux et moi-même avons préparés
et que j'ai donnés en public au Canada.
Cet amour qui nous unit est
le souffle même de mes paroles.

En toute simplicité, je vous invite
à découvrir notre vie de tous les jours
ainsi que celle des personnes qui pratiquent
cette ancienne voie de la Connaissance.

Christiane Muller

PRÉFACE

À chaque fois que face à une nouvelle idée je sens à l'intérieur de moi une résistance, je note cette expérience et je l'examine, la retournant sur tous les côtés pour en extraire la partie émotionnelle. Avec les ans, cette pratique m'a entre autres amenée à voir que mon intellect a tendance à s'accrocher à une certaine image de la réalité—une pseudo-vérité—, et à faire comme si je ne pouvais m'appuyer sur aucune idée qui ne soit déjà prouvée scientifiquement. Cette attitude est basée sur une crainte du rejet social, plus spécifiquement la crainte qu'on m'accuse de manquer de rigueur.

Malgré cette tendance de mon intellect, j'ai toujours cru en l'existence de mondes parallèles, subtils. Alors, jusqu'à récemment, j'ai traité la question en me disant qu'un jour, peut-être, on prouvera l'existence de ces mondes, ou que suffisamment de personnes se lèveront pour parler de leur expérience intérieure. J'admettais aussi la possibilité que ces questions ne trouvent jamais de réponse, du moins sur une base collective.

Cette attitude dichotomique (conviction profonde et résistance face à ce qui n'est pas prouvé par la science officielle) montre deux choses : (1) je m'étais découragée face à l'immensité de la tâche de retrouver mon essence et face à mes apparentes régressions, et (2) j'avais trop souvent été désillusionnée par des personnes qui avaient cheminé mais qui s'étaient arrêtées dans leur évolution, et qui utilisaient leurs acquis pour se monter un fan club.

Avec Kaya et Christiane, mon attitude dichotomique se résout enfin. Ces êtres et la Sagesse sur laquelle ils s'appuient et qu'ils ont intégrée témoignent d'une méthode de réalisation de soi que je considère vraiment scientifique.

Toute méthode scientifique procède de la façon suivante. Tout d'abord, elle pose des hypothèses et construit des systèmes à partir d'elles. Ensuite, elle vérifie ces hypothèses et teste les systèmes basés sur elles. Si les hypothèses sont vérifiables un certain nombre de fois, et si les systèmes qui s'y fondent s'avèrent cohérents et reflètent la réalité observable, alors on se met à considérer les hypothèses comme valables, et ce, jusqu'à preuve du contraire. Autrement dit — et c'est le point que je veux amener —, la méthode scientifique repose en tout premier lieu sur une ouverture d'esprit. Puis, bien sûr, la rigueur est essentielle dans l'établissement des méthodes d'observation et de collecte des données, et dans l'analyse des résultats.

En abordant ce livre, si on a une approche scientifique, on se dit : « D'accord, je vais rester ouvert — ou ouverte — et je vais vérifier par moi-même. Je vais voir si ce système fonctionne, s'il m'aide à comprendre ce que je vis et à recoudre les parties de moi-même et de ma pensée qui ne sont pas cohérentes entre elles. »

Ce sont une telle ouverture d'esprit et une telle rigueur que je vous propose.

On a trop souvent tendance à prendre les consensus sociaux et les idées admises et prouvées par les autres comme des bases sur lesquelles s'appuyer. La démarche de ce livre est unique en ce qu'il nous propose une vraie méthode scientifique, celle de l'expérimentation personnelle, avec des moyens simples et sécuritaires pour tester le système. Le laboratoire est notre propre existence, et l'enjeu de la recherche ou de la quête est ce que l'on a toujours cherché.

Les auteurs, Kaya et Christiane, sont des exemples vivants que le système proposé fonctionne. Comme l'a dit leur petite fille Kasara, les Anges, ça marche !

Andrée Hamelin

INTRODUCTION

Dans ce livre, toute personne pourra se reconnaître. Les faits vécus et les rêves qui y sont relatés nous ont été racontés par des gens qui viennent aux cours de l'Univers/Cité Mikaël, et par d'autres personnes que nous connaissons.

En particulier, les personnes qui sont consciemment engagées dans un cheminement spirituel trouveront ici un guide précieux, qui les aidera tant dans l'analyse de leurs rêves et des situations qu'ils rencontrent dans leur quotidien, que dans l'acquisition d'une vue d'ensemble de leur parcours initiatique. Les nombreuses interprétations de rêves et de signes exposées de façon simple permettent en effet de s'habituer au langage symbolique. Les fondements théoriques de l'Angéologie Traditionnelle et de la Kabbale sont également exposés de façon accessible et en vue d'une utilisation pratique.

Contrairement à ce que l'on visualise communément, un Ange n'est pas un être ailé qui vole dans les airs au-dessus de notre tête. Les Anges font partie de nous, de notre nature divine. En fait, un Ange est un état de conscience supérieur qui représente des qualités et des vertus dans leur essence et dans leur conception originelle. L'être humain a pour mission de retrouver ces états de conscience et de s'en servir pour reprogrammer ses pensées, ses sentiments et ses actions. Si la science initiatique a depuis toujours utilisé la métaphore d'êtres ailés pour exprimer ce qui se passe à l'intérieur d'un être lorsque ces énergies puissantes sont réactivées, c'est que la Connaissance, la Paix, la Liberté et l'Amour alors retrouvés donnent des ailes.

Lorsqu'un être humain parvient à intégrer et à *devenir* ces Énergies Angéliques, la porte de la véritable Connaissance s'ouvre à lui. Son subconscient et les diverses couches de l'inconscient lui deviennent accessibles, il acquiert une guidance constante *via* ses rêves et les signes du quotidien, et il découvre les mondes parallèles et les mystères de l'Univers.

Vous trouverez, dans les premiers chapitres du livre, les bases théoriques et les origines historiques de l'Angéologie Traditionnelle et de la Kabbale, les méthodes impliquées dans le Travail avec les Anges, les tableaux qui servent à identifier les Anges personnels, dit Anges Gardiens, et une description de l'Arbre de Vie et de ses Séphiroth. Vient ensuite la description des 72 Anges sous la forme des qualités et des vertus qu'Ils représentent, accompagnée de la liste des distorsions.

Le cœur du livre est la transcription de 13 cours sur les Anges que nous avons donnés au Canada en 2001. Il s'agit d'un réel voyage au centre de l'enseignement de l'Angéologie Traditionnelle. Ces cours reprennent des centaines de témoignages de personnes qui étudient leurs rêves et les événements qu'elles vivent. Ces rêves et situations sont analysés et vus sous la perspective du processus d'initiation.

L'ANGÉOLOGIE TRADITIONNELLE

L'Angéologie Traditionnelle vient de la Kabbale ; elle en constitue les aspects psychologique et pratique. On peut aussi la voir comme une psychologie initiatique. L'Angéologie Traditionnelle et la Kabbale constituent un savoir et un héritage extraordinaires, le legs d'une recherche évolutive entreprise par l'être humain pour retrouver son origine. L'objectif ultime de cette tradition ancestrale est de nous guider dans les nombreuses initiations qui nous permettent de redécouvrir notre origine céleste et, de ce fait même, nos pleins pouvoirs et nos pleines capacités.

LA KABBALE

La Kabbale signifie la Sagesse cachée et la parole reçue, l'enseignement transmis de bouche à oreille. Cette science initiatique permet à tout être d'atteindre les plus hauts niveaux spirituels par l'étude approfondie de sa propre conscience. Considéré dans son essence, cet enseignement — ou philosophie — nous apporte la connaissance de l'expérimentation physique et métaphysique. L'étude de ses principes de base plongent l'être humain dans une intense introspection qui atteint son apogée au moment où il découvre la nature profonde de l'Homme, de la Femme, de l'Ange, de l'Œuvre Divine et de son Créateur par le mariage parfait de l'Esprit et de la matière.

La Kabbale réunit un ensemble de méthodes qui permettent à l'être de véritablement comprendre la Création de l'Univers. Elles consistent en (1) l'étude des grands principes et des Lois de l'Univers, (2) le Travail avec les Anges, qui relève de ce que l'on peut appeler la psychologie initiatique, et (3) l'étude de la symbolique, et l'interprétation des rêves et des signes du quotidien.

Il est difficile de retracer avec précision l'origine historique de la Kabbale car elle remonte à la plus haute antiquité. Selon les données disponibles, elle proviendrait des civilisations égyptienne, phénicienne et babylonienne, et aurait été consignée par les scribes israélites en captivité à Babylone aux environs de l'an 450 avant J.-C.

La Kabbale a été et demeure encore le grand mystère caché — ésotérique — du judaïsme et, par le fait même, du christianisme. Dans le *Zohar* ou *Livre de la Splendeur*, qui est un commentaire illuminé des livres écrits par Moïse et inspirés par les Puissances Divines, on peut lire: «*Lorsqu'Adam était au Jardin d'Éden, le Saint lui fit descendre un livre par l'intermédiaire de l'Archange RAZIEL, préposé aux mystères de la Sagesse Suprême, Hochmah. Ce livre contenait les saints secrets d'ordre sublime, la sainte Sagesse des 72 espèces de Savoir, de Vertus et de Puissances.*» *(Zohar, 155B).*

Parmi les enseignements de la Kabbale, ce sont ceux qui en constituent l'aspect psychologique et pratique — soit l'Angéologie — qui ont été gardés secrets le plus longtemps. Les états de conscience auxquels mène l'étude des Énergies Angéliques confère tellement de force et de puissance aux individus qu'on a eu tendance à occulter cette science, cela, même dans les milieux initiés. La Tradition nous rapporte que plusieurs grands Êtres, dont Abraham, Moïse, Joseph et Jésus, ont reçu cet enseignement du Haut Savoir qui n'était transmis qu'oralement et qu'à des personnes qui y étaient prédestinées.

L'étude philosophique de la Kabbale — c'est-à-dire l'étude intellectuelle des grands principes de l'Univers — est utile, mais elle ne remplacera jamais le travail de fond que chaque être doit faire pour redécouvrir son origine et pour acquérir la Connaissance, clé de la Paix et du Bonheur. En effet, l'aspect le plus important de la démarche consiste à découvrir ces secrets directement, à l'intérieur de soi-même, par le biais de l'étude approfondie des états de conscience Angéliques, ce qu'on appelle en langage commun l'Angéologie ou la Kabbale pratique.

LA KABBALE PRATIQUE

La première école connue de Kabbale pratique, le Kahal, vit le jour en l'an 1160 de notre ère, à Gérone, une petite ville de la région catalane (Nord-Est de l'Espagne), à l'instigation d'Isaac el cec. Les étudiants de cette école élaborèrent une façon d'appliquer la Connaissance dans la vie de tous les jours. Le Kahal s'épanouit de 1200 à 1475, période au cours de laquelle furent consignées la structure détaillée de l'Arbre de Vie et la liste des qualités et distorsions des Anges.

En 1492, dans le cadre de l'Inquisition, les Juifs de Gérone furent forcés de choisir entre se convertir au catholicisme ou s'exiler sans pouvoir emporter autre chose que leurs effets personnels. Le Kahal fut alors fermé sous l'ordre des Inquisiteurs, et l'ancien quartier juif de Gérone fut complètement emmuré. Mais les descendants des Juifs qui s'étaient convertis au catholicisme et qui étaient restés autour de leur quartier ancestral à Gérone continuèrent de transmettre en secret leur tradition orale. Or, en 1975, certains d'entre eux rouvrirent le quartier emmuré et découvrirent les textes d'Angéologie que leurs ancêtres avaient cachés et scellés dans un bâtiment aujourd'hui devenu un site historique que l'on peut visiter.

QU'EST-CE QU'UN ANGE ?

Un Ange représente des qualités, des vertus et des pouvoirs à l'état pur du Créateur. Dans la Kabbale, on parle de 72 Anges, les 72 facettes du Créateur. Lorsqu'on parvient à Les retrouver, à réintégrer ces essences, on atteint des états de grande conscience, de bonheur et de béatitude. Il s'agit d'un long parcours, mais nous sommes ici sur Terre uniquement pour cette raison.

L'Ange est une énergie pure, mais nous, en tant qu'êtres humains, sommes quelque peu ignorants et, bien sûr, lorsque nous ne comprenons pas bien cette Énergie, nous l'utilisons mal. Nous distorsionnons les aspects essentiels du Créateur. Cela donne nos défauts et nos faiblesses, c'est-à-dire les distorsions de l'Ange. Reste que chaque être humain possède ces essences à l'intérieur de lui-même, qu'il connaisse ou pas le nom des Anges.

Telle que consignée en Angéologie, chaque essence porte un nom hébreu et une vibration. Lorsqu'on prononce ce nom sacré tout haut ou à l'intérieur de soi, il provoque un écho vibratoire qui agit directement sur la mémoire cellulaire. On se connecte ainsi à l'immense champ de conscience qu'il désigne. Avec le temps, les hauts niveaux de conscience que l'on atteint nous redonnent des ailes. À chaque Ange est également attribué un nombre qui Le situe dans la Hiérarchie Céleste.

LES AVANTAGES DE L'ANGÉOLOGIE TRADITIONNELLE

On peut se demander pourquoi prier les Anges, plutôt que le Créateur directement. C'est que le Travail avec les Anges nous procure des balises et une structure de travail qui nous permettent un jour de redevenir à la ressemblance du Créateur. Dieu est si vaste et, dans un premier temps, tellement abstrait !

L'Angéologie Traditionnelle a ceci de particulier qu'elle nous permet d'identifier avec précision ce que l'on doit rectifier, qu'elle nous donne les moyens de faire le travail de transformation, et qu'elle nous permet de mesurer l'ampleur des changements qui s'opèrent dans l'inconscient au fur et à mesure de l'ouverture de la conscience.

Lorsqu'on travaille avec un Ange particulier, les autres Anges continuent d'exister à l'intérieur de soi, mais on focalise sur un rayon spécifique de la grande Intelligence Cosmique. D'ailleurs, toutes les Énergies Angéliques sont reliées entre Elles.

LE TRAVAIL AVEC LES ANGES

Essentiellement, le Travail avec les Anges consiste à reprogrammer les mémoires inconscientes. Il s'agit d'un travail de purification : les mémoires qui sont teintées de distorsions sont rectifiées les unes après les autres par la puissance de l'Ange et celle de l'intention. En invoquant les états de conscience Angéliques, l'être active sa volonté sur la pureté. Il apprend ainsi à se centrer et à devenir très intense. Les kabbalistes appellent cette importante réalisation *kawana*, qui signifie l'intensité de l'intention. Elle se produit chez celui ou celle qui découvre que la spiritualité n'est pas un hobby, mais bien un intense processus de transformation qui l'amène à traverser de multiples initiations, lesquelles sont autant d'étapes sur le chemin de la *désintoxication* de la conscience.

Lors de son apprentissage sur Terre — au cours de ses diverses incarnations —, l'être humain enregistre toutes ses expériences dans son âme, exactement comme un ordinateur enregistre des données. Ainsi, toutes les peurs, toutes les souffrances et toutes les limitations, et, bien sûr, l'ensemble des qualités et des potentiels, sont enregistrés dans le subconscient et les différentes couches de l'inconscient. La FIGURE 1 (Voir page 5) présente un schéma qui nous a été légué par le psychologue Carl Jung. La Poire de Jung représente notre âme avec ses différentes strates. La ligne double qui apparaît dans la partie supérieure du schéma représente le voile qui cache à notre conscience la presque totalité de nos mémoires. On l'appelle le voile de l'inconscient.

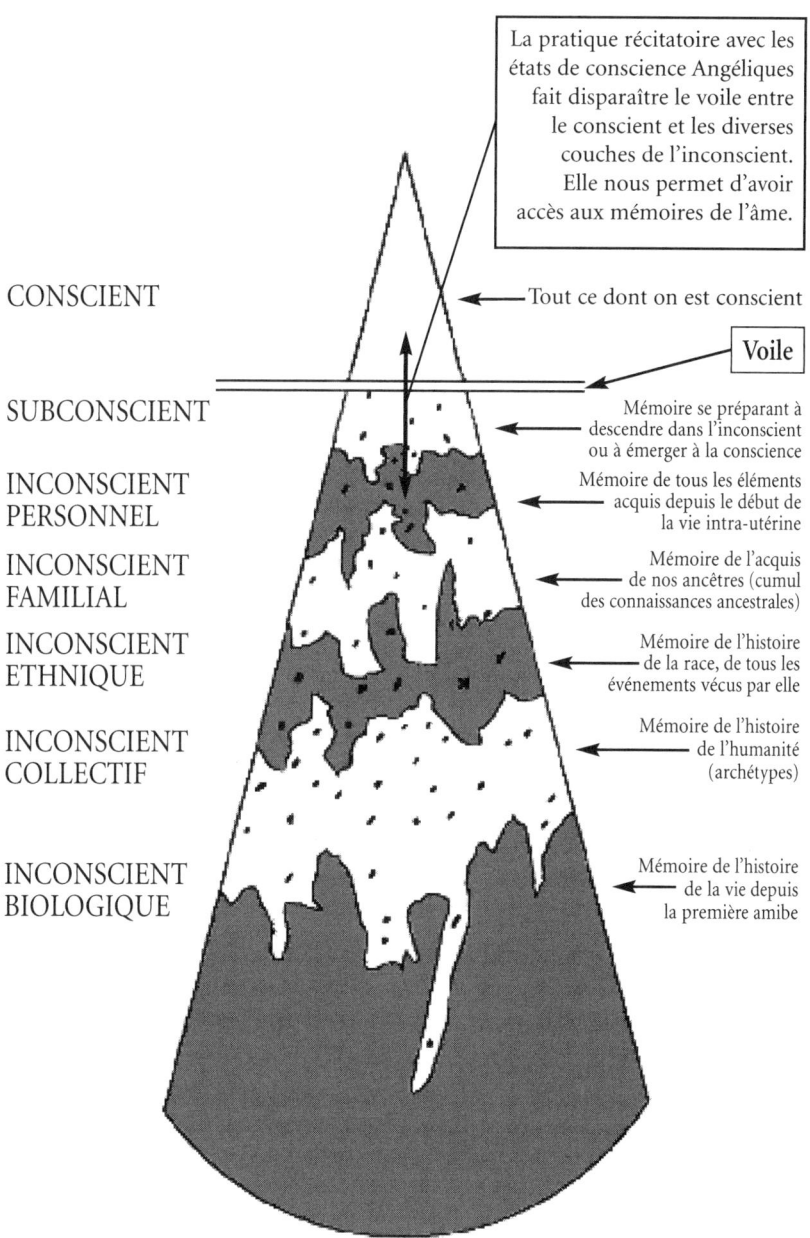

Figure 1 : Poire de Jung

Le Travail avec les états de conscience Angéliques fait disparaître ce voile. Autrement dit, par le Travail avec les Anges, on crée un passage entre le conscient, le subconscient et les différentes couches de l'inconscient, on rejoint les mémoires distorsionnées et on reprogramme à l'intérieur de soi les états de conscience Angéliques. Ce travail vise à purifier notre âme et à en acquérir une conscience totale afin que nous puissions retrouver la Connaissance qui y est inscrite.

LA PRATIQUE RÉCITATOIRE

Au cœur du Travail avec les Anges se trouve la pratique récitatoire. Plusieurs traditions orientales préconisent la répétition de formules sacrées appelées mantras. Dans la Kabbale, cette pratique s'appelle le *Schem Hamephorash*, la pratique récitatoire. Celle-ci est très simple. En position debout, assis ou couché, on inspire le nom d'un Ange en prenant une grande inspiration par le nez, et on retient son souffle pendant quelques instants. Ensuite, on expire lentement et progressivement par le nez. Lorsque le calme est établi, on respire librement en continuant d'invoquer l'Ange à l'inspiration.

Cette pratique est tellement simple qu'on peut s'y adonner en marchant, en faisant du sport, en conduisant la voiture, en méditant, en se relaxant, avant de s'endormir, etc., à son propre rythme, tant lors de moments difficiles que durant les périodes de joie.

Une façon d'optimiser la pratique récitatoire est de s'y adonner en faisant les exercices d'Angélica yoga. Ces derniers font l'objet d'une publication séparée, *Angélica yoga, introduction*, qui par son format, rend la consultation des plus aisée.

Il est conseillé de n'utiliser qu'une seule Énergie Angélique à la fois pendant une période d'au moins cinq jours afin d'arriver à l'intégrer en profondeur. Pour le choix de l'Ange à invoquer, il est suggéré de suivre le Calendrier Angélique n° 1. L'utilisation de ce calendrier pour déterminer avec quel Ange travailler a l'avantage de nous faire toucher aux 72 *rayons* du Créateur au cours de l'année. Elle procure une structure de travail et permet vraiment d'aller en profondeur. Bien entendu, cinq jours ne suffisent pas à incarner l'ensemble des qualités et des vertus d'un Ange, mais, au fil des ans, le processus d'ouverture de la conscience, qui est graduel, trace le chemin qui mène à l'Illumination, car l'Intelligence Cosmique se base sur cette structure pour coordonner notre apprentissage. Avec le temps, la pratique récitatoire avec l'utilisation du Calendrier Angélique n° 1 nous permet d'acquérir une image d'ensemble de la conscience, à en voir la structure ou la géométrie.

Même si cette méthode donne des résultats ébahissants, le choix de l'Ange demeure une question personnelle et peut très bien s'adapter à la situation du moment. En effet, on peut travailler avec n'importe quel Ange, selon nos besoins particuliers, mais il demeure important de rester avec le même Ange pendant au moins cinq jours.

L'énergie intensifiée durant la période de travail avec un Ange se manifeste *via* les intuitions, les rêves, et les signes et coïncidences rencontrés dans le quotidien. Il est fascinant de voir la correspondance entre ces derniers et les qualités et distorsions de l'Ange. La pratique récitatoire met en route une activité initiatique, et, en ce sens, le nom de l'Ange sert de *formule magique*. Le Travail Angélique est une belle aventure qui nous plonge dans la contemplation du réel.

LES EFFETS À COURT TERME

Évidemment, lorsqu'on fait du ménage, on doit s'attendre à revoir des objets perdus et... de la poussière. Si, par exemple, on fait la pratique récitatoire avec l'Ange 7 ACHAIAH, dont la principale qualité est la patience, on peut tout à coup devenir encore plus impatient qu'à l'ordinaire. C'est que l'Ange ouvre la porte de la conscience et libère les mémoires liées à l'impatience. Celles-ci peuvent mettre quelques minutes, quelques heures, voire plusieurs jours à se libérer. En n'ayant aucune attente, soudain, POUF! comme par magie, on retrouve un bien-être renouvelé, car certaines mémoires de la conscience correspondant à l'Ange ACHAIAH auront été nettoyées. Au cours de cette période d'ajustement, on aura aussi tendance à rencontrer des gens impatients et à vivre des situations qui mettent notre patience à l'épreuve. Cela témoigne du fait qu'on est en étroit contact avec le rayon de l'Ange choisi. Il s'agit alors de se servir de ces situations comme opportunités pour mieux se connaître.

Imaginez que tout à coup vous découvrez une nouvelle pièce dans votre maison, une pièce que vous n'avez jamais visitée. En ouvrant la porte, vous vous apercevez qu'elle est remplie de poussière, de rats, etc. Un ménage à la grandeur de la maison s'impose car le seul fait d'ouvrir la porte a déplacé de la poussière jusque dans les autres pièces. Avec le Travail Angélique, c'est comme si vous choisissez de ne pas refermer la porte et d'agrandir votre maison. Alors, vous nettoyez jusqu'à ce que toute la maison s'unifie dans la propreté. En faisant le ménage, vous découvrez dans la nouvelle pièce des trésors et des livres — qui représentent des connaissances — et vous décidez de les apporter dans votre bibliothèque.

Pendant la période de nettoyage intense, on passe en alternance d'un état d'âme extrême à un autre. Lorsqu'on a un rêve important ou un cauchemar, ou lorsqu'un événement déclenche une ouverture de conscience, tout notre être s'en trouve perturbé. C'est pour cette raison qu'il faut être averti et avertir nos proches que des états d'âme inhabituels peuvent survenir. En fait, on goûte aux qualités de l'Énergie Angélique, et cela nous fait vivre des états de béatitude, mais puisqu'on doit nettoyer les mémoires distorsionnées, on plonge peu de temps après dans des états d'âme difficiles : de grandes angoisses refont surface. Lorsque l'on comprend le processus, on s'y habitue, et, éventuellement, une grande stabilité s'installe. On retrouve ses ailes et on se sent toujours bien. Mais cela peut demander des années de travail.

Pendant tout ce temps, on est amené à rêver et à percevoir des signes qui sont présents dans notre environnement avec une fréquence inégalée. L'étude symbolique des rêves et de ces signes est complémentaire au Travail Angélique, car les symboles constituent le *vocabulaire* du langage de l'inconscient et de l'âme. Alors, on apprend à lire les signes du quotidien et on réalise que le hasard n'existe pas. Avec les nombreux faits vécus et les rêves qu'ils relatent, les chapitres 5 à 18 permettent de se familiariser avec ce langage.

LES CONSÉQUENCES DU TRAVAIL AVEC LES ANGES

Lorsqu'il est effectué sur une base quotidienne, le Travail Angélique crée dans l'être une ouverture graduelle du subconscient et de l'inconscient qui se manifeste de plusieurs façons:

- Comme mentionné plus haut, en un premier temps, nos états d'âme passent d'un extrême à l'autre, par exemple d'un grand bien-être à de profondes angoisses;

- L'acuité de nos cinq sens (vue, ouïe, odorat, toucher et goût) augmente de façon considérable, et cela nous amène à développer la clairvoyance, la clairaudience et la clairsentience;

- Il se produit une augmentation graduelle de la fréquence et de l'intensité des rêves, et on peut mieux les interpréter;

- L'interprétation des rêves et la lecture des signes du quotidien engendrent une expérience mystique profonde;

- L'être acquiert une grande autonomie spirituelle car, en étudiant les signes et les rêves, il est instruit intérieurement des diverses étapes de son parcours initiatique;

- L'âme acquiert la capacité de sortir du corps et de visiter, à travers le temps et l'espace, les différentes dimensions, découvrant ainsi les *secrets* de l'Univers.

Le Travail avec les Énergies Angéliques nous amène bien au-delà du temps et de l'espace: les Anges nous font voyager à travers les nombreuses dimensions de l'Univers.

LES ANGES GARDIENS

À sa naissance, l'être humain reçoit trois Anges Gardiens. Les qualités et les distorsions de ces derniers nous indiquent les forces et les faiblesses que nous devons transcender dans cette vie-ci. Le premier Ange Gardien correspond au corps physique. Il guide le monde des actions. On l'identifie grâce au Calendrier Angélique n° 1, à partir de la date de naissance.

Le deuxième Ange Gardien correspond aux émotions et aux sentiments. Il nous indique le potentiel et les vertus que l'on doit travailler sur le plan affectif. On trouve son nom dans le Calendrier Angélique n° 2, à partir du jour de la naissance.

Le troisième Ange Gardien correspond à l'intellect et touche le monde des pensées. On l'identifie grâce au Calendrier Angélique n° 3, au moyen de l'heure de naissance.

Comme en astrologie, le moment de la naissance nous sert de simple repère et de point de départ. L'objectif du Travail avec les états de conscience Angéliques consiste à intégrer non seulement nos trois Anges Gardiens, mais la Connaissance totale que représentent les 72 Anges de cette tradition.

CALENDRIERS ANGÉLIQUES

CALENDRIER ANGÉLIQUE n° 1
Plan physique

21 mars	au	25 mars	1 Vehuiah
26 mars	au	30 mars	2 Jeliel
31 mars	au	04 avril	3 Sitael
05 avril	au	09 avril	4 Elemiah
10 avril	au	14 avril	5 Mahasiah
15 avril	au	20 avril	6 Lelahel
21 avril	au	25 avril	7 Achaiah
26 avril	au	30 avril	8 Cahetel
01 mai	au	05 mai	9 Haziel
06 mai	au	10 mai	10 Aladiah
11 mai	au	15 mai	11 Lauviah
16 mai	au	20 mai	12 Hahaiah
21 mai	au	25 mai	13 Iezalel
26 mai	au	31 mai	14 Mebahel
01 juin	au	05 juin	15 Hariel
06 juin	au	10 juin	16 Hekamiah
11 juin	au	15 juin	17 Lauviah
16 juin	au	21 juin	18 Caliel
22 juin	au	26 juin	19 Leuviah
27 juin	au	01 juillet	20 Pahaliah
02 juillet	au	06 juillet	21 Nelkhael
07 juillet	au	11 juillet	22 Yeiayel
12 juillet	au	16 juillet	23 Melahel
17 juillet	au	22 juillet	24 Haheuiah
23 juillet	au	27 juillet	25 Nith-Haiah
28 juillet	au	01 août	26 Haaiah
02 août	au	06 août	27 Yerathel
07 août	au	12 août	28 Seheiah
13 août	au	17 août	29 Reiyel
18 août	au	22 août	30 Omael
23 août	au	28 août	31 Lecabel
29 août	au	02 septembre	32 Vasariah
03 septembre	au	07 septembre	33 Yehuiah
08 septembre	au	12 septembre	34 Lehahiah
13 septembre	au	17 septembre	35 Chavakhiah
18 septembre	au	23 septembre	36 Menadel

CALENDRIER ANGÉLIQUE n° 1 (suite)
Plan physique

24 septembre	au	28 septembre	37 Aniel
29 septembre	au	03 octobre	38 Haamiah
04 octobre	au	08 octobre	39 Rehael
09 octobre	au	13 octobre	40 Ieiazel
14 octobre	au	18 octobre	41 Hahahel
19 octobre	au	23 octobre	42 Mikael
24 octobre	au	28 octobre	43 Veuliah
29 octobre	au	02 novembre	44 Yelahiah
03 novembre	au	07 novembre	45 Sealiah
08 novembre	au	12 novembre	46 Ariel
13 novembre	au	17 novembre	47 Asaliah
18 novembre	au	22 novembre	48 Mihael
23 novembre	au	27 novembre	49 Vehuel
28 novembre	au	02 décembre	50 Daniel
03 décembre	au	07 décembre	51 Hahasiah
08 décembre	au	12 décembre	52 Imamiah
13 décembre	au	16 décembre	53 Nanael
17 décembre	au	21 décembre	54 Nithael
22 décembre	au	26 décembre	55 Mebahiah
27 décembre	au	31 décembre	56 Poyel
01 janvier	au	05 janvier	57 Nemamiah
06 janvier	au	10 janvier.	58 Yeialel
11 janvier	au	15 janvier	59 Harahel
16 janvier	au	20 janvier	60 Mitzrael
21 janvier	au	25 janvier	61 Umabel
26 janvier	au	30 janvier	62 Iahhel
31 janvier	au	04 février	63 Anauel
05 février	au	09 février	64 Mehiel
10 février	au	14 février	65 Damabiah
15 février	au	19 février	66 Manakel
20 février	au	24 février	67 Eyael
25 février	au	29 février	68 Habuhiah
01 mars	au	05 mars	69 Rochel
06 mars	au	10 mars	70 Jabamiah
11 mars	au	15 mars	71 Haiaiel
16 mars	au	20 mars	72 Mumiah

CALENDRIER ANGÉLIQUE n° 2
Plan émotionnel

JANV.	FÉV.	MARS	AVRIL	MAI	JUIN
1:65	1:25	1:53	1:12	1:41	1:71
2:66	2:26	2:54	2:13	2:42	2:72
3:67	3:27	3:55	3:14	3:43	3:1
4:68	4:28	4:56	4:15	4:44	4:2
5:69	5:29	5:57	5:16	5:45	5:3
6:70	6:30	6:58	6:17	6:46	6:4
7:71	7:31	7:59	7:18	7:47	7:5
8:72	8:32	8:60	8:19	8:48	8:6
9:1	9:33	9:61	9:20	9:49	9:7
10:2	10:34	10:62	10:21	10:50	10:8
11:3	11:35	11:63	11:22	11:51	11:9
12:4	12:36	12:64	12:23	12:52	12:10
13:5	13:37	13:65	13:24	13:53	13:*
14:6	14:38	14:66	14:25	14:54	14:11
15:7	15:39	15:67	15:26	15:55	15:12
16:8	16:40	16:68	16:27	16:56	16:13
17:9	17:41	17:69	17:*	17:57	17:14
18:10	18:42	18:70	18:28	18:58	18:15
19:11	19:43	19:71	19:29	19:59	19:16
20:12	20:44	20:72	20:30	20:*	20:17
21:13	21:45	21:1	21:31	21:60	21:18
22:14	22:46	22:2	22:32	22:61	22:19
23:15	23:47	23:3	23:33	23:62	23:20
24:16/17	24:48	24:4	24:34	24:63	24:21
25:18	25:49	25:5	25:35	25:64	25:22
26:19	26:50	26:6	26:36	26:65	26:23
27:20	27:51	27:7	27:37	27:66	27:24
28:21	28:52	28:8	28:38	28:67	28:25
29:22	29:52	29:9	29:39	29:68	29:26
30:23		30:10	30:40	30:69	30:27
31:24		31:11		31:70	

Particularités :

1) *signifie que cette journée-là, de minuit à midi, c'est l'Ange de la journée précédente qui préside, et que de midi à minuit, c'est l'Ange de la journée suivante qui préside. Ex.: L'Ange n°27 préside le 16 avril et le 17 avril jusqu'à midi, et l'Ange suivant (le n°28) préside le 17 avril à partir de midi, plus le 18 avril.

2) Le 27 décembre, il y a deux Anges, le n°59 de minuit à 18h, et le n°60 de 18 h à minuit.

3) Le 24 janvier, il faut invoquer deux Anges au cours de la même journée, le n° 16 et le n° 17, ceci à cause de la non-concordance des jours et des degrés.

CALENDRIER ANGÉLIQUE nº 2 (suite)
Plan émotionnel

JUILLET	AOÛT	SEPT.	OCT.	NOV.	DÉC.
1:28	1:57	1:15	1:44	1:3	1:33
2:29	2:58	2:16	2:45	2:4	2:34
3:30	3:59	3:17	3:46	3:5	3:35
4:31	4:60	4:18	4:47	4:6	4:36
5:*	5:61	5:19	5:48	5:7	5:37
6:32	6:62	6:20	6:49	6:8	6:38
7:33	7:63	7:21	7:50	7:9	7:39
8:34	8:64	8:22	8:51	8:10	8:40
9:35	9:65	9:23	9:52	9:11	9:41
10:36	10:66	10:24	10:53	10:12	10:42
11:37	11:67	11:25	11:54	11:13	11:43
12:38	12:68	12:26	12:55	12:14	12:44
13:39	13:69	13:27	13:56	13:15	13:45
14:40	14:70	14:28	14:57	14:16	14:46
15:41	15:71	15:29	15:58	15:17	15:47
16:42	16:72	16:30	16:59	16:18	16:48
17:43	17:1	17:31	17:60	17:19	17:49
18:44	18:2	18:32	18:61	18:20	18:50
19:45	19:*	19:33	19:62	19:21	19:51
20:46	20:3	20:34	20:63	20:22	20:52
21:47	21:4	21:*	21:64	21:23	21:53
22:48	22:5	22:35	22:65	22:24	22:54
23:49	23:6	23:36	23:66	23:25	23:55
24:50	24:7	24:37	24:67	24:26	24:56
25:51	25:8	25:38	25:68	25:27	25:57
26:*	26:9	26:39	26:69	26:28	26:58
27:52	27:10	27:40	27:70	27:29	27:59/60
28:53	28:11	28:41	28:71	28:30	28:61
29:54	29:12	29:42	29:72	29:31	29:62
30:55	30:13	30:43	30:1	30:32	30:63
31:56	31:14		31:2		31:64

CALENDRIER ANGÉLIQUE nº 3
Plan intellectuel

0 h 00	à	0 h 19	........1 Vehuiah
0 h 20	à	0 h 39	........2 Jeliel
0 h 40	à	0 h 59	........3 Sitael
1 h 00	à	1 h 19	........4 Elemiah
1 h 20	à	1 h 39	........5 Mahasiah
1 h 40	à	1 h 59	........6 Lelahel
2 h 00	à	2 h 19	........7 Achaiah
2 h 20	à	2 h 39	........8 Cahetel
2 h 40	à	2 h 59	........9 Haziel
3 h 00	à	3 h 19	......10 Aladiah
3 h 20	à	3 h 39	......11 Lauviah
3 h 40	à	3 h 59	......12 Hahaiah
4 h 00	à	4 h 19	......13 Iezalel
4 h 20	à	4 h 39	......14 Mebahel
4 h 40	à	4 h 59	......15 Hariel
5 h 00	à	5 h 19	......16 Hekamiah
5 h 20	à	5 h 39	......17 Lauviah
5 h 40	à	5 h 59	......18 Caliel
6 h 00	à	6 h 19	......19 Leuviah
6 h 20	à	6 h 39	......20 Pahaliah
6 h 40	à	6 h 59	......21 Nelkhael
7 h 00	à	7 h 19	......22 Yeiayel
7 h 20	à	7 h 39	......23 Melahel
7 h 40	à	7 h 59	......24 Haheuiah
8 h 00	à	8 h 19	......25 Nith-Haiah
8 h 20	à	8 h 39	......26 Haaiah
8 h 40	à	8 h 59	......27 Yerathel
9 h 00	à	9 h 19	......28 Seheiah
9 h 20	à	9 h 39	......29 Reiyel
9 h 40	à	9 h 59	......30 Omael
10 h 00	à	10 h 19	......31 Lecabel
10 h 20	à	10 h 39	......32 Vasariah
10 h 40	à	10 h 59	......33 Yehuiah
11 h 00	à	11 h 19	......34 Lehahiah
11 h 20	à	11 h 39	......35 Chavakhiah
11 h 40	à	11 h 59	......36 Menadel

CALENDRIER ANGÉLIQUE n° 3 (suite)
Plan intellectuel

12 h 00	à	12 h 19	37	ANIEL
12 h 20	à	12 h 39	38	HAAMIAH
12 h 40	à	12 h 59	39	REHAEL
13 h 00	à	13 h 19	40	IEIAZEL
13 h 20	à	13 h 39	41	HAHAHEL
13 h 40	à	13 h 59	42	MIKAEL
14 h 00	à	14 h 19	43	VEULIAH
14 h 20	à	14 h 39	44	YELAHIAH
14 h 40	à	14 h 59	45	SEALIAH
15 h 00	à	15 h 19	46	ARIEL
15 h 20	à	15 h 39	47	ASALIAH
15 h 40	à	15 h 59	48	MIHAEL
16 h 00	à	16 h 19	49	VEHUEL
16 h 20	à	16 h 39	50	DANIEL
16 h 40	à	16 h 59	51	HAHASIAH
17 h 00	à	17 h 19	52	IMAMIAH
17 h 20	à	17 h 39	53	NANAEL
17 h 40	à	17 h 59	54	NITHAEL
18 h 00	à	18 h 19	55	MEBAHIAH
18 h 20	à	18 h 39	56	POYEL
18 h 40	à	18 h 59	57	NEMAMIAH
19 h 00	à	19 h 19	58	YEIALEL
19 h 20	à	19 h 39	59	HARAHEL
19 h 40	à	19 h 59	60	MITZRAEL
20 h 00	à	20 h 19	61	UMABEL
20 h 20	à	20 h 39	62	IAHHEL
20 h 40	à	20 h 59	63	ANAUEL
21 h 00	à	21 h 19	64	MEHIEL
21 h 20	à	21 h 39	65	DAMABIAH
21 h 40	à	21 h 59	66	MANAKEL
22 h 00	à	22 h 19	67	EYAEL
22 h 20	à	22 h 39	68	HABUHIAH
22 h 40	à	22 h 59	69	ROCHEL
23 h 00	à	23 h 19	70	JABAMIAH
23 h 20	à	23 h 39	71	HAIAIEL
23 h 40	à	23 h 59	72	MUMIAH

L'ARBRE DE VIE

Dieu est un immense ordinateur dans lequel nous vivons. Or, cet Ordinateur Cosmique qui détient l'Amour Divin, la Sagesse Suprême, la Perfection et le Pouvoir absolu sur toute la Création, il nous est possible d'en connaître la structure de fonctionnement. Figure centrale dans la Kabbale, l'Arbre de Vie (Voir page 23) illustre la configuration de la conscience et du corps humain, et constitue donc une clé qui nous permet de déchiffrer les mystères de la Création. L'Arbre de Vie représente les sphères causales, et, à mesure qu'on descend dans l'Arbre, les énergies se densifient pour donner lieu à la matérialisation.

La tradition kabbalistique représente l'Univers au moyen de dix régions distinctes et inter-reliées correspondant aux dix premiers nombres, à partir desquels toutes les combinaisons numériques sont possibles. Ces régions sont représentées dans l'Arbre de Vie par des cercles qu'on appelle Séphira—Séphiroth au pluriel. Le terme *Séphira* signifie numération. Il existe une onzième Séphira qui est cachée et qui se situe juste en dessous de la Séphira KÉTHER, entre BINAH et HOCHMAH ; elle se nomme DAATH et représente la grande Bibliothèque Universelle, dans laquelle toutes les informations de l'Univers sont enregistrées.

En Angéologie, chaque Séphira est identifiée par un Archange et par une correspondance planétaire. Les Séphiroth sont reliées entre elles par des voies de communication appelées sentiers, qui correspondent aux 22 lettres de l'alphabet hébreu.

Les Séphiroth peuvent aussi être vues comme des Mémoires Cosmiques que Dieu dirige et grâce auxquelles Il communique avec nous.

Les anciens utilisaient l'image de l'arbre pour exprimer le lien, voire l'unité, entre le Ciel et la Terre : les racines enfouies dans le sol, le tronc, les branches, les feuilles et les fruits sont tous solidaires les uns des autres et forment un tout. Aujourd'hui, en ajoutant à ce symbole la notion que Dieu est un Ordinateur

Vivant, on peut encore mieux saisir l'immensité et la puissance de l'Organisation Cosmique. Pour exprimer ces réalités qui dépassent l'entendement humain, les kabbalistes placent dans l'Arbre de Vie—ou l'Ordinateur de Vie—, au-dessus de la Séphira KÉTHER, une région dénommée AÏN SOPH AOUR, qui signifie Lumière sans fin.

Les Séphiroth sont positionnées sur trois piliers : celui de droite représente la Clémence, la puissance masculine, et il comprend les Séphiroth HOCHMAH, HÉSED et NETZACH. Le pilier de gauche symbolise la Rigueur, la puissance féminine, et il comprend les Séphiroth BINAH, GUÉBOURAH et HOD. Le pilier central représente l'Équilibre, et il comprend les Séphiroth KÉTHER, (DAATH), TIPHERETH, YÉSOD et MALKOUTH.

L'harmonisation des piliers de droite et de gauche, représentée par le pilier central, signifie l'équilibre des pôles masculin et féminin, équilibre que tout être humain doit un jour atteindre.

LA CONFIGURATION ANGÉLIQUE DE L'ARBRE DE VIE

Mis à part la Séphira MALKOUTH, chaque Séphira de l'Arbre de Vie est le domicile d'un groupe de huit Anges qui sont sous la gouverne d'un Archange. La FIGURE 2 (Voir page 21) liste la signification des noms des Séphiroth et des Archanges.

Nous avons donc neuf Séphiroth qui abritent chacune huit Anges, ce qui fait 72 Énergies Angéliques. La FIGURE 3 (Voir pages 25-26) montre comment les Anges sont répartis dans les Séphiroth et la signification de leur nom.

La représentation de Dieu par un Arbre de Vie est un sujet de méditation permanente. Il en va de même pour le concept d'Ordinateur Cosmique. Le contenu de ces images est inépuisable en terme de Connaissance.

SIGNIFICATION DES NOMS DES SÉPHIROTH ET DES ARCHANGES

Figure 2

Séphira	Signification	Archange	Signification
1 KÉTHER	la Couronne	MÉTATRON	Qui participe au Trône
2 HOCHMAH	la Sagesse	RAZIEL	Secret de Dieu
(DAATH)	la Bibliothèque Universelle		
3 BINAH	les Lois	TSAPHKIEL	Lois de Dieu
4 HÉSED	la Clémence	TSADKIEL	Richesse de Dieu
5 GUÉBOURAH	la Rigueur	KAMAËL	Force de Dieu
6 TIPHERETH	la Conscience	MIKAËL	À la ressemblance de Dieu
7 NETZACH	la Beauté	HANIEL	Grâce de Dieu
8 HOD	l'Intelligence	RAPHAËL	Guérison de Dieu
9 YÉSOD	le Fondement	GABRIEL	Pureté de Dieu
10 MALKOUTH	le Royaume	SANDALFON	Dieu est ma Lumière (la force qui unit l'Esprit et la matière).

ARBRE DE VIE OU ORDINATEUR COSMIQUE

L'Arbre de Vie est un schéma de la structure de l'Univers d'un point de vue macrocosmique et de l'être humain d'un point de vue microcosmique.

La Hiérarchie Angélique se présente par groupes de huit Anges. Les huit Anges de chaque groupe sont représentés par un Archange. On a neuf groupes de huit Anges, ce qui fait 72 Anges. La 10ᵉ Séphira, appelée MALKOUTH, représente la Terre.

1. Les Anges nos 1 à 8 habitent KÉTHER ;
   Archange MÉTATRON

2. Les Anges nos 9 à 16 habitent HOCHMAH ;
   Archange RAZIEL

   DAATH, la grande Bibliothèque Universelle

3. Les Anges nos 17 à 24 habitent BINAH ;
   Archange TSAPHKIEL

4. Les Anges nos 25 à 32 habitent HÉSED ;
   Archange TSADKIEL

5. Les Anges nos 33 à 40 habitent GUÉBOURAH ;
   Archange KAMAËL

6. Les Anges nos 41 à 48 habitent TIPHERETH ;
   Archange MIKAËL

7. Les Anges nos 49 à 56 habitent NETZACH ;
   Archange HANIEL

8. Les Anges nos 57 à 64 habitent HOD ;
   Archange RAPHAËL

9. Les Anges nos 65 à 72 habitent YÉSOD ;
   Archange GABRIEL

10. MALKOUTH ; Archange SANDALFON

AÏN SOPH AOUR

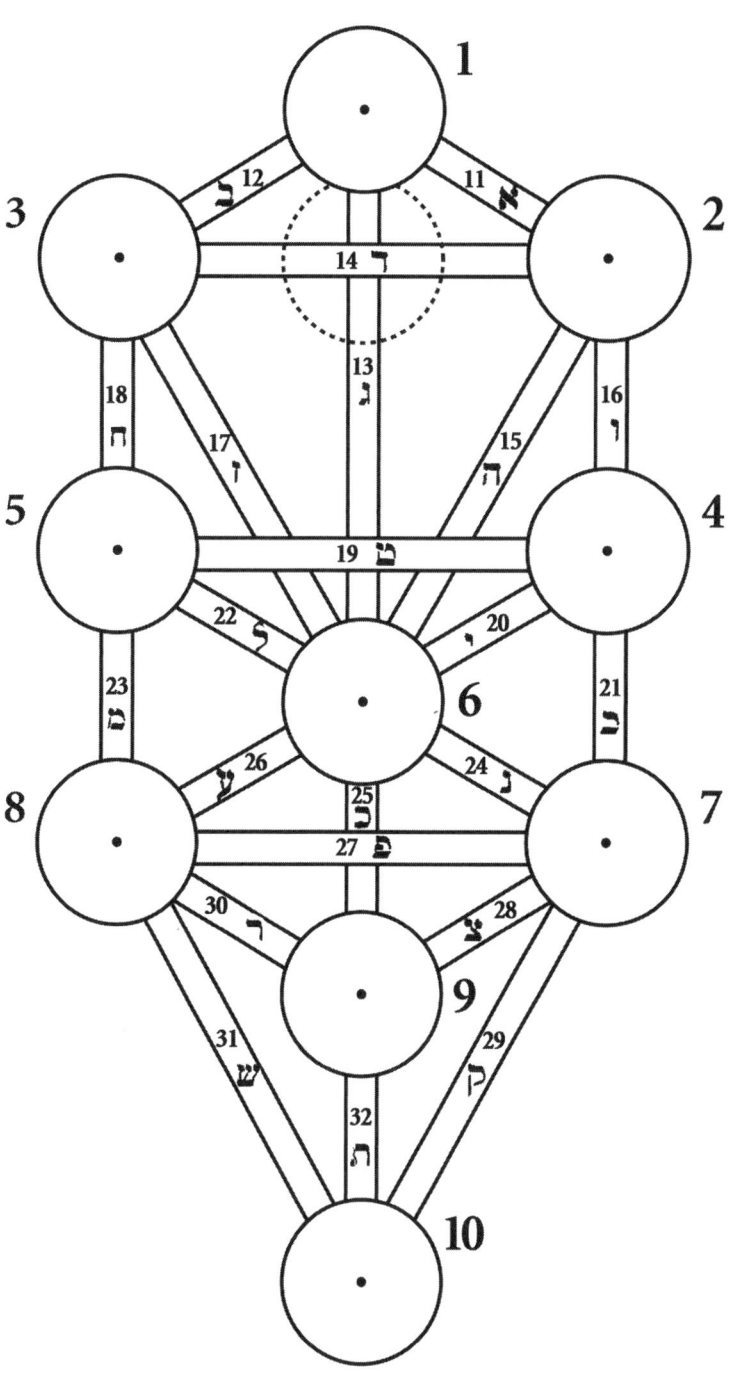

SIGNIFICATION DES NOMS DES ANGES

Figure 3

Séphira	Archange	Ange	Signification du nom de l'Ange
1 KÉTHER	MÉTATRON	1 Vehuiah	Dieu Élevé et Exalté au-dessus de toute chose
		2 Jeliel	Dieu Conciliateur
		3 Sitael	Dieu qui érige l'Univers
		4 Elemiah	Dieu Caché
		5 Mahasiah	Dieu Sauveur
		6 Lelahel	Dieu de Beauté
		7 Achaiah	Dieu Bon et Patient
		8 Cahetel	Dieu de Bénédiction
2 HOCHMAH	RAZIEL	9 Haziel	Dieu de Miséricorde
		10 Aladiah	Dieu de Grâce Divine
		11 Lauviah	Dieu Loué et Exalté
		12 Hahaiah	Dieu Refuge
		13 Iezalel	Dieu Fidèle
		14 Mebahel	Dieu qui tient ses promesses
		15 Hariel	Dieu Purificateur
		16 Hekamiah	Dieu Loyal
3 BINAH	TSAPHKIEL	17 Lauviah	Dieu qui révèle
		18 Caliel	Dieu de Justice
		19 Leuviah	Dieu qui se souvient
		20 Pahaliah	Dieu Sauveur
		21 Nelkhael	Dieu de la Connaissance
		22 Yeiayel	La droite de Dieu
		23 Melahel	Dieu qui délivre des maux
		24 Haheuiah	Dieu Protecteur
4 HÉSED	TSADKIEL	25 Nith-Haiah	Dieu qui donne la Sagesse
		26 Haaiah	Dieu qui harmonise
		27 Yerathel	Dieu de la Confiance
		28 Seheiah	Dieu de la Vie Éternelle
		29 Reiyel	Dieu Libérateur
		30 Omael	Dieu qui multiplie
		31 Lecabel	Dieu qui inspire
		32 Vasariah	Dieu Clément

Séphira	Archange	Ange	Signification du nom de l'Ange
5 GUÉBOURAH	KAMAËL	33 YEHUIAH 34 LEHAHIAH 35 CHAVAKHIAH 36 MENADEL 37 ANIEL 38 HAAMIAH 39 REHAEL 40 IEIAZEL	Dieu Initiateur Dieu de l'obéissance Dieu qui réconcilie Dieu du Travail Dieu des changements Offrande à Dieu Réceptivité à Dieu Dieu de réconfort
6 TIPHERETH	MIKAËL	41 HAHAHEL 42 MIKAEL 43 VEULIAH 44 YELAHIAH 45 SEALIAH 46 ARIEL 47 ASALIAH 48 MIHAEL	Dieu, Berger des âmes Semblable à Dieu Dieu d'abondance Serviteur de Dieu Moteur de toutes choses Dieu qui perçoit Dieu qui indique la vérité Dieu de fécondité
7 NETZACH	HANIEL	49 VEHUEL 50 DANIEL 51 HAHASIAH 52 IMAMIAH 53 NANAEL 54 NITHAEL 55 MEBAHIAH 56 POYEL	Dieu Grand et Élevé Verbe de Dieu Dieu de la médecine Dieu de délivrance Communication avec Dieu Dieu de l'Éternelle Jeunesse Dieu qui voit tout Dieu qui soutient l'Univers
8 HOD	RAPHAËL	57 NEMAMIAH 58 YEIALEL 59 HARAHEL 60 MITZRAEL 61 UMABEL 62 IAHHEL 63 ANAUEL 64 MEHIEL	Dieu de discernement Dieu de la pensée créatrice Dieu qui connaît toutes choses Dieu qui soulage les opprimés La Rencontre de Dieu Être Suprême Dieu Universel Dieu qui vivifie toutes choses
9 YÉSOD	GABRIEL	65 DAMABIAH 66 MANAKEL 67 EYAEL 68 HABUHIAH 69 ROCHEL 70 JABAMIAH 71 HAIAIEL 72 MUMIAH	Dieu Fontaine de Sagesse Dieu au-dessus du bien et du mal Dieu Sublime Dieu Guérisseur Dieu qui redonne Dieu Accompagnateur Dieu Maître de l'Univers Dieu de Renaissance

DESCRIPTION DES SÉPHIROTH

Une Séphira est un Centre de Vie, un transformateur énergétique de l'Énergie du Créateur. Dans cette section, nous examinerons, pour chacune, ses caractéristiques spécifiques et son association symbolique avec une planète.

1. **SÉPHIRA KÉTHER**

    La Séphira KÉTHER représente le souffle primordial qui crée notre Univers, la Volonté Créatrice et la source d'où provient toute volonté. Elle symbolise le Feu Primordial. Ce Centre de Vie se manifeste symboliquement comme la planète Neptune, laquelle représente l'inspiration du Dessein Divin.

2. **SÉPHIRA HOCHMAH**

    Fontaine de Lumière, jaillissement d'Énergie Cosmique à l'état pur, point d'Amour Suprême et de Sagesse, la Séphira HOCHMAH se manifeste symboliquement comme la planète Uranus. La Bonté caractéristique de l'énergie uranienne étant étrangère au mal, elle le dissoudra. La planète Uranus représente aussi la fraternité, l'altruisme et l'évolution.

3. **SÉPHIRA BINAH**

    La Séphira BINAH est celle qui délimite les formes. Elle est responsable de toutes les cristallisations, lesquelles permettent à l'Esprit de disposer d'un véhicule physique pour faire ses expériences. Elle représente la puissance féminine de l'Univers, la Matrice Originelle. En quelque sorte, la Séphira BINAH contient le mode d'emploi des Règles et des Lois Cosmiques. Elle se manifeste symboliquement à travers la planète Saturne, qui représente entre autres le sens du devoir, la persévérance, la concentration et la stabilité.

4. **SÉPHIRA HÉSED**

    Centre de Vie porteur d'organisation, de concrétisation, d'abondance, de pouvoir et d'autonomie, la Séphira HÉSED a un caractère paradisiaque. Elle est associée symboliquement à la planète Jupiter, qui représente entre autres l'application des Lois, la sociabilité, l'optimisme et l'expansion en général.

5. **SÉPHIRA GUÉBOURAH**

    Ce Centre de Vie est la demeure du chirurgien céleste, qui *opère* dans les cas où les Lois Cosmiques n'ont pas été respectées. La Séphira GUÉBOURAH procure la force et la vigueur, et elle concerne le travail. Elle est associée symboliquement à la planète Mars, qui représente entre autres la franchise, l'activité, le dynamisme et le courage.

6. SÉPHIRA TIPHERETH

   Ce Centre de Vie est celui qui établit la conscience chez l'être humain. Il agit comme lieu de transmission entre les plans de l'Esprit et ceux de la forme. La Séphira TIPHERETH constitue la synthèse de toutes les Séphiroth. Elle est symboliquement associée au Soleil, qui représente entre autres la créativité, l'autorité, la synthèse et le rayonnement.

7. SÉPHIRA NETZACH

   Ce Centre de Vie inspire la Beauté. C'est l'aspect de notre divinité intérieure qui nous offre des cadeaux et des solutions heureuses ; c'est la matérialisation de l'Amour. La Séphira NETZACH procure le bonheur. Oasis, zone de tranquillité et de bien-être, elle se manifeste symboliquement à travers la planète Vénus, qui représente entre autres les événements heureux, la douceur, le raffinement et l'amour du beau.

8. SÉPHIRA HOD

   Stade final de l'élaboration du plan de vie, la Séphira HOD applique les Lois de la Séphira BINAH à un niveau de matérialisation relativement proche du monde physique. Dans l'univers matériel, cette Séphira se manifeste symboliquement par la planète Mercure, qui représente entre autres l'intelligence pratique, la faculté d'analyse, la science des analogies et la capacité de l'intellect humain à discerner le vrai du faux.

9. SÉPHIRA YÉSOD

   Centre producteur d'images, cette Séphira projette la Conscience Supérieure — représentée par la Séphira TIPHERETH — vers le bas, donnant lieu à l'acte physique. Ce faisant, elle recueille la synthèse des commandes des autres Séphiroth pour la transmettre à la matérialité. À l'inverse, elle canalise vers le haut l'information provenant de la Séphira MALKOUTH — c'est-à-dire l'ensemble des connaissances acquises par nos actions dans le plan physique —, la transmettant à la Conscience Supérieure. Dans le plan physique, cette Séphira se manifeste symboliquement par la Lune, qui représente entre autres la réceptivité, le pôle féminin, l'imagination et la fécondité. Sa qualité de neutralité lui permet de transmettre, de densifier et de cristalliser les élans reçus sans les altérer.

10. SÉPHIRA MALKOUTH

    Ce Centre de Vie représente le Moi physique et il est associé à la planète Terre. Il concerne donc la matérialité.

CHEMINS ALLER-RETOUR

Nous avons vu que les Anges sont répartis en neuf groupes de huit Anges qui partagent une coloration particulière, celle de la Séphira où Ils résident. Or, parmi les huit Anges d'un même groupe, Chacun s'exprime dans une autre Séphira que celle de son domicile, à l'exception d'un par groupe qui s'exprime dans la même Séphira. Chaque Ange se distingue donc des autres de son groupe par sa manière de s'exprimer, qu'on appelle sa spécificité.

Pour saisir cette idée, faisons une analogie : comparons les Séphiroth à des pays qui ont chacun leur culture propre. Si un être du nom de A est né en Allemagne et qu'il émigre en Italie, il conservera sa culture d'origine, sauf qu'il devra s'adapter à la mentalité de son pays d'adoption et parler la langue du pays. Ce mouvement décrit ce que l'on appelle un chemin de l'Allemagne à l'Italie. Le chemin inverse, celui de l'Italie à l'Allemagne, sera défini, on l'aura deviné, par un être du nom de B qui est né en Italie et qui, parce qu'il émigre en Allemagne, devra s'adapter à la culture et s'exprimer dans la langue de son pays d'accueil, l'Allemagne. Dans cet exemple, les êtres A et B sont vus comme complémentaires.

En gardant la même idée, considérons l'exemple de deux Anges qui seraient complémentaires : l'Ange 22 Yeiayel, qui réside dans la sphère BINAH et qui trouve sa spécificité ou son expression dans la sphère NETZACH, et l'Ange 50 Daniel, qui, à l'inverse, réside dans la Séphira NETZACH et trouve son expression dans la sphère BINAH. Ces deux Anges sont dits complémentaires parce qu'Ils décrivent des chemins qui relient les mêmes Séphiroth, mais en sens inverse l'un par rapport à l'autre. Bien sûr, les Anges qui s'expriment dans la même Séphira que celle où Ils sont domiciliés sont comparables à des êtres qui resteraient toute leur vie dans leur pays d'origine.

Dans l'Arbre de Vie, la Séphira BINAH se trouve au-dessus de la sphère NETZACH, si l'on tient compte de l'ordre numérique des Séphiroth. À cause de cela, l'Ange 22 Yeiayel décrit ce qu'on appelle un *chemin aller*. À l'inverse, l'Ange 50 Daniel décrit un chemin retour, car son mouvement est ascendant ou de subtilisation. Les Anges ont donc été classés par paires d'Anges complémentaires, qui définissent dans l'Arbre de Vie des *chemins aller-retour*. La FIGURE 4 (Voir page 30) illustre ce concept. Dans ce

CHEMINS ALLER-RETOUR
Figure 4

1 KETHER			2 HOCHMAH			3 BINAH		
1 Vehuiah	HOCHMAH	A	9 Haziel	HOCHMAH	D	17 Lauviah	HOCHMAH	R
						10		A
2 Jeliel	BINAH	A	10 Aladiah	BINAH	A	18 Caliel	BINAH	D
			17		R			
3 Sitael	HÉSED	A	11 Lauviah	HÉSED	A	19 Leuviah	HÉSED	A
			25		R	26		R
4 Elemiah	GUÉBOURAH	A	12 Hahaiah	GUÉBOURAH	A	20 Pahaliah	GUÉBOURAH	A
			33		R	34		R
5 Mahasiah	TIPHERETH	A	13 Iezalel	TIPHERETH	A	21 Nelkhael	TIPHERETH	A
			41		R	42		R
6 Lelahel	NETZACH	A	14 Mebahel	NETZACH	A	22 Yeiayel	NETZACH	A
			49		R	50		R
7 Achaiah	HOD	A	15 Hariel	HOD	A	23 Melahel	HOD	A
			57		R	58		R
8 Cahetel	YÉSOD	A	16 Hekamiah	YÉSOD	A	24 Haheuiah	YÉSOD	A
			65		R	66		R

4 HÉSED			5 GUÉBOURAH			6 TIPHERETH		
25 Nith-Haiah	HOCHMAH	R	33 Yehuiah	HOCHMAH	R	41 Hahahel	HOCHMAH	R
11		A	12		A	13		A
26 Haaiah	BINAH	R	34 Lehahiah	BINAH	R	42 Mikael	BINAH	R
19		A	20		A	21		A
27 Yerathel	HÉSED	D	35 Chavakhiah	HÉSED	R	43 Veuliah	HÉSED	R
			28		A	29		A
28 Seheiah	GUÉBOURAH	A	36 Menadel	GUÉBOURAH	D	44 Yelahiah	GUÉBOURAH	R
35		R				37		A
29 Reiyel	TIPHERETH	A	37 Aniel	TIPHERETH	A	45 Sealiah	TIPHERETH	D
43		R	44		R			
30 Omael	NETZACH	A	38 Haamiah	NETZACH	A	46 Ariel	NETZACH	A
51		R	52		R	53		R
31 Lecabel	HOD	A	39 Rehael	HOD	A	47 Asaliah	HOD	A
59		R	60		R	61		R
32 Vasariah	YÉSOD	A	40 Ieiazel	YÉSOD	A	48 Mihael	YÉSOD	A
67		R	68		R	69		R

7 NETZACH			8 HOD			9 YÉSOD		
49 Vehuel	HOCHMAH	R	57 Nemamiah	HOCHMAH	R	65 Damabiah	HOCHMAH	R
14		A	15		A	16		A
50 Daniel	BINAH	R	58 Yeialel	BINAH	R	66 Manakel	BINAH	R
22		A	23		A	24		A
51 Hahasiah	HÉSED	R	59 Harahel	HÉSED	R	67 Eyael	HÉSED	R
30		A	31		A	32		A
52 Imamiah	GUÉBOURAH	R	60 Mitzrael	GUÉBOURAH	R	68 Habuhiah	GUÉBOURAH	R
38		A	39		A	40		A
53 Nanael	TIPHERETH	R	61 Umabel	TIPHERETH	R	69 Rochel	TIPHERETH	R
46		A	47		A	48		A
54 Nithael	NETZACH	D	62 Iahhel	NETZACH	R	70 Jabamiah	NETZACH	R
			55		A	56		A
55 Mebahiah	HOD	A	63 Anauel	HOD	D	71 Haiaiel	HOD	R
62		R				64		A
56 Poyel	YÉSOD	A	64 Mehiel	YÉSOD	A	72 Mumiah	YÉSOD	D
70		R	71		R			

tableau, on trouve sous le numéro de chaque Ange celui de son complément ; les *chemins aller* sont signalés par un A et les *chemins retour* par un R.

Quant aux Anges qui trouvent leur expression — ou spécificité — dans la même Séphira que celle où Ils sont domiciliés, soit les Anges 9 Haziel, 18 Caliel, 27 Yerathel, 36 Menadel, 45 Sealiah, 54 Nithael, 63 Anauel et 72 Mumiah, Ils sont dits doubles car leur lieu d'arrivée est le même que leur lieu de départ. Les Anges doubles sont signalés dans le tableau par la lettre D.

Il n'existe aucun chemin retour à la Séphira KÉTHER. Cela s'explique par le fait que cette Séphira symbolise la Volonté Divine.

LES 72 ANGES
ANGÉOLOGIE TRADITIONNELLE

Quand on voyage en pays inconnu, les cartes géographiques nous sont bien utiles, voire indispensables. Il en va de même lorsqu'on explore la conscience. Celle-ci est tellement vaste que lorsqu'on veut y travailler, on a besoin de repères pour éviter de s'y perdre. Chaque rayon de la conscience est particulier, et l'Angéologie Traditionnelle nous fournit la liste des qualités de chaque Ange ainsi que celle des distorsions pour nous permettre de les différencier les uns des autres. C'est ce que nous retrouvons dans ce chapitre. Consulter ces aide-mémoire de façon régulière nous permet de nous familiariser avec chacun des 72 Anges et de structurer notre Travail.

Très anciennes, ces listes sont le produit de siècles de recherche rigoureuse et de travail sur la conscience. Telles que présentées ici, elles ont été adaptées à l'ère contemporaine et en vue d'un usage universel.

Comment utiliser ces listes? Si on invoque un Ange pendant au moins cinq jours, on focalise sur ce rayon ou cette facette spécifique de notre conscience. On a alors la possibilité d'observer la manifestation de l'Ange. Tout dépendant du contenu des mémoires situées sur le rayon touché, l'Ange se manifeste d'une façon pure ou bien fait ressortir nos distorsions. Mais Il se manifeste, c'est absolu. Ainsi — et cela est extraordinaire —, on rencontre dans nos rêves et dans les situations du quotidien exactement les caractéristiques de l'Ange invoqué. En portant attention à nos rêves et aux situations que l'on vit, on peut en reconnaître le contenu dans les listes présentes. Cela nous permet de participer consciemment au travail que l'Ange effectue.

Note : Il est important d'interpréter les qualités et les distorsions d'abord et avant tout en terme de conscience, autrement dit de ne pas les prendre au pied de la lettre.

1 Vehuiah

- **Volonté Divine**
- **Apporte le Feu Créateur Primordial**
- **Capacité d'entreprendre, de commencer**
- **Succès pour toute nouvelle création**
- **Guide vers un travail inédit et dans un domaine d'avant-garde**
- **Donne l'exemple, sert de modèle, est un leader**
- **Permet de sortir de la confusion et de l'impasse**
- **Regain d'énergie qui permet de guérir la maladie et la dépression**
- **Abondance d'énergie, courage, audace, bravoure**
- **Aime comme si c'était la première fois**

Distorsions
- *Manque de dynamisme et de volonté*
- *Têtu, acharné, autoritaire, imposant*
- *Déclenche la colère, la turbulence*
- *Intervient dans les affaires qui finiront mal*
- *Fonce sans réfléchir, passion dangereuse*
- *Situation de violence, impétuosité, destruction de l'entourage*
- *Incapacité à déterminer son orientation*
- *Impose sa volonté, force le Destin*

Physique : **21 mars au 25 mars**
Émotionnel : **21 mars, 3 juin, 17 août, 30 octobre, 9 janvier**
Intellectuel : **0 h 00 à 0 h 19**
Domicile : **KÉTHER** / Spécificité : **HOCHMAH**

2 JELIEL

- Amour, sagesse
- Capacité de concrétiser et de consolider n'importe quelle réalité
- Association providentielle
- Accorde solidité, tranquillité et fécondité
- Accorde la fidélité du conjoint
- Règle tout litige et tout conflit
- Altruiste, cherche à manifester l'amour partout
- Médiateur, conciliateur
- Unifie les principes masculin et féminin
- Convivialité, vie harmonieuse
- Verbe puissant qui inspire le calme
- Permet de calmer nos propres révolutions intérieures
- Capacité de persuasion, lucidité dans l'analyse théorique

Distorsions
- *Manque d'amour, absence de sagesse*
- *Mœurs perverses, corruption*
- *Mauvaises associations*
- *Tyrannie, oppression, querelle, conflit perpétuel*
- *Divorce, séparation, désaccord*
- *Célibat égoïste, rejette les enfants par égoïsme*
- *Difficulté à rencontrer un conjoint*

Physique : 26 mars au 30 mars
Émotionnel : 22 mars, 4 juin, 18 août et 19 août au matin, 31 octobre, 10 janvier
Intellectuel : 0 h 20 à 0 h 39
Domicile : KÉTHER / Spécificité : BINAH

3 SITAEL

- Construction
- Maître bâtisseur tant à l'intérieur qu'à l'extérieur
- Doué d'un sens pratique, planificateur, grand stratège
- Administrateur honnête et intègre
- Permet de vaincre toute difficulté, toute adversité
- Accorde un pouvoir d'expansion, fait tout fructifier
- Nous permet de prendre conscience de nos erreurs et d'éliminer ainsi nos karmas
- Noblesse et magnanimité (générosité, clémence)
- Fidèle à la parole donnée, pacificateur
- Emploi avec d'importantes responsabilités
- Architecte et ingénieur au service du Divin
- Don pour négocier, enthousiasme
- Notoriété sociale et politique

Distorsions
- *Écroulement des structures, période défavorable, ruine*
- *Avidité, excès, stratégie démoniaque*
- *Erreur de préparation, de planification et d'appréciation*
- *Agressivité, ingratitude, vantardise*
- *Hypocrisie, emphase mise sur la façade, manque d'authenticité*
- *Personne qui ne tient pas ses promesses ou qui n'est pas fidèle à sa parole*

Physique : 31 mars au 4 avril
Émotionnel : 23 mars, 5 juin, 19 août après midi et 20 août, 1er novembre, 11 janvier
Intellectuel : 0 h 40 à 0 h 59
Domicile : KÉTHER / Spécificité : HÉSED

4 ELEMIAH
- Pouvoir Divin
- Autorité juste et équitable
- Redressement, découverte d'un nouveau chemin
- Force qui aide à passer à l'action, capacité de décision
- Participation à la création du Destin
- Étude et révélation du plan de vie
- Découverte de l'orientation professionnelle
- Initiative, entreprise, engagement
- Optimisme, fin d'une période difficile
- Disparition de l'agitation et des tourments
- Permet d'identifier ceux qui nous ont trahi pour faire la paix avec eux

Distorsions
- *Pouvoir diabolique orienté vers la satisfaction des besoins personnels*
- *Inertie, tendances destructrices*
- *Échec professionnel, faillite, revers, période de destruction*
- *Trahison, existence de traîtres intérieurs*
- *Pessimisme, tourments, découvertes dangereuses*
- *Avidité et abus de pouvoir*
- *Domination par les autres*
- *Épuisement, à bout de ressources*
- *Sentiment de supériorité ou d'infériorité*

Physique : 5 avril au 9 avril
Émotionnel : 24 mars, 6 juin, 21 août, 2 novembre, 12 janvier
Intellectuel : 1 h 00 à 1 h 19
Domicile : KÉTHER / Spécificité : GUÉBOURAH

5 MAHASIAH

- Rectification des erreurs
- Rétablit l'Ordre Divin, réforme
- Redresse ce qui pousse de travers avant la matérialisation
- Facilite l'apprentissage
- Capacité de vivre en paix et de jouir des choses simples et naturelles
- Réussite des examens
- Entrée dans une école initiatique
- Analyse des rêves, étude du langage symbolique
- Décodage des signes du quotidien
- Aptitudes pour la science initiatique
- Amélioration du caractère, existence belle et heureuse
- Facilité dans l'apprentissage des langues

Distorsions
- *Tendance à vouloir se venger, rancune, préjugé, arrogance*
- *Malfaisant, pernicieux*
- *Ignorance*
- *Libertinage, abus sexuels*
- *Dénégation de ses propres erreurs, mauvais caractère, difficile à vivre*
- *Difficulté à apprendre, mauvais choix, autoritarisme*
- *Adhésion à un mouvement spirituel pour fuir la réalité*
- *Santé précaire*

Physique : 10 avril au 14 avril
Émotionnel : 25 mars, 7 juin, 22 août, 3 novembre, 13 janvier
Intellectuel : 1 h 20 à 1 h 39
Domicile : KÉTHER / Spécificité : TIPHERETH

6 LELAHEL

- **Lumière Divine qui guérit tout (Lumière d'Amour)**
- **Lucidité, clarté de compréhension**
- **Renommée, bonheur, fortune**
- **Embellissement, beauté naturelle**
- **Miroir de l'âme**
- **Art de bien s'exprimer dans la société**
- **Célébrité par le talent et les réalisations**
- **Artiste**

Distorsions
- *Ambition*
- *Masques, personnalités multiples*
- *Beauté extérieure seulement*
- *Se penser indispensable*
- *Sentiment de supériorité ou d'infériorité*
- *Dépenses inutiles, gaspillage*
- *Tendance à tout prendre pour acquis*
- *Fortune acquise illicitement (argent sale)*
- *Arrivisme, orgueil*
- *Axé uniquement sur l'aspect matériel des choses et des êtres*
- *Utilise son charme à des fins personnelles*
- *Vit au dessus de ses moyens*
- *Situation instable*

Physique : 15 avril au 20 avril
Émotionnel : **26 mars, 8 juin, 23 août, 4 novembre, 14 janvier**
Intellectuel : **1 h 40 à 1 h 59**
Domicile : **KÉTHER** / Spécificité : **NETZACH**

7 ACHAIAH

- Patience
- Découverte du rôle de la patience dans le processus de Création de l'Univers
- Aide à découvrir la vérité, exploration
- Bonne utilisation des périodes d'attente
- Facilité dans l'exécution de travaux difficiles
- Capacité de discerner et de découvrir ce qui est occulté
- Propagateur de la Lumière (de la Connaissance)
- Facilite la diffusion médiatique par les ordinateurs, la télévision, la radio, la presse et l'édition
- Aide à réussir les examens et à résoudre les problèmes difficiles, donne le goût de s'instruire
- Découvre les secrets cachés, trouve des solutions inédites

Distorsions
- *Impatience, révolte, résignation*
- *Paresse, négligence, insouciance, ignorance*
- *N'a aucune envie d'apprendre, n'étudie pas*
- *Échec aux examens, désarroi face aux situations nouvelles*
- *Paralysie face à l'adversité*
- *Écarté des postes de commande*
- *Manipulation médiatique, recherche de gloire personnelle*
- *Incompréhension*
- *Ne tient pas ses promesses*

Physique : **21 avril au 25 avril**
Émotionnel : **27 mars, 9 juin, 24 août, 5 novembre, 15 janvier**
Intellectuel : **2 h 00 à 2 h 19**
Domicile : **KÉTHER** / Spécificité : **HOD**

8 CAHETEL

- Bénédiction Divine
- Gratitude
- Matérialise la volonté de Dieu
- Enfantement, accouchement
- Réussite facile, progrès, aide à changer de mode de vie
- Grande capacité de travail, vie active
- Richesse matérielle
- Terres fertiles, récoltes abondantes, nourriture pour l'âme
- Harmonie avec les Lois Cosmiques
- Patron des quatre éléments : feu, air, eau, terre
- Libère des mauvais esprits

Distorsions
- *Personnalisme, prédateur*
- *Échec matériel, ruine*
- *Activité inutile et stérile*
- *Volontarisme excessif, rigidité*
- *Despotisme, orgueil, mauvais caractère, blasphème*
- *Fortune utilisée uniquement à des fins matérielles*
- *Pluies torrentielles, inondations, eaux polluées*
- *Climat catastrophique, incendies*
- *Sentiments troubles, agression, transgression*
- *Agit à l'encontre des lois, corruption, écrase les autres*

Physique : 26 avril au 30 avril
Émotionnel : 28 mars, 10 juin, 25 août, 6 novembre, 16 janvier
Intellectuel : 2 h 20 à 2 h 39
Domicile : KÉTHER / Spécificité : YÉSOD

9 HAZIEL
- Amour Universel
- Miséricorde Divine
- Don du pardon, réconciliation
- Bonne foi
- Confiance, sincérité
- Bonté qui absout tout mal
- Énergie puissante qui transforme tout négativisme
- Appui, amitié, soutien, grâce, faveurs des puissants
- Promesse, engagement
- Altruisme, désintéressement
- Pureté de l'enfance

Distorsions
- *Absence d'amour : possessivité, jalousie, passion, peur d'aimer et d'être aimé*
- *Haine, guerre, non réconciliation*
- *Hypocrite, trompe les autres*
- *Manipule pour obtenir la faveur des puissants*
- *Rancœur, malveillance, hostilité*

Physique : 1er mai au 5 mai
Émotionnel : 29 mars, 11 juin, 26 août, 7 novembre, 17 janvier
Intellectuel : 2 h 40 à 2 h 59
Domicile : HOCHMAH / Spécificité : HOCHMAH

10 ALADIAH
- Grâce Divine qui absout et pardonne toute faute
- Dissout tout karma
- Abondance spirituelle et matérielle
- Innocence
- Réinsertion dans la société
- Grand pouvoir de guérison
- Régénération, santé florissante
- Aide les défavorisés
- Nouveau départ, seconde chance

Distorsions
- *Spiritualité dangereuse, faux gourou*
- *Gaspillage*
- *Promesse non tenue*
- *Crimes cachés*
- *Déchéance morale*
- *Négligence*
- *Nonchalance, indifférence, mollesse*
- *Mauvaise santé, karma difficile*
- *Boulimie, excès sexuels, luxure*
- *Prisonnier, malfaiteur*

Physique : 6 mai au 10 mai
Émotionnel : 30 mars, 12 juin et 13 juin au matin, 27 août, 8 novembre, 18 janvier
Intellectuel : 3 h 00 à 3 h 19
Domicile : HOCHMAH / Spécificité : BINAH

11 LAUVIAH

- Victoire
- Renommée, célébrité, réussite
- Expertise
- Vie de dévouement
- Altruisme, bonté
- Reçoit la lumière de Dieu
- Confiance, enthousiasme, joie
- Réussite des initiations
- Amour exalté pour l'Œuvre Divine
- Entreprises utiles et profitables pour l'humanité
- Peut tout obtenir des grands de ce monde
- Organisation Cosmique

Distorsions
- *Échec, jalousie, orgueil, calomnie*
- *Extravagance, ambition, avidité de pouvoir*
- *Refus de notoriété*
- *Vie médiocre*
- *Veut jouir uniquement des ressources physiques*
- *Utilise la ruse pour réussir, œuvres perverses*
- *Vise trop haut ou trop bas*
- *Foudre, réprimande de l'Intelligence Cosmique*
- *Débordements*

Physique : 11 mai au 15 mai
Émotionnel : 31 mars, 13 juin après midi et 14 juin, 28 août, 9 novembre, 19 janvier
Intellectuel : 3 h 20 à 3 h 39
Domicile : HOCHMAH / Spécificité : HÉSED

12 HAHAIAH

- Refuge, méditation, intériorisation
- Aime la solitude
- Harmonisation intérieure par la remise en question de soi
- Transforme les attitudes destructrices
- Isole les tendances négatives dans un cercle énergétique
- Examen de la vie personnelle
- Dissolution de l'agressivité
- Facilite l'interprétation des rêves, donne accès aux mystères occultes
- Accorde la paix, protège
- Accroît la médiumnité
- Attitude positive, discrétion

Distorsions
- *Isolement*
- *Impulsivité, agressivité*
- *Dépendances*
- *Négativisme, indiscrétion*
- *Mensonge, abus de confiance, trahison*
- *Hallucination*
- *Supercherie et élucubration de médium déséquilibré*
- *Confusion entre les rêves et la réalité*
- *Phobies : agoraphobie, claustrophobie, etc.*

Physique : 16 mai au 20 mai
Émotionnel : 1er avril, 15 juin, 29 août, 10 novembre, 20 janvier
Intellectuel : 3 h 40 à 3 h 59
Domicile : HOCHMAH / Spécificité : GUÉBOURAH

13 IEZALEL

- Fidélité
- Réconciliation, affinité
- Facilité d'apprentissage
- Mémoire heureuse
- Amitié, rassemblements
- Fidèle serviteur
- Préparation des rencontres
- Fidèle aux Principes Divins
- Donne forme à l'unité, à l'union
- Complémentarité et équilibre entre le masculin et le féminin
- Ordre, harmonie

Distorsions
- *Infidélité*
- *Enchaînement, passion*
- *Difficultés conjugales, séparation*
- *Ignorance, erreur*
- *Esprit limité*
- *Tendance à ne pas tirer de leçons de l'expérience*
- *Éloignement des êtres aimés*
- *Mensonge, tricherie*
- *Ne souhaite pas apprendre*
- *Influence négative sur les autres et sur les situations*

Physique : 21 mai au 25 mai
Émotionnel : 2 avril, 16 juin, 30 août, 11 novembre, 21 janvier
Intellectuel : 4 h 00 à 4 h 19
Domicile : **HOCHMAH** / Spécificité : **TIPHERETH**

14 MEBAHEL
- Engagement
- Aide humanitaire, altruisme
- Devise : vérité, liberté, justice
- Amour inconditionnel
- Inspiration en provenance des Mondes Supérieurs
- Libère les opprimés et les prisonniers
- Aide ceux qui ont perdu l'espoir
- Équité, aime la justesse, rétablit l'ordre naturel
- Comportement respectueux de l'environnement
- Exorciste
- Médiation
- Richesse, élévation des sens

Distorsions
- *Désengagement*
- *Ne tient pas ses promesses*
- *Sentiment d'être mal aimé ou rejeté*
- *Forces démoniaques, lutte intérieure*
- *Mensonge, faux témoignage*
- *Procès, accusation, captivité, oppression, calomnie*
- *Usurpation, adversité, malfaiteur, criminel*
- *Tyran et victime*
- *S'identifie à la loi sociale*
- *Marche à contre-courant*

Physique : 26 mai au 31 mai
Émotionnel : 3 avril, 17 juin, 31 août, 12 novembre, 22 janvier
Intellectuel : 4 h 20 à 4 h 39
Domicile : HOCHMAH / Spécificité : NETZACH

15 HARIEL
- Purification
- Pureté de mœurs, innocence
- Sentiments spirituels
- Découverte de nouvelles méthodes, inventions utiles
- Inspiration pour les scientifiques et les artistes
- Blanchit la conscience en lui infusant simultanément la Loi et la Connaissance
- Procure une grande lucidité, éveille le discernement
- Rétablit la communication entre l'individualité et la personnalité
- Libère de la paralysie, de ce qui empêche d'agir
- Libère de toutes les formes de dépendance

Distorsions
- *Puritanisme*
- *Se rend complice des forces de l'abîme*
- *Prêt à mourir pour imposer ou défendre une vérité non naturelle, terroriste, extrémiste*
- *Esprit sectaire*
- *Échec, effondrement*
- *Lutte contre l'ordre naturel*
- *Mentalité desséchante, tendance à disséquer exagérément*
- *Discernement faussé, principes inversés*
- *Séparatisme*

Physique : 1er juin au 5 juin
Émotionnel : 4 avril, 18 juin, 1er septembre, 13 novembre, 23 janvier
Intellectuel : 4 h 40 à 4 h 59
Domicile : HOCHMAH / Spécificité : HOD

16 HEKAMIAH
- **Loyauté aux Principes Divins**
- **Attitude royale**
- **Respect des engagements**
- **Coordonnateur, pacificateur**
- **Franchise, noblesse**
- **Obtient des responsabilités**
- **Libérateur**
- **Amour Universel**
- **Devient un leader, un chef, un président**
- **Organisation politique et sociale**

Distorsions
- *Traîtrise, trahison, guerre, révolte*
- *Écartèlement, déchirement*
- *Fait obstacle aux réalisations de notre nature supérieure*
- *Amour trop personnel, passion*
- *Complot, manigance*
- *Provoque la dissidence dans le groupe*
- *Sentiment d'être diminué, servilité*
- *Irresponsable*
- *Idolâtre, égocentrique, mégalomane*
- *Désaccord*

Physique : 6 juin au 10 juin
Émotionnel : 5 avril, 19 juin, 2 septembre, 14 novembre, 24 janvier conjointement avec l'Ange n° 17
Intellectuel : 5 h 00 à 5 h 19
Domicile : HOCHMAH / Spécificité : YÉSOD

17 Lauviah

- Révélations
- Faculté de compréhension intuitive, sans analyse et sans étude, télépathie, connaît les mécanismes de la psyché
- Agit contre les tourments et la tristesse
- État permanent de joie, ascension spirituelle
- Don pour la musique, la poésie, la littérature et la philosophie transcendantes
- Hautes Sciences
- Fait percevoir les grands mystères de l'Univers (les Lois Cosmiques) pendant la nuit, révélations en rêve, en songe
- Pénètre l'inconscient

Distorsions
- *Ignorance, fausses perceptions, comportement erroné, athéisme, ne tient pas ses promesses*
- *Tourments, dépression, tristesse*
- *Insomnie, hyperactivité*
- *Angoisse existentielle, marginalité*
- *Prophète de malheur, esprit malsain et trompeur*
- *Entêtement, mauvaise perception, problèmes matériels*
- *Manque de foi, d'enthousiasme et de confiance en soi et envers les autres*
- *Décalage entre le corps et l'esprit, se perd dans l'abstrait*
- *Science sans conscience*
- *Difficulté à exprimer le Savoir*

Physique : 11 juin au 15 juin
Émotionnel : 6 avril, 20 juin, 3 septembre, 15 novembre, 24 janvier conjointement avec l'Ange n° 16
Intellectuel : 5 h 20 à 5 h 39
Domicile : BINAH / Spécificité : HOCHMAH

18 CALIEL

- Vérité absolue
- Élimine tout doute, innocente
- Justice Divine, vision karmique
- Tribunal de conscience
- Discerne ce qui est juste
- Compréhension de l'interaction entre le bien et le mal
- Respect des Lois Divines
- Jugement parfait, honnêteté
- Juge, avocat, notaire, magistrat
- Intégrité, amour de la justice
- Découvre la Vérité d'En Haut, retrouve la source d'élévation
- Capacité à deviner les intentions

Distorsions
- *Condamnation*
- *Monnaye la justice*
- *Cherche à gagner et à s'enrichir, rivalise*
- *Faux témoin, fausse preuve, flatterie*
- *Procès injuste, adversité*
- *Scandale, bassesse, corruption, malhonnêteté, fausseté*
- *Situation confuse et embrouillée*
- *S'éloigne de la Vérité, période ténébreuse*

Physique : 16 juin au 21 juin
Émotionnel : 7 avril, 21 juin, 4 septembre, 16 novembre, 25 janvier
Intellectuel : 5 h 40 à 5 h 59
Domicile : BINAH / Spécificité : BINAH

19 LEUVIAH
- Intelligence expansive
- Mémoire des vies antérieures, Mémoire Cosmique
- Capacité de mémorisation prodigieuse
- Porte de la mémoire, gardien des archives de DAATH (Bibliothèque Universelle)
- Maîtrise des sentiments par la raison, grande patience
- État d'âme communicatif, modestie, mentalité généreuse
- Permet de supporter l'adversité avec patience et acceptation
- Disponibilité à aider celui ou celle qui en a besoin

Distorsions
- *Perte des facultés intellectuelles*
- *Souvenirs inutiles, amnésie, trous de mémoire*
- *Atrocités commises dans des vies passées*
- *Chagrin, mortification, stérilité, esprit borné, méfiance*
- *Tristesse, morosité, désespoir, attitude plaintive*
- *Fait subir des pertes, induit l'amertume, personne compliquée*
- *Accuse et culpabilise les autres*
- *Manipule en utilisant les désirs, tente d'impressionner*
- *Absence de chaleur humaine, incapacité à exprimer des sentiments*
- *Met l'intelligence au service des forces obscures*

Physique : 22 juin au 26 juin
Émotionnel : 8 avril, 22 juin, 5 septembre, 17 novembre, 26 janvier
Intellectuel : 6 h 00 à 6 h 19
Domicile : BINAH / Spécificité : HÉSED

20 PAHALIAH
- Délivrance
- Transcendance de la sexualité
- Éveil de la kundalini, de l'énergie vitale
- Sujets concernant la spiritualité et la morale
- Connaissance du bien et du mal
- Pureté, consent à des sacrifices pour évoluer
- Rectification des erreurs commises par des désirs exaltés
- Établit des règles dans le comportement instinctuel, rigueur
- Traverse les épreuves avec courage et dynamisme
- Comportement moral irréprochable, grand initié
- Rédemption, rencontre avec le Moi Supérieur
- Vie spirituelle harmonieuse

Distorsions
- *Abus et gaspillage sexuels*
- *Libertinage, liaisons passagères, prostitution*
- *Abus de pouvoir, fanatisme, violence extrême*
- *Lutte acharnée, destin difficile, rigidité*
- *Abattement, découragement, craintes, maladie*
- *Ne croit pas en une puissance supérieure, transgresse les Lois Divines*
- *Recherche de possessions matérielles*
- *Religieux à la lettre, cherche à convertir*

Physique : 27 juin au 1er juillet
Émotionnel : 9 avril, 23 juin, 6 septembre, 18 novembre, 27 janvier
Intellectuel : 6 h 20 à 6 h 39
Domicile : BINAH / Spécificité : GUÉBOURAH

21 NELKHAEL

- Facilite l'apprentissage
- Aime les études, réussit les examens
- Omniscience
- Va du concret à l'abstrait, de la réalité à l'idée
- Doué pour les sciences, la technologie et la poésie
- Compréhension de la géométrie, de l'astronomie, de l'astrologie et des mathématiques
- Inspire les savants et les philosophes
- Conscience de l'Organisation Cosmique
- Bonne concentration, élaboration du savoir
- Anticipation
- Protège contre les calomnies, les pièges et les sortilèges
- Exorcisme par la Connaissance
- Enseignant, pédagogue par excellence

Distorsions
- *Ignorance, apprend sans comprendre*
- *Recherche et utilise la Connaissance à des fins personnelles*
- *Rejet de l'apprentissage, mentalité faible, se perd dans l'abstrait*
- *Préjugés, vindicatif*
- *Constructions mentales erronées*
- *Incapable d'appliquer la Connaissance*
- *Envoûtement par manque de Connaissance*

Physique : 2 juillet au 6 juillet
Émotionnel : 10 avril, 24 juin, 7 septembre, 19 novembre, 28 janvier
Intellectuel : 6 h 40 à 6 h 59
Domicile : BINAH / Spécificité : TIPHERETH

22 YEIAYEL

- Renommée, célébrité
- Mécénat, philanthropie
- Activités politiques, artistiques et scientifiques
- Grande générosité
- Encourage la bonté
- Leader
- Commandement, diplomatie
- Fortune, commerce, altruisme
- Permet de faire des découvertes surprenantes
- Voyages

Distorsions
- *Mégalomane, tyran, profiteur*
- *Esclavage, répression*
- *Manipulation, acharnement, compétition*
- *Non reconnu, désireux d'être riche et célèbre*
- *Difficulté à se reconnaître soi-même*
- *Avide, insatiable, orgueilleux*
- *Perte*
- *Sentiments contradictoires*
- *Vie déséquilibrée, immobilisme*

Physique : 7 juillet au 11 juillet
Émotionnel : 11 avril, 25 juin, 8 septembre, 20 novembre, 29 janvier
Intellectuel : 7 h 00 à 7 h 19
Domicile : BINAH / Spécificité : NETZACH

23 MELAHEL

- Capacité de guérir
- Médecin, guérisseur, scientifique
- Connaît les propriétés des plantes médicinales
- Nourriture et culture saines
- Naturopathie, herboristerie, sciences naturelles
- Devenir soi-même une plante médicinale
- Pacifiste et apaisant
- Maîtrise ses émotions, s'adapte à toute situation
- Foi qui anticipe la Connaissance
- Protection de l'environnement, respect de la nature
- Initié aux secrets des Forces de la nature

Distorsions
- *Maladie*
- *Médecine sans conscience*
- *Pollution nuisible à la végétation et à l'environnement*
- *Sentiments et entreprises corrompus*
- *Difficulté à exprimer ce que l'on ressent et à improviser*
- *Agriculture et nourriture artificielles*
- *Esprit polluant et destructeur, pensées malsaines*

Physique : 12 juillet au 16 juillet
Émotionnel : 12 avril, 26 juin, 9 septembre, 21 novembre, 30 janvier
Intellectuel : 7 h 20 à 7 h 39
Domicile : **BINAH** / Spécificité : **HOD**

24 HAHEUIAH

- Protection
- Avertissement en cas de danger
- Honnêteté, incorruptibilité
- Bloque le mal, rend justice
- Protège les exilés et les immigrés
- Protège contre les voleurs et les assassins
- Protège contre les forces démoniaques
- Protège contre les animaux nuisibles
- Protection contre les sortilèges et les maléfices
- Permet de retourner au pays d'origine
- Sincérité, aime la vérité
- Fin d'une période difficile

Distorsions
- *Ne comprend pas le sens de l'épreuve*
- *Instabilité, incohérence, égarement*
- *Sentiment de vengeance, persécution, punition*
- *Fuite devant les responsabilités*
- *Indifférence et froideur émotionnelles*
- *Forces démoniaques*
- *Vit de moyens illicites, pose des gestes illégaux*
- *Délinquant, criminel, récolte les fruits de la violence*
- *Corruption, fraude, vol, emprisonnement*
- *Victime de la rigidité judiciaire*

Physique : 17 juillet au 22 juillet
Émotionnel : 13 avril, 27 juin, 10 septembre, 22 novembre, 31 janvier
Intellectuel : 7 h 40 à 7 h 59
Domicile : BINAH / Spécificité : YÉSOD

25 Nith-Haiah

- Porteur de la Sagesse et de l'Amour Suprêmes
- Maîtrise des forces spirituelles
- Étude de la métaphysique et de la Kabbale
- Compréhension de la notion du temps
- Entend la musique des hautes sphères
- Semblable aux Anges
- Peut tout obtenir
- Découverte des mystères cachés de la Création
- Révélations en songe et en rêve, facilite les visions
- Aide à trouver un lieu, une maison, pour méditer
- Aime la paix, la solitude et le silence, personne calme
- Magie blanche, souhait du bien-être d'autrui
- Charisme spirituel

Distorsions
- *Magie noire, pacte satanique*
- *Renonce à Dieu, athéisme*
- *Possession, ensorcellement*
- *Malheur, désespoir*
- *Intérêt matériel, égocentrisme*
- *Agité, incohérent, impatient*
- *Va à l'encontre du destin et des Lois Universelles*

Physique : 23 juillet au 27 juillet
Émotionnel : 14 avril, 28 juin, 11 septembre, 23 novembre, 1er février
Intellectuel : 8 h 00 à 8 h 19
Domicile : HÉSED / Spécificité : HOCHMAH

26 HAAIAH
- Discrétion
- Sens de l'organisation et de la famille
- Contemplation des Structures Divines
- Sciences politiques, harmonise la vie sociale
- Cohabitation pacifique, Ordre Divin
- Capacité de s'adapter à toute situation
- Attitudes scientifique et politique en accord avec la Science Divine
- Leader politique et social, catalyseur, administrateur, décideur, diplomate, ambassadeur, justicier
- Permet de savoir comment se comporter lors de situations ambiguës, cherche la vérité par le biais de la raison
- Créateur d'ambiance, moteur de l'esprit d'équipe

Distorsions
- *Indiscrétion, égocentrisme, problèmes familiaux*
- *Motivé par l'ambition et la convoitise, orgueilleux, vaniteux, jaloux, fuit ses responsabilités, son plan de vie*
- *Désir de pouvoir et de gloire terrestres, abus d'autorité et de pouvoir, esprit de compétition, passion, loi de la jungle*
- *Désordre social, anarchie, conspiration, traîtrise*
- *Impose son point de vue, n'écoute pas les autres*
- *Complexe d'infériorité ou de supériorité*
- *Conséquences négatives d'une action désordonnée*

Physique : 28 juillet au 1er août
Émotionnel : 15 avril, 29 juin, 12 septembre, 24 novembre, 2 février
Intellectuel : 8 h 20 à 8 h 39
Domicile : HÉSED / Spécificité : BINAH

27 YERATHEL
- Confiance
- Source d'Énergie Inépuisable
- Propagation de la Lumière
- Créateur d'ambiance, optimisme
- Enseignement par la parole et par l'écrit, diffusion sociale
- Civilise, sociabilité
- Libère des calomniateurs et des intentions malveillantes
- Libère en cas de possession
- Aime la justice, les sciences, les arts et la littérature
- Libère de ceux qui s'opposent à notre développement
- Disperse la confusion, conduit à la réussite

Distorsions
- *Hyperactivité*
- *Possession, esclavage*
- *Gaspillage*
- *Dépendances, habitudes perverses, fanatisme*
- *Désir compulsif de plaire, provocation*
- *Joueur compulsif*
- *Égoïsme, flatterie, emphase mise sur le paraître*
- *Loi de la jungle, méchanceté, ignorance, intolérance, calomnie*
- *Sciences, arts, littérature et musique destructives*

Physique : 2 août au 6 août
Émotionnel : 16 avril et 17 avril au matin, 30 juin, 13 septembre, 25 novembre, 3 février
Intellectuel : 8 h 40 à 8 h 59
Domicile : HÉSED / Spécificité : HÉSED

28 SEHEIAH
- Prévoyance
- Longévité heureuse
- Protection contre : foudre, chutes, accidents, incendies et maladies
- Guérison miraculeuse, réhabilitation, santé
- Protection providentielle, assurance céleste
- Accorde la sagesse *via* l'examen des expériences vécues
- Pressentiment, inspiration protectrice
- Prudence, capacité de prévoir les événements
- Grand calme

Distorsions
- *Imprévoyance, imprudence, inquiétude profonde*
- *Incohérence*
- *Chute, accident, maladie*
- *Ruine, tumulte, turbulence*
- *Déclenche des catastrophes, écervelé*
- *Anxiété, peur du futur*
- *Action irréfléchie, étourderie*
- *Énergie tourbillonnante*
- *Volonté excessive, caractère colérique*
- *Paralysie intérieure et extérieure*

Physique : 7 août au 12 août
Émotionnel : 17 avril après midi et 18 avril, 1er juillet, 14 septembre, 26 novembre, 4 février
Intellectuel : 9 h 00 à 9 h 19
Domicile : HÉSED / Spécificité : GUÉBOURAH

29 REIYEL

- Libération
- Conduit vers les hauts sommets
- Libère du mal, des sortilèges et des ensorcellements
- Non attaché au credo (n'appartient à aucun groupe religieux ni à aucune secte)
- Amélioration de la vie par la méditation et l'étude de soi
- Confiance, diffusion de la Vérité
- Citoyen libre de l'Univers, vision globale
- Science du comportement
- Recherche de la vérité, détachement matériel
- Conception, réalisation, production
- Découvre les mystères de l'Œuvre Divine par la méditation
- Établit un lien avec les guides

Distorsions
- *Situation limitative, impasse*
- *Méfiance, fanatisme, hypocrisie*
- *Propagation d'idées fausses et dangereuses*
- *Ensorcellement, mauvaises fréquentations*
- *Sectarisme, nationalisme, lutte religieuse, endoctrinement*
- *Prisonnier*
- *Opposition aux réalisations altruistes*
- *Philosophie matérialiste, plaisirs mondains*

Physique : 13 août au 17 août
Émotionnel : 19 avril, 2 juillet, 15 septembre, 27 novembre, 5 février
Intellectuel : 9 h 20 à 9 h 39
Domicile : HÉSED / Spécificité : TIPHERETH

30 OMAEL

- Multiplication
- Matérialisation, développement, expansion
- Production, réalisation, application, planification
- Patience, sens des responsabilités
- Rétablit la santé, amène la guérison, touche le corps médical
- Fécondité, naissance, touche les femmes enceintes
- Épanouissement, joie, antidépresseur vivant
- Reconstituant et tonifiant
- Patron des règnes végétal et animal
- Favorise la plantation et les récoltes
- Redécouverte de l'enfant intérieur

Distorsions
- *Stérilité, insuccès, échec répétitif*
- *Matérialisation corrompue, manque de planification et d'organisation, philosophie matérialiste*
- *Pauvreté, impatience*
- *Vivisection (dissection sur le vivant)*
- *Euthanasie, suicide, porteur de mort*
- *Génocide, extermination, expériences monstrueuses, fureur dévastatrice*
- *Tristesse, dépression, désespoir*
- *Mauvaises récoltes*

Physique : 18 août au 22 août
Émotionnel : 20 avril, 3 juillet, 16 septembre, 28 novembre, 6 février
Intellectuel : 9 h 40 à 9 h 59
Domicile : **HÉSED** / Spécificité : **NETZACH**

31 LECABEL

- Talent pour résoudre les énigmes de la vie
- Intellect puissant, lucidité, trouve des solutions pratiques
- Maîtrise des émotions par la raison
- Stratège, gestionnaire, ingénieur, architecte, agronome
- Planificateur de l'avenir, décideur, concepteur
- Étude des sciences exactes, direction d'entreprise
- Idées lumineuses et génératrices d'abondance
- Amour de l'exactitude et de la précision
- Révélation des processus cosmiques par l'observation de l'infiniment petit
- Excellence, recherche de l'ordre matériel
- Respecte les étapes et les cycles, planifie à long terme

Distorsions
- *Manipule et exploite les autres*
- *Moyens illicites, affaires louches, trafic de drogue*
- *Opportuniste, malhonnête, avare*
- *Gère de manière trop analytique, perfectionniste insatisfait*
- *Laisser-aller, gaspillage*
- *Mauvaise utilisation du capital et des ressources, pertes en affaires, faillite, problèmes insolubles, agit trop hâtivement*
- *S'attache aux résultats, possessif, force le Destin*

Physique : 23 août au 28 août
Émotionnel : 21 avril, 4 juillet et 5 juillet au matin, 17 septembre, 29 novembre, 7 février
Intellectuel : 10 h 00 à 10 h 19
Domicile : **HÉSED** / Spécificité : **HOD**

32 VASARIAH
- Clémence
- Droiture, bienveillance, magnanimité
- Permet de se libérer du sentiment de culpabilité
- Noblesse, sens élevé de la justice
- Compréhension du sens de l'épreuve
- Pardon naturel
- Juge, magistrat, avocat
- Don oratoire
- Modestie, amabilité
- Mémoire, Connaissance du bien et du mal
- Mentalité généreuse, bonté

Distorsions
- *Vengeance*
- *Injuste, ignoble, rancunier*
- *Culpabilité, accusation, condamnation*
- *Fuite face aux responsabilités, difficulté à discerner le bien du mal*
- *Résiste à évoluer, nourrit des intentions nuisibles aux autres*
- *Puritain, moraliste, influence néfaste*
- *Maladie pouvant s'aggraver*
- *Focalise sur les mauvais souvenirs*
- *Présomptueux, mal élevé*
- *Orgueilleux, matérialiste*

Physique : 29 août au 2 septembre
Émotionnel : 22 avril, 5 juillet après midi et 6 juillet, 18 septembre, 30 novembre, 8 février
Intellectuel : 10 h 20 à 10 h 39
Domicile : HÉSED / Spécificité : YÉSOD

33 YEHUIAH

- Subordination
- Capable de supporter de hautes tensions, Haute Initiation
- Lâcher prise, écarte les confrontations
- Fidèle à ce qui est supérieur, honnête
- Capacité de reconnaître la véritable hiérarchie
- Conscience de sa place dans l'Ordre Cosmique
- Permet de démasquer les traîtres et de découvrir les machinations
- Soutient les initiatives altruistes, induit le sens du devoir
- Donne lieu à des découvertes scientifiques
- Personne de confiance
- Engagement, contrat, alliance, association philanthropique

Distorsions
- *Insubordination, rébellion, agressivité*
- *Ne supporte pas la hiérarchie, écarté des postes de commande*
- *Affronte les ordres d'En Haut*
- *Perversité, désirs multiples, manque de fermeté morale*
- *Marginal, conquête de l'inutile, abandon*
- *Conflit, trahison inscrite dans le code génétique, dans l'inconscient*
- *Mépris*
- *Sentiment de supériorité ou d'infériorité*
- *Plaisirs mondains*

Physique : 3 septembre au 7 septembre
Émotionnel : 23 avril, 7 juillet, 19 septembre, 1er décembre, 9 février
Intellectuel : 10 h 40 à 10 h 59
Domicile : GUÉBOURAH / Spécificité : HOCHMAH

34 LEHAHIAH

- Obéissance
- Fidèle serviteur
- Confiance et faveur des supérieurs
- Discipline, sens de l'ordre
- Fidélité, dévouement, action altruiste
- Soumis aux Lois Divines et à l'autorité qui les représente
- Consacre sa vie au service d'un ordre établi (ministre, chef de gouvernement, président, directeur)
- À l'aise dans l'ambiguïté, intelligence, paix, harmonie
- Obéissance sans forcément comprendre
- Compréhension de la Justine Divine
- Incorruptible, intègre, responsable
- Accepte la rigueur de sa destinée sans protester

Distorsions
- *Désobéissance*
- *Lois injustes, autoritarisme, dictature*
- *Manque d'autorité, incompréhension*
- *Esprit compétitif, opposition, contredit pour avoir raison*
- *Violence, colère dangereuse, traîtrise, déclenche la ruine*
- *Rébellion, conflit avec ses supérieurs, frustration*
- *Guerre, rigidité, discorde*
- *Nature émotive, tendance à se révolter contre les lois*
- *Absence de réceptivité, impulsivité, rejet*

Physique : 8 septembre au 12 septembre
Émotionnel : 24 avril, 8 juillet, 20 septembre et 21 septembre au matin, 2 décembre, 10 février
Intellectuel : 11 h 00 à 11 h 19
Domicile : GUÉBOURAH / Spécificité : BINAH

35 CHAVAKHIAH

- Réconciliation
- Relations familiales harmonieuses
- Fidélité récompensée, services appréciés
- Capacité de faire émerger la Sagesse ancestrale
- Sciences humaines et sociales
- Médiateur, conciliateur
- Héritage, partage des biens, donations
- Retour au paradis perdu
- Rapproche les êtres, renoue les liens
- Aime la paix

Distorsions
- *Problèmes familiaux*
- *Discorde*
- *Procès injuste*
- *Offense*
- *Ruine*
- *Attachement au passé*
- *Raciste, nationaliste, sectaire, borné*
- *Égoïsme*
- *Désorganisation et désordres sociaux*

Physique : 13 septembre au 17 septembre
Émotionnel : 25 avril, 9 juillet, 21 septembre après midi et 22 septembre, 3 décembre, 11 février
Intellectuel : 11 h 20 à 11 h 39
Domicile : GUÉBOURAH / Spécificité : HÉSED

36 MENADEL
- Travail
- Serviabilité, altruisme, vocation
- Contremaître de l'Usine Divine
- Aide à trouver un emploi
- Procure des moyens de subsistance
- Liberté et vérité trouvées dans le travail
- Travail intérieur, facilite l'adaptation
- Libère les prisonniers et les exilés
- Compréhension du travail
- Procure la volonté pour se mettre au travail
- Récupération de son propre potentiel
- Dévouement

Distorsions
- *Philosophie matérialiste*
- *Esclavage*
- *Perte d'emploi, difficulté à trouver un emploi*
- *Exil, fuite, paresse, évitement des responsabilités*
- *Manque d'objectifs et d'intensité, rareté des idées*
- *Personne trop affairée dans la matière*
- *Épuisement, froideur, isolement*
- *Incompréhension du travail*
- *Force le Destin, cherche la réussite à tout prix*
- *Recherche de gloire personnelle*

Physique : 18 septembre au 23 septembre
Émotionnel : 26 avril, 10 juillet, 23 septembre, 4 décembre, 12 février
Intellectuel : 11 h 40 à 11 h 59
Domicile : GUÉBOURAH / Spécificité : GUÉBOURAH

37 ANIEL

- Brise les vieux schémas
- Changement de mentalité, nouvelles idées
- Développe une volonté d'indépendance
- Brise le cercle des dépendances
- Maîtrise face aux impulsions intellectuelles et émotionnelles
- Autonomie spirituelle
- Libère des forces négatives
- Brise le cercle des émotions qui isolent de la Pensée Cosmique
- Porteur de nouvelles sciences et de nouvelles conceptions de l'Univers
- Encourage la nouveauté

Distorsions
- *Résistance aux nouveaux courants*
- *Attachement aux structures anciennes, à ce qui est ancien*
- *Assujettissement à la matière*
- *Tourne en rond en ressassant les mêmes pensées*
- *Lutte acharnée pour maintenir le statu quo*
- *Charlatan, esprit pervers et trompeur*
- *Traditionaliste farouche*
- *Dépendances affective et matérielle*
- *Parle de ce qu'il ne connaît pas*

Physique : 24 septembre au 28 septembre
Émotionnel : 27 avril, 11 juillet, 24 septembre, 5 décembre, 13 février
Intellectuel : 12 h 00 à 12 h 19
Domicile : **GUÉBOURAH** / Spécificité : **TIPHERETH**

38 HAAMIAH

- Sens des rituels et des préparations
- Conduit vers les plus hautes réalisations humaines
- Transpose le rituel dans le quotidien
- Science du comportement, de la conduite
- Beauté, harmonie, paix
- Savoir-vivre, politesse, convivialité
- Haut lieu de transcendance
- Exorcisme
- Dissout la violence intérieure et extérieure
- Aide à trouver le parfait complément
- Histoire d'amour extraordinaire
- Rituels, cérémonies, initiation
- Adore le Divin

Distorsions
- *Cultes, rituels et cérémonies de magie noire*
- *Manque de préparation*
- *Mensonge, erreur, refus de respecter les règles*
- *Absence de spiritualité*
- *Contraire à la vérité*
- *Adorateur de monuments*
- *Démon, esprit malveillant, possession, agression, violence*
- *Manque de savoir-vivre*
- *Guidé par ses intérêts matériels, absence d'amour*

Physique : 29 septembre au 3 octobre
Émotionnel : 28 avril, 12 juillet, 25 septembre, 6 décembre, 14 février
Intellectuel : 12 h 20 à 12 h 39
Domicile : GUÉBOURAH / Spécificité : NETZACH

39 REHAEL

- **Soumission, réceptivité**
- **Parfaite soumission filiale**
- **Amour paternel**
- **Obéissance et respect**
- **Guérison des maladies mentales, des dépressions et de l'angoisse**
- **Régénération**
- **Respect de la hiérarchie**

Distorsions
- *Insoumission, rébellion*
- *Absence de respect pour la hiérarchie*
- *Manque d'écoute et de réceptivité*
- *Crime contre les parents et les enfants*
- *Projections des parents sur leurs enfants, de ce qu'ils n'ont pas réussi*
- *Violence, haine, cruauté*
- *Autoritarisme*
- *Impose l'obéissance avec une sévérité cruelle*
- *Maladies mentales*
- *Problèmes émotionnels*
- *Anxiété, angoisse, dépression, suicide*

Physique : **4 octobre au 8 octobre**
Émotionnel : **29 avril, 13 juillet, 26 septembre, 7 décembre, 15 février**
Intellectuel : **12 h 40 à 12 h 59**
Domicile : **GUÉBOURAH** / Spécificité : **HOD**

40 IEIAZEL

- Consolation, réconfort
- Libère des conditionnements affectifs et des dépendances (alcool, drogue, etc.)
- Consolation après les efforts
- Restaure et revitalise le corps, aide à récupérer la pleine forme
- Empêche les débordements d'émotions
- Fin d'une période d'épreuves ou de situations difficiles, marque une nouvelle période plus facile
- Commencement d'une nouvelle création
- Réjouissance
- Délivre les prisonniers
- Touche l'écriture, les éditeurs, l'imprimerie, les libraires et la lecture
- Touche les arts : musique, peinture, etc.

Distorsions
- *Pensées pessimistes, tristesse*
- *Écrits malheureux*
- *Découragement, manque de confiance*
- *Maladie pouvant entraîner la mort*
- *Tendance à fuir la vie sociale, réclusion*
- *Musique et autres formes d'art destructrices*
- *Dépendances, passion, émotions tumultueuses*
- *Période difficile, épreuves*

Physique : **9 octobre au 13 octobre**
Émotionnel : **30 avril, 14 juillet, 27 septembre, 8 décembre, 16 février**
Intellectuel : **13 h 00 à 13 h 19**
Domicile : **GUÉBOURAH** / Spécificité : **YÉSOD**

41 HAHAHEL

- **Mission**
- **Fidèle serviteur**
- **Donne inconditionnellement**
- **Berger des âmes, missionnaire**
- **Vocation en rapport avec la spiritualité**
- **Attise la foi**
- **Richesse spirituelle**
- **Non attachement aux mondanités**
- **Agit dans l'invisible de manière impersonnelle et détachée**
- **Prévient des ennemis de la spiritualité**
- **Révèle le Dieu Universel**
- **Capacité de se sacrifier, grandeur d'âme**

Distorsions
- *Cherche à convaincre*
- *S'identifie aux martyrs, se sent persécuté*
- *Combat ce qu'il ne peut pas être*
- *Comportement scandaleux*
- *Échoue dans ses projets*
- *Fausse vertu, basée sur l'apparence seulement*
- *Renie sa Divinité*
- *Ennemi de la spiritualité*
- *Moquerie, mépris, haine*
- *Inquisition, extrémisme religieux*

Physique : 14 octobre au 18 octobre
Émotionnel : 1er mai, 15 juillet, 28 septembre, 9 décembre, 17 février
Intellectuel : 13 h 20 à 13 h 39
Domicile : TIPHERETH / Spécificité : HOCHMAH

42 MIKAEL

- Ordre politique
- Instaure sur la Terre les Lois du Ciel
- Procure la lucidité
- Démasque les traîtres
- Permet de découvrir les secrets, les mystères
- Autorité naturelle, obéissance, fidélité
- Président, chef, responsable, ministre, ambassadeur, consul
- Enseignant
- Sécurité et protection lors de voyages
- Protège contre les accidents
- Succès dans les relations extérieures
- Instruit pendant la nuit
- Instaure la monarchie absolue de l'Esprit

Distorsions

- *Système démocratique qui légalise l'expression des bas instincts*
- *Double jeu, gouvernement corrompu*
- *Profère des paroles qui ne correspondent pas à la Pensée Divine*
- *Trahison des idéaux, propagateur de fausses nouvelles*
- *Conspiration, traîtrise, mensonge, calomnie, diffamation*
- *Accident*
- *Désordre politique et social*

Physique : 19 octobre au 23 octobre
Émotionnel : 2 mai, 16 juillet, 29 septembre, 10 décembre, 18 février
Intellectuel : 13 h 40 à 13 h 59
Domicile : TIPHERETH / Spécificité : BINAH

43 VEULIAH

- Prospérité
- Richesse, abondance, joie, enrichit la conscience
- Abondance de sentiments nobles
- Fin stratège pour vaincre les ennemis intérieurs et extérieurs
- Utilisation altruiste des biens personnels
- Fait tout fructifier, rend service aux autres
- Autorité naturelle, confiance de la part des supérieurs
- Ouverture de conscience qui libère des motivations obscures et des habitudes vicieuses et pernicieuses
- Paix, plénitude
- Prépare le futur patronat
- Donne inconditionnellement

Distorsions
- *Prospérité artificielle et illusoire, philosophie matérialiste*
- *Discorde, pauvreté, insécurité profonde*
- *Gaspillage d'argent et d'énergie, recherche de paradis artificiels*
- *Avarice, abus de pouvoir, lutte existentielle*
- *Division, séparatisme, guerre, révolution, destruction*
- *Richesse recherchée et obtenue par des moyens illicites*
- *Inquiétude face à l'avenir*

Physique : 24 octobre au 28 octobre
Émotionnel : 3 mai, 17 juillet, 30 septembre, 11 décembre, 19 février
Intellectuel : 14 h 00 à 14 h 19
Domicile : TIPHERETH / Spécificité : HÉSED

44 YELAHIAH

- Guerrier de Lumière
- Protecteur Universel
- Application de la Justice Divine
- Capacité de résoudre les conflits créés par notre comportement, aide dans les initiations
- Talent militaire au service des justes causes
- Vie orientée vers la liquidation des dettes karmiques
- Fait remporter la victoire et installe la paix
- Franc, loyal, courageux, brave
- Succès dans les entreprises
- Sagesse acquise

Distorsions
- *Extrémiste, terroriste*
- *Guerre, fléau*
- *Agressif, vindicatif, brutal*
- *Forces démoniaques*
- *Massacre et traitement impitoyable de prisonniers*
- *Criminel, malfaiteur*
- *Fait de la prison*
- *Injustice*
- *Tendance au surmenage*

Physique : 29 octobre au 2 novembre
Émotionnel : 4 mai, 18 juillet, 1er octobre, 12 décembre, 20 février
Intellectuel : 14 h 20 à 14 h 39
Domicile : TIPHERETH / Spécificité : GUÉBOURAH

45 SEALIAH

- Motivation
- Volonté retrouvée, concentration
- Ardeur, enthousiasme, espoir
- Ressort, réveil, moteur de l'Univers qui réveille les endormis
- Redémarre ce qui est embourbé
- Redonne l'espoir aux humiliés et aux déchus
- Confond les orgueilleux et les vaniteux
- Exalte la conscience
- Retour à l'équilibre de la force vitale
- Porteur de santé et de guérison
- Patron des quatre éléments : feu, air, eau, terre

Distorsions
- *Manque de motivation et d'enthousiasme*
- *Orgueilleux, vaniteux, excessif*
- *Imbu, despote, difficile à vivre*
- *Déséquilibre et excès des éléments naturels (tremblements de terre, inondations, tornades, sécheresses, éruptions volcaniques, catastrophes naturelles) et de leurs correspondants au plan intérieur*
- *Difficulté à vivre, épreuves*
- *Force le Destin, manque de maîtrise*

Physique : 3 novembre au 7 novembre
Émotionnel : 5 mai, 19 juillet, 2 octobre, 13 décembre, 21 février
Intellectuel : 14 h 40 à 14 h 59
Domicile : **TIPHERETH** / Spécificité : **TIPHERETH**

46 ARIEL

- Perception révélatrice, médiumnité
- Découverte de trésors cachés
- Découverte des secrets de la nature
- Reconnaissance, gratitude
- Subtilité, discrétion
- Porteur d'idées nouvelles, inventeur
- Rêves et songes révélateurs
- Clairvoyance, clairsentience, clairaudience
- Découverte de secrets philosophiques qui amènent à réorienter sa vie

Distorsions
- *Médiumnité sans pureté*
- *Fausse perception*
- *Mentalité faible*
- *Incohérence, indécision, comportement insensé, tribulations*
- *Timidité maladive*
- *Problèmes insolubles*
- *Activité inutile*

Physique : **8 novembre au 12 novembre**
Émotionnel : **6 mai, 20 juillet, 3 octobre, 14 décembre, 22 février**
Intellectuel : **15 h 00 à 15 h 19**
Domicile : **TIPHERETH** / Spécificité : **NETZACH**

47 ASALIAH

- Contemplation
- Glorification du Divin, expérience mystique
- Perspective globale, vision d'ensemble
- Contemple d'un point de vue élevé
- Synthétise facilement l'information
- Initié, facultés supranormales
- Pédagogue, instructeur, professeur
- Psychologue
- Trouve la Vérité dans les petites choses du quotidien
- Révélation des processus cosmiques
- Génie créateur, stratège, talent de planificateur
- Rayonne par le discernement et l'intégrité, intuitif, équilibré
- Grand intérêt pour l'ésotérisme

Distorsions
- *Action immorale et scandaleuse*
- *Vérité inversée, malhonnêteté, charlatan, faux professeur*
- *Fausses croyances, enseignement de systèmes erronés et dangereux, idolâtrie*
- *Dissèque et analyse de façon exagérée*
- *Mensonge, erreur d'appréciation, ignorance*
- *S'attribue l'incarnation de personnages illustres*
- *Abus et gaspillage sexuels*

Physique : 13 novembre au 17 novembre
Émotionnel : 7 mai, 21 juillet, 4 octobre, 15 décembre, 23 février
Intellectuel : 15 h 20 à 15 h 39
Domicile : TIPHERETH / Spécificité : HOD

48 MIHAEL

- Fécondité
- Harmonie et paix conjugales
- Mariage, fidélité conjugale
- Réconciliation, fusion des pôles masculin et féminin
- Reproduction, croissance
- Aide à engendrer une grande âme
- Destin facile au plan des associations et des partenariats
- Don de clairvoyance, amélioration de la perception
- Paix intérieure et extérieure
- Aide à matérialiser les Intentions Divines
- Protection providentielle

Distorsions
- *Discorde entre conjoints, jalousie*
- *Stérilité*
- *Inconstance, désaccord, infidélité*
- *Crainte de perdre l'autre, possessivité, asservissement, machisme*
- *Recherche du plaisir des sens pour compenser l'absence de vie spirituelle, luxure, passion*
- *Entreprise infructueuse*
- *Revendication de la place de l'autre, compétition*
- *Sentiments d'attraction et de répulsion*
- *Relations multiples, prostitution, libertinage*

Physique : 18 novembre au 22 novembre
Émotionnel : 8 mai, 22 juillet, 5 octobre, 16 décembre, 24 février
Intellectuel : 15 h 40 à 15 h 59
Domicile : TIPHERETH / Spécificité : YÉSOD

49 Vehuel

- Élévation vers la grandeur et la sagesse
- Sert à s'exalter et à glorifier le Divin
- Illumination
- Détachement de la matière
- S'élève dans le service
- Touche les grands personnages
- Élabore le germe de la pensée humaine
- Mentalité sensible et généreuse
- Source d'inspiration
- Altruisme, diplomatie
- Éloigne de l'emprise des désirs instinctifs
- Sentiments de fraternité, aide humanitaire
- Aspiration à ce qui est élevé
- Grand écrivain
- Grand dévouement pour les autres

Distorsions
- *Abaissement, asservissement aux impulsions matérielles*
- *Égoïsme, absence de principes, hypocrisie*
- *S'oppose aux sentiments de fraternité*
- *Écrivain critique, personne qui a une influence négative*
- *Passion, haine*
- *Fuite*
- *Peur de la matière*

Physique : 23 novembre au 27 novembre
Émotionnel : 9 mai, 23 juillet, 6 octobre, 17 décembre, 25 février
Intellectuel : 16 h 00 à 16 h 19
Domicile : NETZACH / Spécificité : HOCHMAH

50 DANIEL

- Éloquence, don oratoire
- Exprimer les choses de façon belle et agréable
- Parler avec art pour ne blesser personne
- Discours qui atténue la sévérité d'une vérité tranchante
- Bonté, beauté, harmonie
- Aide à voir clair
- Aide à voir les événements tels qu'ils sont et à prendre les décisions les plus appropriées
- Permet de se détacher de la matière afin de percevoir la vérité dans son essence
- Capacité de matérialiser les pensées à travers les actes
- Discours, chant

Distorsions
- *Éloquence orientée vers l'obtention de bénéfices personnels*
- *Enjôleur, trompeur*
- *Parle bien pour embobiner les crédules, les naïfs*
- *Difficultés d'élocution*
- *Dégénérescence du langage*
- *Égoïsme*
- *Affaire louche, manigance*
- *Vivre de moyens illicites*
- *Manipuler en s'assurant l'appui de personnes influentes*

Physique : 28 novembre au 2 décembre
Émotionnel : 10 mai, 24 juillet, 7 octobre, 18 décembre, 26 février
Intellectuel : 16 h 20 à 16 h 39
Domicile : NETZACH / Spécificité : BINAH

51 Hahasiah

- Médecine universelle
- Bonté infinie, service inconditionnel
- Capacité de compréhension
- Apporte la guérison définitive par la compréhension
- Permet de déceler et d'identifier la cause des maux
- Grand guérisseur, porteur de remèdes universels
- Accorde la pierre philosophale
- Patron de la Haute Science
- Donne la vérité essentielle qui mène à la compréhension de la dynamique de l'Univers
- Expert en connaissances ésotériques : Kabbale, alchimie, métaphysique, etc.
- Véritable mage, âme élevée

Distorsions
- *Monnaye la médecine*
- *Charlatan, ne tient pas ses promesses*
- *Enjôleur*
- *Abuse de la bonne foi des autres*
- *Trompeur, manipulateur*
- *Victime d'escroquerie*
- *Illusion*
- *Science sans conscience*
- *Recherche de pouvoir, ambition*

Physique : 3 décembre au 7 décembre
Émotionnel : 11 mai, 25 juillet et 26 juillet matin, 8 octobre, 19 décembre, 27 février
Intellectuel : 16 h 40 à 16 h 59
Domicile : NETZACH / Spécificité : HÉSED

52 IMAMIAH

- Facilité à reconnaître ses erreurs
- Permet d'expier, de payer, de réparer ses erreurs (ses karmas)
- Exécution aisée des travaux difficiles
- Soutien lors de moments pénibles
- Vie sociale harmonieuse
- Ardeur, force, grande vigueur
- Fait la paix avec ses ennemis
- Libère des prisons intérieures
- Fidèle serviteur
- Patience, courage
- Humilité, simplicité

Distorsions
- *Vie affective instable et tumultueuse*
- *Compétition amoureuse*
- *Relation passionnée, désirs pervers*
- *Aversion, bagarre, querelle, grossièreté*
- *Excès d'émotivité, volonté excessive*
- *Méchanceté due à la non reconnaissance de ses erreurs, de ses offenses et de ses méfaits*
- *Aggrave son karma, destin difficile*
- *Esprit conflictuel et rebelle*
- *Orgueil, blasphème, rivalité et animosité*

Physique : 8 décembre au 12 décembre
Émotionnel : 12 mai, 26 juillet après midi et 27 juillet, 9 octobre, 20 décembre, 28 février et 29 février
Intellectuel : 17 h 00 à 17 h 19
Domicile : NETZACH / Spécificité : GUÉBOURAH

53 NANAEL

- Communication spirituelle
- Inspire à la méditation
- Connaissance des sciences abstraites, de la philosophie
- S'intéresse à la vie spirituelle et à l'enseignement
- Fasciné par la contemplation des Mondes Supérieurs
- Mysticisme
- Aime la solitude et les états méditatifs
- Facilite la communication avec le Divin

Distorsions
- *Refuse la Connaissance spirituelle*
- *Ignorance*
- *Se trompe souvent*
- *Apprend difficilement*
- *Peut entrer dans les ordres par peur d'affronter la vie*
- *Difficulté à réaliser ses objectifs et à communiquer*
- *Peur face aux tâches quotidiennes*
- *Sentiment d'échec*
- *Enseigne la spiritualité sans avoir acquis la Connaissance*
- *Recherche de pouvoir spirituel*
- *Humeur mélancolique, isolement*
- *Célibat égoïste*
- *Difficulté à vivre en couple*

Physique : 13 décembre au 16 décembre
Émotionnel : 13 mai, 28 juillet, 10 octobre, 21 décembre, 1er mars
Intellectuel : 17 h 20 à 17 h 39
Domicile : NETZACH / Spécificité : TIPHERETH

54 NITHAEL
- Éternelle jeunesse
- Beauté, grâce, raffinement
- Hospitalité, accueil chaleureux
- Talents artistiques et esthétiques
- Célébrité, prestige
- Fraîcheur de l'enfance
- Guérison
- Légitimité successorale
- Synchronicité, stabilité

Distorsions
- *Séduction à des fins personnelles*
- *Axé sur la beauté extérieure et sur le paraître*
- *Luxure, ambition, idolâtrie*
- *Illégitimité*
- *Renversement, conspiration permanente*
- *Attitude qui ne correspond pas aux paroles*
- *Maladie, accident, ruine*
- *Situation instable*
- *Prend pour acquis*
- *Peur de vieillir*
- *Boulimie, anorexie*
- *Sentiment d'infériorité ou de supériorité*

Physique : 17 décembre au 21 décembre
Émotionnel : 14 mai, 29 juillet, 11 octobre, 22 décembre, 2 mars
Intellectuel : 17 h 40 à 17 h 59
Domicile : NETZACH / Spécificité : NETZACH

55 MEBAHIAH

- Lucidité intellectuelle
- Idées claires qui permettent la bonté et la bienveillance
- Compréhension par les sens
- Ajuste et réglemente les désirs
- Harmonisation du comportement
- Sens du devoir et des responsabilités
- Ouvre le cœur avec discernement
- Consolation qui naît de la compréhension
- Communique le mystère de la Morale à l'intellect
- Expérience spirituelle profonde et mystique
- Exemple de Morale, conduite exemplaire, engagement

Distorsions
- *Logique excessive, esprit d'analyse desséchant*
- *Manque de lucidité, opacité mentale*
- *Mensonge*
- *Détruit la spiritualité*
- *Contre les principes de la Morale*
- *Ne s'intéresse qu'aux choses matérielles*
- *Échec*
- *Négation de tout élan sentimental*
- *Méfiance, combat les pensées positives*
- *Perfectionniste insatisfait*
- *Personne capricieuse*

Physique : 22 décembre au 26 décembre
Émotionnel : 15 mai, 30 juillet, 12 octobre, 23 décembre, 3 mars
Intellectuel : 18 h 00 à 18 h 19
Domicile : NETZACH / Spécificité : HOD

56 POYEL

- Fortune, soutien
- Modestie, simplicité, altruisme
- Apporte les cadeaux de la Providence
- Fortune sur tous les plans
- Créateur d'idées et d'ambiance
- Renom et célébrité dans l'humilité
- Santé, talents
- Estimé de tous
- Facilité d'élocution, s'exprime clairement et simplement
- Humeur agréable
- Espoir, optimisme
- Humour

Distorsions
- *Pauvreté*
- *Orgueil, mauvaise humeur, ambition*
- *Problèmes d'élocution*
- *Veut s'élever au-dessus des autres*
- *Sentiment d'infériorité ou de supériorité*
- *Personne excessive, gaspillage, plaisirs mondains*
- *Mauvaise utilisation des ressources*
- *Maladie*
- *Vantardise, étalage de la richesse matérielle*
- *Abaisse les autres, critique, polémique, inhibition, médiocrité*

Physique : 27 décembre au 31 décembre
Émotionnel : 16 mai, 31 juillet, 13 octobre, 24 décembre, 4 mars
Intellectuel : 18 h 20 à 18 h 39
Domicile : NETZACH / Spécificité : YÉSOD

57 Nemamiah

- Discernement
- Procure le sens de l'action
- Dévoile la cause des problèmes
- Libère les prisonniers
- Renonce aux privilèges matériels pour se vouer à sa mission
- Génie de stratège, force de décision
- Grandeur d'âme
- Dévouement aux grandes causes par ses idées
- Compréhension du plan de vie
- Mental privilégié, pouvoir d'anticipation

Distorsions
- *Mentalité sombre et sans principes*
- *Vie embrouillée et obscure*
- *Problèmes relationnels*
- *Désaccord*
- *Trahison, lâcheté*
- *Indécis, irrésolu*
- *Reste endormi dans la routine*
- *Ne s'engage pas dans l'action*
- *Prisonnier dans la psyché*
- *Fuit l'expérimentation et le concret*
- *Maladie et fatigue chroniques*

Physique : 1er janvier au 5 janvier
Émotionnel : 17 mai, 1er août, 14 octobre, 25 décembre, 5 mars
Intellectuel : 18 h 40 à 18 h 59
Domicile : **HOD** / Spécificité : **HOCHMAH**

58 YEIALEL

- Force mentale
- Discerne avec rigueur
- Développe les facultés mentales
- Avisé, fait preuve de logique et de patience
- Aptitude à se concentrer, recherche de précision
- Force bénéfique à l'utilisation des ordinateurs et à la programmation
- Personne lucide, qui voit clair et qui maîtrise ses pouvoirs
- Maîtrise les passions et les impulsions émotives
- Franchise, bravoure
- Sens de la justice et de l'ordre, rigueur, loyauté inconditionnelle

Distorsions
- *Ruse, impose ses idées*
- *Obstination, entêtement*
- *Morosité, tristesse, pessimisme*
- *Crime*
- *Abus de pouvoir, colère*
- *Rigidité*
- *Illogisme*
- *Mensonge, trahison*
- *Vindicatif, vengeur, sévère*
- *Mauvaises intentions*
- *Manipulateur*

Physique : 6 janvier au 10 janvier
Émotionnel : 18 mai, 2 août, 15 octobre, 26 décembre, 6 mars
Intellectuel : 19 h 00 à 19 h 19
Domicile : HOD / Spécificité : BINAH

59 HARAHEL

- Richesse intellectuelle
- Diffuse le bien, la beauté et la vérité
- Intelligence équilibrée en affaires et dans tous les domaines
- Aime s'instruire
- Fécondité intellectuelle
- Enfants soumis et respectueux envers leurs parents
- Apprend avec facilité
- Intelligence pratique
- Peut faire fortune grâce à ses qualités intellectuelles
- Écriture, journalisme, édition et imprimerie

Distorsions
- *Aberration intellectuelle*
- *Écrits destructeurs, diffusion et influence négatives pour l'humanité*
- *Opacité mentale, incompréhension*
- *Stérilité*
- *Enfants rebelles et irrespectueux*
- *Incendie, brûle tout sur son passage*
- *Ennemi de la Lumière*
- *Projets voués à l'échec*
- *Manipulation médiatique à des fins personnelles*
- *Fraude*

Physique : 11 janvier au 15 janvier
Émotionnel : 19 mai et 20 mai au matin, 3 août, 16 octobre, 27 décembre (avec l'Ange n° 60 le soir), 7 mars
Intellectuel : 19 h 20 à 19 h 39
Domicile : **HOD** / Spécificité : **HÉSED**

60 MITZRAEL
- Réparation
- Compréhension de l'obéissance et de l'autorité
- Rectification
- Facilite l'exercice de la psychologie et de la psychiatrie
- Guérison des maladies mentales
- Réparation par la conscientisation
- Travail et harmonisation intellectuels
- Simplicité

Distorsions
- *Insubordination, désobéissance*
- *Persécution*
- *Chacun pour soi*
- *Révolte*
- *Maladies mentales : folie, schizophrénie, etc.*
- *Vindicatif, critiqueur, compliqué*
- *Fatigue chronique et migraine*

Physique : 16 janvier au 20 janvier
Émotionnel : 20 mai après midi et 21 mai, 4 août, 17 octobre, 27 décembre (avec l'Ange n° 59 le jour), 8 mars
Intellectuel : 19 h 40 à 19 h 59
Domicile : HOD / Spécificité : GUÉBOURAH

61 UMABEL

- Amitié, affinité
- Étude des résonances
- Aide à pénétrer le subconscient pour connaître ses vraies motivations
- Physique, astronomie, astrologie
- Fait comprendre les analogies entre l'Univers et le monde terrestre
- Dévoile les secrets des règnes minéral, végétal et animal
- Aide à développer la conscience
- Capacité d'enseigner ce qu'on a appris
- Instructeur, enseignant
- Connaître l'inconnu par le connu

Distorsions
- *Libertinage*
- *Cœur solitaire*
- *Problèmes avec la mère*
- *Retour au passé, nostalgie, solitude*
- *Narcissisme*
- *Marginalité, agit contre l'ordre naturel*
- *Problèmes de drogue*
- *Science sans conscience*
- *Faux professeur*

Physique : 21 janvier au 25 janvier
Émotionnel : 22 mai, 5 août, 18 octobre, 28 décembre, 9 mars
Intellectuel : 20 h 00 à 20 h 19
Domicile : HOD / Spécificité : TIPHERETH

62 IAHHEL
- Connaissance retrouvée
- Philosophe, mystique
- Illumination
- Procure la Sagesse et le sens des responsabilités
- Bénéfique aux retraites, facilite l'intériorisation
- Modestie, douceur
- Solitude, tranquillité
- Favorise la rencontre d'un homme et d'une femme
- Paiement des dettes karmiques
- Pacifisme
- Affine les sens jusqu'aux plus subtils (clairvoyance, clairsentience, clairaudience)

Distorsions
- *S'approprie la Connaissance*
- *Escroc, faux savant*
- *Scandale, luxe, ambition*
- *Besoin de plaisir*
- *Inconstance*
- *Divorce, désunion*
- *Utilisation du savoir uniquement pour des buts matériels*
- *Vanité*
- *Agitation, agressivité*
- *Besoin de l'approbation des autres*
- *Isolement*

Physique : 26 janvier au 30 janvier
Émotionnel : 23 mai, 6 août, 19 octobre, 29 décembre, 10 mars
Intellectuel : 20 h 20 à 20 h 39
Domicile : HOD / Spécificité : NETZACH

63 ANAUEL

- Perception de l'unité
- Succès dans les relations humaines
- Initiateur de projets et d'entreprises vouées au service du Divin
- Maîtrise des émotions
- Sens de l'organisation et de l'altruisme
- Administrateur, coordonnateur, planificateur
- Commerçant, banquier, agent d'affaires
- Visionnaire, industriel
- Facilite la communication, intelligence pratique, logique
- Vision globale des événements
- Citoyen de l'Univers

Distorsions
- *Ne croit pas en une puissance supérieure*
- *Manque de bon sens et de vision*
- *Excès de prodigalité (dépense plus qu'il ne possède)*
- *Ruine, gaspillage*
- *Faux raisonnement, manipulé par les désirs*
- *Esprit exclusivement rationnel*
- *Froide appréciation*
- *Esprit critique et limité*

Physique : 31 janvier au 4 février
Émotionnel : 24 mai, 7 août, 20 octobre, 30 décembre, 11 mars
Intellectuel : 20 h 40 à 20 h 59
Domicile : HOD / Spécificité : HOD

64 MEHIEL

- Vivification, inspiration
- Vie intense et féconde
- Antidote contre les forces de l'abîme
- Touche les écrits, l'édition, l'imprimerie, les maisons de diffusion, les librairies et les orateurs
- Force bénéfique à l'activité intellectuelle, aux ordinateurs et à la programmation
- Développement technologique
- Touche les émissions de télévision et de radio
- Développe les facultés mentales en harmonie avec l'imagination
- Aide à réfléchir sur l'expérience personnelle et à la comprendre

Distorsions
- *Manque d'inspiration*
- *Contradiction, critique, polémique*
- *Déformation de la réalité et complaisance dans l'illusion*
- *Tyrannie, oppression, fausseté*
- *Destructif, force le Destin*
- *Ne comprend pas la mise en scène de sa propre existence*
- *Mégalomanie*
- *Excès de rationalité*
- *Joue un rôle, manque d'authenticité*
- *Problème de personnalité*

Physique : 5 février au 9 février
Émotionnel : 25 mai, 8 août, 21 octobre, 31 décembre, 12 mars
Intellectuel : 21 h 00 à 21 h 19
Domicile : HOD / Spécificité : YÉSOD

65 DAMABIAH
- Fontaine de Sagesse
- Pureté, douceur, bonté
- Rayonne les grandes valeurs spirituelles telles que l'altruisme, le dévouement, la générosité, le non attachement et l'amour inconditionnel
- Fait avancer par la voie facile
- Réussite dans les entreprises utiles à la communauté
- Lié à l'eau (mer, fleuve, source), émotions et sentiments
- Personne providentielle qui peut résoudre des situations compromises

Distorsions
- *Tempête, naufrage*
- *Émotions tumultueuses*
- *Colère, agressivité*
- *Sentiments instables, puritanisme*
- *Amène la fatalité*
- *Manque de générosité*
- *Comportements excessifs, compulsions*

Physique : 10 février au 14 février
Émotionnel : 26 mai, 9 août, 22 octobre, 1er janvier, 13 mars
Intellectuel : 21 h 20 à 21 h 39
Domicile : **YÉSOD** / Spécificité : **HOCHMAH**

66 MANAKEL
- Connaissance du bien et du mal
- Stabilité, confiance
- Haute moralité
- Apaise l'être, guérit les maladies
- Amabilité, bienveillance
- Libère le potentiel enfoui dans nos profondeurs
- Rêves, songes, Haute Initiation
- Réunification des qualités du corps et de l'âme

Distorsions
- *Manipulateur dangereux et machiavélique*
- *Perturbations physiques et morales*
- *Recherche des jouissances uniquement matérielles et du prestige social*
- *Sans principes ni valeurs altruistes*
- *Pour une femme : manifestation tardive de sa personnalité*
- *Pour un homme : rencontre tardive avec la femme*
- *Colère envers Dieu, révolte*
- *Refuse d'appliquer la Connaissance*
- *Esprit destructeur, impulsivité*
- *Ne tient pas ses promesses*
- *Amitiés dangereuses*

Physique : 15 février au 19 février
Émotionnel : 27 mai, 10 août, 23 octobre, 2 janvier, 14 mars
Intellectuel : 21 h 40 à 21 h 59
Domicile : YÉSOD / Spécificité : BINAH

67 EYAEL

- Sublimation
- Science des mélanges et des échanges
- Transsubstantiation (changement d'une substance en une autre)
- Histoire universelle
- Changement, mutation, métamorphose, transfiguration, transfert
- Art culinaire, peinture, musique
- Capacité de déceler l'origine et la genèse
- Visionnaire, lecture des signes
- Vérité abstraite transformée en vérité concrète
- Étude des Hautes sciences
- Joie
- Aime la solitude

Distorsions
- *Peur des changements*
- *Erreur, préjugé, inquiétude, tristesse, isolement*
- *Propage des systèmes erronés, faux professeur*
- *Manque d'éclairage, sans morale, sans principes*
- *Passe d'une expérience à une autre sans comprendre*
- *Lourdeur, absorption par la matière, ne médite pas*
- *Nourriture artificielle*

Physique : 20 février au 24 février
Émotionnel : 28 mai, 11 août, 24 octobre, 3 janvier, 15 mars
Intellectuel : 22 h 00 à 22 h 19
Domicile : YÉSOD / Spécificité : HÉSED

68 HABUHIAH
- Guérison
- Ajuste et réglemente les désirs
- Réajustement aux Normes Divines
- Rééquilibre les déphasages et les décalages
- Amour de la nature, vie à la campagne, espaces libres
- Agriculture, récolte, expertise agricole

Distorsions
- *Terre infertile, famine*
- *Attitude anti-vie*
- *Invasion d'insectes, pollution, misères*
- *Maladies contagieuses, épidémies*
- *Double vie, décalage entre les pensées et les émotions*
- *N'est pas à sa juste place*
- *Réticence à abandonner les vieux privilèges*
- *Déphasage entre d'une part ce que l'on souhaite être et faire, et d'autre part ce que l'on est et que l'on fait*
- *Pour les femmes : tendance dominatrice*
- *Pour les hommes : tendance à se laisser dominer par les femmes*

Physique : 25 février au 29 février
Émotionnel : 29 mai, 12 août, 25 octobre, 4 janvier, 16 mars
Intellectuel : 22 h 20 à 22 h 39
Domicile : YÉSOD / Spécificité : GUÉBOURAH

69 ROCHEL

- Restitution, accorde à chacun ce qui lui revient
- Retrouve les objets perdus ou volés
- Succession, héritage
- Notaire, magistrat
- Intuition
- Étude des lois et de la Justice
- Étude de l'Histoire
- Archives et Bibliothèque Universelle (DAATH)
- Sciences pratiques et théoriques
- Recevoir et donner
- Administration, comptabilité, secrétariat
- Retrouver le Moi Divin, l'androgynie originelle
- Nettoie le contenu karmique, élimine les karmas

Distorsions
- *Appropriation de ce qui ne nous appartient pas*
- *Relations de couple basées exclusivement sur la sexualité et sur la matière, possessivité, jalousie*
- *Usurpation de biens, vol, ruse*
- *Ruine*
- *Injustice flagrante, procès qui n'en finissent plus*
- *Vampirise, prend l'énergie des autres*
- *Peur existentielle, insécurité*
- *Problèmes familiaux*
- *Manque de réceptivité ou d'émissivité*

Physique : 1er mars au 5 mars
Émotionnel : 30 mai, 13 août, 26 octobre, 5 janvier, 17 mars
Intellectuel : 22 h 40 à 22 h 59
Domicile : **YÉSOD** / Spécificité : **TIPHERETH**

70 JABAMIAH
- Alchimie
- Transforme le mal en bien
- Guérison
- Régénère, revivifie, rétablit l'harmonie
- Transforme, transmute en or spirituel
- Maîtrise les instincts
- Guide les premiers pas des défunts dans l'autre monde
- Transforme la société avec des idées lumineuses
- Aide à l'accompagnement des mourants

Distorsions
- *Blocage, rétention*
- *Tendance à s'embourber*
- *Problème d'obésité*
- *Incompréhension du bien et du mal*
- *Athéisme, incrédulité*
- *Conflit, affrontement*
- *Maladie incurable*
- *Peur des changements et de la mort*
- *Débordement, lourdeur*
- *Incapacité à se déterminer un objectif*

Physique : 6 mars au 10 mars
Émotionnel : 31 mai, 14 août, 27 octobre, 6 janvier, 18 mars
Intellectuel : 23 h 00 à 23 h 19
Domicile : YÉSOD / Spécificité : NETZACH

71 HAIAIEL
- Armes Divines
- Discernement (symbole de l'épée)
- Aura lumineuse (symbole du bouclier)
- Protection Divine pour prendre la décision la meilleure, la plus juste
- Se délivrer de ceux qui nous oppriment
- Protège et donne la victoire, la bravoure et le courage
- Développe une grande énergie
- Leadership

Distorsions
- *Terroriste, activiste*
- *Vindicatif, dictateur, tyran*
- *Discorde, trahison*
- *Fournit des armes pour tuer*
- *Porteur de contradictions intérieures*
- *Ruptures (divorce, bris de contrat, etc.)*
- *Idées criminelles, extrémisme*
- *Excès de rationalité*
- *Non respect des engagements*
- *Guerre, conflits continus*
- *Gouvernement corrompu*

Physique : 11 mars au 15 mars
Émotionnel : 1er juin, 15 août, 28 octobre, 7 janvier, 19 mars
Intellectuel : 23 h 20 à 23 h 39
Domicile : YÉSOD / Spécificité : HOD

72 Mumiah

- Renaissance
- Place le germe d'une vie nouvelle
- Compréhension de la loi de la réincarnation
- Annonce la fin d'un cycle et le début d'un nouveau
- Porteur de conclusion, aide à terminer ce que l'on a commencé
- Réalisation concrète, matérialisation
- Touche la médecine et la santé
- Phase terminale dans laquelle on trouve le germe du renouveau
- Accompagnement des mourants
- Grande expérience de la vie
- Ouverture de conscience

Distorsions
- *Suicide, mort inconsciente*
- *Désespoir, voie sans issue, horizon bouché, dépression*
- *Renie sa propre existence, influence négative*
- *Mauvaise santé, handicap*
- *Écroulement, ruine, perte d'emploi, de conjoint, d'amis, etc.*
- *Passe d'une expérience à une autre sans comprendre*
- *Cherche à convaincre*
- *Va à l'encontre de l'ordre naturel*
- *Force la matérialisation*
- *Manque d'ouverture*

Physique: **16 mars au 20 mars**
Émotionnel: 2 juin, 16 août, 29 octobre, 8 janvier, 20 mars
Intellectuel: 23 h 40 à 23 h 59
Domicile: YÉSOD / Spécificité: YÉSOD

Ange 24 Haheuiah
La Protection Divine

Sommes-nous toujours protégés ? Voilà le thème de la soirée. Le cours qui va suivre a été mis en place par l'Intelligence Cosmique pour nous aider à changer notre concept de protection, pour nous amener à réaliser que le monde invisible est toujours là, dans toute situation, prêt à nous porter secours, mais pas nécessairement de la manière que nous avions imaginée.

Si on s'arrête au destin des deux personnages dont je vais vous parler et qu'on reste dans une conscience ordinaire, on peut penser qu'ils n'étaient pas protégés parce qu'ils ont été assassinés. Mais si on va plus en profondeur, on réalise que rien n'a été laissé au hasard. Vous allez voir par le nombre époustouflant de coïncidences reliant ces deux vies, que dans l'Univers, tout est calculé avec une grande minutie, une grande précision. Il s'agit de hautes mathématiques, de Mathématiques Universelles.

Comment sont établis nos destins, nos plans de vie ? Ils sont déterminés par nos expérimentations de vies passées. Pour la vie de chaque personne, les grandes lignes sont préétablies.

Un certain nombre d'intersignes reliant la vie des deux personnages dont je vais vous parler ont été notés par un journaliste. Un *intersigne* est un lien mystérieux qui existe entre deux faits apparemment tout à fait indépendants. C'est ce que l'on appelle communément des coïncidences, sauf que le terme *intersigne* met l'emphase sur le fait que le lien est chargé de signification.

La série d'intersignes qui suit compare des données de la vie de deux personnages très connus, qui ont été présidents des États-Unis. Le premier est Abraham Lincoln, qui a vécu au 19e siècle, et le deuxième, John F. Kennedy, qui a vécu au 20e siècle. Lincoln a été nommé au Congrès en 1846, Kennedy, en 1946, soit 100 ans plus tard. Lincoln a été nommé président en 1860, Kennedy, en

1960, soit 100 ans plus tard. L'épouse de chacun a perdu un enfant lorsqu'elle habitait la Maison Blanche. La secrétaire de Lincoln s'appelait Kennedy, et celle de Kennedy s'appelait Lincoln. Les deux présidents ont été assassinés d'une balle à la tête par un homme du Sud. L'assassin de Lincoln est né en 1839, celui de Kennedy, en 1939, soit 100 ans plus tard. Chacun des présidents a eu comme successeur un être nommé Johnson. Le successeur de Lincoln est né en 1808; celui de Kennedy, en 1908, soit 100 ans plus tard. Lincoln a été assassiné dans un théâtre nommé Kennedy, et Kennedy a été assassiné dans une automobile nommée Lincoln. Les deux assassins ont été tués avant de pouvoir comparaître à la Cour. Enfin, une semaine avant d'être assassiné, Lincoln se trouvait à Monroe, dans le Maryland, et Kennedy se trouvait en compagnie de Marilyn Monroe. N'est-ce pas impressionnant?

Quand on porte attention aux intersignes, on apprend à lire l'histoire d'une autre manière. Et on réalise que tout est téléguidé, que tout est orchestré par un très grand nombre de guides qui travaillent dans les mondes parallèles.

Abraham Lincoln a marqué l'histoire des États-Unis, entre autres en abolissant l'esclavage. Cet homme nous a laissé le récit d'un rêve qu'il a eu, 13 jours avant d'être assassiné, et qui témoigne de l'existence du destin. Il en a fait part à son épouse et à quelques amis, trois jours avant sa mort, et on peut le trouver facilement dans la documentation biographique *via* Internet.

Voici le récit de ce rêve: « *Je me trouvais dans un endroit et j'entendais quelqu'un sangloter. Je sentais une grande détresse, une ambiance mortuaire, mais je ne voyais personne. J'ai descendu des escaliers; arrivé en bas, je suis passé de pièce en pièce, et tout ce qui s'y trouvait me semblait familier. À un moment donné, j'ai ouvert une porte et j'ai eu un choc: des soldats gardaient un corps, une dépouille recouverte d'un drap, prête pour les funérailles. M'adressant à l'un des soldats, je lui ai demandé: "Qui donc est mort à la Maison Blanche?" On m'a répondu: "C'est le président; il a été assassiné." Puis j'ai vu une immense foule qui sanglotait, qui pleurait, accablée par la détresse.* »

Vous pouvez facilement imaginer que ce rêve l'a profondément marqué et obsédé pendant les 13 jours qu'il lui restait à vivre. Par ce rêve, il a pris connaissance de ce qui allait lui arriver.

Abraham Lincoln et John F. Kennedy ont été choisis pour partager autant d'intersignes car ils étaient d'importants personnages publics et des êtres de pouvoir — ils ont marqué l'histoire sociale de la Terre. Par ces intersignes et ce rêve, l'Intelligence Cosmique a voulu montrer à qui veut bien l'entendre: « Regardez, tout est *écrit*; Dieu existe. »

En considérant les intersignes, On apprend à changer nos concepts et à lire l'histoire d'une autre manière. On apprend que si on développe les pouvoirs et capacités de notre Esprit, un jour, l'Intelligence Cosmique nous donnera une guidance quotidienne *via* nos rêves et les signes du quotidien, et il nous sera possible d'anticiper la destinée et de participer de façon consciente à sa création.

D'autres grands êtres comme Jésus étaient eux aussi avertis en rêve. Jésus savait tout ce qui allait lui arriver; les Écritures sont très claires à ce sujet. On n'a qu'à se remémorer ce qu'il prophétisa à Pierre: « Quand le coq aura chanté trois fois, tu m'auras renié trois fois. » Cet événement — tout comme sa propre mort — lui avait été annoncé en rêve. Les initiés et les grands prophètes ont laissé de nombreux témoignages de ce phénomène au cours de leur passage sur Terre. Mais encore faut-il être prêt pour qu'On nous donne notre futur, pour pouvoir l'anticiper. On doit avoir acquis une grande sagesse, car on ne peut pas changer certains aspects, dont ceux qui sont *écrits* pour des raisons karmiques individuelles ou collectives, ou pour permettre des missions spéciales qui servent à faire évoluer l'humanité, comme celles dont sont chargées certains grands initiés.

Au fur et à mesure de notre purification et de notre accès croissant à la Connaissance, nous arrivons à comprendre la dynamique de l'Univers. Un jour, ces espaces de conscience nous sont ouverts. Notre processus de purification consiste à nettoyer toutes nos limitations qui empêchent la libre circulation de l'information. L'ensemble des peurs — la peur de perdre matériellement, la peur de n'être pas aimé, etc. — et tous les comportements et attitudes qui en dérivent doivent être rectifiés, jusqu'à ce qu'un jour, on n'ait plus peur de la mort, qu'on l'ait transcendée, et qu'on se sente toujours protégé. La peur est un mécanisme de la psyché qui retient et limite l'être dans son développement spirituel.

À force de méditer et de visiter en rêve les mondes parallèles, un jour, la réalité physique ne revêt pas plus d'importance et n'est pas plus palpable que les autres réalités. À partir de ce moment-là, ce passage qu'est la mort cesse de nous faire peur. Voilà comment on peut arriver un jour à comprendre le concept de Protection Divine. Mais, bien sûr, un long travail sur soi est nécessaire pour en arriver à se sentir toujours protégé, quoi qu'il arrive.

Il existe un Ange qui peut nous aider à comprendre le vrai concept de protection, nouveau pour certains d'entre vous. Il s'agit de l'Ange 24 HAHEUIAH. Comme nous l'avons vu, un Ange est une essence du Créateur qui représente des qualités, des vertus et des pouvoirs à l'état pur. La protection est une qualité essentielle que l'on doit développer pour en arriver à comprendre que le mal est éducationnel et qu'il est une limitation de notre propre esprit. Par des faits vécus et des interprétations de rêves, on verra que l'on n'a pas à se protéger du mal au sens où on l'entend généralement. Le mal — qui est vu en Angéologie Traditionnelle comme une force éducationnelle — existe, il fait partie de soi, et on doit le transcender pour arriver à être réellement protégé. En réalité, le mal n'a aucun pouvoir réel dans l'Univers. Il est soumis à l'Intelligence Cosmique et régi par Elle dans l'unique but de faire évoluer la conscience. La Tradition Angélique nous fait découvrir qu'en réalité, Dieu dirige le bien et le mal.

☉

La Connaissance vient de l'intérieur

La Connaissance, on la reçoit toujours de l'intérieur. Comment? Par nos rêves, par les signes du quotidien et en élevant volontairement notre conscience. Une conscience évoluée est une conscience qui connaît le mal et qui décide, de par sa propre volonté, de ne pas le faire.

Comment peut-on élever notre conscience, alors qu'un grand travail de nettoyage intérieur reste à faire — on n'est pas parfait, n'est-ce pas? On l'élève en faisant notre pratique récitatoire, c'est-à-dire en invoquant, en récitant le nom de l'Ange. Pendant au moins cinq jours, on invoque le même Ange. Par exemple, on se répète: «HAHEUIAH, HAHEUIAH, HAHEUIAH.» On doit aussi prendre soin de bien lire les qualités et les distorsions de l'Ange, ceci, dans le but de détecter la modification graduelle de conscience qui s'effectue à l'intérieur de soi. La connaissance des qualités et des distorsions des Anges, bien intégrée *via* la pratique récitatoire, réalise une carte géographique de la conscience qui nous permet de reconnaître — principalement dans nos rêves — le travail qui s'effectue. À tout moment, comme par magie, ce qu'on détecte dans les rêves et les signes du quotidien est identifiable aux qualités et aux distorsions de l'Ange avec lequel on travaille.

Le Travail Angélique déclenche une très grande ouverture de conscience. Mais avant d'entrer dans le cœur du sujet, regardons la Poire de Jung. (Voir FIGURE 1, page 5) Quand on fait notre pratique récitatoire, et au fur et à mesure de notre travail de purification, le voile qui dissimule le subconscient et l'inconscient se lève et disparaît. Ainsi, on devient conscient de soi. Par exemple, comment expliquer que, sans que rien n'ait changé dans notre environnement physique, tout à coup on sente une angoisse ou une peur, alors que, juste avant, on se sentait très bien? Quelle est la provenance de cette angoisse ou de cette peur? Elle vient de l'intérieur. Elle est due à des émergences du subconscient et de l'inconscient. Bien sûr, on a tendance à justifier cette angoisse et cette peur, et à essayer de l'habiller en l'attribuant à un événement extérieur. Or, dans le Travail Angélique, on utilise ces moments car ils nous révèlent des mémoires de situations passées que nous avons enregistrées dans notre esprit, un peu comme le fait un ordinateur lorsqu'il entrepose ou sauvegarde des données.

À chaque fois qu'une peur remonte, plutôt que de l'attribuer à quelque raison extérieure, on en profite pour identifier ce qui émerge en soi et crée un inconfort, une tristesse, ou tout autre sentiment ou émotion. On fait notre pratique récitatoire, et les mémoires se nettoient les unes après les autres. Graduellement, notre inconscient devient de moins en moins inconscient. Au bout du compte, notre conscience est agrandie, éclairée, illuminée, et, un jour, on est totalement connecté aux autres dimensions. Le rêve devient réalité. Il ne subsiste plus aucune séparation entre le plan terrestre et les mondes parallèles. Mais avant de parvenir à cette supraconscience, on doit faire un grand nettoyage, un long travail sur soi.

Lorsqu'on commence le Travail Angélique, on est amené à vivre des états d'âme opposés, comme dans un mouvement de balancier. On goûte à un grand bien-être, et, tout à coup, quelques heures plus tard ou le lendemain matin, on se retrouve aux prises avec des angoisses existentielles et des peurs qui nous plongent dans divers états d'âme plus ou moins confortables. Cela est normal. On appelle une Force à l'état pur; alors, En Haut, Ils nous répondent: «Tu souhaites retrouver cette force? D'accord. C'est très bien. Nous sommes très contents. Mais tu dois aller nettoyer tes vieilles mémoires.» Alors, le contenu d'anciennes mémoires dont souvent on ne connaissait même pas l'existence — car beaucoup proviennent de vies antérieures — ré-émergent à notre conscience.

Dans le Travail Angélique, la lecture des signes du quotidien et l'interprétation des rêves jouent un rôle-clé. On apprend à *lire* en profondeur, et cette pratique nous amène un jour à vivre des expériences mystiques quotidiennes, à vivre différemment. On réalise que le hasard n'existe pas et que Dieu est un immense Ordinateur Vivant dans lequel on vit. Une grande précision s'installe dans notre compréhension des choses et dans tout ce que l'on fait, pour nous permettre d'atteindre l'objectif de notre plan de vie.

☉

Les types de rêves

Avec le Travail Angélique, les rêves deviennent plus fréquents et, surtout, on peut mieux les interpréter. En simplifiant, on peut dire qu'il existe deux types de rêves. Le premier type est très fréquent, surtout au début du cheminement. Les rêves de ce type nous permettent de nettoyer notre fichier personnel, ce qu'on appelle l'inconscient personnel. Dans ces rêves, on peut rencontrer toutes sortes de personnages, connus ou inconnus, qui nous amènent à prendre conscience de certains aspects de notre personnalité. Chaque personnage du rêve nous inspire un certain profil psychologique et il nous indique de façon subtile quelles réalités on doit modifier ou corriger en nous-même. Souvent, ce sont des aspects dont on ne soupçonnait même pas l'existence à l'intérieur de soi; mais en réfléchissant un peu, on les reconnaît très bien. *Ce qui se passe au plan subtil est la préparation de ce qui est sur le point de se matérialiser.*

Un jour, on peut sortir de notre fichier personnel pour aller visiter le fichier collectif. On se retrouve alors avec le deuxième type de rêves, dans lesquels on visite l'âme des autres. Ces rêves nous permettent de poursuivre notre évolution tout en aidant les autres, directement dans les mondes parallèles. Ce sont des *rêves participatifs*, car on agit dans la programmation du destin, continuellement supervisé par l'Intelligence Cosmique. Nous verrons un exemple de ce type de rêves, ce soir.

☉

La loi de la résonance

Une notion que l'on doit s'assurer de bien comprendre lorsqu'on travaille avec les Anges est la loi de la résonance. Celle-ci est basée sur le principe qui veut qu'on attire exactement ce que l'on est. Évidemment, dans un premier temps, on ne connaît qu'une toute petite partie de soi—le conscient—, car la plus grande partie nous demeure cachée.

À travers l'observation des petits événements du quotidien, il nous est possible de prendre conscience de ce qui nous habite. En effet, un grand nombre de mémoires inconscientes émergent sous forme d'événements afin que nous prenions conscience de leur existence. Si on est attiré par le beau, le pur et le divin, c'est qu'on a ces qualités à l'intérieur de soi, et si on est attiré par des aspects ou des situations distordus, cela signifie qu'on les possède aussi. De même, chaque fois qu'on est dérangé par quelque chose—une personne ou une situation—à quelque degré que ce soit, c'est qu'on a des mémoires dans notre inconscient qui résonnent avec ce qui nous dérange. C'est absolu. Même si en apparence on n'a rien à voir avec ce qui nous est montré, reste qu'au niveau de nos mémoires, on a une résonance. Cela s'appelle la loi du dérangement, un corollaire de la loi de la résonance.

Alors, en observant nos états intérieurs et en établissant la corrélation avec ce qui se passe à l'extérieur, on a suffisamment d'information pour identifier ce que l'on doit modifier à l'intérieur de soi. À partir du moment où on comprend la loi de la résonance et qu'on décide d'en observer l'application dans notre quotidien et surtout de s'en servir, notre âme se met à évoluer extrêmement rapidement : on arrête de tourner en rond. On nettoie tous nos karmas, tous nos actes manqués, car on cesse d'être agressif ou critique vis-à-vis des autres. Même si ces derniers agissent de façon injuste, même si ce qu'ils font est épouvantable, on revient à soi et on fait notre pratique récitatoire. Il est vrai que cela demande beaucoup d'humilité, mais c'est la voie royale pour retrouver ces très hauts niveaux de conscience. Nous verrons maints exemples de l'application de cette loi.

Invoquer un Ange nous fait participer directement à la loi de la résonance. On parle souvent de l'effet miroir ; on dit que la réalité est un miroir, c'est-à-dire que les autres et les situations que l'on vit nous reflètent qui on est. Or, le Travail avec un Ange, et en particulier l'utilisation consciente de la loi de la résonance, nous amènent beaucoup plus loin : on participe réellement au processus du miroir et on intervient dedans. Subtilement, au plan énergétique, on entre dans l'interrelation qui existe entre les divers plans, car on s'introduit consciemment dans le mécanisme dynamique qui lie la mémoire inconsciente et sa matérialisation. La loi des résonances est l'une des notions fondamentales de la Kabbale.

Nous allons passer en revue l'aide-mémoire des qualités et des distorsions de l'Ange 24 HAHEUIAH, mais d'abord, voici quelques commentaires sur le chiffre 24. Celui-ci est un symbole important. Vingt-quatre heures forment le cycle complet du jour et de la nuit. On parle également des 24 Vieillards dans la Bible, et des 24 Seigneurs du karma dans certaines traditions orientales. Ce chiffre symbolise donc à la fois la complétude du cycle de vie, le jugement et la justice. Qu'est-ce qui relie ces trois notions ? C'est celle de la réincarnation, un principe fondamental de la Justice Divine basé sur la détermination d'une vie en fonction des actes que l'être a posés dans ses autres incarnations sur Terre. En ce sens, le chiffre 24 représente une énergie qui nous amène à retrouver la Justice Divine à l'intérieur de soi et à respecter les

Lois Divines, parce que lorsque nous ne les respectons pas, tout nous est rendu plus difficile.

Quand on passe en revue les qualités de l'Ange 24 HAHEUIAH, on remarque que l'une d'elles consiste à *bloquer le mal.* On peut interpréter cette idée à partir de l'ancien concept selon lequel lorsque quelque chose nous fait du mal ou nous fait peur, on doit le bloquer. Or, on verra qu'au contraire, on ne doit ni confronter le mal, ni faire comme s'il n'existait pas. Avec l'Ange HAHEUIAH, on acquiert une capacité accrue à supporter de hautes tensions — des situations de conflit et la présence dans notre environnement de personnes négatives ou agressives — tout en demeurant réceptif. C'est un principe de Sagesse.

Souvent, on entend: « Avec cette personne, il faut que je me protège, parce qu'elle est très négative. » Or, nous fermer ne nous protège en rien. C'est par la Connaissance et par la compréhension qu'on se protège. On demeure réceptif, on laisse l'information pénétrer en soi et on l'analyse. Éventuellement — et cela se fait automatiquement —, on arrive à retourner à la personne un autre type d'énergie, positive, celle-là. On renvoie de la compassion et de la compréhension à l'autre, parfois sans avoir à prononcer un seul mot. Cette attitude peut désarmer beaucoup d'êtres, car ils ne sont pas habitués à un retour positif. Lorsqu'on agit de cette façon, l'autre personne ne se sent ni jugée ni mal aimée. Par contre, si on répond agressivement, que ce soit de façon explicite ou subtile, on nourrit et amplifie l'énergie négative. Cela crée un conflit avec la personne, ou encore, on devra vivre plus tard une situation semblable où on nous répondra de façon agressive.

On peut aussi se blinder: on se recroqueville car on ne supporte pas la négativité de la personne ou de la situation; cela nous fait trop mal. En se refermant, on tombe dans la distorsion de l'Ange HAHEUIAH: *l'indifférence et la froideur émotionnelles.* C'est le principe de la carapace. Or, l'indifférence et la froideur émotionnelles sont l'antithèse de l'amour. Pour atteindre l'Amour Universel, on doit aspirer à être complètement ouvert et à fusionner avec les autres.

Bien sûr, quand on a des résonances avec ce qui nous est présenté, c'est plutôt difficile. On n'est pas tout de suite réceptif, les bras grands ouverts. Mais on peut mettre en route un processus basé sur une nouvelle compréhension du mal. Consciemment, on fait l'effort de ne pas se refermer afin de *dégeler* toutes nos mémoires inconscientes teintées de froideur. Certains êtres montrent plus d'indifférence et de froideur émotionnelles que d'autres. Mais les personnes au tempérament exubérant et débordant qui, apparemment, ne dégagent pas de froideur, ont elles aussi des mémoires inconscientes gelées, où se dissimule de la froideur émotionnelle. Comment peut-on le savoir? Dès qu'il y a une exubérance ou un débordement, soit un excès dans l'autre sens, cela indique des manques. Lorsqu'on apprend à être totalement réceptif et qu'on comprend les distorsions et le mal, on devient capable de gérer toutes les informations qui nous parviennent et on retourne aux autres des messages d'espoir.

Lorsqu'on lit les qualités *protège les exilés et les immigrés*, et *permet de retourner au pays d'origine*, on peut se dire: «Moi, ça ne me concerne pas: je ne suis ni un exilé ni un immigré.» Quand on interprète ces qualités, on doit toujours le faire en terme de degré de conscience, car ce qui se passe à l'extérieur reflète ce qui existe à l'intérieur de l'être. Toutes nos mémoires d'expériences teintées d'injustice sont des exilées en terme de conscience — elles sont devenues inconscientes. On a tous un pays d'origine: c'est l'ensemble de ces hauts niveaux de conscience que l'on doit un jour retrouver, les 72 Anges représentant les qualités essentielles, le bien-être et le bonheur complet. Le Travail avec l'Ange 24 HAHEUIAH nous procure beaucoup de force et de protection intérieures pour aller chercher ces parties exilées, ces fugitifs, qui, en fait, sont des délinquants de la conscience.

Parmi les distorsions de cette Énergie Angélique, on voit *délinquant, criminel*. Les délinquants, ce sont nos rebelles intérieurs, toutes nos mémoires qui ont été enregistrées lors d'occasions où on s'est rebellé devant une situation. Qu'est-ce que la rébellion? C'est d'être insatisfait de ce que l'on a. C'est refuser notre plan de vie, lequel a été conçu par l'Intelligence Cosmique à partir de notre apprentissage personnel et pour le bien de notre évolution spirituelle. Dès qu'on est mécontent de quelque chose, que ce soit à un infime degré ou à un degré élevé, c'est de la rébellion, de la délinquance vis-à-vis du Destin.

Afin de stabiliser les hauts niveaux de conscience de notre Patrie Céleste pendant qu'on est ici, les deux pieds sur Terre, on doit rapatrier toutes ces parties égarées, fugitives et rebelles. On doit les ramener à la surface de la conscience et les rééduquer, une par une. C'est un travail qui se fait dans le quotidien. Voilà ce qu'est le Travail avec l'Angéologie Traditionnelle. Si on ne fait pas un travail intérieur de réparation, tôt ou tard les parties négatives prendront une forme physique et viendront détruire notre vie.

On peut bien sûr se cantonner dans un petit espace, se limiter et ne plus cheminer spirituellement : les choses ne vont pas trop mal, on vit toutes sortes de situations et on a un certain potentiel énergétique ainsi que des ressources physiques. Il existe une raison, une signification, à tout cela : certains degrés d'apprentissage sont nécessaires. Un être ne peut pas développer ses pouvoirs spirituels s'il ne le veut pas ardemment en son âme et conscience. De toutes façons, si la spiritualité n'est pas inscrite dans son programme, sa volonté de développer sa spiritualité ne sera que superficielle et faillira à la moindre difficulté. Si on veut agrandir notre conscience, on doit absolument respecter le rythme d'apprentissage de nos frères et sœurs, car toute démarche est spirituelle. Chaque marche d'escalier est essentielle pour nous permettre d'atteindre l'étage supérieur.

Si on veut ardemment retrouver un jour toutes ces dimensions, l'Intelligence Cosmique nous ouvrira au moment opportun tous les espaces inconscients endormis et anesthésiés qui nous limitent. En Angéologie Traditionnelle, cette ouverture dépend de l'intensité avec laquelle on fait la pratique récitatoire. Un jour, on peut fusionner avec Dieu et atteindre l'Illumination. Mais tant et aussi longtemps qu'on a des divisions intérieures, qu'on a des mémoires teintées de distorsions, on ne peut pas conserver une conscience Angélique de façon soutenue. Bien sûr, de temps à autre, on atteint certains niveaux relativement élevés, mais OUPS! on rechute.

L'Ange HAHEUIAH nous *protège contre les voleurs et les assassins.* Ce soir, par des exemples et leur interprétation symbolique, nous tâcherons de comprendre la question du vol — pourquoi on se fait voler dans le plan concret. Une autre manifestation du vol, plus difficile à déceler et plus pernicieuse, est le vol énergétique.

Avec cet Ange, on verra par quelles attitudes on vole l'énergie des autres et par quelles attitudes les autres nous volent la nôtre. On étudiera aussi les raisons qui nous poussent à voler l'énergie des autres.

Il est important de comprendre cette question pour notre cheminement et notre bien-être, car chaque fois qu'on se fait *dévaliser*, on s'appauvrit. Il en résulte des carences énergétiques et une pauvreté sentimentale. Même si on bénéficie de beaucoup de ressources matérielles, on peut tout de même vivre la pauvreté sentimentale et énergétique. Or, quand on est pauvre à l'intérieur —c'est automatique—, on *prend* l'énergie à l'extérieur et on cherche des compensations. L'Ange HAHEUIAH nous amène donc à des niveaux de compréhension des plus intéressants et Il nous procure une meilleure santé. Tous les plans sont touchés.

J'aimerais vous parler d'un être connu qui a l'Ange HAHEUIAH comme Ange Gardien au plan physique afin d'illustrer certaines qualités et certains aspects distorsionnés de cet Ange. Il s'agit de Nelson Mandela. Né le 18 juillet, cet être a œuvré en tant que libérateur de l'Afrique du Sud. Il a toujours lutté contre la domination des Noirs par les Blancs, mais aussi contre celle exercée par les Noirs sur leur propre peuple. Il avait comme idéal une patrie. Son objectif de patrie se situait dans le plan physique, mais il était basé sur de très belles valeurs. Dans sa jeunesse, Nelson Mandela a été *victime de la rigidité judiciaire*, l'une des distorsions de l'Ange HAHEUIAH. Considéré par les autorités comme un terroriste, il a été condamné pour trahison et conspiration contre l'État. Sa sentence a été l'emprisonnement à vie. On sait que cet être est resté 27 années en prison.

Dans une conscience ordinaire, on peut se dire : « Il n'était pas protégé, cet être-là. » Or, on va voir ô combien il était protégé, et que c'était son plan de vie. Cet être a été compressé, façonné, pour devenir un grand symbole de liberté. L'Intelligence Cosmique avait prévu les grandes lignes de sa destinée : la date et l'heure de sa naissance, et les grands événements entourant sa venue sur Terre. Quand on comprend vraiment ce qu'est la protection, on réalise qu'elle est toujours avec soi ; simplement, on n'en reconnaît pas toujours la présence à cause de la forme qu'elle prend.

Nelson Mandela a vécu des émeutes et d'autres situations de violence, et il a passé beaucoup de temps en exil; ce sont toutes des distorsions de l'Ange Haheuiah. Il est issu d'une famille royale africaine, et l'anecdote suivante est relatée dans un film sur sa vie.

Un petit garçon lui demanda :
—Tu as été chanceux, toi, de vivre dans une famille royale. Tu devais avoir beaucoup de servants qui t'aidaient.
—Oui, lui répondit Nelson Mandela dans sa grande simplicité, nous avions des personnes qui nous aidaient, mais moi aussi j'étais serviteur. Très jeune, je suis allé aider mon oncle qui était roi, et j'étais son serviteur. J'avais parmi d'autres tâches celle de repasser ses pantalons pour les cérémonies. Il était très exigeant : au moindre faux pli, le pantalon m'était retourné. Juste par cette tâche de repassage que j'ai accomplie pendant des années, j'ai dû apprendre la concentration, la patience, la persévérance, la discipline et le sens du devoir.

On réalise que cet être qui a reçu une grande reconnaissance vers la fin de sa vie a dû, au début de son cheminement, effectuer beaucoup de petites tâches pour apprendre les grandes qualités. C'est souvent cela qu'on a de la difficulté à accepter : de devoir apprendre en accomplissant des petites tâches qui ne nous procurent aucune reconnaissance; cela nous semble ingrat.

Vous voyez tout ce qu'on peut apprendre en repassant les vêtements? La prochaine fois que vous ferez votre repassage, peut-être penserez-vous à Nelson Mandela. Cet être a été incarcéré pendant 27 ans parce qu'il défendait l'équité sociale; c'est bien autre chose que les petits inconvénients dont on se plaint parfois.

Nelson Mandela aimait pratiquer la boxe, ce qui indique qu'il avait dans son esprit de l'agressivité. On ne s'adonne pas à un sport par hasard, et choisir de pratiquer la boxe démontre un besoin de canaliser l'agressivité. Plus tard, cet être a transformé cette agressivité : il a utilisé les limitations qui lui étaient imposées—dont l'exil et l'emprisonnement—pour développer des qualités exemplaires. De même, comme d'autres grands êtres, il a appris à aimer ses ennemis. Il avait une attitude remarquable vis-à-vis de ses gardiens de prison et des politiciens qui s'acharnaient contre lui, une attitude sage.

On peut s'inspirer de cet être car, dans notre cheminement spirituel, de grandes limitations peuvent nous être imposées. Dans un premier temps, l'être est comprimé pour qu'il puisse voir ses faiblesses et ses limitations, et, graduellement, par l'épreuve soutenue, il développe le meilleur de lui-même et cela finit par instaurer chez lui la liberté. On peut faire une analogie entre, d'une part, la conscience personnelle, et, d'autre part, l'exemple de Nelson Mandela et de la libération de l'Afrique du Sud. On peut voir l'ensemble de nos mémoires inconscientes comme des pays dont certains comportent encore des zones où règnent l'asservissement et la domination. Ce sont ces zones qui empêchent la paix, la justice et la vérité de régner à l'échelle globale de l'être, car le Moi Divin est appauvri.

Des émeutes et de nombreuses batailles se produisent à l'intérieur de soi. Elles se manifestent dans nos rêves—exactement comme dans un film—, et quand on prend l'habitude d'étudier ces derniers, on se rend compte de l'anarchie qui sévit dans notre esprit. On peut par exemple se voir dans l'Afrique du Sud dominée, ou dans un autre pays affecté d'une guerre civile, et cela représente des mémoires et des aspects de notre personnalité. Tous les pays qui existent sur Terre habitent en nous-même, en terme de conscience. Par exemple, le phénomène actuel de la mondialisation crée des chocs et des ajustements qui iront en s'amplifiant, car un pays ne peut pas prospérer indéfiniment à partir de concepts distorsionnés. Il devra un jour subir les conséquences de ses comportements. Il en va de même avec la conscience : toute pensée—positive ou négative—se matérialise un jour ou l'autre.

Le travail soutenu avec l'Ange 24 Haheuiah permet à l'être de se rééduquer et de se réunifier. Cet Ange nous aide à bloquer le mal à l'intérieur de nous-même. En un premier temps, Il stoppe le mal afin que cessent les ravages. Ensuite. Il nous permet de commencer à réparer, et, enfin, de s'enrichir, de grandir et de retrouver nos qualités.

Quand on prend connaissance, comme dans l'introduction de ce cours, du nombre époustouflant d'intersignes et de coïncidences, on est émerveillé par la puissance de Dieu. Et si on ne s'applique pas à travailler sur soi-même et à observer les signes présents dans notre propre vie, on termine la lecture de ce livre et, quelques jours plus tard ou même le lendemain, les vieilles mémoires reprennent toute leur place. On oublie tout. Dès qu'il y a de l'agressivité ou de l'incompréhension, on oublie notre patrie céleste et on continue à *écrire* des scénarios difficiles, qui devront être réparés un jour ou l'autre.

Prendre l'habitude de lire les signes et d'étudier ses rêves permet de se constituer à l'intérieur de soi une bibliothèque de symboles et d'expériences vécues de plus en plus riche. Avec cette pratique, un jour, notre foi devient inébranlable : on sait qu'on est toujours guidé à partir du monde invisible. On n'oublie plus jamais qu'il existe des mondes parallèles et des milliards d'êtres qui nous aident à réaliser notre plan de vie. Tout cela devient une réalité.

C'est cela que la pratique récitatoire avec les Anges nous aide à faire. Elle nous maintient à un certain niveau de conscience. À cause des nombreuses mémoires distorsionnées qu'on a enregistrées, on vit des expériences qui nous font chuter, qui font remonter des peurs ou des colères, et, à ce moment-là, on perd notre lucidité. On n'entend plus rien, on ne voit plus rien. On redevient une conscience ordinaire qui est centrée sur elle-même et qui ne perçoit pas la Justice Divine, l'existence de Dieu. Or, en s'habituant à faire la pratique récitatoire en toute occasion, dès qu'on le peut — par exemple quand on marche —, on demeure branché. On maintient un niveau de conscience Angélique et cela nous amène graduellement à lire les signes plus facilement.

J'aimerais maintenant vous raconter quelques faits vécus pour vous montrer comment lire les signes. Je vais d'abord partager avec vous une expérience que j'ai vécue, qui a trait à deux symboles qu'on rencontre souvent : l'armée et la police. Quand on travaille avec un Ange, l'Intelligence Cosmique nous indique ce que l'on doit améliorer ; pour ce faire, Elle utilise ce qui se trouve dans notre environnement immédiat.

Récemment, j'invoquais l'Ange HAHEUIAH et je gardais présents à ma conscience la notion de protection et les symboles qui s'y rattachent, dont font partie l'armée et la police. Il existe toute une Armée Céleste qui nous protège — ce qui est En Haut est comme ce qui est en bas et ce qui est en bas est comme ce qui est En Haut—, sauf que les actions de la police et de l'armée terrestres sont parfois distorsionnées, pas encore tout à fait justes. On peut considérer l'armée et la police comme des symboles de protection qui auront toute leur place tant et aussi longtemps qu'il restera des consciences distorsionnées sur Terre; sinon, le mal prendrait trop d'ampleur et empêcherait le développement du bien durable.

Alors, pendant cette période où je méditais sur l'Ange HAHEUIAH et la protection, et où je me connectais à l'Armée Céleste, je suis allée à Rimouski (Canada) avec mon époux, car il devait y animer un atelier sur les rêves. Pour la première fois, un couple nous a proposé de nous accompagner pour nous aider. L'homme fait partie de l'armée canadienne, et il conduisait à tour de rôle avec mon époux. Pour moi, leur compagnie était un beau signe : j'avais tellement médité sur l'Armée Céleste et sur la protection que je me retrouvais avec un soldat de l'armée qui conduisait le véhicule. C'était comme si la protection d'En Haut se matérialisait jusque dans la fourgonnette. Arrivés à l'hôtel de Rimouski —ville où nous allons régulièrement—, nous avons vu toute une délégation de soldats qui attendaient un général qui logeait à l'hôtel. Je n'avais jamais vu cela. Pour moi, c'était magique. Et l'ultime signe délicieux, c'est que l'homme qui nous accompagnait a reconnu, parmi ceux qui attendaient, un homme qu'il avait connu en Allemagne, du nom de colonel d'Amour.

Ah! là, j'ai été vraiment touchée. Je lui ai demandé :
—Est-ce un sobriquet? Vous l'appelez...
—Non, non, non, c'est son nom : d'Amour.

Imaginez! moi qui méditais sur l'Armée Céleste, et On me présentait un colonel d'Amour incarné. J'étais tellement touchée! Je me suis dit : « Mon Dieu, que Vous êtes bon! » C'est merveilleux : on vit une expérience mystique avec les signes. J'avais les yeux dans l'eau et j'étais remplie de gratitude.

Alors, c'est cela, la beauté de maintenir de tels niveaux de conscience ; on peut déceler tous les cadeaux que nous fait sans arrêt l'Intelligence Cosmique. Vous aussi, On vous donne de tels cadeaux. Mais lorsqu'on est trop préoccupé, lorsqu'il y a du tapage à l'intérieur—« Est-ce que j'ai fait ceci? Est-ce que j'ai fait ça?

Est-ce que j'ai atteint mes objectifs dans la matière?»—, on ne peut pas voir ces signes qui parfois sont évidents mais qui souvent sont subtils, très subtils. Arrive un jour où on fait continuellement la lecture des signes et où on guide notre vie en spiritualisant la matière.

Durant la même période, alors que nous voyagions dans la fourgonnette et que je faisais la pratique récitatoire avec l'Ange HAHEUIAH, à un moment donné, nous avons dépassé un camion et j'y ai vu inscrit le nom de l'entreprise: «Protection contre les incendies Vicking». Cela m'a amenée à mieux comprendre la notion de protection. Quand on est dans ces états de conscience, plutôt que de *lire* simplement à l'horizontale comme on le fait d'ordinaire, on va plus en profondeur. Alors, je me suis dit: «Si le patron de cette entreprise a inclus *Vicking* dans son nom d'entreprise—il n'y a pas de hasard—, cela signifie certainement que dans une autre vie, il a été un Vicking ou un guerrier qui provoquait des incendies.» Les Vickings mettaient facilement le feu; ils expérimentaient.

Lorsque dans une de nos vies on commet des actes criminels—on pense, on sent et on pose des gestes—, cela s'inscrit dans notre âme. C'est la loi. Ensuite, vient une autre étape: puisque l'on porte à l'intérieur de soi tout ce qu'on a fait, on attire dans le monde extérieur des êtres qui vont nous faire subir le même sort qu'on a fait subir aux autres. Le propriétaire de cette entreprise de protection contre les incendies a certainement vu sa maison être détruite par le feu dans d'autres de ses vies; il a dû vivre toutes sortes d'épreuves en relation avec le feu. Et maintenant, il en est à l'étape de la réparation. On ne fait pas une tâche, une activité ou un métier par hasard. Le hasard n'existe pas: notre travail correspond toujours à nos besoins intérieurs. Même si cela n'est pas nécessairement conscient chez cet homme, il protège, il aide les autres à ne pas être victimes d'incendies. Donc, par la loi des résonances, il se protège lui-même.

Le métier qu'on exerce reflète aussi des aptitudes et des talents qu'on a développés dans d'autres vies. Il est certain que cet être a toute une expérience, et des deux côtés: il a mis le feu, et lui aussi a été incendié. Il transporte dans ses mémoires un bagage qui lui permet de comprendre beaucoup mieux que d'autres la notion de protection contre les incendies.

Lorsqu'on fait la pratique récitatoire avec l'Angéologie Traditionnelle, on étudie la vie et on voyage en esprit. On regarde ce qui est là, devant soi, et on n'est pas en train de se dire : « Comme c'est ennuyant d'être en voiture ! C'est long. » Non, plus rien ne nous ennuie. Au contraire, tout devient intéressant parce qu'on maintient une vision en profondeur et de hauts niveaux de conscience. On ne vit plus comme une vache qui regarde les trains passer, les yeux hagards. On dépasse notre animalité. Voilà ce qu'est devenir un Ange. On arrive à de hauts niveaux de compréhension de la Création.

Voici un autre fait vécu qui sert d'exemple de protection ; il provient d'une dame qui m'a raconté son histoire. Il y a quelques années, cette femme habitait la campagne et elle devait régulièrement faire un long trajet pour se rendre à son travail. À un moment donné, en conduisant, elle a vu traverser une grosse bête qui avait l'air d'un éléphant. Pourtant, elle était au Canada ! (rires) Il n'y a pas d'éléphants qui traversent les routes, au Canada. Tout à coup, elle a réalisé que rien de tout cela n'était arrivé, qu'elle avait eu une vision. Or, le soir, en revenant du travail, alors qu'il faisait sombre, exactement au même endroit où elle avait eu sa vision, un orignal a débouché sur la route et s'est arrêté juste devant sa voiture, aveuglé par les phares.

On peut dire que cette femme a été protégée. Mais même si l'orignal avait percuté sa voiture, on pourrait quand même dire qu'elle avait été protégée, car tout est organisé en fonction de l'évolution de l'être.

Pourquoi lui a-t-On donné cette vision ? Sans doute était-elle apte à la recevoir. Lorsque l'on conduit, on peut se trouver dans des états méditatifs actifs tout en maintenant notre vigilance. Une sorte de calme s'installe en nous, peu importe si on roule dans la campagne ou dans une circulation fluide. Cet état de veille est propice à l'ouverture d'autres dimensions, comme si nous étions en train de rêver éveillé ou d'être dans une sorte de somnambulisme actif et conscient qui chevauche deux mondes parallèles. Par cette vision, On a voulu lui dire : « Arrête donc de t'inquiéter : tu vois bien que tout est écrit. » C'était écrit qu'à huit heures 29 minutes et 39 secondes, un orignal sortirait de la forêt. Il existe des guides qui s'occupent des animaux afin de faire concorder des événements, lesquels nous aident à saisir ce que l'on doit comprendre. Et même si l'événement ne mène à aucune compréhension claire et précise sur le moment, l'expérience pourra tout de même nous servir à une future compréhension. La vie s'occupe si bien d'agencer les expériences; une situation mène à une autre.

Un jour, on n'a plus seulement une petite vision de temps à autre: on vit avec les intuitions, les visions et les rêves de façon permanente. Ceux-ci nous sont donnés au bon moment, dans le sens de notre évolution et pour nous faciliter l'accomplissement de nos missions. En ce sens, lorsque vient le temps de prendre une décision importante, on doit dans tous les cas consulter l'Intelligence Cosmique, afin de s'assurer que nos gestes sont en accord avec les Lois Divines, qu'ils n'entrent pas en conflit avec *ce qui est écrit*.

⊙

Tout est écrit

Dieu nous a donné la capacité de faire des choix; alors comment comprendre cette idée que tout est écrit? Comme je vous l'ai dit au début, on a des destins, des plans de vie qui sont prédéfinis. Ils sont établis selon nos expérimentations de vies passées. C'est absolu. Tout est inscrit dans notre âme; on porte toutes ces expériences à l'intérieur de soi. Alors, l'Intelligence Cosmique développe un programme qui nous est personnel, pour nous permettre de revivre ces expériences et d'arriver à les rectifier. Tout est écrit, mais dans les grandes lignes seulement.

Il est important de comprendre que chaque être a des objectifs spécifiques à atteindre. C'est tel objectif, et pas tel autre. Saisir cela amène à beaucoup de compassion et de compréhension. Le fanatisme n'a plus sa place et on arrête de pousser les autres pour qu'ils avancent plus vite. On sait que même si un être se trouve dans une distorsion majeure, il est aussi en train d'apprendre spirituellement; il apprend *via* la distorsion. Le principe de la Justice Divine s'applique à tous: *Tu récolteras ce que tu sèmes, dans cette vie ou dans ta prochaine*. C'est la loi. Cette notion essentielle à l'équilibre spirituel nous aide à comprendre le mal et à se sentir bien avec tout le monde.

Bref, chaque être a des objectifs qui sont écrits dans son plan de vie. Mais les guides qui nous supervisent ne sont pas constamment en train de nous faire bouger comme des marionnettes. Nous ne sommes pas des marionnettes. Pour ces grandes Intelligences, nous sommes un peu comme des petits enfants. Quand l'enfant est petit, ses parents le supervisent : il ne doit pas sortir dehors non accompagné car il pourrait se blesser ou se perdre. Il peut aller en certains endroits de la maison, et, de temps à autre, la mère jette un coup d'œil pour le surveiller. Reste qu'il peut faire certaines choses et qu'en ce sens, il conserve son libre arbitre. C'est de la même façon que nous devons voir notre rapport aux guides. Mais nous sommes toujours supervisé, et, d'une certaine manière, On peut même nous faire agir. Si un événement important pour l'atteinte de nos objectifs est sur le point de se produire à un endroit donné, l'Intelligence Cosmique peut nous amener à nous y rendre.

Quand on comprend cela, on travaille à acquérir la réceptivité et l'écoute spirituelle. Notre petit intellect et notre petite personnalité cessent de régir notre vie. Dans le monde spirituel, c'est comme ici, sur Terre : on apprend à respecter des lois et des hiérarchies, à la différence que ces grandes Intelligences sont Amour et Sagesse Suprêmes. Plus l'initié évolue, plus il obtient d'informations à travers ses rêves et ses méditations, et plus il lui est confié de responsabilités. Un jour, l'être participe à la Création. Le Travail Angélique est extraordinaire.

J'aimerais maintenant vous raconter un fait vécu qui touche la loi des résonances et l'intégration du pôle complémentaire — masculin ou féminin — à l'intérieur de soi. On a vu que la loi des résonances se base sur le principe selon lequel on attire tout ce qu'on est. Parfois, des événements se présentent dans notre vie pour nous révéler nos qualités et les résultats de nos prises de conscience ; ce sont des événements agréables. Mais les événements désagréables aussi nous révèlent des aspects de nous-même. Lorsque quelque chose nous dérange, c'est qu'On veut nous montrer des côtés cachés de soi dont il est important de prendre conscience.

Chaque femme a à l'intérieur d'elle-même un *homme intérieur,* et chaque homme a à l'intérieur de lui-même une *femme in-*

térieure. Or, la lecture des signes et la compréhension de la loi des résonances nous aident à déceler et à intégrer l'autre principe caché à l'intérieur de soi.

Alors, voici ce fait vécu. Une dame est venue me voir et m'a parlé de la situation qu'elle vivait, qui concerne un aspect quelque peu distorsionné: la froideur. Il y avait une certaine froideur chez cette femme, une espèce de contrôle qu'elle devait dépasser. Elle m'a dit qu'elle habitait une maison jumelée et elle m'a parlé de ses voisins qui habitent l'autre partie du duplex. Elle garde des enfants — elle a une garderie — et, avec un beau sourire, elle m'a dit: «J'ai deux anges et quatre rebelles.»

Tout d'abord, ce n'est pas par hasard qu'on a certains enfants plutôt que d'autres. Les deux anges et les quatre petits rebelles représentent des parties d'elle-même. Si l'un des petits rebelles est un garçon, On veut lui montrer qu'il y a de la rébellion chez son homme intérieur.

Si on comprend la loi de la résonance, on peut se servir d'une situation comme celle-là pour ajuster notre pédagogie, notre patience et notre compréhension: on va leur parler, aux petits rebelles. En éduquant le petit rebelle à l'extérieur, on communique également avec nos mémoires de rebelle. C'est l'intention qui fait toute la différence. On y trouve un grand intérêt et, de cette façon, on avance très vite sur le chemin de la conscience. C'est un cheminement extraordinaire dans lequel on apprend par l'application dans le concret.

Quand cette femme m'a dit: «Il faut parfois que je contrôle les enfants; il faut que j'aie l'œil ouvert», on voyait que sa situation lui posait parfois des problèmes, mais on sentait également qu'elle aimait ce qu'elle faisait. Ce n'était pas cet aspect-là de son travail qui la dérangeait; c'était ses voisins. Elle m'a dit: «Mes voisins vivent vraiment tout près et ils sont envahisseurs. Ils sont à la retraite: ils ont tout leur temps. Ils veulent souvent converser avec moi, mais moi, je n'ai pas le temps de leur parler. En plus, ils font tout pour attirer l'attention des enfants, et je ne veux pas qu'ils fassent ça. Je comprends qu'ils ont besoin d'amour, mais ils sont tellement envahissants! J'ai toujours l'impression d'être épiée. J'en suis arrivée à un point tel — ces voisins vivent là depuis deux ans — que j'en fais une dépression.»

Avec une conscience ordinaire, sans compréhension, on peut réagir en se disant : « Tout de même, ils ne sont pas si croches que ça, ses voisins. Ils sont un peu envahissants, mais ils ne sont pas méchants. Pourquoi en fait-elle une dépression ? » Vous allez voir que cette femme a des raisons de faire une dépression. En Haut, On lui a ouvert un département intérieur pour qu'elle prenne conscience de certains aspects profonds et cachés en elle-même. Je lui ai dit : « Tes voisins sont des envoyés du Ciel. Ils sont venus pour te faire évoluer, tout comme eux vont évoluer grâce à toi. Vous avez une résonance ensemble. »

Cette dame, chez qui existe un aspect de contrôle et de froideur, semble au premier abord ne rien avoir en commun avec ses voisins, qui au contraire sont débordants et envahissants, et qui quémandent l'amour. Mais on va voir qu'ils ont beaucoup en commun. On pourrait dire, en utilisant le langage symbolique, que sa partie du duplex représente son aspect conscient ; c'est ce qu'elle connaît d'elle-même, dont une certaine attitude de contrôle. Mais On veut lui montrer, par ses voisins qui occupent l'autre partie de la villa, certains aspects qui lui sont inconscients, qui se trouvent derrière le voile. On veut lui dire : « Regarde, tu as à l'intérieur de toi des mémoires qui crient : "Donne-moi de l'amour !" »

Plonger dans nos mémoires inconscientes amène une déstructuration de notre personnalité. On se trouve déstabilisé dans nos comportements habituels, ceux que l'on affiche dans la société et par lesquels on a l'impression de maintenir un certain contrôle. Alors, si on n'a pas la Connaissance, si on n'a pas de clé pour comprendre ce qui se passe réellement, on évite ces mémoires car on sait très bien que les visiter nous ferait perdre pied. On *tasse* ces parties de nous-même qui ont été oubliées, on ne s'en occupe pas, et on ne veut pas en parler. On continue de les refouler. Et plus on les *tasse*, plus on doit se blinder. On se blinde et on continue de se refroidir. Alors, on devient plus rigide, simplement pour tenir le coup.

J'ai ajouté : « Utilise cette situation : tes voisins sont un cadeau. C'est extraordinaire ! Et une dépression, c'est très utile. Une dépression n'arrive pas par hasard. Elle se produit parce que, En Haut, Ils ouvrent une fenêtre et te disent : "Maintenant, c'est le temps. Regarde, il y a des parties, là, que tu dois aller nettoyer.

Tant que tu ne les auras pas nettoyées, tu vas déprimer."» Voilà pourquoi tant de personnes qui sont engagées dans un chemin initiatique peuvent tout à coup se retrouver dans de grands états dépressifs. C'est normal. Lorsque l'on comprend ce qui nous arrive et qu'on change d'approche, ces états s'avèrent très utiles et la dépression dure moins longtemps.

Je lui ai conseillé : «Dorénavant, plutôt que de faire une dépression, imagine que ces voisins sont des parties de toi qui te demandent de l'amour et parle-leur. En leur parlant, tu consacres du temps à ces parties que tu as refoulées. À ce moment-là, tes voisins te deviennent bien utiles. Même si tu es très occupée, ça vaut le coup, car le temps que tu consacreras à ces gens, tu le retrouveras au centuple. C'est lorsqu'on ne se sent pas bien que la vie est compliquée. Mais plus on s'ouvre, plus on retrouve du temps pour l'organisation de nos activités. Tout va tellement mieux. Le choix t'appartient : si tu refuses de faire le travail avec tes voisins — ces messagers qui t'ont été envoyés du Ciel —, tu peux vendre ta maison. Tu peux déménager. Tu en as certainement le droit, et peut-être devras-tu le faire lorsque cette période d'apprentissage sera complétée. Mais si tu n'as rien réglé avant de partir, tu te retrouveras avec le même problème ailleurs, mais en pire. Et pas forcément dans cette vie-ci ; ça pourra être dans une autre vie. Dans quel scénario pourrais-tu te retrouver si tu ne rectifies pas cet aspect de toi-même ? Tu pourrais te retrouver avec des personnes qui vivent chez toi — non des voisins —, avec une mère ou un père froid et indifférent, et là, ce sera toi qui, comme petit enfant, seras en position de quémander l'amour. Tu tireras la jupe de ta mère : "Maman, aime-moi", et tu feras toutes sortes de coups, les 400 coups ! Tu feras tout pour attirer l'attention parce que tes parents ne te donneront pas d'amour. Ils feront de leur mieux, mais ils ne seront pas capables de te donner autre chose que de la froideur.» OOOH! quand on comprend cela, quelle motivation on a pour régler tout ce qu'On nous présente, pour ne pas l'amener dans d'autres vies en pire.

Quand on comprend la loi de la résonance et l'action de ces aspects cachés et inconscients, toute situation de la vie devient un réel cadeau ! Par exemple, dans le cas de cette femme, si elle va parler avec ses voisins, c'est comme si elle allait à un atelier sur la manière de se débarrasser de la froideur, comment se *réchauffer*. Imaginez-vous ! La vie est une suite d'ateliers et de conférences, et tout cela est disponible, juste là, devant soi, dans notre quotidien. Ce sont des enseignements personnalisés, uniquement pour soi. C'est mathématique.

Quand on sait que le hasard n'existe pas, on comprend cette grande dynamique de l'Univers où tout est mathématique. L'Intelligence Cosmique fait corréler les voisins, les enfants et les événements au millionième près. Dieu est une organisation parfaite, sans faille. Il est un super-Ordinateur Vivant.

Voici un autre fait vécu qui illustre que c'est bien de l'intérieur qu'on reçoit la protection. Une dame qui a beaucoup travaillé avec la pratique récitatoire m'a raconté un rêve qu'elle a eu. Dans ce rêve, *elle se voyait avec une amie — qu'elle ne connaît pas dans le plan concret — qui lui disait : « J'ai fait faire un pendentif et c'est un cadeau pour Christiane. » Et la rêveuse répondait à son amie : « Moi aussi je veux participer à ce cadeau. » Le pendentif était en bois, et y étaient gravées une paire de raquettes, une chaise berçante et une maison.*

Qu'a-t-On voulu montrer à cette dame ? Tous les personnages du rêve représentaient des parties d'elle, y compris moi-même. Je représentais sa partie spirituelle pour cet enseignement, et, comme je suis une femme, je symbolisais son côté intérieur. Par le rêve, On lui disait : « Nous te donnons un talisman » — elle recevait un talisman protecteur.

Nous allons voir par la symbolique où On voulait l'amener, quelle porte On avait ouverte en elle. Tout d'abord, le bois provient des arbres. Or, l'arbre est un grand symbole du lien entre le Ciel et la Terre ; c'est un symbole de Connaissance. Le bois est aussi un symbole de construction. Alors, On voulait lui dire : « Tu auras accès à une plus grande Connaissance pour te construire, te rebâtir. » Un pendentif, c'est un symbole de lien, d'identification. Il symbolise la fidélité à ce que le médaillon représente. Pourquoi la paire de raquettes ? On doit toujours analyser selon une logique concrète. Que fait-on avec des raquettes ? On va sur la neige. La neige, c'est de l'eau gelée, et l'eau représente le côté émotionnel de l'être. Alors, dans tous les cas où elle n'est pas belle et lumineuse, la neige représente une forme de solitude ; l'être se sent seul. Et les raquettes servent à aller dans des lieux difficiles d'accès. Donc, On a voulu lui dire :

« Dorénavant, tu seras protégée et tu aspireras à construire ta spiritualité et à visiter des régions éloignées dans les profondeurs de ton inconscient. »

Par la chaise berçante qui était gravée — on pense à une mère qui berce son enfant —, On lui indiquait : « Quand tu auras des difficultés, On va te materner, On va te réconforter, On va te câliner. Tu pourras visiter ces zones lointaines et inconscientes avec plus de calme et d'assurance. » Quant à la maison, elle servait à signifier : « Oui, il y aura des tempêtes, parce que tu pénètres dans des zones plus difficiles, mais tu auras un abri, un refuge pour te reposer et t'apaiser. »

Après m'avoir entendue raconter son rêve ce mois-ci — soit un mois plus tard —, cette femme est venue me confier d'autres rêves plus récents qui montrent qu'On lui a ouvert d'autres portes. Elle m'a dit qu'elle avait plus de facilité à s'exprimer qu'avant, surtout face à certaines personnes devant lesquelles elle se sentait auparavant baîllonnée. Par ces rêves, On lui montrait : « Regarde, maintenant tu es capable de leur parler de la bonne manière parce que tu es plus calme. Tu es plus en paix. »

Le récit de ce rêve m'amène à vous parler des talismans, ceux que l'on porte dans le plan physique. Comme on l'a vu, un talisman est un symbole de protection et d'identification qui représente une philosophie ou un enseignement. En portant un talisman, l'être affirme — consciemment ou inconsciemment — qui il est et à quelle philosophie ou enseignement il adhère ; il se met en résonance avec ce que le talisman symbolise. Il est donc important d'étudier ce que l'on porte sur soi. Lorsque le talisman symbolise un enseignement ou autre chose de positif, le porter signifie qu'on souhaite s'en rappeler dans les situations où on pourrait être décentré ou un peu perdu. Les vêtements, les effigies de groupes musicaux et les logos de produits commerciaux aussi véhiculent une philosophie ou une forme-pensée spécifique qui a des conséquences positives ou négatives pour l'esprit, tant chez la personne qui porte le symbole que chez les gens qui la regardent. Je vous suggère de réfléchir sur cette phrase : *Je suis ce que je porte.*

L'Ange HAHEUIAH réside dans la Séphira BINAH, régie par l'Archange TSAPHKIEL. C'est le dernier Ange du groupe qui réside dans cette Séphira. Tous les Anges de ce groupe nous amènent à retrouver la matière originelle, la Matrice Cosmique.

La planète qui régit cette sphère est Saturne, qui symbolise justement les qualités que l'on a mentionnées à propos de Nelson Mandela: la concentration, la persévérance, la discipline et le sens du devoir. Sans ces qualités, on ne peut pas aller très loin dans un cheminement spirituel. On doit absolument les retrouver pour pouvoir parvenir à de hauts niveaux d'amour et de sagesse. L'un des aspects négatifs de cette planète est la froideur ou l'indifférence émotionnelle.

L'une des qualités de l'Ange 24 HAHEUIAH est qu'Il nous protège contre le vol. À ce sujet, j'aimerais vous raconter une anecdote assez intéressante, qui s'est passée il y a deux ans, *entre le 17 juillet et le 22 juillet,* alors que mon époux et moi-même étions en voyage en Europe. C'était la période de régence de l'Ange HAHEUIAH en rapport avec le Calendrier Angélique n° 1, et, tous deux, nous invoquions cet Ange. Nous nous trouvions sur la terrasse d'un restaurant avec une amie. Mon époux avait placé sa bourse de voyage sur la table, vous savez, une de ces bourses qu'on attache autour de la taille. À un moment donné, il a ressenti une certaine insécurité, comme si quelqu'un voulait voler la bourse.

Il a observé ses sensations et s'est demandé: «Pourquoi ai-je peur — il avait tant travaillé sur le détachement de la matière —, comment se fait-il que j'ai peur de me faire voler la bourse? Qu'est-ce qui se passe?» Alors, tout naturellement, il a choisi de poser sa main sur la bourse. Et hop! dans les secondes qui ont suivi, presque simultanément, est arrivé un homme qui est resté là, figé, devant nous. Il était juste à côté de moi, les yeux rivés sur la bourse. On aurait dit qu'il ne pouvait plus bouger, qu'il était paralysé. Il est resté quelques secondes, et quelques secondes, c'est long pour un moment comme celui-là.

Que s'est-il passé? Puisque nous travaillions avec l'Ange HAHEUIAH, l'Intelligence Cosmique a voulu nous donner un enseignement sur la protection, et mon époux a intuitivement perçu ce qui était en train de se tramer. Mais cela s'est fait tout naturellement: il n'avait rien perçu au plan physique car, évidemment, la personne voulait dérober la bourse le plus discrètement possible. Il a anticipé intuitivement ce que cet homme préparait. Quand il a mis la main sur sa bourse, c'est comme si, du coup, le *timing* du voleur était mis en échec. L'homme était là, devant cette bourse, comme si une force mystérieuse le figeait et l'empêchait de passer à l'action. Puis il a continué son chemin. Le propriétaire du restaurant a tout vu et il est venu avertir mon époux : « Faites attention : ne laissez pas votre bourse sur la table. Le monsieur, là, il était venu pour la voler. »

S'il est écrit qu'on doit se faire voler, on se fera voler. Un voleur entrera dans telle maison plutôt qu'une autre parce que les occupants ont des résonances avec le vol. Le hasard n'existe pas : tout est orchestré. Une personne qui se fait voler est un être qui a quelque chose à comprendre. L'Intelligence Cosmique laisse faire le voleur. Il est même commandité par En Haut.

Si on n'a pas à se faire voler, personne ne peut nous voler. Le voleur ne pourra pas entrer dans la maison ou ne pourra pas prendre l'objet convoité. Si on se fait voler, c'est un cadeau ; on dit merci, car on reçoit un enseignement et on paie un karma. Pour comprendre la situation, il suffit d'analyser la symbolique impliquée. Par exemple, si on nous a volé notre bourse et qu'elle contenait principalement des lunettes, cela signifie : « Change ta vision. » On analyse tant l'ensemble que le détail de ce qui a été dérobé, et ce que ces objets représentent. On peut ainsi comprendre le message qui nous est communiqué, exactement comme dans un rêve. On essaie aussi de faire le lien avec ce qu'on vivait au moment du vol. Essayait-on de retenir quelque chose ? Les interprétations sont multiples. Il se peut également qu'En Haut, Ils essaient de nous dire : « Tu as volé dans d'autres vies. Alors, On te redonne la monnaie de ta pièce. » Mais pour approfondir la signification d'un vol particulier, on doit pousser plus loin l'analyse et trouver les aspects subtils à changer à l'intérieur de soi.

Nous allons voir deux faits vécus qui concernent un aspect plus subtil du vol : *le vol énergétique*. Le premier témoignage vient d'une femme qui m'a confié quelques-uns de ses rêves. Pendant que je préparais ce cours sur l'Ange HAHEUIAH, comme par magie, plusieurs personnes sont venues me parler de rêves concernant le vol. Cette dame m'a dit que sur une période de quelques jours, elle a rêvé trois fois qu'elle se faisait voler. *Dans le premier rêve, elle se faisait dérober les quatre pneus de sa voiture; dans le deuxième, c'est toute sa voiture qui était volée; et dans le troisième, on lui volait ses meubles qui étaient en entrepôt.*

Elle m'a expliqué pourquoi ses meubles étaient entreposés : « Je viens de vendre ma maison, et le logement que j'ai trouvé n'est disponible que dans trois mois. Pendant ce temps, je vis chez ma fille. Mais ce n'est pas facile avec mes petits-enfants. Je ne me sens vraiment pas bien à cet endroit. »

Je l'ai écoutée et lui ai dit : « Crois-tu que ces rêves te montrent que tu te fais voler de l'énergie ? N'est-ce pas cela que tu penses ? » Je lui reflétais ses propres pensées. J'ai continué : « Tu vas voir quel enseignement On a voulu te donner par ces trois rêves. Dans le premier rêve, tu te faisais voler tes pneus. Les pneus et notre voiture sont des symboles importants ; ils montrent comment on se véhicule, quel type de comportement on a en société, avec les autres. Dans le rêve, On t'a montré que tu n'avais plus de pneus. Le lendemain, probablement que tu n'avais pas trop d'énergie, n'est-ce pas ? Quand on n'a pas de voiture, c'est comme si on n'avait plus de véhicule intérieur pour avancer. Oui, c'est vrai, on t'a volé de l'énergie — tu t'es fait dévaliser —, mais pas de la façon que tu crois. Ce sont des entités, des guides des plans subtils qui t'ont enlevé de l'énergie, et ils avaient le droit de le faire. En Haut, Ils ont laissé ces entités te voler parce que tu avais quelque chose à comprendre. Il fallait que tu modifies certaines de tes manières de penser, de sentir et d'agir. Comme tu n'as pas compris l'enseignement cette journée-là, Ils ont augmenté la dose, et On t'a pris encore plus d'énergie : toute la voiture a été volée. AAAH ! ça devait être pire. Et puis quelques jours plus tard, comme tu n'avais pas encore compris le sens de ces rêves, tu t'es fait voler tes meubles entreposés. »

Dans la symbolique, les meubles représentent la structure sentimentale de l'être. Dans un rêve, lorsqu'on voit une maison sans meuble, cela dénote une pauvreté sentimentale. Je lui ai donc dit : « Par le troisième rêve, On a voulu te dire : "Une pauvreté sentimentale t'habite. De l'énergie t'est prise pour que tu changes tes sentiments." »

Je lui ai demandé :

—Ne penses-tu pas que tu es chanceuse d'avoir vendu ta maison ?

—Oui, m'a-t-elle répondu.
—Ne penses-tu pas que tu es chanceuse d'avoir un logement transitoire pour trois mois ?
—Oui.
—Ne penses-tu pas que tu es chanceuse d'être hébergée par ta fille et d'être avec tes petits-enfants ? Quel que soit leur comportement, ils font de leur mieux : ils t'hébergent chez eux.
—Oui.
—Ne penses-tu pas qu'il y a un peu d'ingratitude de ta part ? Pendant trois mois, OOOH ! tu es un peu dérangée dans tes petites habitudes, On te met un peu plus dans le collectif, et ça ne fait pas ton affaire. Tu nourris un certain type de pensées et d'émotions, et c'est ça que tu véhicules. Alors, tu t'es fait dévaliser pour recevoir un enseignement.

AAAH ! là, elle avait de grands yeux qui s'ouvraient. Le mois suivant, elle est venue au cours, elle m'a entendue raconter son rêve et cela l'a réjouie. Elle m'a dit : « Maintenant, je suis tellement contente d'être avec ma fille, je suis tellement bien avec elle. Je suis vraiment reconnaissante pour ce que vous m'avez dit. J'ai compris quelque chose d'important. »

Vous me direz que si les rêves de vols sont basés sur des attitudes comme celles-là, il doit y en avoir énormément. Oui, c'est vrai qu'à tout moment se produisent des vols énergétiques commandités par l'Intelligence Cosmique. C'est comme si une banque retirait un prêt accordé à un client parce que ce dernier n'a pas rempli ses engagements.

Bien entendu, les gens qui ont une conscience ordinaire n'ont pas ce genre de compréhension. Mais à partir du moment où l'on comprend vraiment que nous sommes sur Terre uniquement pour développer les qualités et les vertus, on réalise que tout est orchestré dans ce sens.

En réalisant comment on se fait dévaliser par nos propres attitudes, on perd cette vieille notion spirituelle selon laquelle on doit se protéger de certaines personnes ou de certaines entités qui pourraient nous vampiriser. On sait que si des êtres ou des entités nous vampirisent, ils ont le droit de le faire ; ce sont des envoyés du Ciel. On comprend qu'ils sont là pour nous éduquer et nous faire changer de comportement. Alors, la peur disparaît et la réceptivité peut s'installer. On n'a plus besoin d'éviter qui que ce soit. On peut vraiment aller partout et s'y sentir bien et en sécurité. Mais pour en arriver là, on doit faire un travail sur soi et changer de comportement ou d'attitude. Lorsqu'on sent remonter des tendances agressives, rebelles ou tristes, on en profite pour intensifier la pratique récitatoire et nettoyer les mémoires qui résonnent avec les situations auxquelles on fait face. On se rappelle les grands principes, et, un jour, on acquiert une maîtrise et plus personne ne peut nous dévaliser. On devient très riche tout en bénéficiant d'une protection providentielle.

Voici l'autre fait vécu qui concerne le vol; il fait ressortir une facette supplémentaire, très intéressante, de la question. C'est un homme qui travaille avec l'Angéologie Traditionnelle qui me racontait son rêve, dans lequel *il se voyait avec une clé sur laquelle était gravé le chiffre 32, mais qui était tordue.* Quand on travaille avec l'Angéologie, on peut recevoir des nombres qui représentent des Anges, car, En Haut, Ils savent qu'on sera porté à regarder à quel Ange correspond le nombre reçu. Pour cet homme, l'Ange n° 32 est l'un de ses Anges Gardiens; le message était d'autant plus important pour lui.

Dans le rêve, *il tentait sans succès de faire démarrer sa voiture avec sa clé tordue. Tout à coup, il s'est retrouvé dans un endroit bondé de coffres-forts qui appartenaient à d'autres individus, et, avec sa clé tordue, il arrivait à ouvrir les coffres-forts. OOOH! il en était surpris, mais il n'a rien pris; il a tout laissé en place. Puis il s'est réveillé.* Qu'a-t-On voulu lui signifier? On a voulu lui dire: «Attention, tu possèdes en toi-même une clé puissante—elle portait le numéro de son Ange—, mais parfois tu la distorsionnes. On t'a donné une énergie supérieure à la norme, mais tu ne l'utilises pas toujours de la bonne manière.»

Cet homme a tout un charisme, beaucoup d'entregent et une grande facilité à s'exprimer. Il peut entraîner les gens dans n'importe quel projet, tellement son charisme est grand. Le charisme est une énergie puissante qui se dégage de l'être. Des politiciens et de nombreux êtres connus en sont dotés, mais ils ne l'utilisent pas toujours très bien.

On a voulu prévenir cet homme: «Attention, avec ce charisme qu'On t'a donné vient toute une responsabilité. Tu as la capacité de pénétrer profondément dans les êtres. Alors, si tu n'es pas juste, si tu es tordu, tu peux leur extirper leur énergie. Donc, fais très attention : utilise mieux ton potentiel. Si tu ne l'utilises pas bien dans cette vie-ci, tu vas te retrouver énergétiquement pauvre dans ta prochaine vie. Tu seras comme transparent et personne ne te remarquera parce que tu n'auras plus de rayonnement. » Cet homme est chanceux d'avoir été prévenu, n'est-ce pas ?

Une autre forme d'extorsion de l'énergie des autres est la curiosité mal placée. Quand on est trop curieux concernant la vie des autres, c'est comme un viol ; on leur vole leur énergie. On peut faire un petit exercice à ce sujet : lorsqu'on passe près de maisons éclairées de l'intérieur, avec de belles grandes fenêtres, même si on a tendance à jeter un coup d'œil par curiosité — quand on n'a pas la Connaissance, on peut dire que cela est naturel —, on s'entraîne à ne pas regarder. Éventuellement, cette pratique s'inscrit jusque dans les rêves et les mondes parallèles, et on n'a plus ce type de curiosité. Tant et aussi longtemps qu'on nourrit de la curiosité pour la vie des autres, le Passeport Universel qui nous donne la possibilité de visiter les gens dans les autres mondes ne peut pas nous être accordé. On doit être limité, car l'esprit n'a pas assez de force, de concentration et de conviction pour respecter les Lois Divines.

Quand j'ai parlé à cet homme de la curiosité, il m'a dit : « C'est tellement vrai que je suis curieux ! Quand je vois à l'intérieur d'une maison, si je pouvais rentrer dedans, je le ferais, tellement je suis curieux. » Quand je l'ai revu, quelque temps plus tard, il m'a dit : « AAAH ! j'ai essayé cette discipline. C'est difficile pour moi de ne pas regarder : je suis obligé de me tenir la tête. » (rires)

Voici un autre fait vécu qui montre comment, par manque de Connaissance, on peut avoir peur. Une femme m'a confié un rêve initiatique. Dans ce rêve, *elle était couchée sur son lit, aux côtés de son compagnon. Tout à coup, elle s'est relevée et a vu, droit devant elle, un immense parasite suspendu au-dessus de son lit. OOOH ! elle a eu vraiment peur. Elle a sauté du lit et a déguerpi de la chambre à toute vitesse. Puis elle s'est reprise : elle s'est mise à réciter le Notre Père et elle a retrouvé suffisamment de courage pour retourner dans sa chambre à coucher. De retour dans la pièce, à la place des parasites, elle a vu une série de petites pommes rouges et noires un peu brûlées. Tout avait changé. Toujours dans son rêve, elle a raconté ce qui venait d'arriver en rêve à une amie qu'elle ne connaît pas dans le plan concret. Cette dernière, après avoir entendu le scénario, lui a demandé: « Es-tu sûre que tu t'étais bien entourée de lumière blanche? »*

Qu'a-t-On voulu dire à cette femme? La chambre à coucher symbolise des parties intimes de l'être; On a donc voulu toucher ces parties. Tout ce qui se passe sur le lit représente des événements qui se produisent pendant le jour. L'homme qui était aux côtés de la rêveuse représente sa partie émissive, celle qui se manifeste par ses actions, tandis que l'amie — une femme — représente son aspect réceptif, son monde intérieur.

Les parasites symbolisent l'intrusion dangereuse d'énergies négatives qui brouillent la vision spirituelle. On a voulu lui montrer comment elle pouvait rectifier ses peurs. Le fait qu'elle a pu revenir dans la pièce après avoir récité le Notre Père lui démontrait les pouvoirs de la spiritualité. On lui montrait qu'en élevant son niveau de conscience, WOOPS! la situation se transformait. Le parasite est disparu et a été remplacé par des pommes. La pomme est un grand symbole de la Connaissance du bien et du mal. On a donc voulu lui dire: « Tu ne comprends pas bien pourquoi le mal existe. » Puisque l'amie — qui est une partie d'elle-même — lui demandait si elle s'était bien entourée de lumière blanche, ce rêve initiatique était une invitation lancée à cette femme pour qu'elle modifie son concept de protection.

Dans certains milieux spirituels, on entend souvent: « Si tu as peur qu'on te vole ta voiture, entoure-la de lumière blanche », ou encore « Entoure-toi de lumière blanche et tu verras, tu seras protégé. » C'est très bien; c'est un beau concept. Mais ce n'est qu'une première étape. C'est comme dire à un enfant: « Tu sais, les enfants sont transportés par des cigognes. » Le seul fait de s'entourer soi-même ou un objet de lumière blanche nous permet de se connecter à une énergie positive, et cela peut modifier instantanément notre niveau de conscience; on se sent tout de suite mieux. Mais l'effet n'est que passager, car les peurs demeurent et elles reviennent à la moindre occasion. WOOPS! cette mémoire qui n'a pas été reprogrammée va se manifester à nouveau. Donc, faire cela n'est que du colmatage. On doit retourner à la cause profonde et nettoyer les mémoires qui engendrent ces peurs.

Quand on craint de se faire voler, de deux choses l'une: ou bien c'est un avertissement que quelque chose se trame, comme dans l'exemple de mon époux sur la terrasse, et, dans ce cas, il s'agit d'une intuition, ou bien ce ne sont que des craintes: la peur de perdre ses biens et toutes sortes d'autres peurs qu'on a emmagasinées dans cette vie-ci et dans d'autres, et qu'on projette à l'extérieur, sur les situations que l'on vit. Nous avons peur de nous faire voler parce que, nous aussi, nous avons volé l'énergie des autres, souvent sans nous en rendre compte. Je vous suggère de méditer sur cette phrase: *Quand on a peur des autres, c'est de soi-même qu'on a peur.*

Comment acquérir la vraie protection? Admettons qu'on ait peur de se faire voler sa voiture ou tout autre objet. Au lieu de se dire: «Je mets de la lumière blanche», on entre dans le mal — dans sa propre peur — et on se demande: «Pourquoi ai-je peur?» On se répète les grands principes: «Le mal est éducationnel; la matière est temporelle; la réincarnation existe; mon esprit est éternel; Dieu est un Ordinateur Vivant dans lequel nous vivons tous; la Justice Divine est absolue, etc.» et on fait sa pratique récitatoire avec l'Ange HAHEUIAH. On se dit qu'on a quelque chose à comprendre et que l'Intelligence Cosmique veut nous le montrer. Alors, en peu de temps, on aura des rêves et on vivra des situations en rapport avec ce travail de conscientisation. De cette façon, on apprend à saisir la nature du mal pour le transcender et pour qu'il ne nous habite plus, et, éventuellement, toutes nos peurs disparaissent.

Pendant mon entretien avec cette femme, j'ai établi un parallèle entre le Notre Père — qu'elle avait récité dans son rêve — et la pratique récitatoire avec les Anges. Je lui ai dit: «Ce que tu as vu se produire avec le Notre Père, eh bien la pratique récitatoire crée le même effet, sauf qu'elle touche un rayon très précis de ta conscience. Tu obtiens ainsi une image claire du profil psychologique que tu dois modifier. De cette façon, tu participes consciemment à l'activation de ton programme. Par exemple, si tu invoques l'Ange 9 HAZIEL, dont la qualité principale est l'Amour Universel, tu auras des rêves et tu vivras des situations concrètes en rapport avec l'Amour Universel.»

J'ai continué : « Après avoir récité le Notre Père, au lieu de voir des parasites et d'en avoir peur, tu as vu des pommes. Elles étaient abîmées, ce qui signifie que tes notions de bien et de mal ne sont pas tout à fait justes. Un jour, tu n'auras plus peur du mal ; pour toi, il sera devenu parfaitement clair que le mal est un processus éducationnel. Alors, il fera figure d'illusion et ne représentera rien de plus qu'une situation qui nécessite une rectification. Un jour, les pommes dans tes rêves ne seront plus abîmées car tu auras acquis plus de clarté, d'intelligence et de stabilité. » Voilà ce que fait la pratique récitatoire.

L'une des qualités de l'Ange HAHEUIAH est la *protection contre les assassins*. On peut se dire : « Moi, les assassins, ça ne me touche pas. » On doit se rappeler que les qualités et les vertus des Anges doivent être considérées en terme de conscience. L'idée d'assassin peut donc dans ce cas s'appliquer à toute parole virulente ou agressive, car, avec de telles paroles, on peut tuer. Cela peut nous être montré dans les plans subtils et dans nos rêves.

Voici le récit d'une expérience vécue par une dame qui travaille avec les Anges depuis un certain temps. Elle m'a dit : « Il faut que je te raconte quelque chose qui m'est arrivé. Ce jour-là, je ne me sentais vraiment pas bien. Je suis arrivée au travail et j'ai commencé à parler avec une de mes collègues qui a un esprit très critique. C'est une femme qui a beaucoup de problèmes avec le principe masculin : elle critique toujours les hommes. En parlant, nous avons passé en revue un certain nombre de nos collègues de l'organisation et nous les avons critiqués l'un après l'autre. Pendant que je m'entendais parler, je sentais que ce n'était pas bien de critiquer comme ça. Je l'avais fait dans le passé, alors que j'étais inconsciente de cette distorsion qui m'habitait, mais là, je savais fort bien que ce n'était pas juste. Mais j'étais incapable de m'arrêter. C'était plus fort que moi. À un moment donné, je me suis même entendue dire : "Ne trouves-tu pas qu'on critique beaucoup ?" Ma collègue a répondu : "Oui, oui, un peu", mais nous avons continué de plus belle. À la fin de la conversation, j'étais complètement vidée. Je me sentais diminuée d'avoir critiqué de cette façon. C'était comme si j'avais oublié tout l'enseignement. »

Elle a ajouté : « Mais j'ai accepté ma chute — je ne me suis pas culpabilisée — et, pendant tout le trajet vers chez moi, jusqu'à ce que je m'endorme, j'ai fait ma pratique récitatoire. » Que lui a-t-On envoyé comme rêve pendant la nuit ? *Elle était dans un immense champ de bataille du temps des Chevaliers. Il y avait de l'eau dans un fossé et des cadavres à perte de vue. Elle avait une épée à la main et, à un moment donné, elle l'a plantée dans l'eau, puis elle l'a posée sur son cœur.* Elle m'a dit : « *J'ai senti l'énergie de mon homme intérieur, ensuite j'ai senti la mienne, et, tout à coup, j'ai su que mon homme, c'était moi-même. C'était vraiment beau.* Je me suis réveillée avec ce rêve, et le lendemain, je me sentais vraiment bien. Je me sentais régénérée et mon sentiment de diminution avait disparu. »

Qu'a-t-On voulu lui dire par ce rêve ? On lui a montré son parcours : « Regarde les dégâts que tu as fait. Les critiques virulentes et agressives tuent : tu as créé un champ de bataille en toi. » Parce que cette femme a une conscience ouverte, On lui a montré ce qu'elle avait fait dans les plans subtils. L'épée, qui est un grand symbole de justice, représentait sa pratique récitatoire. Elle l'a plantée dans l'eau — l'eau symbolise les émotions — et c'est comme si elle s'était dit : « C'est assez, là ! Bloque le mal ! J'ai fait suffisamment de dégâts. » Grâce à cet acte, elle a pu arrêter de critiquer et de détruire son entourage ; elle a pu unir l'émissivité (l'épée) et l'amour (le cœur).

Il est évident que cette dame avait des résonances avec sa collègue. Quand cette dernière lui parlait et critiquait, des mémoires enfouies sont remontées, et elle n'a pas pu les maîtriser parce qu'elle devait recevoir un enseignement. Elle a ajouté : « Le lendemain, quand je suis arrivée au travail, j'ai bien vu que tout ce qui m'était arrivé était un beau clin d'œil du Ciel, parce que ma collègue n'était pas là. Elle s'absente rarement, mais ce jour-là, elle n'y était pas. Ouf ! j'étais contente parce que ça me donnait un peu de temps pour méditer sur les "lieux du crime" et poursuivre ma guérison. » Cela lui donnait aussi un moment de répit pour réfléchir à la façon dont elle allait se comporter en présence de sa collègue.

Souvent, on entend : « Je ne veux plus être en relation avec cette personne. Elle me fait chuter. Elle me fait sortir mes côtés laids.

Elle est trop négative. » Quand on dit cela, c'est qu'on ne comprend pas la notion de mal. Si une personne négative est mise sur notre chemin, on y va, et on utilise plutôt cette relation. Bien sûr, cela éveille des résonances, mais quand on écoute l'autre, on est réceptif, et, en même temps, on fait sa pratique récitatoire. De cette façon, on ne peut pas rechuter. À chaque fois qu'on arrive à maintenir cet état et à ne pas projeter, on évolue dans la sagesse. Lorsqu'on fait ce travail 24 heures sur 24, on arrive à des transformations incroyables en peu de temps. Une personne qui nous aurait perdu de vue nous reverrait quelques années plus tard et ne nous reconnaîtrait plus. Les changements sont énormes, parce qu'on se purifie 24 heures sur 24. L'amour, la béatitude et la légèreté qui se dégagent des êtres évolués sont exceptionnels.

J'aimerais maintenant vous parler des symboles de protection qui émergent non seulement dans nos rêves, mais aussi en tant que signes dans notre quotidien. Mentionnons tout d'abord l'armée et la police, qui sont des symboles de protection en cas de conflit. Chaque fois que vous entendez une sirène de police, ce n'est pas le hasard : analysez ce qui se passe dans votre tête. Il se peut qu'On veuille vous dire quelque chose ou qu'On vous surveille. Même si, apparemment, la sirène ne vous concerne pas, vous pouvez analyser vos pensées du moment, exactement comme dans un rêve. Lorsqu'on a peur en entendant une sirène, c'est qu'on a à l'intérieur de soi des mémoires conflictuelles, et la sirène déclenche un signal dans l'inconscient. Donc, s'ils apparaissent comme honnêtes et intègres, l'armée et la police sont des symboles de protection en cas de conflit.

Le grand-père et la grand-mère constituent d'autres symboles de protection fréquemment utilisés dans les rêves. Le grand-père représente la protection dans l'action ou le jour, et la grand-mère symbolise la protection intérieure et émotionnelle. Alors, si une personne âgée joue le rôle de grand-père ou de grand-mère dans votre bibliothèque de référence — même si elle n'est pas votre grand-mère ou votre grand-père —, et si pour vous elle est une figure inspiratrice, elle constitue un symbole de protection.

Lorsqu'il est question de protection, il est aussi question de stabilité : si on n'est pas stable dans notre tête, dans notre cœur et dans notre corps, on a peur et on n'est plus protégé. Appartenant au domaine de l'eau, les bateaux représentent le niveau de stabilité au plan des émotions. Ainsi, lorsqu'On nous montre un bateau, On nous indique notre niveau de stabilité émotionnelle et de protection du moment. Est-ce houleux ? Y a-t-il tempête ? Est-on en train de chavirer ?

Le plancher aussi est un symbole de stabilité, et il concerne particulièrement le plan physique. Si on rêve à un plancher qui s'écroule, cela signifie : « Regarde, tu es fragile pour telle et telle raison. » Dans ce cas, On nous invite à corriger certaines attitudes pour améliorer notre stabilité dans le plan des actions.

On a vu que les talismans sont des symboles de protection ; les bijoux aussi en sont. Si le bijou comporte une pierre, on doit toujours analyser cette dernière — sa couleur et autres caractéristiques —, car tous les détails sont importants. Par exemple, la couleur violette est une couleur de protection spirituelle car elle correspond au dernier chakra, celui de la couronne. On peut d'ailleurs utiliser cette couleur dans nos méditations : on visualise la couleur violette et cela fait beaucoup de bien. Reste que pour stabiliser cet effet, ce sont les qualités et les vertus apportant la protection spirituelle que l'on doit développer, et cela se fait en nettoyant nos mémoires inconscientes.

Les ratons laveurs sont mignons, ils sont jolis, n'est-ce pas ? Ils ressemblent à de petits toutous. Mais quand on analyse leur comportement, on se rend compte qu'ils sont des petits voleurs : ils dérobent le contenu des poubelles, ils volent la nourriture. Si on rêve de ratons laveurs, cela veut dire : « Attention, tu as l'air bien gentil, mais tu as une petite énergie instinctive qui se sert, qui prend les biens ou l'énergie des autres. »

Quand on voit un animal dans un rêve — et cela s'applique aussi à une personne — son attitude dans le rêve, positive ou négative, détermine s'il représente une force ou bien une faiblesse.

Dans le concret, on analyse un événement de la même façon que s'il s'agissait d'un rêve. Si un raton laveur vient fouiller dans nos poubelles ou voler notre nourriture, ce n'est pas un hasard : on a quelque chose à comprendre. On doit se dire : « Qu'est-ce que je suis en train de vivre ? Quel est mon comportement ? » On doit aussi se rappeler qu'en tant que symbole, l'animal porte deux significations : il représente le côté négatif, c'est-à-dire le côté animal non transcendé, mais il symbolise aussi de grandes forces positives.

Une dame est venue me voir à la pause et m'a dit :
— Moi, ça fait des années que je nourris les ratons laveurs quand je vais au camping. Est-ce que je dois cesser de les nourrir ? Il y en a même un qui est venu se coucher la tête sur mon pied. Il était tellement mignon !
— Non, c'est différent : tu l'as apprivoisé. Il ne vient pas à toi pour te voler. Il ne faut pas condamner les ratons laveurs.
— Mais c'est un symbole de voleur.
— Chaque animal, lui ai-je dit, même le plus féroce, a toujours un côté positif. Si on arrive à l'apprivoiser, c'est signe qu'on a intégré sa force positive dans notre être.

☉

L'aide Angélique

Nous verrons que lorsqu'une personne reçoit de l'aide spirituelle, c'est qu'elle a travaillé sur elle-même, qu'elle a demandé de l'aide, et/ou que son programme personnel y correspond. Elle reçoit une Grâce Divine. Il est important d'acheminer nos demandes aux plus hautes instances, à Dieu, aux Anges. Quand on demande de l'aide aux Anges, on fait appel à leurs qualités et vertus. Et, En Haut, le moment venu — Ils ont une vision d'ensemble de notre plan karmique, de notre plan de vie —, la solution est acheminée à des guides spirituels, puis jusqu'à des être incarnés qui, sans savoir pourquoi, vont poser des gestes qui vont nous aider.

Aider dans le plan physique, c'est très bien. Notre but ultime est de devenir altruiste et fraternel, de s'entraider. Mais plus on se purifie, plus on gagne accès au monde des causes. Éventuellement, on comprend le fonctionnement de l'Univers, et la dynamique de Dieu nous est révélée. On peut même participer à cette dynamique *via* nos rêves.

On a vu qu'il existe deux principaux types de rêves. Dans un premier temps, nos rêves servent à nettoyer notre fichier personnel. Lorsque dans ce type de rêve on aide une personne ou on se trouve en proie à de grandes difficultés, cela nous indique des parties de soi à travailler, à transformer, ou des éléments dont on devrait s'inspirer.

Le deuxième type de rêve, qu'on appelle participatif parce qu'il nous permet de travailler à la codification du logiciel ou du programme de l'être, ne nous est accessible qu'à partir du moment où on a atteint un haut niveau de pureté. Dans les rêves de ce type, nous sommes autorisés à participer à la dynamique de l'Univers. Nous devenons un maillon de toute une chaîne de guides qui vivent dans les mondes parallèles. Il s'agit d'un travail métaphysique réel. Ce travail nous invite aussi à une grande humilité, car par lui on est amené à prendre conscience qu'il s'agit d'un travail d'équipe. Lorsqu'un être incarné acquiert la possibilité de faire ce travail, il réalise que si ce n'est pas lui qui accomplit une action spirituelle donnée, ce sera un autre guide qui en prendra la responsabilité, car le programme, lui, est préétabli. Les objectifs d'évolution prévus par l'Intelligence Cosmique doivent être atteints.

L'être incarné qui fait ce travail spirituel à travers ses rêves est un serviteur. Il est un exécutant qui participe à la Création Divine. Il aide d'autres personnes en allant les visiter dans les mondes parallèles. Le langage symbolique des rêves participatifs est le même que celui des rêves qui concernent notre purification individuelle.

Quand on fait ce travail d'aide avec les rêves, on en voit tous les jours les résultats : l'état de la personne nous est montré ou bien on la rencontre, et on peut suivre l'évolution que le travail spirituel a engendré. L'aide devient, pour celui qui la pratique, une réalité et une vérité absolues.

On peut aider quelqu'un à lacer ses chaussures dans le plan physique, et ce soutien est aussi important que l'aide spirituelle, mais cette aide se limite au plan physique — quoiqu'elle touche aussi le plan affectif, puisque cette aide peut réchauffer le cœur. Mais si on se voit faire le même travail dans le plan spirituel, par exemple en rêve, ce geste a une portée beaucoup plus large. Quelle portée ? Les chaussures représentent le côté social, c'est-à-dire comment la personne se comporte dans sa manifestation : est-elle à l'aise ou se sent-elle embarrassée ? Alors, si on l'aide à lacer ses souliers, cela signifie qu'on l'aide à avancer plus facilement dans une action en cours. Comment s'opère cette aide? C'est comme si on modifiait un programme dans un ordinateur. L'Ordinateur Cosmique enverra à la personne un plus grand potentiel énergétique, de nouvelles idées, des opportunités sociales, etc. Des guides spirituels vivant dans les mondes parallèles accompagneront cette personne partout où elle ira et l'aideront à modifier sa manière de penser pour que la nouvelle programmation se concrétise, pour qu'elle s'y incarne.

Par cette explication quelque peu simplifiée, on voit comment fonctionne l'Univers. On voit que lorsqu'on aide une personne dans le plan spirituel, on participe à une dynamique d'équipe. Il s'agit d'un travail impersonnel pour lequel on ne pose aucune condition. On n'en parle pas non plus: la plupart du temps, on ne le dit même pas à la personne qu'on a aidée. La plus grande discrétion est requise.

☉

Ce soir, je vais vous parler d'une expérience que mon époux a vécue. Mon époux fait ce genre de travail spirituel toutes les nuits: il aide les gens en rêve. Mon mari et moi avons été autorisés à partager ce vécu à des fins d'enseignement, à nous en servir comme exemple pour vous montrer ce qui attend tous ceux qui travaillent avec l'Angéologie Traditionnelle.

C'est l'histoire d'une famille dont le père et la mère invoquent quotidiennement les Anges. Leur fils a habité loin d'eux pendant qu'il faisait ses études universitaires et, quand il est revenu habiter au foyer familial, sa vie était devenue extrêmement difficile: il avait développé une dépendance à la drogue et il était aux prises avec des problèmes psychologiques et une tendance suicidaire.

Son état a vraiment éprouvé sa famille. Il a entre autres fait ressortir de vives craintes chez les parents à cause de certains antécédents: le grand-père paternel du jeune homme s'était suicidé par le passé. Bien sûr, c'était un problème karmique de famille qui remontait à la surface. Les parents ont vraiment travaillé très intensément en invoquant et en demandant de l'aide aux Anges, et ils n'ont pas rejeté leur fils. Ils savaient qu'ils avaient tous quelque chose à apprendre de la situation.

Un jour, le fils a téléphoné à mon époux pour lui demander de l'aide. Il lui a expliqué ce qu'il vivait :
—Ça tourne tellement dans ma tête! J'ai des idées négatives, agressives et tellement destructrices que j'ai peur de ce que ça peut engendrer. J'en ai peur moi-même. Qu'est-ce que je peux faire?
—La seule personne qui puisse t'aider, c'est Dieu. C'est ton cheminement spirituel qui peut faire toute la différence. Le mal n'est pas dans ton corps : il est dans ton esprit.

Puis d'une manière très simple, il lui a parlé de la psychologie des Anges, mais vraiment dans un langage que ce jeune homme pouvait comprendre.

Plus tard dans la conversation, le jeune homme lui a dit :
—J'ai eu une idée : j'aimerais faire une retraite de quatre jours dans un monastère.
—C'est une bonne idée, lui a dit mon époux. Si cela t'appelle, tu devrais y aller.

À la fin de la conversation, le jeune homme semblait soulagé, et il a dit à mon époux : « Je vais emprunter le livre des Anges à mes parents et je vais le lire pendant ma retraite. »

Pendant la retraite du jeune homme, mon mari a eu un rêve dans lequel il rencontrait le père, la mère et le fils. Dans le rêve, *mon mari était couché sur un lit, en méditation, et le père est arrivé et lui a demandé de l'aide pour son fils. Mon mari a accepté. Une autre image a suivi, dans laquelle il voyait le père, assis et préoccupé, mais affichant une certaine dignité dans son épreuve. Puis il voyait la mère qui, elle, était très perturbée, et cette agitation la rendait beaucoup trop émissive. Le fils était présent, assis, les poings fermés, et il tremblait de tout son corps. Alors mon mari s'est levé, s'est rendu à un lavabo et a fait couler un verre d'eau. Il a tendu le verre au jeune homme. Après quelques instants d'hésitation, le jeune homme a accepté et il a bu le verre d'eau. Ensuite, mon époux s'est retrouvé dans une cuisine. Sur la tablette la plus élevée d'une étagère, se trouvaient des haut-parleurs qui émettaient une musique extrêmement agressive, presque endiablée; c'était vraiment très puissant. Mon mari a baissé le volume. Il a eu un peu de difficulté à le faire, mais il a réussi.*

Analysons cette première partie du rêve. En prenant et en buvant le verre d'eau, le jeune homme acceptait symboliquement la purification. La cuisine représente une action en préparation, un moment où de nouvelles énergies se préparent. Par le symbole du haut-parleur, on montrait à mon mari ce qui se passait dans la tête du jeune homme, car les haut-parleurs se situaient sur la plus haute tablette de l'étagère. Par la difficulté qu'il a eue à baisser le volume, On lui a montré l'intensité de ce que vivait le jeune homme : quelque chose d'infernal, de très puissant. C'est cela qui faisait que tout tournait dans sa tête et que son esprit était devenu endiablé.

Dans la même cuisine se trouvait un guide spirituel habitant les mondes parallèles, représentatif de bien d'autres guides qui allaient faire en sorte que ce rêve se matérialiserait, se concrétiserait. Toute la famille allait être guidée — tant le père et la mère que le fils — pour qu'une nouvelle dynamique se mette en route, que tout revienne au calme et que le fils puisse se sentir mieux.

Puis a succédé une autre séquence d'images dans laquelle *mon mari parlait avec le fils. Celui-ci lui disait qu'il avait beaucoup d'admiration pour son père, qui avait fait carrière dans l'armée canadienne. Ensuite, il voyait le fils à côté d'une machine distributrice de boissons pour sportifs.*

On montrait ainsi à mon époux la vie du fils dans un futur proche. Par le symbole de la distributrice de boissons pour sportifs, On lui signifiait que ce jeune homme n'entrerait pas dans un cheminement spirituel, que ce n'était pas encore le temps. Dans une première étape, il allait transformer son agressivité en faisant du sport — le liquide, l'eau, est lié aux émotions. Par la conversation dans le rêve, On annonçait également à mon mari que le jeune homme allait suivre les traces de son père, qu'il allait s'engager dans l'armée canadienne.

Quelque jours plus tard, nous avons appris qu'à son retour du monastère, le jeune homme était transformé : il avait les yeux lumineux. Quand mon époux l'a rencontré, il ne lui a rien dit de tout ce qu'il avait vu, ni ce qui avait été fait pour lui ; il l'a simplement écouté. Le jeune homme a dit : « C'est incroyable ! Ç'a arrêté de tourner dans ma tête. J'ai retrouvé la joie de vivre. »

C'est une grâce qui a été donnée à cet être. Mais une grâce n'est pas donnée par hasard : elle est le résultat de tout un travail. Les parents avaient beaucoup travaillé et le garçon aussi avait fait des efforts. Plus tard, le Destin s'est mis en route : le jeune homme a postulé dans l'armée et il a été reçu comme officier dans l'armée canadienne.

Ce bel exemple nous permet de voir comment fonctionne le processus d'aide des guides. Le cheminement spirituel est très difficile, mais, un jour, on arrive à ne plus mettre en doute l'existence des mondes subtils et ils demeurent avec nous de façon permanente. Graduellement, avec l'étude des rêves et des signes du quotidien, on réalise que les symboles servent d'interface entre ces mondes et la scène de notre propre vie. Éventuellement, cette dernière devient un terrain d'*apprentis-sage* par excellence. Le *Connais-toi toi-même et tu connaîtras l'Univers* devient l'emblème de notre sagesse.

Voici un dernier fait vécu. C'est un couple d'agriculteurs qui lui aussi invoque quotidiennement les Anges. C'était le temps des semailles, et l'homme lisait sur le nouvel emballage de graines le mode d'emploi. On recommandait de semer tant de graines par surface de terrain, ce qui faisait 70 graines pour la surface qu'il souhaitait ensemencer. Mais lui était habitué de semer 110 graines sur cette surface. Il était tracassé car il craignait que semer le nombre recommandé lui donnerait une récolte moins abondante que d'ordinaire.

Alors, il a demandé à son épouse ce qu'elle en pensait. Après avoir pris connaissance de ce qui préoccupait son mari, elle lui a dit : « Eh bien, mets-en 72. » Il est resté surpris : il s'attendait à ce qu'elle lui propose d'en semer 90, soit à mi-chemin entre 70 et 110.

Elle lui a dit :
— Mais oui, les 72 Anges !
— Ah oui ! les 72 Anges. Mais es-tu sûre ?
— Attends, on va demander un signe.

Elle est montée sur le tracteur et a allumé la radio en demandant : « Si c'est bien 72 graines qu'on doit semer, donnez-moi un signe à travers une chanson. » Imaginez-vous ce qu'On lui a envoyé ! Au moment où elle a ouvert la radio, la chanson *Angels* de Sarah McLachlan était en ondes. « In the arms of the Angels… » Ils étaient tous deux aux Anges !!! Le signe était magique.

Voilà, quand on s'habitue à lire les signes, arrive un jour où on ne se laisse plus aveugler par le côté matériel des choses. Si on a des doutes, on utilise tout ce qui est à notre disposition, concrètement, ou bien on demande un rêve. On pose la question : « Est-ce la bonne direction ? » et on attend les signes avec une attitude réceptive. La réponse arrivera d'une manière ou d'une autre. Quand on intègre cette Connaissance, on réalise que Dieu existe vraiment.

Ange 11 Lauviah
La Vraie Réussite

Dans un rêve, *une femme voyait son mari accroupi dans un foyer de masse. Le feu était éteint mais une chaleur très intense se dégageait du foyer. Soudain, elle a entendu une voix d'homme lui dire:* « Ton mari va passer au feu » *et, peu après:* « Et toi, sa compagne, tu connaîtras le même sort. » Puis elle s'est réveillée. Cette femme a eu ce rêve alors qu'elle entrait dans l'enseignement des Anges. Elle était bien loin de se douter de l'ampleur du travail intérieur que ce rêve allait déclencher, tant chez elle que chez son conjoint.

Passer au feu, intérieurement, signifie mourir à de vieux concepts pour renaître dans une nouvelle conscience. Depuis longtemps, ces deux êtres avaient été préparés par la vie pour devenir des initiés. Le mari de cette femme est l'un des fondateurs d'une entreprise qui fut considérée comme la première entreprise de construction au Canada et l'une des plus importantes du genre au monde. Médaillée pour ses belles œuvres architecturales, constructeur officiel à l'Expo universelle 1967, cette entreprise a bâti des écoles, des églises, des hôpitaux, des ponts et des usines. Elle a aussi construit des villes entières, entre autres à l'aide de maisons préfabriquées, système tout à fait innovant à l'époque. À la tête de cette entreprise œuvraient deux frères, les frères Désourdy. En 26 ans — de 1950 à 1976 —, ils ont enregistré une réussite phénoménale, qu'eux-mêmes ont de la difficulté à s'expliquer. Ce n'est ni leur origine modeste ni leur niveau d'éducation qui ont prédestiné ces deux frères à devenir un jour les dirigeants d'un tel empire, évalué, à l'époque, à plus de 25 millions de dollars.

Ce soir, j'aimerais vous parler plus particulièrement de Normand Désourdy, qui suit l'enseignement de l'Angéologie Traditionnelle avec sa compagne, et dont il était question dans le rêve que je vous ai raconté. Durant cette période de grande réussite matérielle et de renommée, alors qu'il côtoyait des ministres et des sheiks, et qu'il vivait bien des honneurs terrestres, Normand Désourdy était loin de se douter qu'il n'avait connu qu'un pâle reflet de la vraie réussite. Aujourd'hui, il ouvre son cœur pour partager son histoire. En toute simplicité, il nous a reçus, mon époux et moi-même, dans sa demeure. C'était vraiment magique de voir cet homme se dévoiler pour nous expliquer comment il en est arrivé à décider de vivre sa spiritualité.

Avant de pouvoir goûter la réussite céleste, cet homme devait tout d'abord traverser une longue série d'épreuves, dont la première a débuté en 1977 avec d'énormes pertes subies en Arabie Saoudite, et qui ont mené à une faillite retentissante : Normand Désourdy perdait toute sa fortune. Aujourd'hui, grâce à l'enseignement des Anges, à l'analyse des rêves et à la lecture des signes du quotidien, Normand Désourdy a réussi à se rebâtir de l'intérieur pour construire un nouveau royaume. Je vous ferai part de son témoignage tout à l'heure, entre autres à la lumière de cet enseignement et avec toute la symbolique impliquée.

Le thème de ce soir est comment trouver la vraie réussite avec l'Ange qui nous y aide, l'Ange LAUVIAH qui porte le nombre 11.

Depuis notre tendre enfance et au cours de nos vies antérieures, nous avons accumulé un certain nombre de mémoires qui sont devenues inconscientes. Nous portons tout un bagage. Or, il vaut mieux que dans un premier temps ces mémoires soient voilées. Et, petit à petit, à mesure qu'on grandit, qu'on évolue et qu'on retrouve notre conscience, le voile est enlevé. On acquiert alors la possibilité de reprogrammer ces mémoires. Voilà en quoi consiste le Travail avec les Anges. Au plan conscient, on se dit : « Comment se fait-il que je ne réussisse pas ? Pourquoi ai-je tant de limites ? Pourtant, je fais tout ce qu'il faut : je suis gentil, je travaille fort. Mais ça ne marche pas. Que se passe-t-il ? » Le Travail avec les Anges nous permet d'identifier ce qui agit à notre insu, c'est-à-dire à partir de nos mémoires inconscientes.

Voici une expérience vécue qui nous aide à comprendre comment cela fonctionne. C'est l'histoire d'une femme qui travaille avec l'Angéologie Traditionnelle. Elle m'a raconté ce rêve qu'elle a reçu. *Elle se voyait dans un immense champ de maïs en présence de son père ; les épis étaient jaune or, et il y poussait aussi des feuilles de menthe. Tout à coup, elle est entrée dans une maison et elle a descendu les escaliers. Au sous-sol, oh surprise! elle a trouvé un clochard, un clochard affamé. Elle a donc commencé à le nourrir et elle lui a donné de la menthe.*

Qu'a-t-On voulu dire à cette femme? Dans ce rêve, tous les personnages sont des parties d'elle-même, y compris son père. En examinant ce que chaque personnage — ou tout autre symbole — représente, et comment ils interagissent dans le rêve, on peut obtenir l'analyse détaillée de la situation de la personne sur le plan psychologique. Le maïs est un grand symbole: son épi a la forme du sexe de l'homme en érection, et il représente la prospérité, la richesse et la réussite. Par ses propriétés nourrissantes et sa capacité de se conserver longtemps, il symbolise l'abondance, et sa couleur jaune or représente la confiance. La présence d'un homme dans le rêve — le père — représente le monde de la manifestation, le plan physique et le jour. Donc, le rêve indiquait à cette femme qu'en surface, elle vivait dans une certaine abondance. Que symbolisent les feuilles de menthe? On s'habitue à analyser les rêves avec la logique d'ici. Comment utilisons-nous les feuilles de menthe? Normalement, on en fait des tisanes pour stimuler la digestion.

Puisque cette femme est entrée dans une maison et a descendu au sous-sol, On a voulu lui montrer ce qui se trouvait derrière la façade, le masque, ce que dissimulait le voile. Le rez-de-chaussée représente le conscient; c'est-à-dire ce que nous voyons et dont nous sommes conscients. Quant au sous-sol, symboliquement, il nous révèle des éléments subconscients qui sont plus près de notre conscience que les éléments inconscients. Par le clochard, On lui montrait le désespoir qu'elle vit présentement. Un symbole a une telle force! Il condense des centaines, voire des milliers de mémoires de situations vécues. Le symbole du clochard représente un ensemble de situations où cette femme a fait l'expérience de sentiments de carence, où elle a été affamée d'une manière ou d'une autre.

Dans le monde conscient, cette femme a une certaine facilité au plan professionnel. Depuis peu, elle occupe un nouveau poste et elle vit dans une certaine aisance matérielle. Pourtant, elle est souvent nostalgique, elle manque de confiance en elle-même et elle tente souvent d'accaparer l'attention des gens. Le rêve lui montre d'où viennent ces attitudes. Puisque cette femme a déjà amorcé une transformation d'elle-même, elle a commencé à nourrir cette partie demanderesse, afin qu'un jour, le clochard devienne riche, lui aussi, c'est-à-dire qu'elle parvienne à reprogrammer toutes ses mémoires inconscientes dans lesquelles le désespoir est inscrit.

Même si un symbole n'apparaît que pendant quelques secondes dans un rêve, il représente tout de même un long travail à faire, et il peut se manifester sous de multiples formes pendant des vies. Par exemple, si cette femme ne rectifiait pas ses mémoires et ses attitudes concernant le sentiment de manque, elle pourrait devenir concrètement un clochard dans une autre vie. Voilà la magie des rêves. Ce sont des messages-clés qu'On nous envoie. Dans une entreprise, il peut y avoir deux êtres qui ont le même salaire, le même statut social et le même nombre d'enfants—dans le concret, leur situation est la même au plan quantitatif—, et lorsqu'ils entendent des rumeurs d'éventuels licenciements, l'une des personnes demeure confiante, stable et calme, tandis que l'autre panique. Cette dernière a mal au ventre et est même surprise de sa propre réaction. Elle se dit: «Ça n'a aucun sens! Pourquoi est-ce que je me sens comme ça, là?» Sa confiance chute d'autant.

Tant que tout va bien dans le concret ou au plan conscient, tant que l'argent rentre et qu'on a des moyens, notre esprit focalise sur le champ de maïs, pour ainsi dire, et on se sent relativement bien. Mais il suffit d'une rumeur et OUPS! l'esprit plonge dans l'inconscient et va toucher les mémoires qui sont marquées du sentiment de manque. Des peurs terribles remontent alors à la surface. Ces réactions sont incontrôlables tant et aussi longtemps qu'on n'a pas nettoyé, reprogrammé, ces anciennes mémoires. OOOH! quand on comprend cela, on a tellement le goût d'aller les nettoyer, ces anciennes mémoires qui nous sont si bien montrées dans nos rêves.

Certaines personnes qui ont bien réussi dans la matière sont ambitieuses et avides; elles n'en ont jamais assez et sont prêtes à écraser les autres pour en avoir toujours plus. Si on allait voir dans leur inconscient—ce qui est d'ailleurs possible quand on a fait le travail sur soi—, si on s'approchait de ces êtres, alors on pourrait sentir le clochard, qui serait dans ce cas agressif et voleur.

Quand on a acquis le pouvoir spirituel de visiter l'inconscient, cela change considérablement notre perception de la réalité : on cesse de vivre dans l'illusion et de s'attacher à la forme.

La réussite vient d'En Haut, même si elle a été gagnée d'une façon injuste, ambitieuse ou par la ruse. Tout vient d'En Haut. Face à une réussite qui n'a pas été gagnée de façon juste, certaines personnes peuvent se demander : « Mais comment se fait-il que cette réussite vienne de Dieu ? » Il faut savoir que tout ce qu'on demande, on le reçoit. Si on veut avoir la réussite matérielle — si on veut être riche et avoir du pouvoir —, on va l'obtenir, même si cela peut prendre trois ou quatre vies. L'Intelligence Cosmique nous dit : « Tu la veux ? Alors tu l'auras. Mais tu auras tout ce que tu es avec. ». Puis Ils nous laissent expérimenter. L'être peut connaître une réussite fulgurante, et, à un moment donné, tout bascule. En Haut, Ils lui retirent les ressources pour lui permettre de visiter le clochard et d'autres mémoires dans lesquelles il a forcé, il n'a pas été juste, il a été orgueilleux de sa réussite ou il n'a pas ressenti de gratitude. La vie est une expérimentation de la conscience. On expérimente au fil des vies, et le mal nous sert à évoluer. Quand on comprend cela, on peut avoir de la compassion pour ceux qui s'égarent : on ne porte aucun jugement, quoi qu'ils fassent. On sait qu'un jour, ils décideront volontairement de ne plus faire le mal.

☉

Dieu est un Ordinateur Vivant

Pour comprendre la loi de la synchronicité, imaginons que le Créateur est un immense Ordinateur Vivant dans lequel chaque être vit, et où tout — absolument tout — est enregistré. Cette grande Intelligence sait toujours en temps réel où on se trouve. Si un satellite peut localiser un petit objet, imaginez-vous ce que peut faire cette grande Intelligence. Donc, si je bouge ma main comme ceci, l'Ordinateur Cosmique, de façon mathématique, enregistre le mouvement et le situe dans l'espace et dans le temps de façon parfaite. Cette puissante image nous aide à comprendre la nature de Dieu. Elle nous montre aussi que la technologie d'aujourd'hui est à l'image de l'Univers, quoique sous une forme bien modeste.

Chaque personne a un plan de vie qui est préétabli avant sa naissance. Comment ce programme est-il déterminé? Il est établi selon ce qu'on a vécu et ce qu'on a demandé ou souhaité dans nos vies passées. Ainsi se tracent les grandes lignes, les grands objectifs de notre vie présente. Il existe aussi des guides qui nous accompagnent en permanence et qui nous aident à atteindre ces objectifs.

Même si on a de grandes limitations — certains êtres ont de grandes limitations physiques ou psychiques qui proviennent d'autres vies —, le simple fait d'en comprendre le sens, de les accepter et de travailler sur soi, nous permet d'améliorer notre vie. Certaines libertés sont accessibles à l'esprit, et, en dépit des limitations physiques qui, elles, persistent dans la vie présente, l'être prépare sa prochaine vie. S'il n'utilise pas bien les talents et les ressources qui lui sont attribuées dans sa vie sur Terre, alors, inévitablement, il devra faire face à la Justice Divine. Celle-ci est parfaitement juste et très rigoureuse. Un être qui comprend cela et qui accepte ses propres limitations en les utilisant pour agrandir sa conscience, OOOH! ce sont des vies et des vies qu'il parvient à réparer en une seule vie. Il met en place un processus de Grâce et de bénédiction qui engendrera une abondance spirituelle, intellectuelle, émotionnelle et matérielle.

Une nation aussi a un plan préétabli, et le programme de chaque individu concorde avec celui de la nation dans laquelle il vit. Si on réfléchit quelques instants sur la grande catastrophe qui s'est produite au *World Trade Center*, à New York, le 11 septembre 2001, on peut comprendre que le Ciel a laissé faire et que des raisons d'évolution se trouvaient derrière ces événements. Bien sûr, le mal en était à ses plus forts degrés; mais même dans un tel cas, il conserve son rôle éducationnel. À cause de cet événement, certaines personnes deviendront plus fraternelles et plus altruistes, et elles développeront le non attachement à la matière. Avec l'effondrement des tours jumelles, a été détruit le symbole d'une certaine façon de matérialiser.

Quand on a une vision globale, on peut comprendre les événements tant au plan individuel que collectif. Et ce qu'on développe, ce n'est pas l'indifférence: c'est la compréhension. Et quand il y a compréhension, il peut y avoir compassion à l'état pur.

Passons en revue les qualités de l'Ange 11 Lauviah. *Réussite, renommée, célébrité.* L'Ange 11 Lauviah nous donne accès à la renommée. La reconnaissance par le public n'est qu'un pâle reflet de la renommée comprise dans son essence. On accède à la vraie renommée lorsque toutes les parties de soi reconnaissent notre nature divine. Si on ne reconnaît pas d'abord notre nature divine et qu'on recherche la renommée extérieure, on fait toutes sortes de choses pour être reconnu par les autres — sa famille, ses amis, son conjoint, etc. Cela engendre beaucoup de karmas et de distorsions.

Notre système social met l'emphase sur la renommée personnelle, la réussite matérielle et le prestige. Dans cet état des choses, les valeurs essentielles et spirituelles sont mises de côté. Dans le futur, l'éducation spirituelle et l'accessibilité à la connaissance du langage symbolique amèneront de profonds changements dans les valeurs.

L'Ange 11 Lauviah est aussi un Ange *de confiance, d'enthousiasme et de joie* qui nous permet de rester stable et de remporter des victoires sur toutes nos peurs. Il nous aide à créer des *entreprises utiles et profitables pour l'humanité*. Avec cet Ange, on s'habitue à matérialiser avec justesse, en respectant les Lois Divines. Certains me diront : « Oui, mais je ne les connais pas, moi, les Lois Divines. » La connaissance de ces Lois nous est donnée de l'intérieur, *via* nos rêves, et graduellement, au cours de notre processus de purification et d'évolution spirituelle.

Peut tout obtenir des grands de ce monde. Certains êtres ont un grand pouvoir terrestre et sont altruistes ; ce sont les grands de ce monde. L'Ange 11 Lauviah est ce champ de conscience dans lequel *l'échec est le résultat d'une distorsion*. Un jour, on n'a plus d'échec dans notre vie ; l'idée d'échec relève d'une manière de penser, qu'on doit rectifier en apprenant à penser en termes qualitatifs plutôt que quantitatifs. À chaque fois que notre âme tente de faire un pas vers une plus grande conscience, qu'elle chute et se relève, et chaque fois que nos efforts ne mènent pas à une réussite reconnue par la société, au lieu de conclure à l'échec, on se dit : « J'y ai mis une intention de développer mon âme, et c'est cela qui compte. » On expérimente, exactement comme le font les scientifiques. Dans un laboratoire, lorsqu'un chercheur fait des essais et qu'il n'obtient pas le résultat escompté, il ne parle pas d'échec; il parle d'expérimentation. Pour nous, c'est la même chose. Si on apprend, si on change un concept erroné, si on intègre une pensée plus divine dans notre tête, notre cœur et notre corps, et qu'on se sent mieux, alors on vit la réussite.

Lorsqu'il se manifeste par la distorsion, l'Ange 11 LAUVIAH, nous met en contact avec l'envie: on jalouse les autres de leurs réussites, quelles qu'elles soient. Lorsqu'on reste au niveau de la forme, on trouve toujours quelqu'un à envier, tandis que lorsqu'on monte dans l'Essence Divine, c'est la plénitude. On n'a plus rien à envier aux autres, car on sait que tous les êtres sont sur Terre pour apprendre sur le bien et le mal. En faisant la pratique récitatoire avec cet Ange, ce sont toutes ces distorsions qui se manifesteront dans nos rêves et dans notre quotidien: notre envie, notre jalousie, notre ambition et notre avidité.

Lorsqu'on travaille avec l'Angéologie Traditionnelle, la symbolique des heures peut être très utile. Si on voit une certaine heure affichée dans un de nos rêves et qu'on trouve dans le Calendrier Angélique n° 3 à quel Ange cette heure correspond, cela nous donne des indices sur l'aspect psychologique traité dans le rêve, tant dans sa qualité que dans sa distorsion. Nous verrons un exemple de cela plus loin.

Pour le moment, j'aimerais partager avec vous un témoignage qui illustre bien la voie d'accès à la vraie réussite. Il vient d'une femme qui est mère d'un enfant en bas âge. Elle m'a dit que lorsqu'elle a voulu retourner sur le marché du travail, à un moment donné, une personne proche de sa famille lui a proposé d'acheter son magasin de vidéos à un prix très modeste. Puisque, en plus, le magasin se trouvait tout près de chez elle, l'offre lui semblait très intéressante. Alors, comme elle le fait régulièrement avant de s'endormir, cette femme a demandé: «Est-ce juste, pour notre évolution, d'acheter ce magasin?»

Elle a reçu une réponse en rêve: *elle s'est vue dans un magasin de vidéos sombre et lugubre. De plus, il était vide: il ne s'y trouvait aucune cassette vidéo.* Il n'est pas nécessaire d'avoir beaucoup de talent d'interprétation pour connaître la réponse à sa question. On a voulu lui dire: «Si tu t'engages là-dedans, ce sera le vide. Cela créera de la tristesse dans ta vie.»

Quand on demande une réponse, la façon dont on formule notre question et la raison pour laquelle on demande sont très importantes. Il est bon et, je le répète, très important de demander, comme cette femme l'a fait : « Est-ce juste, pour mon évolution ? »

Il se peut qu'On ne nous donne pas de réponse ou que cette dernière ne soit pas aussi claire que dans le rêve de cette femme ; c'est voulu.

Certaines personnes se demandent alors : « Pourquoi la réponse ne vient-elle pas ? » ou « Comment se fait il que ça ne soit pas plus clair ? » Si nous devons aller dans une direction donnée parce que cela est prédéterminé, les guides se doivent de ne pas nous donner une réponse qui nous mènerait à la réussite matérielle, car nous la donner ne nous rendrait pas service. En Haut, Ils nous laissent des énigmes afin qu'on réfléchisse. Dans le doute, évidemment, on s'abstient ; c'est la loi de la sagesse. On continue à travailler sur soi, et, éventuellement, on obtient des réponses. Toujours demander — et bien le faire — est la voie d'accès à la vraie réussite.

Voici un autre fait vécu qui comporte beaucoup de magie et qui, lui aussi, concerne la vraie réussite. Il y a quelque temps, à l'occasion d'un cours sur les Anges, une femme a fait une offre spontanée à mon époux : elle lui a offert d'utiliser sa voix pour les productions musicales sur lesquelles il travaille. Mon époux lui a dit : « Eh bien, envoie-moi un exemple de ta voix sur une cassette. » Un certain temps s'est écoulé et, la veille d'entrer en studio — mon mari préparait un nouvel album de la musique des Anges, le cinquième volume —, il a reçu la cassette. Pour lui, c'était déjà toute une synchronicité de recevoir la cassette juste la veille : la femme ne savait pas qu'il allait entrer en studio cette semaine-là.

Mon époux a écouté la voix : un grand talent. Tout de même, il a demandé la permission en méditation. Il demande toujours car, pour lui, l'important n'est pas que son action réussisse au plan concret. Ce qui compte, c'est qu'elle soit juste, que le programme soit respecté, tant le nôtre que celui des autres. En agissant de la sorte, il respecte toutes les lois de la nature. Alors, il a eu le feu vert d'En Haut, et, le surlendemain, il a laissé un message sur la boîte vocale de cette dame pour lui faire une proposition. La suite nous a été racontée par cette femme.

Tout de suite après que le message a été enregistré — mon mari a appelé à 9 h 17 — son conjoint l'a écouté, et, fort content, il est allé réveiller son épouse, la sortant d'un rêve. À quoi était-elle en train *de rêver? Elle se trouvait dans une fourgonnette blanche que mon mari conduisait, et j'étais à l'arrière—elle sentait ma présence. Puis la fourgonnette s'est arrêtée à une station d'essence et elle a mis pour 56 dollars d'essence. Une horloge indiquait l'heure: 15h17. Puis la fourgonnette est repartie et est allée prendre l'autoroute.*

Quand cette dame a rappelé mon époux, elle était très contente et lui a raconté son rêve. Elle lui a dit: «Je comprends les grandes lignes de mon rêve, mais il y a un petit quelque chose qui m'intrigue: tu m'as appelée à 9h17 et, dans mon rêve, l'horloge indiquait 15h17. Qu'est-ce que ça veut dire?» Mon mari lui a dit: «Ton rêve est extrêmement précis, car la musique que tu vas chanter correspond à l'Ange ARIEL, l'Ange numéro 46, et la période de régence de cet Ange, au niveau des heures, se situe de 15h à 15h20. Donc, On t'a même dit sur quelle musique tu allais chanter.» OOOH! là, elle était touchée: elle était vraiment très impressionnée d'avoir reçu cette révélation.

Dans le rêve de cette femme, mon mari et moi représentons des parties d'elle-même; c'est dans cette catégorie de rêves qu'apparaissent de tels symboles. Nous représentons des symboles spirituels pour cet enseignement. Puisqu'il est un homme, mon mari représente une situation qui va se manifester concrètement, dans le jour; et moi, je symbolise un aspect de réalisation intérieure chez cette femme. La fourgonnette blanche représente son véhicule spirituel, car le blanc, synthèse de toutes les couleurs, symbolise la spiritualité. On lui annonçait donc qu'elle commençait une expérience de nature spirituelle.

On lui indiquait aussi qu'elle allait recevoir de l'énergie. À quoi sert l'essence? À nous faire avancer, n'est-ce pas? Et que signifie 56 dollars? Quand on travaille avec les Anges et qu'on reçoit en rêve un nombre, on trouve à quel Ange ce nombre correspond. Le numéro 56 est celui de l'Ange POYEL, le père Noël des Anges; c'est l'Ange des cadeaux. On lui annonçait un cadeau, tant intérieur que manifesté. La fourgonnette se dirigeait vers l'autoroute. À quoi sert l'autoroute? À avancer rapidement—c'est un symbole de facilité. On lui annonçait donc beaucoup de motivation et un avancement dans son cheminement spirituel.

Cette femme nous a confié que quelques années auparavant, elle avait consacré sa voix en priant et en chantant sur la montagne où saint Thomas reçut son Illumination, en Europe. Or, l'histoire biblique de saint Thomas nous apprend qu'il lui fallait constamment des preuves pour croire. Alors, par ce rêve, On a donné toute une preuve à cette femme pour l'encourager dans son cheminement. Elle a goûté à la vraie réussite, à la magie mystique.

Parfois, On nous montre des choses tellement grossières qu'on se dit : « OOOH ! je n'ai rien à voir avec ça, moi. » Et on commence à critiquer, à avoir des jugements. À ce moment-là on doit se rappeler la loi des résonances. Pour pouvoir bénéficier de cette loi, on doit rester en contact avec ce que l'on ressent et se demander : « Comment est-ce que je me sens face à ce qui m'est montré, là ? Ce n'est pas juste, ce n'est pas beau, d'accord, mais je me sens dérangé. AAAH ! la loi des résonances m'explique que j'ai des mémoires inconscientes qui résonnent avec ça. » Un jour, on arrive à transcender tout le mal, et, peu importe ce qui nous est présenté, on a de la compréhension et de la compassion. Ainsi, tant et aussi longtemps qu'il nous arrive encore de se sentir dérangé, c'est que nous avons du travail à faire. La loi du dérangement est facile à comprendre, mais elle n'est pas aussi facile à mettre en pratique.

J'aimerais vous raconter une anecdote qui s'est passée alors que je préparais le cours sur l'Ange 11 LAUVIAH. Lorsque je prépare un cours, je fais ma pratique récitatoire avec l'Ange concerné et je reçois des enseignements *via* mes rêves et les personnes que je rencontre.

Lors d'une promenade, j'ai rencontré une femme que je connais. Elle était enthousiaste et joyeuse car elle venait de recevoir une très bonne nouvelle : elle venait d'être engagée par un paysagiste qui démarrait sa propre entreprise, et cette femme adore le jardinage. Plus je l'écoutais, plus j'étais contente pour elle. Or, pendant la nuit, même si je n'avais posé aucune question à propos de cette femme, je me suis retrouvée dans un rêve — ici, il s'agit de la deuxième catégorie de rêves — dans lequel je suis allée visiter l'âme de cette femme.

Comment peut-on savoir si dans un rêve, les personnages représentent des parties de soi ou bien des personnes dont on va visiter l'âme ? Même si, au début du cheminement, on peut avoir un rêve qui concerne une autre personne, reste que dans la grande majorité des cas, le rêve nous concerne personnellement, et ce sont des parties de soi qui sont mises en scène. Au début, on doit nettoyer tout notre inconscient personnel, ce qui représente passablement de travail. Et si on a un rêve prémonitoire pour une autre personne, l'Intelligence Cosmique nous l'indiquera, et les faits seront évidents. On le saura. C'est pour cette raison que dans le doute, on revient toujours d'abord à soi. On fait la pratique récitatoire, et cela nous amène à développer une grande humilité ; il est tellement facile pour l'ego humain de se perdre dans l'orgueil spirituel.

Dans ce rêve, *j'ai vu cette femme avec un jeu de cartes éducatif qui portait la mention « Élixir des plantes »* et sur les cartes étaient dessinées des plantes. Un élixir de plantes, c'est thérapeutique. Donc, On me montrait que cet emploi allait s'avérer très bon pour sa vie affective — les plantes représentent les sentiments — et pour d'autres aspects de sa personne. Par ailleurs, *On m'a dit : « Son emploi sera précaire »*, m'indiquant par là que cet emploi serait peu fiable.

Quand on se réveille avec un tel rêve, on doit avoir la sagesse de garder l'information pour soi, pour sa propre compréhension. Cela n'est pas facile, car la première chose qu'on est porté à faire, c'est de prendre le téléphone et d'avertir la personne de ce qu'on a vu, surtout quand on sait qu'elle a besoin d'un revenu pour nourrir ses enfants. On a le goût de lui dire : « Ne t'engage pas dans ce travail : tu ne seras pas payée. »

Quand on a bien compris le principe de l'expérimentation en prenant du recul sur notre propre vie, on peut entrevoir la même chose pour les autres. Ces stages sont parfois difficiles, mais ils sont organisés par l'Intelligence Cosmique, et on doit éviter de faire obstruction à ce qui est organisé par Elle. Alors, pourquoi reçoit-on ce genre de rêve si on ne doit rien révéler à la personne concernée ? C'est pour mieux la comprendre et mieux l'aider.

Quelques temps plus tard, cette femme m'a appelée et m'a dit : « Ça fait un certain temps que mon employeur ne m'a pas payée. Ce n'est pas de mauvaise foi : lui-même n'arrive pas à se faire payer par ses clients. » Elle a ajouté : « J'ai dû changer d'emploi parce que j'ai besoin de cet argent pour payer mes frais fixes », puis avec une certaine acceptation — cette femme a beaucoup travaillé sur elle-même —, elle m'a dit : « Si je ne récupère pas mon argent, c'est probablement que je dois quelque chose à l'Univers. »

Voilà certainement un beau concept, mais cette façon de penser reste vague. Il faut aller plus loin, car il est important de savoir pourquoi une telle situation se présente dans notre vie. La loi de la résonance peut nous aider à approfondir. Ce paysagiste avait de la difficulté à se faire payer ; alors il ne pouvait pas payer son employée. Les deux personnes avaient toute une résonance l'une avec l'autre. Qu'est-ce qu'On voulait leur faire travailler ? Des insécurités inconscientes. Aussi longtemps qu'on a un champ de maïs — pour reprendre ce symbole —, on se sent en sécurité, et on est sociable et généreux ; mais si, tout à coup, on perd le champ de maïs, on perd toute confiance, même en Dieu. On renie tout parce que cela vient remuer à l'intérieur de soi des mémoires teintées d'insécurité qui nous brouillent la conscience.

Voilà ce qu'est notre vie sur Terre : On nous fait faire des stages d'apprentissage. Quand on réalise cela, bien sûr, on fait face à nos responsabilités dans la matière — il faut être logique —, mais on comprend ce qu'il nous est donné de vivre. Et on rectifie ce qui doit être corrigé, sans peur et sans reproche. Alors, on peut passer à un autre stage. Mais si on ne comprend pas la loi de la résonance — comme par exemple, si cette femme n'avait pas saisi que cette leçon de vie provenait de Dieu, si elle s'était dit : « Aïe ! j'ai travaillé fort, moi, et il ne me paye même pas », si elle s'était rebellée et était devenue critique et agressive —, alors, dans de tels cas, on se paie d'autres karmas, tout simplement. Le stage lui-même servait à nous faire réparer quelque chose d'inconscient, et voilà qu'on se rebelle ; cela nous amène à devoir vivre d'autres épreuves en rapport avec ce qu'on aurait dû améliorer. Voilà pourquoi la chaîne karmique peut durer et durer, jusqu'au jour où, OOOH ! on reçoit la Connaissance. À elles seules, la loi des résonances et la loi des dérangements sont de vrais trésors si on accepte de s'en servir !

En fin de compte, après un certain temps, l'employeur de cette femme l'a payée bon gré mal gré. Elle a donc reçu un enseignement global.

Une autre méthode pour réussir, pour atteindre la vraie réussite, consiste à demander des signes. On a vu qu'on peut demander des rêves; alors c'est la même chose pour les signes. On s'habitue d'abord à demander pour des petites choses car, avant de prendre d'importantes décisions—des décisions qui entraînent un changement d'orientation ou qui ont un impact à long terme sur notre vie—sur la base de signes, on doit d'abord acquérir la Connaissance afin de s'assurer qu'on agit d'une manière spirituelle. Voilà pourquoi il est suggéré de s'entraîner, dans un premier temps, à ne demander que pour des décisions qui n'ont qu'un impact immédiat et à faible portée sur notre vie.

☉
La lecture des signes

Apprendre à lire les signes, c'est réellement apprendre une nouvelle langue. Le langage symbolique comporte un caractère très sacré, car chaque fois qu'on demande un signe, c'est à Dieu et à tous ses messagers qu'on s'adresse. En fait, on accède à *Skynet*. En état méditatif, on demande avec une attitude sacrée et respectueuse. Au début, il est bon, pour se concentrer, de le faire les yeux fermés, mais, au bout d'un certain temps, le symbole se présentera même les yeux ouverts; le langage symbolique nous accompagne de façon permanente. Au début, quand on s'entraîne, un symbole nous est envoyé sous forme d'image—comme dans un rêve—et on l'analyse. S'il est positif, on pose l'action; sinon, on attend. Dans les cas où on n'est pas certain, on redemande. On médite et on analyse en profondeur l'action à accomplir et tous ses dérivés. En s'habituant à fonctionner de cette manière, on reçoit vraiment une guidance d'une grande précision.

C'est l'intention, la recherche de l'Esprit, qui crée le signe. Les événements, eux, sont toujours là, et, à moins d'être dans une quête de signification, on n'en dégage pas le sens. Notre esprit focalise sur une question, et notre conscience agit comme un ordinateur personnel qui se branche sur le grand Ordinateur Cosmique.

Les signes nous arrivent par toutes sortes de moyens: une voix, un son, une personne qui parle dans le magasin, une musique qui joue à la radio, trois mots qu'on attrape au vol, à la télévision, etc. On est branché au poste des Anges, à Radio-Angélique. Les guides savent que si un signe revêt tel sens pour une personne donnée, telle autre personne l'interprétera d'une façon différente. La signification dépend aussi de ce que la personne a en tête au moment où elle reçoit le signe. On saisit quelle grande autonomie on acquiert en *lisant* de cette façon. Quand on suit cet enseignement, on doit beaucoup réfléchir et méditer, et, un jour, l'autonomie spirituelle devient une réalité quotidienne.

Lorsque j'étais néophyte, je me disais : « Je ne vais tout de même pas déranger Dieu et les guides pour des niaiseries, pour des petites choses. » Puis un jour, j'ai compris que c'est comme si on avait une entreprise et qu'on voulait prendre de l'expansion. On irait sur Internet. Nous, on va sur *Skynet*. Tout y est inscrit. On peut naviguer et trouver toutes les informations dont on a besoin. C'est très bien, surtout si on est sincère et qu'on demande, en formulant de façon sacrée, s'il est juste de poser tel ou tel geste. Par exemple, on ne doit pas avoir en tête : « Est-ce que je vais gagner beaucoup d'argent ? » ou « Est-ce que ça va bien marcher ? » Aussi, parfois on souhaite l'harmonie — il est vrai que lorsqu'on atteint de hauts niveaux de spiritualité et d'états de conscience, on souhaite l'harmonie en tout temps et en tout lieu —, mais, dans un premier temps, ce n'est pas l'harmonie qu'il faut rechercher ; pour un initié ce qui est primordial, c'est d'==aspirer à être juste.==

On peut recevoir un symbole très positif comme signe, et alors, on décide de s'engager dans l'action, pour finalement s'apercevoir que OOOH ! il s'agissait d'une épreuve : On nous a envoyé vers un karma. De toutes façons, si on n'avait pas demandé quelle direction prendre, on serait quand même allé vers ce karma. On a un programme écrit en soi et on se dirige vers les expériences qui en font partie. Mais avec la Connaissance, la différence, c'est qu'on ne subit plus : on comprend pourquoi on y va. C'est un vrai mouvement d'expansion de la conscience. Cela améliore notre vie et, même si on a encore des difficultés et des limitations, on arrive à percevoir la dynamique de Dieu dans son ensemble.

En cours d'apprentissage à la lecture des signes, certaines personnes me demandent : « D'accord, mais si je n'interprète pas bien et que je pose des gestes qui ne sont pas justes ? » Ce n'est pas grave. On s'entraîne. On expérimente. On interprète un signe, on pose le geste, et ensuite, on établit la corrélation : « AAAH ! c'est ça qu'Ils ont voulu me dire ! » C'est comme à l'école : on doit mettre le temps nécessaire pour apprendre. En intégrant peu à peu le symbolisme à partir de ce que l'on vit, on arrive à pénétrer dans les profondeurs de la conscience et de l'inconscient, et, de là, dans l'Univers. Le langage symbolique est vraiment un langage universel. Il est possible de parler d'un seul symbole pendant des heures et des heures, tellement il est complet.

Admettons qu'on s'entraîne à la lecture des signes et qu'on doive appeler une amie. On se demande : « Est-ce juste ? Est-ce le temps d'appeler ? » Si on reçoit l'image de deux mains liées, cela signifie : « Non, ce n'est pas le temps. » Un oiseau blanc : « Ah ! vas-y. » Des toilettes : « Non, purifies-toi avant » ou bien « Non, elle est en train de se purifier », et alors on n'appelle pas. On analyse le symbole, et, de cette façon, on s'entraîne.

C'est magique, la lecture des signes ! Un jour, on vit comme un enfant et on conserve en permanence sa communication avec l'autre dimension : on est continuellement branché. On ne vit plus seulement dans la forme : on vit avec notre Esprit. On sait que c'est l'Esprit qui matérialise. Mais cela nécessite un grand apprentissage qui est long et difficile.

☉

J'aimerais vous raconter une anecdote un peu cocasse que j'ai vécue alors que je commençais à travailler avec les signes. Un projet était en cours, et la réponse nécessaire à sa réalisation tardait un peu. Alors, je me suis dit : « Je vais demander. » Je me suis installée confortablement sur le sofa, en position de méditation, les jambes en demi lotus — vraiment tout le kit —, je me suis bien intériorisée, et j'ai posé ma question. Mais rien ne venait : aucune image. Ah ! j'ai attendu patiemment. Tout à coup, une voix m'a répondu. OOOH ! je m'en souviendrai toute ma vie ! Que disait cette voix ? Elle disait : « C'est assez, petite tannante ! »

Que s'était-il passé ? C'était l'été — la fenêtre était ouverte — et une maman parlait à sa petite fille : elle la traitait de petite tannante. À travers cette maman, le Ciel me répondait : « Tu ne demandes pas bien, là. Tu demandes encore parce que tu veux réussir et que tu as peur de ne pas y arriver. » Bien sûr, recevoir une telle réponse exige une certaine dose d'humilité ; on travaille beaucoup sur cette qualité quand on travaille avec les Anges.

J'étais tellement contente de la réponse. J'ai ouvert les yeux et j'ai éclaté de rire, car je trouvais qu'Ils avaient beaucoup d'humour et qu'Ils avaient très bien réussi à me remettre à ma place. Ce souvenir a gravé une leçon dans mon âme.

☉

Les principes masculin et féminin

Les Anges nous aident aussi à retrouver nos deux principes. Le principe masculin est l'émissivité, et le principe féminin, la réceptivité. Par une autre symbolique, on peut dire que l'homme représente l'Esprit, et la femme, la matière. Mais les deux êtres possèdent les deux pôles : toute femme a un homme intérieur, et tout homme a une femme intérieure.

Les attractions et les répulsions que nous ressentons nous montrent des aspects cachés de nous-même, dont ceux de notre pôle intérieur, c'est-à-dire notre pôle masculin si on est une femme et notre pôle féminin si on est un homme.

Ainsi, on doit toujours interpréter les symboles en fonction des deux principes. Pour *lire* les résonances dans le quotidien, si on est une femme, les hommes qu'on rencontre — tant ceux qui nous attirent que ceux qu'on abhorre ou qui nous dérangent — nous montrent des aspects de notre homme intérieur. Le même principe s'applique chez un homme avec sa femme intérieure.

Quand on se met à *lire* de cette manière, on apprend continuellement et on perçoit les choses en profondeur. Il en va de même lorsqu'on analyse nos rêves : si un homme ou une femme apparaît dans le rêve, il ou elle symbolise le principe correspondant et la façon dont ce dernier agit à l'intérieur de soi. Si un couple apparaît, son comportement nous montre la façon dont nos deux principes interagissent.

☉

J'aimerais partager avec vous un rêve qu'une personne m'a confié et qui touche à la fois *la renommée*, et les principes masculin et féminin. Voici deux symboles qui apparaissent très souvent dans les rêves des Québécois, car ils sont originaires du Québec (Canada) : René Angelil et Céline Dion. On nous demande souvent d'interpréter des rêves dans lesquels figurent ces deux personnages. Il est possible d'aller visiter ces êtres en rêve, mais la plupart du temps, ils représentent vraiment des parties de l'être qui rêve. Que représentent René Angelil et Céline Dion? Ils symbolisent une importante réussite matérielle et une grande renommée. Par ces symboles, nous sont montrés des aspects à travailler à l'intérieur de soi ou des éléments à rectifier concernant notre concept de réussite matérielle. Et la réussite qui est symbolisée peut être de n'importe quel ordre, petite ou grande.

C'est le rêve d'une femme qui est venue me dire: «Moi, je rêve très souvent de Céline Dion.» Elle croyait qu'elle allait la visiter en rêve, car elle précisait: «Ce que je vois dans les journaux et à la télévision corrobore très souvent le contenu de mes rêves.» Voici donc son rêve. Elle m'a dit: «*René Angelil et Céline Dion marchaient en avant de moi, sur de la neige. René Angelil portait l'écharpe bleue de Céline Dion et, à un moment donné, il l'a échappée et n'a pas pris la peine de la ramasser. Il avait le dos courbé et il semblait fatigué et abattu. Alors, Céline a ramassé l'écharpe, elle s'est retournée vers moi et elle m'a dit: "C'est normal: il en a tellement sur les épaules, il a tellement de soucis." Puis elle est retournée derrière son mari.*»

Cette femme ne m'a pas tout de suite demandé l'interprétation de son rêve. Si on ne me le demande pas, je me contente d'écouter. Elle a poursuivi en me racontant toutes sortes de choses qu'elle vivait. Entre autres, elle m'a dit: «On souhaite vendre notre maison depuis un bon moment. Mais il y a eu des problèmes: parfois ça marchait, parfois ça ne marchait pas. On avait un acheteur potentiel, mais il ne pouvait acheter notre maison qu'à la condition de vendre la sienne. Dernièrement, il nous a appelé pour nous dire qu'il avait enlevé sa pancarte de vente et qu'il remettait au printemps prochain l'achat de notre maison.» Elle a ajouté: «Je sais que j'ai des choses à comprendre, mais je n'ai pas d'attentes: je suis indifférente.»

Continuant à parler, elle est revenue sur le rêve de Céline Dion et m'a demandé: «Que voulait dire ce rêve, au juste?» Alors, je lui ai expliqué le sens des symboles. Je lui ai dit: «René Angelil et Céline Dion représentent comment tes deux principes se comportent et interagissent en ce qui a trait à la réussite matérielle. René Angelil symbolise la façon dont tu manifestes ton concept de réussite matérielle, quels gestes tu poses en ce sens, et Céline

Dion représente comment tu conçois et ressens la réussite à l'intérieur de toi-même. Ils marchaient devant toi, ce qui signifie que c'est la réussite matérielle qui te fait avancer. Ils marchaient sur de la neige. La neige, c'est de l'eau gelée. Chaque fois qu'on a de l'eau, on a un symbole relié aux émotions. Elle est gelée ; donc, ça amène de la solitude car, à moins que la neige ne soit toute illuminée et dégage une ambiance positive, la neige représente un sentiment de solitude et de froideur. On voit que ce concept de réussite amène chez toi un sentiment de solitude, un peu de tristesse. Ton principe masculin est représenté comme abattu et fatigué. Donc, quand tu as de bonnes nouvelles extérieures, tu vas bien, mais autrement, tu es abattue et fatiguée, comme en ce moment. »

Ce qu'elle a ajouté est très éclairant : « Oui, mais au moins, mon principe intérieur était correct : Céline Dion ne se rebellait pas ; elle soutenait son mari. » Alors, j'ai répondu : « Non, son attitude n'était pas tout à fait juste. Si On avait voulu te montrer que ton attitude intérieure était juste, Céline aurait donné un enseignement à son époux. Mais là, elle le soutenait : elle trouvait normal qu'il soit fatigué et abattu parce qu'il en avait beaucoup sur les épaules. Cela signifie que tu essaies de contrôler ta réussite, alors que ça ne se contrôle pas. Le message, l'enseignement de ton rêve, est que tu devrais t'intérioriser pour aller nettoyer des mémoires concernant la réussite matérielle. Tu devrais essayer de retrouver le vrai concept de réussite : matérialiser juste, penser juste et trouver la motivation autre part que dans la manifestation extérieure. »

Elle a acquiescé, mais, tout de même, elle ne se reconnaissait pas dans ce rêve. Et pourtant, un rêve se réalise toujours d'une manière ou d'une autre. Alors, je lui ai dit : « Je vais te citer juste un exemple. Tout à l'heure, quand tu m'as parlé de l'acheteur potentiel qui avait enlevé la pancarte, tu m'as dit que tu avais quelque chose à comprendre, que tu n'avais pas d'attentes et que tu étais indifférente. Derrière tes paroles, moi, j'ai senti autre chose : j'ai senti que cette situation te dérangeait fortement. Et l'indifférence, c'est une distorsion. L'indifférence, c'est lorsqu'on est tellement fatigué de voir que ça ne marche pas, qu'on refoule : on *tasse* le sujet dans l'inconscient et on ne veut plus rien savoir. Et à la moindre petite nouvelle extérieure — la pancarte revient

— oui ! on est content : l'enthousiasme et la confiance reviennent et on se redresse. Puis lorsque la pancarte repart, on redevient tout courbé et on est mécontent : on ne réussit pas. Si notre confiance, notre enthousiasme et notre concept de réussite sont basés sur des événements extérieurs, on ne pourra jamais avoir la stabilité. C'est ça qu'On a voulu te montrer dans ton rêve. En Haut, Ils peuvent jouer avec ta pancarte : Ils l'enlèvent, Ils la remettent, et Ils l'enlèvent à nouveau. C'est une mise en scène et, de toutes façons, Ils ne font pas ça pour jouer avec tes émotions : c'est parce qu'Ils t'aiment qu'Ils font cela. Ils souhaitent t'aider à retrouver une autre intention, afin que ce ne soient plus les événements extérieurs qui te mènent. Ils souhaitent que tu perdes cette attitude d'être contente quand tu as de bonnes nouvelles et d'être abattue quand les événements ne satisfont pas tes attentes. »

Quelques semaines plus tard, j'ai revu cette femme et elle m'a dit, très contente : « Notre acheteur potentiel a remis sa pancarte ; c'est un bel enseignement pour moi. » Mais plus tard, je l'ai rencontrée à nouveau et elle m'a dit qu'il l'avait enlevée. (rires) Elle a ajouté : « Là, j'ai réalisé que je n'avais pas encore compris ; ça m'a fait travailler un peu plus. » Ce n'est pas grave de voir les parties de soi qui ne sont pas belles. L'important, c'est de s'en apercevoir, lorsqu'on est dérangé, de conscientiser notre état et d'aller plus loin. C'est seulement de cette façon qu'on peut les changer, ces vieilles mémoires de l'âme. Sinon, cela prend énormément de temps et on doit subir toutes sortes d'épreuves avant d'acquérir la sagesse.

S'il est signifié dans un rêve que la réussite matérielle n'a pas lieu, elle ne pourra pas avoir lieu. C'est absolu. Si des limitations sont inscrites dans notre plan de vie, si la réussite matérielle n'y est pas prévue, on ne peut rien y faire : rien ne peut se produire, à moins de voler. Toute cette pièce de théâtre planétaire est là pour nous faire expérimenter des aspects de la Conscience.

Voyons maintenant la position de l'Ange 11 LAUVIAH dans l'Arbre de Vie. Cet Ange habite la Séphira appelée HOCHMAH, qui est régie par l'Archange RAZIEL et où on retrouve les Chérubins, ces beaux bébés joufflus qui représentent l'innocence, c'est-à-dire une grande pureté de conscience. Les Anges qui habitent dans HOCHMAH représentent de hauts niveaux de sagesse et d'amour. Lorsqu'on atteint ces degrés de conscience, il n'existe plus d'amour personnel. C'est l'Amour Inconditionnel. Très peu de personnes réussissent à stabiliser ces états de conscience.

La planète maîtresse de l'Ange 11 Lauviah est Uranus, qui représente entre autres l'altruisme et les idées avant-gardistes. Les énergies uraniennes sont tellement puissantes qu'elles désintègrent tout ce qui n'est pas juste. Par son affinité secondaire avec la Séphira HÉSED, l'Ange 11 Lauviah a aussi un caractère jupitérien. La planète Jupiter symbolise l'expansion et beaucoup de pouvoir, de ressources et de prestige.

Mais, bien sûr, on peut extérioriser cette énergie d'expansion d'une manière égoïste et la diriger vers notre propre gloriole, notre propre renommée, et uniquement en fonction de nos besoins personnels. En Haut, Ils laissent faire. Ils nous font réussir et Ils nous laissent expérimenter la réussite. Mais si on utilise mal cette dernière, éventuellement, on devra expérimenter son opposé, c'est-à-dire de grandes limitations.

Un jour, on arrive à utiliser l'expansion de façon Angélique, c'est-à-dire à des fins humanitaires et avec des intentions altruistes. Mais avant d'en arriver là, on doit expérimenter, et cela se fait naturellement en passant par la connaissance du mal. Vient un jour où on a tellement expérimenté le mal qu'on comprend de quoi il en retourne et on choisit volontairement de ne plus le faire. L'aspect jupitérien de l'Ange 11 Lauviah nous fait voir grand ; il nous donne une vision grandiose. Alors, si notre orientation est altruiste et spirituelle, cet Ange nous confère une vision à l'échelle de l'Univers. Ce dernier est tellement vaste que l'âme peut s'*expanser* dans la concrétisation de grands projets sur Terre. Si l'expansion dans le plan physique fait partie de notre programme, on a beaucoup d'argent et de biens, et on consacre le surplus à aider les autres. Donc, voilà, brièvement, pour ce qui est de la position de cet Ange dans l'Arbre de Vie.

J'aimerais partager avec vous une histoire vécue qui touche l'une des qualités de l'Ange 11 Lauviah, *la confiance*, et qui illustre bien les pouvoirs de l'Esprit. Cet été, alors que je préparais le cours sur cet Ange, mon mari, ma fille et moi-même sommes allés garder notre petite nièce Ariel, qui a un an. Ses parents s'absentaient, et nous sommes restés chez eux pendant leur voyage. Le soir, en m'endormant, j'ai invoqué l'Ange 11 Lauviah. Au beau milieu de la nuit, j'ai été réveillée par un bruit très fort dans mes oreilles. J'ai entendu le bruit de deux pas qui marchaient sur du gravier, comme si mon oreille avait été collée au sol; c'était tellement fort! Je me suis réveillée, consciente que quelqu'un était en train d'essayer de voler quelque chose dans le garage.

Un garage indépendant se trouve dans la cour intérieure attenante à la maison, et je savais que nous en avions laissé la porte ouverte. C'était présent à ma conscience. Alors, je me suis levée et, par la fenêtre légèrement entrouverte, j'ai regardé — c'était sombre — mais je n'ai rien vu. Tout à coup, avec une voix grave que je ne me connaissais pas, je me suis entendue dire : « Qui va là ? » Je suis incapable de reproduire cette voix; c'était vraiment impressionnant. OOOH! tout à coup, j'ai vu déguerpir un jeune homme. Il est sorti du garage, il est parti à fond de train, les jambes à son cou, et il a sauté par-dessus la clôture bordant la propriété.

J'étais installée à l'étage, à côté de la chambre du bébé, et mon époux était couché au sous-sol. Je suis descendue le réveiller, et c'est lui qui est allé voir si quelque chose avait disparu. Rien n'avait été volé. Il y avait seulement un carton qui avait été déplacé, probablement quand le garçon avait été dérangé. Nous sommes donc retournés nous coucher, bien calmes. En posant ma tête sur l'oreiller, j'ai eu une petite pensée. Je me suis dit : « Peut-être — je dis bien peut-être, car lorsqu'on va voler dans un garage, on est un débutant puisqu'on ne trouve pas grand chose à voler dans les garages — peut-être que cette expérimentation va aider ce jeune homme à ne plus jamais recommencer. » C'est avec cette pensée que je me suis endormie.

Que s'était-il passé au niveau de mon ouïe? L'Intelligence Cosmique avait augmenté le volume : la clairaudience. C'est grâce à la clairaudience que j'ai pu savoir ce qui se passait à distance. Ils ont augmenté le volume, comme s'Ils m'avaient mis des amplificateurs, et j'ai tout entendu. Mais, imaginez-vous, si j'étais restée avec un volume aussi élevé, cela aurait été insupportable! C'était tellement fort! Après, Ils ont baissé le volume. (rires)

On voit que les pouvoirs nous sont donnés lorsque cela est nécessaire. Même chose avec la clairvoyance et la clairsentience. Un jour, On nous donne ce qu'il nous faut au moment où on en a besoin. Mais on ne doit jamais demander les pouvoirs. On demande seulement les qualités et les vertus, et, un jour, On nous donne des pouvoirs à l'état pur. Si on veut avoir des pouvoirs pour épater la galerie ou être reconnu par les autres, si on demande et on redemande — c'est comme pour la richesse matérielle —, on va finir par les avoir. En Haut, Ils vont ouvrir notre capacité de perception, mais on aura continuellement sous les yeux le mal des autres et on le deviendra — on absorbera ces forces. On attirera bon nombre de situations conflictuelles, car on aura volé le pouvoir ; on n'aura pas travaillé pour l'acquérir. Comme on n'aura pas encore nettoyé notre inconscient, on aura tellement de résonances et on se sentira tellement mal qu'on regrettera notre demande.

Mais c'est de l'expérimentation. On peut tenter l'expérience. Il n'y a rien de mal : on expérimente. Alors, quand on a vraiment compris cette notion, on demande seulement les qualités et les vertus, et, bien sûr, le Travail avec les Anges développe graduellement la clairvoyance, la clairaudience, la clairsentience. Si on La laisse faire, l'Intelligence Cosmique ouvre progressivement les possibilités, selon notre rythme de croissance, par rapport à notre plan de vie, et lorsque cela est nécessaire.

Voici un fait vécu qui aide à comprendre *l'enthousiasme*. Quelquefois, on est enthousiaste, mais d'un enthousiasme débordant, et, dans ce cas, c'est distorsionné ; ce n'est pas juste. Un enthousiasme débordant crée des karmas et des actes manqués. Cet enseignement m'a été donné à travers notre fille Kasara, qui a huit ans, alors que je faisais un Travail avec l'Ange 11 LAUVIAH. Notre fille a l'habitude de se réveiller très tôt. Alors, un soir, son père lui a laissé un petit mot : « Si tu as fait un rêve, à ton réveil, dessine-le moi sur une feuille ou dessine-moi un autre de tes rêves. Je t'aime. Papa. » Alors, le lendemain matin, nous avions un dessin, et Kasara nous a expliqué le rêve qu'elle avait fait durant la nuit.

Kasara s'était dessinée avec une petite fille aux cheveux noirs qu'elle ne connaît pas dans le concret, mais que dans son rêve elle connaissait. Près de cette figure, elle a écrit : « Je m'appelle Myriam » ; c'était son amie Myriam. Kasara nous a dit que dans son rêve, *son amie la faisait rire. Elle la faisait tellement rire qu'elle a échappé son verre de jus, du jus de couleur violette.*

Elle a demandé à son père :
— Dis, Papa, qu'est-ce que ça veut dire ?
— Ces deux petites filles, lui a-t-il répondu, ce sont des parties de toi. Puisqu'elles sont des filles, elles représentent ton intérieur et

ton côté émotionnel. Le jus, c'est un liquide, et, comme tu le sais, l'eau représente les émotions. Alors, On veut te dire : « Il faut que tu sois vigilante, aujourd'hui, parce qu'il va y avoir des débordements d'émotions en toi. C'est ton programme de la journée. » Voilà la magie des rêves. Ils permettent d'avoir une meilleure pédagogie avec les enfants et les adultes. Parce que les rêves se manifestent. C'est absolu.

Son père lui a dit : « Aujourd'hui tu vas être très contente, mais ça va déborder. Le rêve t'avertit qu'il peut y avoir des petits actes manqués. Ce n'est pas par hasard que le jus est violet : c'est la couleur du pouvoir spirituel et de la protection. Alors, fais attention. »

Cette journée-là, plusieurs petits actes manqués se sont produits ; Kasara était contente et pleine d'enthousiasme. À un moment donné, son père lui a dit : « Tout à l'heure, on va aller semer des petites graines de ciboulette. » Elle était contente car elle aime beaucoup la ciboulette.

À toutes les cinq minutes, elle revenait :
— Papa, quand est-ce qu'on va semer les petites graines ?
— Pas tout de suite, Kasara. Ce n'est pas encore le temps : je suis occupé pour l'instant. Plus tard.

Elle a cessé de venir, mais on la sentait tourner en rond, avec son petit sachet de graines dans les mains. Son énergie — son pouvoir spirituel — poussait. On le sentait très bien.

Tout à l'heure j'ai parlé des deux principes, l'émissivité et la réceptivité. Quand on a des désirs, qu'on les exprime ou non, lorsqu'ils sont dans la conscience, on peut ressentir l'esprit qui envisage de se manifester ; c'est ce qu'on appelle l'émissivité. Dans le cas de notre fille, on pouvait facilement sentir que son esprit dégageait une soif de réaliser son désir. Pour l'instant, le surplus d'émissivité de cette petite fille de huit ans n'a que très peu de conséquences. Mais si une telle attitude se manifestait chez un adulte à un moment décisionnel de sa vie, ce trop-plein d'émissivité — cette force spirituelle mal canalisée — pourrait l'amener à poser un geste injuste, qui pourrait empêcher la réussite d'un projet.

Après un moment, mon époux a dit à Karsara : « Ça y est ! On peut aller semer les petites graines. » Or, lorsqu'elle a essayé de trouver le sachet, OOOH ! plus de sachet. Elle l'avait égaré.

Son père lui a dit :
— C'est quoi, le signe ?
— J'étais un peu excitée, Papa.
— Ce n'est pas grave. Tu vois, c'est ton rêve qui s'est manifesté. Ton petit sachet égaré, c'est ton verre d'eau que tu as échappé, tellement tu étais contente.

Il existe un Ange qui aide à retrouver ce qu'on a perdu, ce, tant au plan physique, psychique, que spirituel. C'est l'Ange 69 ROCHEL. Alors, Kasara a commencé à faire sa pratique récitatoire. Elle est belle à voir et elle le fait de son plein gré. Il est très important de ne jamais forcer un enfant ou un adulte à faire une pratique de ce genre. Cela doit être naturel. Elle était devenue toute sérieuse et elle marchait en invoquant l'Ange ROCHEL. Tout à coup, elle a dit : « Ça y est ! Je l'ai trouvé. » Où l'a-t-elle trouvé ? À côté des toilettes. Alors, son père lui a dit : « C'est quoi, le signe ? Qu'est-ce que ça signifie que tu l'aies trouvé à côté des toilettes ? Les toilettes, ça sert à purifier : On a voulu te faire comprendre qu'il faut purifier les débordements, que trop d'enthousiasme, ça fait des petits actes manqués. »

Ah ! là, elle était contente. Alors, ils sont allés ensemble au jardin pour semer les petites graines. Kasara était si enthousiaste et elle avait tellement hâte de semer qu'elle a renversé tout le sachet au même endroit. Ce qui fait que la ciboulette n'a pas bien poussé. (rires)

Dans cet exemple très simple, on peut tous se reconnaître. Quand on a des projets, on est content, on a hâte et on veut un résultat. Alors, on pousse et on ne respecte pas la synchronicité. Il existe des moments précis pour poser des actes, pour appeler des personnes : tout est synchronisé. Mais quand on veut trop et qu'on pousse, lorsqu'on a trop d'émissivité et qu'on n'arrive pas à attendre, c'est qu'on a des manques dans notre esprit. On croit que lorsque nos projets se réaliseront à l'extérieur, cela comblera nos manques et nous donnera la confiance ou la renommée, d'une manière ou d'une autre. Mais cette attitude ne nourrit pas l'âme. C'est comme avec la nourriture physique : il faut toujours recommencer.

La vraie réussite est un jardin bien entretenu. S'il s'y trouve trop d'eau — qui symbolise les émotions —, les racines pourrissent et nos projets n'ont plus de base solide. S'il y a trop de soleil ou de feu — qui représente la volonté —, les plantes brûlent et nos projets sont contrecarrés. S'il vente trop — symboliquement, si tout tourne trop vite dans notre tête —, la terre s'assèche et on ne trouve plus les ressources nécessaires pour mener à bien nos projets. Il est facile de comprendre tout cela grâce à la symbolique.

Lorsqu'on voit quelqu'un réussir et qu'on est encore attaché à la forme, très souvent on sent l'envie nous envahir — elle émerge de l'inconscient comme une bouffée — et cela n'est vraiment pas agréable. L'envie et la jalousie nous amènent à critiquer et à détruire. Ce sont vraiment des attitudes qu'il faut transformer. Et cet Ange nous aide à nettoyer les mémoires qui en sont à l'origine.

Le rêve que je vais vous raconter touche la renommée et la réussite. De nouveau, Kasara avait fait un rêve. *Elle assistait à une remise de trophée. Le trophée était un bol d'enfant, et c'est un petit garçon et une petite fille qui le gagnaient. Et elle était contente pour eux.*

Très souvent, les parents qui travaillent avec l'Angéologie Traditionnelle voient leurs enfants vivre des situations en rapport avec l'Ange qu'ils invoquent à ce moment-là, et ce, même si l'enfant ne fait pas sa pratique récitatoire. Le travail de l'adulte a un impact direct sur l'enfant et l'entourage proche.

Ce rêve de Kasara indique qu'On activait la partie de son programme qui correspond au champ de conscience de la renommée, afin qu'elle s'habitue à voir les autres réussir. Kasara vivait dans la vibration que j'invoquais. Dans le rêve, les enfants qui recevaient le trophée représentaient des parties d'elle. On réalise l'importance d'apprendre à être content lorsqu'on voit les autres réussir, et le rêve met en lumière que cette attitude sera chez elle naturelle.

Un jour, on n'a plus ni envie ni jalousie; on ne dit plus, frustré: «Ah! lui, il a réussi, et moi je ne réussis pas.» On ne laisse plus passer ce genre de pensées. D'ici là, si, à un moment donné, on ressent de l'envie, alors, on fait la pratique récitatoire et on nettoie nos mémoires, jusqu'à ce qu'un jour ce sentiment soit complètement disparu. De cette façon, avec le temps, on obtient le bonheur parfait auquel on a tous droit.

On voit l'importance d'apprendre à recevoir en travaillant sur les qualités et les vertus. On peut voir le gagnant d'un oscar lors d'un gala, ou regarder une vedette à la télévision, et être content de leur réussite. Mais si on perçoit une distorsion chez cette personne et que l'on éprouve quand même du contentement, il y a lieu de faire un travail sur soi. Il faut toujours analyser ce qui nous est montré et ne pas écouter bêtement la télévision, le cinéma, la musique, la famille et les amis. Quand on est témoin d'une réussite, on devrait toujours se demander : « Est-elle utile et profitable pour l'humanité ? Est-elle juste ? » Si on constate qu'elle ne l'est pas, on s'abstient de critiquer mais on évalue selon des critères spirituels. On se dit : « OK, cette personne expérimente. Elle expérimente la distorsion de la célébrité et c'est d'En Haut qu'elle reçoit toutes les ressources qui lui permettent de vivre son expérience. » La Connaissance nous permet de comprendre que le plan d'une vie ne s'applique qu'à une période de temps donnée, et que, tôt ou tard, les erreurs devront être réparées. Avec cette attitude, on n'éprouve d'admiration que pour les réussites qui sont justes.

La plupart du temps, les êtres humains croient que la réussite extérieure peut les nourrir car ils n'ont pas incorporé en eux la vraie réussite. Quand on regarde la télévision et quand on est en compagnie de certaines personnes, on se demande : « Comment est-ce que je me sens, là, par rapport à leur réussite ? » Juste à s'observer soi-même, on fait des pas de géant. Quand on se place volontairement dans ce champ de conscience qu'est l'Ange 11 LAUVIAH, ce qui doit être nettoyé par rapport à l'illusion de la réussite émerge à la conscience beaucoup plus rapidement.

Parfois, remonter à notre enfance peut nous aider à comprendre notre attitude par rapport à la renommée. On peut avoir eu des problèmes lors de notre apprentissage dans la famille, par exemple si on a eu plusieurs frères et sœurs. Quand un nouveau bébé arrive dans la maison, on est particulièrement vulnérable. Cette réflexion m'est venue lorsque nous sommes allés garder Ariel, notre petite nièce d'un an. Notre fille Kasara était avec nous, et, à un moment donné, mon mari s'est mis à chanter des chansons pour le bébé. Il portait Ariel dans ses bras et chantait avec tout son cœur, et elle, elle était rayonnante. L'image de la fusion entre ces deux êtres était tellement belle et puissante !

Kasara les regardait, et il était évident que cela la faisait réfléchir. C'était une nouvelle expérience pour elle. Son père est très médiumnique et il a tout de suite senti son état. Il lui a dit : « Tu sais, Kasara, je te faisais exactement la même chose quand tu étais petite. Et tu aimais ça. Tu réagissais comme Ariel : tu étais resplendissante. »

Quand on dit quelque chose, au delà de mots — il y a les mots, et c'est déjà bien de communiquer —, on émet une intention sur laquelle on fixe un objectif. Dans ce cas-ci, l'intention était d'aider Kasara à considérer le bébé comme une partie d'elle-même et à être contente qu'on lui chante une chanson. Cela a tout de suite fonctionné : la préoccupation de Kasara s'est instantanément estompée. Son rêve, dans lequel elle était heureuse de la réussite des autres, se manifestait. En ayant bien anticipé la réaction de Kasara, doucement, son père a participé à l'activation d'un nouveau concept idéologique chez elle. Cela aura des répercussions bénéfiques sur toute sa vie. Bien sûr, elle était prédisposée à recevoir favorablement ce nouveau concept. Un autre enfant aurait pu le rejeter et se cantonner dans une attitude envieuse. Lorsque cela se produit, un long processus de rééducation doit être envisagé.

Si, dans notre enfance, parmi nos frères et sœurs, on n'a pas reçu ce genre d'attention de nos parents — c'est le cas lorsque les parents, aussi gentils soient-ils, ne sont pas vigilants et n'ont pas cette pédagogie —, on peut avoir développé le sentiment de n'être pas reconnu. Ainsi s'installent des problèmes au niveau de la renommée, et, par la suite, on fait toutes sortes de courbettes pour être reconnu. Bien sûr, si on a vécu de telles carences dans notre enfance, cela provient de nos autres vies.

La même chose peut se produire chez un père à l'arrivée d'un nouveau-né : le conjoint peut se sentir délaissé parce que toute l'attention est portée sur le bébé. La femme peut émettre une intention et dire au père : « Ce bébé est le fruit de notre amour. C'est une partie de toi que je berce et que je nourris. » L'intention fait toute la différence. Avec une telle pédagogie, en quelques secondes, la personne visée peut changer d'état de conscience. Mais elle doit au préalable avoir été entraînée à penser en ces termes, ce qui, chez certaines personnes demande un long travail sur soi.

Lorsqu'on sent un pincement de cœur face à la réussite d'une autre personne, au lieu de projeter notre sentiment de n'être pas reconnu, de se créer des boucs émissaires, et d'envier ou de critiquer l'autre, hop! tout de suite, on ne laisse pas aller: on interrompt le processus. On reconnaît: «Oh oui! je l'envie.»—bien sûr, cela demande beaucoup d'humilité—et on travaille avec l'Ange 11 Lauviah. Ainsi, on nettoie les mémoires d'expériences où on s'est senti abandonné, délaissé ou mal reçu, et on retrouve la renommée à l'intérieur de soi. Le Travail Angélique est très puissant.

J'aimerais maintenant vous raconter l'histoire de Normand Désourdy. Je ne me limiterai pas aux faits et aux événements de sa vie, mais nous irons vraiment en profondeur grâce au langage symbolique. Cet exercice, dans lequel on examinera comment se réalise le programme d'un être, nous aidera à mieux cerner le fil conducteur de notre propre histoire personnelle.

Normand Désourdy est le cadet d'une famille de trois enfants. À peine un an après sa naissance, sa mère fut atteinte de la maladie de Parkinson. Ainsi, il a eu comme modèle ou comme première image féminine, une femme malade qui est restée immobilisée pendant 35 ans sur une chaise ou un lit. Cette femme est devenue très pieuse: on la voyait souvent prier, le chapelet entre les doigts.

Quant à son père, il était agriculteur et vendeur de bois, et il a vraiment fait face à ses responsabilités. Ce n'est pas facile d'avoir trois enfants lorsque la mère est malade. Mais il avait beaucoup de volonté et il a endossé la responsabilité de pourvoir aux besoins de sa famille. Cet homme a donc été pour son fils un puissant modèle, qui devait plus tard aider Normand à surmonter les épreuves de la vie terrestre.

Examinons ces deux modèles parentaux, car on ne naît pas dans une famille par hasard: la loi des résonances s'applique. La mère de la famille Désourdy représente, si l'on peut dire, une partie principale de la femme intérieure de Normand. C'est une partie malade. Normand a toujours eu une santé physique extraordinaire, mais ici, c'est d'une maladie psychique inconsciente qu'il s'agit. Pourquoi la mère de Normand a-t-elle été atteinte de la maladie de Parkinson? Si on va dans l'essence de cette maladie, on voit qu'il s'agit d'une déconnexion du système nerveux. On peut envisager que dans une autre vie, cette dame s'est un peu trop perdue dans la matière, qu'elle s'est déconnectée au plan énergétique, déconnectée de l'Esprit, de sa nature divine.

Son plan de vie a donc comporté de grandes limitations, qui, d'ailleurs, n'étaient pas là pour la punir — ce n'est jamais pour nous punir — mais pour l'amener à s'intérioriser et à travailler sa spiritualité. Et c'est ce qu'elle a fait: elle a bien assumé son karma. Juste en acceptant sa situation, en ne se rebellant pas — elle est restée agréable et gentille —, elle a amélioré sa vie malgré la lourdeur de ses limitations physiques, et elle a préparé sa prochaine vie tout en inspirant l'ensemble de sa famille et les autres personnes qui étaient proches d'elle.

Cette femme représentait aussi la femme intérieure du père Désourdy. Au plan intérieur, cet homme avait de grandes limitations. Lorsqu'on vit avec une personne, on partage avec elle certains profils psychologiques et certains karmas. Cet homme s'appelait Napoléon. On ne porte pas un nom par hasard: chaque nom porte une vibration. Qu'a fait le célèbre Napoléon? Il était tout un combattant, et il tuait pour sa gloriole personnelle; il expérimentait. Il est fort probable que le père Désourdy ait été un guerrier dans d'autres vies, et qu'à cause de cela, On lui ait donné un programme lourd de limitations — on n'a qu'à considérer la maladie de son épouse. Lui aussi a assumé son karma. Aux prises avec de grandes difficultés, il arrive que l'être ne supporte pas sa situation et que, par compensation, il développe de sérieuses dépendances face à l'alcool ou aux drogues. Mais lui, il a assumé ses responsabilités et, comme son épouse, il s'est préparé une autre vie plus facile.

Nous avons tous des résonances avec nos propres parents. Leurs qualités nous inspirent et nous incitent à faire des choix orientés vers notre évolution personnelle. Mais nous sommes aussi en résonance avec leurs distorsions et leurs difficultés. Ces résonances servent elles aussi à nous faire évoluer. En nettoyant les parties personnelle et familiale de notre inconscient, on arrive à transcender toutes les difficultés qui ont marqué la vie de nos parents — même si eux n'ont pas changé — et on n'a plus de résonances avec eux, si ce n'est de leurs qualités et de leurs vertus, lesquelles ont contribué à améliorer notre âme.

On entrevoit déjà le fil conducteur de la vie de Normand Désourdy. Dès l'âge de 11 ans, il a commencé à faire du commerce avec son frère Réal, qui est de trois ans son aîné. Ils vendaient des blocs de glace et le commerce était florissant.

Jusqu'à l'âge de 21 ans, ces jeunes ont donné l'argent qu'ils gagnaient à leur père pour l'aider à subvenir aux besoins de la famille. Normand a pu ainsi développer l'altruisme, un trait marquant de sa personnalité qui, surtout depuis l'ouverture de sa conscience à la spiritualité, n'a cessé de fleurir.

Que symbolise le commerce de glace ? Comme je vous l'ai dit, le hasard n'existe pas. L'esprit est toujours attiré par une activité qui correspond à ce que l'être doit développer intérieurement. L'Univers est fait de symboles. On a vu plus tôt la signification symbolique de la glace. Normand Désourdy avait un énorme potentiel émotionnel dans l'inconscient, un potentiel gelé, mais qui commençait déjà à se manifester : cet homme avait déjà une grande envergure.

À l'âge de 18 ans, il a commencé à faire de la rénovation avec son grand frère Réal, et, à 21 ans, il a dirigé pour la première fois la construction d'une maison.

Au cours de l'année qui a suivi, il a rencontré un homme qui allait contribuer largement à son programme de réussite : un ingénieur de la SNC, une compagnie de consultants en ingénierie qui, au fil des ans, est devenue une importante firme internationale. Cet homme lui a fait confiance : il lui a demandé de construire sa maison personnelle, à Montréal (Canada), près de l'oratoire Saint-Joseph. Pour satisfaire aux demandes de son client, Normand a dû réaliser toutes sortes de choses qu'il n'avait jamais faites, comme par exemple construire un toit en forme de pointe de diamant. Il s'est procuré la documentation pertinente, et, tout en l'étudiant et en vivant dans une petite remise située dans la cour arrière de la maison, il construisait la maison de l'ingénieur. D'avoir réalisé un tel projet avec succès dès l'âge de 22 ans lui a valu une grande crédibilité et lui a ouvert les portes de la notoriété publique. Cela présageait de nombreux contrats de projets, qui allaient être réalisés par sa future entreprise.

À l'âge de 23 ans, Normand avait récolté les fonds nécessaires pour s'associer à parts égales avec son frère Réal, qui était déjà financièrement à l'aise. Comment Normand a-t-il pu récolter autant d'argent ? Il nous a raconté qu'il a vécu une pêche miraculeuse. Il a loué une concession et des filets, il a engagé des hommes et il a convenu des ententes avec des marchands. Ses recettes ont été phénoménales : il avait tellement de poissons qu'il en a inondé les marchés. Du jamais vu ! C'était incroyable ! En 15 jours, il a récolté 2 000 $ de profits, tous frais payés, et je vous rappelle que c'était en 1950. Il ne lui en fallait pas plus pour se lancer en affaires.

Dans leur nouvelle entreprise, Réal devait s'occuper de l'administration, et Normand, de tout ce qui touchait directement la construction. Cette entreprise a connu un succès phénoménal, qu'eux-mêmes ont de la difficulté à s'expliquer. Bien sûr, ils ont travaillé fort, et ils sont innovateurs et intelligents, mais bien d'autres personnes dotées de ces qualités et trimant dur n'obtiennent jamais de tels résultats. Ces deux frères avaient un programme dirigé par En Haut. Les frères Désourdy ont construit des bâtiments dans de nombreuses régions du Canada, et ils ont mis sur le marché des maisons préfabriquées, concept tout à fait nouveau à l'époque. Ils faisaient même fonctionner une usine — qu'ils avaient eux-mêmes construite — engageant 1 500 employés qui produisait une maison en trois heures seulement.

Leur renommée a rebondi à l'étranger — ils ont connu la réussite et la renommée internationale — et, en 1975, ils ont commencé à construire jusqu'en Arabie Saoudite. Deux ans plus tard, leur destin a commencé à basculer. À cause de la jalousie d'un compétiteur, ils ont subi de lourdes pertes financières dans ce pays, et, à partir de ce moment-là — le grain de sable était dans l'engrenage, — toute l'entreprise s'est effondrée. Si on considère de façon globale le programme de Normand Désourdy, on voit une grande réussite matérielle, mais on constate que cette dernière ne devait durer que jusqu'à un certain point de sa vie.

Cet être a été conduit vers des partenariats qui ont bien fonctionné et vers des personnes qui allaient lui ouvrir des portes. Bien sûr, ce n'est pas Normand Désourdy qui a créé la fameuse pêche, mais il a été amené à la faire parce qu'il devait réussir. Tout était téléguidé par l'Intelligence Cosmique ; voilà pourquoi sa réussite a été aussi facile. Quand on ne comprend pas cela et qu'on récolte un succès, l'ego se met de la partie, et aïe ! l'orgueil et la vanité font surface. On doit apprendre à cultiver la Connaissance en se remémorant nos expériences spirituelles, nos rêves et les synchronicités qui ont marqué notre vie. Un jour, on sait que tout vient de Dieu et on ne l'oublie plus jamais.

Il était écrit dans le programme de Normand Désourdy qu'en 1977, son destin basculerait, qu'il perdrait tout afin qu'il puisse un jour goûter à la vraie réussite, la Réussite Céleste. Que signifie qu'il soit allé travailler en Arabie Saoudite ? Il est fort probable que lors d'autres vies, il ait vécu dans le monde arabe et qu'il s'y soit adonné à la construction à grande échelle ou à d'autres opérations commerciales. Quant au comportement injuste du compétiteur qui a causé sa chute, il montre que Normand aussi avait trahi dans d'autres vies. Lorsqu'on crée une injustice, elle s'inscrit, et, tôt ou tard, on l'attire à soi. Quand on comprend cela, on paie nos factures et on cesse de se rebeller ; on sait que telle ou telle épreuve nous était due.

Normand Désourdy a perdu une fortune de plus de 25 millions de dollars. Lorsqu'il nous a raconté cela, mon époux lui a demandé :
— Comment t'es-tu senti à ce moment-là ?
— Prêt à repartir tout de suite, tout de suite !

Ses cousins lui ont prêté de l'argent et il est reparti en affaires avec une autre production innovante : des fondations en acier. Les fondations permettent la solidité et la stabilité. À cause de ce qu'il venait de vivre, Normand a vu sa fondation intérieure se fragiliser. Si on se rappelle les aspects de sa femme intérieure qui sont représentés par sa mère, on imagine facilement qu'il avait des parties inconscientes à guérir. Il a cherché quelque chose de solide à l'extérieur parce que, inconsciemment, il cherchait la solidité intérieure.

La nouvelle entreprise a bien fonctionné, mais un an et demi après avoir démarré, l'usine a passé au feu. Tout était donc à recommencer. Sa famille lui a conseillé de faire une retraite spirituelle — il n'avait jamais touché à ce domaine —, il en a tenu compte et il est allé vivre en Europe dans un centre spirituel. Avec toute son ardeur, il s'est remis à construire des bâtiments, cette fois-ci pour le centre spirituel. Mais bâtir commençait à prendre un nouveau sens pour lui. Par la méditation, la prière et le travail qu'il a fait sur lui-même, sa soif de réussite matérielle a laissé place à une nouvelle aspiration, celle d'aider les autres.

Après son séjour en Europe, qui a duré environ un an, il est revenu ici, au Canada. Conjointement avec son épouse et un de ses grands fils—Normand a eu une très belle famille : trois filles et trois garçons—il a démarré une entreprise de charpente. La charpente représente la structure ; il avait besoin de se restructurer intérieurement et, de façon plus ou moins consciente, il a choisi un travail relié au développement de son Esprit. Deux ans plus tard, les affaires allaient bien, mais, un soir, en rentrant à la maison, Normand a reçu un coup terrible : sur la table l'attendait une lettre de son épouse, qui lui annonçait qu'elle partait avec un autre homme.

Le choc l'a atterré. Normand nous a dit : « Au-delà de la peine que je vivais, mon orgueil en prenait vraiment un coup. » Alors, il a tout quitté. Ses enfants étaient déjà grands. Il a laissé l'entreprise et a déménagé dans une autre région pour y vivre incognito. Son nom, duquel émanait une aura de réussite et de gloire, était devenu à ses yeux synonyme d'échec sur tous les plans.

Pendant cette période, il hésitait même à prononcer son nom ; il ne le mentionnait que lorsque c'était vraiment nécessaire. Il a continué à cheminer et à participer à des méditations, mais, plus tard, avec du recul, il a réalisé qu'il portait toujours son masque. Il donnait l'impression qu'il allait bien, et même s'il croyait en la réincarnation et aux bienfaits du pardon, il gardait au plus profond de lui-même une intense rancœur envers son ex-conjointe qui l'avait abandonné et le compétiteur qui avait causé sa déroute financière. Beaucoup d'expériences non digérées s'étaient accumulées dans ses profondeurs. Puis un jour, d'une pierre deux coups, il a pris connaissance de l'enseignement des Anges et il a rencontré sa nouvelle compagne. Depuis, main dans la main, ils cheminent ensemble en faisant leur pratique récitatoire.

Comme je vous l'ai dit au début de ce cours, la conjointe de Normand a eu un rêve dans lequel On lui annonçait que tous deux allaient passer au feu. Lui aussi a reçu un rêve qui présageait de grandes transformations. Dans ce rêve, On lui a annoncé qu'il allait mourir, et On lui a enseigné ce qu'est la mort. *Il était étendu sur le sol et il attendait, avec, tout près de lui, ses bagages et un avion en position verticale. Tout à coup, une voix lui a dit : « Non, non, non, ce n'est pas encore le moment. »* Il était passé à travers plusieurs étapes : On l'avait d'abord cassé au plan matériel, ensuite au plan affectif, et là, c'est au niveau spirituel qu'il devait mourir.

On lui annonçait de grandes initiations intérieures. Bien sûr, de profonds changements structurels devaient aussi se manifester à l'extérieur, mais pas une mort physique. D'où l'avion en position verticale. Les bagages aussi représentent une forme de mort, car, lorsqu'on meurt, on emporte tout ce qui est enregistré dans notre inconscient.

Normand a effectivement vécu de grandes initiations. Il est allé au cœur de ses mémoires inconscientes et il a réalisé avec toute sa conscience que son ex-conjointe avait été pour lui une grande initiatrice. La fin de cette relation lui a permis de donner une nouvelle orientation à sa vie et de s'ouvrir réellement à la spiritualité. L'épreuve fait partie intégrante de la route de l'initié. Normand Désourdy a vu son incessante quête de réussite matérielle être interrompue pour lui permettre d'accéder à la connaissance de soi, le début de la chute des masques et de l'illusion.

Son travail intérieur l'a amené à nettoyer la rancœur qu'il avait accumulée au fond de lui-même, et, un jour, il a reçu un autre rêve, qu'il nous a demandé d'interpréter. *Il construisait un toit sur pilotis pour permettre à un grand sage, qu'on attendait, de parler à la foule sans avoir à se mouiller les pieds.* Mon époux lui a dit : « Ce rêve est annonciateur d'un grand changement, d'une compréhension accrue. Le sage représente une partie de ton être, et le toit — la partie supérieure de l'habitat — symbolise la tête, le monde des pensées. Ce rêve présage des changements de pensée. Grâce aux nouveaux concepts que tu intègres, la sagesse pourra s'incarner en toi et tu pourras la manifester concrètement sans avoir à te mouiller les pieds, c'est-à-dire sans que la tristesse ou tout autre débordement d'émotion ne vienne brouiller ta vision spirituelle. Ta nouvelle sagesse t'amènera beaucoup plus loin que tu n'es jamais allé. Tu t'en rendras compte : tes idées seront plus claires et plus lumineuses. »

Suite à ce rêve, Normand a réalisé de grandes prises de conscience. Il était prêt pour une nouvelle étape. Tout récemment — suite à son évolution accélérée depuis le rêve du sage —, Normand a reçu un autre rêve, dans lequel *son ex-conjointe recevait une nouvelle demeure de couleur jaune or. C'était une très belle maison. Il voyait aussi Michel Jasmin, le célèbre animateur journaliste*. Dans ce rêve, tous les personnages représentaient des parties de lui-même.

Alors mon époux lui a demandé :
— Que représente Michel Jasmin, pour toi ?
— Ah ! c'est quelqu'un qui a connu une grande réussite, et qui, suite à de sérieux problèmes, est revenu sur la scène publique. Et maintenant, il connaît à nouveau une grande réussite.

Le rêve annonçait la même chose pour Normand Désourdy. Un journaliste est quelqu'un qui diffuse à grande échelle. Alors, quand on rêve d'un journaliste, c'est qu'on ne peut plus se cacher certaines choses qu'on arrivait auparavant à dissimuler. On devient plus authentique, ce qui nous permet de partager avec les autres, le temps venu. Normand nous a dit qu'auparavant, il n'aurait pas pu laisser connaître son histoire. Il se serait senti beaucoup trop mal à l'aise. Mais maintenant, grâce à l'immense travail intérieur qu'il a fait, il se sent confortable de partager publiquement ce qu'il a vécu.

Voilà ! un jour, on doit tous raconter ce qu'on a vécu, avec plus ou moins de détails, pour inspirer nos enfants, nos amis et les autres personnes qui nous sont proches. On n'a plus besoin de cacher ni de contrôler quoi que ce soit — d'être tout croche et tout rigide — pour maintenir notre image et avoir l'air heureux. Vient un jour où on n'a plus honte de son passé. On est capable d'en parler et on ne veut plus l'effacer. On assume notre expérience de vie. Normand nous a dit : « Ces événements ont été une pierre angulaire de mon évolution : je ne veux surtout pas les effacer. Je suis réconcilié avec mon passé. »

Dans le rêve où son ex-conjointe recevait une nouvelle demeure, cette maison était destinée non pas à la femme qu'il avait connue concrètement, mais bien à une partie de sa femme intérieure, celle qui représente son passé. Il rapatriait cette partie de lui-même qui l'avait plongé dans tant de déchirements, de tristesse et de découragement. Il la réintégrait avec tout le potentiel qu'elle recelait, car il l'avait acceptée. Cela lui procurait une confiance accrue et une grande lumière intérieure. Quand on travaille sur soi, on peut faire des rêves sur ses ex-conjoints ou ex-conjointes, si on en a eu. C'est normal. Ces rêves n'annoncent pas nécessairement qu'on reverra ces personnes, ni qu'on retournera vivre avec elles. Ils nous montrent des aspects psychologiques de soi qui doivent être remodelés afin qu'un jour, les distorsions que représentent ces ex-conjoints soient complètement transcendées. Si une personne s'est trouvée sur notre chemin — il n'y a pas de hasard —, c'est qu'on avait des leçons à tirer de cette relation. Un jour, on doit arriver à avoir tout transcendé.

Pour terminer cette histoire, Normand a récemment connu une vraie réussite. Il se trouvait aux noces d'un de ses fils et, bien sûr, son ex-conjointe y était aussi. À un moment donné, un air a joué, et la nouvelle conjointe de Normand l'a entendu dire d'une certaine distance : « AAAH ! qu'elle est belle, cette musique. J'aimerais danser. » Presque au même moment, l'ex-conjointe de Normand qui était juste à côté d'elle a dit : « Oh ! j'aime vraiment cette musique, j'aimerais tellement danser ! » Alors, la nouvelle conjointe de Normand lui a dit : « Va donc l'inviter, il aimerait danser. » Ils ont dansé et c'était vraiment beau !

Quand on a la Connaissance, on n'a plus de jalousie, on n'a plus peur et on peut aider les autres. La nouvelle conjointe aurait pu être inquiète, se dire : « Mon Dieu, s'il retournait avec elle ! » et retenir l'événement. Mais cette femme est une initiée et elle a la Connaissance. La Connaissance donne un grand cœur et beaucoup d'intelligence. La peur disparaît et on assiste à des miracles.

Maintenant, Normand Désourdy a changé sa vie avec l'Angéologie Traditionnelle et, avec sa nouvelle conjointe, il s'endort le soir en écoutant les méditations Angéliques. Et il continue à construire avec son grand talent d'innovateur. Il construit maintenant des maisons saines. Mais chaque fois qu'il en bâtit une, il sait qu'il se construit à l'intérieur de lui-même. Il continue à respecter les lois de la construction, mais d'abord et avant tout, ce qui le guide, c'est un grand respect des Lois Cosmiques, des Lois Divines, qu'il cherche à appliquer à tout instant.

Pour Normand, le nom *Désourdy* n'est plus un flambeau ni un fardeau. Il a retrouvé son identité à l'intérieur de lui-même ; il a acquis la vraie renommée. Maintenant, il se considère comme un initié, un bâtisseur du Royaume Éternel.

Ange 19 Leuviah
Mémoire des Vies antérieures

Un jour, alors que je me promenais avec notre fille Kasara, qui a sept ans, elle m'a regardée et m'a dit :
—J'aimerais tellement connaître mes vies passées ! Est-ce que tu les connais, toi ?
—Oui, lui ai-je répondu, j'en connais certaines.
—Pourrais-tu me les raconter ?
—Mais, tu sais, Kasara, les vies antérieures, c'est personnel. En général, ça ne se raconte pas. Et puis tu sais, ça ne se demande pas, les souvenirs de vies passées : ça se reçoit.
—Comment ça se reçoit ? Comment est-ce que je peux recevoir mes vies passées ?
—On les reçoit dans nos rêves, et c'est le bon Dieu qui décide et qui choisit le meilleur moment pour toi, le moment où tu auras besoin de certaines informations pour avoir accès à la Connaissance.
—Oui, mais pourquoi Il ne nous les donne pas tout de suite ?
—Admettons, Kasara, que parmi tes proches, certains t'auraient fait du mal dans d'autres vies, ou que toi, tu leur aurais fait du mal. Ça serait peut-être difficile de continuer à les aimer si tu savais tout. Quand on a acquis de la sagesse et de la compréhension, alors, on peut connaître nos vies passées, car même si ces personnes nous ont fait du mal, on peut continuer à les aimer et même les aimer encore plus fort.

OOOH ! elle a réfléchi quelques instants, puis elle m'a dit : « Je comprends. Je comprends qu'il faut qu'on fasse des bonnes actions avant qu'On nous donne nos vies passées. » Dans son langage, elle me signifiait qu'elle avait compris. Et le sujet était clos… jusqu'à la prochaine fois.

Il existe un Ange très spécial qui peut nous aider à retrouver la mémoire des vies antérieures et aussi la Mémoire avec un grand M. Il nous permet de retrouver nos archives personnelles dans la grande Bibliothèque Universelle dans laquelle tout est inscrit. Il s'agit de l'Ange Leuviah, celui qui porte le nombre 19.

Il faut savoir que lorsqu'on travaille avec un Ange, on passe à travers des états d'âme extrêmes. On nous fait goûter — ce sont de grands pédagogues, En Haut — à des sensations nouvelles, dans cette vie-ci, en tous cas. Puis tout à coup, on se sent angoissé. On est brassé. C'est normal. Si on ne comprend pas cette alternance d'états d'âme, on arrête le processus et on se dit : « C'en est trop, là ! » On doit savoir qu'il est normal de se sentir brassé. En Haut, Ils nous disent : « Si tu veux retrouver en toi cette vibration à l'état pur, tu dois nettoyer tes mémoires. Tu n'es pas obligé de retourner sur les lieux où tu as déjà vécu. En invoquant l'Ange, tu auras l'occasion de revoir ces expériences et de les nettoyer, car elles t'apparaîtront en rêve ou te seront présentées sous la forme de situations similaires à celles que tu as vécues antérieurement. »

Une femme qui était venue plusieurs fois aux cours mais qui n'avait pas tout à fait compris le Travail avec les Anges m'a confié : « Un jour, j'étais avec mes enfants et je me sentais un peu agressive avec eux. Je n'étais pas assez attentionnée. Alors, j'ai invoqué un Ange. Je Lui ai dit : "Viens m'aider pour que je sois plus gentille avec mes enfants." Alors, la situation a empiré : j'ai senti l'agressivité augmenter en moi, à un point tel que j'ai dit des choses que j'ai tout de suite regrettées. J'ai dû m'excuser auprès de mes enfants — des enfants qui sont quand même en bas âge. Après, j'ai parlé à l'Ange ; je Lui ai dit : "Je ne cause plus avec Toi. Ce n'est pas ça que je t'avais demandé : c'est le contraire qui est arrivé." »

Plus tard, lorsqu'elle a raconté cet épisode à l'une de ses amies — une femme qui vient aux cours depuis plus longtemps —, cette dernière lui a dit : « C'est normal. Continue ta pratique récitatoire. Il faut que ton agressivité inconsciente sorte. »

Avec le temps, on apprend à ne plus décharger notre agressivité sur les autres. On la garde à l'intérieur. « Oh ! me direz-vous, c'est du refoulement. On réprime quand on agit de la sorte, et après, c'est pire. » Non, avec la pratique récitatoire, on apprend à tout nettoyer de l'intérieur. On ne cherche plus de bouc émissaire. Au début du cheminement, on n'est pas habitué : la colère et la critique sortent automatiquement. Alors, tout de suite, on rattrape ce qu'on allait projeter à l'extérieur, et on fait le Travail. C'est à ce moment-là qu'il est très important d'avoir compris la loi de la résonance.

Le Travail avec les Anges entraîne une grande ouverture au niveau des rêves : ces derniers deviennent plus intenses et beaucoup plus fréquents. Or, le seul moyen à notre portée qui nous permette d'authentifier de façon sûre une de nos vies antérieures est l'analyse de nos rêves. Dans ces derniers, aucun intermédiaire n'intervient entre le conscient et l'inconscient. Le mental inférieur ne peut pas se mettre de la partie et inventer une expérience de vie antérieure illusoire basée sur des désirs refoulés.

En travaillant avec les Anges, on apprend aussi à lire les signes. Ceux-ci sont de simples événements ou des petits détails qui se présentent dans la vie de tous les jours, et qui, lorsqu'on prend le temps de les analyser avec la symbolique, se révèlent d'importants indicateurs, d'où le nom qu'on leur donne.

Nous allons voir que la lecture des signes favorise la mémoire sur tous les plans et qu'elle est un moyen privilégié pour la retrouver. Les scientifiques ont établi une corrélation entre la mémoire et l'intérêt qu'on porte aux choses. Lorsqu'on s'intéresse à un sujet et qu'on l'aime, OOOH ! tous nos sens s'*ouvrent*, et cela nous aide à nous concentrer et à bien mémoriser ce que l'on apprend. Voilà exactement ce que nous procure le Travail avec l'Ange 19 Leuviah. Lorsqu'on lit les signes, notre intérêt est en éveil constant, car on sait que le moindre détail peut être chargé de significations importantes pour soi. Par contre, lorsqu'un sujet ou un événement ne présente que peu ou pas d'intérêt pour soi, notre mémoire sélectionne et occulte. Et cette sélection s'opère de façon tant consciente qu'inconsciente.

Voyons quelques-unes des qualités de l'Ange 19 Leuviah. *Intelligence expansive.* Lorsqu'on travaille avec l'Ange 19 Leuviah —lorsqu'on médite avec sa vibration—, notre intelligence s'agrandit à cause des ouvertures créées. *Capacité de mémorisation prodigieuse, porte de la mémoire, gardien des archives de DAATH.* Cet Ange nous ouvre les portes de la Mémoire, celles des archives de la Séphira cachée, DAATH, la grande Bibliothèque Universelle. Les Orientaux appellent cette dernière la mémoire akashique.

Comment a-t-on accès à DAATH? Par nos rêves et nos méditations. Dans ceux-ci, l'âme visite les dimensions parallèles. Comme je vous l'ai dit lorsque nous examinions la Poire de Jung, on doit passer par plusieurs étapes pour avoir accès à toutes ces dimensions. Dans un premier temps, c'est notre petit ordinateur personnel qu'on visite, car, avant toute chose, on apprend à se connaître soi-même et à purifier son esprit. Pour cette raison, nul ne peut avoir accès à DAATH sans en avoir reçu l'autorisation, car dans la Bibliothèque Universelle, toutes les informations et toutes les connaissances sont inscrites, et un être peu évolué pourrait en faire mauvais usage. On doit avoir acquis une grande pureté et une grande sagesse pour respecter le Plan Cosmique. Une simple information exposée au mauvais moment serait lourde de conséquences pour la Destinée Universelle. Voilà pourquoi notre conscience doit évoluer pour un jour avoir accès à la Grande Bibliothèque et aux informations qui sont nécessaires à notre travail, ici sur Terre.

Ainsi, nul besoin de s'embourber avec des tonnes d'informations. Dans notre société, on met beaucoup d'emphase sur la mémorisation, la mémoire à l'horizontale, livresque, qui ne nous permet d'accumuler qu'un nombre infime de connaissances intellectuelles. Or, avec l'Ange 19 LEUVIAH, c'est principalement de la *Mémoire* avec un grand M — celle de DAATH — qu'il s'agit.

Dans cette perspective, disparaît l'idée qui veut qu'on perde la mémoire en vieillissant. Lorsqu'on travaille sur soi, le contraire se produit: qui dit vieillesse dit augmentation de la Mémoire. Cette dernière fonctionne sur le mode de la communication informatique: on a besoin d'une information? alors, on va la chercher sans s'encombrer d'une abondance de documents. C'est comme être branché sur Internet, sauf que dans ce cas-ci, on est branché sur *Skynet*. Si on a besoin d'une information, on médite et voilà: on reçoit l'information. C'est ce qui se produit lorsqu'on a accès à la grande Bibliothèque Universelle. Tout est écrit, tout est inscrit dans DAATH.

Lorsqu'une personne a purifié ses mémoires, elle sait que l'être qui se met en colère, qui est amer, qui se plaint ou qui culpabilise les autres, le fait parce qu'il ne sait pas qu'il est sous le contrôle de ses mémoires inconscientes et parce qu'il ne comprend pas les Lois car il n'a pas la Connaissance. La personne qui comprend ces Lois fait montre de beaucoup de générosité vis-à-vis de cet être. Elle sait à quel point ce qu'il vit est difficile, car elle a elle-même effectué ces traversées. Elle a beaucoup d'amour pour l'autre et ne porte aucun jugement.

Il existe une mémoire à court terme et une mémoire à long terme. Par exemple, quand on téléphone à une personne pour la première fois, on doit lire son numéro avant de signaler, et on ne le garde en mémoire que 30 secondes environ. Mais si on utilise ce numéro fréquemment, on arrive à le sauvegarder dans notre mémoire à long terme. De la même façon, lorsqu'on participe à des ateliers, on entend parler de beaux principes qui nous touchent et qui sont véridiques, mais 30 secondes plus tard, c'est déjà oublié. Voilà pourquoi la pratique récitatoire est cruciale pendant qu'on nettoie nos milliers et milliers de vieilles mémoires qui surchargent notre âme et alimentent notre dysfonctionnement. Intellectuellement, on comprend la démarche, mais c'est plus fort que soi : les habitudes liées aux mémoires inconscientes reviennent de façon automatique. Il faut donc répéter, répéter et répéter le nom de l'Ange, ce, jusqu'à ce que l'ensemble des mémoires inconscientes soit reprogrammé. Vient un jour où il ne subsiste plus aucune distorsion. L'être obtient le Passeport Universel, qui consiste en ses qualités, ses vertus et ses pouvoirs à l'état pur. Le reste n'est qu'information.

Tous ont la capacité d'accéder à DAATH, mais très peu d'êtres ont atteint sur Terre cette Haute Distinction qu'est l'Illumination. Cela représente un travail très long et très difficile, qui se poursuit jour après jour, orienté vers des objectifs précis que l'on reçoit *via* les rêves. Seulement nos rêves peuvent nous indiquer où on est réellement rendu dans le processus d'intégration de l'Amour et de la Sagesse Divine. Car on peut être gentil, altruiste, spirituel et stable, et tout de même avoir un inconscient limité par les distorsions. Si une personne ne rêve pas, cela indique qu'elle n'est pas encore parvenue au stade des initiations. La pratique récitatoire soutenue permet de réintégrer cette fonction de l'Esprit.

J'aimerais vous ouvrir une porte sur mon intimité en vous parlant d'une de mes vies passées. On a vu que, normalement, on ne parle pas de ses vies passées. Ce partage constitue une exception car il sert à des fins d'enseignement : il vous aidera à comprendre la mémoire des vies antérieures. Je vais donc vous raconter comment un souvenir de cette vie passée m'a été donné.

Au cours de l'été 1999, mon mari et moi-même sommes partis en voyage en Europe. C'était le 22 juin ; nous étions dans la période où l'Ange 19 Leuviah gouverne, c'est-à-dire du 22 au 26 juin. J'ai travaillé de façon soutenue avec l'Ange Leuviah pendant beaucoup plus longtemps que les cinq jours recommandés. Nous avions une destination bien précise : Gérone, une petite ville de l'Espagne située près de la frontière française qui est considérée comme l'un des berceaux de la Kabbale pratique et de l'Angéologie au quotidien. Comme on l'a vu dans le chapitre L'Angéologie traditionnelle, durant une partie du Moyen Âge, toute une communauté qui vivait à Gérone travaillait avec les Anges.

Mis à part Gérone, nous n'avions aucune autre destination précise ; nous nous laissions simplement guider. Nous voyagions dans un *camping-car* qui nous avait généreusement été prêté. Nous avons donc traversé la Suisse et la France, et, avant d'atteindre les Pyrénées, nous avons passé la nuit en camping sauvage dans une forêt splendide.

Au beau milieu de la nuit, OOOH ! je me suis réveillée toute en sueur, aux prises avec de profondes angoisses. Je venais de recevoir un rêve d'une grande intensité dont la réalité était palpable. Quel était ce rêve ? *Je me voyais de dos, le torse nu. À un moment donné, un homme s'est approché de moi avec un fer rouge et m'a marqué le dos d'une fleur de lys. Puis il y a eu un black-out total. Je ressentais des douleurs très intenses, très puissantes. Le black-out a duré un certain temps — dans les rêves, la notion du temps est altérée. Ensuite, les douleurs se sont dissipées et un homme tout de noir vêtu qui représentait l'Inquisition m'a remis une médaille en or sur laquelle était gravé un Ange et qui était suspendue sur une petite chaîne en or.* OOOH ! quand je me suis réveillée, ce matin-là, inutile de vous dire que je ne me sentais pas très bien.

Nous avons repris la route. Mon époux conduisait, et, à un moment donné, spontanément, il a fait demi-tour. Il est un être très intuitif. Il a dit : « On va aller là. J'ai vu un panneau qui indiquait : "Vestiges cathares". » OOOH ! c'était l'ancien village de Montaillou, maintenant plus que des ruines avec quelques maisons encore habitées. J'avais vaguement entendu parler des Cathares, mais jamais je ne m'étais vraiment penchée sur le sujet.

Lorsque nous sommes arrivés au sommet de la colline, près des ruines du Château de Montaillou, OOOH ! je me suis mise à sangloter ; j'étais inconsolable. J'avais mal à l'âme et il m'était impossible d'arrêter de pleurer. Alors, bien sûr, j'ai fait le lien entre ces pleurs et mon rêve. J'ai invoqué l'Ange 19 LEUVIAH. Je respirais, je pleurais et j'invoquais tout à la fois. Puis évidemment, je me suis recentrée.

Ensuite, nous sommes allés à l'unique et toute petite boutique du village qui offre aux touristes des feuillets sur le Département de l'Ariège, et une dame nous a parlé de l'histoire des Cathares, que nous ne connaissions pas. Elle nous a dit : « Les Cathares étaient les adeptes du catharisme, un mouvement ésotérique chrétien qui a pris beaucoup d'ampleur et qui a profondément influencé la société française — du moins en certaines régions de la France et ailleurs en Europe — des 13e et 14e siècles. Les Cathares avaient pour objectif de créer une société juste, fraternelle, dépourvue de tout luxe et empreinte d'amour. »

Le mouvement cathare a fait l'objet de persécutions soutenues et extrêmement violentes pendant plus d'un siècle (de 1209 à 1328) par l'Inquisition et par certains rois et nobles de l'époque. Quand on pense Cathares, on pense persécutions. À un moment donné, l'employée de la boutique nous a dit : « Avant de les mener au bûcher, les Inquisiteurs les faisaient marquer au fer rouge d'une fleur de lys, sceau royal des rois de France à cette époque. » OOOH ! à ce moment-là, j'ai eu le souffle coupé : je ressentais mon rêve dans tout mon corps. On me disait : « Regarde : tu as eu une vie antérieure comme Cathare. »

Les Cathares ont inspiré l'art, la culture — certains nobles les soutenaient financièrement — et un bon nombre d'ordres initiatiques. Quand on lit la philosophie des Cathares, tout cela a l'air bien beau. Le terme *cathare* vient du grec *kattaros*, qui signifie pur. D'ailleurs, on les appelait *les parfaits*. Ils vouaient un culte à la pureté et ils souhaitaient se détacher de la matière. Ils voyaient un peu la matière comme le mal, en réaction aux abus de pouvoir et à l'accumulation de richesses qui prévalaient chez les strates sociales privilégiées. Ils considéraient aussi la matière comme une illusion et une prison pour l'âme.

À la lumière de l'enseignement, qu'a-t-On voulu me communiquer par ce rêve? On ne nous donne pas le souvenir d'une vie antérieure sans raison. On a voulu me dire: «Regarde: tu as vécu la persécution et On veut te montrer ce qu'apporte à l'être de transcender de tels niveaux de persécution.» C'est pour cette raison que dans mon rêve le représentant de l'Inquisition m'a donné une médaille en or. Celle-ci représente les états Angéliques et l'union avec le Ciel, bref, l'enseignement que je mets en pratique. On a voulu me dire: «Cette transcendance amène l'être aux plus hauts niveaux.» Cette révélation m'a permis de franchir une autre étape dans la compréhension du mal: elle m'a confirmé qu'on doit accepter le mal pour pouvoir le transcender.

Ce rêve m'a aussi montré qu'il me restait des choses à transcender à ce niveau: il subsistait des petites ruines à l'intérieur de moi. Je ne crois pas que les Cathares connaissaient la loi kabbalistique des résonances. OOOH! bien sûr, ce n'étaient pas eux qui persécutaient — ils étaient les persécutés —, mais on attire ce que l'on est.

Ils ne devaient pas être des tendres, les Cathares. Ils devaient dire aux riches: «Aïe! vous, là! Vous n'utilisez pas bien votre pouvoir et vos richesses.» Ils étaient sûrement vindicatifs dans leur recherche de justice et de paradis terrestre.

Avec l'Angéologie Traditionnelle, on arrive à comprendre le mal à un point tel que même ce qui est distorsionné nous apparaît comme correct. Bien sûr, on ne cautionne pas le mal, mais on saisit sa nature. On comprend qu'En Haut, par le mal, Ils nous aident à expérimenter. Ils nous disent: «Vas-y! Encore un peu, là! On te donne encore plus d'énergie pour expérimenter le pouvoir, pour que tu apprennes à bien l'utiliser.»

Lorsqu'un être a suffisamment expérimenté, il peut souhaiter passer à une autre étape: il réalise que se limiter à la matière ne lui donne rien. Quand on comprend cela, on n'essaie pas de changer les autres; on les laisse vivre leurs expériences. On les comprend et on a de l'amour pour eux. On laisse le puritanisme de côté.

Ce n'est pas par hasard qu'On m'a donné le souvenir de cette vie antérieure ; cette révélation m'a amenée à mieux comprendre mon parcours. Au début, quand j'ai commencé à parler de spiritualité en public, OOOH ! j'avais tellement mal au ventre. Ce que je ressentais était sans rapport objectif avec la situation. Mon auditoire était composé de gens tous plus gentils les uns que les autres — gentils comme vous —, tout se passait bien, mais, malgré cela, j'avais affreusement peur. Cette situation a perduré pendant plusieurs mois. J'éprouvais les mêmes sensations que si je m'étais rendue au bûcher. De vieilles mémoires inconscientes créaient une association entre spiritualité et bûcher. C'était tout à fait irrationnel. Mais lorsqu'une telle association est enregistrée à l'intérieur de soi, se raisonner ne suffit pas pour s'en sortir. OOOH ! à tel point que je me disais : « Je sais qu'En Haut, Ils veulent me faire comprendre quelque chose. Alors je vais plonger : je vais commencer à enseigner. » Mais cela me demandait énormément de courage.

Je Leur disais, à Eux, En Haut : « Une fois que j'aurai dépassé cette étape, j'arrêterai de donner des cours ; je ne pense pas être faite pour enseigner. J'ai l'impression que vous avez autre chose pour moi. » (rires) On nettoie, on nettoie, on nettoie, et, un jour, les malaises disparaissent. C'est comme cela qu'on procède avec les mémoires ; on doit souvent y retourner. Alors, des événements et des situations sont organisés, qui sont autant d'occasions pour nous de retourner à d'anciens lieux et activités. Ainsi, au fur et à mesure qu'on nettoie nos mémoires, les associations inconscientes erronées disparaissent les unes après les autres.

Cela vaut pour toutes les associations mentales, émotionnelles et corporelles qui génèrent des peurs et des limitations. On appelle ces associations des interférences. Lorsqu'on écoute une personne qui parle, notre mémoire inconsciente enregistre la totalité de ce qu'elle dit et fait, comme le ferait une caméra vidéo ou une enregistreuse, tandis que la mémoire consciente, elle, se contente d'enregistrer certains éléments — des indices — qui pourront éventuellement lui servir de repères. Par la suite, quand l'indice se présente, hop ! telle chose égale telle chose : PFIIIT ! la mémoire inconsciente nous sort tout le répertoire qui y est associé. Toutes les sensations qui ont été enregistrées surgissent, même si on ne sait pas d'où elles viennent.

Si on m'avait donné ce souvenir de vie antérieure il y a 15 ans, je me serais probablement dit : « Aïe ! j'ai été une martyre, moi : ils étaient parfaits, les Cathares. Je suis une victime de l'humanité. Le monde est ignoble. » Si on ne comprend pas la notion de Justice Divine et si on n'a pas intégré la Connaissance du bien et du mal, on se révolte assez facilement. Voilà une des raisons pour lesquelles les souvenirs de vies antérieures ne nous sont pas donnés sur commande. On nous les donne à un moment bien précis, lorsque notre niveau de compréhension et de sagesse nous permet d'en faire bon usage. Si la personne n'est pas prête, elle pourrait tenter de vivre sa vie comme dans son lointain passé.

Nous ramenons de nos vies antérieures tout un bagage qui fait maintenant partie de notre conscient et de notre inconscient, mais on doit aller de l'avant et utiliser les expériences de notre vie présente pour évoluer, car l'expérience quotidienne est créée en relation avec ce bagage. Essentiellement, la remémoration de certains éléments de nos vies passées sert, d'une part, à nous permettre d'intégrer dans notre conception du monde le principe de la réincarnation et, d'autre part, à nous faire percevoir nos forces et nos faiblesses actuelles d'un point de vue spirituel.

Je vais vous raconter une anecdote que j'ai vécue, pour vous montrer qu'un signe peut être aussi révélateur qu'un souvenir de vie antérieure. Alors que je travaillais avec l'Ange 19 LEUVIAH pour préparer ce cours, et afin de bien ancrer l'enseignement de cet Ange dans le concret, j'ai lu quelques textes médicaux sur la mémoire et les troubles physiques qui lui sont associés.

L'amnésie, les trous de mémoire et la maladie d'Alzheimer sont des distorsions de l'Ange LEUVIAH. En lisant ces textes, j'ai appris que les personnes qui ont des carences de potassium ont tendance à manquer de mémoire. Voilà quelque chose de bien concret, n'est-ce pas ? AAAH ! en lisant, je me suis demandé en passant : « Tiens, dans quels aliments trouve-t-on du potassium ? » et j'ai poursuivi ma réflexion sur autre chose.

Le lendemain matin, je vais faire mes courses à l'épicerie, et, arrivée à la caisse, je dépose mes aliments sur le comptoir. À ce moment-là, arrive une femme qui n'a qu'un produit dans les mains : des oranges. OOOH ! elle regarde mes bananes et dit : « J'ai oublié mes bananes ! » Hop ! je me dis : « Elle oublie. » — j'ai tout de suite fait la corrélation avec l'Ange Leuviah. Elle ajoute : « Mon mari aime beaucoup les bananes. Il en mange deux ou trois par jour, parce que, paraît-il, ça contient beaucoup de potassium. »

AAAH ! imaginez-vous ! Je la regardais avec de grands yeux. C'était le Ciel qui communiquait avec moi. Le Ciel communique toujours avec nous. Il nous parle à travers tous les êtres qui sont sur notre chemin. C'est pour cette raison qu'il est important de garder tous nos sens ouverts, jusque dans leur prolongement plus subtil.

Alors, je lui ai dit :
— Vous savez que le potassium est bon pour la mémoire ?
— Oh ! c'est vrai : c'est parce qu'il manque de potassium que les médecins ont conseillé à mon mari de manger des bananes. Et c'est tellement vrai qu'il n'a pas de mémoire ! D'ailleurs, il vient de subir deux opérations l'une à la suite de l'autre. L'anesthésie n'a pas arrangé les choses ; ça ne l'a pas aidé.
— Oh ! déposez vos oranges, Madame, lui ai-je dit d'une manière gentille et enthousiaste, je vais vous les garder. Les bananes sont là-bas. Allez-y !

Imaginez-vous ce qu'elle m'a répondu — vous verrez qu'il en avait besoin, son homme, des bananes.

— Euh ! non... non.
— Regardez, ai-je insisté un peu, vous voyez, la caissière n'a pas commencé : vous avez le temps, là. Déposez vos oranges. Elles sont juste là-bas, les bananes.
— Non, m'a-t-elle répondu sur un ton plus ferme. Ça sera pour plus tard.

OOOH ! Juste avec cette observation, on peut comprendre beaucoup de choses — et sans poser de jugement — sur cette femme : on peut saisir l'état de ses aspects masculin et féminin. Cette dame était trop émissive : au plan énergétique, elle prenait un peu trop de place et elle manquait de réceptivité.

Comment interpréter ce qui s'est passé ? Quand cette femme a parlé de son mari, sans le savoir, elle parlait également de son homme intérieur. Elle révélait que celui-ci avait perdu la Mémoire. L'homme intérieur, le principe masculin, représente l'Esprit, et la femme, le principe féminin, est symboliquement relié à la matière. Cette dame oubliait l'Esprit: elle oubliait de nourrir son homme intérieur d'attention, d'amour et de dévotion. Une telle attitude fait en sorte qu'un jour, on manque de potassium. Et puisqu'elle prenait beaucoup de place — une forte personnalité —, je suis sûre que son mari devait être du type à ne pas beaucoup parler et à être plutôt replié sur lui-même. Ce genre de couple est typique.

D'un autre côté, si on considère l'homme extérieur de cette femme, son mari, eh bien sa femme intérieure à lui est représentée par cette dame qui avait oublié les bananes. Peut-être ne s'exprime-t-il pas beaucoup, mais cette attitude est un parfait complément à celle de sa femme intérieure, qu'il en soit ou non conscient. Alors, concrètement, il en perdait la mémoire, et on comprendra bientôt pourquoi. On verra ce soir, en examinant plusieurs exemples, que la perte de mémoire est un phénomène compensatoire, que si on oublie les grandes valeurs, la vie devient tellement difficile qu'on en perd la mémoire.

Ce jour-là, je me posais des questions sur la mémoire et ses sources, tant concrètes que subtiles, et On m'a répondu sur toute la ligne. On m'a montré pourquoi une personne en vient à manquer de potassium. En même temps, j'ai reçu un enseignement sur le mariage des principes masculin et féminin. Quand on réussit à fusionner ces deux pôles à l'intérieur de soi, c'est vraiment l'apothéose. En effet, puisqu'il est équilibré et qu'il travaille constamment à maintenir cet équilibre essentiel, notre esprit trouve toujours ce dont il a besoin. Un jour, c'est: une question, une réponse.

La manière dont on agit et comment on traite les autres reflète parfaitement ce que l'on se fait à soi-même. Nos attitudes et comportements sont la résultante de ce qui est inscrit dans toutes nos cellules et dans l'ensemble de nos mémoires. L'attitude de négligence qu'a cette dame face aux êtres qui l'entourent transparaît dans ses relations professionnelles, avec ses enfants et ses amis, et dans tout ce qu'elle fait. Bref, son comportement lors de cette histoire de bananes n'est que la pointe de l'iceberg.

À un moment donné, alors que je lisais les articles scientifiques et médicaux sur la perte de mémoire et la perte d'équilibre qui souvent lui est associée, le téléphone a sonné. La femme qui m'appelait — et que je connais bien — se sentait très triste, voire

effondrée. Elle m'a dit que son mari venait d'être emmené d'urgence à l'hôpital parce qu'il avait complètement perdu la mémoire. Alors, je lui ai demandé :
— Aimerais-tu qu'on aille vous voir ?
— Non, m'a-t-elle répondu, je voulais simplement que vous le sachiez.

Après avoir raccroché, j'ai convenu avec mon mari d'aller leur rendre visite. Le mari de cette femme ne se plaint jamais, mais cela ne veut pas dire qu'il a tout réglé. Au contraire ; il a encore beaucoup de mémoires refoulées qui ne sont pas nettoyées. Quand je suis arrivée aux urgences, je lui ai serré les mains et je lui ai dit que je l'aimais très fort. Cet homme, qui généralement ne montre pas ses émotions, a fondu en larmes. Je lui ai dit : « Continue. C'est la source des Anges. » Son épouse nous a confié qu'il venait d'avoir un accident cardiovasculaire (ACV).

Plus tard, elle a dit à son mari : « Je pense que tu travailles trop. » Imaginez-vous, cet homme a 72 ans et il travaille encore de 80 à 90 heures par semaine. Son épouse nous a expliqué : « Je crois que le choc qu'il a eu est lié au fait que la vente de notre maison a été conclue. Je pense qu'il est trop attaché à cette maison. » Nous sommes partis, et, cette nuit-là, j'ai eu un rêve sur cet homme. *Je voyais seulement son oreille droite. Elle était toute cousue : il ne pouvait pas entendre. Puis je la voyais petit à petit se découdre et s'ouvrir.*

Qu'a-t-On voulu me dire par ce rêve ? L'oreille est un symbole de sagesse. Le côté droit du corps représente l'action, l'application. On a donc voulu me signifier que cet homme manque de sagesse quand il travaille ; il se perd dans la matière, à cause de toutes sortes d'insécurités, entre autres financières. L'oreille qui se découd et qui s'ouvre signifie que cet événement va le forcer à mieux écouter et à se sentir mieux.

J'ai aussi compris que le problème de cet homme avait des racines plus profondes qu'il n'en paraissait. Bien sûr, il était attaché à sa maison, mais la vente de cette dernière réveillait certaines mémoires enfouies.

Il y a un certain nombre d'années, cet homme a vécu un divorce très douloureux qui a impliqué la vente de la maison familiale et qui l'a plongé dans des problèmes financiers. Alors, la récente signature du contrat de vente a déclenché en lui une association en rapport avec cet événement et a fait remonter en lui des émotions refoulées. Cela, lié au fait qu'il vivait déjà beaucoup de pression parce qu'il travaillait trop, a fait déborder la coupe. L'association était : qui dit vendre sa maison dit problèmes financiers, souffrance, chagrin et séparation. Bien sûr, il a fait une association irrationnelle, car sa situation présente est bien différente de celle qui a entouré son divorce. Mais la mémoire a tout fait sauter. C'en était trop. On voit à quel point il est important de nettoyer nos anciennes mémoires, de faire le nettoyage jusqu'au bout. Si on ne le fait pas, les difficultés resurgissent, car tout est enregistré dans notre âme.

Cet homme s'est très bien rétabli, mais, quelques jours plus tard, il nous a téléphoné pour nous dire qu'il venait d'avoir un petit accident ; il avait eu une collision en conduisant son camion de travail. Rien de grave : seulement des dommages physiques. Au moment de l'accident, il sortait d'une clinique dentaire, et l'homme qui a percuté son camion avait une voiture de l'année. On analyse un accident exactement comme une partie de rêve, en utilisant la même symbolique. Cet accident n'était pas un hasard. Cet homme a reçu un avertissement de l'Intelligence Cosmique. Heureusement, il est ressorti indemne.

Les vieilles mémoires sont très puissantes. Elles sont comme des petites voix qui nous chuchotent : « Mais vas-y donc, recommence à trop travailler pour qu'on t'aime ! Vas-y, ambitionne, tu es capable. Ta santé est revenue, vas-y. » Les insécurités nous poussent à travailler sans répit. C'est plus fort que soi.

Cet homme n'avait pas attendu assez longtemps avant de reprendre le travail. Il avait rassuré son épouse en lui disant qu'il ne travaillait pas beaucoup et qu'il prenait des pauses. Elle, elle l'avait cru, mais, avec Lui, En Haut, OOOH ! on ne peut pas tricher. Il sait tout sur tout. On peut imaginer Dieu se dire : « On l'aime beaucoup, cet homme. Il a tout un beau programme. Alors Je vais l'arrêter un petit peu, encore une fois. Je vais arrêter son camion. »

Avec le symbole du véhicule neuf qui a percuté le camion, on comprend que Dieu voulait dire à cet homme : « Je t'ai donné un nouveau véhicule pour avancer, et regarde comment tu te comportes ! » Je vous rappelle qu'au moment de l'accident, il venait tout juste de se faire faire des réparations dentaires. Dans un rêve, les dents symbolisent la structure et la sagesse. Cet homme était donc en pleine restructuration. On doit apprendre à reconnaître et à comprendre les leçons de vie. En créant tous ces événements, Dieu a voulu dire à cet homme : « Je t'ai réparé, mais tu n'écoutes pas assez, encore une fois. Il est trop tôt pour recommencer à travailler. Arrête-toi ! Intériorise-toi un peu. Prends un jour ou deux. Je ne te demande pas d'arrêter de travailler complètement, mais ton intention doit être plus qualitative. Il ne faut pas que ce soient les insécurités qui te mènent, quand tu travailles. Tu dois te rappeler le principal : être un ouvrier du Ciel. Quand tu bâtis, tu te bâtis aussi toi-même, à l'intérieur. »

Lorsqu'on ne comprend pas, on se dit : « Aïe ! je n'avais pas besoin de ça, encore ! » et on devient amer. Toutes les distorsions ressortent, on est pas content et on culpabilise les autres : « Regarde ce chauffard ! » Même si l'homme qui a percuté le camion était responsable de l'accident, reste qu'il était un envoyé du Ciel. On doit le remercier. Bien sûr, lui aussi avait quelque chose à comprendre.

Par ce bel exemple de synchronicité, on voit toute la lignée des causes et des effets. On réalise qu'une perte de mémoire a des causes profondes. Le voile entre le conscient et l'inconscient (Voir FIGURE 1, p. 5) signifie que lorsqu'on arrive sur Terre, On nous remet le compteur à zéro. J'ai souvent entendu dire, comme ma fille Kasara en faisait la réflexion : « Pourquoi ne nous donnent-Ils pas tout de suite des souvenirs de nos vies antérieures ? Ça serait tellement plus facile : au moins, on saurait où on en est. »

Si vous saviez à quel point ce voile est une Grâce Divine. Dans certains cas, s'Ils nous l'ouvraient, on réaliserait vite que seulement pour corriger certains comportements, on aurait besoin de 100 vies. OOOH ! imaginez-vous. On serait atterrés. (rires) On ne pourrait plus avancer : on serait complètement découragé. Simplement faire la queue dans une file d'attente nous fait bougonner ! Le Créateur a vraiment bien fait les choses. On fonctionne avec un objectif à la fois.

Souvent, on me demande : « Crois-tu que j'ai fermé la boucle ? » (rires) On peut en avoir pour des vies et des vies à fermer une seule boucle. Le seul fait de se poser cette question indique que l'on n'a pas conclu le karma. Lorsqu'on est arrivé à la conclusion d'un karma, un rêve très explicite nous l'indique, et nos changements d'attitude et de comportement en témoignent de façon claire.

☉

La réincarnation et le voile

Quand l'âme arrive sur Terre, elle a déjà un programme prédéfini dans ses grandes lignes. Comment ce programme est-il déterminé? Par nos vies antérieures. Au début de son incarnation, l'âme retrouve un compteur remis à zéro dans le conscient, mais dans l'inconscient, le compteur n'a pas cessé de fonctionner. Le fichier de l'âme et toutes ses mémoires sont encore là, sauf que le conscient ne sait plus rien. À tel point que quelques semaines après sa naissance, le petit bébé réalise pour la première fois que c'est lui qui tourne sa main. C'est toute une perte de conscience, n'est-ce pas? Il doit tout réapprendre. Cette perte de conscience n'est qu'une simple stratégie qui vise l'intégration des karmas au sein de la vie présente.

Le programme détermine dans quel pays l'âme s'incarne. Pourquoi une âme atterrit-elle en Afghanistan alors qu'une autre arrive ici? Vivre dans tel pays plutôt qu'un autre a des implications réelles. Nos vies antérieures déterminent ce que l'on a à comprendre, spécifiquement; ainsi, on arrive sur Terre dans un pays avec lequel on a des résonances et des affinités.

On arrive aussi dans une région donnée. On peut atterrir à Montréal, à New York, dans la région de Paris, dans le canton de Genève ou à tout autre endroit. Les mentalités varient selon les régions. Et même si plus tard on quitte notre région natale, reste qu'on n'y arrive pas par hasard: c'est la meilleure région pour soi.

On atterrit aussi dans une famille donnée, et, là encore, c'est la meilleure famille pour soi. Certains diront: «OOOH! si tu connaissais ma famille, tu ne dirais pas ça!» (rires) Si, si, c'est la meilleure famille. On a de fortes résonances avec cette famille, mais, à moins d'avoir la Connaissance, on ne le sait pas.

Même si on comprend que dans des vies antérieures on a posé des gestes lourds de conséquences, on ne doit pas se culpabiliser.

Quoi qu'on ait pu vivre, on ne l'a pas fait exprès : on était ignorant. Alors, on rectifie. On doit transcender, nettoyer. Tout ce qui nous dérange chez nos parents—cela fait partie de l'inconscient familial—on doit arriver à le transcender, pour qu'un jour, plus rien ne nous dérange. OOOH! quand on a passé ce cap-là, c'est l'envolée, car les plus gros morceaux, les parties les plus difficiles, ont trait à ce qui s'est passé dans notre famille et dans notre vie intime.

Quand on arrive à comprendre pourquoi on atterrit à un endroit plutôt qu'à un autre, tout s'éclaire. Si, dans un rêve, on se retrouve dans notre maison d'enfance, c'est qu'on touche autant à des vies antérieures qu'à notre enfance, parce qu'on arrive sur Terre avec tout notre bagage des vies antérieures. Ce bagage est inscrit et il influence, voire détermine, tout ce que l'on fait. Le présent et le passé forment un tout indivisible et préparent le futur. Dans un premier temps, on n'a pas besoin de connaître les détails de ces vies antérieures, sinon on serait obligé d'étudier les Cathares, les Égyptiens, etc. Connaître son père, sa mère, ses frères et ses sœurs est amplement suffisant : on connaît le portrait psychologique qu'On a voulu nous donner.

Enfin, on arrive au niveau de l'individu. Là, toutes les possibilités s'offrent. Dans une famille de dix enfants, l'un peut être un criminel, et l'autre, un saint. Le premier est tombé dans les distorsions et a continué à les cultiver, et l'autre, même s'il a eu des difficultés, il s'en est servi pour grandir—elles ont fait ressortir son potentiel—et il a transcendé les distorsions de ses parents. Tous les scénarios sont possibles et chacun comporte un grand nombre de facteurs qui sont en interaction les uns avec les autres. Mais tout est calculé : Dieu est un Ordinateur Vivant.

OOOH! nos parents sont donc tout un cadeau! Quand on réalise cela, on les remercie, peu importe le genre de personnes qu'ils sont ou ont été. On se dit : « Mon Dieu, qu'ils ont bien été choisis pour moi! Je n'aurais pas pu mieux choisir. »

Parlant de vies passées, considérons les goûts personnels. Comment se fait-il qu'on soit attiré par l'art chinois—meublant par exemple son logis de meubles chinois—, alors que nos parents ne sont jamais allés en Chine et ne nous ont même jamais parlé des Chinois? Comment se fait-il qu'on soit attiré par le yoga plutôt que par une autre pratique? On a des résonances qui viennent de vies passées, mais rien ne nous permet d'affirmer avec certitude dans quel contexte on a vécu; par exemple, on ne peut pas dire: «J'ai été un Chinois, moi.» Tout cela est subjectif. Seulement nos rêves peuvent confirmer ce genre d'affirmation. Nos tendances personnelles peuvent tout de même nous servir d'indices. On observe nos goûts et, évidemment, tout ce qui nous dérange, et cela en dit long sur nos vies passées. Ces indices peuvent nous amener à comprendre certains de nos comportements et à cerner ce qui nous influence plus particulièrement. À cet égard, on utilise encore une fois la symbolique, car tout *parle*.

Pourquoi l'âme d'un enfant de six ans qui a de lourds bagages karmiques est-elle plus légère que celle d'une dame de 65 ans qui, par ignorance, n'a pas travaillé sur elle-même? Parce que—comme je l'ai déjà mentionné—le compteur conscient de l'enfant a été remis à zéro il y a à peine six ans. Si cette dame de 65 ans ne comprend pas la loi de la résonance, alors elle se fâche dès qu'elle sent une injustice, elle projette toutes ses émotions à l'extérieur et elle trouve cela normal. Ce sont ses vieilles mémoires qui remontent, mais elle ne fait rien avec, car le niveau d'évolution où elle est parvenue ne l'amène pas à se poser des questions existentielles, celles qui forgent le chemin spirituel. Ses karmas s'accumulent d'année en année, et cela crée des couches qui s'empilent dans son inconscient. Alors, évidemment, elle se sent de plus en plus lourde et aigrie à mesure que les années passent.

De plus, à partir d'un certain âge, le vécu personnel est suffisamment étoffé pour que les interférences soient courantes. Nous avons vu un exemple d'interférence en examinant le cas de l'homme qui avait eu un ACV, mais prenons le temps de bien cerner ce concept car il s'agit d'une notion-clé qui nous permet de saisir la nature et le rôle de la mémoire et du voile de l'oubli. Voici un exemple d'interférence: Une femme appelle son amie et lui dit: «Oh! il faut que je te raconte ce que j'ai vécu hier. Je suis allée au festival de Granby...», et elle lui défile tout ce qu'elle a vécu au festival de cette ville. L'amie, elle, n'entend plus rien car elle a bloqué sur le mot *Granby*. Elle n'entend plus le reste.

Elle a eu une interférence avec Granby. Lorsqu'elle a entendu ce nom, tout le fichier contenant ce qu'elle a vécu dans cette ville est ressorti. Que s'est-il passé pour elle à Granby ? À l'âge de 10 ans, elle a quitté son village natal car sa famille a déménagé à Granby. Elle y est restée jusqu'à 15 ans, mais cela a vraiment été l'enfer. Son père ne la laissait pas sortir et il la réprimait de toutes sortes d'autres manières. Elle n'avait plus d'amis. Elle ne s'est jamais remise de cette expérience de Granby. Alors, son amie exaltée appelle — WOW ! c'était la fête, le festival — et elle n'a qu'à prononcer le nom *Granby* pour que ces sensations désagréables remontent à la surface.

Voici un autre exemple d'interférence. Une femme a eu un gros chagrin : son ex-mari est parti avec Martine, il y a déjà plus de 10 ans, mais cette expérience n'a pas encore été digérée. On n'a qu'à prononcer le nom *Martine* — sans parler de la même Martine ; il existe beaucoup de Martine, n'est-ce pas ? — et OOOH ! tout le chagrin remonte.

Les interférences ramènent tant ce qui nous a beaucoup choqué ou chagriné, que ce qui nous a un tout petit peu affecté. Admettons qu'on n'aime pas remplir des formulaires. Pour nous, qui dit formulaires dit désagrément. Alors, on n'a qu'à nous parler de formulaires à remplir et, automatiquement, OAHH ! on a une petite interférence. Avec les Anges, on travaille sur tout ce qui nous dérange, donc sur toutes les interférences. Si on ne fait pas ce travail de prise de conscience, on arrive à 65 ans et, à chaque minute de la journée, c'est Granby, Martine, Granby, Martine, Granby, les formulaires, Martine. (rires) La vie est insupportable !

Alors — on est vraiment bien faits, En Haut, ils sont tellement gentils —, notre corps utilise une compensation. Quelle est cette compensation ? C'est l'oubli. On oublie, car, autrement, la vie serait trop difficile. On remet les prises de conscience et l'exploration des émotions à plus tard, ce qui fait que l'inconscient devient de plus en plus chargé. Voilà pourquoi dans notre société on associe vieillesse avec oubli et perte de mémoire. Dans les cas graves, le problème est exacerbé, et la compensation, c'est la maladie d'Alzheimer, la dégénérescence des cellules nerveuses.

Une infirmière en service auprès de patients atteints de cette maladie m'a raconté qu'un jour, elle a demandé à une de ses patientes qui a beaucoup d'humour : « Vous souvenez-vous de votre pression d'hier ? » La patiente lui a répondu : « Oh non ! moi, je vis au temps présent ! » (rires) Tous les enseignements spirituels préconisent de vivre au temps présent, mais il est impossible de le faire lorsqu'on a continuellement des interférences. Dans ces cas, l'oubli s'impose. Avant de nous faire connaître nos vies antérieures, En Haut, Ils nous disent : « Auparavant, tu dois régler tout ce qui a trait à Granby et à Martine, car, si tu vas derrière ces expériences personnelles — qui ne sont que les premières fenêtres de ton fichier personnel —, tu trouveras autre chose, qui vient de tes vies passées. »

Derrière une interférence, on peut généralement trouver un grand nombre de mémoires provenant de vies antérieures. Comment les atteindre ? Bien sûr, si ces expériences ont été douloureuses ou négatives, leur souvenir va nous déranger. Alors, on fait la pratique récitatoire avec l'Ange 19 LEUVIAH et cela nous permet de les nettoyer. Avec le temps, on pénètre de plus en plus profondément dans le fichier concerné. Des souvenirs d'autres vies peuvent émerger, mais on doit d'abord régler les mémoires les plus proches, car elles sont la porte d'accès aux autres, généralement plus douloureuses. De cette façon, on nettoie au lieu d'accumuler. On fait le ménage, comme dans une maison. Ensuite, de merveilleux horizons s'offrent à nous et on regagne beaucoup de légèreté.

Les petits oublis du quotidien peuvent aussi nous être utiles. Avec l'Ange LEUVIAH, on apprend à faire de l'oubli notre ami, et, en retour, celui-ci nous amène à comprendre ce qu'est la mémoire avec un grand M. Voici un exemple d'oubli, qu'on analyse avec la même symbolique que dans un rêve. J'oublie mes mitaines ; ce n'est pas grand-chose, un oubli de mitaines, mais OOOH ! on peut en tirer tout un enseignement. À quoi servent les mitaines ? À avoir chaud aux mains. Les mains représentent la façon dont on se manifeste. Si dans un rêve on oublie ses mitaines, cela signifie qu'on aura un manque de chaleur dans nos manifestations. Au lendemain du rêve, on ne sera pas très chaleureux : on manquera d'amour. OOOH ! Quand on analyse le signe dans le quotidien, la même symbolique s'applique. On se demande : « À quoi étais-je en train de penser au moment où j'ai oublié mes mitaines ? Qu'est-ce que je vis en ce moment ? Suis-je dérangé ? Dans quel état de conscience est-ce que je me trouve ? »

Ces questions amènent des réflexions initiatiques ; voilà ce qu'est la méditation active. Si une autre personne oublie le même objet au même endroit, la signification pourra être différente. En Haut, Ils ont un *oubliomètre* (rires) qui mesure le degré et la nature des dérangements. On peut se dire : « Oh ! j'ai oublié mes gants et je ne les retrouve plus. C'est dommage : il faut que j'en achète une autre paire », et, à ce moment-là, les insécurités financières se pointent. Un oubli peut activer un dérangement, et nous sommes la seule personne qui soit en mesure d'évaluer le degré de ce dérangement, car personne d'autre ne peut ressentir notre état d'âme. C'est un travail de chaque instant qui engendre l'autonomie spirituelle. Il déclenche l'ouverture de la conscience. Or, la conscience ne s'apprend pas dans les livres.

Voici un autre type d'oubli. Cet éventail d'exemples vous aidera à analyser vos propres oublis. On a oublié une bouteille d'eau à moitié pleine dans la voiture. C'est l'hiver et il fait très froid. Le lendemain, bien sûr, l'eau est gelée, mais la veille, on n'avait pas le goût d'aller la chercher. Ce n'est pas simplement de la négligence. L'eau symbolise les émotions. Alors, en examinant ce petit oubli et le contexte qui l'entoure, on peut arriver à déterrer des mémoires inconscientes qui sont à la base de certains de nos comportements.

Si on a des oublis récurrents, on doit porter une attention toute spéciale à leur signification. Prenons un exemple : on est au travail et on oublie toujours la même chose. On se dit : « Pourtant, je l'aime ce travail ! Si ces oublis se répètent, je peux perdre mon travail. Mais je ne fais pas exprès d'oublier. Qu'est-ce qui fait que j'oublie ? Que se passe-t-il en moi ? »

Parmi nos mémoires inconscientes, il peut s'en trouver qui sabotent notre bonheur. Dans ce cas, chaque fois qu'on construit quelque chose de beau, on a l'impression que certaines forces interviennent, des forces qui nous disent : « Non ! toi, tu n'as pas droit au bonheur. Tu n'as pas droit à l'abondance et à l'amour. » OOOH ! Alors, on s'en occupe : on fait la pratique récitatoire, on analyse l'oubli qui est en cause, et on garde notre vigilance en focalisant sur le symbole. De cette façon, on peut trouver des éléments à rectifier. Si on profite de nos oublis pour nettoyer les mémoires qui leur sont associées, on pourra améliorer notre vie et stabiliser notre bonheur.

Voici un exemple d'oubli positif. En fait, tous les oublis sont positifs, mais celui-ci a l'avantage d'illustrer que l'on oublie parfois pour de bonnes raisons. Une personne est conviée à une réunion, et elle sait que celle-ci est une occasion de rencontrer une de ses amies. Elle se dit: «Oh! j'ai un certain nombre d'objets pour elle. Je vais en profiter pour les lui remettre.» Arrivée à la réunion: «OOOH! j'ai oublié les objets.» Mais elle réalise que son amie ne viendra pas à cause d'un empêchement de dernière minute. Elle peut se dire: «Ah! j'avais capté qu'elle n'y serait pas.» Effectivement, tout est inscrit dans le monde des causes: il était écrit que cette amie ne viendrait pas. Bien sûr, cette personne, qui a une certaine ouverture, a capté l'information, mais pas de façon consciente: avant de partir de chez elle, elle ne savait pas que son amie ne serait pas à la réunion. Elle a été mise devant le fait. Un jour, on arrive à capter ces informations subtiles, mais de façon consciente et régulière; la personne se dit: «Non, mon amie ne sera pas là: je n'apporte pas les objets.» Sans aucune indication au plan concret, on peut tout anticiper.

Voici un dernier type d'oubli; c'est un bel exemple. Cette semaine-là, alors que je travaillais avec l'Ange 19 LEUVIAH, je méditais sur le voile de l'oubli. Je me promenais en observant mes sensations et, à un moment donné, je me suis dit: «Ah! il faudrait que j'aille louer une vidéo pour mon mari; je pense qu'il y aura des messages pour lui dans cette vidéo.» J'ai suivi cette idée qui s'était présentée comme une sensation intérieure. Ce n'était pas une voix caverneuse qui me disait: «Christiane! va donc louer une vidéo: ton mari en a besoin.» (rires) Non, c'était plus subtil que cela.

Je suis entrée au magasin de vidéos, et, à un moment donné, je me suis arrêtée devant une cassette et j'ai lu le texte; cela avait l'air bien, mais j'avais un petit doute. Or, dans le doute, on s'abstient. Alors, j'ai reposé la cassette, et j'ai utilisé une méthode dans laquelle on demande de recevoir en méditation une réponse. C'est une méthode qui nous donne accès à *Skynet*. On ferme les yeux et on demande un symbole, qu'on pourra ensuite interpréter exactement comme on le fait avec ceux qui apparaissent dans les rêves. On attend qu'une image symbolique apparaisse. À force de méditer, un jour, lorsqu'on demande des informations pour des applications concrètes, les images viennent facilement. Une chose est importante : pour avoir la bonne réponse, on doit n'avoir aucun désir. Sinon, des interférences qui correspondent à des désirs inassouvis se glissent et faussent la réponse. Voilà pourquoi le travail sur la pureté est essentiel.

Aucun besoin personnel ne me poussait à vouloir louer une vidéocassette. Parfois, inconsciemment, on loue une vidéo parce qu'on a de la peine et qu'on cherche une forme de réconfort, ou encore parce qu'on s'ennuie et qu'on a un besoin d'action dans notre vie. Pour que la méthode fonctionne, on doit demander de façon respectueuse en consacrant notre demande au bien de notre évolution. Alors, qu'on nous guide ici ou là, peu importe, on suit le message. Si aucune image ne vient, on ne force pas. On ne laisse pas le mental dire : « Aïe ! donne-moi une image » et en forger une. Non ! l'image doit nous surprendre car elle n'est pas forgée par le mental : on ne s'y attend pas. Elle provient de l'Intelligence Cosmique avec laquelle on fusionne. C'est comme si on devenait Dieu, car le symbole qui nous est donné, aussi simple soit-il, est une réponse calculée en fonction d'un nombre inimaginable de données et de paramètres.

J'ai demandé un symbole et j'ai fermé les yeux. Aucune image ne se présentait. Alors, intérieurement, je me suis dit : « Ah ! Vous voulez peut-être me donner un signe à travers les personnes que je vais rencontrer », et je me suis promenée un peu en observant. À un moment donné, j'ai ressenti l'envie de fermer les yeux à nouveau. Je l'ai fait et, instantanément, m'est apparue une image. *C'était une torche allumée dans le noir, derrière un immense voile. Tout à coup, le voile s'est déchiré et la lumière a envahi la scène.* Je me suis dit : « Ah ! Ils veulent que je reste. Je vais retourner chercher la cassette que j'ai vue. C'est peut-être la bonne. »

J'arrive au présentoir : le boîtier de la cassette n'était plus là. Impossible de le trouver. J'en avais même oublié le titre et la couleur. Je savais un peu de quoi cette cassette traitait, mais impossible de mettre la main dessus. Et puis je sentais quelque chose de figé. C'était subtil. Plus on travaille sur soi, plus on sent les petits changements au plan de l'énergie. C'était comme si On avait voulu me faire oublier, comme si On me disait: «Oublie celle-là.» AAAH! j'étais contente. De plus, à cause du symbole de la torche, je savais que je devais rester: il y avait quelque chose d'autre pour moi. Car le voile devant la torche, c'était le voile de l'oubli. J'avais médité intensément sur le voile de l'oubli, et l'Intelligence Cosmique voulait me donner un enseignement sur l'oubli. On voulait me montrer à quel point c'est facile pour Eux, En Haut: Ils pèsent sur un petit bouton, et PFIIT! on oublie. Quand on comprend cela, on s'abandonne et on est tellement content de demander.

Donc, mon dialogue intérieur se poursuivait: «Ils veulent autre chose pour moi, sinon Ils m'auraient donné une autre image.» S'Ils avaient voulu que je parte, Ils m'auraient donné un symbole d'interdit, l'image d'une cassette qui me déplaît ou bien celle d'une ampoule qui s'éteint. Pour chaque situation, l'éventail des symboles possibles est infini. Alors, j'ai continué à me balader dans le magasin, consciente que la prochaine étape serait celle de la torche. Tout à coup, CLAC! je mets la main sur une cassette. Je n'ai aucun doute: c'est la bonne. Pas besoin de vérifier. C'était un film sur Nelson Mandela, l'homme qui a libéré l'Afrique du Sud de l'apartheid. Alors, mon époux et moi-même l'avons visionné.

Mon époux ne m'avait pas raconté ses rêves, ce jour-là. À la fin du film, il m'a dit: «Je le regarde une deuxième fois. Cette nuit, j'ai eu des rêves sur la désobéissance civile, les foules et le collectif. Ce film me donne vraiment un complément d'enseignement extraordinaire. Merci d'avoir bien écouté ton intuition.» Et il a visionné à nouveau.

Donc, vous voyez comment cela fonctionne. On demande et on continue d'agir comme tout le monde; personne n'est au courant de ce qui se passe dans notre tête, mais notre intention est différente. Et dans notre recherche méditative, on se rappelle toujours que l'important, c'est de matérialiser juste. On a tellement de plaisir à vivre de cette manière! On se sent continuellement guidé par Dieu. C'est extraordinaire!

L'une des grandes qualités de l'Ange LEUVIAH est *l'acceptation*. On accepte tout ce qui nous est présenté, sans culpabiliser qui que ce soit et sans amertume. Mais il est vrai que cette façon d'être et d'agir demande un long travail sur soi. Quand on a vraiment intégré l'acceptation, on devient réceptif. On n'a plus de vacarme à l'intérieur de soi et on est constamment guidé.

Parlant de rêves et de vidéos, je vous recommande un film sur les rêves : *Joseph, le roi des rêves*. C'est un très beau film d'animation qui convient autant aux enfants qu'aux adultes. Il est produit par la firme Dreamswork de Steven Spielberg, et appartient à la même lignée que *Le prince d'Égypte*. Ce film est inspiré de l'histoire biblique de Joseph, l'homme qui a interprété les rêves du Pharaon, dont celui des vaches grasses et des vaches maigres. Dans ce film, on montre comment Joseph a su utiliser ses rêves pour guider sa vie, et jusqu'où cette aventure l'a mené.

On a vu qu'on peut recevoir des éléments de vies antérieures dans nos rêves. Voici une petit anecdote. Un matin, alors que je travaillais avec l'Ange 19 Leuviah, notre fille Kasara nous a raconté son rêve avant de partir pour l'école. Dans son rêve, *elle portait son maillot de bain bleu ciel avec des motifs d'étoiles — qu'elle a dans la réalité concrète — et elle avait peur de perdre ses étoiles. Ensuite, un petit garçon qui fréquente la même école qu'elle et qui, selon ses dires, profère souvent des gros mots, lui disait : « Tourne à gauche. » Et elle, elle lui répondait : « Non ! il faut que je tourne à droite. » Et un surveillant d'école était présent.*

Tout à coup, elle nous a dit : « *Puis je me suis retrouvée au Moyen Âge.* » OOOH ! Moi, j'étais branchée sur les vies antérieures et, un peu trop spontanée, je regarde mon mari en m'exclamant : « Mais c'est peut-être une vie antérieure ! » Kasara, traversée par le Ciel, me répond spontanément : « Non, c'était pas assez le Moyen Âge. » (rires) Elle m'enseignait à nouveau, cette petite fille des étoiles : elle me rappelait que pour qu'un rêve révèle une mémoire de vie antérieure, il ne doit pas contenir de symboles qui correspondent à d'autres époques. Par exemple, lorsqu'un rêve concerne une vie qui s'est passée à une époque donnée, il ne comprend pas parmi ses images un personnage ou un objet — une voiture, une montre, etc. — qui n'aurait pas existé durant cette période. Tous les éléments doivent être vraisemblables.

Dans le rêve de Kasara, tous les personnages représentaient des parties d'elle-même : le petit garçon, le surveillant d'école, etc. On lui annonçait qu'elle devait être vigilante car, au cours de la journée, elle pourrait perdre ses étoiles, c'est-à-dire oublier ses belles valeurs, perdre sa gentillesse et voir son caractère affecté. Pour elle, le Moyen Âge signifiait simplement de vieux concepts dépassés, de vieilles habitudes qui remontent à la surface.

Si, dans un rêve, on se retrouve à une ancienne époque, il se peut qu'On nous révèle des éléments d'une vie antérieure. Dans ce cas, très souvent, on peut se retrouver dans la peau d'un personnage et vivre l'événement dans toute son intensité, comme par exemple lorsque j'ai été marquée au fer rouge. Mais—répétons-le car c'est important—, si on voit un objet qui n'est pas de l'époque, comme une automobile à l'époque médiévale, il est certain qu'il ne s'agit pas d'une vie antérieure.

On peut aussi nous montrer des bijoux anciens ou d'autres symboles équivalents : c'est qu'On nous ouvre une fenêtre sur les capacités qu'on a déjà eues. On nous dit : « Regarde, si tu changes cette attitude, tu retrouveras toutes ces ressources. »

Voici un rêve dont l'un des symboles indique que de vieilles mémoires allaient être transformées. Un jour, une personne a rêvé d'une femme très vieille, et On lui indiquait qu'On allait lui changer les dents. Les dents représentent la structure et la sagesse. Puisqu'une femme dans un rêve symbolise généralement le monde intérieur et les émotions, le rêve annonçait une profonde restructuration intérieure, un grand nettoyage de très vieilles mémoires qui devait amener beaucoup de sagesse. Bref, il présageait une série d'initiations. Se faire enlever les dents correspond à un profond changement de personnalité. Un tel rêve s'accompagne au réveil d'une chute substantielle d'énergie et d'estime personnelle.

Lorsqu'on sait interpréter nos rêves, on comprend ce qui nous arrive, on n'est pas surpris et on est content. On fait la pratique récitatoire, et même si on se sent nettement moins beau qu'en d'autres moments vu qu'on a touché des parties pas très belles— on est parfois comme le vilain petit canard—, on sait que c'est simplement parce qu'on a touché une vieille mémoire. Au début du cheminement, on a tellement de changements à effectuer qu'on se sent tout déstructuré et que nos rêves nous apparaissent comme une série de cauchemars. C'est très difficile. Puis à mesure que les initiations se succèdent, s'intercalent entre les rêves de ce type d'autres qui sont extatiques et merveilleux, et qui nous apportent la joie et la compréhension. Ce qui est paradoxal dans un cheminement spirituel, c'est que notre famille et nos amis qui ne sont pas dans un tel parcours ont l'air d'aller bien, alors que nous, on se sent tout déstructuré, voire démoli. Sachez que leur conscience n'a pas la même ouverture que la vôtre, et que petit à petit s'installe une certaine stabilité.

Comme vous voyez, on dispose de plusieurs points de repère pour déceler si un rêve concerne ou non une vie antérieure. Il existe d'autres moyens qui permettent de connaître ces dernières, par exemple les régressions, qui sont très populaires. Tout est à notre disposition, maintenant. Ces méthodes ne sont pas mauvaises en soi, mais quand on a la Connaissance, on sait qu'un souvenir de vie passée ne se demande pas : il se reçoit.

De plus, les données qu'on obtient *via* les régressions sont plus ou moins précises, ce, pour deux raisons. Tout d'abord, le mental inférieur — l'ego — brouille parfois la lecture. Ensuite, si l'Intelligence Cosmique n'a pas donné son accord, Elle peut nous donner volontairement des informations symboliquement reliées à un travail que l'on doit faire, et ces informations ne sont pas nécessairement reliées à une vie antérieure.

Il ne faut pas non plus prendre trop au sérieux les diseurs de bonne aventure. Très souvent, ils disent un peu n'importe quoi, et la plupart sont manipulés par des entités du bas astral qui ont ce travail à faire. Il est quasi impossible d'entrer à la Maison Blanche sans autorisation. Alors, imaginez à quel point l'Intelligence Cosmique peut être bien gardée ! Sans autorisation, impossible d'y pénétrer.

J'en ai entendu de toutes sortes sur les vies passées. Je connais au moins deux personnes qui se proclament la réincarnation de Judas. J'ai étudié un petit peu leur comportement : ce sont des personnes qui ne comprennent pas la loi de la résonance. Chaque fois qu'elles vivent une situation qui ne leur semble pas être juste, elles se sentent trahies, elles se mortifient et traînent leur tristesse. Elle se disent : « C'est normal : j'ai été Judas dans une autre vie. » Mais il y a là quelque chose de malsain. Aucun travail n'a été fait.

Le mental et l'ego peuvent s'emparer des vies antérieures. La personne croit en la réincarnation et se dit : « Je suis tout croche. Alors, tant qu'à être croche, autant être célèbre », et elle choisit

Judas. (rires) Cela peut aller très loin. C'est pour cette raison qu'En Haut, en grands pédagogues qu'Ils sont, Ils nous donnent uniquement ce qui est nécessaire à notre évolution.

Les phobies aussi peuvent provenir de vies passées. Voici deux exemples de phobies : celle de passer au feu et celle de se noyer. La personne a peur du feu ou de l'eau, alors qu'aucun événement de sa vie présente ne peut justifier une telle peur. Elle se dit : « Comment se fait-il que j'aie autant peur du feu : ce n'est pas raisonnable. Ça n'a aucun sens d'avoir aussi peur sans raison. » Par nos rêves, on peut découvrir que, par exemple, dans une vie passée, on a été Viking et on a mis le feu partout. On comprend alors que dans cette vie-ci, cela se retourne contre soi.

Admettons qu'on ait peur de l'eau et qu'on découvre qu'on s'est déjà noyé dans une autre vie. Alors, cela peut nous conforter de se dire : « Eh bien, je n'irai pas dans l'eau : je ne veux pas me noyer une deuxième fois. » Or, qu'on y aille ou non ne changera rien, car la noyade signifie se perdre dans le monde émotionnel, et tant qu'on n'a pas résolu cette question, la source du problème et du danger demeure. Alors, en travaillant sur soi, en nettoyant de façon assidue nos émotions par la pratique récitatoire, on nettoie nos problèmes émotionnels, et, un jour, on n'a plus peur parce qu'on a cessé de se noyer dans nos émotions. On est allé à l'essence.

Apparaît ici une autre raison pour laquelle les souvenirs de vies antérieures ne sont que de peu d'utilité : les dangers et la peur de ces dangers ne sont que le résultat ou la matérialisation d'un problème plus essentiel. Lorsqu'on a compris cela — et reprenant l'exemple de la peur du feu —, on reconnaît notre esprit incendiaire et on se dit : « AAAH ! je vais travailler sur mon énergie qui est quelquefois un peu trop incendiaire. » Vous voyez, on peut acquérir beaucoup de compréhension sans l'aide de souvenirs d'outre-tombe. Il suffit d'analyser les phobies en allant à leur source.

Voici un dernier exemple de rêve. Une femme m'a dit : « Dans mon rêve, *je me voyais avec mon conjoint dans une camionnette. C'est lui qui conduisait. À un moment donné, il y avait un ravin et j'ai eu un haut-le-cœur : il frôlait l'abîme et nous étions à deux doigts de basculer dedans. Je lui ai dit : "Aïe ! on a passé proche."* »

Alors, je lui ai interprété son rêve. Je lui ai dit :
— Vous vivez présentement des choses qui soulèvent de grandes peurs, des insécurités qui donnent des vertiges.
— Ah ! c'est tellement vrai ! Mon mari et moi possédons une toute petite entreprise. C'est moi qui fais la comptabilité. Nous n'avons pas d'employés et nous nous retrouvons souvent au bord de la faillite.
— Chaque fois que vous voyez arriver une facture, vous devez avoir des haut-le-cœur.
— Exactement !
— Par ce rêve, ai-je poursuivi, On vous montre ce que vous vivez en réalité. Chaque fois que vous enregistrez une facture, toutes les sensations remontent. C'est la peur de tomber dans l'abîme. Vous avez des insécurités financières, mais cela va beaucoup plus loin.
— Mais comment se fait-il que ces peurs soient encore là ? Ça fait des années que je travaille sur mes insécurités. Je sais qu'elles viennent de vies antérieures.
— Bien sûr, l'insécurité peut toucher des centaines et des centaines de vieilles mémoires. Utilisez votre travail, parce que, En Haut, que font-Ils ? Ils voient que vous êtes engagée dans un beau cheminement et que vous souhaitez retrouver le sentiment de sécurité. Ils le savent : Ils vous observent. Alors, lorsqu'Ils vous voient agir, Ils se disent : « On l'aime tellement, cette femme : envoie donc encore 10 factures, là ! » Ils vous disent : « Acceptez même la faillite. » Si la faillite doit vous mener à de hauts niveaux de conscience, elle est très utile : elle vous apprendra à mettre l'Esprit à la première place. Utilisez chaque facture, faites de votre mieux. En plus, ce sont des chiffres : utilisez les chiffres des Anges. Branchez-vous à un Ange chaque fois que vous avez un haut-le-coeur. Inspirez, respirez l'Ange pendant que vous enregistrez la facture. Petit à petit, juste avec votre travail, vous allez nettoyer vos vieilles insécurités qui datent de Mathusalem.

OOOH ! là, elle était contente. Ses factures devenaient utiles : c'était des factures karmiques qu'elle payait.

Pour conclure ce cours, j'aimerais vous laisser avec cette phrase : *S'il est une chose qu'on ne doit jamais oublier, c'est que tout vient de Dieu.*

Ange 15 Hariel
Vivre sans Dépendances

Pratiquant l'abstinence depuis un certain temps, il se sentait encore tiraillé et profondément angoissé par sa dépendance à l'alcool. Lorsqu'il se sentait sombrer, il priait Dieu : « Pourquoi me laisses-Tu souffrir ainsi ? Pourquoi dois-je vivre un tel calvaire ? Pourquoi m'as-Tu abandonné, Toi que je prie depuis si longtemps ? » Cette nuit-là, après plusieurs heures d'agitation et un grand combat intérieur, il finit par s'endormir en pleurant à chaudes larmes.

Au cours de la nuit, il reçut un rêve. *Il était au tout début de la Création du monde. Tout à coup, une nuée lui apparut. C'était une belle nuée lumineuse qui lui inspirait la pureté et l'innocence. Voulant la toucher, il s'en approcha, mais elle disparut. Il la chercha partout et, au bout de quelques instants, elle réapparut un peu plus loin. Il chercha encore à s'en approcher, cette fois-ci pour la saisir. Elle disparut à nouveau. Le même scénario se reproduisit de nombreuses fois, et, réalisant que cette nuée lui était inaccessible, il sentit la tristesse remonter en lui. Il sentait le vide : Dieu lui-même l'avait abandonné.*

Même si ce rêve lui a été donné il y a plus de 20 ans, il reste tout frais dans sa mémoire. Cet homme m'a demandé : « Que signifie ce rêve ? » Il avait été ramené au tout début de la Création, lors de la création de sa propre âme, alors qu'elle avait sa pureté originelle. La nuée est un grand symbole qui est cité à plusieurs reprises dans la Bible et qui représente l'une des manifestations du Créateur.

À travers ce rêve, Dieu disait à l'être : « Non, Je ne t'ai pas abandonné. C'est toi qui ne Me sens plus. Tu as fait toutes sortes d'expérimentations qui t'ont fait chuter et perdre la pureté de ton âme. Tu aimerais tirer un trait sur ton passé et retrouver cette pureté instantanément, mais ça ne fonctionne pas de cette manière. Tout ce que tu as fait dans tes vies passées est inscrit en toi. Tu dois retrouver chaque mémoire dans laquelle tu as posé des actes inconscients et injustes, et les transformer. Toi seul peux faire ce travail. Mais Je t'accompagne, et, un jour, tu n'essaieras plus de me saisir à l'extérieur : tu auras intégré les qualités et les vertus. Tu seras devenu la nuée lumineuse car tu auras retrouvé ta pureté originelle. »

Nous sommes tous des dépendants à un degré ou à un autre. En terme de conscience, en un premier temps, nous sommes un peu comme des bébés. Une âme toute fraîche, toute pure, ne connaît pas le mal. Lorsqu'un bébé voit le feu pour la première fois, il veut y toucher et il se fait mal. Si on ne donne pas à manger à un bébé, il meurt : c'est un être très dépendant et il ne sait pas ce qui est bon ou mauvais pour lui. Au cours de ses vies, l'âme évolue à travers toutes sortes d'expérimentations positives et négatives, et, éventuellement, elle décide consciemment et volontairement de ne plus faire le mal, car ses expérimentations lui ont fait acquérir la sagesse. À partir de ce moment-là, elle devient très riche. Elle répare et elle opère une désintoxication de sa conscience. Puis vient un jour où elle a transcendé tout le mal, même le plus pernicieux et le plus pervers. On peut tout transformer, absolument tout. L'âme évoluée est une âme qui décide par sa propre volonté de ne plus faire le mal. Tout le monde arrivera à ce stade un jour.

Derrière toute forme de dépendance, on retrouve le même concept : la quête de pureté. Dans le rêve que nous venons de voir, c'est justement cette quête que la nuée représente. Une quête de l'inaccessible et de l'insaisissable est inscrite dans le programme de l'être et agit à la manière d'un logiciel. L'être est en recherche constante. De temps à autre, il a des montées d'adrénaline : il croit avoir trouvé l'amour d'un être ou l'état d'âme qu'il recherche depuis si longtemps et avec tant de ferveur. Mais, une fois les moments d'excitation passés, lorsqu'il réalise qu'il n'a pas vraiment trouvé ce qu'il désire, tout devient insipide et sans intérêt. C'est comme s'il se disait : « Recherche ce qui est inaccessible. Ceci est accessible : ce n'est pas intéressant pour toi. » Alors, l'être vit une constante frustration.

==Certains êtres dépendants sont gentils et dévoués, mais derrière cette gentillesse se dissimule toujours d'énormes attentes.== Si elles ne sont pas comblées, l'être est déçu et il devient irascible, voire agressif. C'est qu'il aime de façon conditionnelle. Sa dépendance et ses attentes sont même projetées sur le Créateur ; l'être lui dit : « Je t'adresse mes prières — je te fais honneur —, alors tu as intérêt à m'enlever mes souffrances et à me donner ce dont j'ai besoin. Sinon, je te renierai. »

Lorsqu'on a compris ce concept, on se dit : « C'est sûr que je ne pourrai pas éliminer mes dépendances comme ça, en une nuit. Et je comprends qu'elles ne sont que la pointe de l'iceberg. Alors, si je ressens un besoin pour telle chose ou tel être, je reviens à moi-même et je nettoie les mémoires qui sont liées à ce besoin. Je me sers de ma dépendance pour rectifier ce qui fait que je suis déconnecté de ma divinité. » Avec une telle attitude, on change vraiment. On se souvient qu'on est une infime partie de cette grande Intelligence, où tous les êtres sont inter-reliés. Nos clivages intérieurs disparaissent et le programme de la quête de l'inaccessible se désintègre : tout devient accessible car on fusionne avec le grand Tout. Voilà comment on vit sans dépendance.

Un jour, on retrouve l'autonomie spirituelle, affective et physique. On n'est même plus dépendant de Dieu ; on fusionne avec Lui. On acquiert une grande liberté sur tous les plans, notre réceptivité augmente, et une expansion se produit dans notre être. Le chemin est très long, mais nous sommes sur Terre uniquement pour cette raison.

Aujourd'hui, nous parlerons de l'Ange HARIEL, qui porte le nombre 15. C'est un Ange qui nous aide à nous libérer de nos dépendances. Voyons d'abord ses qualités.

Libère de toutes les formes de dépendances. Nous avons vu que derrière toute dépendance se trouve le même problème ; par la symbolique, nous verrons que chaque dépendance a, dans son essence, des particularités propres. *Libère de la paralysie, de ce qui empêche d'agir.* Nous verrons, par des exemples vécus, que lorsqu'elles ne sont pas contrôlées, les pensées agressives ou critiques peuvent paralyser l'être et le priver de son pouvoir d'action.

Parmi les qualités de l'Ange 15 HARIEL, on retrouve aussi *la purification*, et, parmi ses distorsions, *le puritanisme*. La ligne est très fine entre les deux. Lorsqu'on travaille avec cet Ange pendant une certaine période, au début, on oscille entre, d'une part, la purification — c'est-à-dire qu'on nettoie des comportements grossiers et des dépendances —, et, d'autre part, la rigidité et le puritanisme, surtout envers les autres. Ce mouvement de balancier est normal lorsqu'on n'a pas la Connaissance.

Découverte de nouvelles méthodes, inventions utiles. Les rêves, les signes du quotidien et la méditation procurent une guidance tellement précise que lorsque les dépendances relâchent leur emprise sur nos comportements, un monde de découvertes s'offre à nous. L'état de conscience de l'Ange 15 Hariel nous aide à trouver de nouvelles méthodes, s'appliquant d'abord au travail sur soi, mais également au travail extérieur, car les progrès intérieurs se manifestent toujours à l'extérieur. Ainsi, dans notre travail tant professionnel que domestique, tout à coup, de nouveaux horizons s'ouvriront : on aura de nouvelles idées pratiques, une inspiration divine qui nous aidera à trouver des méthodes qui rendent la vie plus facile et plus harmonieuse. Les dépendances qui habitent la conscience et l'inconscient sont nombreuses. Or, elles affectent tous les secteurs de notre vie. Par la purification des mémoires inconscientes que provoque le Travail avec cet Ange, toutes les facettes de notre vie se trouvent transformées.

Procure une grande lucidité, éveille le discernement. Notre but suprême, en tant qu'être, est d'arriver un jour à maîtriser le bien et le mal. Or, cela exige du discernement et de la lucidité. L'Ange Hariel a la capacité de nous redonner ces facultés.

Parmi les distorsions de l'Ange 15 Hariel, nous avons *mentalité desséchante* et *séparatisme*. Il s'agit d'un intellect sec, qui enlève à l'être sa capacité d'aimer. Voici une distorsion de cet Ange qui est d'actualité : *prêt à mourir pour imposer ou défendre une vérité non naturelle, terroriste.* Le 11 septembre 2001, la planète s'est réveillée à une nouvelle réalité : nous avons assisté à une manifestation extrême de cette distorsion. Pour mieux comprendre ce problème mondial qu'est le terrorisme, nous le ramènerons ce soir à un échelon individuel, à la lumière de l'état de conscience de l'Ange Hariel.

Parfois, on se dit : « Pourquoi suis-je dépendant de cet être ? Il n'est pas gentil, et il est possessif et infidèle. » Ou encore on est dépendant de quelque chose, par exemple de la cigarette. On se dit : « Ça me jaunit les dents, ça m'encrasse les poumons. Pourquoi continuer à fumer ? » Pour bon nombre de nos comportements erronés, on se dit : « Ça n'a aucun sens : c'est tellement peu cohérent avec mes vrais besoins. D'où cela vient-il ? »

Les dépendances ne sont qu'une conséquence. Elles ne sont que la pointe de l'iceberg des anciennes mémoires qui perturbent l'être et qui souvent viennent d'autres vies. On ne sait même pas qu'on a ces mémoires dans notre ordinateur personnel. Donc, on va les purifier pour arriver un jour à être libre de toute dépendance et se sentir bien. Parfois, on décide de mettre fin à une dépendance ; on se dit : « C'est terminé. Maintenant, c'est l'abstinence. » Nous verrons que ce mouvement n'est qu'un premier pas, car, plus tard, on réalise : « Comment se fait-il que même si j'ai arrêté, ça continue à me faire souffrir dans mes tripes ? »

Voici un exemple de ce concept, qui s'applique à toutes formes de dépendances. Un homme qui était dépendant de l'alcool et qui s'abstenait de boire depuis quelques mois m'a dit qu'il faisait souvent le même rêve : *il entendait frapper agressivement à la porte, et, quand il allait répondre, il n'y trouvait personne.* Qu'avait-il à comprendre par ce rêve ? Tout d'abord, l'Intelligence Cosmique lui disait : « C'est très bien d'arrêter de boire. C'est un bon début. » Mais On voulait lui montrer d'autres étapes. Le rêve lui révélait la présence à l'intérieur de lui-même de forces sombres et agressives qui frappaient à sa porte intérieure et qu'il devait nettoyer, purifier.

Lorsqu'on reçoit un rêve comme celui-là, on peut se sentir agressif au cours de la journée. Or, lorsqu'on n'a pas la Connaissance, on projette notre agressivité sur les autres, on continue d'agir sur la base de nos mémoires agressives, et on se crée des karmas supplémentaires. C'est absolu. Pour certaines personnes, c'est un éternel recommencement ; elles n'en sortent pas. Le jour où on réalise que la source du problème est à l'intérieur de soi, on cesse de projeter sur les autres, et lorsque la force négative se manifeste —c'est puissant—, on fait la pratique récitatoire. On invoque l'Ange, peu importe où l'on se trouve, et les mémoires se nettoient.

Nous avons vu que notre programme de vie est préétabli avant notre naissance, sur la base de nos vies antérieures. Ainsi, certaines personnes qui souffraient de dépendances arriveront à faire abstinence tout le reste de leur vie. Ce sera difficile pour elles—cela impliquera de la rigidité et des souffrances—, mais elles n'iront pas plus loin. D'autres iront à la source du problème. Le Travail avec les Anges est vraiment une grande désintoxication de la conscience. L'homme dont je viens de parler devait—cela faisait partie de son plan de vie—nettoyer les forces agressives et sombres qui l'habitaient. Un être qui maintient l'abstinence pendant tout le reste de sa vie, mais qui ne nettoie pas les forces agressives et les autres forces sombres qui habitent son âme, risque de rechuter dans la même dépendance, ce, même dans une autre vie. C'est que la source de son problème réside dans son inconscient.

Voici un fait vécu qui montre à quel point l'inconscient personnel et l'inconscient familial sont intimement liés. Une femme qui travaille avec l'Angéologie Traditionnelle depuis un certain temps m'a confié le rêve suivant. *Elle était sur un bateau; tout était calme, agréable et harmonieux. Tout à coup, elle a décidé de faire une pause, et elle est descendue dans la soute du bateau. Là, l'atmosphère était totalement différente: une beuverie était en cours et les personnes ivres avaient des comportements très grossiers. Sur un plateau de service, elle servait à ces personnes ivres des petits feuilletés à la viande.*

Qu'a-t-On voulu lui montrer par ce rêve? L'Intelligence Cosmique lui ouvrait une partie de son fichier, des mémoires d'expériences passées. On lui montrait que dans une autre vie, elle avait eu, parmi d'autres dépendances, un problème de consommation d'alcool. Dans cette vie-ci, elle n'a pas cette dépendance—elle est très sobre—mais elle a atterri dans une famille dont le père était alcoolique, et, à cause de cela, son enfance a été très difficile.

Que notre père ou notre mère ait—ou ait eu—des problèmes de consommation ne relève pas du hasard: on a une résonance avec lui ou elle. Il ne faut pas voir la destinée dans une perspective de punition. Dieu ne dit pas: «Tu l'as fait. Eh bien maintenant, tu vas en vivre la contrepartie.» Le rêve indiquait à cette femme: «Toi aussi, tu as fait cela dans une autre vie; c'est inscrit en toi. On va t'aider à évoluer.» Avoir eu un père alcoolique a donc été positif dans la vie de cette femme: cela lui a permis de prendre conscience de cette mémoire qui, jusque là, était restée inconsciente. Le destin est toujours positif.

Examinons les symboles présents dans ce rêve. Un bateau va sur l'eau, et l'eau concerne les émotions. Le mouvement et la position du bateau indiquent donc le niveau de stabilité au plan affectif. Si le bateau chavire, cela révèle une absence de maîtrise due à des émotions, et, s'il est stable, On montre au contraire une belle stabilité émotionnelle. Le rêve indiquait donc à cette femme: « Lorsque tu travailles sur toi-même, tu installes une belle harmonie, une belle stabilité dans ta vie affective. »

Il est vrai que lorsqu'on invoque les Anges, on peut se sentir déstabilisé, parce qu'on descend dans l'inconscient pour le nettoyer. Mais on y va graduellement: à chaque descente, on va chercher un petit morceau de l'inconscient et on le remonte à la surface, dans la conscience, là où on peut le nettoyer au lieu de le projeter sur les autres. Bien sûr, c'est un long travail qui amène des souffrances, mais on n'a pas le choix. Si on ne le fait pas consciemment, des situations concrètes nous y ramèneront continuellement, ce, jusque dans d'autres vies. C'est la Loi. La Justice s'applique à tous. *Tu as fait du mal. Tu récolteras ton mal.*

Dans le rêve, puisque la femme a décidé de faire une pause, cela signifie qu'elle se disait: « Je suis tellement fatiguée de travailler sur moi, d'être aussi disciplinée et de faire attention à tout. Si je m'accordais un peu de plaisir... » Faire une pause, c'est oups! retomber dans les vieux schémas et les ressusciter. Puisqu'elle est descendue dans la soute du bateau, c'est qu'elle a pénétré dans l'inconscient, sous le voile. On lui a donc montré des parties inconscientes: « Regarde, tu as le droit de te mettre sur le mode *pause*. » Chaque personne conserve son libre arbitre. Qu'on se mette sur *pause* ou non, les guides nous aiment tout autant. Mais comme cette femme travaille sur elle-même — son canal est ouvert —, On lui a dit: « Regarde ce qui se passe lorsque tu te mets sur *pause*: tu continues de nourrir ces parties de ton inconscient que tu as fait remonter à la surface par ton Travail. Si tu ne fais pas attention, tu deviendras un jour ce que tu as vu dans la soute du bateau. »

Puisqu'elle a servi un petit feuilleté à la viande — le feuilleté dénote un certain raffinement, mais la viande représente le côté animal, instinctuel, d'autant plus que cette femme est végétarienne—, En Haut, On lui disait : « Au lieu de transformer ces parties instinctuelles, tu continues à les nourrir. » Lorsqu'on nourrit ces parties, lorsqu'on retombe dans certains plaisirs, on peut éprouver un mieux-être—ces forces ont un certain attrait—, mais le soulagement est très momentané et revenir à soi est d'autant plus difficile.

Certains êtres savent qu'ils n'ont droit à aucune pause, même pas de quelques secondes. Qui sont ces êtres ? Ce sont les personnes qui ont eu des problèmes de consommation d'alcool ou d'autres dépendances, et qui, pour cette raison, font abstinence. Ce sont entre autres ceux qui sont dans des mouvements comme les AA, ces groupes qui font un immense travail d'entraide, un travail indispensable. Ces êtres savent qu'il suffit d'une toute petite pause—même un seul verre—pour que ce soit de nouveau la chute aux enfers, pour que leur vie soit détruite. L'épée de Damoclès se trouve constamment au-dessus de leur tête.

Une catégorie intermédiaire comprend les personnes qui, sans avoir de problèmes aussi importants que ceux que nous venons de décrire, ont tout de même un inconscient chargé, comme cette femme qui s'est vue en rêve sur un bateau. Ces personnes ont un comportement normal, leur vie va bien ou plutôt bien, mais, à un moment donné, des ressources leur sont enlevées : elles perdent leur emploi, vivent une séparation, ou perdent ce qui les maintenait artificiellement dans le bonheur. Et alors, l'événement extérieur peut les faire chuter dans la déchéance parce qu'elles ont un inconscient surchargé.

L'esprit est connecté à toutes les mémoires du passé, y compris celles des vies antérieures. Voilà pourquoi on voit tant de familles où tout avait l'air de fonctionner normalement, et, tout à coup, une perte d'emploi ou un autre événement extérieur précipite des comportements abjects. Puisque l'inconscient était surchargé, l'événement extérieur a déclenché une disjonction chez l'être. Du jour au lendemain, l'être se met à manifester des niveaux de violence envers lui-même et ses proches.

Enfin, comme dernière catégorie, on retrouve tous les initiés qui, eux, ne prennent jamais de pause. Leur travail, qui est fait avec amour, est empreint d'une recherche continuelle de compréhension. Ces êtres n'ont plus d'épée de Damoclès au-dessus de la tête. Dans leur cas, on ne parle plus de pause ni de travail : l'être initié continue simplement de désintoxiquer sa conscience. Il recherche la Sagesse cachée, et, au moindre dérangement, il nettoie ses mémoires et les transcende. Et lorsqu'un initié a nettoyé son inconscient personnel et familial, de fortes doses l'attendent encore dans l'inconscient collectif, mais, à ce stade, sa compréhension est tellement vaste qu'il conserve une grande stabilité. Un jour, l'initié doit transcender toutes les dépendances et toutes les souffrances de l'humanité.

Les initiés font un apprentissage intense pendant la nuit, dans leurs rêves, où ils sont exposés à des situations d'une extrême puissance et parfois très difficiles — qu'on appelle des initiations — et dans lesquelles ils sont appelés à transcender le mal. Pour eux, arrive un jour où ils n'ont plus de résonance avec le mal : plus aucune de leurs mémoires ne résonne avec les distorsions. À ce stade, l'être peut vraiment être un bienfaiteur. Il se sent bien partout, peu importe ce qui se passe à l'extérieur, et sa compréhension l'élève au-dessus du bien et du mal.

Voici un exemple de la loi de la résonance qui touche la dépendance au *gambling*. C'est un fait vécu par une femme qui est venue se confier à moi. Il n'y a pas de hasard : quand je prépare un cours, je fais ma pratique récitatoire avec un Ange particulier pendant plusieurs semaines, et, pendant cette période, je reçois des enseignements *via* mes rêves et les personnes que je rencontre. On me confie des faits vécus qui touchent l'état de conscience Angélique avec lequel je travaille.

Le mois dernier, cette femme venait au cours pour la première fois. Elle m'a dit qu'elle a déjà eu un problème de dépendance au *gambling* et que, depuis quelques mois, elle ne jouait plus grâce au soutien d'un de ces groupes qui se penchent sur les problèmes de dépendance au *gambling*. Elle se disait très reconnaissante envers ce groupe qui l'avait beaucoup aidée. Elle m'a dit que ces rencontres l'avaient amenée à voir ce qu'elle avait vraiment dans les tripes : si elle n'avait pas eu cette dépendance, elle n'aurait jamais réalisé qui elle était. Il y a du positif dans toute expérience.

Elle m'a expliqué comment elle avait développé cette dépendance. Un jour, elle a dû déménager, quittant toute sa famille, parce que son époux avait été transféré. Alors, elle s'est mise à s'ennuyer. Son mari était souvent parti au travail, et, dans ses temps de loisirs, il allait à la chasse. Bref, elle s'ennuyait. Elle m'a dit : « Je suis allée jouer aux machines à sous et, petit à petit, je me suis fait hypnotiser par le *gambling*. J'ai chuté. Au bout d'un moment, j'ai été obligée de mentir, parce tout mon salaire y passait. Je puisais même dans les ressources familiales. Puis un jour, j'ai tout avoué à mon époux. C'est à ce moment-là que j'ai commencé ce travail d'abstinence. »

Cette femme m'a parlé de son enfance et m'a confié que sa mère était possessive et étouffante. Puis elle m'a dit : « Hier soir, j'ai eu un rêve. » Elle m'a expliqué que dans le concret, elle avait une grande fille qui souhaitait avoir un enfant, mais ne le pouvait pas pour l'instant. Or, dans son rêve, *elle tenait le bébé de sa fille dans ses bras. Sa fille lui reprochait d'accaparer son bébé, mais elle ne voulait tout de même pas le lui remettre*. On va voir tout à l'heure ce que signifie ce rêve, mais d'abord, tâchons de comprendre de quoi relèvent toutes les formes de dépendances, dont celle au *gambling*.

☉

L'essence des dépendances

Nous allons passer en revue les dépendances les plus communes pour en comprendre l'essence. Quand on a compris l'essence, on a tout compris.

Lorsqu'on a une dépendance à la cigarette — la fumée est du domaine de l'air, des pensées — cela indique qu'on a quelque chose à rectifier au niveau des pensées. Symboliquement, la fumée nous empêche d'être lucide en embrouillant les idées divines. Dans un rêve, si on se voit fumer — même si on ne fume pas du tout dans le concret —, cela signifie : « Attention, c'est un peu enfumé dans tes pensées. » Voilà l'essence de cette dépendance.

L'alcool, c'est du liquide. Le liquide, on l'a vu, symbolise le monde des émotions. Donc, la personne alcoolique a un problème émotionnel. D'ailleurs, très souvent, les personnes qui consomment de l'alcool ont des gros cœurs qui débordent d'émotions et elles ne savent pas quoi faire avec cet excès. D'autres personnes dépendantes de l'alcool se situent à l'autre extrême : elles ont une grande rigidité intérieure car elles sont inhibées

—leur âme est surchargée de mémoires inconscientes—et elles doivent maintenir un comportement convenable pour vivre en société. La personne utilise l'alcool pour se libérer de ses inhibitions : ivre, elle jouit d'une plus grande facilité d'expression, et, momentanément, elle se sent mieux.

Quel est le sens de la dépendance aux drogues ? Derrière ce type de consommation se trouve une recherche spirituelle par la facilité. Sans le savoir, l'être cherche à recréer un état intérieur qui s'approche des états de conscience Angéliques, un état dénué de tout souci. Mais il le provoque de façon artificielle. Avec les drogues, l'être ne se sent bien que pendant un court laps de temps. Par contre, avec la méditation et le travail spirituel, les états de conscience Angéliques se stabilisent et procurent un bien-être permanent. La consommation de drogue touche le monde de l'Esprit, et elle est reliée symboliquement à l'élément feu.

Quant au *gambling*, on n'a qu'à se poser la question : « Que recherche l'être qui s'adonne au *gambling* ? » Il aspire à gagner beaucoup d'argent et il cherche à contrôler le destin, voire même à le créer. L'argent est une énergie densifiée qui donne du pouvoir dans la société. Dans un rêve, lorsqu'on reçoit de l'argent et que les autres symboles présents portent une signification juste et belle, cela indique que l'Intelligence Cosmique procure des ressources à l'être ; Elle le munit d'un grand potentiel. Quand un être retrouve des ressources à l'intérieur de lui-même, que se passe-t-il ? Il retrouve le pouvoir de réaliser et de se manifester : il retrouve un pouvoir expansif.

Le *gambling* est donc une recherche de réussite et d'expansion. Dans les cas où l'être est étouffé ou écrasé par des forces inconscientes qui le dominent, il lui est impossible de réussir : il ne dispose pas de ce pouvoir divin. Mais puisqu'il veut éprouver tout de suite le sentiment de réussite, s'il n'a pas fait de travail intérieur, il ira le chercher au niveau de la forme, à l'horizontale. Avec le travail sur soi, arrive un jour où cette expansion vient de l'intérieur. Lorsque cela se produit, on peut aussi recevoir beaucoup de ressources matérielles et financières, et les utiliser d'une manière altruiste.

On retrouve la mentalité de *gambler* chez les hommes d'affaires obsédés par leurs profits : ils font des affaires comme ils jouent à la roulette. Leur attitude est celle d'un agriculteur qui cherche à récolter ses fruits et légumes sans avoir à labourer ni semer, ou sans attendre que la période de gestation soit terminée. La culture de la terre est un grand processus naturel, et la spiritualité fonctionne sur le même modèle : on doit effectuer tout un cheminement avant de récolter, surtout si on veut faire les choses de façon juste.

On trouve donc dans toutes ces formes de dépendances une recherche de béatitude instantanée ou de sentiment immédiat d'expansion, parce que l'être n'a pas la Connaissance. Quand on comprend cela, on n'a plus de culpabilité ni de jugement. On considère la dépendance comme une maladie de l'âme, et on agit face au dépendant comme si on allait voir un malade à l'hôpital : on ressent pour lui le même amour et la même compassion. On dédramatise car on voit dans sa dépendance un simple besoin de rectification des mémoires inconscientes.

Bien sûr, les dépendances amènent de grandes souffrances, mais, un jour, lorsque le travail spirituel a transcendé les distorsions grâce à la Connaissance, la culpabilité disparaît. On a expérimenté une distorsion pendant un certain temps et on a changé. On obtient une nouvelle vie dans la même vie. Bien sûr, si nos dépendances passées ont causé des problèmes à d'autres personnes, on peut s'attendre à ce qu'elles aient conservé de la rancœur à notre égard. Mais on peut leur demander pardon verbalement ou seulement en pensée. Si elles n'acceptent pas nos excuses, on poursuit notre route et on *sème* de nouveaux comportements et attitudes qui nous permettront un jour d'effacer notre karma. Il est vrai que si on a fait souffrir des proches, souvent, seule la preuve d'un changement réel étalée sur de très longues années peut arriver à effacer les faux pas commis dans cette vie. Mais tout peut être nettoyé, changé. C'est cela qu'il est important de comprendre.

☉

Si on repense à cette femme qui a eu une mère étouffante, on peut se dire : « C'est normal qu'elle soit étouffante : sa mère était étouffante. » C'est vrai. Le hasard n'existe pas : on atterrit dans une famille qui comporte la problématique que l'on doit travailler. Cet être avait une attitude étouffante avant même sa naissance, et On le lui a montré dans son rêve, qui, soit dit en passant, n'était pas prémonitoire de la grossesse de sa fille. Dans ce rêve, tous les personnages étaient des parties d'elle-même, y compris le bébé. Cette femme avait ce caractère étouffant, accaparant et possessif. Elle avait donc une prédisposition au *gambling*, qui est un désir ardent de contrôler le destin à des fins personnelles.

Si on se rappelle le rêve de la nuée, dans lequel la personne dépendante tentait de saisir l'inaccessible par la forme parce qu'elle avait des parties déconnectées, on comprendra ma réponse à cette femme : « Tu t'es plainte que ton mari n'était pratiquement jamais à la maison. Je te dis qu'avec ce qui est inscrit en toi et que tu viens tout juste de comprendre, si ton mari avait été tout le temps auprès de toi, tu aurais vraiment été fatiguée de le voir. Tu n'en aurais tout simplement plus voulu. Son inaccessibilité est la base de ton attachement à lui. » Après avoir réfléchi quelques instants, elle m'a dit : « Je crois que tu as raison. »

On doit toujours revenir à l'intérieur de soi, et, un jour, on ne projette plus du tout sur les autres. Ceux-ci ne sont que des images — des symboles — qui nous permettent de voir ce que l'on abrite à l'intérieur de soi. Les gens qu'on rencontre et les personnes qui nous sont proches sont tous des enseignants : ils nous révèlent ce qui est inscrit à l'intérieur de nous-même.

On va voir que les Anges nous aident à mieux nous comprendre et à saisir ces grandes Lois Universelles. L'une des qualités de l'Ange 15 Hariel est d'*infuser à la conscience la Loi et la Connaissance*. Au nom de la loi — tant divine qu'humaine —, il nous arrive parfois d'être puritain ou quelque peu fanatique. C'est qu'on applique la loi à la lettre, sans chercher à saisir le niveau d'évolution ou le degré de conscience de la personne. Quand on respecte les Lois Divines, on a accès à la Connaissance et on reçoit la Loi dans notre cœur. Sans l'Amour, la Connaissance n'existe pas.

Le prochain fait vécu illustre que tout est bien calculé dans l'Univers et que le hasard n'existe pas. Ce témoignage nous vient d'un homme de loi, d'un avocat qui suit l'enseignement de l'Angéologie Traditionnelle depuis plusieurs années. Vous allez voir que cet exemple est d'une grande simplicité. Un vendredi, cet homme qui habite dans les Laurentides se rendait à Montréal.

Normalement, il se rend en auto jusqu'à la gare et fait le reste du trajet en train et en métro. Ce jour-là, sa fille terminait sa semaine d'étude et ils avaient convenu de faire ensemble une partie du trajet vers les Laurentides. Ils ne devaient pas prendre le train à la même gare, mais ils avaient fixé telle gare, tel train et tel wagon pour se rencontrer.

Arrivé à la gare, il a voulu acheter un carnet de tickets de passager. Il voit deux distributrices de tickets. Il va à celle de droite, qui est libre, mais il se rend compte qu'elle ne fournit pas de billets pour sa destination. Il va donc à l'autre distributrice.

Pour pouvoir obtenir les tickets, on doit lire les instructions afin de connaître les prix, les itinéraires et les instructions d'opération de la distributrice. Dans la file d'attente de la distributrice de gauche, il se retrouve derrière une dame et un petit garçon de cinq ou six ans. Le train est sur le point d'arriver, et la dame lit les instructions, essayant de comprendre comment fonctionne le système. À un moment donné, le train arrive. Le petit garçon saute sur ses deux petites pattes et dit à sa mère : « Maman, maman, vite ! le train va partir. Dépêche-toi, maman. » Il tend sa petite main pour recevoir le billet. Or, plus le temps avance, plus la mère pitonne sur la distributrice, et plus elle est confuse et agitée.

L'homme avait reculé un peu pour ne pas la déranger, mais aussi et surtout pour faire un travail sur lui-même : il ne voulait pas chuter dans l'impatience. Voilà un bel exemple de l'apprentissage à la vraie maîtrise, à celle que l'on acquiert à travers tous ces tests auxquels On nous soumet. Qu'a-t-il fait pour ne pas chuter dans l'impatience ? Il s'est mis à faire sa pratique récitatoire. Il a invoqué l'Ange relié à la patience, l'Ange 7 ACHAIAH, et il a passé en revue les Lois qu'il avait apprises *via* l'enseignement, se disant : « Il n'y a pas de hasard. Si cette dame est là, c'est Dieu qui l'a envoyée. Pour l'instant, je ne sais pas pourquoi elle est là, mais j'invoque. ACHAIAH, ACHAIAH, ACHAIAH. Je suis ici sur Terre pour apprendre ; j'ai tout mon temps. » Il a réussi à garder sa conscience élevée, mais est arrivé ce qui devait arriver : le train est parti sans eux.

Oh ! là, la dame s'est retournée et elle était confuse. Elle était désespérée. Lui, il l'a regardée et lui a dit : « Ce n'est pas grave, madame, il y aura un autre train. Puis-je vous aider ? » Il l'a aidée et elle a pu acheter ses tickets. Il avait un peu de temps d'attente pour le train suivant; alors, il a décidé d'aller aux toilettes. En s'y rendant, il se rend compte qu'il y avait dans la gare un guichet avec un employé où il aurait pu acheter son carnet de tickets: il n'aurait pas raté le train. Il se dit: « Oh! ça m'a été voilé; il doit y avoir une bonne raison. » Tout à coup, il entend: « Papa! » OOOH! il se retourne: c'était sa fille.

Il lui dit:
— Mais qu'est-ce que tu fais là? Tu n'étais pas censée prendre le train ici.
— J'ai changé mes plans. J'ai pris le trajet que j'ai fait avec toi l'autre jour. La ville, les trains, c'est nouveau pour moi, je me sentais plus en confiance comme ça.

Voilà pourquoi il avait manqué son train. Quand il l'a vue arriver, des pensées divines sont remontées en lui. Il m'a confié: « Tout ce qui venait de se passer tournait dans ma tête. Je me disais: "Mon Dieu!" » Il était tellement content de ne pas avoir été impatient, de ne pas avoir chicané la dame. Il m'a dit: « Il y a quelques années, avant de connaître cet enseignement, j'aurais tout fait pour activer la situation: sachez que je l'aurais eu, mon billet, et je l'aurais pris, le train. Je me serais imposé. Mais ce jour-là, j'ai réalisé que j'étais demeuré stable, que j'étais resté dans la maîtrise. »

Cet avocat avait compris une Loi Divine, à savoir que même dans l'apparente désorganisation, il se trouve une grande organisation. À travers cette situation, il a vécu une expérience mystique. Son âme était exaltée! Les Lois nous sont infusées de cette façon, *via* les événements de notre quotidien. On les retrouve, une à une, et cela change notre façon de voir la vie et de vivre sur Terre.

Par cette expérience, cet homme a compris que même lorsque les choses ne semblent pas bien fonctionner, quelque chose de mieux nous attend. Voilà une idée qui est devenue banale tellement on l'a entendue. Théoriquement, elle est belle, mais dans le quotidien, quand les événements nous pressent, elle n'est pas aussi facile à accepter et à mettre en pratique. C'est de cette façon —par les tests du quotidien—, qu'on parvient un jour à retrouver la maîtrise et à cesser de nourrir les forces inconscientes qui nous rendent impatient et agressif.

Lorsqu'on déclasse la matière de la première place, tout change. Il s'agit bien sûr d'un long travail, mais si on applique continuellement ces Lois Divines dans notre quotidien et dans les événements les plus banals, lorsque se présentent des situations plus importantes et plus difficiles, ces Lois sont tellement bien incarnées qu'on arrive à garder notre maîtrise et notre stabilité. Mais avant, on doit s'entraîner à cette technique au quotidien. Et la pratique récitatoire nous est d'une grande aide dans cette entreprise.

Voici un exemple de dépendance qui touche la compréhension des principes masculin et féminin. Une femme a demandé à mon époux de lui interpréter un rêve qu'elle avait eu quelques jours auparavant. D'abord, elle lui a dit : « Il faut que je te dise que ce matin, j'ai quitté mon conjoint », puis elle lui a raconté son rêve : « *J'étais à genoux devant lui, et lui, il souffrait d'une maladie du cœur. Dans le concret, il n'est pas du tout malade du cœur. Et je voulais l'aider, mais j'avais mal à l'âme.* » Que signifie ce rêve ?

Mon époux lui a d'abord demandé :
— Que représente pour toi ton conjoint ?
— Ah ! il m'a dit à plusieurs reprises que j'étais un être d'amour et qu'il ne me méritait pas. Et que pour cette raison il ne pouvait plus s'approcher de moi : il devait me quitter.
— Tu sais, lui a dit mon mari, c'est une phrase classique, que certaines personnes utilisent pour laisser l'autre sans avoir trop de discussions ou de problèmes. Dans ce rêve, On te montre une partie de ton homme intérieur et quel programme tu as en toi. Tu es à genoux devant lui. Être à genoux est signe d'assujettissement et de dépendance profonde. Ce rêve indique que tu es dépendante affective. L'homme qui a une maladie au cœur signale aussi un gros problème affectif. On voit que tu veux aider cette partie-là de toi, mais le fait que tu étais à genoux montre que tu l'admires. Quand on voit un problème chez un autre être, on a de la compréhension et de la compassion, mais pas d'admiration. Si on admire, c'est qu'on cautionne et qu'on nourrit. Alors, la partie qui chez toi est malade ne peut pas guérir, car les schémas qui sont à l'origine du problème sont toujours entretenus.

La femme s'est ouverte un peu plus et a confié :
— Mon conjoint avait une sexualité extrêmement exigeante et très perverse. J'ai décidé que je ne voulais plus répondre à ce type de sexualité.

— Oui, mais ce n'est pas par hasard que tu étais avec lui : tu as ces aspects en toi-même, et cet homme a été mis sur ta route pour te montrer des aspects distorsionnés de l'amour et de la sexualité.
— Ah ! ça fait du sens, car j'ai fait plusieurs régressions et j'ai vu que dans d'autres vies, j'ai commis toutes sortes d'abus sexuels.

Il était important que cette femme comprenne que si elle ne faisait pas de travail sur elle-même, trois semaines plus tard, ses forces inconscientes et malades remonteraient et l'amèneraient à se sentir à nouveau amoureuse de cet homme. Cette partie dépendante l'amènerait à se dire : « Après tout, ça n'était pas si mal. » Ou son amant pourrait revenir trois semaines plus tard avec des envies sexuelles camouflées et lui dire : « Chérie, je t'aime », et elle pourrait recommencer comme avant, car, entre-temps, rien n'aurait été réglé.

On peut dire que le sexe est une drogue pour certaines gens. La sexualité entre deux êtres qui s'aiment est un acte divin, mais, un jour, il ne subsiste plus de dépendance par rapport à cet acte. Pour certains êtres, en arriver là implique un long travail, qui passe par un sevrage comparable à celui que doivent faire les personnes qui ont un problème de consommation.

Voici un autre exemple de dépendance affective dont mon époux a été témoin. Une femme lui a dit : « Je viens de lire le livre *Le syndrome de Cendrillon* et j'ai compris un certain nombre de choses. » D'une certaine façon, elle semblait s'identifier à Cendrillon, vous savez, la pure et la gentille princesse dont tout le monde abuse. Alors, mon mari lui a dit : « Oui, c'est vrai que Cendrillon représente une partie de toi. Mais n'oublie pas que la belle-mère et les deux sœurs pas gentilles sont aussi des parties de toi. » Tant qu'on n'a pas transcendé ces parties, elles demeurent.

Dans ce beau conte initiatique, qu'a vécu Cendrillon avant d'être princesse ? Elle a nettoyé, des années durant. Et avec quelle attitude ? Sans se fâcher et sans être agressive vis-à-vis des gens qui étaient méchants envers elle. Voilà comment, un jour, on retrouve notre origine royale : sans aucune rébellion, on accepte de transformer le mal, jusqu'à ce que l'Intelligence Cosmique nous dise : « C'est assez, maintenant : tu as payé tes karmas. » Lorsqu'on se sent maltraité, si on s'identifie au rôle de victime, on ne peut pas évoluer. Cela nous empêche de revenir à soi-même.

Le jour où on comprend ce principe et qu'on se dit : « OK, j'ai fait des choses similaires dans d'autres vies, et je ne m'en veux pas. Il n'y a rien de grave », on a fait un pas. À partir du moment où on acquiert cette notion d'éternité et de vies multiples — même si une vie paraît longue lorsqu'elle est marquée de souffrances —, et qu'on sait qu'on peut tout réparer, on met en route un processus de purification. Au terme d'un tel processus, l'être n'a plus de résonance et se met à attirer un autre genre de personnes ; c'est une loi absolue.

J'aimerais maintenant vous parler de la position de l'Ange Hariel dans l'Arbre de Vie. Cet Ange réside dans la Séphira HOCHMAH, associée symboliquement à la planète Uranus. Il exerce donc une influence de type uranien, c'est-à-dire marquée entre autres par l'altruisme, l'évolution rapide et l'originalité. Autrement dit, lorsqu'on a intégré cet état de conscience Angélique, on est inspiré, on a des idées originales et on tend à servir des causes humanitaires. Parmi les huit Anges qui cohabitent dans la sphère HOCHMAH, l'Ange Hariel a sa spécificité propre, qu'on découvre dans cette Séphira qui s'appelle HOD et qui est sous l'influence de Mercure. Cette Séphira est très proche de la manifestation terrestre. Ainsi, l'Ange Hariel se situe dans l'élaboration finale du Dessein Divin, du programme de l'âme.

Comme symbole, la planète Mercure représente l'intellect et le mental, bref, tout ce qui nous permet d'organiser le scénario de notre vie. Pourquoi, chez certains êtres qui prônent les hautes valeurs telles l'amour, la pureté et la sagesse, trouve-t-on parfois un grand décalage entre le discours et le comportement ? On les regarde vivre et ils sont puritains et secs. Au lieu de l'amour, on trouve l'agressivité et la critique. Ce décalage est dû à un inconscient surchargé. Lorsque les énergies émergent de l'être, elles ont dû passer à travers tellement de mémoires et de filtres inconscients qu'elles sortent toutes distordues. Cela donne un intellect divisé, plein de clivages et empreint de séparatisme. On y retrouve les distorsions suivantes de l'Ange 15 Hariel : *esprit sectaire, tendance à disséquer exagérément, et séparatisme*, c'est-à-dire un mental qui ne laisse aucune place à l'amour.

Cela m'amène à vous parler d'une autre distorsion de cette Énergie Angélique : *prêt à mourir pour imposer ou défendre une vérité non naturelle, terroriste*. Le 11 septembre 2001, journée où les deux tours jumelles du *World Trade Center* à New York se sont effondrées, nous avons assisté à une manifestation de cette distorsion à un degré des plus extrêmes. Comment expliquer ce phénomène de fanatisme qui a pris des proportions mondiales ? Nous allons ramener cette question à une échelle individuelle afin de mieux la comprendre.

Peu de temps après cet événement, plusieurs personnes m'ont raconté certains de leurs rêves qui corroborent à leur manière ce qui s'est passé lors des attentats. J'aimerais vous parler d'un de ces rêves. Il m'a été confié par une femme qui travaille avec l'Angéologie Traditionnelle depuis un certain temps. Elle a eu ce rêve le 9 septembre, deux jours avant les attentats. *Elle se trouvait avec deux personnes dans une immense tour, et, tout à coup, à travers la fenêtre, elle a vu un avion en flammes se diriger vers la tour. Elle s'est sentie prise de panique et a demandé aux deux personnes de sortir, ce qu'elles ont fait. Puis l'avion s'est écrasé, non pas contre la tour, mais au sol, créant une explosion et beaucoup de débris.*

Pourquoi a-t-On envoyé ce rêve à cette personne ? Que signifie-t-il ? Les événements du rêve sont quelque peu différents de ceux qui se sont produits dans le concret : il ne s'agit donc pas d'un rêve prémonitoire des événements du 11 septembre. Reste que des liens sont évidents. Tout est inscrit dans les mondes parallèles, avant même que la manifestation ne nous parvienne.

À travers ce rêve, l'Intelligence Cosmique a voulu donner un enseignement à cette femme, en l'occurrence, lui dire : « L'avion, la tour et les personnes présentes symbolisent toutes des parties de toi. Et ce qui s'est passé fait aussi partie de toi. » Analysons les éléments du rêve et leur interaction. La tour commerciale, où se produisent beaucoup d'échanges et d'activités en rapport avec le travail, est un symbole de matière. L'avion vole dans l'air, le monde des pensées, et le feu touche l'Esprit. On a voulu lui dire : « Lorsque tu te manifestes dans la matière, tu as des pensées qui détruisent ta vie et qui créent des effondrements en toi, par exemple lorsque tu te dis : "J'en ai assez de travailler là. C'est trop exigeant. J'aimerais mieux être ailleurs." »

Parfois, on critique en silence, et cela crée une tornade d'agressivité que les autres captent de façon intuitive ou inconsciente. Lorsqu'on a la Connaissance, qu'on lit les signes et qu'on a acquis des pouvoirs spirituels tels que la clairvoyance, la claraudience et la clairsentience, on perçoit et on comprend de façon instantanée ce que vit l'autre. Puisque cette femme a fait un travail spirituel, On l'a avertie en rêve de faire attention à ses pensées. Même si elle savait très bien que le rêve la concernait personnellement, lorsqu'elle a vu les événements à la télé, sa conscience a vraiment été marquée par l'ampleur des dégâts : elle a pris conscience de la destruction qu'elle s'imposait. Elle s'est dit : « Voilà ce que je me fais à moi-même lorsque j'entretiens des pensées négatives. Je détruis ma vie et je paralyse tout mon être. » Ce rêve a précipité chez elle une grande prise de conscience ; il lui a permis de localiser la cause de son mal-être.

Ce rêve lui a signifié : « Tu as parfois des petits terroristes dans ta tête. Fais attention : c'est destructeur. » Chaque fois qu'on se sent frustré et qu'on a une pensée agressive ou critique, on entretient des petits terroristes à l'intérieur de soi. Collectivement, on nourrit un immense réservoir de pensées négatives et destructrices. Or, certains êtres qui ont cet aspect négatif plus concentré — comme les fanatiques et les extrémistes qui ont planifié ces attentats —, canalisent les énergies de ce réservoir collectif et les manifestent en posant des gestes concrets.

Dieu a laissé faire parce qu'il y a toujours une leçon à tirer d'une grande épreuve. Son point de vue est au-dessus du bien et du mal. Le terrorisme a pris de l'ampleur afin d'aider l'humanité à changer sa façon de penser et à devenir plus solidaire, plus fraternelle et moins attachée au pouvoir de la matière. Bien sûr, il faut avoir beaucoup de compassion pour les familles qui ont été touchées, mais on doit aussi comprendre l'enseignement.

On a assisté à un affrontement de deux extrêmes au niveau idéologique : l'extrême matérialiste et l'extrême antimatérialiste. Les antimatérialistes reprochent aux matérialistes d'abuser de la femme, comme par exemple d'utiliser une femme en maillot de bain pour vendre de la bière ou de la gomme à mâcher. De leur côté, les matérialistes reprochent aux antimatérialistes de voiler la femme, de l'occulter et de l'écraser. La femme est un symbole de matière, même si elle possède les deux pôles. En considérant ces raisons de l'affrontement, on se rend compte que tant les matérialistes que les antimatérialistes ne comprennent pas l'utilisation juste de la matière.

Lorsqu'on entend les autorités proclamer qu'il faut enrayer le mal à la source et arrêter ces êtres, on peut être d'accord avec eux. Des spécialistes — la police, l'armée — sont nécessaires, mais ces interventions ne peuvent avoir d'impact que dans le monde des conséquences. Nous vivons dans un monde de conséquences — et on doit assumer ces dernières — mais par l'intervention antiterroriste, on ne touche pas encore à la racine du mal. Le problème est idéologique; il faut donc intervenir dans le monde des idées. On doit tâcher de savoir comment fonctionnent ces extrémistes. Il faut pénétrer dans leur âme, dans leur inconscient.

Que se passe-t-il dans leur tête? Même si on arrête quelques terroristes, des centaines d'autres vont sortir derrière: cette façon de penser est disséminée partout dans le monde. Qu'est-ce que ces êtres reprochent à l'Occident? Ils lui reprochent l'abus de pouvoir, la mauvaise utilisation des ressources et le non-partage, et ils sont fortement dérangés par le gaspillage qu'ils voient. On revient à la loi du dérangement. Quand on est dérangé par quelque chose, c'est qu'on l'a en soi-même. Si on pénétrait dans la tête de ces extrémistes, que pourrait-on y voir? On verrait qu'ils se disent: « Pauvre Dieu, il faut Le défendre: nous devons aller extirper le mal. »

Dans d'autres vies, certains de ces extrémistes étaient probablement des gens riches qui abusaient de leur pouvoir et qui se complaisaient dans toutes sortes de plaisirs grossiers, comme par exemple les épicuriens de la Grèce antique. Ils ont pu vivre dans n'importe quel pays du monde, mais ils ont abusé. Leur attitude a créé des souffrances chez les autres, et, dans cette vie-ci, leur programme, c'est: « Assez, là! On arrête. » Mais ces êtres n'ont pas la Connaissance: ce qu'ils reprochent aux autres, ils l'ont en eux-mêmes, mais ils ne le savent pas.

Pour mieux comprendre leur attitude, on n'a qu'à considérer à quel point les débuts sont difficiles lorsqu'on amorce un cheminement spirituel ou qu'on décide d'arrêter une dépendance. C'est tellement difficile! Et on devient tout à coup intolérant face à ceux qui maintiennent les comportements que l'on veut éradiquer chez soi. Prenons les ex-fumeurs. Quand une personne arrête de fumer, elle est la plus intolérante vis-à-vis des autres fumeurs. Pourquoi? Parce que ce qu'elle voit faire, elle ne veut plus s'y adonner, et elle éprouve un mélange d'envie et de rigidité. L'être est tout mélangé. Or, on agit tous de cette façon dans un premier temps: on décide de cesser des dépendances dans le plan physique, mais on a des forces inconscientes qui crient à l'intérieur de soi. Et quand on dit non à ces forces, on rencontre à l'intérieur de soi un petit terroriste qui veut refaire le monde extérieur.

Lorsqu'un être amorce son cheminement, il oscille continuellement entre le désir de retomber dans la dépendance et une attitude rigide. Puis plus tard, s'il poursuit sa quête de libération, il retrouve un équilibre fragile et artificiel, qui ne devient stable et naturel que lorsque ces mémoires distorsionnées sont tout à fait réparées.

On se trouve donc face à un grand phénomène social de dépendance; mais on ne pourra pas le régler en une nuit, ni en une année. Cela prendra un grand changement de mentalité chez chaque individu. Si chaque personne connaissait la loi du dérangement, elle se dirait: «OOOH! ce que je vois là est épouvantable: ce n'est pas juste. Je me sens dérangé. Ça signifie que je l'ai aussi en moi. Avant de vouloir aller extirper le mal à l'extérieur, je vais d'abord faire du ménage chez moi, à l'intérieur de moi-même.»

Puis vient un jour où on a absolument tout nettoyé. On n'a plus cette réaction de vouloir écarter certains êtres parce que, par résonance, on se sent mal face à eux. Un jour, l'être peut fusionner avec tout être. Bien sûr, il comprend qu'il soit nécessaire d'arrêter et de rééduquer les personnes qui commettent des actes extrêmes, mais dans sa conscience, il n'a plus aucun sentiment d'injustice, de haine ou de vengeance. L'être a acquis la compréhension et la compassion.

Si on revient au rêve de l'effondrement d'avion, le message qu'On a voulu donner à cette femme était: «Attention! pour l'instant, ton agressivité n'est que dans ta tête—tu te rebelles—mais ces forces sont de réels terroristes. Si tu ne les nettoies pas, voici ce qui se produira.» Une personne qui ne nettoie pas ses pensées les verra tôt ou tard descendre au plan physique et se manifester. C'est absolu. Et dans une prochaine vie, elle pourra même se retrouver dans un pays en guerre, au milieu d'actes terroristes. OOOH! quand on comprend que la pensée est créatrice, on acquiert une nouvelle motivation! Et on ne parle plus de pause.

Voilà ce qu'apporte la Kabbale, la Sagesse cachée. Un jour, on comprend la façon dont fonctionne l'Univers, et, lorsqu'on n'a plus de résonance, on voit les événements se dérouler et on conserve la maîtrise. Il n'y a plus de panique. La panique n'a plus de prise sur soi. C'est seulement à ce moment-là qu'on peut vraiment aider les autres. Ce n'est pas de l'indifférence. Bien au contraire, c'est beaucoup de sagesse et d'amour. Lorsque les forces cosmiques négatives ont été mobilisées, on doit assumer les conséquences de leur manifestation dans le plan physique. Mais on doit se rappeler que le mal est éducationnel.

Voici un autre fait vécu qui touche la question du *puritanisme*; vous allez voir à quel point nous sommes bien guidés. C'est un homme qui travaille avec l'Angéologie Traditionnelle et qui fait un travail intense pour se purifier et retrouver son *corps de Gloire*.

Tout d'abord, il m'a dit: «Une nuit, j'avais mal au dos, à la colonne vertébrale. Mais c'était énergétique.» Quand on fait un tel travail sur soi, on déclenche l'éveil de la kundalini. La kundalini est la force vitale de l'être humain. Elle repose au bas de la colonne vertébrale, et, lorsqu'elle est éveillée sans que l'être n'ait acquis une conscience spirituelle, elle est utilisée à la recherche de satisfaction de toutes sortes de désirs. Chez un être éveillé au plan spirituel, elle monte le long de la colonne vertébrale et va nourrir les centres supérieurs, ce qui redonne à l'être de grands pouvoirs spirituels, dont la clairvoyance, la clairaudience et la clairsentience. Mais l'éveil sain de la kundalini nécessite un long travail de purification. Comme on l'a vu, si cette puissante force est éveillée trop tôt, c'est-à-dire avant que l'inconscient ne soit suffisamment purifié, elle agit comme un feu dévorant qui alimente les bas instincts.

Cet homme sentait que cette énergie était bloquée dans sa colonne vertébrale et que c'était la cause de ses douleurs. Alors, cette nuit-là, avant de s'endormir, il a invoqué intensément un Ange et On lui a envoyé un rêve. *Il était dans un hôpital-école et il avait un seau pour nettoyer les planchers. Dans le seau se trou-*

vaient des pieds coupés. C'était des pieds qui appartenaient à sa parenté éloignée, des gens qu'il ne connaissait pas vraiment. Il avait un briquet à la main et il a mis le feu aux pieds.

Le lendemain, dans le concret, quelqu'un lui a téléphoné pour l'avertir qu'un de ses oncles de parenté lointaine — un oncle électricien qu'il ne connaissait pas vraiment bien — s'était fait électrocuter et qu'il était à l'hôpital, reposant dans un état grave. On verra le lien entre l'électricien, le contenu du rêve et le dos: cet être avait un enseignement important à comprendre.

Dans le rêve, On lui a montré les raisons pour lesquelles son énergie bloquait et ne pouvait pas monter. Pourquoi va-t-on à l'hôpital? Pour se guérir. D'autre part, l'école sert à apprendre, et le seau, à la purification: cet homme avait quelque chose à apprendre qui devait l'aider dans sa purification. Le pied est un symbole d'action et de la façon dont on se manifeste dans le monde extérieur. Dans le rêve, cet homme avait un briquet, mais — comme dans le rêve de l'effondrement d'avion — c'est un feu destructeur qu'il détenait: il brûlait les pieds de parents éloignés. Cela signifie que son esprit était destructeur. La famille lointaine représentait des membres de sa famille intérieure qu'il ne connaissait pas encore et avec lesquels il n'avait pas fusionné.

Cet homme pensait et agissait de façon puritaine, si bien que le rêve l'a averti: «Fais attention. Tu as encore des préjugés et du puritanisme, et tu ne reviens pas assez à toi-même lorsque tu vois certaines choses.» Il projetait à l'extérieur et il jugeait les autres quand il voyait que leurs actions n'étaient pas justes. Il disait: «Regarde-le aller; ce qu'il fait n'est pas juste.» Au lieu de simplement évaluer ce qu'il voyait et de s'examiner lui-même — ce qui demande une certaine dose d'humilité —, il critiquait et émettait des commentaires désobligeants sur les autres parce qu'il avait encore des résonances avec ce qu'il voyait. Il avait à l'intérieur de lui-même des parties qu'il ne voulait pas trop connaître — symbolisées, nous l'avons vu, par la famille lointaine — parce que, évidemment, lorsqu'on visite ces parties, ce que l'on voit n'est pas toujours beau.

Pourquoi cet homme a-t-il reçu des nouvelles de son oncle électricien? Cet événement était un signe, et on va l'analyser comme s'il faisait partie d'un rêve. Cet homme m'a dit qu'il ne s'était pas senti dérangé lorsqu'il a reçu l'appel téléphonique. Dans cet enseignement, se sentir dérangé ou non constitue un critère : quand on ne se sent pas dérangé, normalement, cela signifie qu'on n'a pas de résonance. Donc, cet homme pensait qu'il n'avait pas de résonance.

Or, il arrive qu'on ait l'impression de n'être pas du tout dérangé et que cela cache tout de même des résonances. Par exemple, les extrémistes sont dérangés par le mal qu'ils voient, mais ils ne semblent pas être dérangés par le malheur qu'ils infligent à leurs victimes et à leurs proches. Chez cet homme, l'oncle électricien représentait une partie de lui-même qu'il ne connaissait pas vraiment. Symboliquement, l'électricité est ce qui nous permet d'être branché ou connecté à l'Esprit, à l'Énergie Divine. On lui a montré que son esprit destructeur faisait disjoncter l'être, d'où le mal de dos.

Vous voyez, on va beaucoup plus loin quand on est à l'écoute de ce phénomène de dérangement et qu'on revient immédiatement à soi. On n'a plus d'échappatoire, mais on a la pratique récitatoire qui nous permet de nettoyer notre inconscient. On rééduque ces forces intérieures qui tapaient sans cesse à notre porte et qui nous agressaient. On a la paix. Alors, on peut ouvrir toute grande la porte et on fusionne avec tous les êtres, quoi qu'ils aient fait ou qu'ils fassent encore.

☉
Symboles de purification

J'aimerais maintenant vous parler des principaux symboles de purification — parmi une liste très vaste. Qu'ils apparaissent dans le concret, c'est-à-dire en tant que signes, ou qu'ils se présentent en rêve, on les interprète de la même façon ; un jour, cela ne fait plus aucune différence.

Avec l'Ange HARIEL, Ange de la purification, certains symboles reviennent très souvent, dont les toilettes. Quand on travaille avec les Anges, on se retrouve plus souvent qu'à son tour aux toilettes, surtout dans un premier temps, parce que, En Haut, Ils nous disent : « OK, tu veux atteindre ces hauts niveaux ? Alors, tu dois purifier certains états négatifs qui t'habitent encore. »

Quand on a comme symbole l'urine — un liquide —, cela signale qu'on doit purifier un élément émotionnel. Quand on voit des excréments, il s'agit d'un nettoyage d'éléments à caractère matériel. D'une façon simple, voici comment fonctionne la symbolique des rêves de purification : on reçoit un rêve dans lequel on se voit aux toilettes, et ensuite se déroule une série de scénarios. Ceux-ci servent à nous montrer plus précisément ce que l'on est en train de purifier. De cette façon, on acquiert une grande autonomie spirituelle car on reçoit notre programme de l'intérieur.

On pourrait voir un lavabo dans lequel on se lave les mains. Les mains représentent le monde de la manifestation et le domaine de la fabrication. Cette scène voudrait dire : « Attention, purifie ta façon de te manifester : certaines de tes actions ne sont pas justes. » Par une seule image — c'est là la beauté des rêves —, toutes sortes de façons injustes qu'on a de se comporter nous sont indiquées. Ensuite, on n'a qu'à établir la corrélation avec notre vécu, c'est-à-dire à saisir le rapport entre, d'une part, nos agissements, nos émotions et nos pensées, et, d'autre part, les messages reçus en rêve.

La douche et le bain sont d'autres symboles de purification. On a vu que l'eau symbolise le côté émotionnel de l'être, mais, d'une manière générale, elle symbolise aussi la purification. Face à un symbole, on se pose simplement la question : « À quoi cela sert-il ? » Quand on prend un bain ou une douche dans le concret, comment se sent-on après ? On se sent bien. De tels symboles signifient qu'on ressentira un bien-être au niveau de l'âme, car une purification en profondeur aura été accomplie.

Le feu et le foyer sont aussi des symboles de purification. Lorsqu'ils apparaissent en rêve, c'est qu'on se purifie au niveau de l'Esprit. Quand on voit un produit détergent, c'est qu'on fait un nettoyage en profondeur. On analyse les symboles un par un, et, lorsqu'il y en a plusieurs, on identifie les relations qui existent entre eux. Où se trouve-t-il ? Quelle est la marque de commerce de ce produit ? Dans le salon ? Le salon représente l'aspect social : on s'y installe pour parler avec les autres. Alors, le détergent dans le salon signifie qu'on purifie certains aspects de notre vie sociale. La cuisine symbolise la préparation, et ainsi de suite.

En procédant de la sorte, on peut identifier ce qui se passe réellement à l'intérieur de soi. Ces symboles sont vraiment importants et ils reviennent fréquemment lorsqu'on fait la pratique récitatoire avec les Anges. Lorsqu'on a un problème avec la laveuse ou le lavabo dans le concret — il n'y a pas de hasard —, on interprète ces signes comme s'ils apparaissaient en rêve, avec la même symbolique.

Voici quelques autres exemples. Avec une laveuse à linge, on lave les vêtements. Or, ceux-ci représentent toujours l'aura. Ainsi, lorsqu'il est question d'une laveuse, il s'agit du nettoyage de l'aspect qualitatif de notre aura, c'est-à-dire de notre façon de dégager nos qualités et nos distorsions en présence des autres. De la même façon, si on voit des vêtements sales ou troués, c'est que certains aspects du rayonnement de l'aura, de notre être, sont à corriger. Avec une sécheuse, on a l'élément air : cela concerne le domaine des pensées. Un lave-vaisselle nettoie les objets qui reçoivent la nourriture. Il symbolise donc une purification de la réceptivité aux ressources.

J'aimerais partager avec vous un fait vécu qui touche la purification. Il concerne une dépendance assez insidieuse et pour le moins omniprésente : la dépendance au désir de plaire, et pas seulement vis-à-vis des gens du sexe opposé.

Ce témoignage vient d'une femme qui travaille avec l'Angéologie Traditionnelle. Son mari aussi suit cet enseignement. Elle m'a confié qu'elle se préparait à partir en Italie pour accompagner son époux en voyage d'affaires. Ils allaient aussi en profiter pour visiter le pays. Elle m'a dit : « J'ai pris rendez-vous chez ma coiffeuse pour qu'on se voie quelques jours avant mon départ. Et la veille du rendez-vous, j'ai reçu un rêve. » Puis elle m'a raconté son rêve : « *J'arrivais chez la coiffeuse et il n'y avait pas une belle ambiance. La coiffeuse était très agitée, et, tout à coup, je l'ai vue tuer son ami de cœur.* OOOH ! je me suis réveillée avec ça. Ça m'a bouleversée. Je ne me sentais vraiment pas bien suite à ce rêve. »

Après un rêve comme celui-là, la personne peut se dire : « Il vaut peut-être mieux que je n'y aille pas. » Cette femme y est tout de même allée : elle partait en voyage et le rendez-vous était fixé. Mais, essentiellement, elle devait faire l'expérience concrète de ce rêve. Elle m'a expliqué que quelques mois auparavant, dans sa recherche d'authenticité, elle avait décidé de retrouver sa couleur naturelle — brun clair — alors que depuis 15 ans elle se faisait teindre en blonde. Mais cette fois-là, puisqu'elle voulait être à son meilleur pour le voyage, elle a décidé de retarder le changement.

Elle m'a dit : « Je lui ai redemandé une teinture blonde. OOOH ! le résultat a été épouvantable : j'avais la racine des cheveux rouge carotte et le bout presque blanc. C'était vraiment laid. J'ai dit à la coiffeuse : "Tu ne vas pas me laisser comme ça, n'est-ce pas ?" » Mais la coiffeuse lui a répondu : « Je suis vraiment désolée, mais si je recommence, le produit est tellement décapant que tu n'auras plus aucun cheveu sur la tête. » Oh ! cette dame est retournée chez elle vraiment fâchée. Mais comme elle suit cet enseignement, et à cause du rêve, elle ne pouvait pas demeurer fâchée longtemps. Avec une conscience ordinaire, une autre personne aurait vraiment fustigé la coiffeuse. Mais cette femme savait qu'il se trouvait là un enseignement pour elle. Elle s'est simplement dit : « J'aurais dû annuler le rendez-vous ; j'avais été avertie par mon rêve. »

Alors, elle a médité sur la raison profonde de cette mésaventure. Elle s'est dit : « J'avais commencé une démarche pour être plus naturelle, mais je me suis laissée influencer par les autres. Je n'ai pas écouté mon être intérieur. »

Elle m'a dit : « Même mon conjoint a essayé de m'influencer en me disant : "Je t'ai toujours connue avec les cheveux blonds ; ça te fait bien." Mes amis aussi. Alors, mon désir de plaire l'a emporté. Je savais que j'avais du travail à faire sur le paraître, mais pas à ce point-là. » (rires)

Je lui ai interprété son rêve. Je lui ai dit : « Dans ce rêve, tous les personnages représentent des parties de toi. Symboliquement, puisqu'elle touche la tête et replace les cheveux, la coiffeuse agit au niveau des pensées — elle remet les idées en place —, mais elle concerne aussi la séduction. Tu avais mis en route un processus pour devenir plus naturelle, plus authentique. Or, la coiffeuse a tué son ami de cœur. L'homme, dans un rêve, représente l'action, la manifestation. On t'a montré que tu étais en train d'obstruer un processus en toi : tu le tuais. Lorsqu'on tue dans un rêve, cela indique qu'on refoule quelque chose, et, évidemment, cela reviendra. Un jour, on n'a plus besoin de tuer, symboliquement parlant, car on n'a plus rien à tuer: on a transcendé le mal.

Le rêve de cette femme lui montrait ce qui se passait à l'intérieur d'elle-même. Alors, je lui ai dit: «Pour t'aider à mieux comprendre, demande-toi pourquoi une personne se teint les cheveux? Dans un rêve, lorsqu'on voit des cheveux blonds naturels, on a un grand symbole: c'est un symbole solaire qui représente la manifestation divine. En te faisant teindre en blonde, c'est ce côté solaire que tu recherchais. Tu te sentais terne à l'intérieur car tu avais encore des parties non nettoyées.»

Elle a réagi en disant: «J'ai déjà réglé un de ces côtés solaires. Il y a quelques années, j'étais une obsédée du soleil. Je m'exposais pendant des heures au soleil, parce que lorsque j'étais bronzée, les gens me disaient: "Tu as vraiment l'air en forme. Tu as l'air bien." Et quand j'arrivais blanche, on me disait: "Es-tu malade? Quelque chose ne va pas?" Ce qui fait que je me sentais en santé lorsque j'étais bronzée. Mais, un jour, un médecin m'a découvert deux mélanomes—un dans le dos et l'autre au sein—et il m'a dit: "Le soleil, c'est terminé pour vous. Si vous vous exposez, il vous faut de la crème hautement protectrice." Je n'avais plus le choix. Maintenant, je ne me sens plus dérangée par la réaction des gens à la pâleur de mon teint. Ce côté solaire, je l'ai résolu. Quand au côté solaire de mes cheveux, c'est une autre histoire.»

Je lui ai dit: «Ah! tu sais, c'est normal, dans un premier temps. Quand j'étais dans la vingtaine, j'avais déjà les cheveux blancs et je me les teignais. Puis j'ai fait un travail très profond sur moi-même: c'était de retrouver mon authenticité à l'intérieur, d'être naturelle. Après un certain temps, ce que je faisais à l'intérieur de moi s'est manifesté à l'extérieur: j'étais prête à laisser les colorations.»

Cet exemple peut s'appliquer à bien d'autres aspects de notre quotidien. Par exemple, dans le passé, on a pu tenter de projeter une belle image de soi—une image spirituelle—et poser des actes qui paraissaient charitables mais dont l'intention n'était pas juste. Or, un jour, on décide de ne plus faire cela: on se résout à changer de mentalité. Mais on ne se transforme pas du jour au lendemain. Quand on commence un cheminement, de grandes forces s'opposent à l'intérieur de soi et se matérialisent dans des situations courantes de la vie. Alors, pendant un certain temps, on a un comportement tout croche — parfois plus croche qu'avant — à cause des forces intérieures qui s'opposent. C'est normal. Arrive un jour où toutes les forces s'alignent dans le même sens, et, à ce moment-là, la matérialisation devient belle, solaire, extraordinaire. Mais cela prend du temps. Et le temps est essentiel.

Voici un dernier fait vécu qui, lui, concerne la dépendance spirituelle. Un homme m'a confié un rêve qu'il avait reçu plusieurs années auparavant. Il m'a expliqué qu'il avait déjà eu un problème de consommation d'alcool, problème qu'il contrôlait depuis un certain temps par l'abstinence. Dans son rêve, *il voyait, juste devant lui, un bel homme qui était là pour lui prédire son avenir. Plutôt que de lui parler, l'homme s'est tout à coup transformé en une belle lumière, il s'est approché du rêveur et lui a touché le dos en trois endroits de la colonne vertébrale, ce qui a dégagé une énergie perceptible. Puis l'être a disparu. OOOH! le rêveur l'a cherché partout. À un moment donné, il a ouvert une porte. C'était sombre, mais il sentait la présence de l'être de lumière. Il ne le voyait pas, mais il le sentait.*

Cet homme m'a dit : « Peu de temps après ce rêve, j'ai connu une femme qui disait avoir toutes sortes de pouvoirs provenant de l'au-delà. Elle m'a présenté un homme qu'elle connaissait et qui affirmait être la réincarnation de Michael-Ange. Alors, j'ai raconté mon rêve à cet homme pour en avoir l'interprétation. » Ce Michael-Ange lui a dit : « Eh bien, l'être de lumière, c'était moi. C'est moi que tu as vu en rêve. »

Je lui ai donné une autre interprétation de son rêve. Je lui ai dit : « Dans ce rêve, cet être qui s'est transformé en lumière, ce n'était pas monsieur Michael-Ange. C'était une partie de toi en devenir. On t'a montré : "Regarde, c'est beau, tout ce que tu as fait. Bien sûr, tu as chuté, tu as eu des problèmes de consommation, mais tu as accompli un très beau travail. De belles et grandes choses t'attendent." »

Derrière cet être de lumière se trouvait un guide ; les guides font de la transfiguration dans nos rêves. Par l'énergie que cet être a débloquée en touchant le dos du rêveur, celui-ci a symboliquement reçu une ouverture qui allait l'entraîner dans une quête spirituelle : il s'agissait de l'éveil de cette fameuse kundalini dont nous avons parlé tout à l'heure. Le déblocage a eu lieu en trois points : la tête, le cœur et le corps. L'homme a été libéré au niveau de ses pensées, au niveau de ses émotions et sentiments, et au niveau de l'action. Il a reçu une énergie qui devait l'amener à s'élever.

Pourquoi le rêveur cherchait-il partout l'être de lumière ? Lorsqu'on a goûté une telle énergie, la quête commence inévitablement : dorénavant, on la cherche partout. Dans le rêve, après avoir ouvert la porte, le rêveur sentait la présence de l'être malgré l'obscurité. On voulait ainsi lui dire : « Avant de pouvoir devenir intégralement cet être d'amour et de lumière, tu dois visiter tes zones obscures : tu dois nettoyer tes parties inconscientes. Mais nous sommes là et nous allons t'accompagner. »

Ce n'est pas un hasard si, peu de temps après, cet homme a rencontré une femme qui réclamait détenir des pouvoir spirituels et ce prétendu Michael-Ange qui s'attribuait des incarnations pour impressionner et manipuler les autres. Ces êtres ont leur place. Si l'Intelligence Cosmique les laisse faire, c'est qu'Elle a ses raisons. Chaque personne qui entre en contact avec ces êtres a l'occasion de rencontrer ses propres distorsions et de travailler sur elles. C'est cela qui est arrivé à cet homme. Lorsqu'on débute un cheminement spirituel, on peut entrer en contact avec toutes sortes d'enseignants, et, de cette façon, rencontrer des parties de soi. Un jour, on retrouve *la lucidité et le discernement*, deux des qualités de l'Ange 15 Hariel que nous avons vues. Entre-temps, les détours ont leur raison d'être. » Donc, tout a sa place.

Vient un jour où on n'a plus de dépendance spirituelle : on reçoit la Connaissance en direct, *via* nos rêves, les signes du quotidien et tous les êtres que l'on rencontre. C'est cela, l'autonomie spirituelle.

Ange 20 Pahaliah
La Transcendance de la Sexualité, de la Force Vitale

Lorsqu'un cheval est blessé, il est souhaitable d'adopter avec lui une technique d'approche et de retrait. Dans un premier temps, on se tient sur le seuil de l'enclos et on observe l'animal. Ensuite, on avance d'un pas en observant ses moindres réactions. S'il a peur, il réagira. Sa réaction dépendra de son caractère : s'il a tendance à être agressif, il se mettra à ruer dans les brancards, autrement, il tentera de s'enfuir. Dans les deux cas, toute intervention de notre part peut aggraver sa blessure. Voilà pourquoi on devra l'approcher très progressivement, avec beaucoup de persévérance et de courage. On doit redonner confiance à cet animal qui a été blessé : il ne doit pas nous sentir comme un prédateur qui vient prendre.

On avancera de quelques pas pour ensuite reculer. Le retrait dépendra des réactions de l'animal : plus il sera nerveux, plus loin on devra reculer et plus souvent on devra répéter le scénario. À force de patience, à un moment donné, on réussira à approcher l'animal et à le soigner. Il faudra ensuite attendre que sa plaie se cicatrise. Ainsi, on devra visiter l'animal de nombreuses fois.

Une fois la plaie cicatrisée, on pourra envisager une autre étape : faire travailler le cheval à nouveau, c'est-à-dire le seller et le monter. Là encore, on devra continuer la technique d'approche et de retrait, et y adjoindre un conditionnement positif : par exemple, on s'approchera du cheval avec la selle sur l'épaule pour lui permettre de sentir le matériel, on communiquera avec lui en lui parlant et en le touchant, et on lui offrira des carottes. Cela lui permettra de retrouver une relation positive à notre présence et au matériel. À partir de ce moment-là, il deviendra coopératif: on pourra le seller, le monter et le sortir de l'enclos.

Mais une autre étape sera nécessaire pour le rééduquer, car lorsqu'on voudra lui faire sauter un obstacle, il aura tendance à se cabrer et à refuser de sauter: une de ses mémoires liées à sa blessure pourra remonter. Même lorsque la plaie est cicatrisée, les mémoires restent. On devra donc reprogrammer ces mémoires. Comment? En un premier temps, on empruntera uniquement des pentes douces, puis on lui donnera un tout petit obstacle à franchir, et ensuite seulement on pourra augmenter la difficulté de l'obstacle et ajouter un plan d'eau en contrebas. Cette démarche demande beaucoup de persévérance et de rigueur, mais elle exclut toute rigidité. Si notre attitude est rigide, l'animal le sentira à cause de l'agressivité présente dans nos vibrations et dans notre ton de voix.

On constate que rééduquer un cheval qui a été blessé fait appel à beaucoup de qualités et de vertus. Or, quand il aura reprogrammé ses mémoires, l'animal pourra sauter les obstacles et une grande liberté sera retrouvée. Le cavalier ou la cavalière pourra à nouveau faire un avec le cheval, il ou elle en aura une parfaite maîtrise, et de grandes chevauchées dans les prairies redeviendront possibles.

Ce modèle de rééducation s'applique à l'énergie vitale ou sexuelle de l'être humain. Quand nos rêves traitent de la force sexuelle, souvent le cheval y apparaît comme symbole. L'expression *force sexuelle* est souvent utilisée de façon restrictive; en fait, cette force est l'énergie vitale ou fondamentale de l'être humain. Elle teinte ou éclaire tout ce que l'on fait et tout ce que l'on est. Elle se manifeste entre autres dans notre manière de manger, de rire, de marcher, de faire des affaires, de communiquer et d'aimer.

Tout au long de ce cours, nous garderons le cheval comme symbole de la force sexuelle et de l'énergie vitale globale, car l'exemple du début nous rappellera à quel point il est important de rééduquer cette énergie pour retrouver toute notre puissance, et que ce processus exige beaucoup de persévérance et d'amour. On ne peut atteindre de hauts niveaux spirituels que si l'on arrive à maîtriser notre énergie vitale.

Nous verrons aujourd'hui que le symbole du cheval nous permet de comprendre la dimension instinctuelle du langage de communication entre l'inconscient et le conscient. Tapie dans l'inconscient, la force vitale peut sembler tranquille, mais il arrive que, tout à coup, WOUPS! sans qu'on sache pourquoi, on prononce des paroles ou on pose des gestes empreints d'agressivité ou de rigidité, lesquels engagent notre vie dans la disharmonie.

En tant que symbole, lorsqu'il a des attitudes négatives, le cheval foncé — c'est-à-dire noir et/ou brun — représente des instincts débridés, pas du tout maîtrisés, qui peuvent nous mener à des comportements très passionnels ou violents, ou à de grandes dépendances. Lorsque nos instincts ont été apprivoisés, le cheval foncé devient un symbole de maîtrise et de manifestation dans la matière. Au fur et à mesure de notre évolution, différentes couleurs associées au symbole du cheval se manifestent: la teinte de ce dernier s'éclaircit. Par exemple, si on voit en rêve un cheval blanc qui émerge d'une étendue d'eau et qui monte au ciel dans la lumière — comme ces chevaux ailés présents dans les contes et les légendes —, cela signifie que notre énergie vitale est maîtrisée et transcendée, et qu'elle a fusionné avec notre nature divine. À partir de ce moment-là, la matière cesse de nous engloutir: on n'est plus alourdi par la gravité terrestre et, avec notre conscience, on peut survoler les situations et en avoir une compréhension concrète et globale.

On rencontre deux façons communes de se comporter avec l'énergie vitale, façons qui semblent s'opposer. Dans la première, les instincts sont débridés et l'énergie n'est utilisée qu'au premier étage de l'être, celui de l'avoir matériel. Dans ce cas, il y a hémorragie ou perte de l'énergie vitale: cette dernière ne peut pas monter, être sublimée et conduire l'être à des dimensions qui lui permettent de développer des facultés subtiles comme la clairvoyance, la clairsentience et la clairaudience, et l'amener à redécouvrir d'autres dimensions de l'Univers, par exemple *via* les sorties hors corps.

Dans le deuxième cas commun, l'énergie vitale est ligotée, c'est-à-dire simplement réprimée. Si l'être a été blessé dans ses expérimentations et qu'il a peur de sa force instinctuelle, il a tendance à refuser son animalité et il devient très cérébral. Dans un tel cas, poussé à l'extrême, la personne peut se voir en rêve démunie de jambes, comme si On lui disait: «Tu ne peux plus avancer dans la vie, et ta nature divine ne peut plus se réaliser sur Terre.» On a besoin de cette force vitale; sans elle, on ne peut rien faire. Elle est la puissance matérialisante même. Voilà pourquoi beaucoup de personnes qui cheminent dans la spiritualité finissent par avoir beaucoup de problèmes matériels; elles confondent non-attachement et refus, et elles ligotent leur force vitale. Cette question est très peu comprise car elle requiert une connaissance approfondie de la fusion de l'Esprit et de la matière.

Au fur et à mesure de notre évolution et de notre compréhension de la force instinctuelle, on a tendance à alterner entre ces deux comportements—instincts débridés et énergie sexuelle ligotée—, alternant d'un extrême à l'autre. Graduellement, on développe un certain équilibre, et, le jour où on maîtrise parfaitement cette force vitale, on vit une réelle délivrance et on acquiert des pouvoirs divins.

Comment peut-on arriver à cette maîtrise? Cela n'est pas évident, car la force vitale n'est pas palpable. Elle est le flux de l'énergie, la Vie qui nous habite: elle est là tout le temps et elle imprègne tout notre être—comme je vous l'ai dit, elle ne concerne pas seulement l'acte sexuel: c'est ce réservoir du psychisme, et en psychanalyse et en psychologie, on l'appelle la libido—, mais on ne sait pas comment l'attraper. Cette énergie crée des pulsions, et le cheminement vers sa maîtrise parfaite consiste à faire cesser le tapage intérieur des instincts et à guérir ou nettoyer nos mémoires marquées de blessures (rejets, abandons, etc.) L'être qui chemine a pour mission de connaître et d'apprivoiser cette énergie, et, comme dans l'histoire du cheval blessé, d'apprendre à la rééduquer avec beaucoup de patience et d'amour.

Il existe un état de conscience Angélique qui nous permet de réaliser ce travail de rééducation: c'est l'Ange 20 PAHALIAH. Tous ceux qui font la pratique récitatoire avec cet Ange parcourent de grandes initiations: des séries de rêves puissants sur la sexualité se manifestent.

Cet Ange nous donne particulièrement accès à la compréhension des Règles Divines; sans cette compréhension, nous avons tendance à exprimer l'énergie de l'Ange PAHALIAH de façon distorsionnée. Il est donc important de bien cerner les distorsions de cet Ange afin de pouvoir les reconnaître lorsqu'elles se manifestent.

Rappelons que les distorsions, que nous appelons communément le mal, sont là non pas pour nous faire se sentir coupable et nous attirer des punitions ou des limites, mais bien pour nous éduquer et nous faire évoluer. Nous verrons par des exemples de faits vécus que les limites sont importantes dans un premier temps : elles nous obligent à rectifier des mémoires distorsionnées présentes dans notre inconscient, un peu comme chez le cheval qui craint de se blesser à nouveau et qui doit être rééduqué. Comme lui, à cause de ces mémoires, quelquefois on se cabre et on se rebelle.

L'état de conscience de l'Ange 20 PAHALIAH nous offre une clé pour rectifier les erreurs que nous avons commises sur la base de désirs exaltés. Voyons d'abord quelles sont les qualités, les vertus et les pouvoirs de cet Ange.

Établit des règles dans le comportement instinctuel. On a vu qu'on doit établir certaines règles pour le cheval blessé : en un premier temps, il est confiné à l'enclos. Il ne peut plus aller se balader dans les grandes prairies, sinon il continuerait de se blesser. Il en va de même avec l'énergie sexuelle : en un premier temps, on la met à l'écart et on l'étudie. Bien sûr, on peut trouver de telles limitations un peu difficiles, surtout si on n'en comprend pas l'utilité.

Délivrance. Lorsqu'on réussit à ne plus ligoter ni gaspiller la force sexuelle, on vit une grande délivrance. Rattachée aux émotions, cette force est extrêmement puissante. En la ligotant, on n'a pas accès à sa propre énergie car on l'utilise pour la maintenir attachée, et en l'utilisant d'une manière trop instinctive — en laissant tout faire —, on provoque une réelle hémorragie énergétique. Simplement par cette compréhension, on rapatrie une grande force, laquelle se redistribue et alimente tous nos sens de perception.

Sujets concernant la spiritualité et la morale. Dans un sens global — et peu importe le nom qu'on lui donne —, la spiritualité consiste à rétablir notre connexion avec la grande Intelligence Cosmique, avec le monde de l'Esprit. Ce contact passe d'abord et avant tout par l'étude de la spiritualité et de la morale.

La morale est reliée à une autre qualité de l'Ange PAHALIAH: *comportement moral irréprochable*. Mais qu'est-ce que la morale? Et qu'appelle-t-on un comportement moral irréprochable? Face à ces questions, si on n'est pas guidé et qu'on perd notre vigilance, on peut rapidement tomber dans une distorsion: on peut verser dans le moralisme, une forme de puritanisme par lequel on juge les autres, par exemple quand on dit: «Ils n'ont pas un bon comportement. Ce qu'ils font n'est pas beau; ça n'est pas propre: c'est sale.» Nous verrons dans ce cours plusieurs exemples d'une telle situation.

L'Ange PAHALIAH nous aide à adopter les Règles Divines; ce sont elles qui rendent notre vie harmonieuse. Mais on doit prendre garde de ne pas *devenir religieux à la lettre* ou de tomber dans le *fanatisme*. Bien sûr, on peut chuter dans ce type de distorsion — et c'est normal, car on doit expérimenter pour arriver à comprendre ces subtilités. Mais dès qu'on se sent devenir religieux à la lettre ou appliquer les règles d'une manière trop rigide — cela se produit lorsqu'on abrite encore à l'intérieur de soi des parties qui ne sont pas convaincues —, on fait la pratique récitatoire.

Pureté. Ici, on parle de pureté de conscience. Plus nos mémoires sont nettoyées — comme chez le cheval qui peut à nouveau gambader —, plus notre aura est belle et rayonnante. Les mémoires lourdes qui formaient des couches opaques dans notre inconscient ont été rectifiées: voilà ce qu'il faut entendre par pureté.

Consent à des sacrifices pour évoluer. Le terme *sacrifice* a généralement une connotation extrêmement négative. En un premier temps, quand on n'a pas la Connaissance et que notre nature instinctuelle commande, dès que des limites nous sont imposées, OOOH! on s'indigne: on a l'impression qu'on nous met des bâtons dans les roues et qu'on nous empêche de vivre notre vie. Or, sacrifier signifie simplement rendre sacré: tout devient sacré.

Grand initié. Lorsqu'on arrive à franchir toutes ces étapes, ces grands passages et ces mutations, de très hauts niveaux nous sont accessibles. On devient un sage, un grand initié.

Rectification des erreurs commises par des désirs exaltés. Traverse les épreuves avec courage et dynamisme. Lorsqu'on souhaite rééduquer notre nature instinctuelle, l'Ange 20 PAHALIAH est vraiment d'une grande aide car il nous donne beaucoup de courage et de dynamisme

Rédemption, vie spirituelle harmonieuse, transcendance de la sexualité et éveil de la kundalini. La kundalini est traitée à toutes les sauces. On entend parfois : « Il faut que je fasse monter ma kundalini. » Cette intention est souvent liée à l'ignorance, ou encore elle dénote une recherche de pouvoir, car la personne sait que l'éveil de la kundalini permet de développer de grands pouvoirs et l'être désire tellement les retrouver. Axer son intention sur l'éveil de la kundalini n'est pas sans danger : si on y met une intention pendant des jours et des mois, voire des années, elle finira par monter, mais l'ouverture se fera au niveau de conscience où on se situe. Si le subconscient et l'inconscient n'ont pas été suffisamment nettoyés, cette puissance vitale fera des ravages — comme peut en faire un cheval blessé. Elle sera agressive et violente, et elle se manifestera par de grands décalages entre les pensées, les émotions et les actes, pouvant mener à la tyrannie et à la mégalomanie. Bref, l'éveil de la kundalini amplifie non seulement les qualités, mais aussi les distorsions.

Alors, vous me direz : « Ah ! dans ce cas, moi, je n'ai pas le goût de l'éveiller : je ne sais pas ce que ça va provoquer. » Justement, en invoquant l'état de conscience de l'Ange PAHALIAH, on ne court aucun danger, car notre intention est nécessairement qualitative elle ne répond pas à une recherche de pouvoir, mais plutôt à un désir de se purifier et de rectifier les erreurs commises. Dans les cas où l'être n'est pas prêt à l'éveil de la kundalini, l'Ange PAHALIAH se contente de faire du ménage et de préparer le terrain. Il ouvre les canaux au fur et à mesure, au rythme de notre évolution. Conjuguée à la pratique récitatoire, l'intention de faire monter la kundalini est donc saine.

Dans nos rêves et dans les signes du quotidien, les animaux représentent toujours notre nature instinctuelle, notre force vitale. Symboliquement, le cheval et le serpent sont directement rattachés à la sexualité, mais les autres animaux représentent certains autres aspects de l'instinct, aspects que l'on peut identifier en étudiant le caractère de l'animal.

Un homme m'a raconté un de ses rêves dans lequel *il voyait des couguars. Il voyait un gros couguar mâle et sa femelle, et des petits couguars qui étaient alignés. Ils étaient vraiment beaux. Ils étaient endormis.* On ne lui a montré qu'un flash. Voilà la force d'un symbole ; il peut n'apparaître que pendant une seconde, mais néanmoins décrire tout un pan de notre vie. Souvent, des gens me disent : « Pourquoi les messages ne sont-ils pas plus clairs, dans mes rêves ? » Il faut comprendre qu'à partir d'un seul symbole, on peut dégager de façon directe ou indirecte des millions de facettes et de significations. Le langage symbolique est le Langage de Dieu.

Avec le symbole du couguar, On a voulu dire à cet homme : « Regarde cette force vitale : elle est très puissante chez toi, mais elle n'est pas encore réveillée. » Le couguar mâle représente le monde de l'action ou le jour, et sa femelle symbolise le monde intérieur et les émotions, vus tous les deux du point de vue des instincts. Par le rêve, On a montré à cet homme qu'il avait une grande puissance qui sommeillait en lui, et qu'elle avait déjà fait des petits, des réalisations. Pour sa propre protection, ce potentiel est pour l'instant endormi.

Si cet homme avait recherché le pouvoir, suite à ce rêve il se serait dit : « Oui ! je veux le réveiller, mon couguar : j'aurai toute sa force. » Avec une telle intention, le couguar se réveillerait certainement, mais il se présenterait rugissant et agressif, et l'homme se comporterait de cette façon avec les autres. Cela créerait pour lui un destin difficile. Si, par contre, il avait réagi en se disant : « Ah ! merci de me montrer où en est rendue ma force » et en continuant son travail vertueux avec les qualités de l'Ange PAHALIAH, alors, quelques années plus tard — ou même dans une autre vie —, il aurait pu recevoir un autre rêve, dans lequel il aurait vu son couguar se réveiller avec sa femelle, gentil et facile à apprivoiser. Parce qu'il aurait fait tout ce travail de nettoyage, On lui aurait montré une photo de sa force vitale en train de s'éveiller, force qu'il aurait pu utiliser pleinement. L'expression de cette force aurait alors été constructive.

Comme on l'a dit, cette énergie est présente dans tout ce qu'on fait et elle se manifeste à tous les niveaux de l'être. À ce sujet, j'aimerais vous parler de l'expérience d'une femme avec des produits anesthésiants. Cette personne, qui a subi plusieurs opérations chirurgicales, nous a dit que chaque fois qu'elle a été endormie par des anesthésistes, ces derniers devaient lui donner une très forte dose, parce qu'elle avait tendance à se réveiller pendant l'opération : la dose normale n'avait pas suffisamment d'effet.

La dernière occasion où elle avait dû recevoir des anesthésiants était chez le dentiste. Généralement, pour des traitements dentaires, une seule piqûre suffit à insensibiliser la partie qui doit être traitée. Or, le dentiste a dû lui en faire cinq. Il n'en revenait pas. Certaines personnes démontrent une intolérance aux produits utilisés en anesthésie, mais, selon les spécialistes, ce n'est pas le cas de cette femme.

Mon mari a vu cette dame en rêve et, grâce aux symboles qui lui ont été présentés, il a réalisé qu'elle a une force vitale extrêmement puissante. Les anesthésistes ont beau essayer d'endormir le corps, le produit est automatiquement transformé par l'organisme.

Cette femme, qui est une belle personne, est très enrobée. Elle est consciente que si elle est volumineuse, ce n'est pas qu'elle mange trop : c'est que son corps retient ses émotions. Sa dimension corporelle lui sert de protection car, pour l'instant, elle ne se sent pas prête à avoir un compagnon. On voit que la force vitale peut s'actualiser de toutes sortes de manières — même d'une façon tout à fait inattendue — et qu'il est important de reconnaître sa manifestation. Cette femme a une capacité de matérialisation énorme. Tout ce qu'elle fait est pour ainsi dire *méga* ; tous les projets qu'elle réalise sont de grande envergure. Mais lorsque sa vie va mal, la destruction est également *méga*. C'est ce qu'On lui exprime : « Quand tu seras parvenue à maîtriser ta force vitale — chez elle, extrêmement puissante —, tu n'auras plus à la manifester par des mégaréalisations ou de grandes destructions. Pour l'instant, On te montre les deux visages de cette force que tu ne maîtrises pas encore bien. »

Dernièrement, alors que je donnais un cours, une autre personne est venue me voir à la fin pour me parler de son vécu. Elle m'a dit : « Le cours de ce soir est pour moi une vraie révélation. Ça fait très longtemps que je chemine, mais ce soir, j'ai vraiment eu tout un enseignement ! Je m'y suis reconnue parce que, moi aussi, lorsqu'on veut m'anesthésier, c'est très difficile. Même enfant, je me débattais et ils n'arrivaient pas à m'endormir. » L'histoire du cheval l'avait également touchée.

Elle m'a dit : « Pendant le cours, je me suis rappelé un rêve que j'avais souvent lorsque j'étais jeune et que je vivais au couvent. » Cette femme a été religieuse et elle est maintenant mariée ; le rêve date d'une trentaine d'années. Elle m'a dit : « *Un beau cheval blanc venait à ma rencontre. Il était fringuant. OOOH! il dégageait tellement d'énergie que j'en avais peur. Je courais sur une toute petite colline pour me sentir protégée, et là, je voyais un grand nombre de chevaux ficelés et coupés en morceaux.* »

Elle a ajouté : « À l'époque, je ne comprenais pas ce rêve ; maintenant, avec du recul et à la lumière de ce que j'ai saisi ce soir, je le comprends. » Elle était religieuse et elle avait ligoté sa force vitale. Cela faisait partie de sa mission de vie. L'être a une destinée qui est établie en fonction de ce qu'il doit apprendre pour évoluer, et ses forces et ses faiblesses vont dans le sens de cette destinée. Dans le cas de cette femme, elle était appelée à aller vivre à l'étranger, dans divers pays.

Elle m'a dit : « Je ne comprenais pas : j'attirais souvent des hommes — même des religieux — et je n'étais pas contente de ça. Moi, je ne sentais pas de besoin. Quand ça arrivait, je leur faisais la morale ou bien je les fuyais. Je ne comprenais pas ce qui m'arrivais. En plus, j'ai côtoyé une autre religieuse qui était un peu aguichante. Je lui disais : "Ça n'a pas d'allure, ce que tu es en train de faire", parce que, elle, elle aguichait réellement. »

Puis elle a ajouté : « Maintenant, j'ai un très bon mari. Il est très spirituel, mais il est encore trop fougueux — elle souhaitait vivre la transcendance de la sexualité, c'est-à-dire ne plus avoir de besoins sexuels, tout en partageant une sexualité où l'amour est réel c'est-à-dire où l'amour est inconditionnel — et je lui fais des remontrances. OOOH! et dire que c'est moi qui attire tout cela! » En comprenant la loi de la résonance, elle s'est rendu compte qu'elle attirait les hommes, inconsciemment. Elle m'a dit : « Si on m'avait expliqué tout cela il y a 30 ans, OOOH! j'aurais eu une vie beaucoup moins difficile. Les années m'ont rendue rigide et moraliste. » C'était la révélation de sa vie.

Quand on ficelle notre énergie vitale, il devient aussi difficile de matérialiser nos intentions. On peut alors avoir des problèmes avec la matière, un manque de ressources matérielles et des insécurités financières. La façon dont on traite cette énergie pénètre toute notre façon de nous comporter. Reste qu'il n'est pas facile de trouver le juste milieu parce que, dans un premier temps, cette énergie n'est pas palpable. Donc, avec l'Ange 20 Pahaliah, cette femme a toute une clé. Elle m'a dit: « Je vais l'invoquer pas à peu près, Celui-là! »

Voyons maintenant quelles sont les distorsions de cet Ange. *Abus et gaspillage sexuels.* Quand on ne sait pas bien utiliser cette énergie — et c'est normal en un premier temps —, on a tendance à vouloir contrôler les autres et à leur imposer nos volontés. On abuse. Cela se manifeste à divers degrés et peut même aller jusqu'aux abus sexuels. Et comme nous l'avons vu, lorsque la sexualité est débridée, il se produit une hémorragie de l'énergie vitale.

Libertinage, liaisons passagères. Lorsqu'on n'a pas de stabilité dans notre vie affective, on devrait se dire: « Je suis le créateur de ma vie affective. J'ai des mémoires en moi qui ne veulent pas s'engager. » Comme toute autre distorsion, le libertinage se manifeste à divers degrés. Il peut prendre la forme d'une petite pensée libertine. On croit que personne ne le sait; alors on lui accorde peu d'importance. On continue de vivre sa vie de couple sans réellement fusionner, et, un jour, tout bascule et on ne comprend pas pourquoi notre supposé bonheur est parti. Quand on sait qu'une petite pensée libertine n'est que la pointe de l'iceberg, qu'un grand nombre de mémoires nous empêchent d'être totalement fidèle à tous les Principes Divins, là, on l'attrape, on ne se juge pas et on se dit: « Viens-t'en, toi: une petite pratique récitatoire, là. » De cette façon, on rencontre ces destructeurs de bonheur qui vivent dans notre esprit sous forme de multiples personnalités et qui se manifestent par nos changements de goût et d'attitude dans le quotidien.

Prostitution. On peut se dire: « OOOH! C'est bien loin de moi, ça. » De nouveau, il y a divers degrés. Cette distorsion se manifeste de plusieurs façons. Chaque fois qu'on donne la priorité à la matière au détriment de l'Esprit, on pratique une forme de prostitution. Voilà pourquoi ce terme revient souvent en tant que symbole dans la Bible.

Maladie. Si on ne respecte pas les Règles Divines, la maladie est une limitation et un signe qu'On nous envoie pour nous amener à changer certains comportements. Nous y reviendrons par un exemple.

Lutte acharnée, destin difficile. Lorsque la force vitale n'est pas maîtrisée, l'être peut avoir des comportements très ravageurs. Un geste, un mot ou une réplique agressive dans une conversation peuvent détruire toute une vie : l'autre personne perd totalement confiance parce que la nature instinctuelle n'a pas été maîtrisée. Quand on prend conscience de cela, on se dit : « J'ai le goût d'éduquer mon énergie instinctuelle. Je veux qu'elle cesse d'être mon ennemie et qu'elle devienne mon amie. »

Rigidité, fanatisme, violence extrême. Ces distorsions concernent tous les degrés de violence. En faisant la pratique récitatoire, on acquiert une vigilance de tout instant, et, chaque fois qu'on a une impulsion agressive au niveau de la pensée ou du geste, même si elle est toute petite — cela reste de la violence —, on peut l'intercepter et la rectifier. C'est cela, la maîtrise.

Abattement, découragement, craintes. Il est évident que lorsque la puissance instinctuelle n'est pas bien maîtrisée, on peut éprouver beaucoup de découragement et d'abattement.

Ne croit pas en une puissance supérieure, transgresse les Lois Divines, recherche les possessions matérielles, religieux à la lettre, cherche à convertir. Si on compare l'Ange PAHALIAH aux 71 autres, dont particulièrement ceux qui concernent l'amour et la prospérité, on peut se dire : « Moi, j'ai plutôt le goût de travailler avec un autre Ange. » Mais quand on comprend bien l'énergie de cet Ange, OOOH ! on sait qu'on doit d'abord intégrer sa puissance pour retrouver l'Amour à l'état pur. On ne peut pas vivre l'amour idéal si on a encore de l'agressivité, de la jalousie ou d'autres distorsions qui proviennent de l'instinct, car la passion n'est pas de l'amour. Même chose avec la prospérité : on peut acquérir de grandes richesses matérielles, et, tout à coup, tout perdre. En réussissant à maîtriser l'énergie vitale, les 71 autres états de conscience — la tendresse, la douceur et toutes les autres grandes qualités — peuvent s'exprimer et on *retrouve l'accès à la Vie Divine.*

Le mois dernier, une femme qui venait au cours pour la première fois nous a raconté, à mon mari et à moi, un de ses rêves qui, justement, touche le thème d'aujourd'hui. Elle a dit à mon époux :

« *Il y avait des centaines de chevaux qui arrivaient tout autour de ma maison en galopant. OOOH! j'avais vraiment peur: c'était très impressionnant. Mais ils étaient beaux; ils étaient blancs et lumineux. J'étais avec ma grand-mère et ma petite fille; alors, je les ai fait entrer à l'intérieur car j'avais peur pour elles. Tout à coup, un des chevaux s'est blessé. Je ne savais pas quoi faire. Je me demandais si je devais tenter de le soigner.* »

Mon époux lui a dit: «C'est un rêve initiatique qui annonce un grand éveil de ta conscience, de grandes ouvertures liées à la spiritualité.» Et il a ajouté: «Ce n'est pas par hasard que tu es venue au cours, aujourd'hui. Il se peut que cette approche soit tout à fait nouvelle pour toi, et qu'en découvrant ton potentiel spirituel, tu vives simultanément une peur face à cette ouverture.»

Il arrive qu'on entende des enseignements qui ont sur soi l'effet d'une révélation. WOW! c'est à la fois bouleversant et logique, comme si on avait toujours su! Reste qu'il faut expérimenter, parce que c'est l'expérience qui nous permet d'intégrer la Connaissance. Mais le choc d'une révélation est dû à un processus plus profond que la logique: un voile s'ouvre sur la Connaissance. Lorsque cet accès nous est offert, il marque le début de la vie initiatique.

Dans le rêve de cette femme, les chevaux blancs représentaient les Forces Célestes qui arrivaient dans sa vie et qui annonçaient un grand travail sur la maîtrise de la force vitale. Cela ne voulait pas dire qu'elle avait acquis la maîtrise. La portée d'un rêve comme celui-là peut s'étendre sur toute une vie, voire plusieurs vies. Lorsque l'Intelligence Cosmique crée une ouverture à la spiritualité, elle envoie des informations codées sous forme de rêves qui stimulent l'être à développer sa divinité. Cette jeune femme n'a pas encore totalement intégré cet état de conscience, mais le fait d'en voir la manifestation en rêve modifiera sa vie terrestre de façon intégrale. Dans les rêves — surtout si on en reçoit plusieurs au cours de la nuit —, On nous annonce normalement le programme de la journée, mais il arrive aussi qu'On nous envoie des messages d'une portée beaucoup plus vaste.

La grand-mère symbolise la protection intérieure. Si cette femme avait vu son grand-père, c'est qu'On aurait voulu lui signaler une protection extérieure. Donc, son rêve n'allait pas se manifester de manière concrète.

Voici un fait vécu qui touche le thème d'aujourd'hui, plus spécifiquement l'une des distorsions que nous avons vue : *abattement, découragement*. Puisque les rêves nous donnent accès à l'inconscient ou au monde des causes, ils peuvent nous montrer pourquoi on a tel ou tel problème. Dans ce cas-ci, le découragement était lié à une abstinence forcée : la personne était frustrée de ne pas avoir de compagnon. Elle m'a dit : « J'ai eu un rêve. *On m'a montré mon compagnon. Mais je n'étais pas contente parce qu'il était tout petit—moi, je n'aime pas les petits. Mais il avait de beaux yeux bleus, des yeux magnifiques.* Je me suis réveillée avec ce rêve. »

Puis elle m'a raconté ce qui lui est arrivé tout de suite après ce rêve. Elle m'a dit : « Je suis allée au dépanneur. OOOH ! j'ai été tellement surprise : j'ai vu un petit monsieur du même style avec des yeux bleus. Et j'ai ressenti la même chose que dans mon rêve, sauf que c'était encore plus puissant. Puis le petit monsieur est parti. Je n'ai pas eu de contact personnel avec lui. »

Je lui ai dit : « Dans un rêve, les yeux bleus représentent des yeux d'initiés car ils ont la couleur du ciel. Par ce rêve, On a voulu te montrer : "Regarde, tu te sens découragée parce que tu n'as pas de compagnon. La cause réelle, c'est que tu entretiens une dualité à l'intérieur de toi. On t'enverrait quelqu'un et tu n'en voudrais pas. La personne que tu as vue dans ton rêve représente un être qui est spirituel et qui a de hautes valeurs morales. Tu n'en veux pas parce que tu es encore trop attachée à la forme." » AAAH ! là, elle comprenait.

Au plan de la forme, ce que cette femme favorise chez un compagnon n'est pas qu'il soit beau, grand ou musclé. Ce qu'elle désire vraiment, c'est un compagnon nanti. Elle m'a dit : « C'est vrai que j'ai encore des insécurités financières, et, pour cette raison, je ne voudrais pas n'importe qui. » Cette femme—qui chemine spirituellement—vit une dualité, car elle accorde de l'importance au côté profond de l'être, mais, en même temps, c'est encore la forme et la réalité matérielle qui dictent ses choix. Une autre personne qui ne serait pas engagée dans un cheminement spirituel ne vivrait pas un tel combat intérieur. Ces explications ont donc été une révélation pour elle.

Voici un autre exemple de rêve qui nous révèle la vraie cause de nos difficultés. C'est l'histoire d'une dame qui souffrait d'une dépigmentation cutanée; sa peau avait commencé à perdre sa coloration en certains endroits. Un soir, avant de s'endormir, elle a demandé à l'Intelligence Cosmique: « Pourquoi ai-je cette maladie? Quelle en est la cause réelle? »

Alors, On lui a envoyé un rêve très simple. *Sa voiture était en panne. Un couple qu'elle connaît dans le concret s'est approché d'elle, et elle leur a dit: « Pouvez-vous m'aider? Je suis en panne. » Ils l'ont ignorée et ont continué leur chemin. OOOH! Là, elle était vraiment découragée. Elle n'en croyait pas ses yeux.* Imaginez-vous, vous demandez à des gens que vous connaissez de vous dépanner et ils vous ignorent! Qu'a-t-On voulu faire comprendre à cette dame? Tous les éléments de ce rêve—dont le couple, et même la voiture—représentaient des parties d'elle-même.

Tant dans le monde des rêves que dans le concret, la voiture est un symbole très utile. Nos voitures nous donnent des enseignements. Si notre voiture tombe en panne, ce n'est pas le fruit du hasard: elle nous *parle*. Dorénavant, chaque fois que vous aurez un problème d'auto, analysez ce qui se passe. Moi, maintenant, quand une personne me dit qu'elle a un problème mécanique et que je ne sais pas à quoi servent les pièces qu'elle nomme, je lui demande: « Ça sert à quoi? » Je cerne la situation psychologique de la personne en faisant une analogie avec son problème d'auto.

Dans les rêves, la voiture symbolise tout ce qui nous permet d'avancer, notre propre force motrice. Cette dernière est intimement liée à notre force vitale. Alors, quand notre auto tombe en panne, cela signifie qu'on ne peut plus avancer. On retrouve ici le symbole du cheval: plus une voiture est puissante, plus elle a de chevaux-vapeur. Et que fait-on avec nos chevaux? Dans la distorsion, on fait de la compétition. On essaie d'épater la galerie. Grâce à ce symbole, on peut dénicher beaucoup d'informations sur soi.

Alors, On disait à cette femme qui souffrait de dépigmentation: « Tu n'as plus de vigueur. Et voici pourquoi tu souffres de cette maladie: tu as un comportement similaire à celui de ces deux personnes, c'est-à-dire un manque de générosité, et ce, tant à l'intérieur de toi-même que dans tes actions—car elle a vu une femme et un homme. Tu manques d'ouverture aux autres, mais d'abord et avant tout face à toi-même, face à ta nature divine. » Cette femme avait encore à l'intérieur d'elle-même des parties trop égoïstes. Une personne ne fait jamais exprès d'être centrée sur elle-même ; alors, il ne faut pas lui en vouloir. Un rêve comme celui-là montre des parties cachées de l'être, mais, bien sûr, il ne décrit pas sa totalité. Le Travail avec les Anges nous amène à nous habituer à ce langage de vérité.

On doit éviter tout jugement vis-à-vis d'une maladie, et l'utiliser plutôt comme piste d'évolution. D'un autre côté, la maladie n'est pas un critère de degré d'évolution. Chaque personne a son programme, une destinée unique établie en rapport avec un certain nombre d'objectifs à atteindre. Si la réponse que cette femme a eue dans son rêve était généralisable, beaucoup d'êtres humains souffriraient de dépigmentation cutanée, n'est-ce pas ? Chaque être exprime ses conflits intérieurs à sa façon, et les signes et symboles qui lui parviennent lui sont adaptés afin qu'elle comprenne en profondeur la cause de la situation qu'elle vit.

Il existe une règle, une loi, qu'on doit absolument retrouver si on veut comprendre comment se manifeste la force vitale. C'est la loi de la résonance. On attire tout ce qu'on est ; mais comme on ne sait pas tout ce qu'on est, on a des surprises, exactement comme en a eues l'ancienne religieuse avec son rêve de cheval blessé que je vous ai raconté précédemment. Cette femme ne connaissait pas la loi des résonances : c'était les autres qui étaient croches, et elle, elle ne croyait pas avoir de besoins sexuels. Personne ne lui avait expliqué cette loi.

Je vais vous donner un autre exemple de loi de la résonance, avec la dame qui voulait un compagnon et qui a rêvé du petit monsieur aux yeux bleus. Après que je lui ai parlé de son rêve, elle m'a dit : « Explique-moi un petit peu plus la loi des résonances : il y a quelque chose que je ne comprends pas bien », et elle s'est mise à me parler d'une de ses amies. On a des résonances avec les beaux côtés des êtres — leurs qualités et leurs vertus —, mais s'il arrive qu'on se sente dérangé par leurs comportements, c'est certain qu'on a aussi à l'intérieur de soi les racines de ces comportements. On ne perçoit pas toujours ces résonances car elles sont souvent inconscientes. Alors, lorsqu'on se sent dérangé, on se dit : « Oh ! ça y est : je vais mettre le doigt sur une mémoire inconsciente. Je suis content. » Et au lieu d'en vouloir à l'autre personne, on revient à soi-même. Quand on arrive à faire cela de façon automatique, vraiment, on a franchi toute une étape.

Cette femme m'a dit : « J'ai une amie que j'aime beaucoup, mais il y a quelque chose qu'elle dit assez souvent et, quand elle le dit, ça m'énerve vraiment ! Elle me dit : "Toi, tu vas finir comme moi : toute seule. Tu n'auras pas de compagnon." Oh ! là, quand elle me dit ça... »

Lorsqu'une personne dit : « Ça, ça lui appartient » sur un ton coloré d'une certaine agressivité, c'est qu'elle a une grosse résonance. Alors, j'ai dit à cette femme :

— Si ça t'énerve, c'est sûr que tu as des résonances avec cette distorsion. C'est comme si tu découvrais à l'intérieur de toi-même une partie qui fait qu'inconsciemment, tu es souvent en train de te dire : "T'en auras pas, t'en auras pas." Et cette petite partie qui dit ça, sournoisement, à l'intérieur, eh bien elle a raison.

— Comment ça, elle a raison ?

— Elle a raison parce que si tu ne changes pas, tu vas lui donner raison. Dans ton rêve, On t'a donné la vraie cause qui t'empêche de rencontrer un compagnon, et cette cause, c'est toi qui l'entretiens. Dorénavant, chaque fois que ton amie te lancera cette phrase, même si, au début, tu te sens contrariée, profites-en pour faire la pratique récitatoire et respirer l'Ange PAHALIAH.

Un jour, son amie aura beau lui dire : « Tu n'auras pas de compagnon », elle restera sereine. Cela indiquera qu'elle n'a plus de résonance avec cette distorsion. Et puis, un jour, cette amie n'aura même plus le goût de le dire. Il arrive aussi que nos relations changent parce qu'on n'a plus les mêmes attirances — les mêmes résonances — qu'avant. Si les personnes qu'on côtoie ne changent pas, on cesse simplement d'être en relation avec elles.

Nous allons maintenant voir un exemple qui touche les principes masculin et féminin. Ces deux pôles nous habitent et on va voir ô combien il est important de les marier à l'intérieur de soi. Dans certains contes de fées, on voit un couple de nouveaux mariés dans un carrosse tiré par quatre chevaux noirs. Cela signifie que lorsqu'on a parfaitement marié nos deux principes à l'intérieur, on acquiert une parfaite maîtrise de la matière. Cette grande force vitale — représentée par les chevaux — est totalement maîtrisée ; dans ce cas, les chevaux peuvent de nouveau être de couleur noire, laquelle est alors un symbole des plus positif.

Une personne est venue me parler de son vécu amoureux. Elle m'a dit: «J'ai eu une succession de relations intimes dans ma vie et ça n'a pas marché. En ce moment, je vis une autre rupture. Pourtant, j'ai eu un homme dans ma vie que j'ai tellement aimé! Mais c'était un amour impossible. Pourquoi Dieu m'a-t-Il fait connaître un tel amour s'Il ne voulait pas me donner droit à cette relation?» Cette femme semblait voir cet amour impossible comme une punition de Dieu.

Elle a ajouté:
—Quand j'étais libre, lui ne l'était pas, et quand il était libre, c'est moi qui ne l'étais pas.
—Ce n'est pas Dieu qui a voulu cela pour toi, lui ai-je dit. C'est toi qui t'imposes tes propres limites. Une partie de ton être ne veut pas s'engager, et, par résonance, tu attires des relations qui ne durent pas. Cette facette de ton homme intérieur fait en sorte que tu goûtes à l'amour, mais pas à l'amour total. C'est que tu as des mémoires qui comportent des blessures, de l'abandon et du rejet. Tu as encore toutes sortes de peurs qui te paralysent et qui t'enlèvent la possibilité de rencontrer quelqu'un. Pour pouvoir vivre un grand amour, tu dois être libre. Alors, donne-toi le droit de penser à tes ex-conjoints. Ces relations sont toutes des cadeaux pour toi: elles te signalent des mémoires inconscientes qui t'habitent. Analyse ces personnes et permets-toi d'identifier les résonances que tu as eues avec elles.

Bien sûr, les plaies provenant d'événements douloureux du passé se cicatrisent—comme celles du cheval—, mais, très souvent, lorsqu'on est confronté aux mêmes obstacles qu'avant, OOOH! le cheval rue dans les brancards et veut s'enfuir. On peut même avoir oublié la personne, tellement cela fait longtemps. En outre, ces souvenirs proviennent parfois d'autres vies. Au lieu de focaliser sur les événements douloureux, on se demande: «Ai-je transcendé la distorsion?»

En analysant nos relations passées, on peut arriver à rectifier le blocage. Autrement, on n'a aucun point de repère. Voilà pourquoi la communication et les contacts avec les autres sont si importants. Ils composent notre bibliothèque personnelle et nous indiquent ce que l'on doit travailler. Lorsque vient le temps de prendre conscience de notre réservoir de qualités et de distorsions, aucun livre ne peut mieux nous guider qu'un être connu.

Si on n'a pas réglé une distorsion qui est entrée en résonance avec tel être, si on ne l'a pas transcendée à l'intérieur de soi, elle nous habite encore. Alors, on continue d'attirer le même genre de personne.

Hier, j'ai eu un témoignage intéressant d'une femme qui a subi de la violence de son premier conjoint et qui, depuis, n'a plus voulu de partenaire dans sa vie intime. Cette femme qui travaille avec l'Angéologie Traditionnelle m'a dit : « Certains hommes que je côtoie m'attirent, mais si je gratte un peu dans la vie d'un homme par lequel je me sens vraiment attirée, je m'aperçois vite qu'il a la même tendance à la violence, quoique à des degrés moindres. Simplement en parlant avec lui, je me rends compte à quel point j'ai progressé concernant le type de personne qui m'attire. » Mais cette femme ne manifeste pas son attirance, et le contact demeure simplement amical.

Elle a ajouté :
— Je sais que j'ai encore beaucoup de mémoires à nettoyer avant d'être prête à m'engager.
— Ah ! tu es vraiment sage, lui ai-je dit. C'est sage, ce que tu fais.
— Non ! ce n'est pas de la sagesse : j'ai tellement souffert que je n'ai pas le goût que ça recommence.

Donc, elle observe. Personne ne lui a dit : « Là, ce n'est pas le temps. » Non, c'est elle qui sent à quel point elle en est rendue, selon le type de personne qui l'attire. Avec cette attitude, OOOH ! quelle aide ! On cesse de se battre et de penser que le Créateur est dur avec soi et que la vie est difficile. On se dit : « J'étais ignorant, et je n'ai pas à m'en vouloir de l'avoir été. J'ai des Clés Angéliques, maintenant. J'ai une compréhension qui me permet de rectifier mes mémoires, et je vais le faire. »

Voyons maintenant la position de L'Ange 20 PAHALIAH dans l'Arbre de Vie. Cet Ange réside dans la sphère qui s'appelle BINAH. Symboliquement, c'est le premier niveau où l'Esprit rencontre des limites liées à la matérialisation. Lorsqu'on crée un enfant, son âme est soumise à des limites, du simple fait qu'elle arrive sur Terre et qu'elle prend un corps. Le niveau vibratoire de la Séphira BINAH est très élevé, et même si les limites imposées à l'être à ce niveau sont très subtiles, elles constituent tout de même des limites. BINAH symbolise la puissance féminine, la matrice archétype, la matière primordiale originelle. Ainsi, lorsqu'on invoque les Anges qui résident dans cette Séphira, on est appelé dans nos profondeurs, aux toutes premières limites que rencontre notre force vitale. On y retrouve de très anciennes mémoires, que l'on doit rééduquer comme s'il s'agissait d'un cheval qui a été blessé.

Les limites sont vraiment nécessaires dans un premier temps ; elles sont à la fois naturelles et cosmiques. Si l'on n'a pas respecté les Règles Divines, les limites sont répressives, et elles le sont dans le seul but de nous amener à rectifier ce qui n'a pas été compris. La sphère BINAH est associée à la planète Saturne, symbole de concentration, de persévérance, de sens du devoir et de stabilité. Ainsi, avec l'Ange PAHALIAH, on acquiert beaucoup de stabilité et on est vraiment bien équipé pour travailler avec la force vitale. Cet Ange est également associé à la Séphira GUÉBOURAH, cette sphère martienne qui symbolise la force, la vigueur et le dynamisme.

Dans les cas où la force vitale est distorsionnée, l'Ange 20 PAHALIAH agit comme un chirurgien céleste : Il nous permet de réparer ce qui doit être rectifié. En fait, on ne se coupe de rien : on transcende. Le chirurgien céleste n'est qu'un symbole ou une image.

Je vais maintenant vous raconter une anecdote qui montre à quel point il est important d'établir des règles avec les enfants, et de les inciter à corriger leurs erreurs chaque fois que cela est nécessaire. Dans notre société, nous sommes passés d'un extrême à un autre dans l'éducation des enfants. Autrefois, on était rigide dans notre approche et on imposait des règles strictes. On était vraiment sévère. On se trouvait dans la distorsion de l'Ange PAHALIAH. Or, ceux qui ont grandi dans cette rigidité ont versé dans l'autre extrême en éduquant leurs propres enfants. Ils se sont dit : « J'ai tellement souffert qu'on ait été aussi rigide et sévère avec moi ! Je ne veux surtout pas que mes enfants vivent la même chose. » On est donc passé du puritanisme au laxisme. Mais ces deux attitudes parentales sont aussi difficiles l'une que l'autre pour les enfants. Ces derniers ont besoin de règles pour évoluer sainement.

Alors, voici l'anecdote. Je faisais ma pratique récitatoire avec l'Ange 20 PAHALIAH, et je me promenais avec mon époux, notre fille Kasara—qui a sept ans—et ses deux petites amies. Kasara aime beaucoup ses petites amies et elle était vraiment contente d'être en leur compagnie. À un moment donné, elle est allée sur le terrain non clôturé d'une propriété qui comprenait un magnifique parterre de fleurs. Et puis la petite coquine, elle s'est penchée sur le parterre de fleurs, elle a attendu un moment, et elle a fait semblant de cueillir des fleurs.

Oh! la propriétaire—qui était à la fenêtre—n'était pas contente. Elle a eu peur qu'on lui prenne ses fleurs. Alors, lorsque Kasara est revenue vers nous, son père lui a parlé avec une juste autorité. Il avait une attitude de justesse et c'était de toute beauté. Il était ferme mais il n'avait aucune agressivité du genre qu'on peut avoir lorsqu'on est fâché et qu'on se dit : « Aïe ! qu'est-ce que les voisins vont penser de nous ? » L'absence de colère fait en sorte que notre attitude peut être juste. Et cela, l'enfant le ressent. Son père lui a expliqué les règles fondamentales.

Il lui a demandé :
—Kasara, as-tu fait semblant de cueillir des fleurs pour faire rire tes amies ?
—Eh bien, oui, a-t-elle répondu.

Bien sûr, elle n'y voyait pas grand mal. Il lui a dit : « Je vais t'expliquer ce qui va se passer si tu ne vas pas t'excuser auprès de cette madame. Dorénavant, chaque fois qu'elle verra arriver des enfants ou même des adultes qui veulent seulement sentir ses fleurs, cette peur qui est inscrite en elle va remonter. Pas une grosse peur, bien sûr, mais cette peur sera là. Et toi, si tu ne vas pas rectifier, chaque fois qu'elle aura une petite peur, tu seras liée à l'événement : tu auras une part de responsabilité. »

On voit la chaîne des karmas : lorsqu'on fait du mal à quelqu'un, par la suite, chaque fois que sa peur sera ravivée et qu'elle la manifestera à d'autres personnes, on en sera responsable d'une certaine manière. OOOH ! là, Kasara a compris quelque chose de fondamental. On pourrait méditer toute une vie sur cet exemple, tellement il a de profondeur et tellement nombreux sont les comportements auxquels il s'applique.

Par les explications de son père, Kasara a compris la portée de ce qu'elle venait de faire et elle n'a pas senti de reproche : elle a simplement pris conscience des règles. Alors, mon époux lui a demandé d'aller s'excuser, et, très dignement, c'est ce qu'elle a fait.

Bien sûr, la dame était contente, mais elle ne s'attendait pas à ces excuses. Et quand Kasara est revenue, son père l'a félicitée devant ses amies : « C'est beau, ce que tu as fait. Ce n'est pas facile : il y a des adultes qui n'arrivent pas à faire ce genre de choses. C'est grand de s'excuser, de corriger nos erreurs. »

On ne connaît pas les règles avant de les avoir apprises. Aux personnes qui font de la haute voltige ou de l'acrobatie sur les chevaux, on enseigne d'abord à tomber. Ainsi, lorsqu'ils tombent, en général, ils ne se blessent pas. Pour nous, c'est la même chose : on modifie notre façon de penser, on essaie de retrouver les règles et on corrige nos erreurs. On fera encore beaucoup d'erreurs — c'est normal — mais on s'en apercevra tout de suite et on les rectifiera sans verser dans la rigidité.

Quand une personne qui est rigide dans son corps physique tombe, elle se fait mal. Par contre, une personne au corps souple ne se blesse pas. Il en va de même avec la souplesse d'esprit. En travaillant à rectifier notre rigidité, on arrive un jour à faire de la haute voltige avec notre conscience. Mais on doit d'abord et avant tout se permettre d'expérimenter. Même si l'Ange PAHALIAH a pour qualité d'établir les règles, justement, Il nous aide à retrouver toute notre souplesse d'esprit. Cette dernière peut ensuite descendre dans le corps physique et se manifester au plan matériel.

Vous voyez à quel point il est important d'enseigner les règles à nos enfants. Cette anecdote touche aussi la séduction. Combien de gestes pose-t-on simplement pour essayer de plaire aux autres ? Avec l'Ange PAHALIAH, un jour, tout désir de plaire ou de séduire a disparu.

La séduction s'exprime à divers degrés, du plus infime à l'extrême, et quand on est dans une attitude de séduction, la puissance de l'amour inconditionnel ne peut pas passer. Il s'agit d'une attitude distorsionnée, et, petit à petit, par la compréhension, on arrive à la transformer.

Voici un autre exemple qui touche de près l'Ange 20 PAHALIAH et qui concerne *la rectification d'erreurs commises par des désirs exaltés*. Une personne qui travaille avec les Anges en utilisant le Calendrier Angélique m'a raconté ce qu'elle avait vécu alors qu'elle invoquait l'Ange PAHALIAH — entre le 27 juin et le 1er juillet, les cinq jours régis par cet Ange. Cette femme avait un travail saisonnier qui la privait de revenus pendant l'été. Alors, pour des raisons financières, elle a essayé de trouver un travail d'été. Elle a donc offert ses services à quelques boutiques spécialisées dans un domaine qu'elle connaît bien : les vêtements. Après avoir essuyé plusieurs refus, elle a été référée à une autre boutique. Celle-ci offrait de la lingerie fine. OOOH ! elle n'avait pas le goût de se retrouver vendeuse dans ce genre de magasin, car cela lui rappelait une période de sa vie, environ 15 ans plus tôt, où elle avait sa propre entreprise de design de vêtements et de sous-vêtements.

Par les limitations financières qu'Elle imposait à cette femme, l'Intelligence Cosmique la ramenait donc dans son ancien domaine : sans problèmes financiers, elle ne serait jamais retournée dans ce secteur d'activité. C'est une personne qui chemine — une belle personne — et, pour elle, la lingerie représentait un domaine pas du tout spirituel : elle était confuse dans les concepts de bien et de mal. Pourtant, même une sainte a porté une brassière et une culotte ! Dans la lingerie, on trouve toute une gamme de produits, qui va du plus utilitaire au plus érotique. C'est l'intention qui a été mise dans le design et la façon de porter le sous-vêtement qui font la différence, pas l'objet lui-même.

Les limitations financières étaient là pour lui signifier : « Tu n'as pas le choix : tu dois y aller. On a trouvé un bon petit stage pour toi : tu y apprendras beaucoup. » Puisqu'elle comprenait cela, il lui a été plus facile de mettre sa réticence de côté et d'y retourner. Elle m'a dit : « J'ai eu toute une leçon ! À un moment donné, un couple est entré dans la boutique ; c'était un monsieur très imposant et une jeune femme. C'est lui qui dirigeait l'achat et il commandait des brassières toutes plus érotiques les unes que les autres. AAAH ! là, j'invoquais l'Ange PAHALIAH. J'ai remarqué que lorsque l'homme était près de moi, il parlait très fort avec un ton agressif, et que lorsqu'il s'écartait de moi et allait plus loin dans la boutique, il retrouvait son calme : il parlait moins fort. »

Que se passait-il ? Cette femme n'a pas complètement transcendé sa force sexuelle, et quand elle invoquait l'Ange PAHALIAH, inconsciemment, avec ses préjugés, elle essayait de changer le monsieur. Elle avait la même attitude intérieure que les ennemis de la religion qui guerroient, qui se disent : « Aïe ! là, cette personne n'est pas correcte », et qui veulent changer les autres. Voilà ce qui se passait. Inconsciemment, l'homme le sentait et il avait toutes sortes de réactions, elles aussi inconscientes.

La femme m'a dit : « De l'une des brassières que la jeune femme a choisies, une petite marguerite s'est décousue et est tombée. J'ai donc proposé de la recoudre. » Tout ce qui arrive et chaque geste que l'on pose ont une signification. Le travail de cette femme dans la boutique ne devait pas seulement lui servir de gagne-pain, et la marguerite n'est pas tombée par hasard : cette femme avait quelque chose à réparer.

Ce n'est pas tout. En riant d'elle-même — elle a fait preuve de beaucoup d'humour —, elle m'a dit : « À la fin de ma journée de travail, en entrant dans ma voiture, je me suis cogné l'épaule droite. Je me suis vraiment fait mal, et, à ce moment précis, On m'a envoyé un flash : j'ai revu la jeune femme qui, dans la réalité, avait un pansement exactement au même endroit, sur l'épaule droite. OOOH! là, j'ai compris ma leçon. »

Lorsqu'on vit un acte manqué, on doit tâcher d'en trouver la cause, car il s'y cache toujours un enseignement. Cette femme était habituée de faire ce travail de conscience ; alors, On lui a envoyé la cause en direct : l'image du pansement lui est revenue. OOOH! à ce moment-là, elle a réalisé qu'elle avait porté un jugement sur cette jeune femme. Elle m'a dit : « Ce n'est pas le monsieur que j'ai jugé. C'est la jeune femme. » Pourquoi l'a-t-elle jugée ? Quand on juge une personne, cela indique qu'on a des résonances avec elle. Et pourtant, cette femme n'a plus rien d'une séductrice. On a voulu lui montrer des résonances très profondes, comme si On lui disait : « Tu as encore des petites séductrices dans tes mémoires. »

Lorsque l'on tente de séduire, c'est qu'on souhaite avoir un accès facile à la matière et à l'amour. Comme je vous l'ai dit, il existe toutes sortes de degrés de séduction. Un sourire peut originer d'un désir de séduire ou n'être que l'expression d'une belle spontanéité. Comment le savoir? C'est tellement subtil! Lorsque la séduction s'exprime de façon grossière, on la perçoit bien, mais lorsqu'elle s'exprime très finement, on ne la perçoit plus, sauf, bien sûr, si on a la clairsentience. On peut aussi percevoir notre propre attitude séductrice en analysant nos rêves.

Lorsqu'on s'aperçoit, comme cette femme, qu'on a des résonances, on est dans la compassion et on remercie les autres de nous montrer ce qui résonne encore à l'intérieur de soi.

Par ces petits événements au magasin de lingerie, On a également dit à cette femme : « Tu maintiens des comportements moraux — tant au plan concret qu'aux niveaux subtils — que tu crois justes et qui t'ont rendue rigide. La raison pour laquelle tu as jugé cette jeune femme et pas l'homme qui l'accompagnait, est que, inconsciemment, tu aurais aimé être à sa place. C'est aussi pour cette raison que tu t'en prenais à elle. Tu n'as pas de compagnon et tu t'en sens frustrée, car la séduction t'habite et tu ne peux pas la manifester avec un homme. »

OOOH ! Imaginez-vous ! Pendant qu'elle cousait la petite marguerite de la brassière, elle a eu toute une pensée d'excuse vis-à-vis de cette jeune femme. Elle a fait un beau travail intérieur. L'évolution initiatique nous amène à comprendre profondément que chaque personne doit vivre ses expériences.

Souvent, on entend des gens dire : « Ah ! comme c'est ennuyant de travailler à cet endroit : je me sens limité. J'aimerais mieux faire quelque chose de plus créatif ou de plus spirituel, un travail qui me permettrait d'aider les gens. » Tout est spirituel, et notre travail se situe exactement là où On nous a envoyé. Ce sont des stages que nous donne l'Intelligence Cosmique pour nous permettre de travailler sur nous-même, et cela s'applique avec d'autant plus de force si on s'y sent dérangé. On nous y laissera le temps qu'il faut, et si on prend l'initiative de partir avant le temps, c'est-à-dire avant que le problème ne soit réglé, on retrouvera exactement les mêmes résonances dans un emploi futur. AAAH ! quand on comprend cela, on cesse de se battre contre son destin. On accepte. On ne connaît pas nos mémoires inconscientes. Alors, simplement avec la compréhension et l'acceptation, il devient beaucoup plus agréable de travailler à certains endroits ou de côtoyer certaines personnes qui, autrement, nous dérangeraient. Cette histoire nous mène très loin, n'est-ce pas ?

Voici un autre fait vécu qui touche l'état de conscience PAHALIAH. Cet exemple illustre pourquoi l'abstinence peut nous être utile, voire nécessaire, en certains moments de notre vie, et il montre aussi que l'abstinence n'est pas la transcendance. Un homme a rompu avec une femme avec laquelle il vivait depuis plusieurs années. Pour lui, la rupture, qui a eu lieu il y a un an, a été extrêmement difficile. En ce moment, cet homme n'a pas de compagne et il souffre d'un grand manque aux plans affectif et sexuel. Il vit cela d'une façon très douloureuse.

On lui a envoyé un rêve, qu'il m'a raconté. *Il avait mal au ventre, et, accompagné de son ex-conjointe, il faisait la file d'attente pour être soigné. Lorsqu'il est arrivé devant le médecin, il est resté très surpris: le médecin était son frère. Tout en l'examinant, celui-ci tentait de séduire l'ex-conjointe du rêveur. Finalement, il a diagnostiqué un problème à la cuisse gauche.*

Dans le rêve, *cet homme était mécontent de voir que son frère tentait de séduire son ex-conjointe.* Qu'a-t-On voulu lui dire ? La présence de l'ex-conjointe indique des mémoires non résolues. Généralement, lorsqu'On nous envoie un tel symbole, c'est qu'On veut nous dire: « Tu as encore des distorsions qui t'habitent ; tu es encore connecté au type d'énergie que ton ex-conjoint ou ton ex-conjointe représente pour toi. Regarde ce qui n'a pas bien fonctionné avec cette personne. » Lorsqu'on est connecté à une personne par les qualités, on n'éprouve ni souffrance ni dépendance envers elle. Mais lorsqu'on est encore connecté *via* les distorsions, cela pose un certain problème à la conscience, même si on n'a pas revu l'ex-partenaire depuis 20 ans.

Par le symbole du mal de ventre, On a voulu montrer à cet homme sa souffrance émotionnelle et certains aspects de sa sexualité qui le poussaient à aller se faire soigner — symboliquement, se faire soigner l'âme. La cuisse gauche, où le médecin a détecté un problème, représente la séduction.

Par l'attitude de son frère, On a voulu montrer à cet homme une partie négative de lui-même qui profitait d'une situation, celle de son désir conscient de guérir son mal-être. Autrement dit, On lui montrait: « Tu profites de ta recherche de guérison et de soins pour nourrir cet aspect instinctuel de toi-même qui est lié à la séduction et qui doit être changé. »

Je lui ai dit :
— Réfléchis un peu et essaie de trouver quelque chose que tu as fait ou que tu fais en ce moment, et qui répond à cette dynamique.

C'est cela qu'On veut te montrer dans le plan des causes. On veut que tu rectifies certaines choses parce que tu es sincère.
—Ah! je vois. La veille de ce rêve, j'ai appelé mon ex-conjointe. J'avais l'intention de lui parler de mon évolution et de ce que j'avais compris concernant l'époque où nous vivions ensemble. Mais dès que j'ai commencé à lui parler, j'ai fondu en larmes.

Par le rêve, On a voulu montrer à cet homme que son intention de parler de son évolution à son ex-conjointe — qui vit maintenant avec un autre homme — n'était pas une démarche honnête : une partie de lui voulait encore séduire. Vous voyez à quel point les rêves sont importants. Sans aucun jugement, On nous lève le voile et On nous montre nos vraies motivations, généralement plus ou moins conscientes. Ainsi, on reçoit une guidance et on rectifie. Cet homme était très content. Il m'a dit : « Je viens de comprendre beaucoup de choses. »

Cet homme a de la difficulté à assumer l'abstinence, car sa force instinctuelle est encore très demanderesse. C'est justement sur cette énergie très puissante, source de vigueur et de dynamisme, que l'Ange PAHALIAH nous aide à travailler. Il le fait en établissant des règles justes. Chaque fois qu'on a des impulsions et des désirs dont on sait fort bien qu'ils vont nous ramener à des expériences difficiles, c'est le moment idéal pour inspirer l'énergie de l'Ange PAHALIAH. Il nettoiera les mémoires qui sont liées à ces désirs et impulsions. Bien sûr, on ne doit pas invoquer uniquement dans les situations difficiles ; il faut aussi le faire lorsqu'on baigne dans la joie. Souvent, quand tout va bien, on oublie, ce qui fait qu'on doit passer par des expériences difficiles pour être remis sur la voie spirituelle.

Cet homme a effectué un grand travail sur lui-même et il a réalisé certaines prises de conscience, mais sa force sexuelle n'a pas intégré ces réalisations. Ce palier n'est pas encore atteint.

L'acte sexuel fait tout ressortir : il amplifie tant nos qualités que nos distorsions. C'est pour cette raison qu'il est si intense et qu'il fait tellement peur à certains êtres. Il n'est du ressort de personne de nous dire quand ou combien de temps on doit se ranger du côté de l'abstinence ; cela se décide entre soi-même et la grande Intelligence Cosmique.

Reprenons l'exemple de cette dame qui avait eu un époux violent et qui ne voulait pas retomber dans ses anciens schémas. Elle réalisait qu'elle se sentait encore attirée par le même type d'homme—même si ceux qui l'attiraient étaient mieux à cet égard—, et, pour cette raison, elle préférait l'abstinence pendant encore un certain temps. Si on est ambivalent et qu'on se dit : « C'est peut-être le temps pour moi d'avoir une personne dans ma vie », on peut demander un rêve ou un signe. En Haut, Ils vont nous envoyer clairement la réponse, qu'on aura simplement à *lire*. Cette dame trouvait sa réponse non pas dans ses rêves, mais *via* la loi de la résonance, qui est une source inépuisable d'informations. Elle constatait : « Je suis attirée par cet homme, il me raconte sa vie, et je vois bien que c'est le même style d'homme que mon ex-conjoint. » Ainsi, elle en arrivait à se dire : « Je ne recommencerai pas une relation intime avant que cela ne soit guéri. »

Vous voyez à quel point on devient autonome. Personne ne nous dit : « Fais ceci ou fais cela. » On est continuellement guidé, on comprend de mieux en mieux nos expérimentations et, petit à petit, on en arrive à saisir clairement les messages qu'On nous envoie.

Voici un autre exemple dans lequel On annonce à la personne un besoin de rectifier des erreurs du passé. Une femme qui commençait une nouvelle relation avec un homme m'a dit : « J'ai eu un rêve qui m'a beaucoup dérangée. Dans ce rêve, *mon conjoint —maintenant décédé—me disait : "Je reviens vivre avec toi"*, *et je n'avais pas le goût qu'il revienne*. Que signifie ce rêve ? »

Quand un être décédé revient dans un de nos rêves, il se peut que ce soit l'âme elle-même qui vienne nous rendre visite. Mais cela peut aussi être un symbole, comme c'est le cas ici. De toutes façons, dans les deux cas, le message serait le même. On voulait dire à cette femme : « Tu as encore des résonances avec cet ex-conjoint. Si tu ne changes pas, les mêmes distorsions peuvent ressortir dans ta nouvelle relation et les mêmes problèmes vont resurgir. »

Alors, je lui ai dit : « Étudie ce qui n'a pas fonctionné avec cet ex-conjoint. Si tu n'avais pas le goût qu'il revienne, c'est que certains aspects de votre relation faisaient problème. Essaie d'identifier ces distorsions. Tu devras les transcender un jour. Transcender signifie transformer, passer à travers : plus rien d'opaque ne retient la lumière. Si tu fais ce travail pendant que tu développes ta nouvelle relation, celle-ci s'en trouvera grandement améliorée. Cela ne veut pas nécessairement dire que ton nouveau compagnon est la copie conforme de ton ex-conjoint. À toi de juger. »

Lorsqu'on amorce l'ouverture du subconscient, On peut nous envoyer beaucoup de rêves sur nos ex-conjoints, si on en a eu. C'est normal, car ces êtres représentent des objectifs importants sur lesquels travailler, en terme de conscience. Ces aspects peuvent même remonter à notre enfance, par exemple à un petit amour platonique qui a laissé dans notre cœur la mémoire d'un acte manqué. Toute la gamme peut nous être envoyée. Quand on comprend ce principe, si notre conjoint rêve de son ex-conjointe, alors il devient plus facile de ne pas tomber dans l'insécurité et la jalousie. On se dit plutôt : « Merveilleux ! je suis chanceuse car il rectifie des mémoires distorsionnées qui l'habitent encore et qu'On lui montre. Je vais l'encourager. »

Voici un autre exemple dans lequel se distingue l'une des qualités de l'Ange PAHALIAH : *aide à traverser les épreuves avec courage et dynamisme*, et deux de ses distorsions : *ne croit pas en une puissance supérieure*, et *abattement*. C'est une personne qui chemine depuis un certain temps et dont le conjoint ne croit en rien, même pas en une puissance supérieure. Il ne veut rien entendre de la spiritualité. Elle m'a dit : « Ça commence à être difficile pour moi : j'arrive à peine à communiquer avec lui. Alors, En Haut, je Leur ai demandé : "Est-ce pour moi le temps de partir ? Dois-je prendre une décision quant à ce conjoint ?" Et On m'a envoyé un rêve très simple. »

Elle a vu arriver son conjoint couvert d'une peau de mouton, et elle devait le soutenir, sinon il se serait écroulé par terre. OOOH ! en se réveillant, ce matin-là, elle Leur a dit, En Haut : « Je Vous ai posé une question, mais je ne comprends pas votre réponse. Je ne sais pas comment interpréter ce rêve. » Alors, la nuit suivante, elle en a demandé un autre : « S'il Vous plaît, envoyez-en un que je comprenne. » Alors, Ils lui ont envoyé une autre facette. *Elle était dans des eaux noires et boueuses, et son conjoint la soutenait. Elle se disait : « Maintenant, je vais pouvoir nager toute seule. Je n'ai plus peur. Je vais pouvoir sortir de ces eaux noires. »*

Qu'a-t-On voulu lui montrer? Bien sûr, On avait levé le voile sur ce qui se passait au plan énergétique entre elle et son conjoint, et qui il était. Mais je lui ai dit:

—N'oublie pas que ton conjoint représente aussi une partie de ton homme intérieur. Tu as une résonance avec lui. Que représente une peau de mouton pour toi?

—Suivre comme un mouton.

—Eh bien, c'est cela qu'On t'a montré: il suit comme un mouton. Et c'est toi qui le soutiens.

—Oh! il n'a rien d'un mouton, a-t-elle répliqué, toute surprise. C'est un homme de décision. Il a beaucoup d'autorité et toute une envergure dans sa vie professionnelle.

—Oui, mais tu m'as dit qu'il ne croit en aucune puissance supérieure: c'est la matière qui le guide, qui le dirige.

Ce qu'on voit n'est parfois qu'illusion. Quand On nous lève le voile sur les plans causals, c'est une toute autre réalité qui nous est montrée. Quelqu'un qui ne suit que la matière est un mouton, car c'est elle qui le dirige.

On a aussi voulu montrer à cette femme: « Par ton travail spirituel, c'est toi qui le soutiens au plan énergétique. Mais pourquoi vis-tu avec un tel être? » C'est pour cette raison que dans le deuxième rêve, On lui a fait voir une autre facette. On lui a indiqué: « Certaines parties de toi nagent dans des eaux noires et boueuses. L'eau représente ta dimension émotionnelle, où subsistent de grandes insécurités matérielles. Et comme ton conjoint a toute une envergure, c'est lui qui te soutient. Il te soutient dans tes insécurités matérielles. Et c'est l'une des raisons pour lesquelles tu es en relation avec lui. »

On lui a montré où elle en était dans son cheminement spirituel. Elle avait commencé à développer une force et une sécurité intérieures, et elle sentait qu'elle pourrait bientôt nager toute seule, qu'elle n'aurait plus besoin de soutien extérieur. Mais on peut voir dans le rêve que sa démarche était encore fragile: si sa relation se terminait, cette femme sombrerait dans les eaux tumultueuses. Quand on a des insécurités matérielles, notre foi est limitée et elle n'est pas stable.

Je lui ai dit: « C'est à cause de ces insécurités que tu es avec un homme comme lui. Tu as d'importantes résonances. » Dans les rêves qui ont suivi et qu'elle m'a racontés, elle mettait le feu un peu partout. Alors, je lui ai dit : « Bien sûr, c'est toi qui prends tes décisions, mais ces rêves où tu mets le feu partout t'indiquent que ce n'est pas le temps de quitter ton conjoint : ce serait de l'impétuosité. Quand on prend de telles décisions, il faut toujours que ce soit très bien fait. Un jour, lorsque le temps sera venu de décider de partir, On te le montrera de façon très claire. Et à ce moment-là, tu devras t'attendre à deux réactions possibles de la part de ton conjoint. Ou bien il te trouvera tellement belle — une personne qui se développe spirituellement acquiert tout un rayonnement car elle intègre les qualités — qu'il désirera te garder auprès de lui. Il se dira : "Je ne comprends pas tout ce qu'elle fait, mais j'ai le goût de devenir comme elle", et alors, il pourra commencer son cheminement en douceur. L'autre réaction possible, et que tu dois envisager, c'est que son programme s'écarte du tien. S'il n'est pas inscrit qu'il doive cheminer spirituellement dans cette vie, tu ne peux pas le lui imposer et tu ne dois pas lui en vouloir, ni penser qu'il est moins bien que toi. Plus tard, dans une autre vie, il devra se tourner vers cette grande puissance car ce sera inscrit dans son programme. Tous y parviendront un jour ou l'autre. C'est l'objectif ultime de l'âme. » Voilà ce qu'est la sagesse : on n'impose rien aux autres. En certains moments, les orientations convergent, en d'autres, elles divergent, suivant le plan de vie de chacun.

Voici un dernier exemple, qui met en évidence une autre qualité de l'Ange 20 PAHALIAH : *établit des règles dans la nature instinctive*. Cette qualité nous permet de mettre de l'ordre dans notre nature instinctive et de traverser les épreuves avec plus de facilité et de courage. On a vu au début que lorsque la force vitale est ligotée, on peut se voir sans jambes dans un rêve, comme si on ne pouvait plus avancer.

Une femme est venue me voir et m'a demandé d'interpréter son rêve. Elle m'a dit :

— *Ma jambe droite était toute blessée et ma jambe gauche était amputée.* Que signifie ce rêve ?

— La jambe droite a trait au plan matériel, et la gauche, au monde intérieur. Dans le plan physique, quelque chose t'a blessée, et cela fait en sorte que tu commences à avoir de la difficulté à entrer dans l'action. Au plan intérieur, le flux d'énergie est déjà

coupé : ta force émotive, qui est une composante-clé de ta force vitale, est en panne. Elle ne veut plus avancer. Essaie d'identifier ce qui crée ça en toi.
— Quel est l'Ange du pardon ? m'a-t-elle demandé.
— Il en existe un qui est spécifique au pardon, à la miséricorde ; c'est l'Ange HAZIEL, l'Ange numéro 9. Mais tu peux aussi invoquer l'Ange 20 PAHALIAH, qui va travailler une autre facette. Et fais attention de ne pas entrer dans le vieux concept du pardon, dans lequel on se dit : « Je pardonne », mais qui ne va pas en profondeur. Si on n'a pas compris, on n'a pas pardonné.

Cette femme avait été trahie par son conjoint, et cela générait chez elle de gros blocages. Je lui ai dit : « Si tu ne fais que pardonner, le travail restera superficiel. Tu dois le compléter avec la compréhension de la loi de la résonance. Si tu as été trompée, c'est que tu avais une résonance. Dans une autre vie, tu as fait la même chose, d'une manière ou d'une autre. Cette trahison était inscrite en toi. Donc — c'est absolu —, tu l'as attirée à l'extérieur et On t'a fait rencontrer ce type de personne. Bien sûr, lui aussi aura des expériences à vivre en rapport avec cette trahison. La Justice Divine existe, et à chacun son destin. Mais si On t'avait envoyé un autre homme comme conjoint, tu aurais tout de même vécu cette trahison. »

Cette femme est très fidèle, elle a quatre enfants et, pour elle, tout allait bien : elle ne pensait pas du tout être un jour victime d'une trahison. Comment aurait-elle pu voir qu'elle la portait en elle, cette infidélité ?

J'ai ajouté : « Ce que cet événement met en lumière n'est que la pointe de l'iceberg. Plus profondément, il s'y cache un certain nombre de mémoires liées à des infidélités. C'est absolu. On ne vit pas l'infidélité sans en porter le germe à l'intérieur de soi. Donc, tu ne sais pas combien de temps il te faudra pour pardonner totalement, pour vraiment transcender cette situation qui crée des agressivités, et à cause de laquelle ta nature instinctuelle blessée rue dans les brancards ou veut fuir. »

Si on ne fait pas le travail à fond et qu'on se contente de pardonner, à la moindre occasion, il suffira d'un petit événement, d'une présence ou d'un mot, et WOOPS ! la colère ressortira. Et On nous en mettra amplement, ce, jusqu'à ce qu'on ait vidé la cuve, jusqu'à ce que toutes ces mémoires soient nettoyées.

Je lui ai conseillé : « Chaque fois que tu te sens blessée, inspire lentement et dis-toi : "Je portais cela en moi. Si lui ne m'avait pas trompée, un autre l'aurait fait. Je le remercie de me donner l'occasion de nettoyer ces mémoires une fois pour toutes." Et là, reviens à toi-même et fais ta pratique récitatoire. C'est la seule façon de procéder. Si tu fais ce travail de façon assidue, tu auras sûrement des rêves qui te fourniront d'importants éléments de compréhension. »

Même si l'autre n'a pas été juste, on doit éviter d'en faire un bouc émissaire et de lui en vouloir. Le Destin se chargera de lui. Un être spirituel doit fonder son pardon sur la confiance en la Justice Divine. Sinon, la notion même de Dieu n'aurait aucun sens. Après avoir bien assis cette compréhension, on s'assure de ne pas refouler l'énergie émotionnelle. Lorsque des émotions comme la peine et la colère refont surface, on les utilise pour nettoyer les mémoires distorsionnées en faisant la pratique récitatoire et en se répétant que la Justice Divine existe.

Comme conclusion à ce cours sur la transcendance de la sexualité, on verra que la rééducation de la force vitale passe nécessairement par l'accès à une Conscience Divine, c'est-à-dire qu'elle inclut la redécouverte et l'intégration des qualités et des vertus.

Si on considère la sexualité en terme d'acte physique entre un homme et une femme, il ne faut pas se le cacher, on constate une évolution importante au cours de l'histoire. Chez l'homme des cavernes, c'était plutôt l'animalité qui était exprimée dans la relation intime, et, bien que la sexualité soit maintenant loin d'être parfaite, elle a vraiment évolué.

Pourquoi la sexualité fait-elle tant parler ? Pour quelles raisons est-ce un sujet si important dans toute culture ? Qu'est-ce qui justifie autant de tabous ? Pourquoi cet acte évoque-t-il à la fois la crainte et la fascination ? Pour pouvoir répondre à ces questions, on doit saisir ce qui se passe lors de l'acte lui-même.

Lorsque deux personnes fusionnent dans l'acte sexuel, pendant quelques secondes, voire quelques minutes, les êtres sont présents avec une grande intensité, laquelle est d'autant plus grande si la pensée et les sentiments de chaque être sont concentrés sur la divinité de l'existence. Cette attention descend dans le corps physique grâce à la fusion des corps. Cela crée une expansion et une réelle fusion des âmes. Les êtres qui ont une conscience ordinaire font alors l'expérience d'un niveau d'amour plus élevé qu'ils n'en ont l'habitude.

Lorsqu'on revient à la réalité normale et aux autres activités, même le contact avec le conjoint peut paraître ennuyant en comparaison avec ce que l'on a senti lors de la fusion sexuelle ; on peut alors sentir un décalage. D'où le désir de recommencer. D'où également les dépendances qui se créent envers l'acte sexuel.

Or, plus on chemine et plus on nettoie nos mémoires inconscientes, plus longtemps cette dilatation de l'être perdure, et plus le niveau et la fréquence de l'expérience sont élevés. Les êtres évolués atteignent des niveaux d'amour et de conscience bien supérieurs à ce que deux êtres dans une conscience ordinaire peuvent entrevoir *via* cet acte sacré. On parle d'expérience mystique.

Un jour, l'être initié peut maintenir ces niveaux de conscience et d'intensité à travers d'autres activités — en lavant la vaisselle, en marchant, etc. —, et ni le type d'activité ni les personnes rencontrées ne peuvent altérer à la hausse ou à la baisse ce niveau d'intensité. C'est l'un des résultats du travail de rééducation de la force vitale et du développement des qualités et des vertus. Par l'acte sexuel, l'être initié sent sa force se multiplier, et il touche à la concentration de la vie et au pouvoir de la Création.

Un être qui a réussi à marier ses deux principes à l'intérieur de lui-même devient complet et acquiert la maîtrise de sa force vitale. C'est ce que représente, comme je l'ai mentionné plus tôt, l'image du carrosse de mariés attelé à des chevaux noirs qu'on retrouve dans certains contes. Alors, lorsque cet être fusionne dans l'acte sexuel avec un autre être qui lui aussi est complet, à ce moment-là, on peut vraiment parler de transcendance de la sexualité. Entre ces deux êtres, aucun besoin sexuel ne subsiste et tout devient sacré. Une grande intensité et une infinie tendresse imprègnent la relation. Cela n'est pas dû à l'activité sexuelle elle-même, mais à la complétude de chacun des deux êtres.

☉
Âmes sœurs et âmes jumelles

Quelle est la différence entre âmes sœurs et *âmes jumelles*? Les âmes sœurs sont des personnes, sans égard au sexe, qui ont des affinités — sportives, littéraires, familiales, etc. — et qui vivent une relation d'amitié profonde. Elles peuvent être initiées, mais pas nécessairement.

L'expression *âmes jumelles* peut être nouvelle pour vous. Que sont les âmes jumelles? Qu'est-ce qui les caractérise de façon essentielle? L'expression *âmes jumelles* désigne un couple d'êtres qui ont atteint un niveau d'harmonie exceptionnel, tant à l'intérieur d'eux-mêmes que dans la relation, ce, aux plans spirituel, intellectuel, émotionnel et physique. Pour atteindre ce niveau d'harmonie, les deux êtres doivent avoir effectué un grand travail spirituel. Chacun doit d'abord marier les deux principes à l'intérieur de lui-même, et, ensemble, ils doivent continuer le travail en accordant la priorité à la vie spirituelle et en cherchant constamment ce qui est juste, c'est-à-dire l'intégration des qualités et des vertus.

Le couple d'âmes jumelles est vraiment le couple de l'espoir. Lorsque ces êtres se rencontrent ou parviennent à ce niveau, c'est pour réaliser de grandes missions, ici sur Terre: d'abord des enfants, auxquels on transmet la sagesse et la Connaissance pour leur développement, et puis des projets et des entreprises altruistes. La fusion des âmes jumelles crée une grande force de matérialisation. Les principes de l'Esprit et de la matière sont assemblés dans les deux êtres. Lorsqu'un homme et un femme réfléchissent ensemble et se mettent à réaliser des projets, une extraordinaire force de matérialisation est mise en route. Mais on doit se rappeler que les âmes jumelles ne sont possibles que si la vie des deux êtres est consciemment spirituelle.

☉

Ange 18 Caliel
Les Enfants de la Vérité

Depuis une trentaine d'années, ils sont de plus en plus nombreux ; ils arrivent... Ils sont venus nous aider à aimer la vérité. Qui sont-ils ? On les appelle les enfants indigo, les enfants du Verseau ou les enfants nouveaux. On pourrait également les nommer les enfants de la vérité, car, pour eux, le plus important est de retrouver la justesse.

Dans leur quête de vérité, ils devront apprendre un nouveau langage, celui des symboles. En leur enseignant à distinguer le vrai du faux, et le bien du mal, ce langage leur permettra, *via* l'analyse des rêves et des signes du quotidien, de découvrir de nouvelles réalités et ainsi pouvoir vivre en harmonie avec leur environnement. Ces êtres sont venus bâtir une nouvelle société basée sur l'altruisme.

Dernièrement, avec notre fille Kasara, mon époux et moi-même avons vécu un de ces moments magiques de quête de la vérité. Pendant les fêtes de Noël, lors d'une réunion familiale au cours de laquelle nous avons échangé des cadeaux, Kasara a découvert une étiquette de prix qui avait été oubliée sur l'un de ses cadeaux. OOOH ! quand elle a vu l'étiquette, elle était surprise.

Sur le moment, elle n'a pas fait de commentaires, mais, arrivée à la maison, elle est allée voir son père et lui a dit :
— Il faut que tu m'expliques quelque chose. J'ai toujours cru que le père Noël fabriquait ses jouets lui-même. Est-ce que lui aussi va les acheter dans les magasins ? J'ai vu une étiquette sur un de mes cadeaux.
— Viens t'asseoir, lui a-t-il dit, je vais t'en dire un peu plus sur le père Noël. Le père Noël a bel et bien existé, il y a très longtemps. C'était un homme qui avait un très grand cœur et qui vivait dans les pays nordiques. Il s'est mis à fabriquer des jouets de bois pour

les enfants, et, après un certain temps, de nombreuses personnes sont allées l'aider à fabriquer et à distribuer les jouets. Nous t'avons dit que le père Noël existe parce que, dans un sens, c'est vrai, et parce que son histoire est tellement belle. Le père Noël est un peu comme le petit Jésus : il est devenu un symbole qui aide les gens à faire grandir la bonté et la générosité dans leur cœur. Moi, j'y crois, au père Noël. D'ailleurs, juste avant Noël, je l'ai vu dans un de mes rêves, mais, comme tu le sais maintenant, il représente la générosité. Alors, tu peux continuer à y croire car c'est une énergie qui entre dans le cœur des gens pour les rendre bons.

—Mais pourquoi ne m'a-t-on pas dit la vérité tout de suite ? C'est un mensonge qu'on m'a raconté ?

Alors, je lui ai parlé. Je lui ai dit :
—Kasara, nous t'avons dit une partie de la vérité. Tu vois, cela fait juste quelques mois que nous t'avons expliqué avec des livres comment on fait un enfant. À trois ou quatre ans, tu n'aurais pas compris.
—Ah ! ça, c'est vrai.

Là, elle était d'accord. Et elle venait de comprendre quelque chose. Après quelques secondes de réflexion, elle s'est exclamée : «OUF ! je suis contente de connaître la vérité.»

Bien sûr, depuis un certain temps, ses petits camarades de classe lui disaient : «Ce n'est pas vrai, l'histoire du père Noël : il n'existe pas», ce à quoi elle répliquait : «Moi, je crois mes parents.» (rires) Alors, suite à ces explications, elle était contente parce que tout se tenait ; l'information était consistante.

Si on ne donne pas aux enfants ce genre d'explication qui valide les diverses réalités énergétiques, l'enfant démarre sa vie avec ce qu'il a de plus beau—la confiance en ses parents—et il se retrouve avec une grande désillusion et le sentiment que les adultes leur mentent. Il est très important de valider les diverses dimensions auprès des enfants.

Le thème du cours de ce soir est comment aimer la vérité. Vous pourriez me dire : «La vérité, c'est bien beau, mais avant d'y arriver dans son essence, OOOH ! on voit tellement d'imperfections.» Ces dernières font partie des vérités, mais on ne les aime pas trop, ces vérités-là. Alors, il existe un Ange qui nous aide à aimer la vérité. C'est l'Ange CALIEL, qui porte le numéro 18.

Comment acquiert-on la vérité ? Et qu'est-ce, au juste, que la vérité ?

On utilise communément le mot *vérité* pour parler de notre réalité personnelle. Dans ce contexte, le terme *réalité* est plus adéquat. On a chacun et chacune nos réalités, et, comme dans l'histoire de Kasara avec le père Noël, on passe d'une réalité à une autre. Dans notre guidance sur le chemin initiatique, l'Intelligence Cosmique utilise le même processus. On vit avec une certaine réalité, et, tout à coup, on aperçoit une petite étiquette qui traîne et OUPS ! les doutes surgissent. Si on les utilise dans le but de connaître la vérité, ces doutes sont positifs car ils nous amènent à entrevoir une nouvelle réalité. Au cours de notre vie — et de nos différentes vies —, on passe d'une réalité à une autre dans le but d'atteindre cette essence qu'est la vérité, et qui est la manifestation des qualités et des vertus à l'état pur.

Lorsqu'on fait la pratique récitatoire avec les Énergies Angéliques, on vit des états d'âme extrêmes. C'est normal. Une journée, on goûte à de hauts états de conscience, et le lendemain, tout semble basculer. Plus spécifiquement, avec l'Ange 18 CALIEL, on se sent juste, véridique et authentique, et, tout à coup, OOOH ! on se sent tiraillé par d'énormes doutes, et des sentiments d'injustice viennent nous harceler. Ce n'est pas facile. C'est comme pour l'étiquette du cadeau : on doit passer à une nouvelle réalité. L'Ange CALIEL brise les vieux concepts et les vieilles structures, il nous aide à en retrouver de nouveaux, toujours plus souples, et, un jour, il nous amène à la structure intemporelle et éternelle. Mais il faut déstructurer pour restructurer ; voilà ce que l'on découvre dans le cheminement.

Plus on s'habitue à ce processus, plus il devient facile. Justement, l'Ange CALIEL nous aide à aimer la vérité, à aimer ce processus par lequel on intègre de nouvelles réalités. Si on fait cet apprentissage, un jour, on reçoit directement des réponses à toutes nos questions : On nous les donne à travers nos rêves et les signes du quotidien. Les grands prophètes tels que Abraham, Moïse, Jacob, Joseph et Jésus ont été guidés de cette manière.

Regardons ensemble l'aide-mémoire des qualités et vertus de l'Ange CALIEL. Lorsqu'on travaille avec cet Ange, des doutes peuvent se manifester. L'Ange CALIEL les fait sortir pour nous permettre d'aller plus loin. On avait une certaine manière de penser, et, tout à coup, HOPS! des doutes s'allument (rires); ce sont toujours des doutes positifs et constructifs. En invoquant l'Ange CALIEL, on cherche à comprendre ce qu'On veut nous signifier par ces doutes et par les événements qui nous font remettre en question certaines manières de penser ou de faire. L'Intelligence Cosmique veut nous amener à aller plus loin.

L'une des qualités prédominantes que confère l'Ange CALIEL est *la capacité de deviner les intentions*. Or, avant de deviner les intentions des autres, on doit travailler sur les nôtres. Tout est basé sur les intentions. Peu importe ce que l'on fait, ce qui importe est comment on le fait, c'est-à-dire avec quelle intention. Par exemple, est-on motivé par une intention qualitative ou vertueuse? Ou bien notre action est-elle basée sur un désir de gagner ou de réussir? Cet Ange est comme un rayon laser, un acte de vérité: Il nous permet de détecter nos mensonges inconscients et Il les fait ressortir. Ceux qui sont conscients, bien sûr, on les connaît.

L'Ange CALIEL peut être symbolisé par une épée, à cause de son côté tranchant. Psychologiquement, trancher veut dire décider, rendre justice. À chaque fois que l'on décide de dire oui, de dire non, de tourner à gauche, de tourner à droite, de faire telle chose ou de ne pas la faire, on tranche: dès lors, on est dans l'état de conscience de l'Ange CALIEL. Or, on tranche sans arrêt au cours de la journée, ce, peu importe notre réalité ou notre degré d'honnêteté. Avec l'Ange CALIEL, on apprend à trancher avec amour et sagesse, parce que lorsqu'on tranche en l'absence de ces qualités, on blesse, et l'acte posé ou la parole prononcée peut être lourd de conséquences.

Qu'on connaisse ou non l'Ange CALIEL, on se retrouve tantôt dans ses qualités, tantôt dans ses distorsions. Lorsqu'on est dans ses qualités, on approfondit la compréhension des divers degrés *d'intégrité*. Voyons quelles sont les distorsions de l'Ange CALIEL.

Quand on voit *monnaye la justice*, on peut se dire: «C'est bien loin de moi, ça.» Or, chaque fois qu'on arrondit les angles d'une manière ou d'une autre pour acquérir des biens matériels ou pour plaire à quelqu'un—chaque fois qu'on achète l'amour—, on monnaye la justice: le geste est corrompu, faux, injuste.

Lorsqu'on travaille avec l'Ange CALIEL, Il agit vraiment comme un détecteur de mensonges : on vivait avec une réalité et elle semblait juste pour soi, mais, tout à coup, on réalise : « Non ! j'étais dans l'erreur. » À partir de ce moment-là, on ne peut plus faire marche arrière : une vérité nous a été inséminée, elle est entrée dans nos cellules, et on doit changer. L'Ange 18 CALIEL déclenche donc d'importantes restructurations. La vérité est un processus naturel de changement qui nous oblige à nous transformer.

Nous avons vu que l'Ange CALIEL nous confère la capacité de discerner les intentions ; cela vaut entre autres pour celles des autres. Il arrive parfois que lorsqu'une personne nous parle, on pense : « Il y a quelque chose qui n'est pas juste là-dedans », et on se sent confus et embrouillé. C'est qu'on a des résonances avec cette personne. Dans le cas contraire, c'est-à-dire si on n'a pas de résonance avec elle, on perçoit simplement son intention, et notre esprit reste clair. On peut alors porter un jugement parfait et non critique de la personne.

Le terme *jugement* est devenu négatif dans le langage populaire, mais la capacité de bien juger est une qualité — elle est en outre l'une des qualités de cet Ange. On a besoin du jugement pour pouvoir évaluer les situations et prendre les décisions justes. Mais si le jugement est critique, c'est qu'on a des résonances avec la personne ou la situation impliquée.

J'aimerais partager avec vous un exemple qui touche la loi des résonances et le monde des rêves. Je préparais le cours sur l'Ange CALIEL, et — le hasard n'existant pas — un homme, qui rêve beaucoup et dont l'un des trois Anges Gardiens est l'Ange CALIEL, m'a dit : « Je venais de terminer mes études médicales et le temps était venu de décider dans quelle ville installer mon cabinet. Alors, j'ai demandé un rêve. Dans mon rêve, *j'étais à Trois-Rivières et je trouvais un beau local avec des fenêtres. Je connaissais le propriétaire du local dans le monde concret, mais il n'était pas tout à fait pareil. Il m'a demandé 300 $ par mois pour la location, ce qui était tout à fait raisonnable. Puis il est parti et sa conjointe est arrivée. Mais elle, elle m'a demandé 1 000 $ par mois.* »

Au premier abord, ce jeune médecin a cru que son rêve l'incitait à ouvrir son cabinet à Trois-Rivières. Plus tard, il m'a dit : « J'ai trouvé un grand local, similaire à celui qui était dans mon rêve.

Je connaissais déjà le propriétaire, mais ce n'était pas l'homme que j'avais vu dans mon rêve, et puis le loyer était très cher. » Alors, il était un peu confus, et il voulait que j'interprète son rêve pour l'aider à clarifier la situation. Il se demandait : « Est-ce le local que je dois prendre ? Le rêve que j'ai eu est-il prémonitoire ? »

Je lui ai dit :
— Dans ton rêve, la ville de Trois-Rivières et chacun des personnages représentent des parties de toi. Tu as fait une demande et On t'a répondu, mais tu dois interpréter ce rêve en allant à son essence. Que représente pour toi la ville de Trois-Rivières ?
— J'y ai fait une partie de mes études universitaires.
— Et le propriétaire du local ?
— Lorsque que je vivais dans cette ville, j'ai demeuré dans un petit appartement que m'avait loué cet homme. Son frère vivait dans l'appartement d'à côté. J'y ai vécu l'enfer parce que ce voisin se droguait et faisait du tapage pendant la nuit. J'étais tellement dérangé, à tel point que j'ai dû appeler la police. D'autant plus que je faisais des études intenses ; je devais être performant. Donc, c'était très difficile.
— Alors, ton rêve n'indique aucunement l'endroit où tu devrais ouvrir ton cabinet, mais plutôt ce que tu dois changer dans ton intention. C'est pour cette raison qu'On a utilisé la ville où tu as fait tes études universitaires et le propriétaire de l'appartement que tu occupais à ce moment-là. Tu sais qu'on n'a pas un voisin par hasard. Tu avais des résonances avec lui.

La résonance avec le voisin drogué se trouvait ailleurs que dans le plan physique, car ce jeune médecin est sain : il mange bien et il ne prend pas de drogue. Où donc se situait-elle ? Je lui ai dit : « On a voulu te montrer que tu es un drogué du travail. Lorsque tu as dit : "Je devais être performant", j'ai perçu que lorsque tu étudiais, tu travaillais comme un drogué. Et dans ton rêve, On t'a montré pourquoi tu travaillais — et travailles encore — à la façon d'un drogué. L'épouse du propriétaire qui a mis le prix fort avait une attitude injuste et pas tout à fait honnête. Dans les rêves, l'homme symbolise le monde du jour, de l'action, tandis que la femme représente le côté intérieur, émotionnel. On veut te montrer que dans le jour, tout paraît bien, que ta démarche a l'air juste, mais qu'à l'intérieur, certaines parties de toi n'en ont jamais assez. Ce sont des mémoires que tu dois rectifier. Il y a aussi de très belles choses en toi — entre autres la partie qui veut aider les autres —, mais tu as fait une demande et On t'incite à changer ces mémoires qui font que tu te sens obligé d'être performant. Ce sont des mémoires basées sur le besoin de réussir et d'être reconnu. Dans ton rêve, On n'a pas répondu directement à ta question : On t'a montré ce que tu devais modifier en toi avant d'ouvrir ton cabinet. »

Pourquoi lui a-t-On montré la ville de Trois-Rivières ? On a voulu lui dire : « Rappelle-toi ce que tu as vécu dans cette ville et l'attitude que tu avais. Il est essentiel de rectifier cette attitude car tu t'apprêtes à devenir public. Sinon, tu as beau vouloir aider les autres, tu le feras avec cette énergie qui n'est pas juste et qui t'attirera des karmas supplémentaires. Puisque tu es sincère, On t'invite à rectifier certaines mémoires pour te permettre d'être plus généreux et altruiste. Ton rêve t'indique clairement que malgré toute ta bonne volonté de jeune médecin, ton intention principale est de faire beaucoup d'argent. L'attitude qu'ont les deux propriétaires te montre l'énergie que tu auras face à tes futurs patients. »

OOOH! il m'a regardée avec de grands yeux : la lumière s'est allumée. Il venait d'avoir une révélation. C'était juste, c'était la vérité, et c'était la première fois qu'il voyait le lien entre son désir de réussir, ce qui s'était passé à Trois-Rivières et ce qu'il se préparait à faire dans sa vie. Vous voyez à quel point les rêves sont révélateurs. Lorsqu'on fait des demandes en invoquant l'Ange CALIEL, c'est comme si on disait : « Je veux connaître la vérité sur cette question. » Alors, l'Intelligence Cosmique se charge de nous donner l'heure juste. Et, bien sûr, on peut avoir des surprises.

Je vais vous raconter une anecdote qui touche les signes et la pratique récitatoire avec cet Ange. Un de nos amis qui est avocat travaille depuis un certain nombre d'années avec les Anges. Au début de cet apprentissage, alors qu'il défendait un client en cour, il a lu les qualités de l'Ange CALIEL et il a trouvé que ce serait tout à fait approprié d'invoquer cet Ange à ce moment particulier, surtout à cause de sa qualité de justice. Alors, pendant le procès, dès qu'il n'avait pas besoin de parler ou de réfléchir, il en profitait pour faire sa pratique récitatoire avec l'Ange CALIEL. Vous voyez, on peut faire notre pratique récitatoire partout, consciemment, les yeux grands ouverts.

À un moment donné, alors qu'il invoquait l'Ange, il est resté stupéfait d'entendre son client dire des choses qu'il avait tenues secrètes lors de leurs entretiens privés. Et ces données ne jouaient pas en sa faveur : tout au contraire. Une fois la séance terminée, il lui a parlé entre quatre yeux. Il lui a demandé : « Pourquoi m'avez-vous caché ces événements. » Son client se sentait embarrassé et il ne savait pas ce qui s'était passé : cela avait été plus fort que lui. L'Ange CALIEL avait frappé un grand coup. La vérité était sortie, mais pas de la façon dont cet avocat s'attendait. (rires) Depuis, il a compris que ce qui compte n'est pas de gagner un procès, mais bien de souhaiter ardemment que la vérité soit appliquée en relation avec la réalité vécue.

Dans la matière, on arrondit parfois les angles parce que cela nous arrange. Mais lorsqu'on travaille avec cet enseignement, la vérité jaillit. L'exemple qu'on vient de voir illustre bien l'impact immédiat de la pratique récitatoire. On invoque un Ange donné, et des événements se produisent en rapport précis avec cet Ange. Voilà exactement ce que sont les signes. On saisit le lien ou l'interaction qui existe entre nos pensées et le monde de la manifestation — ce qui se dit, ce qui se passe —, et, graduellement, on prend conscience de la nature de notre relation avec le monde divin et avec les mondes parallèles. On réalise qu'on est toujours accompagné et guidé, qu'on n'appartient pas uniquement à la réalité matérielle.

Bien sûr, il nous arrive de perdre notre connexion et de nous enfoncer dans la matière, mais en retournant à la pratique récitatoire, nous retrouvons cette connexion et nous développons la clairvoyance, la clairsentience et la clairaudience. Ces facultés nous permettent de *lire* les situations et les êtres en profondeur. Et c'est exactement ce que nous procure l'Ange CALIEL : *la capacité de deviner les intentions* conscientes et inconscientes des êtres.

J'aimerais vous raconter un autre fait vécu très riche d'enseignements : il touche les signes, la symbolique, les principes féminin et masculin, et de nombreux autres concepts définis dans cet enseignement. Alors que je préparais le cours sur l'Ange CALIEL et que j'invoquais ce dernier, je suis allée dans un magasin de rénovation pour acheter un petit tapis d'entrée.

Une fois sur place, je fais mon choix et un vendeur arrive. Il ouvre le gros rouleau de tapis et je lui montre la longueur dont j'ai besoin. Il mesure et me dit : « Ça fait 18 pouces. » Je travaillais justement avec l'Ange numéro 18 ; intérieurement, je me dis : « Ah ! voilà un signe. Ouvre grands tes yeux et tes oreilles : un enseignement avec l'Ange Caliel s'en vient. »

Alors, j'observe attentivement la scène. Le vendeur dépose le rouleau par terre, il le déroule et, en coupant le tapis avec son couteau spécial, il coupe également le plancher. Une grosse marque y est gravée. Ah ! que fait-on dans une telle situation ? On observe tout d'abord sa propre réaction. On se demande : « Est-ce que je me sens dérangée par son action ? » Cela ne me dérange pas : j'observe, simplement. Je me dis : « OK, je n'ai pas de résonance. C'est qu'On veut me montrer quelque chose sur ce monsieur. On veut me montrer qu'il est très tranchant, trop tranchant : ses comportements abîment sa vie et celle des autres. Et là, ce qu'il a abîmé, c'est le plancher, la fondation. »

Avec l'Ange Caliel, je focalisais beaucoup sur le tranchant, le juste tranchant, celui qui se fait avec amour et sagesse. Ce vendeur, qui doit être près de la soixantaine, se rend à la caisse, remet le tapis à la jeune caissière et lui dit : « Il fait 18 pouces » — en unités de mesure anglaises. Elle le regarde et lui demande : « Oui, mais comment je vais faire ? » parce que la longueur lui a été donnée en pouces et que le prix est fixé à tant le mètre. Il lui répond sèchement : « Eh bien, convertis. » Là encore, sa gestuelle et sa manière de s'exprimer étaient trop tranchantes ; c'était dur. Alors elle le regarde et lui répond avec une vibration tout aussi tranchante et sur un ton quelque peu arrogant : « Moi, je suis allée à l'école des mètres ; je ne suis pas allée à l'école des pouces. »

Le vendeur, quelque peu agacé par la réplique mais se trouvant devant une cliente, fait le tour du comptoir et s'en va. Moi, je poursuis ma pratique récitatoire avec l'Ange Caliel. Je comprenais leur réalité et pourquoi ils avaient une telle attitude.

Alors, je regarde la caissière. Et le temps que le vendeur fasse le tour du comptoir — on peut changer rapidement d'état de conscience ; cela se fait instantanément —, elle s'adoucit, elle devient comme une petite fille et elle lui lance, juste à temps pour qu'il l'entende : « Ah ! c'est pour ça que j'ai de la difficulté avec les pouces. »

Dans cet exemple, on peut puiser beaucoup d'enseignements. Ces deux êtres avaient toute une résonance : les deux étaient trop tranchants. Lorsqu'une personne est trop tranchante, cela indique des manques — par exemple un manque de confiance en soi — et un excès de rigidité. À l'école, la jeune caissière a appris à calculer avec le système métrique, mais, dans les magasins de construction et de rénovation en Amérique, c'est encore l'ancien système de mesures — avec les pouces et les pieds — qui prévaut. Elle doit donc s'adapter, sauf qu'elle ne réussit pas à le faire. Quant au vendeur plus âgé, lui aussi a une rigidité, et c'est cette dernière qui l'empêche de s'adapter au nouveau système de mesures. Ces deux êtres ont donc toute une résonance. Ce n'est pas le hasard qui les a amenés à travailler ensemble : ils ont beaucoup de choses à s'apprendre mutuellement.

Rappelons-nous que la jeune femme a dit qu'elle n'était pas allée à l'école des pouces. Or, le pouce a, tout comme les autres doigts, une signification symbolique. Il représente l'Amour Universel. On ne peut rien faire sans le pouce : dès qu'on veut tenir quelque chose, on en a besoin. Il existe un certain geste que l'on fait très souvent au cours de la journée, et si on l'analyse avec la symbolique, on peut comprendre l'idée que le tranchant de la vérité ne peut se départir de l'amour. On peut méditer sur ce geste toute une vie, tellement il comporte de profondeur. Quel est ce geste ? Quand on veut couper quelque chose, on doit utiliser notre pouce ; sinon, on ne peut pas trancher. Mais lorsqu'on tranche — par exemple lorsqu'on épluche un fruit ou un légume —, on doit maintenir un équilibre et une justesse dans la force exercée par les autres doigts. On ne doit pas avoir d'excès de volonté. Sinon, on risque de se couper. On peut méditer longtemps sur ce simple geste ; il symbolise le tranchant de la vérité qui doit toujours être réalisé avec amour.

Imaginez-vous, lorsque je suis retournée chez moi — le magasin est à une demi-heure de marche —, j'ai médité pendant tout le trajet sur ce qui était arrivé entre le vendeur et la caissière, et sur la symbolique du pouce. Cette anecdote porte une leçon extrêmement profonde. Quelle en est la morale ? Avant de vouloir aller à l'école des maîtres — des mètres —, on doit aller à l'école des pouces. (rires) Maintenant, chaque fois que je vois mon petit tapis d'entrée, il me rappelle cet état de conscience et m'incite à être une élève de l'amour de la vérité. Il est mon petit CALIEL. (rires)

Voyons où se situe l'Ange CALIEL dans l'Arbre de Vie. Il réside dans la sphère de conscience qui s'appelle BINAH. Cette Séphira représente le plan où l'Esprit commence à prendre une forme et une structure. L'énergie y est très subtile et on y retrouve la matière originelle à l'état pur. Afin de retrouver cette dernière, on doit faire un grand nettoyage de nos mémoires inconscientes, tant celles de cette vie-ci que celles des autres vies. Accéder à BINAH, c'est passer à la chambre à combustion, question de retrouver la matière originelle dans toute sa pureté.

La Séphira BINAH est associée à la planète Saturne, laquelle représente entre autres la persévérance, la stabilité, le sens du devoir et la capacité de concentration. Les huit Anges de BINAH baignent dans cette atmosphère saturnienne, mais chacun conserve sa spécificité, laquelle est représentée par une planète supplémentaire. Celle de l'Ange CALIEL est encore une fois Saturne, ce qui en fait un Ange doublement saturnien. Ainsi, à cause de sa grande qualité de concentration, l'Ange CALIEL est comparable à un rayon laser qui va sonder nos profondeurs intérieures.

J'aimerais vous parler d'un rêve très suggestif dont les images permettent de saisir le caractère saturnien de l'Ange CALIEL. Une dame m'a raconté le rêve suivant : *elle se trouvait dans la cour arrière de sa maison et un trou profond y avait été creusé. Son chien —elle a un chien dans la réalité concrète—voulait constamment aller dans le trou, et elle lui disait : « Non, tu ne vas pas dans le trou. » Ensuite, elle a vu arriver un géologue, avec, en arrière-plan, les bâtiments de l'Université Laval. Le géologue est descendu très profondément dans le trou et il y a trouvé un trésor.*

Qu'a-t-On voulu signifier à cette dame ? Ce rêve n'est pas de ceux qui décrivent ce qui se passera au cours de la journée suivante ; il s'agit plutôt d'un rêve initiatique, et sa portée peut même s'étaler sur plusieurs vies. On a voulu dire à cette dame : « Tu vas commencer à explorer des terres intérieures. » Le chien représente le règne animal—qu'on a tous à l'intérieur de soi —, la force instinctuelle et le mental inférieur. Ainsi, On a voulu dire à cette femme : « N'y va pas avec cette attitude ; ce n'est pas avec ce type d'énergie que tu dois aller visiter tes terres intérieures. Tu as besoin d'un spécialiste.» Le géologue, le spécialiste des mondes intérieurs, est à l'intérieur de soi : c'est l'Ange CALIEL. Mais avec cet Ange, plutôt que de parler de géologue—parce que la géologie explore des espaces physiques—, on parlera d'Angéologue, celui qui va sonder les diverses couches de l'inconscient.

L'Ange CALIEL peut aussi être comparé au diamant. Comme le hasard n'existe pas, alors que je préparais ce cours, il m'est passé entre les mains un article sur les diamants. Le diamant est de plus en plus en demande sur le marché, non pas tant en joaillerie que pour son utilité dans la fabrication de microprocesseurs et de certains outils mécaniques. En effet, il est en train de remplacer le silicium comme semi-conducteur, parce qu'il supporte des températures et des pressions supérieures à celles de ce métalloïde. On l'utilise aussi en fines couches sur des surfaces qui doivent être le plus tranchantes possible. Vous voyez, la qualité tranchante du diamant l'apparente à l'Ange CALIEL. Le diamant est produit par la compression et l'échauffement naturels du carbone dans les entrailles de la Terre. Sur de très longues périodes de temps, le carbone est soumis à des pressions et à des températures tellement grandes qu'il atteint le niveau de pureté du diamant. Le diamant est un grand symbole de pureté.

L'Ange CALIEL nous permet de sonder nos terres intérieures; symboliquement parlant, il nous permet d'explorer, par couches ou par paliers, les différents règnes: d'abord le règne animal, qui, nous l'avons vu, représente la force vitale et instinctuelle; ensuite, le règne végétal qui est intimement associé au monde de l'eau, des émotions; et enfin, le règne minéral, qui représente les très anciennes mémoires et le corps physique. Ainsi, en nettoyant nos mémoires instinctuelles et émotionnelles de tout ce qui n'est pas juste, un jour, la vérité d'En Haut peut enfin descendre dans notre corps physique. Cela signifie qu'on manifestera la vérité et les grands principes à tout moment, dans chaque geste, dans chaque parole et dans chaque œuvre.

Cette dame qui a rêvé du chien et du géologue n'a jamais fait d'études universitaires. La présence du géologue et des bâtiments de l'Université Laval dans son rêve, lequel est, rappelons-le, un rêve initiatique, signifie qu'il est vraiment nécessaire de poursuivre des hautes études spirituelles pour faire ce travail. *Tout ce qui est en bas est comme ce qui est En Haut, et tout ce qui est En*

Haut est comme ce qui est en bas. Ces hautes études de la conscience servent à sonder nos profondeurs, et elles se poursuivent dans une grande simplicité et de façon quotidienne. La matière est fournie par notre propre *livre vivant* et par les êtres qui nous sont présentés à l'extérieur. Par ces hautes études, on peut retrouver le diamant, ce grand symbole de pureté qui nous habite tous.

Il y a quelques années, j'avais une relation d'amitié — ou de frère et sœur — avec celui qui est devenu mon mari. Nous échangions beaucoup sur l'Angéologie Traditionnelle et la Kabbale, et nous avions décidé de travailler ensemble pour diffuser l'enseignement. Nous étions bien loin de nous imaginer ce que l'avenir nous réservait.

Un jour, nous sommes allés visiter un éventuel site pour l'Univers/Cité Mikaël avec des amis. Le voyage en auto a duré environ deux heures et demie. Cette journée-là, j'ai senti autre chose qu'une simple énergie d'échange entre frère et sœur. Cela ressemblait à une énergie amoureuse. Oh! le soir, arrivée à la maison, je me sentais quelque peu perturbée, surtout que cette mission était très importante pour moi, comme elle l'est encore à ce jour. Nous avions décidé de travailler ensemble, et je ne voulais certainement pas entrer dans des complications affectives.

Alors, ce soir-là, j'ai choisi de travailler avec l'Ange CALIEL — même si ce n'était pas sa période de régence — car je savais qu'avec cet Ange, On allait me donner l'heure juste. Avant de m'endormir, j'ai fait ma pratique récitatoire intensément et j'ai demandé à être guidée. J'ai demandé à l'Ange CALIEL: «Donne-moi l'heure juste. Je suis prête à tout. Si je dois ne plus le revoir parce que c'est perturbant, eh bien je le ferai.»

Cette nuit-là, On m'a envoyé un rêve. *J'ai vu arriver un homme amoureux, et il m'a ouvert la porte sur une grande lumière. C'était une lumière tellement intense! C'était vraiment très puissant.* En Haut, Ils se sont dit: «On va le lui donner précis, juste et facile à interpréter.» Ce matin-là, je me suis réveillée avec ce rêve. J'ai l'ai appelé et, bien sûr, je ne lui ai pas dit ce que j'avais ressenti dans la voiture. Je ne lui ai pas dit non plus que j'avais fait une demande à l'Ange CALIEL. (rires) Je lui ai simplement raconté mon rêve car je savais qu'il interprétait très bien les rêves, et je lui ai demandé: «Qu'en penses-tu?»

Pendant quelques secondes, il a hésité et quelque peu bredouillé, puis il m'a dit: «Moi aussi, j'ai eu des rêves à ce sujet, il y a quelques mois.» Alors, il m'a raconté tous les rêves et les signes qu'il avait eus à mon sujet. Il m'a avoué que lui aussi avait été très surpris, car nous avions vraiment une relation de frère et sœur. Nous nous sommes donné trois jours en se disant: «On va réfléchir.» Durant ces trois jours, bien sûr, j'ai médité intensément. Et j'ai eu d'autres signes et d'autres rêves. Au terme de ces trois jours, il m'a rappelée, et, à ce moment précis, j'étais en train de faire du yoga, la tête en bas, dans la posture du poirier. Je me suis relevée un peu brusquement, et, quand j'ai répondu, je lui ai dit: «Je suis toute étourdie.» Il était très content et m'a dit: «Je pense que c'est un signe; avec ce que tu viens de me dire, tu es en train de me donner ta réponse.» (rires) C'est vrai que je lui donnais ainsi ma réponse, et je suis vraiment très heureuse de l'avoir fait. Aujourd'hui, je comprends profondément ce qu'est la notion sacrée du mariage. Sans cette union, j'aurais été limitée dans mon cheminement spirituel. Auparavant, j'avais plutôt tendance à voir la spiritualité à l'orientale. Maintenant, même si je sais que le célibat peut être une étape préparatoire primordiale pour certains êtres, je sais également qu'après avoir trouvé notre homme intérieur—ou notre femme intérieure—, on trouve notre âme jumelle afin d'aller plus loin. Mais je dois vous avouer que si je n'avais pas eu de confirmation dans mes rêves, je serais restée seule.

Les nouveaux enfants se guideront de cette façon. Ils demanderont, En Haut, si telle personne est la bonne. Mais lorsqu'on demande, on doit être prêt à tout et accepter la réponse qui nous est donnée. On s'abandonne et on se laisse guider, même si on ne comprend pas complètement. C'est cette voie royale que nous enseignons à notre fille Kasara, celle qui consiste à attendre la personne qui nous est destinée. Par le rêve que j'ai reçu, l'Ange CALIEL m'a dit: «Surtout, ne ferme pas la porte à l'amour et à la lumière.»

J'aimerais vous raconter un fait vécu qui nous montre comment retrouver ces grandes lois spirituelles. Mais d'abord, voici une petite anecdote. Un jour, une personne s'est approchée d'une bénévole qui travaille avec nous et lui a demandé:
—Christiane parle souvent des lois. Y a-t-il un livre pour retrouver ces lois?

—Oui, c'est le livre de la nature vivante : c'est en nous, c'est notre vécu. C'est en nous qu'on retrouve un jour ces lois.

Cette histoire que j'aimerais partager avec vous est celle d'un homme dont la conjointe assistait aux cours sur l'Angéologie depuis deux ans, et qui, pendant ce temps, gardait un certain recul. Il lui disait : « Ne viens surtout pas me convaincre avec tes trucs. » Il était tout de même réceptif : elle lui parlait de ce qu'elle vivait et il l'écoutait toujours attentivement. Au bout de deux ans, il a constaté de tels changements chez son épouse — elle est devenue douce et féminine, et elle a développé beaucoup de qualités — qu'il est devenu intrigué par l'Angéologie Traditionnelle. Il s'est dit : « Je vais aller voir. Je vais essayer. » Alors, il est venu s'asseoir aux cours, et l'enseignement lui a beaucoup *parlé*.

Pour être attirés par un enseignement, certains hommes ont besoin, beaucoup plus que les femmes, d'applications et de résultats concrets. Dans un premier temps, les femmes sont plus réceptives, et c'est pour cette raison qu'on retrouve généralement beaucoup plus de femmes que d'hommes aux ateliers spirituels. Mais, à l'Univers/Cité Mikaël, beaucoup d'hommes assistent aux cours sur l'Angéologie Traditionnelle, car cet enseignement nous amène à comprendre ces mondes qui sont quelquefois abstraits par l'observation directe dans le quotidien. Autrement dit, on voit immédiatement les résultats du Travail avec les Anges. L'enseignement devient concret et ne reste pas au niveau théorique. L'Angéologie Traditionnelle nous amène vraiment à marier l'Esprit et la matière, l'homme et la femme, le jour et la nuit.

Alors, voici ce fait vécu. Cet homme attendait pour faire nettoyer sa voiture dans un lave-auto attenant à une station-essence. Les clients qui attendaient pour la même raison étaient tellement nombreux, que la file d'attente était scindée en deux pour laisser passer les automobilistes qui allaient chercher de l'essence. Notre homme se trouvait au début de la deuxième file d'attente.

À un moment donné, une voiture s'est glissée un peu en quinconce à la fin de la première file. Alors notre monsieur sort de son auto, il va cogner à la vitre de la voiture et explique au conducteur que la file d'attente ne s'arrête pas là, qu'il y a une deuxième file, au bout de laquelle il devrait se ranger. C'est un homme qui était au volant, mais il était avec une femme, probablement sa conjointe. Il n'a pas réagi, mais sa conjointe, furieuse, a sacré — je ne répéterai pas — et lui a lancé : « Aïe ! toi, va-t-en donc dans ton char. »

Alors, notre monsieur lui a simplement dit : « D'accord. Je vous cède ma place. J'ai tout mon temps. Je retourne m'asseoir dans mon auto. » Il était très surpris de sa propre réaction. Plus tard, il m'a dit : « Habituellement, j'aurais monté les tours ; j'aurais répondu agressivement. Mais là, j'étais surpris de me sentir si bien. » Peu de temps après, la voiture du couple a reculé et a pris sa juste place, derrière lui. Il observait la scène dans son rétroviseur et il n'en revenait pas. Puis, à un moment donné, le même scénario se produit, mais, cette fois, ce sont les gens qui l'avaient injurié qui se font faire exactement le même coup : un autre automobiliste arrive et se place devant eux. Et là, on aurait pu penser qu'ils se seraient engagés dans des discussions tumultueuses ; mais non, ils n'ont pas réagi.

En quelques minutes, notre monsieur a vu une grande Loi s'appliquer ; cette loi, citée dans la Bible, s'énonce ainsi : *Ce que tu fais aux autres, on te le fera*. Il a su mettre en pratique une application d'une autre Loi Angélique qui pourrait s'énoncer ainsi : *Le sage sait attendre l'heure de la justice*. Cette Loi est absolue. On la connaît, mais on ne l'applique pas de façon consciente. Quand on commence à appliquer ces principes spirituels, ils nous sont d'une grande utilité. Qu'on soit dans une file d'attente ou n'importe où ailleurs, on fait sa pratique récitatoire, on maintient de hauts niveaux de conscience et on ne se laisse pas prendre par l'agressivité ou la réalité distorsionnée des autres.

En Haut, Ils ont voulu montrer à cet homme : « Regarde, la Justice Divine est absolue, et un sage ne se fâche pas ; il sait attendre. » Par contre, il ne se laisse pas faire, complètement mou : il fait les choses justes et parfois il se manifeste, comme cet homme qui a dit au couple que ce qu'ils faisaient n'était pas juste. Face à leur agressivité, il a lui-même conservé la juste attitude : il a gardé son calme et est retourné s'asseoir. Du coup, le couple a repris sa place et on leur a fait exactement ce qu'ils avaient fait. Si l'homme s'était fâché, rien de tout cela ne serait arrivé. Le mal par le mal ne fait que perpétuer les conflits.

Lorsqu'on fait quelque chose d'injuste ou de distorsionné, on ne s'en rend pas toujours compte, mais cela rebondit dans les minutes, les jours ou les années qui suivent — voire dans une autre vie. Au début d'un cheminement spirituel, même si on connaît la Loi de la Justice Divine, on ne la voit pas nécessairement à l'œuvre. Éventuellement, on la voit sans cesse s'appliquer, car On nous l'enseigne dans les rêves et par des faits concrets, et alors on l'intègre.

Intégrer la notion de Justice Divine et celle de la réincarnation en tant que vérités absolues amène nécessairement des restructurations. Cet homme, qui est très sensible, m'a dit : « Je n'en reviens pas ! » Contrairement à sa conjointe, qui, avant de venir à cet enseignement, a participé à un grand nombre d'ateliers, lui n'en avait jamais fait. Mais il a mis en application ce qu'il a appris, et c'est incroyable comme il apprend vite. Maintenant, il fait plus de quatre à cinq rêves par nuit. Sa vie a totalement changé.

Ces lois sont toutes applicables et vérifiables dans notre quotidien, mais nous vivons tellement souvent des réalités stressantes et collées à la matière, qu'il est facile de passer à côté d'elles et de les ignorer. Les Lois d'En Haut ne sont pas appliquées de façon rigide mais elles le sont d'une manière rigoureuse. *Ce que tu fais, on te le fera.*

Puisque ce soir nous traitons de l'Ange 18 Caliel, l'Ange de la Justice Divine, j'aimerais partager avec vous un autre fait vécu qui touche la justice terrestre. Tout comme les humains, la justice terrestre n'est pas parfaite. Elle est en voie d'apprentissage. Un jour, une femme qui venait pour la première fois aux cours s'est confiée à moi, me disant : « Je crois que j'ai quelque chose à comprendre avec la justice. Ça fait six ans que je suis en procès avec une instance gouvernementale. Un jugement a été rendu, mais l'autre partie fait appel. C'est une véritable vendetta. » Cette femme avait les larmes aux yeux et elle dégageait quelque chose de très puissant. De toute évidence, elle n'était vraiment pas contente.

Elle m'a expliqué ce qui s'était passé. Elle m'a dit :
— Lorsque le gouvernement a fait des travaux d'assainissement des eaux sur notre rue, ma maison a été endommagée. J'ai donc poursuivi le gouvernement en justice.

— Quand on vit quelque chose par rapport à la justice, lui ai-je dit, la première chose à faire est de l'analyser au plan symbolique. Tu as certainement quelque chose à comprendre.
— Ah! c'est sûr; une voyante m'a même dit que j'avais dû être avocat ou juge dans une autre vie. D'ailleurs, je travaille dans un domaine juridique.
— Qu'est-ce qu'On veut te faire comprendre? La maison symbolise notre être, notre propre habitat. Ce qui a causé des dommages à ta maison concerne l'assainissement des eaux; donc, ce qui endommage ton être concerne certaines émotions que tu dois purifier, en relation avec l'organisation sociale et le pouvoir public. On veut te montrer que tu as des mémoires qui ne sont pas justes et qui touchent tes émotions. Ce que tu vis à l'extérieur n'est pas dû au hasard: par cet accident sur ta maison, On veut te montrer certaines choses à changer en toi.

Quand on est un être spirituel, on ne cherche pas le litige. Mais il est parfois approprié d'utiliser la justice, car certains actes terrestres doivent être rectifiés. Dans ces cas, il est important de toujours le faire avec des qualités et des vertus, et avec une vision céleste. Quoiqu'il arrive — même si la situation qu'on vit nous semble très injuste —, on doit toujours maintenir une attitude exempte de sentiment de vengeance ou de colère, et notre intention première ne doit pas être de gagner le procès. Le litige est éducationnel. Si l'autre partie a commis des gestes injustes, il faut rectifier la situation pour l'aider à grandir. ==Lorsqu'un être commet un acte répréhensible, si on ne dit rien, il va continuer.== Il vit une réalité qui est la sienne, mais il est inconscient; il est dans l'erreur. On va l'aider, mais on doit le faire avec amour. Lorsqu'on va en procès, on doit toujours y aller avec cette intention d'aider l'autre.

J'ai revu cette femme quelques semaines plus tard, et elle m'a dit: «Ouf! j'ai lâché prise et ça a donné un beau résultat.» L'autre partie avait appelé son avocat et lui avait dit: «Nous ne sommes pas d'accord avec ce jugement, mais nous nous désistons.» Sans donner d'explications supplémentaires, le représentant du gouvernement a simplement fait savoir que ce dernier n'irait pas en appel. Notre conversation avait fait son chemin. Cette dame avait déposé certaines armes, et, En Haut, Ils ont voulu lui donner une belle leçon: «Regarde ce qui se passe lorsque tu lâches prise. À l'extérieur, tout se remet en place. Tout vient d'En

Haut, peu importe si l'autre partie est complètement distorsionnée. Voilà un enseignement pour toi. » Il est important de conserver une intention correcte ; sinon, si on devient trop vindicatif ou agressif, cela s'inscrit à l'intérieur de soi, et on devra le revivre d'une manière ou d'une autre.

Dans l'introduction, je vous ai parlé des enfants nouveaux, ces êtres qui arrivent avec une nouvelle mentalité, en quête de vérité. Nous allons voir que l'Ange 18 CALIEL est un champ de conscience idéal pour saisir la nature de ces êtres et se joindre à leur mouvement.

Qui sont ces enfants ? Quelles sont leurs caractéristiques ? En général, ils ont un regard intense et profond. Comme symbole, les yeux sont rattachés à la vérité, et les oreilles, à la sagesse. Lorsqu'on a des problèmes aux yeux, c'est qu'on est dans la distorsion de l'Ange CALIEL. Il existe quelque chose qu'on ne veut pas voir, et cette attitude n'est pas juste.

Les enfants nouveaux sont aussi très intenses, et, trop souvent, les parents et les éducateurs ont de la difficulté à les comprendre. Quand on ne comprend pas ces enfants, ils le sentent — souvent de façon inconsciente — et ils peuvent avoir des réactions intenses. Chez eux, la conscience est plus ouverte que chez la plupart des gens, et leur réaction, qui souvent nous dérange, est en relation étroite avec la situation vécue. Présentement, cela génère des excès dans les écoles, dont l'usage du Ritalin. Au lieu d'invoquer un Ange et d'essayer de comprendre ces enfants, on leur donne du Ritalin pour les calmer.

Quelle autre particularité ont ces enfants ? Ils possèdent l'une des grandes qualités que confère l'Ange CALIEL et que nous avons vue plus tôt : grâce à leurs grandes facultés médiumniques — clairvoyance, clairsentience et clairaudience — ils devinent les intentions des autres, tant celles qui sont conscientes que celles qui sont inconscientes. Toute personne qui interagit avec eux se retrouve — sans nécessairement le savoir — face à un miroir subtil qui lui reflète puissamment des aspects cachés de son âme.

Je le constate avec notre fille Kasara et j'en suis toujours impressionnée. Lorsqu'elle rencontre une personne, elle entre dans son énergie et la mime. Elle reflète non pas sa gestuelle ou sa parole, mais ce qu'est l'être au plan énergétique. Elle entre profondément dans certains aspects de l'être et elle les restitue. Au début, j'étais surprise de ses changements soudains d'attitude ; puis, plus tard, j'ai compris ce processus. Par exemple, si elle rencontre une personne trop rigide, elle change de comportement et exprime d'une façon ou d'une autre cette rigidité. L'enfant n'est pas encore tout à fait conscient de ce qu'il est et de ses pouvoirs, et sa personnalité n'est pas établie ; ainsi, il capte l'énergie ambiante et la restitue à sa façon. Voilà pourquoi tant d'enseignants ont de la difficulté à exercer leur métier en ce moment ; plusieurs font des *burn-out* ou vivent d'autres situations difficiles. La poussée de vérité amenée par ces enfants est extrêmement puissante.

Ces enfants ne sont pas parfaits — ils ont leurs karmas et leurs distorsions —, mais ils reviennent avec des vies passées empreintes d'une certaine sagesse et ils nourrissent de hauts idéaux. Ils souhaitent la vérité et ce sont eux qui vont changer notre société. On peut les comparer à des petits Jésus en devenir, même s'ils sont loin d'être parfaits. Jésus n'est pas venu nous apporter la paix. Dans la Bible, il est écrit qu'il est venu apporter le glaive. On retrouve ici le symbole de l'Ange CALIEL, le glaive ou l'épée, dont le tranchant représente la vérité. Donc, c'est la vérité que ces êtres sont venus apporter. Bien sûr, eux aussi se cherchent ; alors, leur intensité nous bouscule.

Ces enfants sont venus briser non seulement certains vieux concepts, mais aussi des karmas familiaux. Lorsqu'on observe comment certaines familles fonctionnent, on remarque qu'elles transmettent des karmas de génération en génération.

Les enfants nouveaux ont l'esprit très vif et ils sont dotés d'une grande intelligence du cœur. En général, ils ont aussi une belle confiance en eux-mêmes et en la vie. Bien sûr, ils peuvent tomber et se relever, mais ils sont comme des petits rois et des petites reines que l'on doit s'efforcer de comprendre. Nous devons les guider car, avec leur grande énergie, ils ont tendance à aller aux extrêmes. Si nous ne les orientons pas vers la sagesse, ils peuvent devenir les plus grands manipulateurs. De toutes façons, ils ont un programme où prédominent de hauts idéaux, et, même s'ils expérimentent et testent toutes sortes de choses, cela ne leur collera pas à la peau parce qu'ils ont tendance à ne pas rester longtemps dans la distorsion. Lorsqu'ils sont pris en défaut, bien sûr, ils cherchent à se justifier (rires), mais ils admettent rapidement la distorsion et ils se corrigent si on les incite à le faire. C'est cela qu'on doit leur apprendre.

On voit que l'Ange CALIEL nous est vraiment d'une aide inestimable pour comprendre la dynamique et le programme de ces enfants. D'ailleurs, l'enseignement des Anges nous amène à développer les facultés médiumniques, la sagesse, la confiance et toutes les autres particularités qu'ont naturellement ces enfants, et ce, de façon consciente.

J'aimerais vous raconter une anecdote qui illustre la mentalité que l'on développe avec ces enfants et le Travail Angélique. Un jour, Kasara est arrivée de l'école et nous a raconté en toute simplicité ce qui s'y était passé. Son enseignante avait raconté aux élèves de la classe ce qui lui était arrivé la veille. Elle n'était pas contente. Elle leur a expliqué que son conjoint désirait lui emprunter sa voiture pour aller à Montréal, mais qu'elle avait peur qu'il l'égratigne. Elle la lui a tout de même prêtée et il est rentré à bon port sans aucune égratignure sur l'auto. Elle leur a raconté que, le lendemain matin, leur voisin a cogné à sa porte pour lui annoncer que sa voiture avait été égratignée. Pendant la nuit, de grandes bourrasques de vent avaient emporté son abri d'auto, et ce dernier avait égratigné la carrosserie et endommagé l'essuie-glace. Elle a dit à son voisin : « Je ne suis vraiment pas contente. Ça fait quatre fois que j'emmène ma voiture au garage pour la faire réparer. »

Avec ses grands yeux et sans aucun jugement critique, Kasara nous a dit : « Il y avait un signe, là. Mais je ne pouvais pas lui expliquer : elle ne connaît pas la symbolique. Elle a ça à vivre. Il faut qu'elle l'accepte. » Elle disait cela tout naturellement. Bien sûr, Kasara n'a pas encore la capacité — quoique cela ne tardera pas — d'interpréter en profondeur tous les événements avec la symbolique.

Nous allons passer en revue ce que cette enseignante a vécu et l'analyser avec la symbolique. Cette femme a affirmé avoir peur qu'on lui égratigne sa voiture. Lorsqu'on a peur de quelque chose, c'est qu'on l'a à l'intérieur de soi. Afin de bien lire un signe, on doit l'interpréter dans le contexte global de la situation vécue, comme on le fait lorsqu'il s'agit d'un rêve. La voiture, c'est ce qui nous permet d'avancer, n'est-ce pas ? Alors, elle représente nos comportements ou notre conduite en société.

La crainte qu'a cette femme qu'on égratigne sa voiture indique qu'elle-même égratigne par ses propres comportements. Comment? Par ses préjugés. Les préjugés égratignent. Que l'abri d'auto se soit envolé à cause d'une bourrasque de vent n'est pas dû au hasard. Dans la symbolique, le monde de l'air représente les pensées. En Haut, Ils ont voulu lui dire : « Regarde, lorsque tu critiques trop, cela crée des bourrasques dans tes pensées, et ta voiture n'est plus protégée. » En termes symboliques ou énergétiques, que signifie la protection? C'est l'aura. Pour que l'être soit protégé, l'aura doit être empreinte de qualités et de vertus. Voilà la plus grande protection. Si cette femme avait été une initiée, On aurait pu l'avertir en rêve d'un danger, ou elle aurait pu recevoir une intuition. Il est possible d'éviter tout incident si l'Intelligence Cosmique juge que cela est nécessaire. Mais lorsqu'on est critique ou vindicatif, et que nos pensées tourbillonnent dans notre tête, on perd notre protection. À ce moment-là, une épreuve s'inscrit dans le programme de l'être. *On égratigne et on se fait égratigner.*

L'essuie-glace a été endommagé. À quoi sert un essuie-glace? À nous permettre de voir pendant qu'on conduit, lorsqu'il pleut ou qu'il neige. Il nous évite la confusion. L'eau représente le monde des émotions. On a donc montré à cette femme que lorsqu'elle a des pensées qui ne sont pas justes, cela fait monter des émotions, et alors, sa vision devient confuse et embrouillée. Lorsqu'on perd notre clarté de vision, on n'est plus dans la vérité ; on ne voit plus juste. Vous voyez, grâce à la lecture des signes, une petite histoire aussi simple que celle-ci peut nous amener à comprendre un plan de vie.

Quand on lit les signes, si une personne nous parle de ce qui lui est arrivé, sans même qu'elle s'en rendre compte, elle nous parle de ses profondeurs intérieures. Elle se met à nu. Voilà pourquoi il est si important, quand on commence à interpréter les signes, de le faire avec amour. L'Ange CALIEL nous donne cette capacité de discerner et de comprendre la Justice Divine, mais il faut toujours le faire avec amour. Sinon, l'autre personne aura l'impression qu'on l'épie et qu'on attend, comme dans une embuscade, le moment où elle tombera. Donc, c'est un travail. On n'y arrive pas du jour au lendemain, mais vient un moment où la réalité qu'on lit de l'autre personne ne peut plus changer notre opinion d'elle ; on l'aime de la même manière et on lui accorde tout autant de considération. La seule différence, c'est qu'on comprend sa réalité.

Chaque être a sa propre réalité, qui s'est construite sur la base de son vécu. Or, plus on travaille avec l'Ange CALIEL, plus on respecte la réalité des autres, et alors, plus profondément on peut accompagner l'être — même dans ses distorsions — et comprendre sa réalité. On a toute une responsabilité. Et plus on intègre la Connaissance, plus notre sens de la justice devient incisif et pénètre profondément.

Notre responsabilité va même jusqu'à s'abstenir de parler de la loi des résonances aux personnes qui vivent dans une conscience ordinaire et qui ne sont pas programmées pour expérimenter la Connaissance dans cette vie-ci. Peu importe leur réalité du moment — même si elles sont complètement dans la distorsion —, il est important qu'elles la vivent, et elles demeurent des enfants de Dieu.

Puisque nous parlons des enfants nouveaux, voici un autre exemple qui concerne une enseignante — beaucoup d'enseignants et d'enseignantes assistent aux cours sur l'Angéologie. Alors, cette femme qui est vraiment engagée dans le nettoyage et l'ouverture de l'inconscient est venue me voir pour une interprétation. Elle m'a raconté son rêve. *De l'extérieur d'une maison, elle regardait à travers une fenêtre et pouvait voir dans la pièce ce qui s'y passait. Elle voyait des hommes et des femmes très agressifs, qui avaient des couteaux. Ensuite, elle a vu une toile d'araignée et une araignée. Tout à coup, elle a entendu une voix autoritaire lui dire : « Ne va pas là. Si tu y vas, tu mourras. » Puis elle a fui en luge sur la neige.*

Je lui ai demandé :
—As-tu senti quelque chose de spécial, ou as-tu vu certaines manifestations, le lendemain ?
—Ah ! oui, m'a-t-elle répondu, le lendemain, je corrigeais les dictées de mes élèves et j'en ai pleuré : il y avait en moyenne 30 à 40 fautes par dictée. Je pleurais aussi parce que je ne veux pas de cette nouvelle réforme scolaire, et mes élèves non plus, d'ailleurs.

Comme vous le savez, une nouvelle réforme est présentement mise en place dans les écoles publiques au Québec.

Je lui ai dit : « Revenons à ton rêve. Qu'a-t-On voulu te dire par ce rêve ? Tous les personnages représentent des parties de toi. Il y a autant d'hommes que de femmes avec des couteaux ; donc, autant dans tes actions que dans ton état émotionnel, il y a de l'agressivité, c'est-à-dire trop de tranchant. L'araignée et sa toile symbolisent des angoisses ou le sentiment d'être emprisonné. Finalement, à l'autorité qui te dit : "Ne va pas là ; tu mourras si tu y vas", tu obéis : tu fuis en luge. Dans son aspect négatif, la neige représente la solitude. La voix est celle d'un ensemble de vieilles mémoires qui t'incitent à fuir plutôt qu'à te découvrir. Dans un rêve, quand On nous parle de mourir, cela signifie qu'on doit renaître à de nouveaux états de conscience. Alors, de nouveaux états de conscience t'attendent, mais tu les fuis. Pour les connaître, tu devras faire face à tes agressivités et à tes angoisses intérieures. »

Ensuite, je l'ai ramenée aux réflexions qu'elle avait faites au sujet de la réforme scolaire. Je lui ai dit : « Tu m'as dit que tes élèves ne veulent pas de cette réforme. Or, tes élèves représentent des parties de toi. Tu as des élèves à l'intérieur de toi. On veut te montrer que tes élèves intérieurs font encore beaucoup de fautes. Mais c'est justement en cela que consiste notre travail : corriger ce qui n'est pas juste. On dirait que les fautes te mettent à l'envers, que tu ne les acceptes pas. C'est comme s'il y en avait trop pour toi. Il te manque encore l'amour de la vérité. Tu te sens dépassée par la tâche et tu te donnes des raisons d'abandonner. Tu te dis : "Je ne veux plus faire ce métier-là parce que cette réforme n'a aucun sens." L'Ange CALIEL peut t'aider à corriger le message de cette voix autoritaire, à faire en sorte qu'elle soit juste et qu'elle cesse de t'inciter à fuir la visite de ton inconscient. »

J'ai ajouté : « Moi, j'ai entendu d'autres sons de cloche sur la réforme scolaire, de la part de plusieurs enseignantes. Bien sûr, cette réforme est loin d'être parfaite, mais quand on amène des changements, tout n'est pas parfait tout de suite. L'une des enseignantes qui m'en a parlé a retenu qu'on y met beaucoup d'emphase sur le développement des compétences des élèves. Après une présentation de la réforme par un conférencier, elle a dit à ce dernier : "Si j'ai bien compris, ce que vous voulez, en fin de compte, c'est développer les qualités et les vertus des enfants." Elle m'a dit : "Ils utilisent le mot *compétences* au lieu des termes *qualités* et *vertus* ; mais leur but est le même." »

Ainsi, cette autre enseignante qui, elle aussi, travaille avec les Anges, applaudit la présente réforme scolaire. Elle a quitté pendant quelques années—elle a pris plusieurs années sabbatiques—, non pas parce qu'elle n'était pas bien avec les enfants, mais parce qu'elle ne s'entendait pas avec les autres enseignants. Elle enseigne maintenant à mi-temps, et ses élèves sont, selon ses dires, ses plus grands enseignants.

Elle nous a dit, à mon mari et à moi-même : « Avec le recul, j'ai réalisé que, dans ma vieille réalité, j'alternais entre deux comportements extrêmes : en certains moments, j'étais imposante et j'exerçais mon autorité de façon rigide—comme si je disais : "Hé ! c'est moi, l'enseignante"—, et, en d'autres moments, j'essayais de plaire aux élèves. »

Puisqu'elle a changé de réalité, elle ne peut plus avoir ces comportements. Elle m'a confié : « Je recommence à zéro. Avec mes élèves, quand mes anciennes attitudes remontent et que je me sens distorsionnée, WOOPS ! je me reprends. De toutes façons, ils me le reflètent. Alors, je m'adapte. C'est tout un travail, mais je n'ai jamais autant appris. » Pour cette femme, l'école est devenue un lieu d'application et d'apprentissage extraordinaire ; elle est en train de tout réapprendre. Lorsqu'on met les qualités et les vertus en priorité, comme unique objectif de vie, tout change.

Voilà un bel exemple d'humilité et de l'attitude à adopter avec les nouveaux enfants. On doit être à la fois enseignant et enseigné. Si on est parent, on doit maintenir cette humilité et se dire : « Attends une minute, là ! Il me dérange : il a touché un bouton en moi et oui ! ça m'irrite. Je me sens dérangé. Je vais revenir à moi-même et me calmer avant d'exercer mon autorité. Je verrai plus clair. Ainsi, je pourrai discerner si je dois intervenir auprès de l'enfant, ou bien s'il me reflète simplement mes propres bibittes. » De cette façon, on avance très vite. C'est cela, le nouveau monde qui s'en vient ; en fait, il est déjà là. On est présentement en train d'apprendre à vivre de cette façon, celle qui prévaut dans les mondes plus évolués.

J'aimerais vous raconter un dernier fait vécu. Il a trait à ces enfants de la vérité et il s'est passé dans une famille dont le père, la mère et le petit garçon travaillent avec les Anges. La mère était enceinte depuis plusieurs mois et elle savait que le bébé serait une petite fille. On lui a envoyé un rêve. *Elle a senti des douleurs au ventre. Puis, d'un seul coup, elle a accouché et s'est rendu compte qu'elle venait de mettre au monde une belle petite fille. Le bébé parlait déjà : elle faisait de l'enseignement spirituel. Elle enseignait avec beaucoup de verve et d'enthousiasme. Puis le grand-père du nouveau-né est arrivé et a coupé le cordon ombilical. Le père est arrivé et le fils écoutait les enseignements.* La mère m'a dit : « Je ne sais pas ce qu'elle disait, mais je savais qu'elle faisait de l'enseignement spirituel. »

Ce songe fait partie de la catégorie de rêves dans lesquels on visite l'âme d'un autre être. Dans ce cas-ci, l'âme qui venait s'incarner sur Terre se manifestait et montrait sa couleur, comme si elle disait : « Moi, je suis venue pour la spiritualité. Voilà ma mission. » Par la présence du grand-père qui coupe le cordon ombilical, On a montré une protection dans l'action, dans le jour. Alors, vous voyez, ces enfants peuvent se présenter dans nos rêves et déjà nous annoncer leur programme.

Je vous ai beaucoup parlé de Kasara, notre fille. Or, aujourd'hui, j'aimerais l'inviter à venir vous raconter l'un de ses rêves. Merci, Kasara. Pourrais-tu nous raconter ton rêve ?
— Oui. *Je suis dans une épicerie, il y a un chat noir qui me suit, et puis il y a une petite fille qui passe. Elle prend le chat. Là, je lui dis : « Attention ! il peut mordre. » Puis là, le chat mord la petite fille. Là, le chat saute, et puis moi, je cours un petit peu après, mais je reviens. Puis là, il voit que je ne cours plus après ; ça fait qu'il revient. Il commence à me parler. Il me dit : « J'aimerais habiter avec toi. » Alors, je lui dis : « OK, mais à une condition : il faut plus que tu mordes personne, il faut que tu fasses caca dans ta cage, et puis il faut que tu m'écoutes. » Puis là, je me suis réveillée avec ça.*
— Oh ! c'est un beau rêve, Kasara ! Il est intéressant, et on va voir ce qui est arrivé, cette journée-là.

Pendant la matinée, nous nous préparions à sortir, car nous étions invités chez des amis pour aller passer la journée avec eux. À un moment donné, Kasara a appelé son papa pour lui demander : « Pourrais-tu m'aider à choisir mes vêtements ? », chose qu'il a faite. Sauf qu'elle n'était pas tout à fait d'accord avec son choix et elle faisait la moue. Il lui a expliqué : « Mais, tu sais, il fait froid aujourd'hui. Ce sont ces vêtements qu'il serait souhaitable que tu mettes. » Elle les a mis, mais elle est allée bouder dans un coin. Ce n'est vraiment pas dans ses habitudes de bouder, car elle est une petite fille joyeuse et pleine d'entrain.

À un moment donné, son papa s'est approché d'elle et, avec un beau sourire, il lui a dit :
— Kasara, ton chat est en train de me mordre. Même si tu ne dis rien. Tu sais, avec les pensées, on peut mordre.
— Papa, lui a-t-elle répondu après un moment de surprise, c'est plus fort que moi ; je ne suis pas capable d'arrêter.
— Je te comprends. Quand on a un rêve comme celui-là, c'est vrai que ce n'est pas facile. Moi, j'en ai déjà eu, des rêves comme le tien. Alors, je vais te donner mon truc. Qu'est-ce que je fais quand ça m'arrive ? J'invoque un Ange. Je me répète son nom dans ma tête ; je respire le nom de l'Ange. Alors, tu peux utiliser ton Ange Gardien, l'Ange MENADEL, que tu connais bien.

Alors, elle l'a regardé, toujours avec ses grands yeux, mais elle n'a passé aucun commentaire. Plus tard, j'ai ressenti le souhait de lui faire un petit bec. Je l'ai trouvée dans la salle de bain : elle se regardait dans un miroir en se parlant à voix basse. Elle levait son petit doigt et disait : « C'est assez, maintenant ! Tu vas m'écouter ! Tu es dans ma tête ; c'est assez ! » Alors je me suis retirée (rires) ; je voyais qu'elle faisait un travail intense sur elle-même.

Au cours de la journée, sa mauvaise humeur s'est dissipée, et, le soir, elle nous a avoué que dès qu'elle sentait remonter sa mauvaise humeur, elle faisait sa pratique récitatoire avec l'Ange MENADEL, et que cela avait été une belle aventure pour elle.

— Qu'en penses-tu, Kasara ?
— Ouf ! ça marche, les Anges... (rires)
— Merci. Merci beaucoup, ma chérie. Ton partage nous aide beaucoup.

Ange 23 Melahel
Médecine de l'Âme

Où trouve-t-on le plus de pollution ? Dans la terre, dans l'eau, dans l'air ou dans le feu ? La réponse va peut-être vous surprendre. Ce n'est ni dans la terre, ni dans l'eau, ni même dans l'air ; c'est dans le feu. Pour mieux comprendre cette affirmation, il faut savoir que ces quatre éléments existent dans l'être humain. Symboliquement, la terre correspond au corps physique, l'eau, aux émotions, l'air, aux pensées, et le feu, à l'Esprit.

Lorsqu'une âme vient s'incarner, ici sur Terre, elle arrive avec un bagage qui contient toutes les expérimentations — tant positives que négatives — de l'ensemble de ses vies. Elle arrive aussi avec un programme qui lui permet de continuer son apprentissage en rapport avec le bien et le mal, dans le but de parvenir un jour à les maîtriser. Le Travail avec les Anges accélère notre mouvement vers une telle maîtrise, qu'on appelle l'Illumination. Il nous donne aussi accès, consciemment — cela est important —, au programme de notre âme.

Ce soir, nous allons étudier l'Ange MELAHEL, qui porte le numéro 23. Cet Ange aide à dépolluer un esprit malsain, un esprit qui génère des œuvres néfastes, ici sur Terre. Son action se manifeste tant au plan individuel que collectif. On peut dire que l'Ange MELAHEL est le médecin de l'âme, le médecin de la conscience ou le médecin du Ciel. Il nous aide à retrouver la Pharmacie Universelle du Bon Dieu. Il nous aide à diagnostiquer notre vie et notre conscience, et il nous prescrit des ordonnances, c'est-à-dire des comportements qui vont assainir tous les plans de notre être.

Voici un témoignage de fait vécu qui m'a été confié. Un médecin qui a une ouverture spirituelle et qui travaille dans un hôpital reçoit une de ses patientes. Fort agitée, celle-ci lui parle aussitôt de son rêve. Elle lui dit : « Docteur, j'ai rêvé qu'*il y avait deux taches beiges sur mon ovaire gauche, et On me disait que c'était cancéreux.* » Le médecin entame des analyses, au cours desquelles il ne trouve rien d'anormal. Mais sa patiente insiste : « Je sais que c'est un rêve prémonitoire. Il faudrait aller plus loin et faire une radiographie. » Alors, le médecin l'emmène consulter un de ses confrères radiologue dans le même hôpital. Il présente à ce dernier le dossier de sa patiente et il attend qu'il ait fini de l'étudier. Enfin, le radiologue regarde le médecin et lui dit : « Vous n'avez rien trouvé. Alors pourquoi faire une radiographie ? »

Le médecin invite donc sa patiente à lui dire le motif, ce qu'elle fait tout naturellement : elle lui raconte son rêve. Très sceptique, le radiologue jette un regard critique qui en dit long sur ce qu'il pense de son confrère. Un air de dire : « Tu me fais perdre mon temps avec tes trucs. » Il s'exécute quand même : il fait la radiographie. Or, quelque jours plus tard, tout blême et agité, il va porter la radiographie au médecin. Le voyant arriver, ce dernier lui demande :
— Que se passe-t-il ?
— Eh bien, la radiographie montre deux taches beiges sur l'ovaire gauche. Mais ce n'est pas malin ; c'est bénin.

On voit par cette anecdote qu'on peut avoir accès à des données médicales, en deçà et au-delà du simple diagnostic physique. On peut aussi demander : « Pourquoi ai-je à vivre cette maladie ? » Dans un cas comme celui-là, l'état de conscience MELAHEL nous fera un diagnostic céleste. Par une série de rêves et de signes, Il nous montrera un comportement erroné et des parties de notre être qui sont encore anarchiques, agressives ou rebelles. Il nous indiquera aussi la base de ces comportements qui, en fait, est une foule de non-dits, une accumulation de refoulements. L'Ange MELAHEL nous indiquera donc la vraie cause de la maladie, celle qu'un jour on doit comprendre pour pouvoir guérir.

L'Ange MELAHEL n'aide pas seulement à guérir la maladie physique ; il soigne aussi l'âme de ce qui la limite et l'étrique. Il nous guérit de tout ce qui nous fait souffrir. Ainsi, la pratique récitatoire avec cet Ange nous permet de maintenir de hauts niveaux de conscience pendant qu'on nettoie et guérit notre être de tous ses maux.

Voici quelques commentaires sur les qualités de l'Ange Melahel, dont la principale est *la capacité de guérir*. Parmi les 72 Anges, certains autres nous confèrent cette capacité de guérir, mais l'Ange Melahel touche une facette bien particulière de la guérison, facette que l'on peut identifier grâce à l'examen de sa position dans l'Arbre de Vie. Cet Ange réactive notre intellect pour nous permettre de diagnostiquer et d'identifier les comportements et attitudes qui créent le mal-être — le mal à l'âme — et, éventuellement, la maladie.

Connaît les propriétés des plantes médicinales. Parfois, en herboristerie, on parle de devenir soi-même une plante médicinale. Que veut-on dire par là ? Prenons un exemple en examinant les propriétés de l'une des nombreuses plantes médicinales : la bardane. L'une des grandes vertus thérapeutiques de cette plante, qui pousse dans un sol lourd et mal drainé, est justement sa capacité de drainer. La bardane est un grand dépuratif du sang et de la peau ; elle nettoie. Elle est très utile dans les cas d'eczéma, de psoriasis et d'acné, car elle aide à éliminer les toxines. Également, elle décongestionne et nettoie les reins, les voies respiratoires et les sinus. Les Chinois connaissent la bardane depuis des millénaires. Ils l'utilisent entre autres dans les cas d'accumulation ou de trop-plein d'énergie occasionnés par la présence de forces négatives.

D'où viennent ces forces négatives ? Elles sont générées par des pensées critiques et par des états d'âme qui polluent notre esprit — comme la tristesse et la colère — et qui, éventuellement, affectent notre corps. Nous verrons que nos pensées peuvent être polluantes ; elles agissent de façon extrêmement puissante sur notre corps et sur l'ensemble de notre être.

Certains herboristes et phytothérapeutes accompagnent la plante dans tout son cycle de vie, s'adonnant à sa cueillette, à sa préparation et enfin à sa consommation. Si la personne qui fait cette démarche choisit de travailler consciemment, elle entre dans l'état de conscience de la plante. Par exemple, lorsqu'elle va cueillir de la bardane, elle entre dans un état de conscience de dépollution, d'épuration. Et l'effet sera puissant. Par contre, chez les personnes qui prennent des plantes seulement parce qu'on leur a dit : « Prends ça, c'est bon », et qui n'ont pas la conscience de ce qu'elles font, l'effet sera moins puissant, voire nul. On voit ici à quel point l'influence de la pensée et des états d'âme est puissante dans le processus de guérison.

En introduction, nous avons vu que la pollution se trouve d'abord et avant tout au plan du feu ou de l'Esprit, qui est du domaine intérieur. Avec la plante, on a bien sûr un élément extérieur, mais, en allant plus à fond et en méditant sur ses vertus thérapeutiques, on peut avoir accès à de grandes révélations.

Les plantes sont vraiment nos amies. Certains herboristes les appellent *les simples* car elles se contentent de recevoir les bienfaits du Ciel. Prenons la camomille, une plante dotée de grandes vertus thérapeutiques. Plus on la piétine, mieux elle pousse. Or, on dit que prendre un élixir de camomille redonne l'espoir. Ses petites fleurs sont jaunes, de la couleur de la confiance.

On porte en soi le règne végétal. Autrement dit, l'être humain possède toutes les vertus des plantes — il doit un jour retrouver toutes leurs vertus thérapeutiques. Or, le règne végétal possède une conscience qui est moins ouverte que celle de l'être humain; alors, imaginez ce que ce dernier recèle comme vertus! Même si l'intellect que possède l'être humain peut aider ce dernier à atteindre de très hauts niveaux, il peut également lui jouer de grands tours: il peut en faire un être des plus destructeurs. Alors, comme nous l'inspire la bardane, si on se trouve dans un environnement lourd — où l'atmosphère est lourde —, on développe les qualités opposées. On transforme l'ambiance négative en absorbant le mal et en le transmutant.

Même chose avec la camomille: on fait comme cette plante. Lorsque cette dernière est piétinée, elle ne se plaint pas: «Ouf! comme c'est dur! Ils me piétinent; alors, je ne repousserai plus.» (rires) Non, si on s'inspire de la camomille, les autres auront beau nous piétiner et nous rentrer dedans, on continuera à pousser. En *imitant* les plantes, on demeure simple et ouvert face à cette nature supérieure, à Dieu, à la grande Intelligence Cosmique. De cette manière, on pourra continuellement jouir des vertus thérapeutiques des plantes car on les aura intégrées à l'intérieur de soi.

Face à la maladie, on peut adopter l'une ou l'autre des attitudes suivantes: la combattre ou l'accueillir. Lorsqu'on ne comprend pas la nature véritable de la maladie, on a tendance à la combattre.

Une maladie, c'est le mal. Or, on apprend dans cet enseignement à ne jamais combattre le mal. Le mal ne se combat pas. Il est au service du bien; il sert à nous faire comprendre les grands principes, nous permettant ainsi de rectifier nos comportements et nos concepts erronés.

Il existe des techniques de guérison basées sur l'affirmation positive. La personne se dit: «Je veux guérir et je vais guérir.» Une personne qui a une grande volonté peut se guérir grâce à ces techniques, mais elle engendre un karma parce qu'elle ne va pas à la cause de sa maladie. Elle n'aspire qu'à des résultats concrets. En Haut, Ils nous laissent expérimenter la puissance de la volonté pour qu'on puisse un jour passer à autre chose. Si cette personne n'a pas compris la cause des comportements qui sont à la base de sa maladie, celle-ci peut revenir. Elle reviendra dans cette vie-ci ou dans une autre, sous la même forme ou sous une autre, différente.

Par contre, si on accueille la maladie au lieu de la combattre, on peut demander à l'Ange MELAHEL de nous aider à en diagnostiquer la cause au niveau de l'âme. On demande: «Ô Ange MELAHEL, aide-moi à diagnostiquer quel type de comportement a engendré cette maladie.» Au lieu de focaliser sur la guérison physique, on se concentre d'abord et avant tout sur celle de l'âme. De cette façon, on va directement à la source du problème.

Bien sûr, certaines souffrances liées à la maladie sont très intenses. La personne a besoin d'un rappel, et la maladie est là pour lui faire comprendre: «Change tes comportements», et pour la stimuler dans son processus de guérison.

Un jour, on n'a plus besoin de ce genre de stimulation: on est ouvert, comme la plante. On écoute et on suit la guidance, et, peu importe ce que l'on vit—même si l'ambiance est lourde ou qu'on nous piétine—, on continue à aimer et à dégager l'espoir et l'amour. Mais cela demande tout un nettoyage, et l'Ange MELAHEL nous aide à le faire.

Au printemps, on fait un grand ménage et on prend des dépuratifs. De la même façon, on peut utiliser l'état Angélique MELAHEL comme dépuratif de la conscience. Cela nous permet de nous préparer à une nouvelle étape.

Continuons à commenter les qualités de cet Ange. *Pacifiste et apaisant. Maîtrise ses émotions. Foi qui anticipe la Connaissance.* L'Ange Melahel nous confère beaucoup de calme; on devient une personne pacifique. Il active aussi l'intellect. Un intellect qui se trouve dans la distorsion est critique et il rend la personne agressive envers les autres. Lorsqu'on se trouve dans une situation difficile au plan émotionnel, on tâche de la comprendre en demandant à l'Ange Melahel son diagnostic, et on conserve la maîtrise de ses propres émotions.

S'adapte à toute situation. OOOH! voilà une qualité formidable. L'intellect a ses petites habitudes. Tout va bien, et, tout à coup, quelque chose vient déranger sa routine. Ah! c'est la panique. Il est parfois difficile à notre intellect de s'adapter aux nouvelles situations qui nous sont amenées pour grandir et pour aller plus loin. Avec cet Ange, notre intellect est prêt à toute situation; il est vraiment ouvert à la guidance d'En Haut. Il continue à bien réfléchir, à discerner et à évaluer les situations, mais il n'est pas pris de panique parce que certaines de ses habitudes doivent être modifiées.

Nourriture et culture saines. Dans ce cours sur l'Ange Melahel, nous parlerons de plusieurs sujets concernant la nourriture. Nous ferons de la diététique Angélique, c'est-à-dire que nous traiterons de l'alimentation aux plans subtils. Nous nous demanderons: «Comment mon âme se nourrit-elle?» Ce qu'on avale aux plans subtils est très important. D'ailleurs, le genre de pensée et d'émotion qui nous habite nous fait naturellement pencher vers un certain type d'alimentation au plan concret. Lorsqu'on travaille avec l'Ange Melahel, On nous montre, tant dans nos rêves que dans le quotidien, si notre nourriture est naturelle ou au contraire artificielle. Avec cet Ange, on réalise aussi qu'on nourrit les autres exactement de la façon dont on se nourrit soi-même.

Voyons maintenant les distorsions de l'état Angélique Melahel. *Maladies.* Aujourd'hui, nous verrons plusieurs exemples de maladies, dont une maladie contagieuse affectant des animaux. Dans chaque cas, nous nous demanderons pour quelles raisons les maladies doivent être vécues.

Difficulté à exprimer ce que l'on ressent et à improviser. Cette distorsion est à l'opposé de la qualité d'adaptation qu'on a vue plus tôt. On verra un fait vécu qui illustre le grand déblocage que l'Ange MELAHEL peut provoquer et qui nous permet un jour d'exprimer tout ce que l'on est. Si on ne parvient pas à s'exprimer, notre énergie est refoulée, et, lorsqu'elle se libère, elle ne se manifeste pas toujours d'une manière favorable.

Sentiments et entreprises corrompus. Esprit polluant et destructeur, pensées malsaines. Cette Énergie Angélique guérit les sentiments destructeurs et les pensées malsaines, et elle est utile dans les cas de manque d'éthique dans les entreprises. Nous verrons aujourd'hui deux exemples de ces distorsions.

J'aimerais vous parler d'un rêve qu'un homme est venu me demander d'interpréter. *Il se trouvait face à ses deux enfants, deux garçons âgés d'environ dix et onze ans. Ils n'étaient pas ses enfants dans le concret, car ses garçons sont maintenant grands, mais dans son rêve, On lui disait qu'ils étaient ses enfants. À un moment donné, l'un d'eux a pris feu, et ensuite, le feu a gagné l'autre garçon. Alors, dans un état de panique, le rêveur a pris une couverture, il a enveloppé ses enfants et les a jetés sur le sol couvert de neige. Puis il a vu une flamme sortir de son propre front, et le feu qui avait atteint ses enfants s'est éteint. Ensuite, il a dit à ses deux garçons: «Je voulais vous protéger du feu éternel.»* Il s'est réveillé avec ce rêve.

Comme on l'a vu précédemment, les personnages qui apparaissent dans nos rêves symbolisent tous des parties de soi. Cela est particulièrement vrai dans les premières étapes du cheminement spirituel. On examine ce que ces personnages représentent pour soi, on analyse leur caractère, et cela nous permet d'interpréter le message reçu.

Dans ce cas-ci, en utilisant comme personnages ses propres enfants, c'est-à-dire ses œuvres — manifestées, puisqu'il s'agit de garçons —, On a voulu dire à cet homme: «Tes œuvres sont en train de prendre feu. Un grand processus d'initiation est amorcé en toi, et le feu éternel commence à t'atteindre.»

Bien sûr, un tel processus peut nous amener à nous sentir bousculé, car il remue des vieilles mémoires et entraîne de profondes déstructurations. Le feu éternel, c'est Dieu, l'Éternel. Quand on parle de Dieu, imaginez la puissance de ces vibrations. Par réaction de peur, l'homme a éteint le feu éternel qui avait atteint ses œuvres, et il a jeté ces dernières dans la neige. La neige, c'est de l'eau gelée, et l'eau symbolise les émotions. Ainsi, On a voulu lui dire : « Regarde, certaines parties de toi ne veulent pas entrer en initiation. Alors, tu gèles l'action spirituelle, la purification. » C'est comme si, tout à coup, cet homme s'était dit : « Je ne veux plus rien savoir des Anges. Ça brasse trop. » Dans un premier temps, cette réaction est tout à fait normale. Alors, par ce rêve, On lui a signifié : « Tu es en train d'arrêter le plus grand et le plus beau processus qui soit : tu te protèges de Dieu. »

Lorsqu'on travaille avec les Anges, on peut en une seule vie rectifier des dizaines de vies. Alors, il est évident que par ce processus On met en route des forces extrêmement puissantes. Et il est vrai que cela peut brasser. Je vous en avertis. Le chemin initiatique est long et difficile, et il n'est pas accessible à tous les êtres dans leur vie présente.

J'aimerais maintenant vous raconter l'histoire d'une femme qui, avec son époux, travaille intensément avec les Anges depuis un certain temps. Très riche de sens, cette histoire illustre bien la méthode du Travail avec les Anges, car elle fait appel à la loi de la résonance et elle comporte des rêves et des signes, que nous allons interpréter. Depuis un certain nombre de mois, cette femme voulait — tout comme son conjoint — changer sa manière de vivre ses vacances. En hiver, ce couple a l'habitude de passer deux semaines dans les pays chauds.

Lorsqu'est arrivé le moment d'organiser leurs vacances, ils ont pensé s'inscrire à un stage de ressourcement, car ils voulaient utiliser leurs vacances non pas pour se prélasser, les pieds en éventail, mais pour faire un travail intérieur intense. La dame s'est renseignée sur certains stages de ressourcement, mais On lui a envoyé un rêve, dans lequel On lui disait d'aller à Cuba. Or, il n'y avait pas, à leur connaissance, de tels stages dans ce pays.

Ils sont donc allés à Cuba, et cette dame nous a raconté, à mon époux et à moi-même, comment se sont déroulées leurs vacances. Elle m'a dit : « Tout était bien : c'était un bel hôtel et il faisait chaud. Mais il y a eu un petit dérangement. On l'a eu, notre stage ! » (rires) Quel était ce dérangement ? Elle m'a dit : « L'hôtel avait trois étages et nous logions au deuxième. Tous les matins, à 6 h 39, j'entendais couler un bain, puis des bruits répétitifs, TIC TIC TIC TIC BRRR BRRR TIC TIC TIC TIC, et, peu de temps après, j'entendais l'eau s'écouler dans les conduits. »

À un moment donné, en regardant la terrasse du troisième, elle a compris le scénario matinal qui la dérangeait tant. Que faisait sa voisine ? Tous les matins, à 6 h 39 exactement, elle faisait couler un bain, lavait son petit linge, prenait un vêtement, marchait avec ses talons hauts, ouvrait la porte patio, étendait son petit vêtement, retournait en chercher un autre, revenait et retournait plusieurs fois. Puis, la lessive terminée, elle laissait s'écouler l'eau du bain.

AAAH ! elle se sentait dérangée par tout ce rituel. Son mari, pas du tout. Puisque cette femme suit l'enseignement des Anges, elle connaît la loi des résonances et elle ne voulait pas nier qu'elle se sentait dérangée. Elle avait le goût de changer de chambre —d'aller au troisième—, mais, avant de s'endormir, elle a demandé : « Avant de changer de chambre, j'aimerais savoir pourquoi je suis dérangée. Et puis est-ce bien de changer de chambre ? »

Cette nuit-là, On lui a envoyé un rêve. *Elle se trouvait dans l'hôtel où elle suit les cours d'Angéologie, dans l'une des villes du Canada. La conférence portait sur les vêtements de travail. À un moment donné, elle m'a vue changer de salle : j'allais à la salle Molson. Et je disais : « Tout l'hôtel est en rénovation. » Il y avait des petits débris par terre, et une bénévole qui nous assiste passait l'aspirateur pour les enlever. La salle où les ouvriers faisaient des travaux de rénovation était toute petite, mais c'était un espace ouvert. À un moment donné, les ouvriers ont mis des panneaux séparateurs. Du coup, l'espace est devenu très étroit, étriqué. La rêveuse a dit à la bénévole : « Arrête de passer l'aspirateur ; on s'en va. On change de salle. »* Elle s'est réveillée avec ce rêve.

Elle a compris que je représentais sa partie spirituelle, en relation avec l'Angéologie Traditionnelle, mais, comme elle m'a dit, le changement de salle faisait son affaire. Elle a fait une équation rapide : changement de salle égale changement de chambre. Alors, sans perdre de temps, elle est descendue à la réception avec son époux. Mais il ne semblait pas y avoir de synchronicité : aucune chambre n'était disponible au troisième étage. Alors, elle est retournée à la réception pour demander à nouveau le lendemain, le surlendemain et le jour suivant. Finalement, au bout de quelques jours, et après qu'elle eût forcé un petit peu, une chambre s'est libérée au troisième étage. Elle m'a dit : « Ah ! ma deuxième semaine a été impeccable. Plus de problèmes ! Même qu'une nuit, mon mari a été réveillé par le bruit des voisins qui avaient des rapports sexuels, mais moi, je n'ai rien entendu. Je n'ai pas été dérangée. » Pour elle, la question était réglée.

Pendant qu'elle nous racontait ce qu'elle avait vécu, à un moment donné, elle m'a dit : « En ce moment, je ne peux pas faire de grandes promenades parce que je me suis fait une entorse. »

Puis elle a ajouté :

—J'ai consulté la liste des situations à la fin de votre livre *Les Ailes de la Vie*—c'est une liste qui indique avec quel Ange travailler quand on vit certains problèmes ou quand on veut développer certaines qualités—et j'ai vu, à *entorse*, l'Ange Melahel, le numéro 23.

—C'est justement avec cet Ange que je travaille en ce moment, pour préparer le cours du mois prochain. C'est comme ça : quand je prépare un cours sur un Ange, des exemples me sont présentés en rapport avec cet Ange. C'est tellement bien synchronisé !

Elle m'a décrit dans quelles conditions elle s'était fait cette entorse. Elle m'a dit : « Au retour des vacances, quand est venu le moment de faire le lavage (rires) je n'avais pas le goût de le faire tout de suite. Même que mon mari était très surpris, parce que, comme il me dit parfois, je suis un peu maniaque du lavage. Le lendemain non plus, je n'avais pas envie de le faire. Il était surpris. Il m'a demandé : "Tu ne fais pas ton lavage ?" Non, ça ne pressait pas. »

Ses vacances terminées, cette femme est retournée au bureau. Elle m'a dit : « Tout à coup, au beau milieu de la semaine, là, ça pressait : il fallait que j'aille faire mon lavage des vacances. Mes collègues étaient surprises, car, normalement, je ne retourne pas chez moi à l'heure du dîner. Elles m'ont demandé :

—Tu ne viens pas manger avec nous ?

—Non, il faut que j'aille faire mes brassées de lavage.

—Ça presse, tes brassées ? » (rires)

Elle m'a dit : « En effet, je me suis pressée parce que je n'avais qu'un temps limité. Alors, je suis allée faire mes petites brassées et, vers la fin de mon heure de dîner, je me suis dit : "Ah ! j'en fais une petite dernière avant de partir." » Mais, en descendant l'escalier menant au sous-sol—TIC TIC TIC TIC TIC—, elle est tombée et s'est fait une entorse.

Alors, je lui ai demandé :
—Vois-tu un lien entre cette entorse et tes vacances ? Vois-tu un rapport entre ton lavage et ta voisine d'hôtel ?
—Eh bien, pas vraiment.

Là, je vous raconte l'histoire, et les événements s'enchaînent. Mais quand les événements se produisent et qu'on est soi-même concerné, il n'est pas toujours facile de voir les liens et de bien interpréter les signes. C'est correct ; cela fait partie de l'apprentissage. Alors, je lui ai dit : « Je vais te donner une petite explication kabbalistique. Revenons à ta voisine et à la loi de la résonance. En Haut, tu Leur as demandé un plan de vacances "parce que je veux faire un travail intérieur", disais-tu. Alors, Ils t'ont donné des conditions de choix : l'hôtel, la plage, le soleil, tout le cadre. Mais Ils t'ont aussi donné un stage, seulement un quart d'heure par jour, le temps de faire un petit lavage à la main. »

C'était cela, le travail intérieur qu'elle avait à faire. En vacances, elle a continué à faire sa pratique récitatoire, mais elle n'a pas saisi l'essence de ce qui l'habitait. J'ai continué : « Dans ton rêve, la conférence que je donnais portait sur les vêtements de travail. Alors, On a voulu te donner un travail : la lessive. On a voulu t'enseigner une nouvelle méthode de lavage, non pas avec un nouveau produit ou une nouvelle machine, mais comment te laver intérieurement. L'eau touche le côté émotionnel ; On a voulu t'aider à dépolluer certaines émotions qui sont encore en toi. Les vêtements représentent l'aura. Ils sont beaux si on exprime des qualités et des vertus, et ils sont troués et sales lorsqu'on se trouve dans les distorsions. On a voulu te montrer une manière différente de te purifier, de faire ton travail intérieur ; On voulait t'amener à de nouvelles profondeurs. Tu as demandé au Ciel, mais, malgré ta sincérité, tu n'as pas compris tout de suite la réponse qu'On t'a donnée. »

C'est bien. Il ne faut pas avoir peur et se dire : « Si je n'interprète pas bien mon rêve ou mon signe… » Si on ne doit pas l'interpréter de façon tout à fait juste, c'est déjà écrit. Ces limites font partie de l'apprentissage et elles nous aident à assimiler des leçons très profondes. On doit oser interpréter ; on le fait du mieux qu'on peut et, En Haut, Ils continueront de nous envoyer ce qu'on est en mesure de recevoir. »

Dans sa sincérité, cette femme a demandé : « Est-ce bien de changer de chambre ? » car elle sait fort bien que lorsque quelque chose nous dérange, on ne doit pas passer à côté. Lorsqu'on suit cet enseignement, on ne fuit pas les problèmes. Donc, elle a demandé qu'On lui explique et qu'On lui donne l'autorisation de changer de chambre. Puisque sa demande était spirituelle, elle a reçu un symbole spirituel.

On a voulu lui dire : « Regarde. Les rénovations dans l'hôtel indiquent des travaux, des améliorations en cours. L'hôtel symbolise l'aspect transitoire de l'habitat, de soi-même. Tu es en transition ; tu es en train de rénover des parties de ton être. Et ces améliorations sont liées à ta manière de travailler spirituellement et de nettoyer ton aura. »

Toujours dans son rêve, sa partie spirituelle, dont j'étais la représentation, se déplaçait vers la salle Molson. Qu'est-ce que c'est, la Molson ? C'est une marque de bière canadienne. Puisque la bière est un liquide, et, donc, un symbole des émotions, On a voulu montrer à cette dame des aspects émotionnels à changer, en l'occurrence des dépendances affectives.

La salle, déjà petite, devenait encore plus étriquée. À la bénévole, un autre symbole de sa partie spirituelle, cette femme a dit : « Arrête, on s'en va. » On lui reflétait ainsi sa manière de réagir à ce qui se passait à l'intérieur d'elle-même. Sa situation devenait difficile et elle a décidé d'arrêter de nettoyer. C'était toute une autre dimension qu'elle n'avait pas vue. Elle a interprété le rêve un peu à la lettre, parce que cela faisait son affaire. Elle s'est simplement dit : « Ma partie spirituelle change de salle ; ça veut dire que je peux changer de chambre. »

Pendant la dernière semaine de vacances, par le bruit des voisins qui avaient des rapports sexuels — et qui, rappelons-le, avaient dérangé son mari et pas elle —, On lui a montré qu'elle n'avait pas de résonance directe avec ce qui se passait à cet endroit. D'autre part, son mari représente son homme intérieur, et elle, la femme intérieure de son époux ; alors, tous deux ont une leçon à tirer des deux cas de dérangement cités dans cet exemple.

Cette femme est venue au cours et m'a entendue raconter cette histoire. Je lui avais déjà fait part de mon interprétation — donc, ce n'était pas du nouveau —, mais là, OOOH! elle a réalisé beaucoup de choses. Elle m'a dit par la suite: «Comme c'est vrai! Mon père buvait de la bière, et c'est de la Molson qu'il buvait. Et de tous les enfants, c'était moi qui me sentais la plus dérangée que mon père soit alcoolique.»

Donc, qu'a-t-On voulu lui donner comme travail pendant ses vacances? On a voulu lui montrer une façon différente de nettoyer ses profondeurs. Mais puisqu'elle n'a pas tout de suite saisi le message et qu'elle était sincère, En Haut, Ils ont continué l'enseignement. Quelque chose n'était pas juste, trop rigide ou trop empreint de mécontentement. Alors, On lui a présenté un autre scénario: tout à coup, au bureau, des vieilles mémoires sont remontées. Elle s'est dit: «Ah! il faut que j'aille faire mes brassées», mais ce n'était pas vraiment un bon moment pour faire la lessive.

On interprète un signe comme on analyse un élément de rêve. Le sous-sol représente notre inconscient, et le rez-de-chaussée symbolise le conscient. Donc, On a voulu lui dire: «Regarde, quand tu descends dans ton inconscient pour aller nettoyer tes mémoires, tu ne le fais pas tout à fait de la bonne manière. Tu dois modifier ton attitude intérieure.»

Bref, On lui a montré par son rêve qu'elle était dans un processus de purification, mais qu'elle résistait lorsque les choses se corsaient. Et par l'entorse, On lui montrait que son attitude lui amènerait des difficultés.

Si elle a vécu des problèmes à cause de l'alcool dans son enfance, c'est qu'elle a amené ce karma d'une autre vie. Les personnes qui ont des problèmes de dépendance à l'alcool sont des êtres munis d'un potentiel émotionnel puissant, mais qui n'ont pas appris à bien le gérer. Elles traitent leur mal-être, leur mal à l'âme, par des compensations extérieures qui atténuent leur souffrance intérieure pendant un court laps de temps. Vous voyez, avec une simple petite résonance qui dure un quart d'heure, on peut découvrir d'importantes parties cachées à l'intérieur de soi. Lorsqu'on travaille avec les Anges, des événements en apparence anodins, si anodins que les autres se disent: «C'est trop simple, comme exemple», peuvent nous ouvrir à de grandes profondeurs de notre inconscient. Voilà pourquoi, quelquefois, le degré de résonance ou de dérangement n'est pas du tout proportionnel à l'événement extérieur. Une ouverture se produit qui nous fait entrevoir des mémoires pas toujours roses.

Chez cette femme, le fait que je suis apparue dans son rêve a fait son affaire; il a cautionné son geste de demander à changer de chambre. Mais je vous avertis: mon époux et moi-même pouvons être utilisés dans vos rêves pour représenter votre partie spirituelle en relation avec l'Angéologie Traditionnelle—nous pouvons être présentés lumineux, tout amour—, mais nous pouvons aussi apparaître très croches. Dans ce dernier cas, On veut vous montrer: «Regarde quelle est ton attitude intérieure face à ta vie spirituelle. Tu dois corriger cette attitude.»

Lorsqu'On nous donne un symbole qui, à nos yeux, est spirituel, il est très important d'en tenir compte, car ce qui part d'En Haut descend dans la matière et touche tous les plans de notre être.

Les personnes qui comme cette dame résistent au processus de nettoyage intérieur et qui, au fond d'elles-mêmes, aspirent vraiment à la pureté, peuvent développer un désir intense de propreté extérieure. Elles se créent un miroir de pureté qui fonctionnera momentanément. Mais, bien sûr, elles deviennent vite frustrées; le chien arrive et salit le plancher, le mari entre avec ses bottes, les enfants sortent leurs jouets et les laissent traîner, etc. La personne ne peut pas jouir suffisamment longtemps de la propreté qu'elle a créée et dont son âme a tant besoin. Le problème—l'origine réelle de sa frustration—, c'est qu'elle n'a investi ses efforts qu'à l'extérieur, et que c'est à l'intérieur d'elle-même qu'elle doit faire le ménage.

La propreté, c'est d'abord et avant tout à l'intérieur qu'on doit la retrouver. Ensuite, elle pourra descendre et on ne sera plus dérangé lorsque l'enfant ou toute autre personne déplacera les objets qu'on a rangés ou salira les parquets. Il sera facile de s'adapter: on continuera de manifester la patience et l'amour, et on comprendra la situation que l'on vit.

Dans cette histoire, il a été question de lavage, mais la même idée s'applique dans tous les secteurs de la vie. Dans bien des cas, quand on n'a pas encore intégré cette philosophie, on est pressé d'atteindre le résultat au plan physique, et, une fois qu'on l'a obtenu, ou bien il devient l'objet de notre attachement, ou bien il est défait ou détruit. Dans les deux cas, on est voué aux plus grandes frustrations, ce qui donne un esprit qui pollue notre être et notre âme.

J'ai donc conseillé à cette femme: «Dorénavant, quand tu feras ton lavage et que tu sentiras à nouveau ces mémoires remonter — celles qui font que tu as hâte que tout soit propre, que le ménage ou le lavage soit terminé—, saisis ta pensée et invoque l'Ange MELAHEL. Puisqu'On t'a envoyé ce signe qu'est l'entorse, cet Ange peut t'aider à comprendre beaucoup de choses. Applique-toi à mettre une autre intention dans ton ménage ou ta lessive. Tout en invoquant, dis-toi: "Ce n'est pas important si, dans cinq minutes, ce que je suis en train de nettoyer est encore sali. *La matière est temporelle et éducationnelle*, c'est une Loi absolue. Je profite de cette occasion pour me nettoyer, pour purifier mes émotions—mes eaux sales et polluées—de tout ce qui, par le passé, m'a fait mal à l'âme."»

Voici un autre exemple qui illustre bien comment les Anges nous aident à marier, à faire fusionner les principes masculin et féminin à l'intérieur de nous-même. Rappelons que le principe masculin est l'émissivité, et le principe féminin, la réceptivité. Pour pouvoir lire les signes avec la loi des résonances, on doit se rappeler que—en termes simplifiés—un homme a sa femme intérieure et une femme a son homme intérieur, et essayer d'associer les résonances au principe qui nous est présenté.

Une personne m'a demandé une interprétation de rêve. Elle m'a dit: «Je viens de rencontrer un homme et j'ai demandé s'il était la bonne personne pour moi.» Alors, On lui a envoyé un rêve. *Elle était dans la rue avec sa sœur et, tout à coup, elle a vu ce fameux monsieur entrer dans un salon funéraire.*

Puisqu'elle n'arrivait pas à interpréter ce rêve, elle en a demandé un autre avec toute sa sincérité. Alors, On lui en a envoyé un deuxième. *Elle était de nouveau avec sa sœur, qui la reconduisait à un rendez-vous avec ce monsieur—il l'avait invitée à aller boire un café au restaurant. On lui disait qu'il était de passage à Québec, la ville où la sœur de la rêveuse habite. Une fois le café bu, elle a demandé à l'homme de la ramener chez sa sœur. Il a dit: «Non, tu restes ici.»*

Elle ne comprenait pas la signification du deuxième rêve. À la différence du premier, elle avait fait pour celui-ci une demande spécifique afin qu'On lui ouvre une fenêtre sur certains aspects de ce monsieur. Sa sœur représente une partie d'elle, de son monde intérieur. Puisqu'elle apparaît dans les deux rêves, elle est un symbole important; d'ailleurs tous les symboles sont importants. On doit s'habituer à saisir l'essence de ce que les personnes représentent pour soi, ce, tant sous leurs aspects positifs que négatifs.

Alors, je lui ai demandé :
— Que représente ta sœur pour toi ?
— Eh bien, elle a un grand sens de l'orientation; elle ne se perd jamais.
— Alors, dans ces deux rêves, On a voulu te montrer que si tu entres dans une relation avec cet homme, tu vas te perdre. Dans le premier rêve, le monsieur est entré dans un salon funéraire; il n'est pas entré dans un jardin, ni dans une église. Pour quelle raison va-t-on dans un salon funéraire ? Pour mourir et pour dire adieu aux morts. On a voulu te dire : « Meurs à cette relation. »

Puisqu'elle n'avait pas compris le premier rêve, dans le deuxième, On lui a dit : « Il est de passage, ce monsieur. » Celui-ci l'avait invitée au restaurant. Le restaurant symbolise le social de façon globale et sous son aspect non intime. On lui montrait donc que l'essence de leur relation ou de leur partage se situait à un niveau social, non intime. Un restaurant est aussi un lieu où on reçoit de la nourriture; il représente donc les ressources physiques, l'amour et les sentiments, mais toujours au niveau social. Qu'ont-ils partagé comme nourriture ? Ils ont bu du café. Le café est un liquide; il touche donc le côté émotionnel de l'être.

J'ai dit à cette femme : « Le café est un stimulant et, dans la symbolique, il touche la matière et les finances. Donc, dans ton attirance pour ce monsieur, le côté matériel ou financier est central. On veut te montrer qu'il y a encore chez toi une trop grande considération de la forme et une insécurité financière. Et cela te stimule dans cette relation. Puis au moment où tu veux te retrouver toi-même en retournant chez ta sœur, lui te dit de façon contrôlante : "Non, tu restes ici." »

Ensuite, je lui ai demandé :
— Que ressens-tu pour ce monsieur ?
— Je le trouve très doux, m'a-t-elle répondu, mais c'est vrai que quelque chose me dérange. C'est un homme d'affaires, et,

comme tu le disais à propos du rêve, il est trop attaché aux affaires.

Puisque sa sœur représente sa capacité de se retrouver, de faire les bons choix et de prendre les bonnes décisions, j'ai ajouté : « Donc, dans les deux rêves, On te dit : "Tu vas te perdre si tu approfondis cette relation." »

J'ai ajouté : « Lorsque tu reçois une réponse à une demande, tu restes libre de choisir ce qui te convient. Alors, tu écoutes ou tu n'écoutes pas le message. En Haut, ça ne changera pas leur vie. Si tu n'écoutes pas, tu vas expérimenter. Par contre, si tu écoutes, si tu suis tes rêves, c'est bien, mais ne te contente pas de dire : "En Haut, Ils ont dit non : c'est non." Va plus loin : analyse ce que représente pour toi ce monsieur, car il symbolise une partie de ton homme intérieur. Tu as été attirée par lui. On t'a montré que tu es encore stimulée par l'attachement à la matière. Donc, travaille sur cette partie de toi et fais ta pratique récitatoire. Si tu ne le fais pas, la prochaine fois que tu te sentiras attirée ou que tu attireras un homme, ce sera un être semblable, trop attaché à la matière, ou bien son contraire, quelqu'un qui rejette la matière. Ces deux manifestations extrêmes ont la même cause. Ce sont Eux, En Haut, qui t'ont fait rencontrer ce monsieur, même si, maintenant, Ils te demandent de renoncer à lui. Utilise cette rencontre pour comprendre des aspects de ton homme intérieur. »

Voyons maintenant où se situe l'Ange MELAHEL dans l'Arbre de Vie. Il réside dans la sphère qui s'appelle BINAH. Les Anges qui habitent cette sphère nous ramènent à la matière originelle. L'Esprit descend et prend une structure, adoptant des limites selon les lois de la matière. Mais au niveau de la Séphira BINAH, les énergies sont encore très subtiles ; voilà pourquoi on parle de matière originelle.

En tant que symbole, la planète maîtresse de l'Ange MELAHEL est Saturne. Cette planète représente entre autres la persévérance, la concentration et le sens du devoir. Les huit Anges qui résident dans la Séphira BINAH nous amènent à la chambre à combustion, à ce feu éternel, à cette énergie puissante qui brûle tout ce qui n'est pas juste en nous, afin de nous faire atteindre la matière originelle et la rectifier. Avec ces Anges, on peut descendre dans absolument toutes nos mémoires et les reprogrammer. Le fait que l'Ange MELAHEL réside dans la sphère BINAH signale que son pouvoir de guérison agit à un niveau très profond.

La sphère dans laquelle s'exprime l'Énergie Angélique Melahel est la demeure philosophale HOD, symbolisée par la planète Mercure, donc, tout ce qui touche l'intellect. Cet Ange nous confère beaucoup de facultés intellectuelles, dont une vivacité d'esprit et l'art de bien communiquer. Il nous procure aussi la capacité de percevoir notre programme de vie avec le scénario emprunté, c'est-à-dire tel qu'il se manifeste dans notre vie affective, professionnelle et autre. Toutes ces qualités sont celles d'un médecin de l'âme : l'Ange Melahel nous aide à nettoyer en profondeur nos mémoires, jusqu'au niveau de la matière originelle, et la grande faculté de discernement qu'il confère nous permet de diagnostiquer et d'identifier les comportements erronés qui doivent être modifiés.

Nous avons annoncé plus tôt que nous parlerions de la nourriture subtile et de la signification profonde des types d'aliments. Alors voici un premier exemple. C'est l'histoire d'un homme qui a commencé à venir aux cours il y a environ un an et demi ; à ce moment-là, il était venu me voir pendant la pause. Il travaillait dans une entreprise d'alimentation comme contrôleur de la qualité. De quel produit surveillait-il la qualité ? De la viande. Il était contrôleur de la qualité de la viande.

Cet homme a continué à suivre les cours régulièrement — tous les mois — et, au bout de deux ou trois mois, il est revenu me voir à la pause et m'a dit : « J'ai été licencié. L'ambiance était exécrable, agressive, dans cette entreprise. Le problème datait de plusieurs mois. Finalement, il y a eu un conflit et j'ai été licencié. »

Bien sûr, cette expérience a été éprouvante pour lui. Il a pris un long congé sabbatique et il en a profité pour faire un travail intérieur intense avec les Anges. Il a compris beaucoup de choses et il s'est ouvert à de nouvelles dimensions, grâce entre autres à ses rêves, qui sont devenus particulièrement fréquents. Au bout d'un an, il a cherché du travail. Il y est allé un peu à reculons, mais il savait qu'il est important de mettre en pratique toutes nos connaissances et tout ce qu'on a reçu — cela fait partie de l'enseignement —, et que c'est par l'application qu'on peut s'évaluer et voir ce qui se passe à l'intérieur de soi, surtout au plan inconscient.

Il a donc été engagé à un poste nouvellement créé, toujours comme contrôleur de qualité, mais, cette fois-ci, dans les fruits.

Et pas n'importe quels fruits : les canneberges, ces petits fruits rouges qui ont de grandes vertus thérapeutiques.

En retournant sur le marché du travail, il se plaçait en position d'évaluer le chemin qu'il avait parcouru depuis son licenciement. Une autre personne aurait pu se dire : « Ah ! j'ai fait tout un travail sur moi-même et je me retrouve dans des conditions similaires. » Bien sûr, cet homme se retrouvait encore comme contrôleur de la qualité, mais il a pu constater une nette amélioration : l'ambiance était meilleure. Et puis son nouveau travail allait lui procurer une nouvelle expérience de vie.

D'autre part, il retrouvait les mêmes problèmes de communication. Ce monsieur a de la difficulté à exprimer ce qu'il ressent. On a vu qu'il s'agit là d'une des distorsions de l'Ange MELAHEL : *difficulté à exprimer ce que l'on ressent.* Alors, il refoule et, lorsqu'il s'exprime, son énergie sort parfois de façon rude et autoritaire. Le défi de travailler sur certains schémas de pensée lui était donc proposé à nouveau, mais le contexte général était plus favorable. Et grâce à la conscience nouvellement acquise et aux nouveaux outils dont il s'était muni — l'analyse des rêves, la loi des résonances et la lecture des signes —, tout était un peu plus facile pour lui.

À un moment donné, il est venu me parler de ce qu'il vivait. Il m'a dit : « Maintenant, j'ai un problème. Mes employeurs ont découvert une grande quantité de canneberges qui avaient été oubliées dans un congélateur depuis deux ans — bien sûr, lui n'y était pour rien puisqu'il ne travaillait là que depuis peu de temps. Mais, récemment, un client a conclu un achat important avec la compagnie, et la direction veut lui glisser ce bloc oublié. Vu que le client veut certains volumes d'empaquetage, la compagnie doit remballer ces canneberges sous des formats différents. Alors, la direction veut en profiter pour changer la date d'emballage des vieilles canneberges. »

Comme il me l'a fait remarquer, la date d'emballage inscrite n'est pas la date de la récolte, mais bien celle du jour où le produit est emballé — c'est la pratique dans ces entreprises. Il m'a dit : « C'est de la fraude : pour ce bloc, la date d'emballage remonte à il y a deux ans, et eux, ils veulent mettre la date d'aujourd'hui. » Cet homme ne se sentait pas à l'aise avec cette intention frauduleuse.

Il m'a dit : « J'ai déjà fait ça quand je contrôlais la viande. À cette époque, je n'étais pas alerte ; je ne comprenais pas toute l'importance d'être juste. Là, c'est comme si le Ciel me resservait le même plat. Que faire ? »

Alors, nous avons discuté ensemble. Je lui ai dit : « Tu sais, dans cet enseignement, on accorde un grand respect à la réalité des autres et à leur rythme de changement. C'est un enseignement qui nous invite à marier l'Esprit et la matière, à spiritualiser la matière. Si on veut tout changer, et trop vite, on ne peut pas vivre dans la société. On doit se retirer, et alors on ne peut pas agir sur la matière. Ça, c'est un point. D'un autre côté, si on pose un geste soi-même—même s'il nous est demandé par notre employeur—, on cautionne, et là, on se paie un karma, en plus d'avoir affaire aux lois humaines si la fraude est découverte. Et si on l'a fait dans le passé alors qu'on n'était pas conscient de la portée de notre geste, on a tout de même créé un karma, mais moins difficile à cause de notre ignorance. »

Je lui ai raconté une anecdote puisée dans mon histoire personnelle. Je lui ai dit : « Tu sais, moi aussi, j'ai déjà été dans cette situation, il y a quelques années. Je travaillais dans une banque suisse, et, à quelques reprises, on m'a demandé de faire des choses, ce à quoi je répondais invariablement non. C'est là qu'il est important de bien s'exprimer, c'est-à-dire sans agressivité, sans vouloir mettre de l'ordre d'une manière agressive. À chaque fois, j'ai refusé très gentiment, mais fermement. Je leur disais : "Avec mes principes, je ne peux pas faire ça." Eux savaient que ce qu'ils me demandaient de faire n'était pas juste. Une fois, j'ai même répondu : "Si vous exigez vraiment que je le fasse, je partirai, car c'est impossible pour moi de faire ça." »

Ce monsieur avait le même sentiment. J'ai ajouté : « Le rôle d'un contrôleur de la qualité n'est pas seulement d'assurer la qualité physique. Il doit veiller à la qualité éthique. » On a vu dans les distorsions de l'Ange MELAHEL, *sentiments et entreprises corrompus.* Il est très important que la qualité aille de haut en bas. J'ai continué : « Lorsque tu commences à prendre position de cette manière, bien sûr, tu dois t'attendre à tout. C'est un test. Et parce que tu as déjà posé un geste injuste, tu dois en assumer le karma. On te remet en situation de le régler et c'est une grande chance. C'est extraordinaire. Donc, à toi de décider. Mais attends-toi à tout. On ne sait pas quel est ton programme et ce qui résultera de ta décision ; tu dois être conscient que cette attitude peut mener à un congédiement. »

Plus tard, lorsque j'ai revu cet homme, il m'a dit : « Le jour où j'ai dû aller voir le comptable — c'était le comptable qui organisait tout cela — ah ! je tenais dans ma main la carte de l'Ange MELAHEL et je me promenais dans les couloirs. » Cette expérience a été difficile pour lui. Il a déjà de la difficulté à s'exprimer, et là, en plus, il devait contrecarrer la décision de la direction. Il m'a dit : « J'invoquais, je faisais ma pratique récitatoire, je respirais, et ça m'a donné du courage pour aller lui parler. Et je me suis très bien exprimé. Le comptable a dit : "Je vais aller appeler le patron parce qu'il est en voyage." »

Le comptable est revenu et il a répété ce que le patron lui avait dit : « Non, non, on continue ; on met la date d'aujourd'hui. » Alors, notre homme a poursuivi son chemin de qualité d'éthique. Il a envoyé une lettre à son patron, une gentille lettre dans laquelle il disait : « C'est vous le patron : c'est vous qui décidez. Mais j'aimerais vous spécifier que moi, je ne cautionne pas cette pratique. Je me désiste de cette action. »

Il m'a dit : « Quand je croisais le comptable dans les couloirs, il n'osait pas me regarder ; il avait les yeux par terre. Personne ne m'a parlé de mon message au patron, mais j'ai reçu une lettre, dans laquelle on m'offrait plus de responsabilités et une augmentation de salaire. » Il n'en revenait tout simplement pas et il affichait un sourire qui exprimait son bien-être. Je lui ai dit : « C'est ça. Le Ciel te soutient. Quand ton action est juste, tu es soutenu par tout le Ciel. » Ça s'est bien passé, mais la réaction du patron aurait pu être tout à fait contraire. Et cela aussi aurait été correct.

Profitons de notre immersion dans l'exemple de ce monsieur pour aborder la symbolique du métier. Dans un premier temps, cet homme contrôlait la qualité de la viande. La viande appartient au règne animal. On a vu qu'on possède à l'intérieur de soi le règne végétal ; on a aussi le règne animal qui, lui, représente tous nos besoins, notre force vitale et les lois de la jungle, l'agressivité. Un jour, on doit transcender notre règne animal intérieur pour n'en conserver que la force vitale à l'état pur. Mais, dans une première page de notre histoire personnelle, notre vie est centrée sur la satisfaction de nos besoins. L'animal n'a pas une conscience altruiste dans le sens objectif du terme ; c'est une conscience qui perçoit et agit dans le sens de sa survie et de celle de son espèce.

Ce n'est pas par hasard que cet homme avait été amené à ce métier ; il contrôlait la qualité de son règne animal. À l'époque, il n'en était pas encore conscient, mais il faisait ce travail à cause de son besoin intérieur de contrôler la qualité de son règne animal. Le travail qu'il a fait sur lui-même a changé la donne et il s'est retrouvé dans le contrôle de la qualité des fruits. Chaque fruit a une signification particulière. La canneberge est un fruit rouge. Or, cette couleur est la première du spectre solaire et de l'arc-en-ciel, et elle représente la volonté et la matière. De plus, par ses fonctions nettoyantes au niveau des reins, la canneberge représente la purification de l'être. Le nouvel emploi annonçait donc à cet homme une grande purification au plan physique.

Vous voyez, on peut comprendre l'essentiel par la symbolique. Chaque métier, chaque type d'entreprise où l'on se retrouve, le type de produits que l'on touche ou transforme, toutes ces données sont précieuses pour analyser où notre âme en est rendue et par quel chemin elle doit passer.

On a vu que l'une des distorsions de l'Ange 23 MELAHEL est *la maladie*. Ces dernières semaines, les médias rapportaient une maladie contagieuse importante : la fièvre aphteuse. Comment comprendre cette maladie ? Je vais vous faire part de deux types d'explications : ce qu'en disent les spécialistes de l'agro-alimentaire, et une analyse symbolique qui aide à comprendre la racine de cette maladie.

La fièvre aphteuse affecte certains animaux, et on l'a dénommée aphteuse parce que ces animaux ont des aphtes, c'est-à-dire des petites ulcérations dans la bouche, aux mamelles et entre les sabots. Les spécialistes en agro-alimentaire attribuent l'occurrence et la propagation de cette fièvre à deux pratiques relativement récentes mais rapidement devenues courantes dans ce secteur. La première est le recyclage de la chair des animaux morts pour en faire de la nourriture à bétail. Les animaux mangent leurs semblables. Or, ces animaux domestiques ont toujours été herbivores. Auparavant, la nature s'occupait bien des choses : lorsqu'un animal mourait, il se décomposait dans l'environnement. Or, avec le recyclage de la viande en nourriture à bétail, la chair des animaux qui sont morts d'une maladie se retrouve dans la chaîne alimentaire de l'espèce.

La deuxième pratique dénoncée est la centralisation de l'abattage. L'animal est maintenant transporté de la ferme jusqu'à l'emplacement d'un gigantesque abattoir, trajet qui constitue très souvent de longues distances. Bien sûr, l'animal a une conscience ; il n'a pas la conscience de l'être humain, mais il a une certaine conscience. Les spécialistes attribuent la propagation de la maladie au fait que des animaux de provenances différentes sont traités dans les mêmes établissements. Auparavant, avec les petits abattoirs, les cheptels étaient traités séparément. Si une maladie était détectée, les animaux atteints pouvaient facilement être séparés des animaux sains, et, ainsi, la contagion était évitée ou du moins limitée. J'ai lu dans un article sérieux sur le sujet qu'une boulette à hamburger peut maintenant contenir de la viande provenant de 100 animaux différents.

Ces pratiques néfastes sont bien sûr liées à la globalisation des marchés, mais celle-ci n'est pas nécessairement mauvaise en soi. Si les gens qui la gèrent n'ont pas une conscience évoluée, ce sont leurs états de conscience distorsionnés qui se multiplient, et alors, on se retrouve avec une globalisation de la distorsion. Mais reste que c'est une expérimentation, et on doit considérer la mondialisation comme évolutive à long terme.

L'être humain ne fait que débuter son ouverture de conscience. Un jour, les êtres humains réaliseront qu'en ayant orienté l'alimentation mondiale sur la consommation de viande, ils ont déréglé l'horloge biologique de la Terre. Les animaux consomment une grande partie des récoltes de céréales et cela contribue directement à l'appauvrissement des pays en voie de développement. Pour cette raison, le végétarisme sera la solution alimentaire des futures générations. De plus, les gens auront compris que consommer la chair animale correspond à manger les pensées et les émotions des animaux. Un être qui devient végétarien devient par le fait même moins agressif et moins instinctuel. *On devient ce que l'on mange.*

Le végétarisme comporte des avantages supplémentaires. Par exemple, il procure une facilité de rêver et de faire des sorties hors corps. La viande prend au moins 48 heures à se digérer totalement dans l'organisme, et, de ce fait, sa consommation limite le flux énergétique nécessaire aux expériences d'ordre subtil. Voilà pourquoi les initiés optent pour le végétarisme, pour une nourriture non-violente et intelligente. Si les êtres humains étaient végétariens, la nourriture serait suffisamment abondante pour alimenter tous les habitants de la Terre.

Les attitudes qui ont créé le dérèglement sont dues à un manque de conscience : l'appât du gain et l'attachement à la matière finissent par dérégler les cycles de la nature. Et les conséquences sont réelles. Mais elles sont bénéfiques. Les maladies telles que la fièvre aphteuse et la vache folle amèneront progressivement les êtres humains à adopter une alimentation végétarienne. Voilà pourquoi on ne doit pas s'exclamer : « Oh ! mon Dieu ! » et en faire des angoisses existentielles. C'est une épuration qui est déclenchée par l'Intelligence Cosmique pour amener l'être humain à modifier sa conscience.

Si une épuration du règne animal est en cours dans le monde concret, cela reflète — en terme de conscience — l'épuration de ce règne chez les humains. Cela n'est pas dû au hasard ; c'est toujours le règne supérieur en terme de conscience qui a un impact sur le règne moins évolué. L'épuration des parties animales de la conscience humaine consiste en l'épuration de nos besoins, de nos souffrances et de nos peurs. La peur est animale. Un jour, lorsqu'on arrive à de hauts niveaux, la peur n'existe plus. La fièvre aphteuse est un signe des temps qui indique une grande épuration à ce niveau. Voilà un exemple de diagnostic. Si chaque être humain s'habitue à diagnostiquer de cette façon et à faire le travail requis sur lui-même, les choses changeront. On ira vers un monde meilleur. Mais avant d'espérer obtenir des changements au plan collectif, on doit commencer par se transformer soi-même. Avec de plus en plus d'individus qui changent, naturellement, la collectivité changera.

Continuons avec le sujet de l'alimentation, plus spécifiquement avec cette diététique Angélique des mondes subtils. Dans nos rêves, On peut nous faire comprendre certaines associations, comme par exemple dans un de mes rêves où On me révélait le comportement d'une personne que je connais. *On m'a montré cette personne qui s'avançait vers moi et qui me demandait du chewing-gum. Je me suis mise à lire en profondeur cette personne, et, tout à coup, je l'ai vue les mains coupées.* Dans les rêves, quand un personnage mastique du chewing-gum, cela signifie qu'on rumine, qu'on ressasse le passé. C'est un symbole de retour en arrière. On ressasse le même sujet pendant des heures et des heures.

Quelques jours plus tard, mon époux, notre fille Kasara et moi-même étions dans une salle où j'allais donner un cours, et Kasara a découvert sous le rebord d'une table un chewing-gum rouge. Elle m'a demandé :
— Ça veut dire quoi, dans la symbolique ?
— Quand une personne mâche longtemps son chewing-gum, c'est qu'elle ressasse la même idée ou la même préoccupation, et puisque celui-là est rouge, ça concerne la matière.

Kasara est alors allée dans une autre partie de la salle, où se trouvaient quelques bénévoles, et elle leur a dit qu'elle avait trouvé un chewing-gum et ce que celui-ci représente dans la symbolique. À ce moment-là, une personne est intervenue et a demandé : « Mais pourquoi, dans la matière ? » Alors, je lui ai expliqué : « Parce que le chewing-gum qu'elle a trouvé est rouge, une couleur qui symbolise la matière. »

Je savais fort bien pourquoi cette personne posait cette question, car mon rêve la concernait. En début de journée, elle avait eu des nouvelles et elle s'était mise à craindre de perdre son emploi ; elle était aux prises avec de profondes insécurités. Et pendant toute la journée, on pouvait sentir cela en sa présence, même si elle n'en parlait pas. C'est une énergie qu'on peut sentir. Par mon rêve, On avait voulu me montrer : « Regarde, quand une personne ressasse, elle perd tous ses moyens. Elle a les mains coupées ; donc, elle ne peut ni recevoir ni donner. Elle ne peut même plus se manifester. »

Quand on a une distorsion ou un problème, bien sûr, on y pense, mais cela n'est pas ressasser. Lorsqu'on pense, on le fait à la lumière des grandes Lois. On se dit : « Ah ! OK, la loi des résonances est à l'œuvre. On me présente ce signe. C'est pour m'aider à ne pas être trop attaché à la matière, pour ne pas baser mon sentiment de sécurité sur elle. » Et on fait sa pratique récitatoire. Mais si on plonge dans les insécurités et qu'on les ressasse, on se coupe de toutes — absolument toutes — les possibilités de se manifester et de retrouver l'espoir.

C'est cela, le Travail avec les Anges de la Kabbale; on reçoit des enseignements très profonds à travers des éléments très simples. On nous donne un rêve pour nous montrer: « Regarde ce que cela génère, au plan énergétique. » Dans le rêve, la personne ne dit rien, mais, le lendemain, on peut sentir et reconnaître l'énergie du rêve. Ensuite, On nous donne la confirmation du rêve dans le concret, comme dans ce cas-ci, la découverte du *chewing-gum* sous la table. Tous les éléments sont là, gracieusement fournis par le Ciel.

De cette façon, on apprend à pénétrer dans de grandes profondeurs pour mieux pressentir et saisir la nature des mondes parallèles. Un jour, on arrive à voir à travers la forme et *lire* directement dans ces mondes parallèles. Une ouverture se déclenche, mais, bien sûr, elle ne peut pas se produire si on ressasse continuellement le passé sans chercher à l'accepter comme une page de notre histoire. Si l'être a l'impression qu'il lui manque quelque chose, c'est qu'il n'est pas complet à l'intérieur.

Voici un dernier fait vécu concernant la nourriture. Une personne m'a raconté son rêve. *Elle vendait des tablettes de chocolat, et, tout à coup, elle a aperçu un insecte sur le haut de l'étagère. Elle a donc pris la tablette sur laquelle se trouvait ce moustique, et elle s'est assurée qu'il ne restait aucun moustique sur les autres tablettes de chocolat. Puis elle a demandé à une jeune femme qui se trouvait à côté d'elle: « Puis-je nettoyer la tablette de chocolat à l'eau de javel ? », ce à quoi la jeune femme a répondu: « Pas question ! Ici, il est interdit de nettoyer à l'eau de javel: on nettoie au savon et à l'eau. »*

Le chocolat représente la douceur, et, puisqu'ils volent dans l'air, les moustiques symbolisent les pensées. Par ce rêve, On a voulu lui montrer: « Regarde, On t'a envoyé de la douceur, On t'a nourrie de douceur, mais voilà qu'il y a des moustiques. Certains types de pensées arrivent, et hop! ça t'enlève ta douceur: tu veux avoir recours à l'eau de javel. » Puisque cette personne travaille sur elle-même, sa première réaction a été d'enlever le moustique et de nettoyer tous les endroits où celui-ci avait passé. Mais l'eau de javel est un gros décapant. Alors, On lui a signifié: « Pas de javelle. » Bien sûr, on peut se dire: « Oui, mais on entend souvent dire que les Anges, oui! c'est fort, ça *décape*. » En certains moments, l'eau de javel est indispensable, symboliquement parlant, mais il faut toujours se purifier avec amour, sinon, la rigidité s'empare de soi. Voilà l'essentiel du message qu'On souhaitait lui transmettre par ce rêve.

Lorsqu'on se nettoie à l'intérieur, on peut rencontrer des zones pas jolies du tout, et même parfois extrêmement sales. Mais c'est extraordinaire d'arriver à aimer même cela.

Qu'est-ce qui, intérieurement, nous fait désirer utiliser l'eau de javel? On le fait par orgueil, parce que lorsqu'on touche à quelque chose qui nous fait dire : «Ah! ce n'est pas beau», on se dévalorise. On voudrait que tout soit déjà nettoyé; on veut contrôler le rythme du nettoyage. Donc, c'est de l'orgueil et de l'excès de volonté.

Quand on commence à progresser sur un chemin initiatique, OOOH! c'est très puissant. Imaginez, ce sont des vies et des vies qu'on nettoie. On peut toucher à des mémoires très chargées à l'intérieur de soi. On accepte le mal qu'On nous montre et on le nettoie. On se dit: «Voilà ce que je dois vivre aujourd'hui; je n'essaie pas d'être tout de suite rendu au sommet. J'accepte le programme que Dieu m'a envoyé. Lui, Il sait pourquoi je vis cela, même si c'est une expérience épouvantable ou difficile. Je ne sais pas tout sur moi-même; je ne connais pas encore tout mon programme. Je le découvre au jour le jour.»

À moins qu'il ne soit fait d'ingrédients naturels, le chocolat n'est pas un symbole de qualité de nourriture, car il contient du sucre raffiné. Plus un aliment est naturel, plus il symbolise la qualité. Par exemple, le sirop d'érable et le miel sont des sucrants de qualité.

En général, si On nous montre du chocolat en rêve, On nous signifie: «On est en train de te stimuler.» En Haut, un guide nous stimule. Quand on rêve de nourriture, on la sent jusque dans le corps physique, car cette énergie descend des plans énergétiques vers le plan concret, la matière. Ainsi, avoir du chocolat dans un rêve signifie: «On est en train de régulariser momentanément ton manque affectif pour ne pas que tu t'enfonces trop dans la déprime. Tu traverses une phase difficile en ce moment; alors, On t'envoie un peu de douceur et d'énergie pour t'aider à passer à travers.»

On analyse en profondeur la signification symbolique de chaque type de nourriture qu'On nous donne en rêve, tant celle qui nourrit l'âme que celle qui alimente le corps. On peut même nous donner un livre à manger ; tout est possible. Dans ce cas, c'est qu'On nous envoie la Connaissance.

Un jour, une femme est venue vers moi et m'a dit : « Oups ! moi, c'est du chat que je mangeais dans mon rêve. » Dans la symbolique, le chat a ses bons côtés, mais, dans ce cas-ci, il représente le caractère négatif de l'animal, ses aspects dualiste, hypocrite et sûr de lui-même. Elle a ajouté : « Ah ! je me suis sentie tellement mal, le lendemain. » On avait touché un département d'elle : une partie hypocrite et dualiste avait été réactivée pour qu'elle ait l'occasion de la rectifier.

Il est très important de connaître le type de nourriture qu'on absorbe dans les plans subtils. Bien sûr, dans cet enseignement, on s'oriente vers ce qui est le plus naturel possible. Un esprit sain aspire à la meilleure nourriture possible au plan concret, et les meilleurs aliments sont ceux qui sont naturels et de culture biologique. Cela prévaut également dans la symbolique des rêves. Mais, en accord avec la loi qui veut que tout part d'En Haut pour aller vers le bas, si une personne qui se nourrit d'aliments biologiques n'a pas fait de travail sur elle-même et critique continuellement, PFRRR ! peine perdue, son corps est acidifié, et alors, on ne peut pas parler de corps sain. Le corps peut être sain lorsque l'être est encore jeune, mais, tôt ou tard, les problèmes de santé surgissent.

Bien sûr, il n'est pas toujours possible de se nourrir d'aliments exclusivement biologiques. On doit s'adapter à notre environnement, car, autrement, on vit reclus et on ne peut rien faire. À partir de nos pensées, de notre esprit, on peut faire de l'alchimie. Tout part de la façon dont on pense et du type de nourriture qu'on absorbe par nos pensées et nos sentiments. Puis dans un deuxième mouvement, on nourrit notre corps d'aliments de plus en plus naturels et sains. On doit trouver le point d'équilibre entre les moyens concrets dont on dispose et l'idéal de mieux-être global.

Avant d'aborder un autre exemple, voyons la signification de quelques grands symboles.

☉
L'interprétation des rêves et des signes

Dans un premier temps, le langage symbolique, celui qui nous permet d'interpréter les rêves et les signes, peut paraître flou. Ce n'est là que l'effet de la nouveauté. Lorsqu'on apprend une nouvelle langue, en un premier temps, on est contraint de traduire mot à mot en faisant des associations, mais, éventuellement, on en arrive à penser dans la nouvelle langue. De la même façon, lorsqu'on apprend le langage des symboles, on doit faire quotidiennement des méditations pour établir les correspondances entre les symboles et leur signification, mais vient un temps où l'interprétation est aisée et naturelle.

Les quatre éléments, c'est-à-dire le feu, l'air, l'eau et la terre, jouent un rôle-clé dans la structure du langage symbolique. Ils définissent quatre grandes catégories auxquelles s'associent la plupart des autres symboles. En devenant familier avec le langage symbolique, on réalise que l'Univers trouve sa réflexion parfaite dans l'être humain. En fait, on réalise que la matérialisation n'est que la création d'états de conscience ayant pour seul objectif le développement des qualités, des vertus et des pouvoirs à l'état pur. Puisque les quatre éléments sont omniprésents dans les rêves et les signes, nous porterons une attention toute particulière à leur signification, et, ensuite, nous verrons comment les autres symboles s'y imbriquent.

Le feu symbolise l'Esprit ou l'âme. Il représente les Forces Angéliques, le Feu Créateur Primordial. Les Anges nous font œuvrer dans le monde du feu afin que les fruits de ce travail puissent se matérialiser ici, sur Terre. Ainsi, au plan de la manifestation, le feu représente l'énergie vitale, l'abondance d'énergie contenue dans l'être, et la volonté. Le four et le foyer servent à contenir le feu. Alors, lorsqu'ils sont allumés, ils représentent le procédé alchimique par lequel s'accomplit la transformation énergétique et spirituelle. Si le feu consume de façon constructive, par exemple en dégageant une chaleur qui réchauffe et réconforte, il montre que notre énergie vitale est harmonieuse. Par contre, si on voit un incendie qui ravage l'environnement, cela indique un esprit destructeur, c'est-à-dire une énergie critique ou agressive.

L'air symbolise le monde des pensées. Ainsi, le mouvement du vent représente une dynamique au niveau des pensées. De même, si on voit un avion, un oiseau ou un moustique, sa nature et son comportement nous donnent des indications sur notre manière de penser.

L'eau symbolise les sentiments et les émotions. Par exemple, si on voit en rêve un poisson, son comportement nous indique ce que l'on vit au plan affectif. De la même façon, la position ou le mouvement d'un bateau nous montre notre niveau de stabilité émotionnelle. Si on voit de l'eau agitée, on pourra remarquer durant la journée que nos émotions sont perturbées et désagréables.

La terre représente le corps physique et l'action dans la matière. Tous les objets et tous les êtres liés à la Terre—un animal, un train, une maison, une voiture, une chaise, une table, la liste est interminable—représentent chacun à leur façon notre manière de nous manifester et notre étape d'apprentissage dans le plan physique.

Toutes les combinaisons d'éléments sont possibles. Par exemple, la fumée d'une cigarette est une combinaison des éléments air et feu. Alors, si dans un rêve on se voit soi-même—ou tout autre personnage—fumer une cigarette, même si on n'a jamais fumé, c'est qu'On veut nous dire: «Tu as un peu de fumée dans tes pensées. Ton intellect est ennuagé et le soleil, représentation du feu, de l'Esprit, ne peut pas communiquer avec ton cœur et transparaître dans tes actions.»

Après avoir interprété les éléments, on doit situer les autres composantes du rêve—objets et personnages—dans leur interaction avec ces éléments. Si notre maison brûle, cela aura une autre signification que si c'est notre auto qui est en flammes.

Les éléments—feu, air, eau et terre—forment le contexte dans lequel la scène prend place, et les autres composantes s'y imbriquent. Voici un exemple. Que signifie un toit qui coule? Le toit symbolise l'intellect car il constitue la partie supérieure de la maison. S'il apparaît dans un rêve, c'est qu'On nous indique quelque chose à rectifier ou à comprendre concernant notre intellect. L'eau, on l'a vu, représente le monde des émotions. Alors, si on voit un toit qui coule, cela nous indique que nos émotions embrouillent nos pensées, et qu'à moins de les rectifier rapidement, elles risquent d'avoir un impact négatif sur notre action ou sur les aspects matériels de notre vie.

Dans un rêve, tout est inter-relié. Un rêve est comme une phrase ou une équation algébrique, et les symboles qui y apparaissent sont tous en interaction les uns avec les autres. Si on néglige de considérer un symbole dans l'interprétation d'un rêve, elle sera moins précise, voire erronée. Cependant, même si on a l'impression d'avoir oublié des détails, ce dont on se souvient suffit pour effectuer une analyse et comprendre le message qui nous est destiné. Autrement dit, on y trouvera tout de même matière à réflexion sur le comportement que l'on doit changer ou sur la vertu qu'On nous invite à cultiver.

En ce qui concerne les signes, la même méthode d'interprétation et la même symbolique s'appliquent. Mais un signe n'existe qu'en relation avec ce que l'on pense au moment où il se présente, ou encore, il est une réponse à ce que l'on avait déjà demandé. Notre conscience est en constante communication avec le divin. Elle fait partie intégrante du grand Ordinateur Cosmique et elle nous oriente dans notre environnement selon le contenu de notre pensée. Malgré les apparences, la réalité terrestre est aussi virtuelle que les rêves. La seule différence est que, vu le temps requis pour le processus de densification, la manifestation physique se produit plus tard : les forces que l'on observe dans les rêves et dans les mondes parallèles précèdent, reflètent, si on peut dire, la manifestation terrestre.

Les couleurs. Les couleurs aussi jouent un rôle fondamental dans l'analyse des rêves et des signes. Leur signification symbolique est liée à celle des chakras. Lorsque la couleur qui apparaît dans le rêve est belle, pure et radieuse, elle symbolise un aspect positif, et lorsqu'elle est terne ou d'apparence salie, elle porte un symbolisme négatif.

Le *blanc* représente la spiritualité, la pureté, la sagesse et le pouvoir divin. Lorsqu'il est terni, il représente l'impureté et le manque de sagesse. Le *noir* représente la matérialité et le pouvoir occulte, et, lorsqu'il est terne, il symbolise la mort inconsciente, le pouvoir maléfique, l'esprit matérialiste et l'inconscience.

La couleur *or* représente la matérialisation divine. Lorsqu'elle apparaît ternie, elle indique la recherche de possession matérielle, l'avarice et l'orgueil. La couleur *argent* représente la réceptivité et l'intériorisation, et, si elle est terne, elle symbolise le manque de réceptivité et la magie noire. Le *violet* représente l'unité, la compréhension spirituelle, l'accomplissement et les rêves, et, lorsqu'il est terne, il symbolise l'incertitude, l'absence de but précis, la séparation, l'athéisme et le décalage entre la matière et la spiritualité. La couleur *indigo* représente la clairvoyance, la clairaudience et la clairsentience, et, sous son symbolisme négatif, elle indique l'utilisation de la médiumnité à des fins personnelles, le désir de possessions matérielles, l'athéisme et la confusion d'esprit.

Le *bleu* représente la communication, la sincérité et la joie profonde ; lorsqu'il est terne, il symbolise une difficulté à s'exprimer, un langage grossier et brutal, une attitude enjôleuse et un esprit trompeur. Le *vert* représente l'amour, l'affection, la compassion et la joie, et, lorsque terni, il symbolise le sentiment de n'être pas aimé, la dépendance émotionnelle et l'insécurité affective.

Le *jaune* représente l'autorité, la confiance, l'optimiste, le rayonnement et l'harmonie, et, lorsqu'il est terni, il symbolise l'autoritarisme, la rébellion, l'agitation intérieure, l'insatisfaction, la frustration, le manque d'estime de soi, le refoulement, le contrôle et le désir de conquête. La couleur *orange* représente la pureté, la transcendance de la sexualité, le plaisir divin et l'amour de la vie, et, lorsqu'elle est terne, elle symbolise les abus et la dépendance sexuels, une attitude instinctuelle, la grossièreté, la sexualité débridée et les problèmes sexuels.

Le *rouge* représente la volonté, la matérialisation, un lien profond avec la Terre et ses créatures, la force vitale, la stabilité, la solidité, la confiance primordiale et l'action créatrice ; dans son symbolisme négatif, cette couleur indique les excès, la colère, l'intimidation, un esprit compétitif, l'excitation des sens, la luxure, l'animalité, la violence, l'insécurité matérielle, l'exploitation et l'instabilité.

Le *brun* représente le lien à la Terre et à la matière, et, lorsqu'il est terne, il représente un esprit exclusivement axé sur la matière. Le *gris* représente la préparation à la sagesse, et, sous son aspect négatif, il représente la tiédeur et la confusion entre le bien et le mal.

La couleur *rose* représente l'amour mystique, la douceur et la féminité, et, lorsqu'elle est terne, elle symbolise la séduction. Le *turquoise* représente la communication sentimentale, et, lorsqu'il apparaît terni, il symbolise la communication axée sur la satisfaction de désirs personnels.

Autres symboles. Il est très fréquent de rencontrer son père et sa mère dans les rêves. Qu'ils soient décédés ou non, dans la plupart des cas, ils constituent d'importants archétypes. Le *père* représente ce qui se passe pendant le jour et comment le rêve se matérialisera dans le plan physique. La *mère* représente ce qui se passe pendant la nuit, c'est-à-dire dans le monde intérieur. Elle est aussi associée à la dimension émotionnelle de l'être. Son apparition dans un rêve donne des indications sur l'état du monde intérieur. Ce symbolisme s'étend à l'ensemble du genre, masculin ou féminin; autrement dit, un homme dans un rêve représente ce qui se passe dans le jour, dans l'action, et une femme représente le monde intérieur et les émotions.

Tous les hommes qu'une femme rencontre représentent des facettes de son homme intérieur, et toutes les femmes qu'elle rencontre symbolisent des traits de sa personnalité. Inversement, toutes les femmes qu'un homme rencontre représentent des facettes de sa femme intérieure, et tous les hommes avec lesquels il est mis en contact symbolisent des aspects de sa propre personnalité.

Si un *garçon* apparaît dans un de nos rêves — même s'il n'est pas notre propre enfant —, il symbolise l'apprentissage de notre enfant intérieur au monde de l'action, et si une *fille* apparaît, elle représente l'apprentissage de notre enfant intérieur au monde des émotions, de l'intériorité. Les enfants symbolisent aussi nos œuvres.

Note: Il est important de comprendre que tous les personnages du rêve servent à représenter des parties de nous-même, ce, à moins que l'on visite l'âme de la personne. Mais même dans ce cas, les personnes présentes symbolisent tout de même des aspects de notre âme. L'étude du langage symbolique nous amène à réaliser que tout ce qui existe à l'extérieur de soi se retrouve également à l'intérieur de notre être, et que l'homme autant que la femme ont les deux pôles, le masculin et le féminin, à l'intérieur d'eux-mêmes. C'est en outre pour cette raison que l'on peut renaître — dans d'autres vies — en tant qu'homme ou en tant que femme.

Lorsqu'on voit, dans un rêve, une personne que l'on connaît, on doit se demander ce qu'elle représente pour soi. La réponse à cette question révèle des traits cachés de notre personnalité, et la personne en question symbolise ces facettes spécifiques de soi. Si la personne nous est inconnue, on tâche de trouver la partie de soi qu'elle peut représenter. Ainsi, un médecin symbolisera notre propre capacité de se guérir. Si on rêve à notre propre frère et que ce dernier a des problèmes de consommation d'alcool, cela indique des mémoires liées à la dépendance affective, car l'alcool étant du liquide, il est lié aux émotions. Cette interprétation vaut même si on ne boit pas d'alcool.

Une chose est certaine : il est toujours possible de trouver la signification d'un personnage, car, si on reçoit un symbole, on détient nécessairement la clé — et on est la seule personne à réellement la détenir — pour pouvoir décoder. En atelier, lorsqu'une personne nous parle d'un personnage de son rêve, nous lui demandons quelle en est sa perception, c'est-à-dire ce que ce personnage représente ou pour lui ou elle, afin d'intégrer ce symbolisme à la signification générale du rêve.

Pour bien interpréter un rêve, on doit dans un premier temps analyser séparément chacun des symboles, et ensuite une synthèse se forme.

Dans un rêve comme dans la réalité, tout existe d'abord et avant tout en tant qu'état de conscience ou en tant que dynamique psychologique. Cela s'applique entre autres aux objets. Par exemple, que représente une chaise ? Une chaise peut nous servir à nous reposer, mais elle peut aussi nous servir à paresser. Le repos se présente donc comme un symbolisme positif de la chaise, et l'immobilisme, comme un symbolisme négatif du même objet.

Par la méditation, on arrive à discerner la signification de chaque symbole, et, avec la pratique, il devient de plus en plus facile d'interpréter les rêves et les signes. Par exemple, lorsque la chaise se présentera une deuxième fois, on l'aura déjà enregistrée dans notre dictionnaire de symboles ; alors, il ne restera plus qu'à déterminer, à partir des autres composantes du rêve, si elle représente quelque chose de positif ou de négatif.

☉

J'aimerais maintenant vous raconter un rêve dont l'interprétation a été demandée à mon époux lors d'un atelier sur les rêves. Cet exemple permet de revoir la symbolique appliquée au four, aux plantes et à la nourriture. C'est le rêve d'une femme qui travaille depuis un certain temps avec les Anges. *Elle se voyait dans une pièce, entourée de plantes. Puis j'arrivais et je lui disais doucement à l'oreille : « Mets plus d'eau dans tes plantes. » Ensuite, elle se retrouvait dans une cuisine. Mon époux y était, tout de blanc vêtu. La cuisine était blanche et il s'y trouvait une table noire. Deux petits enfants étaient assis sur un four qui n'était pas allumé. Les enfants étaient indisciplinés, et la rêveuse se sentait dérangée par eux. Mon époux voyait qu'elle se sentait dérangée pas ces deux enfants indisciplinés. À un moment donné, il a ouvert la porte d'un congélateur ; il s'y trouvait une grosse brique de viande, d'une dimension vraiment démesurée. Puis il a dit à la femme : « Ça fait huit vies que j'essaie. »*

Mon époux a interprété son rêve. Tout d'abord, il lui a dit : « Comme tu le sais, tous les personnages de ce rêve représentent des parties de toi. Christiane et moi symbolisons ici tes deux principes spirituels — intérieur et extérieur — pour l'Angéologie Traditionnelle. On t'a fait un diagnostic et On t'a indiqué ce que tu dois changer pour guérir ton âme, pour atteindre un jour l'Illumination, c'est à dire la maîtrise du bien et du mal. La première étape de ton rêve est celle de l'eau, des émotions et de l'amour, car c'est ce domaine que touchent les plantes. Donc, ton principe spirituel intérieur te dit : "Mets plus d'eau, mets plus d'amour quand tu fais ton travail intérieur. C'est la rigidité qui assèche ta vie." »

Il a poursuivi : « La cuisine est un lieu où quelque chose se prépare. Le blanc — la couleur de la cuisine et des vêtements — représente la spiritualité. D'un autre côté, la table était noire. Or, le noir peut symboliser le caractère négatif ou non dévoilé, mais il peut aussi représenter la matière. Quant à la table, elle est un symbole de réalisation et de partage. On a donc voulu te montrer ce qui limite ton évolution spirituelle. »

Mon époux a continué : « Les enfants indisciplinés assis sur le four symbolisent eux aussi des parties de toi : ils représentent tes enfants intérieurs. Leur esprit, représenté par le four, est stimulé à ne pas écouter, ce qui indique que tu ne fais pas ton travail spirituel avec suffisamment de discipline. »

Son principe spirituel dans l'action ou dans le jour — principe symbolisé par mon époux — ouvrait la porte du congélateur ; cela signifie qu'On lui ouvrait une porte sur son inconscient. Un congélateur sert à conserver des aliments plus longtemps. Un frigo aussi, mais moins longtemps qu'un congélateur. On a donc voulu montrer à cette femme qu'elle avait une accumulation — un énorme bloc de viande — qui était là depuis huit vies et qui touchait le règne animal, les souffrances, les peurs et l'agressivité. Voilà ce qu'elle devait transformer. Cette femme cherchait, mais elle tournait en rond depuis huit vies, parce que son côté instinctuel, animal, n'était pas transcendé.

Puisque le bloc de nourriture était gelé, il indique chez cette femme un manque d'amour — une trop grande rigidité — dans sa manière d'être spirituelle. Puisque cette femme suit l'enseignement des Anges, ce rêve lui montre qu'elle doit faire sa pratique récitatoire de manière plus assidue, sinon, elle continuera à stagner encore plusieurs vies, sur le plan spirituel. Dans le rêve, mon mari ne lui disait pas : « Ça fait huit vies que tu essaies. » Il disait : « Ça fait huit vies que j'essaie. » Étant un homme, il représente le jour et l'action. Donc, cela signifie que malgré son immense potentiel spirituel, cette femme n'arrive pas à matérialiser sa spiritualité. Donc, par son rêve, On disait à cette femme : « Si tu veux passer un jour à l'étape de la réalisation de ta spiritualité dans la matière, tu dois être plus assidue dans ta pratique récitatoire et nettoyer tes mémoires liées aux instincts.

Ce rêve était un beau cadeau qui visait à l'aider. Sans la discipline et la constance dans le travail spirituel, il est impossible d'atteindre l'Illumination, car le chemin est long et très difficile. Cela est important et il faut se le rappeler.

L'Ange MELAHEL concerne toutes les activités qui favorisent la guérison et le mieux-être. Dans toutes les techniques où on touche le corps, que ce soit l'ostéopathie, la chiropractie, le massage, le drainage lymphatique ou les soins énergétiques, qu'est-ce qui est le plus important ? C'est l'intention, toujours l'intention. Lorsqu'un être touche un autre être, il lui transmet tout ce qu'il est, y compris sa partie inconsciente, celle qu'il ne connaît pas.

J'aimerais vous raconter une belle anecdote qui concerne le massage. C'est un témoignage que mon époux a reçu d'une femme qui travaille avec les Anges depuis un certain temps.

Cette femme avait réalisé qu'elle avait un problème au niveau du toucher et elle commençait à se donner le droit d'y penser. Déjà, en rencontrant la famille de son mari, elle avait remarqué l'aisance de ces gens à se donner des accolades et à se faire des câlins, tandis que dans sa propre famille — une famille de 18 enfants —, les gens avaient plus de résistance ou de difficulté à manifester leur affection de cette façon. Pour elle, cette difficulté était d'autant plus accentuée qu'elle était née alors que sa mère était malade. Pendant deux mois, elle n'a eu aucun contact physique avec sa mère, ce qui, bien sûr, a laissé des marques.

Un jour, elle était dans son bain et elle s'est dit : « Il faut que je change. Je sens que c'est le moment. » Elle s'est mise à méditer intensément sur ce problème de toucher qu'elle souhaitait ardemment guérir, surtout pour ses enfants, qu'elle avait de la difficulté à prendre dans ses bras. Malgré l'intense et long travail qu'elle avait fait afin d'arriver à manifester son affection par le toucher, elle n'y était pas encore parvenue.

Cette femme est une bonne maman, et elle a l'habitude d'endormir ses enfants en leur chantant une berceuse. Or, ce soir-là, pendant qu'elle leur chantait une chanson, tout à coup, elle a entendu son adolescente de 16 ans pleurer discrètement. Elle l'a regardée et lui a demandé :
— Es-tu correcte ?
— Oui, oui, je suis correcte, lui a répondu l'adolescente, un peu gênée.

Alors, elle a continué à chanter, mais, au bout d'un moment, elle a entendu sa fille se moucher. Elle a vérifié à nouveau :
— Es-tu vraiment correcte ?
— Maman, ça fait tellement longtemps que tu ne m'as pas chanté cette chanson, lui a dit la jeune fille après avoir éclaté en sanglots. La dernière fois, j'avais cinq ans. Et ce jour-là, tu m'avais prise dans tes bras. J'aimerais tellement que tu me reprennes dans tes bras.
— Tu te souviens de ça ? lui a dit sa mère, les yeux dans l'eau.

Et, bien sûr, elle l'a prise dans ses bras et l'a embrassée. Son vœu a été exaucé: il s'est produit une belle fusion avec sa fille. Quelques instants auparavant, elle était dans son bain, réaffirmant son intention de changer en profondeur. Un véritable miracle venait de se produire.

On voit à quel point l'intention est importante. Si on a des résistances ou des blocages, on fait un travail sur soi. On n'arrive pas nécessairement tout de suite aux résultats escomptés, mais, En Haut, Ils mettent en route toutes les conditions pour nous aider à franchir le pas. Souvent, les résistances de l'être humain proviennent de mémoires qui datent d'autres vies — comme chez cette femme qui est née dans une famille peu affectueuse à un moment où sa mère était malade —, et l'être n'est pas conscient que dans ses mémoires se terrent des distorsions à nettoyer. Certaines personnes ont tellement de facilité à toucher, alors que pour d'autres, c'est vraiment une montagne, même seulement le fait d'y penser. Dans la plupart des cas, lorsque l'être humain se sent dérangé, il fuit, il critique intérieurement et il refoule avec exaspération. Avec l'Angéologie Traditionelle, on traite ce qui nous dérange comme des éléments-clés, des nœuds importants qui, lorsqu'ils sont traités avec la pratique récitatoire, nous amènent à de grandes ouvertures de conscience.

Suite à cet événement, cette femme a fait un rêve. Elle a rêvé qu'*elle avait sept petits bébés — des nouveau-nés — qu'elle allait baptiser dans un lac*. Mon mari lui a dit: « C'est vraiment un grand rêve. En Haut, Ils veulent te dire: "Vas-y, continue dans ta démarche. Tu vois les résultats." Un bébé représente un nouveau projet et une nouvelle naissance, celle de ton enfant intérieur qui a manqué d'amour et de contact physique. Et le fait qu'il y avait sept enfants indique une renaissance au niveau des sept chakras. »

Cette personne ne sera plus jamais la même. Un grand changement s'annonce pour elle parce qu'elle a osé. Le fait qu'elle allait baptiser les bébés annonce une consécration divine de son enfant intérieur.

Il est important de donner des massages à nos enfants. Cela crée un beau contact. Lorsque je suis avec Kasara, le soir, elle sait qu'elle aura son massage. Quelquefois, on lui raconte aussi une histoire, mais le massage, lui, est toujours là. J'invoque un Ange en la massant, et elle s'endort. Le soir, c'est tellement important d'être touché avec amour, tant pour nous, adultes, que pour l'enfant. Le soir est un moment important pour l'esprit; l'être enregistre dans son inconscient tout ce qu'il a expérimenté au cours de la journée. Donc, imaginez à quel point on s'endort bien quand on a reçu un massage. Si on dit à l'enfant: «Je n'ai pas le temps», lui, il interprète: «Je n'ai pas le temps de t'aimer.»

Mais si on n'a pas reçu ce genre d'attention et d'affection, bien sûr, il est difficile d'en donner aux autres. Alors, on fait de son mieux, et, un jour, on en retrouve la capacité. Tout le monde est capable, car chaque personne peut nettoyer ses mémoires. Tout le monde peut retrouver la capacité de toucher, et pas seulement avec les mains: avec tout son être, avec son cœur, avec toute la dimension du Créateur. Quand on émane l'amour inconditionnel, c'est Dieu qui touche à travers soi.

Pour terminer, j'aimerais vous raconter deux beaux témoignages qui inspirent à travailler avec les Anges, à lire les signes du quotidien et à interpréter les rêves, qui, pour certains, demeurent bien abstraits dans un premier temps.

Alors voici le premier témoignage, qu'un homme a confié à mon époux. C'est la continuation de l'histoire de l'agriculteur racontée dans notre livre *Les Ailes de la Vie; psychologie initiatique*. Je vais vous la raconter — pour ceux et celles qui ne la connaissent pas — et poursuivre avec la suite des événements. Il y a deux ans, en 1999, un couple d'agriculteurs a eu une grande réussite financière due à de très bonnes récoltes. Ils possédaient une ferme, mais ils n'étaient pas propriétaires de leur terrain de culture. Vu les bénéfices record, ce couple — surtout le mari — a envisagé d'acheter un terrain, tant pour la sécurité que cela procure, que pour l'avenir de ses enfants.

La femme a fait une demande précise. Elle a demandé: «Est-ce une bonne chose d'acheter ce terrain?» Alors, On lui a envoyé un rêve. *Elle a vu arriver une grosse tornade, et toute la famille a eu tout juste le temps de partir dans un véhicule rouge.* Dans le concret, ce couple n'a pas de véhicule rouge. On a vu que le rouge représente la matière. La tornade et le vent appartiennent au monde de l'air, des pensées. Ces dernières, on le sait, peuvent agiter beaucoup de choses à l'intérieur de soi et même nous détruire. Elles ont un impact jusque dans la matière, ici représentée par la couleur rouge.

L'homme, pour sa part, a demandé un signe. C'est un monsieur qui nourrit une foi profonde et qui aime beaucoup lire la Bible. Alors, dans un geste divinatoire, il a ouvert la Bible en faisant sa demande : « Devrions-nous acheter ce terrain ? » Il est tombé sur un verset où Jésus demande aux gens qui sont avec lui de le suivre. L'un d'entre eux refuse en disant : « Je ne peux pas te suivre car j'ai mon terrain. » Notre monsieur avait sa réponse : ne pas acheter le terrain.

Deux ans plus tard, cette femme a fait un témoignage à mon époux. Elle lui a dit : « Heureusement qu'on a écouté nos rêves et nos signes. » Que s'était-il passé ? Ce couple n'était pas le seul à avoir enregistré des bénéfices record pour 1999 : cette année-là s'est avérée fructueuse pour l'ensemble des agriculteurs du Québec. Mais en l'an 2000, les récoltes n'ont pas été abondantes et les cultivateurs ont dû absorber des pertes importantes. Alors, pratiquement tous ceux qui ont suivi le courant d'expansion générée par les bons revenus — comme toute personne normale qui dit : « Il y a de l'expansion : OK, on investit. » — se sont retrouvés dans une situation extrêmement difficile, voire insurmontable. Par contre, le couple qui avait demandé une guidance à l'Intelligence Cosmique a pu utiliser ses réserves, les surplus de l'année précédente, pour éponger les pertes occasionnées par les mauvaises récoltes.

Pour la plupart des gens — et pour nous-même dans un premier temps —, se fier aux messages des rêves et des signes semble à rebours du bon sens. Au début, on croit que ces messages sont abstraits et sans utilité concrète. Mais un jour, si on continue sur le chemin de la foi avec patience et persévérance, On nous montre : « Tu as écouté sans vraiment avoir d'éléments concrets pour baser tes décisions, et regarde maintenant ce qui se passe. » Par la suite, on maintient une foi inébranlable. Toutes sortes d'événements peuvent se produire, on continue tout de même à se laisser guider par En Haut. On se sent apaisé, car on sait que cette guidance est continuellement présente. On sait où aller et que faire à tout moment, en accord avec notre programme.

Le dernier témoignage complète une histoire que je vous ai racontée le mois dernier. Je vous la rappelle, surtout pour ceux qui n'étaient pas là. C'est un couple qui suit l'enseignement des Anges et qui attendait un bébé. La femme a fait un rêve. *Elle sentait des douleurs, et, tout à coup, elle s'est vue accoucher d'une belle petite fille qui faisait de l'enseignement spirituel. Puis le grand-père coupait le cordon ombilical. Le mari et le fils de neuf ans arrivaient, et tout le monde était content et écoutait le bébé qui parlait, qui faisait de l'enseignement spirituel.*

Comme je l'ai expliqué, l'âme annonçait par ce rêve sa couleur. En tant que personnage du rêve, le bébé n'était pas là pour représenter une partie de la mère — quoique, dans un sens, il la représente quand même —, mais il annonçait sa mission, la raison pour laquelle il venait s'incarner sur Terre. Je ne vous ai pas raconté ce que son père a vécu, car, à l'époque, je n'étais pas en mesure de le faire. Maintenant, je le peux. Alors, deux mois après l'annonce de la grossesse de son épouse, le père a reçu un rêve. *Un médecin lui annonçait: « Ce sera une fille. Elle pèsera six livres et dix onces. Elle va mesurer 19 pouces. »*

Il m'a dit: « Ah! quand j'ai écrit ce rêve, j'étais vraiment excité, je n'en revenais pas. » C'est un homme d'affaires qui fait des statistiques. Il n'en revenait pas (rires) d'avoir obtenu des données aussi précises. Au moment approprié, la mère est allée passer une échographie et on lui a annoncé que c'était une petite fille. Alors, cet homme, qui a un intellect de statisticien, calculait: « Une chance sur deux pour que ce soit une fille. » Et pour que le poids et la longueur du bébé soient conformes au rêve, les chances étaient plus qu'infimes. Lorsqu'il parlait avec son épouse, il lui demandait parfois: « Penses-tu que le rêve va se réaliser, qu'elle pourrait peser six livres et dix onces, et mesurer 19 pouces; cela me paraît quasi impossible. Pourquoi m'a-t-On donné ces chiffres? »

La maman a accouché le 27 mars. C'est un beau petit bébé, une belle petite fille qui s'appelle Élodie. Quand est venu le moment de la peser, le père était tendu comme une corde de violon. L'infirmière a dit: « Elle pèse six livres et dix onces. » OOOH! Plus tard, il m'a dit: « J'avais chaud! J'avais tellement chaud quand j'ai entendu son poids, c'était un miracle! Heureusement qu'ils ne l'ont pas mesurée tout de suite (rires): j'avais besoin d'un temps d'intégration. Alors, je suis retourné plus tard. Quand ils l'ont mesurée... »

L'infirmière a mesuré le bébé et elle lui a dit :
— Elle mesure 49 centimètres.
— Oui, mais en pouces, ça fait combien ?
— Ça fait 19 pouces, a-t-elle répondu, en retournant sa règle.

Il m'a dit : « Ah ! là, j'avais la chair de poule ; j'en tremblais. J'avais encore plus chaud. Je disais : "Ça se peut pas, ça se peut pas." » Et lui qui fait des statistiques ! Mathématiquement, quelle était la probabilité que les données concordent à celles du rêve ? Souvent, mon mari lui disait : « Tout est écrit. Dieu existe vraiment. » Maintenant, il comprend ce que cela veut dire.

Récemment, nous avons rencontré cet homme et son épouse. Celle-ci m'a dit : « À tous les gens qui viennent nous rendre visite, même s'ils ne croient pas du tout aux rêves et aux signes, mon mari montre son cahier de rêves en s'exclamant : "Regardez, j'avais écrit ça le 20 août, sept mois avant l'accouchement." Il n'en revient pas encore. »

Puis j'ai demandé à son époux :
— Comment votre fils a-t-il pris la nouvelle ?
— Ah ! il est tellement content. Mais il ne comprend plus rien. Il y a une partie de lui qui ne comprend plus rien.

Tant chez le fils que chez le père, l'intellect, avec ses bons vieux concepts, était tout bouleversé. Il a ajouté :
— Ce qui m'est arrivé m'a réellement fait rencontrer Dieu pour la première fois. Je suis sans mot.
— Là, lui ai-je dit, Ils t'ont donné tout un beau cadeau.
— Une grande preuve que tu ne pourras jamais oublier, a ajouté mon mari.

C'est cela, la Kabbale. Lorsqu'on travaille avec cet enseignement, on apprend à recevoir l'information en direct. On acquiert une autonomie spirituelle, car on reçoit nos propres preuves de l'intérieur, par nos rêves. Voilà pourquoi la Kabbale signifie la parole reçue.

Ange 13 Iezalel
Fidélité

« Je viens de rencontrer un homme, me dit-elle, et c'est la passion. Mais j'ai fait un rêve qui m'intrigue et j'aimerais en connaître la signification. » *Elle était dans un club ou une discothèque pour se détendre après le ski. Elle s'est sentie très surprise d'y voir son ex-conjoint. Assis à une table, il était en train de flirter avec des femmes. Tout à coup, elle a vu entrer une jeune femme, qu'elle a reconnue : c'était elle-même à l'âge de 25 ans.*

Que signifie ce rêve ? Je lui ai d'abord demandé :
— Te souviens-tu d'un événement spécial qui te soit arrivé à l'âge de 25 ans ?
— Ah ! oui, c'est à cet âge que j'ai rencontré mon ex-conjoint.
— Alors, ce rêve t'avertit du type de relation que tu vivras avec l'homme que tu viens de rencontrer. On t'a montré ton ex-conjoint parce qu'il correspond à un profil psychologique que tu connais bien. Le lieu du rêve, un club ou une discothèque, indique qu'il s'agit d'une relation où se jouent des rapports de séduction, ou encore que ce n'est qu'un amour d'un soir. Pourquoi ne t'a-t-On pas montré dans le rêve cet homme que tu viens de rencontrer ? C'est pour t'indiquer qu'un vieux programme était réactivé en toi, celui qui a prédominé dans ta relation avec ton ex-conjoint. Et pourquoi ce programme revient-il maintenant ? Parce que la leçon n'a pas été tirée.
— Mais ça fait déjà 13 ans qu'on n'est plus ensemble.
— Ah ! il n'y a pas de hasard, et tu verras pourquoi tout à l'heure. Même si c'est lui qui a été infidèle, tu peux en tirer une leçon pour toi-même. On attire toujours ce qu'on a à l'intérieur de soi. Il est sûr que, dans une autre vie, toi aussi, tu as été infidèle envers un conjoint ou une conjointe, ou que tu as eu d'autres types d'infidélités.

On va voir que les notions de fidélité et d'infidélité s'appliquent à diverses facettes de la vie, pas seulement aux relations homme-femme.

J'ai poursuivi : « Donc, cette infidélité faisait partie de ton programme. Et maintenant, On te remet en situation pour t'amener à travailler cet aspect à l'intérieur de toi. Alors, quand ça t'envahit — parce que lorsqu'on vit une passion, on est exposé à toutes sortes de sensations fortes et déchirantes, comme la peur de perdre, des obsessions et des angoisses —, lorsque l'attitude de l'autre t'inspire des craintes, abstiens-toi de projeter sur lui et profites-en pour travailler sur toi-même. Comment ? En invoquant l'Ange de la fidélité. Cet Ange se nomme IEZALEL et il porte le numéro 13. Ce n'est pas par hasard si tu m'as parlé des 13 ans qui se sont écoulés depuis que ton ex-conjoint et toi vous êtes séparés. Ce que je te conseille, c'est d'invoquer le plus souvent possible cet Ange, plutôt que de continuer à enregistrer des peurs dans ton inconscient. Tu es dans un cercle vicieux ; à moins de le désamorcer, tu n'en finiras jamais. Puisque l'infidélité est inscrite à l'intérieur de toi, automatiquement, par résonance, tu attires à toi des individus et des situations qui réactivent ces peurs et ces infidélités. Alors, je te conseille de répéter très souvent le nom de cet Ange, de surveiller les moments où ces craintes remontent, et de saisir ces occasions pour nettoyer les mémoires qui y sont liées. Tu verras, ça va t'aider. Si tu fais ça, que peut-il se passer dans ta relation ? Ou bien ce monsieur a le même programme que toi et travaille la fidélité à l'intérieur de lui-même, dans quel cas vous pourrez travailler ensemble, ou bien cela ne fait pas partie de son programme de cette vie-ci, et alors, il peut y avoir séparation. »

Je dois vous avertir que le Travail avec les Anges est un cheminement difficile. Dans un premier temps, il nous amène à passer d'un état d'âme extrême à un autre. On goûte à de hauts niveaux de conscience, comme par exemple — puisqu'il est ici question de fidélité — à de très hauts niveaux d'amour, et, peu après, On nous dit : « Si tu veux stabiliser cet état, tu dois visiter ton inconscient et toutes les mémoires qui t'empêchent d'être toujours dans cet amour, peu importe ce qu'On te montre à l'extérieur. »

Donc, le Travail avec les Anges est un appel. Lorsqu'on fait régulièrement la pratique récitatoire, on est engagé sur un chemin initiatique, comme en ont parcouru tous les grands êtres comme Moïse, Abraham, Jésus et bien d'autres. Ces êtres ont traversé de grandes épreuves. Il ne faut pas se leurrer : un travail long et ardu est nécessaire pour atteindre ces hauts niveaux. On n'a rien sans rien. Mais, au bout d'un moment, on s'habitue à ces états et on comprend leur raison d'être.

Dernièrement, mon époux et moi-même sommes allés prendre un petit déjeuner avec une connaissance, un monsieur qui est chirurgien dentiste. Dans un premier temps, il a beaucoup parlé, et nous avons écouté comme nous le faisons généralement, sans intervenir, ce qui nous permet d'aller en profondeur. Ce monsieur nous disait que tout allait bien, que c'était l'abondance. Il venait de terminer la construction d'une grande clinique dentaire, il avait acheté une deuxième maison, et tout allait bien avec sa nouvelle conjointe.

Il nous a parlé de cette femme avec laquelle il vit depuis deux ans et de ses quatre enfants, dont deux sont issus d'une première union de sa compagne, et deux autres de la relation avec son ex-conjointe. Il a mentionné l'harmonie qui régnait entre ses quatre enfants et il nous a décrit le profil de chacun. Il a dit : « La petite fille de ma conjointe est très joviale. Lorsqu'elle tombe, elle ne se plaint pas. Mais elle a un caractère rebelle et indiscipliné. Son deuxième enfant, un garçon, est très intelligent ; il est même brillant. Il veut toujours en savoir plus et être en avance dans le programme scolaire. Mais il a un petit problème à la jambe droite : elle est passablement plus courte que sa jambe gauche. On a même commencé à envisager une opération. Quant à mon plus jeune, il est très compétitif ; il veut toujours gagner et être le premier. D'ailleurs, on lui a déjà dit : "Regarde, il faut que tu changes d'attitude, parce que tu n'as pas de petits amis. Ils ne veulent pas te fréquenter parce que tu veux toujours être le premier ; ils n'aiment pas ça." » Puis il nous a parlé de son aîné : « Il est très gentil, lui, toujours prêt à aider les autres. »

C'est un monsieur très positif, grand sourire, les dents blanches, mais derrière son apparente assurance, nous pouvions ressentir — tant mon époux que moi-même — une certaine fébrilité. Une fois qu'on a développé cette sensibilité aux dimensions parallèles des êtres, on voit bien au-delà de ce qui est affiché. Et on a beaucoup de compassion.

À un moment donné, il a fait une pause, et son visage et son regard se sont obscurcis. Après quelques instants, il nous a dit : « Depuis quelques mois, j'ai des migraines épouvantables, et quand je dois travailler à la clinique, c'est très difficile. Je le fais quand même, mais ce n'est vraiment pas facile. Alors, j'ai consulté un neurologue qui est spécialiste des migraines. On craignait une tumeur à la tête. Ils ont fait des analyses, mais ils n'ont rien trouvé. Alors, ce médecin m'a prescrit un médicament. Quand j'ai constaté que le médicament n'avait aucun effet sur mes migraines, je suis retourné consulter. Le médecin a de nouveau sorti sa panoplie de médicaments et m'a dit : "Eh bien, je pense que celui-ci fera de l'effet." »

Alors, très surpris, ce monsieur a répliqué : « Mais vous n'avez que des médicaments à me prescrire ? Ne croyez-vous pas que mes migraines puissent avoir une cause autre que simplement physique ? » Je vous fais remarquer que, en tant que dentiste, lui aussi œuvre dans le domaine de la médecine. Il a ajouté : « Ne pensez-vous pas que mon alimentation ou d'autres facteurs puissent y être pour quelque chose ? » Le neurologue ne savait que dire. Ainsi, ce monsieur a décidé de ne plus retourner le voir.

De lui-même, il a cherché au niveau de son alimentation la cause de ses problèmes. Il nous a dit : « J'ai suivi toutes sortes de conseils. Mon alimentation était saine à 80 % ; alors j'ai pensé à changer l'autre 20 %. J'étais végétarien et on m'a conseillé de manger de la viande. Je l'ai fait, mais ça n'a donné aucun résultat. Alors, je suis redevenu végétarien. Et j'ai essayé toutes sortes de choses. Mais là, je pense avoir trouvé la cause du problème. Le matin, avant de partir pour la clinique, je fais du *jogging*, et en revenant à la maison, j'ai l'habitude de boire un grand verre de jus d'agrumes. Je pense que mes migraines sont dues à l'acidité. »

Il nous regardait, et, visiblement, il entretenait encore des doutes. Puis il a commencé à nous questionner. Il nous a demandé :
— Mais vous, vous devez avoir une idée sur la cause des migraines.
— Veux-tu vraiment avoir notre vision ? lui a demandé mon époux avec sa gentillesse habituelle. Si tu veux qu'on te réponde, il faut que tu saches que ce qu'on va te dire, ce n'est pas pour t'inciter à venir aux cours — parce que c'est un monsieur qui ne vient pas aux cours.

—Ah! Oui, oui, pas de problème; je vous connais.

—La cause profonde de ta migraine, lui a dit mon époux, c'est un inconscient surchargé. Ton inconscient souffre d'une *overdose*. Il n'en peut plus. Tu es une personne qui a énormément de volonté et tu essaies continuellement de te maintenir au plus haut niveau de la forme et de l'apparence. Tu affiches le sourire, tu as une attitude très positive et tu fais beaucoup de sport. Tu te stimules à tous les niveaux pour arriver à projeter un certain niveau d'harmonie. Mais là, ton inconscient te dit : « C'est assez ! » Tu es en train de régurgiter, et ta façon de le faire, c'est par des migraines, parce que tu as une volonté très forte et un intellect très puissant—cet homme est très cérébral et d'une grande intelligence. C'est par là que tu essaies de contrôler ta vie afin de continuer à projeter l'image que tout va pour le mieux dans le meilleur des mondes.

Mon époux a enchaîné : « Prends seulement le problème que tu vis avec ton ex-conjointe. Ça fait déjà sept ans que vous allez en cour pour votre divorce. Lorsqu'on te parle d'elle, on sent la colère et l'agressivité monter en toi, et chaque fois que tu prends les enfants avec toi, vous vous empêtrez dans des désaccords. Mais pour maintenir une certaine image d'harmonie, tu accumules et tu comprimes toutes ces émotions dans ton inconscient. Alors, la première chose que je te conseille, c'est de te réconcilier avec ton ex-conjointe. Je ne te dis pas de retourner avec elle. Et ça ne veut pas dire non plus qu'elle va adopter la même attitude que toi, parce que, avec ses attentes au niveau financier, elle peut avoir intérêt à alimenter le conflit. Donc, ne t'attends pas à ce qu'elle modifie son attitude. Mais toi, tu peux changer la tienne et tenter de te réconcilier. Cette femme représente une partie de toi, une partie de ta femme intérieure que tu n'as pas encore transcendée. Tu dois apprendre à te réconcilier avec cette partie-là. »

Mon époux a ensuite analysé les propos que ce monsieur venait de tenir sur ses enfants. Il lui a dit : « Tu nous a parlé de tes quatre enfants. N'oublie pas que nos enfants et toutes les personnes qui nous sont proches représentent des parties de soi, et qu'elles sont là pour nous apprendre certaines choses sur soi. Tu vois, la petite fille de ta conjointe, qui est joviale et ne se plaint jamais, mais qui est rebelle et indisciplinée, elle représente une partie de toi. Son petit frère qui est brillant et qui veut toujours en savoir plus, lui aussi représente une partie de toi. Le fait qu'il a une jambe plus courte que l'autre montre un décalage au niveau de l'Esprit; l'intellect pousse trop et cela est déjà marqué au plan physique. Une jambe plus courte que l'autre est un signe qui signifie à la personne: "Tu ne peux plus avancer de cette manière. Tu dois changer certaines choses." Alors, ça aussi, ça fait partie de toi. »

Mon époux a continué: « Ton plus jeune garçon, qui veut toujours être le premier, lui aussi représente une partie de toi. Tu veux continuellement te dépasser — ce monsieur a déjà fait de la course automobile. Tu as une attitude compétitive. La compétition occupe une grande place dans notre société; c'est une expérimentation. Mais un jour, lorsqu'on arrive à un certain niveau de conscience, on n'a plus besoin d'être en compétition avec les autres. On ne veut plus les battre; on veut seulement les aimer. Ils représentent des parties de soi et on est conscient que ce qu'on fait à l'autre, on le fait à soi-même. Dans les mondes parallèles — comme par exemple en rêve —, quand On nous montre une personne qui a une attitude compétitive, elle peut nous être montrée en train de battre l'autre au plan énergétique. Même si, concrètement, une personne ne dit rien contre les autres et affiche un air totalement neutre, on peut tout de même percevoir le jeu des énergies et la voir en train de battre une autre personne. Voilà un autre aspect de toi. Quant à ton aîné, qui est gentil et très serviable, lui aussi représente une partie de toi: tu es un humaniste — ce monsieur a des idées très humanistes. Tu vois, tes enfants représentent tous des facettes de ton être. »

OOOH! Ce monsieur n'était pas habitué à un tel langage. Les propos de mon mari l'ont vraiment touché. Il s'est reconnu dans ce profil. Il n'en revenait pas. Ce beau monsieur, qui affichait une belle assurance, tout à coup s'est mis à rougir comme un petit garçon. C'était vraiment beau de le voir.

Lorsqu'on intègre la loi de la résonance dans nos habitudes de pensée, on développe vraiment une nouvelle façon de percevoir les autres. On réalise que lorsqu'une personne parle d'une autre, c'est d'elle-même qu'elle parle. On peut même évaluer le niveau de résonance. C'est comme si notre oreille avait développé une sensibilité à la musique, et qu'en écoutant une personne parler, on pouvait percevoir des fausses notes. Derrière une apparente harmonie peuvent se dissimuler des bruits ou des sons très discordants ; une oreille ouverte peut les détecter et obtenir une compréhension extrêmement profonde de la situation. On apprend à *lire* constamment de cette manière. Avec ce monsieur qu'on rencontrait pour le petit déjeuner, nous aurions pu avoir une conversation très sociale et parler de la famille, des uns et des autres, en restant à une lecture à l'horizontale. Un jour, on s'habitue à *lire* à la verticale — c'est-à-dire en profondeur — toutes les personnes qu'on rencontre. On doit d'abord se pratiquer sur soi-même, et ensuite, on peut *lire* les autres. Et alors, on le fait avec beaucoup de compassion, car on se souvient des états par lesquels on a passé. On ne porte aucun jugement sur l'autre car on comprend ce qu'il est en train de vivre.

Après les commentaires de mon époux, j'ai ajouté : « Tu vois, du simple fait que tout n'est pas réglé avec ton ex-conjointe, tu n'arrives pas à t'engager à 100 % vis-à-vis de ta nouvelle compagne. Même si tu vis avec elle et que vous partagez tout, reste qu'au plan spirituel, ton engagement n'est que partiel. » Pour pouvoir vraiment s'engager avec sa nouvelle compagne, cet homme doit rectifier non seulement son litige avec son ex-conjointe, mais aussi et surtout toutes les mémoires de ses vies antérieures qui sont liées à sa relation avec elle. Cette ex-conjointe n'est qu'une manifestation d'un grand nombre de mémoires inconscientes. Voici un aspect intéressant du Travail avec les Anges : avec un seul être, si on met toute notre attention à repêcher les mémoires qui y sont liées, on peut aller très loin.

On peut aussi entrevoir la nature de la femme intérieure de ce monsieur en examinant les métiers que son ex-conjointe et sa compagne actuelle pratiquent. On ne fait pas un métier par hasard. Le métier qu'on pratique ou l'activité à laquelle on s'adonne reflètent toujours ce que l'on devrait faire à l'intérieur de soi. Ainsi, lorsqu'une personne nous parle de son métier, sans le savoir, elle dévoile quel travail *qualitatif* son âme cherche à faire. Sachant cela, il devient facile d'analyser sa situation. Tant et aussi longtemps que la personne n'a pas cette connaissance, la projection qu'elle fait à l'extérieur demeure inconscient. Même si elle pratique un certain métier simplement parce qu'elle y a été propulsée, et même si elle ne veut pas y rester, la raison pour laquelle elle y demeure est toujours qu'elle doit faire le même travail à l'intérieur d'elle-même.

La première conjointe de ce monsieur est ingénieure en structure des bâtiments. Il s'agit d'un métier somme toute assez rare pour une femme; c'est une profession plutôt masculine. Maintenant, il est vrai qu'avec l'influence du mouvement féministe, on peut dire : « Il n'y a plus de métiers d'hommes et de métiers de femmes. » Mais la réalité se dévoile quand on commence à vouloir se repolariser. On découvre alors que, effectivement, il existe des métiers qui favorisent le développement de qualités féminines, et d'autres qui sont plus propices à développer des qualités masculines. Lorsqu'une femme arrive sur un chantier de construction, elle doit être émissive, n'est-ce pas? Si un être s'incarne en femme, une dimension importante de son plan de vie consiste à être réceptive, et on doit se rendre à l'évidence que seulement certains types de métiers ou d'activités lui permettent de l'être. Si elle va vers des métiers à tendance masculine, c'est correct — c'est juste, aussi — car elle expérimente. Mais lorsqu'un être va à l'encontre de l'ordre naturel, il devra inévitablement en assumer les conséquences.

Qu'est-ce qu'une femme qui est ingénieure en structure des bâtiments cherche à faire à l'intérieur d'elle-même? Elle cherche à se rebâtir, à se restructurer au niveau de l'âme. Quand à la deuxième conjointe de ce monsieur, elle exerce un métier similaire : elle est architecte. Pourtant, les femmes ingénieures ou architectes ne sont pas tellement nombreuses. On voit que les attirances vis-à-vis des êtres se profilent bien au-delà du joli petit nez ou des beaux cheveux, ou je ne sais quoi encore. Elles dépendent de mémoires profondes qui font en sorte qu'un homme attire et est attiré vers un être qui *ressemble* à sa femme intérieure — ou, dans le cas d'une femme, qu'elle attire ou est attirée par un homme qui a les mêmes caractéristiques que son homme intérieur.

On constate donc que la femme intérieure de ce monsieur a besoin de se reconstruire, de se restructurer. Quant à son propre métier, chirurgien dentiste, on ne l'examine plus du tout selon les critères qui sont courants dans la société, comme par exemple selon le prestige qu'il confère. Quand on lit à la verticale, les caractéristiques à retenir sont bien autres.

Pour l'Esprit, que signifie être chirurgien dentiste ? Analysons les symboles. Les dents—tout comme les os—représentent la structure de la sagesse. Ce monsieur opère souvent dans la bouche. Or, la bouche est un grand symbole de communication et d'amour. Et que fait le dentiste, en général ? Il répare. Ainsi, cet être s'est dirigé vers la dentisterie parce que, à l'intérieur de lui-même, se trouvent des mémoires qu'il doit réparer afin de pouvoir retrouver une plus grande capacité d'amour et une certaine sagesse dans sa façon de communiquer. Il conserve des mémoires teintées d'agressivité et toutes sortes d'autres distorsions qui sont inscrites dans son inconscient.

En acquérant la Connaissance, ce monsieur traitera chaque patiente qui se présentera à sa clinique comme une partie de lui-même. S'il reste ouvert, il pourra ressentir ce que chaque patiente lui dira, et cela donnera une visibilité à ces mémoires inconscientes. De cette façon, il sera en perpétuel apprentissage dans l'exercice de sa profession, car il sera à la fois enseignant et enseigné.

Quand on prend l'habitude de *lire* de cette façon, à la verticale, les personnes qu'on rencontre nous apparaissent souvent comme des petits enfants. Quand ils nous parlent, ils peuvent être tout croches, et on les regarde et on les *lit* avec amour ; ainsi, ils nous apprennent beaucoup de choses sur nous-même. Cela apporte une toute nouvelle dimension à notre vie. Celle-ci devient colorée, savoureuse et parfumée. Quand nos communications deviennent empreintes d'une telle sagesse, plus rien n'est banal.

Ce chirurgien dentiste nous a dit : « Beaucoup de patientes me disent : "J'ai rêvé que je perdais une ou plusieurs dents. Est-ce que ça va m'arriver ?" » Ces rêves ont une toute autre signification. Lorsqu'on rêve qu'on perd des dents, cela signifie qu'on se dirige vers une restructuration au niveau de notre sagesse. Le lendemain d'un tel rêve, on peut avoir une perte d'énergie et même un chute d'estime personnelle ; En Haut, Ils veulent nous amener à accorder moins d'importance à la forme ou à la manifestation extérieure des choses pour nous ouvrir à une nouvelle dimension. Il s'agit de mourir à un ancien état pour renaître à une nouvelle conscience.

Vous voyez, quand on connaît la symbolique, nos échanges avec les autres prennent une grande profondeur. Depuis la nuit des temps, la signification symbolique des dents est demeurée inchangée. Il en va ainsi de tous les grands archétypes, qui sont des symboles universels et qui ont une signification très profonde. À la grande bibliothèque publique — si on peut s'exprimer ainsi — s'ajoutent tous les symboles, personnages ou objets, qui ont une signification plus personnelle; ceux-ci constituent la bibliothèque personnelle des symboles qui, elle aussi, fournit les ingrédients de base aux rêves et aux signes du quotidien. Lorsque l'on connaît la signification des grands symboles, on peut écouter les êtres avec une autre oreille. Quand une personne nous parle des autres, c'est d'elle-même qu'elle nous parle; elle devient un grand livre ouvert.

Je vais ouvrir une parenthèse pour vous parler du chiffre 13, puisque c'est celui de l'Ange IEZALEL. Les chiffres sont très importants, car ils détiennent une dimension symbolique — d'où le terme *déchiffrer*. La science des nombres ou des chiffres est l'étude des structures de création, tant celles de l'Univers que celles des êtres humains.

Dans la pensée populaire, le nombre 13 fait l'objet de nombreuses superstitions; dans certains cas, il porte bonheur, dans d'autres, il attire le malheur. Pourquoi? Prenons un peu de recul, car toutes les superstitions ont des fondements historiques et symboliques. Reste que, dans bien des cas, on perd facilement la trace des origines de ces croyances car elles n'ont été transmises qu'oralement. C'est aussi pour cette raison qu'on rencontre souvent des idées plutôt bizarres dans les superstitions.

Au cours de l'Antiquité classique, un souverain slave du nom de Philippe de Macédoine fit ajouter sa propre statue — une statue le représentant — à celles des 12 dieux vénérés. Or, peu de temps après, il fut assassiné. Alors, on s'est dit: «Oh! le 13 est de mauvais augure.» Reste qu'à cette époque, une personne qui arrivait la treizième dans un groupe était considérée comme un être très puissant.

Si on remonte encore plus loin, à l'époque christique, ils étaient 13 à partager le repas de la Cène — Jésus et les 12 apôtres — et on connaît la suite tragique des événements. Alors, certains se sont dit: «Oh! au dernier repas de Jésus, ils étaient 13 à table. Ça porte malheur d'être 13. » Également, dans l'Apocalypse, le dernier livre de la Bible, c'est dans le 13ᵉ verset qu'on parle de l'Antéchrist, aussi surnommé la Bête. Pour cette autre raison, on s'est dit : « Oh ! le 13 n'est pas de bon augure. »

Pourtant, le terme *Apocalypse* signifie révélation. Dans ce livre, on parle de l'ouverture des sceaux de la conscience. Or, c'est justement le rôle des Anges d'ouvrir ces sceaux. Ils ouvrent la conscience sur le bien et le mal. En ce sens, le chiffre 13 peut être de très bon augure. Treize, c'est 12 plus un. Or, le chiffre 12 représente un cycle naturel : l'année comprend 12 mois, et le zodiaque, tant celui des Grecs que celui des Chinois, comprend 12 signes. Le chiffre 13 semble donc se détacher de l'ordre et du rythme naturels de l'Univers. En fait, il représente la fin d'un cycle et le début d'un nouveau. On remarque en outre que la treizième carte du tarot est celle de la mort, qui signifie mourir à certains concepts pour renaître à une nouvelle compréhension.

Lorsqu'on chemine vers la Connaissance, on arrive à comprendre le processus de transformation et on apprend à aimer les changements, tant intérieurs qu'extérieurs. Une personne qui n'a pas la Connaissance n'est pas portée à accueillir les changements : elle se sent bouleversée et lutte contre eux, se disant : « Oh ! les changements sont de mauvais augure. » Donc, on voit que l'interprétation du chiffre 13 dépend du point de vue qu'on adopte. Le chiffre 13 est un grand symbole initiatique. Les Aztèques—qui vivaient autrefois sur le territoire approximatif du présent Mexique—utilisaient beaucoup ce symbole. Ils vénéraient 13 dieux, dont le treizième était le plus puissant.

En Angéologie, on l'a vu, le chiffre 13 est associé à l'Ange Iezalel, qui réactive en nous la fidélité. Tout le monde le sait, une infidélité peut avoir des répercussions importantes. On n'a qu'à penser à l'infidélité dans un couple : elle peut bouleverser toute une vie et créer d'énormes problèmes.

Lorsqu'on parle de fidélité, on pense automatiquement à la relation entre un homme et une femme. Mais le concept de fidélité est beaucoup plus large. Toute tristesse, tout doute, toute agressivité et même toute distorsion—défaut ou faiblesse—est une infidélité vis-à-vis de ces grands principes. Autrement dit, on pourrait travailler seulement avec cet Ange de la fidélité, et on toucherait toutes les distorsions. Mais on a les 71 autres ; alors, on varie les plats, exactement comme on le fait avec la nourriture. On varie les forces; de temps en temps, on utilise une force de GUÉBOURAH, de temps en temps, une force de NETZACH.

L'Ange numéro 13 peut à lui seul nous amener au plus haut niveau. Comme dans l'expression *haute fidélité* qui s'applique à un appareil, et qui signifie une haute qualité dans la reproduction du son ou de l'image, l'Énergie Angélique IEZALEL nous aide à reproduire fidèlement les qualités du Créateur. À la manière d'un peintre qui tente de reproduire le plus fidèlement possible un lever ou un coucher de soleil, on essaie, avec cet Ange, de refléter les plus belles couleurs dans notre aura. Un jour, on arrive à bien reproduire—fidèlement—ce qui vient d'En Haut et on devient à la ressemblance du Créateur.

Voyons les autres qualités de l'Ange IEZALEL. *Facilité d'apprentissage, mémoire heureuse, fidèle serviteur.* De par sa position dans l'Arbre de Vie—que nous verrons plus loin —, cette Énergie Angélique rehausse de façon importante certaines facultés de l'intellect. Par exemple, par les hauts niveaux d'amour qui la caractérisent, Elle donne accès à une vive intuition et nous permet d'apprendre plus facilement. Elle réactive aussi la mémoire, car cette dernière fonctionne beaucoup mieux lorsqu'on aime ce que l'on apprend; la mémoire devient ainsi un fidèle serviteur de la conscience.

Cet Ange touche aussi *l'amitié et les rassemblements*. Quand on considère une qualité Angélique, on doit toujours tenter de la saisir, en un premier temps, dans la dimension intérieure de l'être. En affinité avec toutes les mémoires inconscientes, coexistent dans l'être différentes opinions et diverses manières de penser souvent divergentes. À force d'invoquer l'Ange IEZALEL par la pratique récitatoire, un jour, on arrive à rassembler tout notre petit monde intérieur sous la même bannière. Nos intentions aussi s'orientent vers un seul objectif: la fidélité aux grands principes d'amour et de sagesse. Un jour, les diverses parties de soi ne divergent plus, et c'est très reposant.

La qualité de fidèle serviteur mentionnée précédemment a aussi un effet rassembleur des êtres. Dans la dévotion et le service, aucune activité n'est plus appropriée ou plus valorisée qu'une autre; ainsi, on peut être au service dans tous les métiers, et la compétition n'a plus sa raison d'être. C'est toujours l'intention qui compte, dans quelque travail que ce soit. Si on a un esprit compétitif ou si on a tendance à se comparer aux autres, le Travail avec cet Ange nettoiera les mémoires distorsionnées qui sont à l'origine de telles attitudes.

Voyons maintenant les distorsions de cet Ange. *Infidélité, enchaînement, passion, difficultés conjugales, séparation.* Considérant le grand nombre de problèmes de couple, de séparations et de divorces, on réalise l'importance de cet Ange.

Éloignement des êtres aimés. En lisant cette distorsion, on peut penser : « Ah ! il s'agit d'un être qui a un amoureux ou un enfant à distance, et qui s'ennuie parce qu'il est loin de l'être aimé. » Cela s'applique dans ce cas, mais cette distorsion a une signification supplémentaire. Parfois — et ceci est pratiquement toujours présent dans une conscience ordinaire —, on éloigne l'amour de soi ; on éloigne l'être aimé. Cela se fait de façon automatique par des pulsions intérieures. Ce soir, nous verrons un exemple de ce jeu énergétique à deux facettes dans lequel à la fois on rejette l'autre et on dégage un désir de le posséder. Ces deux tendances en apparence contradictoires vont ensemble. L'une peut être plus forte que l'autre, selon la situation, mais les deux se présentent en même temps. En rejetant l'autre, on l'attire en se rendant inaccessible. C'est un jeu où les énergies des deux êtres sont toutes embrouillées et dans lequel on entre sans même s'en rendre compte. Cela crée des relations déchirantes et peu harmonieuses : on a continuellement peur de perdre l'autre.

L'Ange IEZALEL nous permet de conscientiser cette dynamique, à quelque degré qu'elle opère. Dans certains cas, cette distorsion se manifeste de façon évidente, mais, souvent, elle opère de façon très subtile. Par exemple, à un moment donné, on s'aperçoit qu'on est en train de faire : « Va-t'en ! » avec son énergie — on écarte l'autre —, et, en même temps, une partie de soi supplie : « Non, ne t'en va pas, reste avec moi. » Éventuellement, on se demande : « Comment se fait-il que mes enfants ne m'appellent plus ? Comment se fait-il que mes collègues ne souhaitent pas ma compagnie ? Comment se fait-il que mon conjoint ne vient pas me voir ? Pourtant, je suis une personne gentille. »

On ne se rend pas compte qu'on crée soi-même cet éloignement, car notre attitude origine d'un processus inconscient. Avec l'Énergie Angélique Iezalel, on va détecter cette distorsion, parfois même avant qu'elle ne se manifeste, et on va la corriger.

Voyons maintenant où se situe l'Ange 13 Iezalel dans l'Arbre de Vie. Il réside dans la Séphira HOCHMAH, qui dans certaines peintures est représentée par ces beaux Anges, ces beaux bébés joufflus que sont les Chérubins. Pourquoi illustre-t-on ce type d'énergie par des Chérubins ? C'est qu'Ils symbolisent un amour pur et innocent, un amour impersonnel qui touche à de très hauts niveaux de conscience. En fait, très peu d'êtres humains ont accès à d'aussi hauts niveaux de conscience et d'amour. Nombreux sont ceux qui peuvent goûter à ces états pendant un court laps de temps, mais très peu arrivent à les maintenir sur une base permanente, c'est-à-dire sans qu'aucun événement extérieur ne puisse les déstabiliser. Imaginez l'ampleur du travail que l'on doit faire, à rectifier nos distorsions et à transcender tout ce qui nous dérange, pour arriver à stabiliser éternellement de tels niveaux d'amour.

La planète symboliquement associée à cette sphère est Uranus. La position de l'Ange Iezalel dans l'Arbre de Vie confère donc à cet Ange des caractéristiques d'altruisme, de fraternité, et d'évolution rapide. Cette Énergie Angélique est tellement élevée au plan de l'amour qu'elle désintègre et absout tout mal, toute distorsion. Elle peut même créer des explosions dans l'être et l'ébranler jusqu'au plan physique ; autrement dit, le corps réagit. Lorsque l'amour arrive, l'énergie est tellement forte que si on vibre à de basses fréquences à cause de nos distorsions, cela peut vraiment secouer l'être et se manifester physiquement.

La spécificité de l'Ange Iezalel se trouve dans la Séphira TIPHERETH, associée symboliquement au Soleil. Ainsi, avec cette Énergie Angélique, on intériorise le Dessein Divin jusque dans nos profondeurs et on l'exécute dans le monde concret. Puisque la sphère TIPHERETH a une position centrale dans l'Arbre de Vie, l'Ange Iezalel engendre un double mouvement d'intériorisation et d'extériorisation. Il procure à la fois un profond esprit de synthèse et un grand rayonnement.

Voici maintenant quelques exemples qui concernent la fidélité conjugale. Par des exemples, nous verrons que, telle que comprise à la lumière de ces grands principes, la fidélité conjugale se traduit dans certains cas par la réconciliation, et, dans d'autres, par la séparation des conjoints. Ces exemples parlent d'eux-mêmes.

Une femme est venue me demander une interprétation de rêve. Elle m'a dit : « Il y a quelques semaines, j'ai vécu une crise avec mon conjoint et ça m'a amenée jusqu'à remettre en question notre relation. Alors, j'ai demandé un rêve. » Cette nuit-là, elle a reçu un rêve. *Elle se voyait avec son conjoint. Celui-ci était assis à une table, le visage flou, et une amie était présente.*

Le rêve n'a probablement duré qu'une demi-seconde, mais le message était donné. Je lui ai demandé :
— Que représente ton amie pour toi ?
— Cette femme représente la stabilité pour moi : elle est très stable.
— En plus, ai-je ajouté, la table est un symbole de réalisation et de partage.
— Ce n'était pas n'importe quelle table ! C'est une table que nous avons achetée il y cinq ans, alors que j'étais au chômage et que nous avions des difficultés financières. C'est une table un peu antique, comme celle de ma grand-mère que j'aimais beaucoup. Le prix était trop élevé pour le budget qu'on avait à cette époque, mais mon conjoint m'a dit : « Elle te plaît : alors, on va l'acheter quand même. On va s'arranger. »

On aurait pu mettre une autre table dans le rêve, mais c'est celle-là qu'On a mise. Dans les rêves, tout est possible. Cette table servait à donner un indice à cette femme. Son conjoint avait le visage flou. Alors, par ce rêve, On a voulu lui dire : « Oui, il y aura encore des hauts et des bas. Ça ne sera pas tout de suite le paradis terrestre ; ce n'est pas à cela que tu dois t'attendre. Mais construis ta relation et stabilise-la. Vous aviez des difficultés quand vous avez acheté la table, mais vous les avez dépassées. Cette fois-ci encore, il faut faire confiance. »

Par cette seule image en rêve, On encourageait donc cette dame à poursuivre sa relation. Lorsqu'on a des doutes et qu'on demande un rêve, En Haut, Ils ne vont pas forcément nous répondre. Parfois, certaines personnes peuvent demander tous les soirs et ne recevoir aucun rêve relatif à leur question. Pourquoi ? En Haut, Ils ont leurs raisons. Ils préfèrent nous laisser momentanément dans le doute, car cela nous amène à évoluer. Pour Eux, l'épreuve n'a qu'un objectif : nous faire développer des qualités, des vertus et des pouvoirs à l'état pur. Et la destinée de l'être est élaborée dans cette seule et unique perspective.

Alors, que fait-on si on n'a pas de réponse? Dans le doute, on s'abstient. On continue de travailler sur soi. Dans une conscience ordinaire, la personne se dit: «Mon conjoint me dérange: c'est lui qui doit changer.» Évidemment, il est plus facile d'imaginer que les autres changent plutôt que de se voir changer soi-même. Or, on ne peut pas changer les autres; on doit se changer soi-même.

Lorsqu'on travaille avec la loi de la résonance, on se dit: «Cette personne me dérange. Bon! Qu'est-ce qui me dérange chez elle? C'est tel trait de caractère. Eh bien, si cette personne est dans ma vie, ce n'est pas le hasard. Je vais aller nettoyer ce qui, en moi, vibre à ce trait de caractère.» Et c'est sûr qu'à un moment donné, en travaillant de la sorte, des changements surviennent: ou bien la relation s'améliore, ou bien elle se termine. Des rêves ou des événements concrets se manifestent pour nous indiquer la voie à suivre, mais on doit d'abord travailler sur soi pour devenir un exemple de sagesse et d'amour inconditionnel. Ensuite, l'Intelligence Cosmique glorifiera nos actions et manifestera des miracles dans notre vie. C'est absolu.

Quand je dis: «Dans le doute, s'abstenir», je veux dire que dans l'ambivalence, on doit mettre de côté l'idée de séparation. On doit continuer la relation et l'utiliser pour grandir. Cela ne s'applique évidemment pas dans les cas de violence physique ou verbale: le concret parle de lui-même.

Lorsque, dans le couple, on vit des conflits de personnalité, lorsqu'on ne s'entend pas et qu'on se chamaille, c'est que nos distorsions intérieures s'entremêlent. Alors, on peut les décoder et les rectifier. Si, au lieu de faire cela, on se sépare de l'autre, alors, on se retrouvera dans la même situation que cette femme qui a vu en rêve son ex-conjoint dans une discothèque, et qui, 13 ans plus tard, n'avait toujours pas réglé son problème d'infidélité. La nouvelle personne qui entrera dans notre vie pourra être complètement différente physiquement et pratiquer un tout autre métier, on partagera avec elle exactement les mêmes résonances et on revivra la même situation, car on n'aura pas encore tiré la leçon—aucun travail n'aura été fait. Alors, vaut mieux se dire: «Oh! On me donne un travail: je vais profiter de cette relation pour grandir et passer à un autre niveau. Je vais retrouver le bonheur à l'intérieur de moi-même. »

Voici un autre fait vécu que j'aimerais partager avec vous ce soir. Je faisais ma pratique récitatoire avec l'Ange Iezalel, tout en marchant le long de la route, et j'ai rencontré une dame que je n'avais pas vue depuis bien longtemps. Elle a commencé à m'expliquer ce qu'elle vivait. Elle m'a dit : « Je viens de déménager, mais je vis seule maintenant. Par contre, j'ai un amoureux, mais pas à temps complet. » Puis elle s'est mise à rire avec assurance. Elle a continué : « C'est un amoureux à mi-temps. » J'ai ressenti beaucoup de compassion pour elle, car derrière son assurance et son éclat de rire, je sentais son âme qui me disait : « Il est à mi-temps car je ne peux pas m'engager totalement. J'ai eu trop mal, j'ai été trop blessée dans le passé. » Je ne connaissais pas ses antécédents, mais c'est cela que j'ai senti à travers ses paroles. Un jour, on peut lire au-delà de la forme et percevoir directement ce qui se trouve dans l'âme.

Ensuite, elle m'a parlé de l'une de ses passions. Elle m'a dit : « J'ai déjà enseigné aux petits enfants à l'école, et, à la même époque, j'enseignais aussi le jeu d'échec. Là, je viens de me remettre à jouer aux échecs. J'aime ça. Je ne crois plus à l'existence du hasard. » Puis elle a ajouté : « Dans ce jeu, il n'y a pas de hasard. Quand on déplace un pion, la portée de l'acte est tout de suite mesurée, et les conséquences sont automatiquement déterminées. Inévitablement, on paie pour notre geste ou on en profite. Donc, il n'y a pas de hasard. » Ensuite, elle m'a dit : « Mais dans le *Scrabble*, il y a du hasard. » Oh ! là, tout à coup, l'inexistence du hasard ne tenait plus la route. Or, un jour, on se rend compte que dans toute situation et dans tout jeu, même dans le *Scrabble*, il n'y a pas de hasard.

Vous allez voir qu'on peut tirer de grands enseignements de cette simple histoire. Pour cette femme, le *Scrabble* est un jeu de hasard car les lettres sont cachées lorsqu'on les pige. Elle a tout de même ajouté : « Mais j'ai développé beaucoup de sensibilité, et, de temps à autre, je pige exactement la lettre dont j'ai besoin. » En fait, elle faisait allusion à la médiumnité ; elle avait développé une certaine médiumnité qui l'aidait à piger les lettres qu'elle voulait. Mais cela ne fonctionnait pas à tous les coups car sa médiumnité n'est que partielle : elle n'est qu'à temps partiel. Je peux vous assurer qu'un sage qui se mettrait à méditer fort sur le *Scrabble* pourrait invariablement piger la lettre qu'il souhaite. Cela est absolu. Mais un sage qui a atteint ce niveau ne poursuit pas ce genre d'entreprise. Il utilise plutôt ses vertus et ses pouvoirs psychiques pour aider les autres, c'est-à-dire dans un esprit de dévotion totale et inconditionnelle.

Comment peut-on développer la médiumnité ? Le Travail avec les Anges permet de développer les facultés de clairvoyance, de clairaudience et de clairsentience, et cela est automatique, mais on ne doit pas chercher ce résultat. Il viendra en temps et lieu. On doit d'abord commencer par transcender les dérangements en revenant à soi-même et en faisant la pratique récitatoire, ce qui permet de débloquer les canaux de réceptivité et de développer les facultés de perception subtile. Car, si l'être tente de développer ces capacités avant d'avoir travaillé à purifier sa conscience, il se soumet à de grands risques. Une personne qui recherche le pouvoir spirituel peut certes développer des aptitudes psychiques qui lui permettront d'impressionner sa famille et ses amis. Mais, ce faisant, il réveille un feu qui un jour le consumera. Les Lois sont rigoureuses. On doit d'abord et avant tout rechercher la pureté ; le reste viendra par surcroît.

Lorsqu'on travaille avec les Anges de façon assidue, au bout d'un certain temps, on s'aperçoit que l'Esprit est à temps complet dans notre conscience. On est fait d'Esprit : c'est notre nature même. Ce qu'une conscience ordinaire perçoit est tellement minime ! L'esprit a un potentiel illimité — maintenant, beaucoup de personnes le savent. Pourtant, on n'accorde qu'un tout petit peu de temps à son développement conscient. On ne s'en occupe qu'à temps partiel. Mais à partir du moment où on découvre la raison fondamentale de notre présence sur Terre, on va à la source par la méditation. Et si la persévérance nous habite, plus rien ne peut nous arrêter sur le chemin de l'Illumination.

J'ouvre une parenthèse sur les médiums. Certains de ces êtres n'ont qu'une ouverture partielle. Parfois, ils disent des choses tellement vraies, et, tout de suite après, ils sont complètement à côté de la plaque. Comme tous les autres êtres, les médiums peuvent n'être habités par l'Esprit qu'à temps partiel ; dans un tel cas, ils doivent faire un grand travail de purification. Or, ce travail de purification n'est pas gratifiant, et, comme je vous l'ai dit tantôt, souvent on préfère épater la galerie.

Un jour, En Haut, Ils nous donnent énormément d'informations; mais certaines doivent être gardées pour soi, car les communiquer à la personne concernée modifierait sa trajectoire. On n'a pas le droit de l'en détourner. Cela exige beaucoup de sagesse, surtout lorsqu'On nous renseigne sur certains gestes que la personne pourrait poser. On doit se dire: «Non, c'est ça qu'elle doit vivre. C'est un cadeau pour elle car ça l'aidera à évoluer. Et, de toutes façons, c'est pour cette raison qu'on est ici, sur Terre.» Lorsqu'on saisit cela, on n'intervient pas, à moins qu'On nous en donne l'autorisation.

Très souvent, des personnes viennent nous dire, à mon époux et à moi-même: «Oui, mais mon conjoint ne vient pas aux cours, et moi je change, pendant ce temps-là.» Ces personnes sont inquiètes parce qu'elles vivent de grandes transformations et qu'elles ne savent pas où cela mènera leur relation. Que leur conseillons-nous, en général? Nous leur disons: «Ne parle pas des Anges à ton conjoint. Contente-toi d'incarner et de rayonner leurs qualités. C'est plus difficile que de parler des Anges, n'est-ce pas? Sois amour, sois sagesse, sois dévotion.» Moi, je dis souvent aux femmes: «Ton mari ne vient pas au cours et tu ne peux pas lui parler des Anges, mais tu peux être Angélique. Apprends à servir ton homme et à l'aimer sans condition.»

OOUU! cela est bien loin des concepts féministes! À m'entendre dire cela, certaines féministes verraient leur poil se hérisser. Bien sûr, on ne retournera pas à l'époque où la femme était dominée. Le féminisme a eu sa place. Il était une réaction, en Occident, à une situation extrême qui sévissait et que l'humanité n'a pas encore tout à fait fini de traverser. Donc, tout ce qui se fait est juste. Ce ne sont que des étapes.

Mais les nouvelles femmes seront des femmes initiées: elles auront la Connaissance. Or, quand on a la Connaissance, on sait que pour atteindre ces hauts niveaux d'amour, ces hauts niveaux vibratoires, on doit d'abord intégrer les qualités et les vertus à l'intérieur de soi, et les faire passer à travers nos pensées, nos sentiments et nos gestes. On doit donc apprendre à se dévouer pour les autres, sans aucune arrière-pensée.

Quand on n'a pas la Connaissance, on rend service à l'autre avec l'intention — consciente ou inconsciente — de plaire, d'être reconnue ou d'obtenir quelque chose en retour. Mais, un jour, on détecte ces attitudes. Bien sûr, elles reviennent encore pendant un certain temps, et c'est normal, mais on les détecte. Quand on fait la pratique récitatoire, on est alerte et on se dit: « Là, tu le sers, mais tu as une petite attente: ton geste n'est pas inconditionnel. » Généralement, dans notre société, la femme qui sert émet silencieusement le message suivant: « Je te fais à manger et je te sers, mais tu as intérêt à tondre le gazon demain. » (rires) Lorsque le service est conditionnel, il s'accompagne d'un taux vibratoire plutôt médiocre, car l'attitude a un caractère dominateur. On ne peut jamais atteindre de hauts niveaux avec une telle attitude intérieure.

Certaines femmes me diront: « Mais si tu voyais comment il se comporte avec moi, tu ne ferais pas ça, toi. » Je leur répondrais: « Il représente une partie de toi-même. Nettoie cette partie à l'intérieur de toi. Développe l'amour inconditionnel et dis-toi: "C'est cela que j'ai en moi; merci beaucoup de me le montrer." » On fait notre pratique récitatoire et on cesse de projeter sur l'autre. Chaque fois qu'on projette sur l'autre, on se crée des karmas supplémentaires. On répète continuellement les mêmes erreurs et les mêmes distorsions, et cela établit un cycle infernal qui se poursuit d'une vie à l'autre.

Vaut mieux se dire une fois pour toutes: « Dans cette vie-ci, je souhaite comprendre. Je vais utiliser mon quotidien exactement comme si je participais à un atelier, 24 heures sur 24, avec mon patron et avec ma famille. Je serai continuellement en train d'apprendre. » Que se passe-t-il dans le couple, lorsqu'une personne travaille de cette façon? Elle évolue très vite, son taux vibratoire s'élève — c'est automatique et absolu — et sa relation s'en trouve transformée.

Alors, de deux choses l'une. Ou bien l'autre sera tellement touché — un tel dévouement dénué d'attentes, OOOH! cela met à l'envers, car l'âme sent que l'attitude est pure — qu'il souhaitera lui aussi devenir une meilleure personne. Ou bien, comme je l'ai expliqué dans un exemple, cela ne fait pas partie de son programme et il y aura séparation. Mais, dans ce cas, la rupture pourra se faire plus facilement, de façon plus amicale. Donc, il est bien important de comprendre dans quoi on s'engage quand on commence le Travail avec les Anges.

Voici un autre fait vécu qui concerne la fidélité conjugale. Une jeune femme est venue me voir et m'a raconté deux rêves consécutifs qu'elle avait faits. Vous allez voir, ils sont intéressants. Dans son premier rêve, *elle était avec sa belle-sœur, et celle-ci lui parlait de sa fille, une adolescente. Elle lui a dit: « Moi, j'ai choisi la chasteté. » Et sa belle-sœur de répliquer: « Ma fille a choisi la sexualité. »* Cette femme m'a dit: « Dans mon rêve, je me sentais vraiment gênée. »

Dans le deuxième rêve, *elle se trouvait dans une classe d'école où elle apprenait les maths et le français. Elle obtenait 70 sur 100. Il y avait aussi un certain monsieur Desmeules, qui, lui, avait 100 sur 100, et elle se comparait à lui. Elle est sortie de la salle et elle a rencontré son conjoint. Ils se sont échangé des billets de 20 dollars, et elle lui a dit: « Moi, c'est l'homme en or que je veux, que je souhaite, que je recherche. » Puis ils se sont séparés.*

Cette dame m'a demandé:
— Est-ce que ça signifie qu'on va se séparer ?
— Non, pas nécessairement. Dans ces deux rêves, tous les personnages symbolisent des parties de toi. Que représente monsieur Desmeules pour toi ?
— Ah ! je ne connais pas de monsieur Desmeules.
— Alors, On a pris un nom au hasard pour signaler que tu te compares aux autres, à leur réussite.

Il est évident que cette personne a de hautes aspirations en amour. Un couple qui recherche la transcendance de la sexualité traverse éventuellement une certaine étape au cours de laquelle chacun des deux êtres sent qu'il doit nettoyer des aspects instinctuels. Cette étape est indispensable. Voilà où cette femme croit en être rendue. C'est du moins ce qu'elle dit; c'est cela qu'elle croit au plan conscient. Mais les rêves révèlent les intentions inconscientes.

Dans le premier rêve, On lui montrait: « Ce n'est pas exactement la transcendance de la sexualité que tu veux. » Je lui ai dit: « L'adolescente — une femme, donc, ton monde intérieur et tes émotions — représente une partie de toi qui veut encore la sexualité. Elle est bien présente. Alors, qu'est-ce qu'elle crée dans ta relation avec ton conjoint? Tu affiches une certaine intention de transcender ton énergie sexuelle, mais quand tu es avec ton conjoint, la petite ado aussi s'exprime, inconsciemment, au plan énergétique. Elle fait KSSS! KSSS! KSSS! Elle excite. C'est comme si tu disais: "Je veux, je ne veux pas, je veux, je ne veux pas." Cela crée des déchirements à l'intérieur de toi et dans ton union. Alors, il faut que tu apprennes à travailler sur ta petite ado. D'abord, tu dois prendre conscience de ta dualité, et, ensuite, tu sentiras venir l'adolescente qui excite. Tu pourras ainsi mettre fin à tous ces déchirements.» Vous voyez, souvent, on doit franchir certaines étapes avant de parler de transcendance de la sexualité.

Dans le deuxième rêve, On a montré à cette femme: «Tu es dans un processus d'apprentissage.» Lorsqu'on se retrouve dans une classe, peu importe le sujet, c'est toujours pour apprendre sur soi. Les mathématiques sont la science des nombres, la science des structures. Cette femme est en train d'apprendre à se structurer. Et que signifie apprendre le français? Chaque langue véhicule l'égrégore d'une ethnie ou d'un pays, et on y trouve des aspects tant positifs que négatifs. La langue française a ceci de positif qu'elle est très raffinée. On a voulu dire à cette femme: «Apprends à communiquer avec raffinement.» D'autre part, le français est parfois trop cérébral. Donc, l'autre message est: «N'intellectualise pas ta sexualité ou ta chasteté. Entre dans tes profondeurs.»

Elle obtient comme résultat 70 sur 100, ce qui est passablement bon, mais en se comparant à Monsieur Desmeules — un homme indique le jour, le monde de l'action —, c'est comme si elle voulait être déjà rendue, avoir 100 sur 100. Elle veut aller trop vite. Cela crée des frustrations et des déchirements intérieurs. Même sa relation en souffre, à cause des incompréhensions que sa hâte génère.

Dans la dernière partie du deuxième rêve, elle et son conjoint s'échangent des billets de 20 dollars. Quand on travaille avec les Anges, En Haut, Ils nous donnent souvent des chiffres. Dans de tels cas, il nous reste à identifier l'Ange correspondant au chiffre et à travailler avec. Or, le numéro 20 correspond à l'Ange PAHALIAH, soit tout ce qui concerne la sexualité et l'énergie vitale. On a donc indiqué à cette femme qu'il lui reste encore du travail à faire sur son énergie vitale et qu'elle reçoit de l'aide en ce sens.

Dans son rêve, elle a dit à son conjoint : « C'est l'homme en or que je recherche. » Mais on doit rechercher l'homme en or à l'intérieur de soi. Et surtout, il ne faut pas s'attendre à rejoindre l'objectif tout de suite, ni à ce que l'autre y parvienne rapidement. On ne peut pas avoir un homme en or à l'extérieur si on ne l'a pas à l'intérieur. Donc, on accepte la personne que le Créateur nous a envoyée pour continuer notre cheminement, à condition, bien sûr, que la relation soit vivable. Je lui ai dit : « Tu es bien chanceuse d'avoir un conjoint qui vient aux cours. Tu peux communiquer avec lui et lui parler de ton cheminement intérieur, et il comprend la loi des résonances. Utilise cette relation pour grandir, et travaille sur cette petite adolescente. Continue à faire ta pratique récitatoire et à évoluer dans l'amour et non dans la rigidité. »

Voici un autre fait vécu sur la fidélité conjugale. Pendant une certaine période, je travaillais très intensément avec l'Ange 13 IEZALEL, et, un jour, alors que je l'invoquais, les yeux fermés et en méditation très profonde, je me suis vue fusionner avec mon époux. C'était une fusion extrêmement belle. Je ne sais pas combien de temps elle a duré, mais tout à coup, il s'est produit un éclatement énergétique. Il n'y avait plus de corps : je ne voyais plus de corps. J'atteignais de très hauts niveaux énergétiques : beaucoup d'amour et de lumière. Et, à ce moment-là, j'ai entendu une voix qui me disait : « En lui étant fidèle, tu es fidèle à plus grand. »

Que voulait-On me dire par ces mots ? On me signifiait que la vraie fidélité va bien au-delà de celle qu'on accorde à un être : c'est la fidélité aux Principes Divins. Un jour, on devient fidélité, et alors, on touche à de très hauts niveaux de conscience. On incarne la fidélité du Créateur, qui, Lui, est toujours là. Le Créateur est toujours fidèle. C'est nous qui nous sommes déconnectés de Lui par toutes sortes d'expérimentations. Et c'est correct, car, de cette façon, nous pouvons un jour retrouver notre chemin pour Le rejoindre.

Il faut apprendre à faire le saut de l'Ange. Que signifie faire le saut de l'Ange ? C'est s'engager totalement, accepter d'utiliser ses relations pour se libérer de ses peurs et cesser d'être continuellement sur ses réserves. Cela ne signifie pas dire oui à tout et à tout le monde. Mais on cesse d'avancer avec la crainte d'être à nouveau blessé ou trompé. On s'engage à 100 %, et pas seulement avec son conjoint : avec ses collègues, ses enfants et ses amis.

On s'adapte au potentiel de chaque relation. On dit certaines choses à certaines personnes et pas à d'autres, mais, à l'intérieur, on demeure totalement engagé. Plus rien ne nous limite. Et lorsqu'on accepte ou qu'on refuse tel ou tel lien, ce n'est pas la peur qui nous mène ; on a un engagement total. Bien sûr, tout cela est facile à dire, mais on n'en arrive pas là en un clin d'œil. Voilà l'essence de l'Ange Iezalel. Chaque fois qu'une peur monte, par exemple la peur de perdre l'autre ou qu'il nous soit infidèle, tout de suite, on arrête le processus. Au lieu de projeter sur l'autre, on revient à soi-même en se disant : « Non, je suis fidèle aux grands principes. Je m'engage totalement. Je ne vis plus sur la peur. » On fait sa pratique récitatoire, tout se calme, et alors, on peut passer à un autre palier. Éventuellement, au terme de plusieurs étapes, on atteint ces hauts niveaux et on *devient* fidélité. Quelle que soit l'attitude de l'autre, on n'est plus perturbé. Un jour, fini les bouleversements ! C'est le bonheur. Une grande stabilité s'installe dans notre vie.

Un jour, une femme est venue me raconter son rêve, dont la scène se déroulait sur son lieu d'enfance. Un rêve qui nous ramène au lieu de notre enfance est toujours un rêve important ; il nous fait toucher à d'autres vies. Lorsqu'on arrive sur Terre, on apporte avec soi des bagages d'autres vies. Et la famille dans laquelle on atterrit nous permet de développer un rayon de notre âme. Il n'y a pas de hasard. Bien sûr, il faut beaucoup d'humilité pour se dire — sans toutefois se culpabiliser — : « J'ai atterri là-dedans. Lors d'autres vies, j'ai dû me couper de la Connaissance, et je dois dans cette vie-ci comprendre certaines choses. »

Cette femme, qui avait eu des difficultés dans son enfance, m'a dit : « Dans mon rêve, *j'ai vu un petit garçon de cinq à six ans courir vers la maison des voisins, comme s'il s'enfuyait. Il était vêtu de bleu et de blanc.* Que signifie ce rêve ? »

Je lui ai d'abord demandé :
— Que représentent pour toi ces anciens voisins ?

— Chez eux, il y avait des arbres, alors que chez nous, ils avaient tous été coupés bien avant que mes parents n'arrivent. Les voisins n'étaient pas là souvent : ils venaient de temps en temps, pour une fin de semaine ou pour leurs vacances.

Que voulait-On lui dire ? Le petit garçon représente une partie d'elle-même, dans l'action, dans le jour. La couleur des vêtements est toujours importante. Le blanc symbolise la spiritualité, et le bleu, la communication. On a voulu lui dire : « Attention ! tu fuis certains aspects qui t'habitent, et ce comportement envers la spiritualité se manifeste dans toutes tes actions. Ta tendance à te fuir toi-même t'amène à aller chercher le bien-être et la Connaissance chez les autres pour combler tes manques. »

Juste le fait qu'elle a parlé d'arbres nous met sur la piste. L'arbre est un grand symbole qui représente le lien entre le Ciel et la Terre ; c'est un symbole de Connaissance. Chez cette femme qui a vécu une enfance difficile, les arbres avaient été coupés ; la Connaissance avait été coupée. Et cela date de plusieurs vies, car elle a précisé qu'ils avaient été coupés bien avant que ses parents n'arrivent. Cela signifie que dans d'autres vies, par ignorance, elle s'est coupée de la Connaissance ; elle s'est coupée du lien entre le Ciel et la Terre. Un être parle toujours en symboles. En l'écoutant profondément, avec réceptivité, on trouve la cause de son mal-être.

Quand on veut avoir la Connaissance tout de suite, sans prendre le temps qu'il faut pour l'intégrer à tous les plans de notre être, cela crée évidemment de grandes frustrations. Dans ces cas, on a tendance à la prendre chez les autres. Bien sûr, cela ne veut pas dire qu'on ne doit pas s'instruire à partir des autres et s'inspirer d'eux.

Ce travail est long, exactement comme le processus de croissance d'un arbre. On doit d'abord labourer et semer. Ensuite vient une période de gestation qui peut durer longtemps. Et avant que l'arbre ne devienne grand et ne produise des fruits, cela prend encore beaucoup de temps. Bref, le travail qui mène à la Connaissance exige énormément de patience.

Par ce rêve, On a voulu dire à cette femme : « Ton enfant intérieur fuit ses propres faiblesses. Il est pourtant beau, vêtu de blanc et de bleu, mais il doit faire face à sa vie et nettoyer sa propre maison, sinon, tu seras toujours frustrée. Bien sûr, tu connaîtras des moments difficiles car tu devras visiter des zones sombres, mais personne ne peut le faire à ta place. Ainsi, un jour, tu retrouveras le bonheur et le bien-être à temps complet. »

J'aimerais vous raconter une autre histoire qui montre que, parfois, sans même s'en rendre compte, on vit tous et toutes des petites infidélités. C'est l'histoire d'une femme qui est venue me voir avec son mari pour me parler de ce qu'elle vivait. Elle m'a dit : « Ça fait huit ans que nous essayons de vendre notre pension. » Ce couple loue des chambres dans une maison de pension qui leur appartient, et, bien sûr, cette entreprise exige beaucoup de travail ménager. Elle m'a dit : « Je veux bien faire du ménage, mais je ne peux pas me contenter de ça. J'ai besoin d'un autre genre d'activité. »

Elle a ajouté : « Ensuite, il y a mes voisins agriculteurs. Je ne veux pas les juger, car je sais que j'ai une résonance, mais ils m'inspirent un sentiment de monotonie, de léthargie. Ils sortent et reviennent toujours à la même heure, et ils plantent toujours à la même date, d'année en année. Ils font toujours la même chose. » On voyait que cette femme était un peu dérangée par ses voisins.

Puis son mari, qui était à côté d'elle, lui a donné un petit coup de coude et lui a dit : « Parle-lui de ton signe, raconte-lui ce que tu as vécu », car il trouvait formidable ce qui lui était arrivé. Elle m'a donc raconté ce qu'elle avait vécu : « Je n'ai pas encore vendu ma pension, mais il y a quand même quelque chose qui est arrivé. Ça faisait huit jours que rien ne se passait, hormis la pension et les locataires. Alors, je me suis étendue sur mon lit, et là, je Leur ai parlé, En Haut. Je Leur ai dit : "J'accepte ma léthargie — parce que, pour elle, s'occuper de sa pension et de ses locataires, c'est de la léthargie. Je ne sais pas quand je vais me relever, mais ce sera seulement quand Vous m'aurez donné une réponse." Imagine-toi, à peine cinq minutes se sont écoulées et le téléphone a sonné : la gérante d'une librairie ésotérique que je connais me proposait un remplacement. Oh ! j'étais tellement contente. Imagine-toi ! En Haut, ça Leur a pris seulement cinq minutes pour réagir. »

Je n'ai pas besoin de vous dire à quel point elle était contente. AAAH ! c'était quelque chose. Après l'avoir écoutée, je lui ai dit : « Je vais te faire un beau cadeau, ce soir. Je pense que tu n'as pas tout à fait compris le message du Ciel, et c'est normal. Tu sais, En Haut, ce sont de grands pédagogues. Il faut arriver à comprendre comment Ils pensent, quelle est leur pédagogie. Revenons à ta pension. Ça fait huit ans que tu essaies de la vendre. Tu auras beau trouver le meilleur agent immobilier, si, En Haut, Ils ont décidé que tu ne la vendrais pas, eh bien, tu ne la vendras pas. Tout vient d'En Haut. Et s'Ils décident que le moment est venu de la vendre, Ils n'ont qu'à appuyer sur la tête d'un acheteur et, pas plus tard que demain, il frappera à ta porte. Ces Lois sont absolues. Donc, si tu n'as pas réussi à vendre ta pension, qu'est-ce que ça signifie ? Ça veut dire que ton stage à cet endroit n'est pas terminé. Tu me dis parfois que tu veux retrouver les qualités et accéder à un haut niveau. Mais là, juste le fait que tu me dis que tu veux bien faire le ménage mais que tu as besoin d'autre chose, ça veut dire que tout le temps que tu passes à faire le ménage et à t'occuper de tes pensionnaires, ton taux vibratoire est bas. Et il est bas parce que lorsque tu travailles à ta pension, tu ne le fais pas de bon cœur. Voici ce que tu inscris en toi : "Je ne suis pas contente. J'en ai assez de faire ce travail. Ce n'est pas intéressant." Toutes tes petites cellules entendent ça et elles l'enregistrent. En Haut, Ils attendent que tu changes ton attitude — que tu acceptes ta situation et travailles avec amour — pour t'emmener à un autre stage. »

Je lui ai parlé d'un deuxième aspect de la question. Elle m'avait déjà raconté certaines choses sur ses locataires ; elle en a vraiment de toutes sortes. Je lui ai dit : « Tu connais la loi des résonances. Tes locataires représentent tous des parties de toi — OOOH! elle a parfois de la difficulté à accepter cette idée. Ce n'est pas par hasard qu'On t'envoie telles personnes plutôt que telles autres. Tu as des choses à comprendre avec ces êtres ; ce sont des envoyés de Dieu qui vont te faire travailler. Dans la plupart des cas, ces êtres ne le savent même pas. Voilà ! Tu as tout un enseignement, et à domicile, en plus. » (rires)

J'ai ajouté : « Et puis tes voisins… Même si tu me dis que tu ne les juges pas, tu portes tout de même un petit peu de jugement, n'est-ce pas ? Tu me dis qu'ils t'inspirent la léthargie et la monotonie, qu'ils font toujours la même chose. Mais moi, ce que tu me dis d'eux m'inspire autre chose : ils t'enseignent le plus grand processus cosmique, celui des cycles de la vie et de la culture de la terre. Après avoir semé, on doit attendre pendant toute la période de gestation. Cette période est longue et on ne voit pas ce qui se passe, car le processus prend place en-dessous de la surface de la terre. Puis un jour, c'est la récolte, mais cette étape est la dernière. Tu souhaites récolter avant de semer. Tu dois apprendre à aimer le processus au complet. C'est ça, la Connaissance. Voilà ce que t'enseignent tes voisins. Donc, tu dois te rappeler que tu en es encore à l'étape de la gestation et que tu ne vois pas ce qui se passe au niveau de tes racines. Tu dois te munir de patience, faire régulièrement ta pratique récitatoire et te dire : "Mon Dieu, c'est Toi qui m'as envoyé cette étape ; c'est mon meilleur programme. Aucun autre programme ne me ferait mieux évoluer." Quand tu me dis que tu t'es couchée sur ton lit et que tu t'es adressée à En Haut en disant : "J'accepte ma léthargie", eh bien, tu ne l'avais pas acceptée. En fait, tu te rebellais contre le Ciel. En Haut, Ils ont dit : "Pas grave, elle se rebelle, elle inscrit une petite rébellion en elle-même." Si tu avais accepté, tu aurais dit : "Mon Dieu, c'est cela que Tu m'envoies. Je suis très choyée d'avoir mon époux ; on travaille ensemble. Et puis j'ai à manger et j'ai tout ce qu'il faut pour vivre. Je suis bien chanceuse d'avoir tout cela." »

Parfois, on se compare aux autres et on oublie de remercier. La gratitude, c'est vite parti. On doit remercier tous les jours. J'ai poursuivi : « Puis si tu as reçu un téléphone, cinq minutes plus tard, c'est que, En Haut, avec leur incroyable pédagogie, Ils se sont dit : "Elle ne comprend pas. Bon ! On va lui donner un petit stage ailleurs." »

Plusieurs me diraient : « Mais c'est une bonne nouvelle pour elle : à la librairie ésotérique, elle peut parler de spiritualité. » Bien sûr, tout semble beau, en superficie. Je lui ai dit : « Oui, En Haut, Ils t'ont envoyé autre chose à vivre, mais tu n'as pas terminé ton programme de nettoyage des résonances avec tes locataires, ta pension et tes voisins, et cela, tu le sais très bien. Or, quand on veut atteindre l'Illumination, on doit chercher à acquérir la maîtrise du bien et du mal. C'est à cela qu'on s'engage lorsqu'on fait ce travail. »

Elle m'a dit : « Je veux atteindre l'Illumination dans cette vie-ci. » Alors, j'ai répliqué : « Ce n'est pas comme ça que ça marche. Ce n'est pas toi qui décides si tu vas atteindre ces hauts niveaux dans cette vie-ci. Si tu veux y accéder, tu dois en arriver à ce que plus rien ne te dérange. Donc, que peut-il arriver? En Haut, Ils écoutent tes demandes, mais si tu ne transcendes pas tes limitations, Eux, ça ne les dérange pas. Ils nous font faire toutes sortes de stages. Certaines personnes vivent de grandes distorsions et abusent de leurs ressources et de leur pouvoir, et, En Haut, Ils les regardent aller et se disent: "Ils apprennent dans la distorsion." Ce sont des enfants de Dieu et ils font leur apprentissage à travers la distorsion. Vient un jour où ces êtres vont tellement bas — après des vies et des vies — qu'ils doivent mettre les deux genoux à terre et se dire: "C'est assez!" »

J'ai ajouté: « Quand on n'accepte pas nos limitations, que peut-il se passer dans une autre vie? Je te donne juste un exemple. Tu pourrais te retrouver dans une région pauvre, loin de tout, avec 15 enfants à élever et à soigner. Là, tu n'aurais plus d'autre choix que de passer tes journées à faire du ménage. » OOOH! Là, elle me regardait avec des grands yeux. Pour une autre femme, avoir 15 enfants peut être la béatitude, n'est-ce pas? Tout dépend toujours de son programme.

Puis je lui ai dit: « La léthargie que les autres t'inspirent et qui te dérange vient de tes petits léthargiques intérieurs. Tu voudrais de l'action à l'extérieur car cela te procurerait une reconnaissance sociale, ce que tu n'as pas en travaillant à ta maison de pension. C'est auprès de ces petits léthargiques que tu dois faire le ménage, à l'intérieur de toi. Chaque fois que tu feras ton ménage, dorénavant, OOOH! fais travailler tes petits léthargiques qui traînent la patte. »

Deux mois plus tard, j'ai revu cette femme et son conjoint; ils sont venus au cours. Les deux semblaient complètement vidés. Que s'était-il passé? La dame m'a dit: « À la librairie ésotérique, ce n'était pas qu'un simple remplacement. » Le hasard n'existant pas, bien sûr, une employée a quitté, et un poste à plein temps s'est libéré; c'est cette dame qui l'a occupé. Alors, le travail à la pension a dû être entièrement assumé par son époux. Tout cela a désorganisé leur vie.

Mais c'est cela que ce couple doit vivre; et c'est bien. En Haut, Ils leur ont donné un cadeau éducatif. Ils ont dit à cette femme: « AAAH! tu veux aller à l'extérieur? Ton travail ne te comble pas? Tu veux autre chose? D'accord, On va t'en donner. » Ils lui en ont donné plus qu'elle n'en avait demandé. C'est cela qu'On nous envoie dans ces cas. Jusqu'au moment où c'est trop. On a trop de pressions, ou même, dans certains cas, une maladie se présente. «Tu en voulais; alors, expérimente.» En Haut, Ils sont tout Amour, mais les Lois Divines sont très rigoureuses. Un jour, on se dit: «Dans le fond, je n'étais pas si mal dans ma petite pension avec mon mari. On avait quand même une belle vie; on avait tout ce qu'il nous fallait.»

La leçon à tirer de cet exemple pourrait bénéficier à bien des vies humaines. En travaillant avec les Anges, on entre en contact avec cette grande pédagogie universelle et on l'apprécie. Notre vie est faite d'expérimentations, jusqu'au jour où la matière ne nous donne plus aucune sensation, où elle ne nous saisit plus. À partir de ce moment-là, elle ne dirige plus nos convictions. Dorénavant, on va chercher les sensations à l'intérieur de soi. Puis une ouverture se produit et on se remet à agir dans la matière, mais, cette fois-ci, on n'a plus besoin d'être gratifié ou reconnu à l'extérieur. L'extérieur ne nous pompe plus. Tout vient de l'intérieur et on maintient un état de vigilance permanent. Dorénavant, la raison d'être de notre passage sur Terre pénètre toutes nos actions. Car, bien sûr, dans un premier temps, ce n'est pas une partie de plaisir que d'aller à l'extérieur. Matérialiser est un grand travail, lorsqu'on y met toute notre conscience. On doit méditer régulièrement pour ne pas perdre les notions de la Connaissance.

Voilà pourquoi je vous dis: «Les Anges, c'est un appel.» C'est tout un travail, mais, au bout d'un moment, lorsqu'on a tout nettoyé, OOOH! on vit tellement de bonheur et de bien-être! Et si on ne fait pas ce parcours dans cette vie-ci — parce que cela ne fait pas partie de notre programme —, on le fera dans d'autres vies. De toutes façons, tous y arriveront un jour, car le cheminement spirituel est un processus universel.

Voici un autre exemple qui touche l'une des distorsions que nous avons vue, *l'éloignement de l'être aimé*. Parfois vraiment insidieuse, cette distorsion peut miner toutes nos relations. On éloigne les autres à cause de certaines mémoires inconscientes. Alors, voici l'exemple. Je préparais ce cours, invoquant pendant des jours et des jours cet Ange de la fidélité. Une bénévole — une personne très dévouée et fidèle — m'a dit: «Au dernier cours, j'ai vécu quelque chose. C'est la première fois que ça m'arrive, surtout vis-à-vis de toi. Quand tu t'es approchée de moi pour me faire l'accolade, OOOH! je n'étais pas capable de t'embrasser. Quelque chose m'en empêchait. Et, plus tard, tu as interrompu l'interprétation de rêve que je t'avais demandée. Ça m'a dérangée. » Alors, je lui ai expliqué : « Oui, mais on en parlait déjà depuis un bon moment. Il fallait préparer la salle, car les gens devaient arriver sous peu, et puis je t'ai dit : "On continuera l'interprétation du rêve après le cours." »

Bien sûr, je sentais que quelque chose la troublait ; à partir d'un certain point dans le cheminement, on perçoit les états d'âme et les pensées des êtres. Les circonstances ont fait en sorte que la conversation a été interrompue. Cela était voulu par En Haut. Pour continuer à m'expliquer ce qu'elle vivait, elle m'a dit : « Le même jour, une autre bénévole que j'aime beaucoup est arrivée, et elle est passée droit devant moi sans me dire bonjour. Elle aussi, quand elle est venue, plus tard, me faire l'accolade, je me suis sentie incapable de l'accueillir. »

Ensuite, elle m'a dit :
— Hier soir, j'ai fait un rêve. *Je me trouvais derrière une femme extrêmement vieille et toute squelettique, et je voyais son dos. Puis je lui faisais face. Elle avait des papier-mouchoirs dans la bouche et elle portait des prothèses. Une grande souffrance se dégageait de cette femme. C'était incroyable ! Elle était vraiment maigre.* Je me suis réveillée avec ce rêve.
— Ce n'est pas étonnant que tu te sentes de cette façon aujourd'hui, lui ai-je dit.

Un rêve se manifeste la plupart du temps la veille ou dans la journée qui suit. J'ai poursuivi : « Quand tu m'as raconté tout ce qui t'est arrivé, tu étais dans la même énergie que cette vieille femme squelettique. On va analyser les symboles. Tu la voyais de dos. Lorsqu'on voit quelqu'un de dos, ça indique le passé. On t'a fait un grand cadeau. On a ouvert un département de ton âme qui contient de très vieilles mémoires, des actes manqués teintés d'une absence d'amour. On n'aurait pas pu te l'ouvrir avant, car tu n'étais pas prête. Dans le rêve, tu as fait face à cette mémoire, à cette femme. Dans un rêve, la maigreur symbolise toujours le manque d'amour. Et la bouche — on l'a vu — est un symbole de communication et d'amour. Les papier-mouchoirs indiquent que des plaies suppuraient dans sa bouche. Les prothèses montrent qu'elle avait déjà subi des opérations, des réparations. Cette femme vivait une grande souffrance, et c'est dans son énergie que tu baignais lorsque tu es arrivée. L'être le plus infusé d'amour—par exemple Jésus ou Bouddha—serait arrivé, et tu aurais eu le même sentiment de rejet. On éloigne l'être aimé ; on éloigne de soi l'amour parce qu'on est dans cet état de conscience. »

Elle a ajouté :
— C'était tellement fort : malgré l'enseignement, je n'arrivais pas à revenir à moi-même.
— C'est normal, lui ai-je fait remarquer. Ils t'ont vraiment fait plonger. Alors, le cadeau, pour toi, c'est que la prochaine fois, tu seras déjà avertie du processus. Parce que ce n'est pas encore terminé : On commence seulement à t'ouvrir à ces vieilles mémoires. La prochaine fois, tu seras plus forte.

Voilà l'un des grands bénéfices des rêves. On comprend ce qui nous arrive dans le concret et on peut faire attention. Dans un cas comme celui-ci, on a conscience de baigner dans le manque d'amour et dans la souffrance ; alors, on est vigilant et on s'abstient de projeter sur les autres. De cette façon, on évite des karmas supplémentaires. Je lui ai dit : « La prochaine fois que tu auras ce type de sensation, lorsque la femme squelettique et souffrante remontera en toi, tu la reconnaîtras. Tu sauras qu'elle éloigne l'amour et tu pourras profiter de l'occasion pour nettoyer les mémoires qu'elle représente. Comment ? En faisant ta pratique récitatoire. »

On voit bien le double mouvement de cette distorsion. D'une part, on éloigne l'être aimé, et, d'autre part, on veut le posséder, le retenir. Imaginez l'écartèlement ! Cet exemple peut s'appliquer chez tellement de personnes, à divers degrés.

Je terminerai avec un fait vécu très touchant. La femme qui me l'a raconté est née le 25 mai. Son Ange Gardien au plan physique est donc l'Énergie Angélique IEZALEL. On va voir que la fidélité a été bien importante dans sa vie. Cette femme a vraiment toujours essayé de rester fidèle à ses engagements, dont ses engagements spirituels, ce, malgré qu'elle ait eu de la difficulté à lire les signes.

Cette femme nous a dit, à mon mari et à moi-même, que dès l'âge de 16 ans, elle s'est engagée dans un ordre religieux; elle est devenue religieuse. Déjà, en tant que novice, certains doutes la traversaient de temps à autre, mais elle se répétait: «Je me suis engagée. J'ai une alliance—on se marie à perpétuité quand on entre dans un ordre religieux—et j'ai promis fidélité.»

Elle avait fait son petit bonhomme de chemin dans cette congrégation pendant 27 ans, et, à un moment donné, à l'âge de 43 ans, alors qu'elle écoutait un prêtre, elle s'est mise à prier pour lui parce qu'elle trouvait que ce qu'il disait était tellement beau. Elle priait pour qu'il puisse continuer son travail. Elle m'a dit: «À ce moment-là, j'ai été abasourdie par une voix que j'ai entendue. Je sentais même une présence. C'était tellement fort! Je m'en souviendrai toute ma vie. Cette voix me disait: "C'est bien, ce qu'il est en train de faire. Mais pour toi, c'est un autre travail qui est prévu. Il y a un conjoint qui t'attend."»

OOOH! Imaginez, elle était religieuse depuis 27 ans et On lui annonçait cela. Elle s'est dit: «Ça se peut pas!» Elle s'est sentie choquée et bouleversée. Cette voix l'a obsédée pendant de nombreuses semaines. Elle la chassait, se disant: «C'est le fruit de mon imagination. C'est de la tentation.» Elle était vraiment troublée.

Or, elle a commencé à avoir la bouche toute sèche et les lèvres gercées. Ensuite, elle a perdu l'appétit, elle a sombré dans la dépression et elle est tombée physiquement malade. Alors, elle a demandé au Créateur: «Mon Dieu, si c'est Toi qui as parlé à travers cette voix, donne-moi un signe. Guéris-moi.» Instantanément, une énergie guérisseuse a parcouru son corps; elle a senti de la chaleur au niveau du cœur et elle s'est sentie revivifiée. C'était incroyable, selon ses dires. Et elle a guéri très vite. AAAH! le signe était clair. Elle s'est alors rendue à l'évidence: «C'était donc Toi qui me parlais.» Dès lors, elle savait qu'elle devait obéir à cette voix.

Mais il fallait qu'elle aille en parler à la mère supérieure, et cela n'était pas une mince affaire pour elle. Elle a mis un certain temps à réfléchir, puis elle est allée lui parler. La mère supérieure lui a donné un conseil. Elle lui a dit: «Tu es en train de faire ton apprentissage de sage-femme—elle se trouvait alors en Angleterre pour apprendre ce métier. Interromps ce cours et pars en mission en Afrique. Tu as toujours rêvé d'aller en Afrique. Si tu ne le fais pas maintenant, un jour, tu vas peut-être le regretter. Fais-le, et ensuite tu verras. Si tu souhaites encore quitter le service, tu pourras le faire à ce moment-là. »

Elle a trouvé que cela faisait un certain sens. Alors, elle s'est embarquée pour le Malawi. Elle m'a dit : « C'était un travail très intense : beaucoup d'accouchements et beaucoup de malades. Certains jours, on accueillait plus de 300 personnes. On se levait très tôt et on se couchait très tard. Je n'avais même plus le temps de prier. »

Puis elle m'a dit : « Au bout d'un moment, je suis tombée malade de la malaria. Alors, j'ai dû être rapatriée ici, au Canada. Une fois guérie, je me suis dit : "Je repars en Afrique. Moi, je veux aller sauver les Africains." C'était ça que je voulais faire. » Elle s'était vraiment identifiée à une sainte. Elle voulait devenir comme sainte Thérèse. On voit ici l'une des qualités de l'Ange IEZALEL : *fidèle serviteur*.

Avant de partir, elle a reçu un rêve. *Elle s'est vue au Malawi avec, tout autour, beaucoup de neige, de la neige qui ne voulait plus fondre. Et elle, elle se sentait triste.* Je vous rappelle que le Malawi est un pays africain ; il y fait très chaud. Ce matin-là, en se réveillant, elle a parlé à Dieu. Elle lui a dit : « Que veux-Tu me dire par ce rêve ? Je ne comprends pas ce que Tu veux me dire — son âme sentait qu'On voulait lui communiquer un message. Moi, je veux servir. Je veux sauver les Africains. Je veux aller les aider. »

Alors, elle est repartie pour le Malawi et elle a continué le même travail. Nous lui avons demandé :
— Ton travail te plaisait ?
— C'était comme mon opium.

Mais elle a encore contracté la malaria. Elle a de nouveau été rapatriée au Canada et, après s'être guérie, elle voulait encore retourner en Afrique. Pour elle, c'était là sa mission. Cette femme est très intense. Mais, de nouveau, avant qu'elle parte en mission, On lui a envoyé le même rêve — *de la neige qui ne fondait jamais* — et elle ne comprenait toujours pas. Elle sentait que ce rêve portait un message important, mais elle ne le comprenait pas. Elle est retournée une troisième fois, et elle est tombée malade à nouveau. Je lui ai demandé :

—Comment se manifeste la malaria?
—Par de hautes fièvres, et, très souvent, des envies suicidaires.

Cette fois, un médecin est intervenu pour l'avertir : « C'est assez ! Tu ne peux plus revenir au Malawi. Tu ne le supporterais pas. Pour toi, l'Afrique, c'est terminé. » Alors, elle est revenue au Canada et elle a recommencé à penser à ce que la voix lui avait annoncé, quatre ans plus tôt. Elle s'est dit : « Dieu m'a parlé. Il faut que je lui obéisse ; je dois quitter la communauté. » Cela faisait 31 ans qu'elle était religieuse et elle se retrouvait à l'âge de 47 ans. Alors, vous imaginez, ce n'est pas évident de se retrouver comme cela, à devoir s'installer par soi-même en dehors de l'encadrement religieux. Et puis elle devait écrire au pape, ce qui lui apparaissait comme une tâche très difficile.

Finalement, elle a quitté la congrégation et elle a été engagée comme infirmière dans le Grand Nord, au pôle opposé. Elle est allée soigner les Inuit et les Cris. Cette femme a un petit peu de rigidité, mais elle a aussi une belle fraîcheur ; parfois, lorsqu'elle parle, on dirait une petite fille. Elle nous a confié : « J'avais l'œil ouvert. La voix m'avait dit qu'il y avait un compagnon qui m'attendait. Alors, parfois, quand un homme arrivait, je le regardais et je me disais : "C'est peut-être lui. Non ! pas cette fois-ci." »

Elle a dû attendre encore sept ans. (rires) AAAH ! il en faut de la patience, n'est-ce pas ? Attendez ! ce n'est pas encore fini. Sept ans plus tard, On lui a envoyé un rêve. *Elle voyait un homme qu'elle ne connaissait pas, et On lui disait : « C'est lui, ton compagnon. »* Elle a dû attendre encore une autre année, et, à un moment donné, AAAH ! elle l'a vu arriver. Elle s'est dit : « Mais c'est lui ! C'est lui que j'ai vu dans mon rêve. » C'était incroyable ; elle était vraiment très touchée. Alors, je n'ai pas besoin de vous dire que l'union s'est réalisée très rapidement. Cette femme n'avait plus de temps à perdre. (rires)

Elle m'a dit : « C'est incroyable ! J'ai vraiment compris beaucoup de choses. Dans ma congrégation, le thème développé—les congrégations ont un thème, elles travaillent sur des qualités particulières—était la gratitude. J'ai réalisé que pendant toute ma vie j'avais été ingrate. Cette congrégation m'a offert beaucoup de possibilités et d'ouvertures : j'ai pu faire des études et je suis allée à Londres et en Afrique. J'ai beaucoup reçu. Mais ma vie était toujours incolore, inodore et sans saveur. Maintenant, mon conjoint m'enseigne la gratitude. Il est tout le temps gentil, il chante, il est très joyeux, et souvent, il me rappelle : "Comme on est choyés d'avoir tout ça !" »

Examinons un peu plus profondément ce qu'a vécu cette femme. Dans ses rêves, On l'avertissait continuellement de ce qui s'en venait. Elle a eu des rêves de toutes sortes — elle rêvait beaucoup —, mais, à l'époque, elle ne les comprenait pas. La neige, c'est de l'eau gelée. L'eau symbolise les émotions, et, à moins qu'elle soit particulièrement belle et lumineuse, la neige représente la solitude affective. Au moment où cette femme s'apprêtait à partir pour l'Afrique, à deux reprises, On lui a annoncé qu'elle allait vers de grandes solitudes. C'était des mémoires qu'elle devait visiter.

Quand on n'a pas la Connaissance, on n'est pas conscient que ce que l'on fait à l'extérieur révèle ce que l'on devrait faire à l'intérieur de soi. Cette femme voulait sauver les Africains. Or, ces derniers représentaient tous des petites parties d'elle qu'elle devait guérir. Elle a aussi fait des accouchements. Or, l'accouchement est un grand symbole de matérialisation. Elle avait de la difficulté à matérialiser et à recevoir — sa vie était sans couleur, sans saveur. Quels centres énergétiques étaient concernés ? Les deux premiers : le rouge et l'orange. Ce sont les chakras qui correspondent à la sexualité et à la perception du monde matériel.

Pourquoi avoir choisi l'Afrique ? Au niveau énergétique, ce continent correspond au premier chakra, celui qui touche les racines physiques de l'être. Cette femme a beaucoup de sensibilité, et, dans d'autres vies, elle a développé une grande ouverture spirituelle. Mais son énergie ne touchait pas terre : elle était bloquée au plexus solaire ; elle ne se rendait pas jusqu'en bas. C'est pour cette raison que sa vie était ennuyante. Dans d'autres vies, elle a dû faire des actes manqués au niveau de la sexualité et de la matérialisation. Et dans cette vie-ci, elle a réprimé et ligoté son énergie vitale ou instinctuelle. D'ailleurs, elle avait fait de nombreux rêves en ce sens, qu'elle n'a compris que plus tard.

Quand on a des limitations, il existe toujours de bonnes raisons à cela. Les personnes qui sont attirées par les Amérindiens ont elles aussi besoin de nettoyer des mémoires au niveau du premier chakra. Cette attirance peut être reliée—parmi d'autres facteurs —à des vies passées où l'être a dépouillé les communautés autochtones, ou bien où il a été lui-même Amérindien. Donc, comme vous voyez, dans toute activité que l'on fait ou tout métier qu'on pratique, on s'aide soi-même, et le genre de travail que l'on fait à l'extérieur correspond au travail que l'on doit accomplir à l'intérieur de soi.

Cette femme a demandé à mon époux :
—Ai-je donc été si infidèle toute ma vie, à ne pas suivre mes rêves et à ne pas comprendre les signes qu'On m'envoyait ?
—Non, lui a-t-il répondu, pas une seule virgule ne devrait être enlevée de ta vie. Pas une seule page, et c'est comme ça pour tout le monde. Il ne devrait pas y avoir de regret ni de sentiment de culpabilité. Tu devais vivre tout ça. Cela faisait partie de tes expérimentations, et si tu n'étais pas passée par là, tu n'aurais même pas été prête pour ton compagnon : tu n'aurais pas pu l'apprécier.

Maintenant, main dans la main, cette femme et son conjoint viennent aux cours pour apprendre à travailler sur eux-mêmes. Elle, elle nettoie justement toutes ces mémoires marquées d'insécurité. C'est un grand travail de conscientisation qu'elle vit comme une série de révélations. Elle nous a confié que depuis qu'elle vit avec son conjoint, sa vie a beaucoup gagné en couleur et en saveur. Ensemble, ils expérimentent désormais le mariage parfait de l'Esprit et de la matière ; ils découvrent une nouvelle façon de vivre.

Ange 22 Yeiayel
La Renommée

Pour débuter, j'aimerais vous avertir, particulièrement dans le cadre du thème de ce soir, que cette conférence sera filmée et médiatisée. Alors, pour ceux et celles qui souhaitent ne pas être reconnus, il est encore temps de partir. J'aimerais cependant vous signaler (rires) qu'On va tout de même continuer à vous filmer à l'extérieur, jusque chez vous, jusque dans votre intérieur. Vous avez peut-être compris que je parle des caméras du monde invisible. On est continuellement filmé et reconnu. Qu'on le veuille ou non, on est toujours célèbre. Ce soir, nous allons saisir le vrai sens de la célébrité, de la renommée.

Dans le monde invisible, il existe même des paparazzis qui, à la moindre défaillance—une petite pensée triste, critique ou orgueilleuse—, CLAC! enregistrent. Ces informations sont diffusées, et on ne sait même pas jusqu'où elles se rendent. Mais les conséquences sont réelles: ce qui a été enregistré rebondit dans notre vie, souvent sans qu'on l'ait anticipé. Avec l'Ange 22 Yeiayel, l'Ange de la renommée, de la célébrité, on prendra conscience du processus dynamique de cet effet boomerang, tant dans le monde de l'Esprit que dans celui de la matière.

On arrive à saisir le sens du mot *renommée* en le scindant: *re-nommée*, ou nommée à nouveau. Que s'agit-il de nommer à nouveau? Notre nature divine. Si on la renomme—parce qu'elle est déjà nommée d'office—on se sentira toujours reconnu. Qu'un grand nombre de personnes nous connaissent au plan concret, ou que nulle réputation ne nous accompagne, peu importe, on se sentira reconnu. Cela est important, car l'être humain cherche constamment la reconnaissance. Que ce soit pour ses facultés intellectuelles, pour ses qualités affectives ou relationnelles ou pour ses compétences professionnelles, l'être humain désire à tout prix être reconnu. Pour ce faire, il passe d'abord par l'extérieur, puis un jour — et c'est l'essence du cours de ce soir —, il acquiert les clés qui lui permettent de se reconnaître lui-même, de reconnaître sa nature divine. À partir de ce moment-là, il accepte son plan de vie ou son programme, et la renommée extérieure ou sociale perd toute importance à ses yeux.

J'aimerais vous parler d'une personne qui a été très célèbre, très reconnue, à l'échelle de la planète. Cette personne au tempérament et au destin exceptionnels est toujours vénérée, car elle a incarné la beauté et la grâce physique. Il s'agit de Grace Kelly, la princesse de Monaco. Derrière cet exemple de réussite sur tous les plans, et au-delà du conte de fées, se cache une autre histoire. Dans le cœur de cette femme se trouvait beaucoup de souffrance, de préoccupations et de frustration.

Voici quelques mots sur la vie de Grace Kelly qui vous aideront à comprendre l'enseignement de ce soir. Cette femme a vécu son enfance aux États-Unis et elle a reçu une éducation catholique très stricte. Son père, un autodidacte qui a fait fortune dans la construction, lui répétait très souvent : « Ne sois pas de ceux qui prennent tout sans jamais rien donner. » Nous verrons que cette consigne a fait son chemin dans la tête de Grace. Plus tard, comme tout le monde le sait, Grace Kelly est devenue une grande célébrité par sa carrière d'actrice ; elle a entre autres obtenu des oscars de meilleure actrice des États-Unis. Puis elle a rencontré son prince, le prince Rainier de Monaco, et elle l'a épousé. Le mariage a été grandement médiatisé : il a rassemblé des centaines de journalistes et rejoint une trentaine de millions de téléspectateurs. Cette personne incarnait donc la célébrité au plan extérieur.

Grace a dû renoncer à sa carrière d'actrice pour des raisons d'éthique parce que, comme elle était devenue une princesse, elle ne pouvait plus jouer toutes sortes de rôles. Plus tard, elle a multiplié les œuvres de charité, de mécénat et de philanthropie. Vous avez peut-être vu ces termes dans la liste des qualités et des vertus de l'Ange YEIAYEL. Les expressions *mécénat* et *philanthropie* ont pratiquement disparu de notre vocabulaire. Un mécène est une personne fortunée qui protège les artistes et leur donne des subventions, et qui voit au développement des sciences humaines de façon tout à fait désintéressée. Quant au philanthrope, c'est une personne qui est constamment animée par le souhait d'améliorer le sort matériel et moral des autres. Ces personnes ne se contentent pas d'avoir des idées philosophiques élevées : elles posent des actes de charité bien concrets.

Souvent, lorsqu'on pense à la philanthropie, nous viennent à l'esprit des exemples comme celui de cette princesse qui était charitable et qui faisait des dons. Mais nous verrons que la philanthropie est un aspect de l'essence ou un état de conscience que nous pouvons continuellement appliquer dans notre quotidien. L'Ange YEIAYEL est là pour nous le rappeler et pour nous y aider.

Derrière l'apparence de grande réussite et de perfection, Grace Kelly aura été une personne malheureuse. À l'approche de la cinquantaine, avant sa mort causée par un accident de voiture, sa relation conjugale s'étiolait ; l'amour avait disparu. Elle craignait de vieillir et de grossir, et, même après avoir vécu si longtemps dans la principauté de Monaco, elle continuait à s'ennuyer de son pays d'origine. Elle conservait aussi le regret d'avoir renoncé à sa carrière d'actrice. Nous cernerons les raisons profondes pour lesquelles cette femme tant adulée est devenue aussi malheureuse vers la fin de sa vie.

Pendant une partie de sa carrière d'actrice, un de ses mentors — un mentor est une personne qui conseille et soutient — était Alfred Hitchcock, le fameux cinéaste dont les films, parfois cauchemardesques, puisent dans l'horreur et la peur. Grace a joué des rôles de ce type. Or, on sait qu'un acteur ne joue pas un rôle par hasard : il a une résonance avec. Le rôle que joue l'acteur ou l'actrice représente une partie de lui-même ou d'elle-même, une partie qui existe bel et bien, mais qui, très souvent, est cachée, voilée, inconsciente.

On peut être surpris que Grace Kelly se soit sentie si malheureuse et ait autant manqué d'amour, elle qui, pourtant, multipliait les œuvres de charité. On sait que lorsqu'on pratique la générosité à l'état pur, c'est le bonheur : on retrouve notre ressemblance au Créateur. Alfred Hitchcock nous met sur une piste. Il disait de cette femme : « C'est une grande lady. Elle est un volcan d'érotisme et de passion. » Quand on parle de volcan, en psychologie, on se réfère à des forces psychiques souterraines ou cachées qui, à la moindre occasion, peuvent OOOH ! revenir à la surface et avoir un effet vraiment dévastateur.

Lorsqu'on parle de passion, on parle aussi de séduction. Le témoignage d'Alfred Hitchcock nous permet d'entrevoir que les actes de charité de cette femme n'ont pas été tout à fait désintéressés : ils visaient à plaire au public. Ce n'est pas un jugement, mais une simple constatation. Ce qu'elle a fait est déjà bien, mais, dans d'autres vies, elle apprendra à aller plus loin.

Cet exemple illustre qu'on peut parfois aider les autres dans le but de séduire et d'être reconnu. L'Ange 22 Y‍EIAYEL nous aide à modifier cette attitude. Bien sûr, il ne s'agit pas de s'empêcher d'aider les autres. On ne doit pas attendre d'être parfait pour aider, car on risque de rester longtemps étendu sur une chaise longue. (rires) Mais, tout en aidant, on restera à l'écoute de soi en observant notre niveau vibratoire et on se parlera à soi-même : « Ah ! regarde. Il y a un petit pourcentage de ta motivation qui est désintéressée, mais dans tes vibrations, tu vois bien que tu le fais en partie pour être reconnu. Oh ! merci beaucoup. » Avec cette attitude, petit à petit, tous les actes philanthropiques, tous les gestes qu'on posera pour aider les autres deviendront purs et désintéressés. Et, vers la fin de la vie, on ne sera pas tourmenté par toutes ces souffrances, à se dire : « Comment se fait-il que je ne me sente pas bien ? J'ai aidé les autres pendant toute ma vie, et voilà comment je me sens. Ce n'est pas normal. » Avec l'Ange Y‍EIAYEL, on a une clé qui nous amènera un jour à poser des actes pour le juste motif.

Quand on prend connaissance de la peur que cette femme avait de vieillir et de grossir, on constate que la beauté a été pour elle un handicap. Dans certains cas, la beauté extérieure peut nuire à l'être, car la personne n'a pas besoin d'aller chercher sa beauté intérieure. Sa beauté physique lui sert de passeport ; toutes les portes s'ouvrent à elle sur le plan terrestre. Mais plus on évolue et plus on retrouve la beauté intérieure, peu importe l'âge qu'on a — et même plus on avance en âge —, plus on rayonne de beauté. On n'a plus peur de vieillir ou de grossir. On n'est plus préoccupé par l'image qu'on va projeter. Ce qu'on rayonne devient plus important à nos yeux.

La tendance de cette femme à s'ennuyer est une autre projection à l'extérieur. Si on s'ennuie de sa terre natale, qu'est-ce que cela signifie ? C'est qu'à l'intérieur de soi, on n'a pas encore retrouvé notre vraie terre natale. On a tous la même terre natale : c'est notre Origine Céleste. Alors, si on l'a retrouvée, qu'on soit à Tombouctou, en Australie ou en France, peu importe, on a l'impression d'être chez soi partout où l'on se trouve.

Donc, vous voyez, malgré l'image de perfection de Grace Kelly, que tant de personnes ont enviée, certains aspects de sa vie étaient loin d'être harmonieux. Beaucoup d'entre nous pouvons nous retrouver dans cet exemple, même si nous ne vivons pas entourés d'autant d'abondance matérielle.

Parfois, on joue des rôles. Lorsqu'on est avec une personne spirituelle, on peut être capable de vibrer à son niveau, et, à un autre moment, lorsqu'on se retrouve avec des amis qui critiquent, ah! là, on embarque dans la même attitude critique. Bien sûr, on doit s'adapter aux gens, par exemple au niveau du langage. Cependant, lorsqu'on joue des rôles, non seulement on s'adapte au personnage, mais nos vibrations changent également. Grace Kelly regrettait d'avoir dû renoncer à sa carrière d'actrice, parce que, suite à son mariage avec le prince Rainier, elle s'est retrouvée condamnée à jouer le même rôle pour le reste de ses jours. Elle devait jouer le rôle de la princesse parfaite qui inspire le respect et la maîtrise, et elle l'a très bien joué, avec ses longs gants blancs. Mais, à l'intérieur d'elle-même, le volcan était toujours présent. Son problème, c'est qu'elle a été princesse à l'extérieur avant de l'être à l'intérieur.

Dans un autre cours, nous verrons qu'il nous est possible de retrouver notre origine royale à l'intérieur de nous-même. À partir du moment où on l'a retrouvée, en avoir ou non le titre à l'extérieur ne revêt aucune importance. On n'est plus là, à regarder les personnages royaux ou célèbres, et à y projeter toutes nos envies. Si on ne s'est pas reconnu soi-même, on se nourrit de l'énergie que dégagent les célébrités parce qu'on s'identifie à elles. Un jour, on n'a plus besoin de cela. On est continuellement heureux, car on n'a plus de ce genre de frustration généralement attribuable au manque de valorisation sociale. Voilà la clé que redonne l'Ange 22 Yeiayel.

☉
Anges, guides et entités

Pour continuer, j'aimerais traiter brièvement d'un sujet dont on nous demande souvent de parler : quelle est la différence entre un Ange, un guide et une entité ? Lorsqu'on récite le nom de l'un des 72 Anges, par exemple l'Ange Yeiayel, on s'adresse à un immense champ de conscience extrêmement puissant qui est là, à l'état pur. On pourrait le représenter par un satellite, un immense satellite auquel on se reconnecte.

Quant aux guides, ce sont généralement des êtres qui ont transcendé le plan terrestre, et qui, dans bien des cas, viennent de planètes plus avancées que la nôtre aux plans spirituel et matériel. Leur fonction ou leur rôle consiste à participer à l'évolution de l'Univers en respectant de façon absolue les Lois qui le régissent. Les guides ont chacun leur tâche. Des milliards de guides nous aident et nous servent de façon inconditionnelle. Ils ont chacun leur petit *téléphone cellulaire*, avec un accès permanent à l'immense Ordinateur Vivant qu'est Dieu ou la Conscience Universelle. On leur donne des tâches et des objectifs à atteindre, tout comme aux employés d'une compagnie.

Quant aux entités, ce sont des âmes désincarnées qui ont déjà habité sur Terre et ailleurs, et qui vivent dans diverses régions du monde astral. Or, il existe autant de niveaux de conscience dans les mondes astraux que sur Terre. Lorsqu'on meurt, on devient une entité et on se retrouve dans les zones des mondes parallèles qui correspondent à notre niveau d'évolution. Si on a reçu l'Illumination, on devient un guide et on obtient des responsabilités envers certaines âmes ; on les aide. Il existe plusieurs mondes parallèles, tout comme se trouvent plusieurs pays sur Terre, chacun avec ses particularités propres.

Les entités sont vraiment de tous genres : on en trouve des gentilles, des méchantes, des jalouses, des criminelles, etc. C'est pour cette raison qu'il faut être vigilant, car, avec elles, tout peut arriver, comme avec nous, les humains. Souvent, on a beau demander la lumière ou la célébrité, ou souhaiter devenir un grand sage, si on a encore des distorsions qui ont trait au pouvoir personnel, on attire des entités qui sont en résonance avec soi et qui nous inspirent de façon très négative.

Vous voyez l'immensité des mondes et des dimensions. En travaillant avec les Anges, on se branche à la même source que celle des guides. Cela ne les empêche nullement de nous aider ; tout au contraire. Ils constatent simplement que nous avons découvert l'origine primordiale de la conscience, soit le développement des qualités, des vertus et des pouvoirs à l'état pur. Dans l'Univers, l'altruisme est la philosophie de base, et, en ce sens, elle est notre but ultime, à nous aussi, êtres humains.

☉

En hébreu, le mot Y*EIAYEL* signifie entre autres redevenir son propre père, sa propre mère et son propre enfant. Voilà le sens de la Sainte Trinité, c'est-à-dire l'unité totale. Examinons le nombre associé à cet Ange. La vibration du chiffre 22 est très subtile. Tout d'abord, le 2 symbolise l'association et l'échange, car ces derniers deviennent possibles dès que deux personnes sont mises en contact. Ce chiffre concerne donc les échanges commerciaux et les communications. De plus, dès qu'on se trouve avec une autre personne, on devient public ; devenir public n'implique pas nécessairement être connu par des centaines ou des milliers de personnes. Tous sont impliqués dans les échanges et le commerce, même ceux qui ne sont pas commerçants de métier. Donc, le 2 symbolise la communication sous tous ses aspects.

Si on multiplie 2 par lui-même, on obtient le 4, qui représente la matérialisation. Ici, on touche à la matière vraiment dense, qui doit devenir spirituelle. Par des exemples, on verra que lorsque l'on considère le commerce, on doit d'abord le voir en termes énergétiques. Dans un échange commercial, l'une des personnes vend un surplus, et, en échange, l'autre lui donne un objet ou un service équivalant. Autrefois, on appelait cela le troc. Maintenant, le commerce passe généralement par l'argent, mais, au plan de l'énergie, la dynamique est demeurée la même. Dans le commerce, on échange continuellement de l'énergie.

Chaque fois qu'on achète du pain, un vêtement, ou tout autre objet ou service, on se trouve dans le commerce. Or, très souvent, on oublie les belles valeurs de l'altruisme. On se retrouve devant la vendeuse et HMMM ! on est préoccupé. On se dit : « Ah ! je ne trouve pas le vêtement que je cherche », et on n'a aucune attention, aucune délicatesse pour cette personne. Par contre, avec une attitude altruiste, bien sûr, on aura un échange au plan concret — on doit manger, et les besoins demeurent —, mais on sera animé par une philosophie d'équilibre, d'altruisme.

La question n'est pas d'aider ou non la vendeuse dans son travail ; ce dont il est question est l'échange d'énergie avec cet être. Le seul fait d'y penser — cesser d'être préoccupé et de n'être axé que sur son petit besoin personnel — suffit pour devenir altruiste. Donc, vous voyez, on peut développer les qualités de l'altruisme dans notre quotidien, à travers chacune de nos rencontres. Si on maintient cette attitude dans tous nos échanges commerciaux, cela va changer le monde.

Renommée. Comme je vous l'ai dit, renommer, c'est nommer à nouveau, se rappeler sa propre nature Divine. Voilà l'essence de cette qualité. *Célébrité.* Si on célèbre une personne, c'est qu'on l'admire et qu'on résonne avec elle. Elle porte à l'intérieur d'elle-même quelque chose qu'on aime; autrement, on ne la célébrerait pas. De quelle façon célèbre-t-on notre nature Divine ou le Créateur en soi? C'est en dégageant des qualités et des vertus. Cela constitue toute une reconnaissance.

Mécénat, philanthropie. J'en ai parlé précédemment, mais, dans notre société, on se réfère plutôt à la commandite et au *sponsorship*. Lorsqu'une entreprise ou toute autre organisation décide de commanditer telle ou telle activité, c'est la direction qui décide des transferts. Alors, si on considère la même question au plan individuel et énergétique, on se demande : « Qui dirige? Qui est mon leader? » Si c'est notre nature Divine qui dirige, alors, tous nos gestes et tous nos transferts énergétiques seront remplis d'amour, et ce, dans absolument tous les aspects du quotidien. On sera un philanthrope et un mécène en permanence, uniquement par notre regard et par l'énergie qu'on dégage.

Si on travaille avec l'Ange Yeiayel, dans un premier temps, on pourra oublier de maintenir cette attitude, car les mémoires subconscientes sont encore présentes — chassez le naturel et il revient au galop —, mais, éventuellement, avec le niveau de conscience amené par la pratique récitatoire, on ira acheter notre pain ou faire un autre échange, et on sentira que notre vibration n'est pas philanthropique. On se dira : « Quand j'ai fait cela, je n'étais pas animé du souhait de donner priorité aux qualités et aux vertus. »

Voici un autre exemple d'échange. Admettons qu'on a un rendez-vous important dans un quartier qu'on ne connaît pas, et qu'on est pressé; on a des responsabilités et on est attendu à une heure précise. On arrête une personne pour lui demander des directions et pas un bonjour! Tout ce qu'on veut, c'est l'information dont on a besoin; c'est tellement important! En plus, la personne ne connaît pas la rue qu'on cherche. HAAH! On n'est pas content et on s'en va. Imaginez. Au lieu d'avoir donné, on a pris; on a vampirisé la personne. Si on a une attitude philanthropique, on utilise cette occasion pour créer un bel échange. Bien sûr, on veut un renseignement, mais on communique avec l'autre personne; quelque chose passe dans le regard. Si cette personne est placée sur notre chemin, c'est qu'elle est importante.

Avec cette attitude philanthropique, l'échange se fait sur tous les plans, pas seulement à l'horizontale. Quand on applique à toute chose une vision à la verticale, on progresse très vite. Et on peut être un grand bienfaiteur. Voilà ce que sont les mécènes : des bienfaiteurs. Dans un cheminement spirituel, on n'est pas bienfaiteur seulement de temps en temps; on l'est tout le temps, dans le quotidien.

Si vous devez vous souvenir d'une seule chose de cette soirée, rappelez-vous que vous êtes toujours filmés. On donne et on aide parce qu'on aime être généreux et que la générosité touche les autres. Mais n'oubliez pas que, En Haut, Ils nous voient donner.

Leader, commandement, diplomatie, fortune, commerce. Nous avons déjà abordé ces qualités et nous en verrons de nombreux exemples ce soir.

Permet de faire des découvertes surprenantes. Lorsqu'on se laisse prendre par la matière et qu'on devient stressé pour arriver à être reconnu, on n'est pas dans une attitude qui favorise les découvertes surprenantes. Par contre, avec l'Ange YEIAYEL, on va de surprise en surprise; la vie devient une belle grande aventure.

Voyages. Un voyage extérieur peut être très beau et on peut y rencontrer toutes sortes de personnes intéressantes. Mais on doit saisir l'essence du voyage en examinant sa dimension intérieure.

À ce sujet, j'aimerais commenter une publicité pour vous montrer comment on peut analyser en profondeur les messages qu'on nous présente, ou, si on veut, les lire à la verticale, comme si on interprétait un rêve. En analysant de la sorte les messages publicitaires qui nous entourent, on se développe et on réalise que tout est intéressant.

Il s'agit d'une publicité pour une agence de voyage. On y voit un crocodile et on y lit: *Nous avons pensé à tout pour que vous puissiez tout oublier.* Et, en petits caractères, c'est écrit: *Ne pensez qu'à vous.*

Ce qui nous vient immédiatement en tête, c'est que pour beaucoup de personnes, le voyage constitue une fuite. Ces êtres sont tellement stressés et ils ont tellement travaillé que, lorsqu'ils partent, ils ressentent un intense besoin d'oublier. Les publicistes le savent très bien, et ils transmettent cette idée pour accrocher la clientèle.

Or, on va voir que dans un cheminement spirituel—et le Travail avec l'Angéologie repose justement sur cela—, il ne faut surtout pas oublier. Au contraire, les unes après les autres, toutes les mémoires qui comportent des distorsions doivent être re-visitées. Tout ce que l'on a pensé, senti et fait a été enregistré. On doit retrouver toutes ces mémoires dans le but de les nettoyer de leurs distorsions et de les reprogrammer. Il n'est pas nécessaire de retourner aux endroits où on a vécu, ni de retrouver les personnes impliquées: on fait ce travail directement à l'intérieur de soi, par la méditation et la conscientisation. Donc, tout cela se fait ici et maintenant, et, surtout, on a intérêt à ne rien oublier.

Quand au *Ne pensez qu'à vous*, on n'y trouve aucune attitude philanthropique. Quand on ne pense qu'à soi, on ne pense pas aux autres. Vous pourrez arguer: « Il y a cet adage qui dit: *Charité bien ordonnée commence par soi-même.* » Je vous répondrai qu'il est vrai que la première charité, c'est à soi-même qu'on doit la rendre. On doit d'abord s'occuper de ses petits pauvres intérieurs, c'est-à-dire des parties de soi qui sont dépourvues de qualités et de vertus. Mais, une fois qu'on est riche—ou plutôt, au fur à mesure qu'on le devient—, on peut aider les autres et être charitable.

Quand on fait cela, on pense aussi à soi, ce que n'a fait ni Grace Kelly ni les personnes dévouées ou qui ont eu de nombreux enfants, et qui, arrivées à un certain âge, se sentent frustrées. Il manquait à ces êtres la dimension intérieure du service.

Il faut penser à la fois à soi-même et aux autres. Souvent, on entend des personnes dire: « Maintenant, il faut que je pense à moi », et on sent quelque chose de distorsionné derrière leurs paroles. Donc, on pense à soi, et, en même temps, on aide les autres car les autres sont des parties de soi ; l'énergie circule et on crée un bel échange.

Analysons l'image du crocodile qui apparaît dans la publicité, comme si on interprétait un rêve. Le crocodile est un symbole archétype qui représente le maître des eaux primordiales, et son comportement vorace et destructeur indique une force ténébreuse de l'inconscient. Si On nous le montre en rêve, on ne doit pas s'affoler ; avec le temps, on s'habitue à rencontrer de tels symboles. Si on rêve d'un crocodile, que veut-On nous indiquer ? On veut nous montrer qu'il existe dans notre inconscient une force sournoise — qu'on ne voit pas arriver — qui, à un moment donné, CLAC ! va se manifester. C'est elle qui fait en sorte que, de temps en temps, dans notre cheminement, on peut entendre à l'intérieur de soi des petites voix destructrices qui disent : « Arrête donc tous ces trucs d'Anges et d'invocation. Oublie tout cela et mets-toi les pieds en éventail. » Ce ne sont pas des voix qui nous incitent à prendre du retrait, à s'intérioriser et à méditer. Non. Ces voix ténébreuses qui viennent de l'intérieur proviennent de certaines mémoires qu'on a enregistrées. Justement, l'Ange YEIAYEL va toucher ces aspects destructeurs de nos mémoires lointaines. Un jour, quand les gens auront appris à analyser avec toute cette profondeur les messages qu'ils voient, la publicité changera certainement de visage.

Voyons maintenant les distorsions de l'Ange YEIAYEL. *Mégalomanie, tyrannie, esclavage.* Lorsqu'on n'a pas compris cette énergie, on peut avoir une attitude mégalomane. Qu'est-ce que la mégalomanie ? Le préfixe *mégalo* signifie ce qui est grandiose ; mais, quand on y rajoute *manie*, on se réfère à une distorsion. Un mégalomane est une personne qui se prend pour Dieu le Père. Elle peut avoir réussi dans le monde matériel et avoir oublié que tout vient d'En Haut. On connaît tous de tels personnages. Ils deviennent tyranniques. Et alors, on obtient en contrepartie l'esclavage. On verra qu'il existe divers degrés de tyrannie et d'esclavage. Le tyran peut très bien se trouver à l'intérieur de soi, n'est-ce pas ? Notre être peut abriter des petits tyrans. Si une autre personne nous tyrannise, c'est que l'on a, à l'intérieur de soi, des petits tyrans qui nous rendent esclaves. Ce sont des mémoires qui nous rendent esclaves — des dépendances, par exemple.

Manipulation, acharnement, compétition, profiteur. Ces distorsions interviennent souvent dans le commerce, quand l'être veut maximiser ses gains. Le commerce est justement un de ces secteurs où les mémoires teintées de manipulation ont libre jeu, car, dans l'expérimentation matérielle, tous les êtres expriment ce qu'ils sont. Une personne qui arrive à être philanthrope jusque dans ses activités commerciales a atteint de hauts niveaux.

Orgueil, répression. Toutes les traditions sont unanimes à inciter les êtres à se débarrasser de leur orgueil. Mais cela n'est pas facile à faire, car l'orgueil est parfois très subtil. De toutes façons, ce que l'on doit faire n'est pas de l'éliminer : on doit le transformer. Lorsqu'on est dans l'orgueil, c'est qu'on ne se sent pas reconnu. On est susceptible, et, dès qu'une personne nous fait une remarque un tant soit peu négative, on réagit soit en devenant agressif et en ripostant, soit en se mettant à bouder. Dans le premier cas, on retrouve un manque de maîtrise évident, et, dans le deuxième, on a simplement de la répression, ce qui, là encore, n'est pas de la maîtrise. Un jour, en travaillant sur soi, on arrive à la maîtrise ; ni répression ni agression ne subsiste.

Lorsqu'on est dans un état d'orgueil, on installe un plafond et on érige des murs autour de soi. On ne peut recevoir ni les informations qui proviennent du monde Divin ni celles des êtres qui nous entourent, car on est enfermé dans notre orgueil. Les seules informations que l'on capte sont celles qui sont de basse fréquence. Donc, l'Ange YEIAYEL nous aide vraiment à transcender l'orgueil et la répression.

Désir d'être riche et célèbre, difficulté à se reconnaître soi-même, avidité, insatiabilité. Un jour, Grace Kelly a dit que même si elle regrettait d'avoir sacrifié son métier d'actrice, le monde hollywoodien ne lui avait pas du tout manqué. La raison en est que, de toutes les villes qu'elle a connues, c'est à Hollywood qu'elle a trouvé la plus grande concentration d'être malheureux, de personnes soumises à toutes sortes de dépendances et aux prises avec de grandes dépressions. Pourtant, s'il est un lieu de richesse et de célébrité, c'est bien Hollywood. Comment expliquer cela ? C'est que ces êtres ont à l'intérieur d'eux-mêmes un manque, qu'il est impossible de combler par des moyens extérieurs. Ils auront beau recevoir une foule de compliments et les plus grands honneurs, cela ne sera jamais assez. Ils en sont avides et dépendants. En travaillant avec l'Ange Yeiayel, arrive un jour où ni les critiques ni les injures ne peuvent nous priver de la reconnaissance qu'on s'est donnée à soi-même, car cette reconnaissance vient d'En Haut. Imaginez la stabilité qu'on retrouve!

J'aimerais maintenant vous raconter une petite anecdote qui s'est produite alors que j'invoquais l'Ange Yeiayel pendant sa période de régence au plan physique (du 7 au 11 juillet). Cette histoire qui porte sur l'orgueil illustre comment on peut utiliser les chiffres dans notre Travail avec les Anges.

Notre fille Kasara est arrivée à la maison après une journée passée à l'extérieur, dans la nature. Elle ne savait pas que j'invoquais l'Ange numéro 22, et, en arrivant, elle m'a dit: «Ouin! je me suis fait piquer par les maringouins. J'ai compté. J'ai 22 piqûres de maringouin.» (rires) Ah! j'ai éclaté de rire comme vous, à cause de la synchronicité: je savais qu'On allait me donner un enseignement.

Kasara me connaît: elle sait que j'utilise comme signes les chiffres associés aux Anges. Alors, elle m'a tout de suite demandé:
— C'est quel Ange?
— C'est l'Ange Yeiayel, ma chérie, celui qui porte le numéro 22. C'est l'Ange de la renommée.
— C'est quoi, la renommée?
— Ah! la renommée, c'est un Ange qui nous aide à être reconnu.
— Ouin! je suis reconnue par les maringouins, moi.

Je me suis mise à rire aux larmes. Vous auriez dû la voir, cette petite bonne femme, s'exprimer tout naturellement. (rires)

Vous allez constater qu'on peut tirer de cette petite anecdote tout un enseignement; un jour, tout est source d'enseignement. Que voulait-On me dire? Lorsqu'une personne est agressive envers soi — même si elle n'est pas juste —, on est piqué dans notre orgueil. AAAH! on absorbe l'énergie négative dans notre plexus solaire et on ne se sent pas bien. Comme je l'ai mentionné tantôt, il existe deux réactions communes face à cette situation: ou bien on devient agressif, ou bien on réprime et on boude. On peut même choisir de ne pas sortir de chez soi de peur d'être piqué: on craint les échanges qui vont nous piquer dans notre orgueil. À la maison, on a des moustiquaires, et les maringouins ne peuvent pas nous piquer. Mais on ne peut pas rester continuellement entre quatre murs. Alors, dans nos échanges, on demeure introverti et comme dans une carapace. À ce moment-là, on verse dans la misanthropie.

Un misanthrope est une personne qui nourrit un dégoût pour les êtres humains ; voilà une attitude extrême. Lorsqu'on a réussi à bien intégrer l'énergie de l'Ange Yeiayel, même si les maringouins sont toujours là, on ne se préoccupe plus d'eux ; on les accepte, simplement. Un compliment ne nous met pas tout à l'envers, comme si, tout à coup, on se sentait plus grand, simplement parce qu'une personne nous a complimenté. Et on ne recherche pas non plus avec avidité qu'on nous complimente. Autrement dit, quand on a acquis la maîtrise, qu'on nous fasse des compliments ou qu'on nous critique ne change en rien notre état d'âme. Bien sûr, quand la maîtrise nous habite, les compliments sont bien accueillis ; mais ils ne modifient pas notre état de conscience. Notre stabilité est bien ancrée car on se reconnaît soi-même. On se sent bien, et on dégage de l'amour et de la compassion. En plus, on comprend pourquoi l'autre nous critique. Un jour, quand l'humanité aura évolué, les maringouins auront disparu ; pour l'instant, il en demeure et c'est bien.

Maintenant, nous allons voir quelques exemples de la façon dont l'Énergie Angélique Yeiayel peut se manifester dans nos rêves et nous donner des enseignements. Les rêves sont des clés fondamentales ; ils nous permettent de découvrir des éléments insoupçonnés qui résident dans notre inconscient et qui sont vraiment subtils, voire pernicieux.

Un soir, en m'endormant, On m'a envoyé un rêve pour me montrer ce qu'est la célébrité, ce que signifie être une personne célèbre et quelle est la clé pour se sentir toujours reconnu.

Que m'a-t-On envoyé comme image ? Vous allez voir : En Haut, Ils ont une telle maîtrise de la symbolique ! Ils m'ont envoyé *l'image d'une immense cuisine cosmique dans laquelle se trouvaient des casseroles et des plats de la dimension d'un être humain.* Comment pouvais-je voir qu'ils étaient si grands ? C'est que *je me retrouvais dans un plat, comme ingrédient.* C'est comme si, En Haut, Ils me disaient : « Christiane, tu es un ingrédient. » (rires) Après un rêve comme celui-ci, bien sûr, on ne se prend plus pour une autre. On prend conscience qu'on n'est qu'un ingrédient et que tous les autres êtres participent aussi à créer la renommée et la célébrité. Et puis peu importe quel ingrédient on est—un poireau, du sel ou bien du poivre—, de toutes façons, tous les ingrédients sont nécessaires pour cuisiner la nourriture qu'on va offrir aux autres. L'altruisme se base sur le même principe.

Par ce rêve, On m'a enseigné—et c'est ce que je voulais partager avec vous—que la clé de la renommée, celle qui nous permet de se sentir toujours reconnu, c'est le don de soi, c'est-à-dire faire de soi une offrande.

Voilà ce qu'est le vrai service, celui dont le but n'est pas de se faire reconnaître par les autres. Dans la conception actuelle de la renommée, le mot *servir* n'a pas très bonne figure, vous l'avez remarqué. On y rajoute plutôt deux lettres—asservir—et on croit que si l'on sert, on sera asservi. Souvent, on recherche la renommée et le pouvoir, et, à cause de cela, quand on ne comprend pas, on asservit tant soi-même que les autres. Voilà la clé. Le jour où on a vraiment compris ce qu'est le don de soi, on se sent vraiment reconnu comme faisant partie du grand Tout, ce, jusque dans chacune de nos cellules. Cela transparaît aussi dans tous nos échanges, de quelque nature qu'ils soient.

À ce sujet, j'aimerais vous parler d'un beau symbole qui peut nous être présenté dans nos rêves. Dans son aspect positif, ce symbole représente les idées qui servent à inspirer et à embellir la société, et, dans son aspect négatif—le plus courant—il symbolise l'orgueil. Il s'agit du paon. Le paon représente la quête de reconnaissance sociale qui nous fait mettre trop d'emphase sur la beauté et la brillance extérieures. Analysons ce symbole. Dans quelles circonstances le paon fait-il la roue ? Lorsqu'il séduit les femelles. Donc, dans son aspect négatif, le paon symbolise le besoin de plaire et de séduire. Si on voit cet oiseau en rêve, c'est que, En Haut, Ils veulent nous dire : « Écoute, là, tu fais le paon. C'est assez ! (rires) Cesse d'essayer de te faire reconnaître. » À ce moment-là, le message est clair et on dit : « Merci beaucoup. »

Le désir de séduire dont je vous parle n'est pas seulement celui qui se manifeste entre un homme et une femme : c'est le souhait général de plaire qui se fonde sur le désir d'être aimé. De toutes façons, cela est bien normal, dans une conscience ordinaire ; tout le monde cherche à être aimé. Cette quête vise à retrouver notre état divin. On cherche l'essence, mais on ne sait pas toujours comment la trouver.

En apprenant à se reconnaître soi-même, il devient aussi plus facile d'identifier le type de rêves qu'on a. On a moins tendance à croire qu'on a eu un rêve prémonitoire, alors qu'en fait, il s'agit d'un rêve dans lequel tous les personnages sont des parties de soi, souvent pas très belles.

Pour revenir au thème de la philanthropie, je vais vous faire part d'un rêve que j'ai eu. *Une personne que je connais était en train de pleurer, et je la prenais dans mes bras en lui disant: «Demain, on va s'appeler et on va se voir.»* Le lendemain matin, je pouvais aisément reconnaître que ce rêve concernait cette personne, qu'il ne servait pas à mettre en scène une partie de moi-même. Ce rêve visait à m'amener à lui apporter mon aide au bon moment. C'est tout un art que d'aider: on doit discerner quand le faire et quand ne pas le faire, car, si on ne pose pas le geste au moment où il faut, on peut entraver l'application de lois karmiques. En fait, un jour, on devient consciemment une partie intégrante de la Conscience Universelle, et alors, on est continuellement guidé.

On m'a envoyé d'autres rêves dans lesquels On me disait, concernant certaines personnes que je côtoyais: «Arrête, là. C'est assez! Quand tu la rencontres, ne fais pas d'enseignement, car elle doit vivre certaines épreuves avant de pouvoir passer à une autre étape.» Cela aussi, c'est de la philanthropie.

On ne doit pas être mené par le besoin de plaire aux autres. On doit aussi apprendre à se retirer subitement d'une relation sans blesser l'autre ni causer des conflits, car la personne peut ne pas comprendre et nous en vouloir. Savoir bien se retirer est un signe de sagesse.

☉

Comment identifier le type de rêve

Comme mentionné auparavant, lorsqu'on n'arrive pas à identifier quel type de rêve on a eu, on revient à soi et on se dit: «Les personnages représentent tous des parties de moi.» Par exemple, si le personnage nous inspire l'orgueil, on se résout à travailler avec l'Ange de la renommée. Travailler sur une qualité ne peut que nous faire du bien. Et puis si on s'est trompé, En Haut, Ils se disent : « Ah ! bon, bravo, quelle humilité ! Elle mérite désormais des indications plus claires », et Ils nous font rencontrer la personne, ou bien Ils nous rendent témoin d'un événement qui confirme ce que l'on a vu en rêve. À ce moment-là, on réalise : « Ah ! ce rêve concernait l'autre personne. » Si vous faites confiance, En Haut, Ils vont tout vous indiquer. Mais si on a de l'orgueil, on peut avoir tendance — surtout lorsqu'On nous montre quelque chose de très distorsionné — à se dire : « Non, ça, c'est pas pour moi ; c'est l'autre personne qui vit ça. » En plus, rêver pour les autres donne beaucoup de pouvoir. Pour toutes ces raisons, lorsqu'on n'a pas nettoyé les distorsions concernant la renommée, on a tendance à penser qu'on a eu un rêve prémonitoire pour l'autre personne.

Il n'est possible d'analyser avec profondeur les rêves concernant les autres que si l'on a acquis l'habitude d'analyser ses propres rêves avec beaucoup de profondeur. Dans un premier temps — surtout si on le demande — En Haut, Ils nous envoient beaucoup de rêves sur nous-mêmes, et, ensuite, lorsque notre sagesse engendre des fruits, Ils nous envoient des rêves et des missions dans lesquels on pourra aider les autres. Mais cette évolution est vraiment graduelle. Et puis dans le doute, comme je l'ai déjà mentionné, on doit invariablement revenir à soi-même, car le piège du sauveur est très grand dans la science initiatique.

Une autre façon de reconnaître toutes les parties de notre être — car, afin de pouvoir transcender nos distorsions, on doit d'abord les reconnaître — est la lecture des signes du quotidien. Souhaiter lire les signes nous place dans un état permanent de réceptivité ; on ne se fait plus prendre par la matière car on entretient une relation constante avec le monde divin. Un jour, il n'existe plus de séparation entre le monde concret et les mondes parallèles. Admettre cela est une manière de reconnaître le fait qu'on est tout le temps filmé, reconnu et suivi dans nos pensées par ce grand Ordinateur Vivant qu'est Dieu.

J'aimerais vous raconter une petite anecdote qui illustre bien comment les signes peuvent se présenter. Un jour, une personne qui travaille avec l'Angéologie Traditionnelle a été un petit peu piquée dans son orgueil lors d'un désaccord avec son beau-frère.

Quelques jours plus tard, elle a lu dans un journal un article qui lui donnait raison sur le sujet de leur désaccord. Elle s'est dit : « Ah ! Je vais le lui faxer. Il va bien voir que j'avais raison. » (rires) Quand on travaille sur soi, bien sûr, il nous reste encore des mémoires qui ne sont pas rectifiées, mais on réagit tout de suite et on se dit : « Non ! attends une minute ; demande-Leur, En Haut. Vérifie avec *Skynet*. »

Alors, cette femme a hésité avant de télécopier l'article. Intérieurement, elle a demandé : « Donnez-moi un signe. » Quand on fait cela, l'Intelligence Cosmique nous répond d'une manière ou d'une autre. On garde notre question présente à notre conscience et on attend un signe.

Alors, cette femme a continué à vaquer à ses occupations, tout en attendant la réponse à sa question. À un moment donné, assise dans une salle d'attente, elle a ouvert un magazine, et, comme elle a dit plus tard à mon époux, elle a vu en grosses lettres : *NON, NON, NON*. Trois fois non ! Tout de suite, elle a *cliqué*. Elle s'est dit : « OOOH ! c'est ma réponse. Je ne dois pas l'envoyer. »

Elle avait été réceptive. Si elle s'était campée dans son orgueil, elle aurait envoyé l'article et se serait payé un autre karma. Elle aurait créé une autre couche dans son inconscient qu'elle aurait dû nettoyer plus tard. En renonçant à l'orgueil, On demeure ouvert ; la *ligne* avec le Ciel est libre. Pourquoi lui a-t-On montré trois fois non ? On a voulu attirer son attention sur les trois plans, et lui dire : « Arrête de *faxer* avec tes pensées — je ne sais pas si vous le savez, mais on peut *faxer* avec nos pensées —, arrête de *faxer* avec tes émotions, parce que celles-ci sont très puissantes, et ne *faxe* pas non plus dans le plan physique. Ça ne donne rien et ce n'est pas juste. » Elle était contente et elle a obéi.

Après que cette femme eut raconté cette anecdote à mon époux, il lui a dit :
— Tu sais, Dieu est un immense Ordinateur vivant. Quand on lit quotidiennement les signes, on se rend compte que tout est d'une telle précision ! C'est remarquable.
— Ah ! ça me touche, d'autant plus que mon mari est programmeur analyste. Je sais à quel point la précision est essentielle dans tout ce qui touche les ordinateurs.

L'Univers est extrêmement bien construit et minutieusement programmé pour qu'on puisse avancer en accord avec notre propre destin.

J'aimerais partager avec vous une expérience que j'ai vécue et qui montre la précision des signes. Je commençais à préparer le cours sur l'Ange Yeiayel. Ma façon de le faire est toute simple : j'invoque l'Ange le soir en m'endormant et pendant la journée en vaquant à mes occupations, et puis j'observe ce qui se passe. Un matin, à mon réveil, j'ai regardé ma montre ; elle était arrêtée. Je n'avais pas changé la pile depuis un certain temps et elle se trouvait à plat. Quel était le signe ? Ma montre ne s'était pas arrêtée à n'importe quelle heure — je vous le dis : le hasard n'existe pas.

En Haut, WOOPS ! Ils ont pitonné — tout est pulsion électromagnétique —, et la pile a flanché pendant la période de régence de cet Ange au plan de l'intellect. Ma montre indiquait 7 h 19. Pourquoi ? Parce que je travaillais avec l'Ange 22 Yeiayel. On voulait me dire : « Christiane, On va t'arrêter quelques instants. On va te changer tes piles intérieures — l'analyse se fait toujours d'abord à la verticale —, mais, avant, tu dois faire des petits changement intérieurs. »

Oh ! j'étais tellement contente de voir que ma montre s'était arrêtée — après un certain temps, notre optique change — parce que je savais qu'On me disait : « Il y a un enseignement qui s'en vient pour toi. » Effectivement ! Je suis restée vigilante, et, la nuit suivante, On m'a envoyé un rêve dans lequel On m'a dit : « Christiane, il va falloir que tu fasses un voyage. Où ? À Paris. Tu dois te rendre à Paris. Et on va te fournir un billet gratuit. » C'était gratuit parce que j'allais voyager avec une compagnie très spéciale : Air Conscience. (rires)

On m'annonçait qu'On allait me faire retourner dans cette ville où j'ai vécu pendant les années 1970, où j'ai côtoyé la célébrité, la richesse et la renommée — vraiment la *mégamatière* —, tous des aspects de l'énergie de Yeiayel, et où j'ai vécu des expérimentations ayant trait à ce champ de conscience. Bien sûr, à cette époque, je n'avais pas la connaissance que j'ai maintenant. On m'y a fait retourner pendant plusieurs nuits. C'est comme si On me disait : « Si tu veux prendre de l'expansion spirituelle, si tu veux avoir de nouvelles piles—symboliquement, on a de nouvelles piles chaque fois qu'on travaille sur soi, car on intègre de nouvelles énergies—, tu dois peaufiner. Alors, on a un petit devoir à te faire faire. »

Au cours de ces deux semaines-là, j'ai fait un grand nettoyage intérieur. On m'a montré des images et On m'a donné des enseignements sur ce que je devais rectifier. Puisque je travaillais entre autres avec la symbolique, j'attendais un signe—un signal—avant d'aller m'acheter une nouvelle pile. J'attendais d'être prête à passer à la nouvelle étape. Je voulais faire correspondre mon changement intérieur avec le changement extérieur. Bien sûr, on peut attendre *ad vitam æternam*, car ce travail est infini ; mais On peut nous mettre de nouvelles piles chaque fois qu'on passe à un nouveau palier de conscience, et je savais que c'était mon cas.

Au cours de cette période, On m'a envoyé un rêve dans lequel j'achetais une nouvelle montre, mais On m'indiquait que ce n'était pas encore le temps de le faire concrètement. Un temps précis avait été déterminé pour cela. Quinze jours après que la pile se soit arrêtée, j'ai senti que le temps était venu.

Je suis donc allée au magasin pour une opération commerciale comme n'importe quelle autre ; pourtant, vous allez voir, il y avait là pour moi tout un enseignement. Vous pouvez tous vivre des expériences comme celle-là. Je suis restée à peine 10 ou 15 minutes dans ce petit magasin de centre d'achats, mais tout le cours de ce soir pourrait porter uniquement sur les signes que j'ai reçus pendant ce court laps de temps. C'était vraiment de l'orfèvrerie ! Tout un scénario organisé avec grande minutie ! Je vais seulement vous parler d'un signe à côté duquel il aurait été difficile de passer sans le reconnaître.

À un moment donné, pendant que la vendeuse changeait ma pile, un monsieur qui avait l'air de la connaître—probablement un autre commerçant qui lui apportait quelque chose qu'elle attendait—est entré, il a déposé un objet sur le comptoir et il est parti. Quel était cet objet ? Je vous le donne en mille ! La tour Effeil en miniature. Imaginez-vous ! Pendant 15 jours, j'avais travaillé à nettoyer mes mémoires sur Paris, et On me mettait une tour Effeil, là, devant moi. Imaginez la synchronicité ! Pour moi, c'était le plus beau des oscars. Ce soir, on parle de remise d'oscars et de célébrité, n'est-ce pas? L'Intelligence Cosmique me signifiait avec une grande pédagogie, une extrême délicatesse: «Tu as bien travaillé. Pendant 15 jours, tu as peaufiné, tu as purifié. Tu as attendu l'Univers. Tiens, c'est pour toi; On te remet ça.» Dans des cas comme celui-ci, on ne peut pas faire autrement que de ressentir la présence du monde Divin. Et on ne peut plus douter qu'on est continuellement observé et guidé.

Au début, lorsqu'on n'a pas encore pris l'habitude d'analyser les signes, et qu'une synchronicité nous saute aux yeux, on se dit: «Ça ne se peut pas; ce n'est pas le hasard.» Mais vient un moment où on se met à lire les signes les plus petits et les plus fins, et où on devient un témoin permanent de la Synchronicité Universelle. Mais pour pouvoir analyser les signes, on doit s'habituer à la symbolique. C'est comme avec un ordinateur — on apprend son langage —, sauf que le langage des symboles est celui du monde Divin.

Voici une autre anecdote qui touche le chiffre 22 et qui illustre comment lire les signes en profondeur. Nous roulions en voiture, mon mari, une femme qui conduisait, et moi-même, et j'invoquais l'Ange YEIAYEL, l'Ange numéro 22. À un moment donné, la femme s'est arrêtée chez un pompiste pour prendre de l'essence. Le coût du plein d'essence était 22 dollars. Alors, je me suis dit: «AAAH! il y a un enseignement qui s'en vient. Qu'est-ce qu'On veut me dire?» car le numéro de l'Ange que j'invoquais correspondait au prix de l'essence.

Ce n'était pas le hasard. En Haut, Ils auraient pu pitonner 21 ou 23 dollars pour le plein d'essence. Cela aurait été facile. Non! c'était 22. Alors, j'ai attendu et j'ai écouté. La femme — c'est une personne qui travaille avec les Anges — a payé, et nous sommes repartis. En roulant, elle nous a dit: «Ah! il avait une belle énergie, ce monsieur. Il avait un beau regard», en parlant du pompiste. Elle semblait impressionnée par lui. Quant à mon mari et moi-même, nous avions senti autre chose de ce monsieur — sans jugement, bien sûr. Nous étions allés au-delà de la forme. Alors, mon mari lui a dit: «Oui, à première vue, il a une énergie puissante; il a tout un potentiel, ce monsieur. Mais il se dégageait autre chose de lui: un certain intérêt pour le pouvoir et pour le pourboire. Et en allant encore plus loin dans la perception de son énergie, on pouvait voir qu'il était extrêmement frustré de n'être qu'un pompiste. Pour avoir un tel charisme et une telle envergure, probablement que dans d'autres vies — car il ramenait cela d'autres vies —, il avait eu un certain pouvoir, beaucoup de ressources matérielles et de la reconnaissance sociale. Et c'est comme s'il avait perdu tout ça et qu'il ne se sentait pas à sa place. »

À ces mots, la femme nous a dit : « Ça y est, je me suis encore fait avoir dans mon évaluation. » Pourquoi disait-elle cela ? Parce que nos commentaires la ramenaient à un autre homme qu'elle nous avait présenté auparavant, et elle se trouvait à admirer à nouveau le même type de personne. Elle pensait à cet homme, et, tout de suite, mon mari et moi-même avons clairement vu la ressemblance entre ces deux personnes, du point de vue de ce qu'ils dégagent comme énergie. Cet homme, qui l'attirait fortement mais avec qui elle n'avait pas eu de relation intime, la côtoyait parce qu'il pouvait parler beaucoup, et qu'elle, elle l'écoutait — c'est une femme qui ne parle pas beaucoup. Cet homme est doué de certains talents artistiques, mais il était continuellement frustré de n'être pas reconnu et il se plaignait. En fait, il souffrait d'orgueil. Et, en plus — il y avait là tout un enseignement —, elle lui avait dit : « Un de tes Anges Gardiens est l'Ange 22 Yeiayel, l'Ange de la renommée. »

Vous voyez que cette dame avait quelque chose à comprendre concernant la renommée. Cet homme ne voulait rien entendre de la loi de la résonance, mais, à cause de l'attirance qu'elle ressentait pour lui, elle continuait tout de même à le fréquenter. En apparence, elle ne semblait pas avoir de résonance avec l'orgueil de cet homme ; son attirance pour lui était l'expression d'une partie de son homme intérieur.

Cette femme travaille fort sur elle-même, mais nettoyer les mémoires inconscientes est un processus long et graduel. Certains comportements changent au plan concret, mais cela ne veut pas dire que tout est réglé, intérieurement. Cette femme aussi a eu du pouvoir, de la renommée et beaucoup de ressources matérielles dans d'autres vies — et elle le sait. Et dans cette vie-ci, elle a eu accès à une certaine aisance matérielle, mais, à un moment donné, elle a souffert d'un cancer — dont elle s'est rétablie — et tout lui a été retiré. Cela avait pour but de l'amener à rechercher la vraie reconnaissance, celle qui se situe hors du pouvoir de la matière, et à apprendre à se reconnaître elle-même pour ses qualités et ses vertus. Les résonances qu'elle avait encore avec ce monsieur faisaient en sorte qu'elle se nourrissait à l'écouter parler.

Donc, vous voyez, on peut comprendre beaucoup de choses sur soi en utilisant la loi des résonances. Ce processus de prise de conscience ne sert qu'à mieux se connaître ; ainsi, on ne doit pas porter de jugement, ni sur soi-même ni sur les autres. On se dit : « Comment se fait-il que je sois attirée par cette personne ? C'est que certaines parties de moi se nourrissent de ce qu'elle dégage et de sa façon de se comporter. » À partir de ce moment-là, on rectifie nos attitudes et comportements distorsionnés en étudiant l'autre, exactement comme si on s'observait dans un miroir.

Une personne qui se serait sentie dérangée par ce monsieur parce qu'il est imbu de lui-même serait plus évoluée, concernant cet aspect, que cette dame qui se sentait attirée par lui pour les mêmes raisons. Vous me direz : « Comment cela ? La personne est dérangée, et elle est plus évoluée ? » Oui, tout simplement parce qu'elle sait mieux que cette dame reconnaître ce genre de distorsion, et, consciemment ou inconsciemment, elle se dit : « Ça, je n'en veux plus ; je ne veux plus me nourrir de cela. J'en ai encore dans mes mémoires et On me le montre à l'extérieur, mais je n'ai pas le goût d'entendre ça. Je ne trouve pas ça beau. »

Et puis lorsqu'on est dans la maîtrise et qu'on rencontre une personne comme cet homme, non seulement on ne se sent ni attiré ni dérangé, mais on ne le rejette pas. On compatit avec cet être qui souffre et on n'essaie pas de le convaincre de la loi des résonances dans le but de l'amener à penser comme soi ; on respecte son rythme d'évolution.

On réalise que la loi des résonances agit comme un balancier. On passe de l'attirance — signe de naïveté dans laquelle on ne voit pas la distorsion — à un état de dérangement. Dans les deux cas, la distorsion nous habite. Dès qu'on gratte un peu, dès qu'on s'ausculte soi-même, on l'identifie. Mais, dans un premier temps, il est normal de passer d'un extrême à un autre. On doit aussi accepter de se sentir dérangé et en comprendre le bienfait : c'est l'une des façons par lesquelles On nous indique ce que l'on doit travailler. Et on a de la compassion. C'est cela, être philanthrope. Un philanthrope peut voir les distorsions ou le mal, et il continue à être charitable et, surtout, à ne pas juger l'autre. Vous voyez à quel point nos échanges peuvent devenir riches. Voilà à quoi servent le commerce et la vie publique. Chaque fois que l'on échange, on regarde l'autre comme une partie de soi et c'est merveilleux. C'est très riche d'enseignements.

J'aimerais maintenant vous raconter une histoire qui touche les métiers de service et la reconnaissance sociale. Selon les critères de notre société, certains métiers sont plus valables et valorisants que d'autres. On verra, par cet exemple, que les gens qui pratiquent les métiers de service ont beaucoup à apprendre de leur position. Dans ces métiers, les jeux de pouvoir peuvent être très importants, notamment chez les êtres qui n'ont pas nettoyé leurs mémoires inconscientes. C'est une dame qui m'a raconté cette anecdote. Un jour, elle est allée dans un de ces restaurants où les clients peuvent commander à partir de leur auto. Elle était avec son fils qui a environ 28 ans ; vous allez voir toute une histoire autour de cet homme.

Pendant que la dame et son fils étaient dans la file d'attente, ils ont été témoins d'une scène. Plusieurs serveuses étaient disponibles pour prendre les commandes, et un client quelque peu tyrannique s'est comporté d'une façon pas très gentille avec l'une des serveuses. Quand il est parti, cette dernière a fait des commentaires en public. Elle n'était vraiment pas contente de l'attitude du client. Peu de temps après, une dame s'est arrêtée au comptoir de cette même serveuse — elle aurait pu s'adresser à une autre car il y avait toute une rangée de serveuses —, et elle lui a dit, sur un ton mécontent : « Mon couteau. Il n'y a pas de couteau là-dedans. Ça fait un moment que j'attends mon couteau et j'ai faim. » La serveuse avait été à couteaux tirés après le départ du premier client, et là, une histoire de couteau lui revenait sur le tapis. Rappelons que sous son aspect négatif, le couteau est un symbole d'agressivité.

Puis quand est arrivé pour la dame et son fils le tour de se faire servir, c'est la même serveuse qui a pris leur commande. Comme vous allez voir, le fils avait quelque chose à comprendre de ce petit événement. Il avait une attitude intérieure qui n'était pas tout à fait de la compassion ; c'était du genre : « Si ça m'arrivait, je ne le prendrais pas. » Il en a profité pour dire à la serveuse :

« C'est difficile de travailler avec le public, n'est-ce pas ? C'est vraiment difficile. »

La dame et son fils sont allés manger à une table, et la mère a expliqué à ce dernier la loi de la résonance. Pour lui donner un exemple, elle lui a dit : « Tu vois, ce n'est pas le hasard si la vendeuse a eu cette altercation. Si elle avait compris la loi de la résonance, elle n'aurait pas fait ce genre de commentaires. Elle se serait dit : "Cette personne est tyrannique, elle est malade dans son cœur, elle a des problèmes" et elle aurait eu de la compassion. Mais là, son attitude a alimenté l'énergie de conflit. »

La serveuse a réagi en ripostant ; elle aurait très bien pu réagir en boudant, mais cela aurait été de la répression. Dans les deux cas, la personne assimilait un karma dans son inconscient. D'autres mémoires s'ajoutaient à celles de son public intérieur qui la fait souffrir parce qu'elle n'a pas de reconnaissance. Suite à ses commentaires, son énergie agressive a attiré une autre cliente agressive. Ce n'est pas un hasard : c'est un cercle vicieux, dont le modèle se maintient parfois pendant des vies.

Quand on comprend ce processus, on peut l'arrêter. Comment ? Si on est dérangé — il est normal d'être encore dérangé, parce qu'on n'acquiert pas la maîtrise en une nuit —, au lieu de riposter ou de bouder, on inspire l'énergie Angélique Yeiayel. À ce moment-là, on touche la mémoire, peu importe à quelle profondeur elle se trouve. Elle est réactivée, et, du seul fait de saisir pendant qu'elle se manifeste l'énergie qui se trouve à la source du dérangement, la mémoire est reprogrammée. En agissant de la sorte, on avance très vite.

Imaginez, si, en plus, on est sur notre lieu de travail ! Les plus grands stages nous sont donnés sur notre lieu de travail, et, en plus, on est payé. N'est-ce pas formidable ? Ces stages représentent tout un potentiel d'évolution. Mais, souvent, on va travailler en se disant : « Je n'ai pas le choix ; j'y vais parce que je dois bien gagner ma croûte. » Par contre, si on y va avec une attitude Angélique, imaginez à quel point on peut être content d'aller travailler ; on sait que chaque journée nous réserve une série d'enseignements. C'est très riche.

Les explications de sa mère ont aidé cet homme à mieux comprendre ce qu'il vivait intérieurement. Il a fait des études universitaires et il se sent très frustré de ne pas occuper un poste qui correspond à ses goûts et à son degré de scolarité. Il se dit obligé d'accomplir certains travaux qu'il trouve dévalorisants. On voit que, En Haut, Ils sont en train de travailler sur son orgueil, parce que lorsqu'on se reconnaît soi-même, on ne tient pas de tels propos. Un mécanisme est donc enclenché, et certains événements se produisent dans sa vie : il est convoqué pour des entrevues et, comme il fait preuve de tout un potentiel, il est souvent sélectionné parmi un grand nombre de candidats, sauf qu'il arrive toujours deuxième. Il n'est pas embauché car son attitude n'est pas adéquate ; la personne responsable de l'embauche peut facilement ressentir sa frustration et son problème d'ego.

Il a profité de cette conversation pour raconter à sa mère qu'un homme pour lequel il avait travaillé pendant son stage universitaire — son ex-patron — l'avait encensé et complimenté lors d'une récente rencontre amicale. Ce dernier lui avait dit : « C'est incroyable ! Très peu de temps après que tu as commencé à occuper le poste, tu faisais le travail mieux que moi. Pourtant, j'y étais depuis de nombreuses années. » Il a confié à sa mère : « Maman, quand il m'a fait ces compliments, AAAH ! j'ai eu un flash. J'ai ressenti les mêmes sensations que lorsque je fume du pot — on dit de l'herbe, en France. » (rires) Cet homme a une dépendance au pot, et depuis plusieurs années il essaie de s'en débarrasser, sans succès.

Même si elle peut sembler surprenante, la remarque de cet homme met le doigt sur la cause profonde de la dépendance aux drogues. Quand une personne consomme de la drogue ou tout autre artifice qui modifie l'état psychique, elle vit momentanément une expansion de conscience. Quand on comprend pourquoi ces êtres font cela, on a beaucoup de compassion pour eux. En fait, ils consomment à cause de toutes ces mémoires inconscientes qui les amènent à se sentir tiraillés, stressés et limités. C'est difficile, et la personne ne sait pas encore comment procéder pour nettoyer ces mémoires qui la torturent ; elle n'a pas encore les clés. Elle va donc chercher quelque chose d'extérieur qui, instantanément, enlève la sensation de limitation et AAAH ! amène une bouffée d'expansion.

On a vu que cet homme avait les mêmes sensations d'expansion de conscience lorsqu'il fumait du pot — de l'herbe — que lorsqu'il recevait des compliments sincères. On touche ici à un point crucial de la reconnaissance de l'être : le compliment. Ce sujet concerne un grand nombre de personnes, même si toutes n'ont pas de dépendance extérieure. Si on n'a pas vraiment intégré cette essence à l'intérieur de soi, lorsqu'on reçoit un compliment, AAAH ! c'est comme si on prenait une bouffée de pot. C'est comme si, pendant un moment, on n'était plus sous l'emprise des mémoires agressives qui ne nous reconnaissent pas.

C'est beau, les compliments, surtout lorsqu'ils sont sincères. Mais pour nous amener à ne plus en avoir un pressant besoin, à ne plus en être avide et se sentir frustré lorsqu'on en est privé, l'Intelligence Cosmique déclenche des événements. Elle nous plonge dans une situation typique : nos œuvres ne sont pas socialement reconnues, on est sans le sou et nos amis nous tournent le dos. On se sent nu comme un ver. Cela nous oblige à aller chercher la reconnaissance à l'intérieur de soi, car plus rien, à l'extérieur, ne satisfait notre besoin de reconnaissance. Si on ne le fait pas, on sombre simplement dans le désespoir.

Bien sûr, la pratique récitatoire avec l'Ange Yeiayel n'est pas une baguette magique ! Ce n'est pas instantané, du genre AAAH ! on sniffe l'Ange YEIAYEL, et WOW ! on a une expansion de conscience. (rires) Afin de maintenir des états d'expansion comme ceux qui sont créés par des compliments sincères, on se dit à soi-même : « Tu dois nettoyer tes mémoires. Un jour, tu te sentiras beau — belle — et tu te sentiras reconnu pour l'éternité. » Mais c'est un long travail ; cela ne se fait pas en un jour.

Pour terminer, j'aimerais vous raconter une histoire qui vous fera pénétrer dans notre intimité familiale. Par cette histoire, vous verrez comment et à quelle fin nous utilisons les signes et les messages de nos rêves dans le quotidien. Cette histoire touche des sentiments qui ont trait à la liberté de choix et à la répression.

Un vendredi après-midi, mon époux et moi-même sommes allés chercher Kasara à l'école, et, en partant, elle a salué quelques-uns de ses camarades. À un moment donné, je l'ai vue en saluer un d'une façon particulière. Quand on travaille beaucoup sur soi, on développe la clairaudience, la claisentience et la clairvoyance. Autrement dit, on peut vraiment aller en profondeur ; on *voit* le scénario exact de ce que vit la personne. Alors, dans le geste de Kasara, qui transmettait son salut à l'un de ses petits camarades,

OOOH! je suis allée chercher toute une profondeur. (rires) Je n'ai rien dit et nous sommes retournés à la maison. Ce soir-là, comme à l'habitude, Kasara et son père se faisaient des câlins — les deux sont très affectueux — mais, à un moment donné, elle a dit: «C'est assez, papa!»

Alors, mon mari et moi, nous nous sommes regardés en nous disant, chacun pour soi: «Ah! il y a des petits changements», parce que ce n'est pas dans ses habitudes d'interrompre ainsi les câlineries. Comme je l'ai mentionné, Kasara est une personne très affectueuse. Donc, nous n'avons fait aucun commentaire. Puis au cours de la nuit, On a envoyé un rêve à mon époux — un rêve qui était pour Kasara — dans lequel On l'avertissait que la féminité de notre fille était en train d'éclore, et qu'il devait être vigilant pour ne pas qu'elle s'implique trop tôt dans des relations intimes avec les garçons.

On a fait voyager mon époux dans le futur pour lui montrer ce qui arriverait s'il traitait ce que vit sa fille comme de simples jeux d'enfants. Ce matin-là, il ne m'a pas parlé tout de suite de son rêve. Quand on a un rêve de ce type, on doit attendre le bon moment pour en parler; on doit attendre de voir comment il va se matérialiser. D'autre part, on doit intervenir au bon moment, sinon, les résultats peuvent être néfastes. Donc, il attendait tout en observant.

Tout d'abord, il avait observé un changement au niveau énergétique: l'état fusionnel dont il faisait généralement l'expérience lorsqu'il était avec Kasara n'était plus le même. Il s'était amenuisé.

Puis il a eu une série de signes au cours de la journée. À un moment donné, il est descendu au sous-sol avec Kasara pour aller chercher sa trottinette dans une grande armoire de rangement. Le porte-vélo — plutôt lourd car il est fait d'acier — était rangé sur le dessus de l'armoire, et, quand mon époux a ouvert l'armoire, il est tombé et il a failli fracasser la tête de Kasara. Mon époux l'a évité de justesse. C'était un signe par lequel On lui disait: «Fais attention; arrête les choses. Sinon, quelque chose pourrait lui tomber sur la tête et blesser son innocence.»

Tout de suite après cet incident, Kasara a regardé son père et lui a dit, tout spontanément, car je ne sais pas où elle est allée prendre cela : « Tu te souviens, papa, de ton rêve où le bon Dieu te brûlait ton contrat ? » AAAH ! c'était un autre signe par lequel mon époux sentait que l'âme de Kasara lui disait : « Arrête ce contrat, arrête la petite relation amoureuse que je débute avec mon petit ami. Ce n'est pas bon pour moi, à sept ans. » Cette petite question de Kasara se référait à un rêve que mon époux avait eu, plus d'un an auparavant, et qu'il lui avait raconté. Dans le rêve, *il avait vu une énergie de lumière brûler un contrat qu'il avait reçu, concrètement*. On lui avait fait une proposition de contrat très lucratif, qui devait lui apporter la renommée. Par ce rêve, En Haut, Ils lui signifiaient : « Non, ne signe pas ce contrat. Ce n'est pas encore le temps. Ce n'est pas ça que tu dois faire. »

La tentation était forte, mais mon époux est très réceptif ; alors, il n'a pas signé. Quand on se met à vivre de cette façon, on agit d'une manière qui semble tout à fait illogique aux yeux des gens, car ceux-ci se basent sur d'autres critères pour prendre leurs décisions.

Donc, Kasara était restée marquée par cette image de contrat qui brûle. Mais si elle se la remémorait à ce moment précis, ce n'était pas le hasard. En Haut, Ils ont simplement pitonné, et la mémoire de ce rêve a fait irruption dans l'esprit de Kasara pour que mon époux reçoive un signe supplémentaire. Tout fonctionne de cette façon, avec des pulsions électromagnétiques. En Haut, pour nous guider, Ils font en sorte que l'on comprenne d'une manière ou d'une autre. Si on n'a pas la sensibilité qui permet de percevoir par l'observation des signes, En Haut, Ils nous aiment tout autant, mais Ils nous font comprendre par des coups de marteau. Ainsi, avec le temps, on apprend à devenir plus sensible et plus réceptif.

Alors, la journée s'est déroulée sans que mon époux ne me parle de tout cela. Puis le soir venu, il est sorti pour marcher. Il avait besoin de sortir, de faire une marche méditative pour interpréter et mettre en perspective tous ses rêves — parce qu'il rêve beaucoup — et les signes qu'il avait reçus au cours de la journée.

Pendant ce temps, je me suis occupée de Kasara et j'ai pris un bain avec elle. Prendre un bain avec un enfant comporte quelque chose de merveilleux. L'eau a un pouvoir relaxant, et j'ai souvent remarqué que c'est ce moment-là que notre fille choisit pour s'exprimer, lorsqu'elle a des choses un peu difficiles à dire.

Jusque là, puisque je n'avais pas eu vent de ce qui s'était passé dans la journée, j'étais restée sur les impressions que j'avais eues lorsque Kasara avait salué son petit camarade de classe. Alors, pendant le bain, tout délicatement, je lui ai mis cela sur le tapis. Je lui ai dit : « Le petit garçon, là, est-ce que tu joues souvent avec lui ? » Alors, elle m'a répondu oui tout naturellement. Quelques minutes ont passé, puis elle est revenue sur le sujet de façon hésitante : « J'aimerais te dire quelque chose, mais je ne sais pas si tu peux comprendre. » (rires) Alors, je lui ai dit : « Je ne sais pas, Kasara, mais je vais essayer de te comprendre. Je te promets que je vais essayer. » Et puis elle tournait encore la question dans sa tête. Je sentais bien que j'avais compris ce qu'elle voulait me dire, mais j'attendais.

Puis elle m'a demandé :
— Oui, mais si je te le dis, est-ce que tu vas le dire à papa ?
— Mais oui, ai-je répondu, je vais le lui dire. Tu sais que je ne peux pas le lui cacher. J'aurais l'impression de le trahir.
— Ouin, moi aussi, j'aurais l'impression de le trahir si je lui disais pas.

Finalement, elle s'est décidée à me dire :
— Bon, mais j'aimerais te dire, tu sais, le petit garçon, là, que tu m'as parlé tout à l'heure, eh bien, c'est *comme mon amoureux*.
— Ah ! oui ? C'est *comme ton amoureux* ?
— Oui, il me protège et il me fait des bisous sur la main.
— Ah ! bon ? Bon.

C'était mignon, n'est-ce pas ? Elle savait bien que son père lui dirait : « Pas d'amoureux trop tôt. Ce n'est pas encore le temps d'avoir un amoureux. Pense à autre chose. » Il lui a souvent expliqué notre philosophie sur cette question. Elle sait qu'à sept ans, ce n'est pas le temps pour les amoureux. Mais enfin ! dans notre société, les jeunes sont très tôt sollicités par ces préoccupations.

Alors, je lui ai dit :
— Je te comprends, Kasara. Tu sais, moi aussi j'ai eu des attirances. Mais je vais te donner mon truc. Qu'est-ce que je faisais ? Imaginons que l'amoureux, c'est comme un livre, et que le Bon Dieu m'avait donné un don. C'est comme si j'avais le don de connaître la fin de l'histoire sans avoir besoin de lire le livre.

Alors, OOOH! il y avait un livre qui m'attirait, et, en lisant seulement la première page, je savais déjà ce qui allait arriver dans le livre. Tu comprends? À part ça, tu le sais bien—tu l'as remarqué—, les gens se chicanent et puis ils se séparent. Et ils recommencent avec d'autres pour finalement encore se séparer. Les personnes qui font ça n'en sont pas moins de très belles personnes—je lui disais cela pour qu'elle n'entre pas dans le puritanisme et le jugement. Mais si on peut retrouver ce don-là, imagine-toi, c'est beaucoup plus facile.

—Oh! moi aussi, je veux ça. Moi aussi je veux lire les dernières pages du livre. Comment on fait?

—AAAH! bien, lui ai-je répondu, il faut que tu demandes au Bon Dieu, dans tes prières. Demande des signes, pour le petit garçon.

—Oui, mais si je demande un signe et que le Bon Dieu, Il me dit qu'il est d'accord?

—Ah! bien, on va voir.

Je savais qu'Ils feraient quelque chose, En Haut. (rires) Parce que même si les adultes disent des choses aux enfants, ces derniers peuvent tout de même penser: «Mais si, moi, ce n'est pas ça que je sens, que faire?» et vivre des conflits intérieurs. Alors, si les enfants savent qu'ils peuvent se baser sur l'information qui leur vient en direct, cela devient intéressant, n'est-ce pas? Finalement, elle m'a dit: «Tu le diras à papa, mais attends que je sois endormie. Tu sauras lui raconter, toi.»

Juste avant que les enfants s'endorment, c'est le moment idéal pour leur raconter une histoire. On utilise notre imagination et on fait passer l'enseignement dans une histoire qu'on fabrique à partir de ce qui s'est passé au cours de la journée, et en utilisant des symboles. Alors, j'ai sorti mon histoire de paon et de pélican. Je lui ai raconté qu'un jeune paon se pavanait en faisait la roue pour attirer l'attention des petites paonnes. Puis il y avait le pélican. Ah! lui, le pélican, il ne voulait pas avoir de fiancée trop tôt. Lui, il voulait aider les gens. C'était cela qui l'intéressait. Puis un jour, il y a eu de grandes inondations, et le paon, HOU! a eu tellement peur qu'il s'est enfui. Mais le pélican, lui, s'affairait à aider tout le monde. Et puis bien sûr, l'histoire s'est bien terminée: il a trouvé une gentille petite pélicane, qui, elle aussi, voulait aider les gens. OOOH! elle me regardait avec des grands yeux. Vous voyez, on met tout cela dans une belle histoire. De cette façon, l'enfant intègre l'enseignement. Puis Kasara s'est endormie.

Le lendemain matin, son père lui a parlé avec douceur. Il lui a dit : « Non, Kasara, c'est trop tôt », et il lui a expliqué gentiment, sans lui faire de remarques réprobatrices et sans intention répressive. Puis une journée et une nuit se sont écoulées, et, le matin, dès six heures, elle est venue nous réveiller, toute excitée, en disant : « J'ai ma réponse! J'ai ma réponse! » Elle avait reçu sa réponse en direct, du Bon Dieu. Imaginez à quel point elle était contente. Alors, elle nous raconté son rêve. Quel était ce rêve?

Le fameux petit garçon était assis sur un lit blanc et il avait une valise. Sur un côté de celle-ci était dessiné un pommier, et, sur l'autre, une montre dont les aiguilles reculaient—le temps reculait. Puis elle a vu beaucoup d'adolescents qui se lançaient des roches. Ensuite, la surveillante est arrivée et les adolescents lui lançaient du sable. Que voulait-On lui montrer?

Les pommes, ce fameux symbole présent dans l'histoire d'Adam et Ève, constituent une clé pour l'interprétation du rêve. Elles représentent la Connaissance du bien et du mal. Ensuite, le symbole de la valise—celui-là est facile—indique une nouvelle destination. On voulait lui dire : « Tu vas acquérir la Connaissance du bien et du mal, mais—puisque les aiguilles reculaient—il est encore trop tôt. Ce n'est pas le temps : recule! »

Les adolescents symbolisaient tous des petites parties d'elle-même. Les ados sont des êtres qui veulent agir comme des adultes. Donc On lui disait : « Il est trop tôt pour souhaiter agir comme les adultes. » Ils se lançaient des roches. Cela signifiait qu'une rébellion inconsciente—car le règne minéral est lié à l'inconscient—était en activité. Puis ils lançaient du sable à la surveillante. Le sable évoque la notion de temps, n'est-ce pas? Le sablier contient du sable. Les jeunes qui lançaient du sable à la surveillante représentaient aussi des parties un peu rebelles qui désiraient agir comme les grands avant que ce ne soit le temps. Ils se rebellaient contre la surveillante intérieure.

OOOH! Kasara était contente de l'interprétation de son rêve. Voilà tout un exemple, car lorsqu'on demande des signes, on doit accepter l'éventualité que la réponse ne soit pas celle qu'on souhaitait, et, souvent, cela implique de changer certains de nos comportements. Ah! la solution venait du Bon Dieu. Donc, elle l'a appliquée et elle était vraiment contente de le faire, car cela signifiait s'impliquer elle-même dans sa propre éducation.

Après l'interprétation du rêve, son père lui a dit :
— Oui, mais tu ne peux pas expliquer au petit garçon que tu as eu un rêve. Peut-être qu'il ne comprendra pas.
— T'inquiète pas, papa. (rires) Je le connais très bien ; il saura comprendre. Et je vais te dire quelque chose : tu sais, hier, toute la journée et chaque fois qu'on a fait la prière, OOOH ! j'ai assez demandé des signes au Bon Dieu ! J'ai beaucoup demandé, et regarde : Il m'a répondu.

Quel bel exemple d'intensité qui peut nous inspirer tous ! *Demandez et vous recevrez.* Mais il se peut que vous receviez le non, et il faudra l'accepter et le suivre, n'est-ce pas, comme dans l'histoire de Kasara et celle du contrat qu'On brûlait. Quand on reçoit notre réponse, HAAH ! on doit se plier à ce qu'Ils nous disent, En Haut, et cela n'est pas toujours évident. La réponse peut ne pas être du tout dans le courant de ce qu'on voudrait ou de ce que la société valorise. Cela peut nous amener très loin. C'est de cette façon qu'on retrouve la vraie reconnaissance, celle du monde Divin, celle qui est pure, qui est belle et qui nous redonne des ailes.

Ange 9 Haziel
L'amour Mystique

Un jour, alors qu'elle était infirmière missionnaire dans un dispensaire en Afrique, un homme vint frapper à sa porte pour lui demander de l'aide. C'était un professeur africain qui enseignait aux adolescents et qui avait une grande confiance en cette femme. Il lui avoua qu'il avait eu une relation extraconjugale avec une de ses élèves, que celle-ci était tombée enceinte et qu'elle venait de mourir, juste après avoir accouché d'un petit bébé. Il lui demanda d'accueillir le nourrisson, parce que son épouse était très en colère et qu'il était hors de question d'emmener le bébé vivre chez lui. L'infirmière accepta.

Quand le nouveau-né arriva au dispensaire, il ne portait pas de nom. Les employées africaines le nommèrent alors Massida, qui signifie orphelin dans leur dialecte. L'infirmière missionnaire leur fit remarquer qu'il était déjà suffisamment stigmatisé du fait d'être orphelin, qu'elles ne devaient pas, en plus, lui donner ce nom. Les employées répondirent : « C'est notre coutume. C'est comme ça qu'on fait dans notre pays. »

Très tôt, elle remarqua que le petit Massida avait des problèmes aux yeux ; il souffrait de strabisme. Là encore, les employées réagirent en disant : « C'est normal : les orphelins ont toujours les yeux croches. »

Lorsqu'elle touchait à ce petit bébé, elle sentait qu'il était malheureux, qu'il était triste, et cela la chagrinait beaucoup. Intérieurement, elle se disait : « J'aimerais tellement que ce petit bébé soit heureux, qu'il puisse rire et qu'il porte un autre nom. » Quelques semaines plus tard, elle redemanda aux employées de lui choisir un autre nom, mais sans succès. Une espèce de tabou et un fatalisme planaient au-dessus de cette situation : puisque le bébé était orphelin, il devait le demeurer pendant toute sa vie.

Alors, un soir, elle pria, et, s'adressant plus spécifiquement à l'âme de Lorraine, la maman du petit bébé qui était morte, elle lui dit : « C'est ton enfant. Aide-moi à lui trouver un autre nom. J'aimerais tellement qu'il soit plus heureux. » Alors, cette nuit-là, elle reçut un rêve. *Elle se voyait dans la chambre du petit Massida et elle le promenait dans ses bras. Elle lui parlait et riait avec lui, et, à plusieurs reprises, elle l'appela Patrick.*

Au matin, lorsqu'elle s'éveilla et se remémora ce rêve, elle se dit à elle-même : « Je ne vais surtout pas raconter mon rêve aux employées : je n'aime pas ce nom. » Mais, cet avant-midi-là, alors qu'elle faisait son rapport aux employées pour le changement d'équipe de travail, elle se surprit à raconter son rêve, tout en se disant intérieurement : « Non, non, non. Pourquoi est-ce que je raconte mon rêve ? Je n'aime pas ce nom. »

Aussitôt le rêve raconté, les employées partirent en flèche, la laissant sur place. Elle se demanda : « Mais qu'est-ce qui se passe ? Où vont-elles ? » Alors, elle les suivit. Elles étaient toutes dans la chambre du petit Massida, et, à tour de rôle, elles se le passaient en l'appelant joyeusement Patrick. Elle avait beau leur répéter : « Non, non, non, ne l'appelez pas Patrick », les employées ne l'écoutaient pas, comme si elle parlait dans le vide. Cela la fit beaucoup réfléchir.

Quelques jours plus tard, en observant le bébé, OOOH ! elle remarqua que ses yeux ne louchaient plus. Elle eut également l'impression qu'il était plus joyeux, comme s'il avait repris goût à la vie. Alors elle se décida à l'appeler Patrick, elle aussi.

Quelques mois s'écoulèrent, et, un jour, une des tantes de Lorraine — si vous vous souvenez bien, Lorraine est la défunte mère du bébé — arriva au dispensaire pour lui parler. Elle lui dit : « Je viens de retrouver le cahier de classe de Lorraine, et, sur l'une des pages, on peut lire : *Si c'est une fille, elle s'appellera Cimwemwe* — ce qui, dans leur dialecte, signifie bonté —, *et si c'est un garçon, il s'appellera Patrick.* » Comme tous les gens du village, la tante avait eu vent du rêve de l'infirmière. Elle était abasourdie que l'infirmière missionnaire ait reçu en rêve le même nom que celui qu'avait choisi la mère, et elle en avait parlé à toutes les employées du dispensaire avant d'aller annoncer cette nouvelle à l'infirmière.

Pendant que la tante parlait à l'infirmière, les employées écoutaient derrière la porte du bureau, et, dès que la tante fut sortie, elle se précipitèrent à l'intérieur. Avec de grands yeux, elles répétaient : « *Ciuta wali na Ngongono*—Dieu est tout-puissant. » Elles étaient vraiment impressionnées.

Quelques mois s'écoulèrent, et le petit Patrick avait maintenant plus d'un an. L'infirmière missionnaire devait quitter l'Afrique, et alors, elle convoqua le père du petit Patrick pour l'avertir de son départ. Elle lui dit : « Ce serait tellement bien si Patrick pouvait trouver une vraie famille. Essaie donc de parler à ta femme. » Ce soir-là, avant de s'endormir, elle pria intensément et demanda une faveur : « Mon Dieu, de grâce, ouvre le cœur de cette femme. Aide-la à pardonner pour qu'elle puisse accueillir le petit Patrick dans sa demeure. »

Le lendemain matin, le père de Patrick se trouvait à la réception du dispensaire, accompagné de son épouse. Alors, l'infirmière missionnaire prit tendrement le petit Patrick dans ses bras, l'emmena à la réception et le déposa dans les bras de la femme. OOOH ! elle fut tellement surprise de la réaction de l'enfant ! Le petit Patrick enlaça spontanément la femme, se colla contre elle, joue contre joue, poitrine contre poitrine, et il ne la lâchait plus. Pourtant, ils ne s'étaient jamais rencontrés. C'était tellement touchant ! Un réel moment d'éternité ! En observant cette belle scène, elle entendait les employées murmurer derrière son dos : « Il ne faut surtout pas qu'il la voie ; sinon, il ne voudra pas rester avec sa mère adoptive. »

Mais elle fit confiance car elle avait foi en ce processus. Elle contourna l'épouse du professeur pour voir le visage du petit Patrick, mais celui-ci continua à coller l'épouse du professeur, comme si plus rien d'autre n'existait. Par ce geste très puissant, l'âme du petit Patrick disait à l'infirmière : « Tu peux partir en paix. J'ai trouvé une nouvelle maman. Tu as accompli ta mission. »

Un miracle s'était produit. Une force d'amour très puissante avait touché l'épouse du professeur et avait réussi à absoudre, à dissoudre tout négativisme, toute malveillance, toute rancœur, pour laisser place au don du pardon. À ce moment-là, l'infirmière missionnaire reconnut l'expression de l'amour mystique, celui qui dévoile les mystères de Dieu. *Ciuta wali na Ngongono* : la force de l'amour de Dieu est toute-puissante.

Le thème de ce soir est l'amour mystique, l'amour qui nous révèle les mystères de l'Univers. C'est un amour universel, un amour tellement puissant qu'il réussit à tout transformer. Comment retrouver cet amour à l'état pur? Un Ange peut nous y aider; c'est l'Ange Haziel, celui qui porte le numéro 9. Avec cet Ange, on touche au rayon de l'amour à ses plus hauts niveaux, à ses vibrations les plus fortes et les plus élevées.

En travaillant avec l'Ange 9 Haziel On arrive à retrouver cet amour à l'intérieur de soi. On se répète le nom de l'Ange le plus souvent possible, par exemple en s'endormant le soir, ou en méditation active durant le jour, en marchant, en conduisant et en faisant toutes sortes de tâches. À l'intérieur, on se répète: «Haziel, Haziel, Haziel...» Ainsi, on se connecte à cette essence qui est toute pure, pour, un jour, soi-même vivre dans ce champ de conscience et émaner sa vibration.

Voyons les qualités de cet Ange, dont plusieurs trouvent leur expression dans l'histoire du petit Patrick et de l'infirmière missionnaire. *Amour Universel, Miséricorde Divine.* La miséricorde est la capacité de pardonner, peu importe ce qui s'est passé. *Don du pardon, réconciliation, bonne foi, confiance, sincérité, bonté qui absout tout mal, énergie puissante qui transforme tout négativisme.* Dans l'histoire du petit Patrick, lorsque celui-ci a enlacé sa nouvelle mère, on touchait à cette bonté qui absout tout mal. C'était très puissant. Un jour, on n'aura plus besoin d'événements extérieurs pour déclencher ces hauts états de conscience; dans notre énergie se trouvera toujours cet amour extrêmement puissant, qui transforme tout sur son passage, d'abord à l'intérieur de soi, et ensuite à l'extérieur.

Amitié, appui, soutien, grâce, faveurs des puissants. Cet appui provient d'abord et avant tout des mondes invisibles, car les guides accordent leur appui à tout le monde. Qu'on soit dans l'amour ou dans le négativisme, de toutes façons, ils nous aident, sauf que, dans le premier cas, leur aide se manifeste par des événements beaux et harmonieux, et, dans le deuxième, elle nous parvient par le biais d'épreuves parfois très difficiles à vivre. C'est l'éducation par le mal, celle qui sert à nous *casser* afin qu'un jour, on soit totalement ouvert et qu'on ait éliminé de soi toute rancœur. Parfois, on croit avoir pardonné, mais cela n'est pas fait en profondeur. Le pardon ne s'est effectué qu'en surface, au niveau de l'intellect, car, même si on sait qu'on doit pardonner, subsistent à l'intérieur de soi beaucoup de mémoires distorsionnées qui nous empêchent d'avoir accès à ces hauts niveaux de conscience. Avec l'Ange HAZIEL, on obtient le soutien et les faveurs des puissants, à travers les êtres qu'on est amené à rencontrer, ici, sur Terre; autrement dit, cette aide se manifeste aussi concrètement.

Promesse, engagement. L'Ange HAZIEL nous aide à discerner quand s'engager et comment le faire, c'est-à-dire avec sagesse et avec la Connaissance. *Altruisme, désintéressement.* Cet Ange nous met en contact avec des êtres altruistes et Il nous apprend à donner de façon désintéressée. C'est vraiment un Ange qui nous apprend à donner. Il touche toute notre émissivité et notre façon de donner, afin qu'un jour, on donne sans condition.

Pureté de l'enfance. Cet Ange est le Chérubin des Chérubins. Il a été représenté par certains artistes sous la forme d'un beau bébé joufflu, pour illustrer cet état de pureté de l'enfance, cette confiance et cette foi qui nous permettent de tout recevoir.

Voyons maintenant les distorsions de cet Ange. Quand on ne maîtrise pas encore l'état de conscience Haziel, on tombe dans tout ce qui concerne l'absence d'amour: *possessivité, jalousie, passion, peur d'aimer et peur d'être aimé.* La liste des sous-produits de l'absence d'amour est longue, n'est-ce pas? *Haine, guerre, non réconciliation. Hypocrite, trompe les autres.* Tous les conflits et toutes les situations dans lesquelles une personne manque d'intégrité ou est infidèle sont des distorsions de cet Ange. *Manipule pour obtenir la faveur des puissants.* Autant on reçoit le soutien des puissants lorsqu'on est dans l'état de conscience de cet Ange, autant on essaie de manipuler les autres pour parvenir à nos fins lorsqu'on est dans sa distorsion.

Au plan conscient, absolument tout le monde recherche l'amour. Mais, en même temps, l'amour fait tellement peur aux êtres! Cette crainte est causée par des mémoires inconscientes distorsionnées. La quête d'amour se fait parfois dans la qualité, parfois dans la distorsion. Or, la pratique récitatoire avec l'Ange HAZIEL nous permet de visiter ces mémoires — *via* nos rêves et l'utilisation consciente de la loi des résonances — et nous amène à voir clairement si on est dans la qualité ou dans la distorsion. Ainsi, au moment où on reconnaît qu'on verse dans la distorsion, simplement en invoquant l'Ange, la mémoire se rectifie.

Comme je l'ai dit au début, l'Ange HAZIEL est vraiment une énergie qui nous apprend à donner. Souvent, des personnes viennent me dire : « Moi, je n'ai pas trop de difficulté à donner, mais c'est tellement difficile de recevoir. Quand je dois recevoir, je deviens tout croche. Comment puis-je apprendre à mieux recevoir ? » Je leur dis que la première étape, c'est d'apprendre à donner, et que, par la suite, recevoir devient très facile.

Comment cela se fait-il ? Comment fonctionne-t-on ? Lorsqu'on donne, on pense, on sent — on a des sentiments et des émotions — et on pose un acte. Or, dans cet acte de donner est inscrit tout ce que l'on est : nos pensées, nos émotions et la façon dont on donne. Lorsqu'on donne, on croit être généreux, mais sont aussi inscrites dans l'acte toutes nos impulsions inconscientes. Parfois, lorsqu'on donne, derrière notre geste se trouve un désir de plaire. À ce moment-là, notre geste de générosité n'est pas inconditionnel : il comporte un désir d'être aimé et d'être reconnu, de la manipulation et toutes sortes d'autres impulsions distorsionnées. Mais on n'en est pas nécessairement conscient.

Que se passe-t-il à l'intérieur de soi lorsqu'une personne veut nous donner quelque chose ou nous rendre un service ? Comparons-nous à un ordinateur qui a enregistré dans sa mémoire toutes sortes de données et d'associations. Face à une offrande qui nous est faite, en un quart de seconde, un grand nombre de mémoires sont sollicitées, des mémoires de situations où on a donné, comprenant la manière dont on l'a fait. Ce contenu est restitué et projeté sur l'autre qui est en train de nous donner l'objet ou de nous offrir le service. Ainsi, nous vient à l'esprit : « Donner égale manipulation, possessivité et problèmes. Alors, je n'en veux pas : "Va-t'en, je n'en veux pas." »

En même temps, une autre partie de soi veut bien recevoir, car recevoir est un processus universel et cosmique. Ainsi, lorsqu'il reçoit, l'être est écartelé ; sa bouche devient toute croche et il ne se sent pas bien. Parfois, lorsqu'on fait des compliments à certaines personnes, elles ne sont pas capables de simplement les recevoir. Elles renvoient tout de suite un autre compliment.

On se dit : « Je comprends, maintenant. Je sais que ma façon de donner s'inscrit à l'intérieur de moi. Alors, je vais changer mes intentions. » Bien sûr, devenir altruiste ne se fait pas du jour au lendemain, mais, en travaillant avec cet Ange, des impulsions qui étaient inconscientes et distorsionnées remontent dans nos rêves et on devient plus conscient de la façon dont on donne. On se dit à soi-même : « Là, tu donnes, mais tu as une petite idée derrière la tête. Tu veux du temps en échange. Tu veux qu'on s'occupe de toi. OOOH ! Non, non, non, non. » et on nettoie ces mémoires en faisant la pratique récitatoire. On inspire l'Ange Haziel en se disant : « Ô Ange Haziel, aide-moi à bien donner, à donner d'une manière altruiste. Transforme avec ta force puissante cet aspect distorsionné qui se présente en moi lorsque je donne. »

Voici un exemple qui nous aide à comprendre ce mécanisme. Une femme m'a dit que depuis des années, elle prend toujours sa douche juste avant d'aller se coucher, le soir. Elle a développé cette habitude parce qu'elle a observé que lorsqu'elle la prenait à un autre moment de la journée, juste après, elle tombait dans un état de somnolence.

Tout le monde se conditionne sans arrêt ; ainsi sommes-nous conçus. C'est un processus naturel. Dans le petit ordinateur intérieur de cette femme, certaines mémoires disent : « Douche égale dodo. » Donc, état de somnolence. La même chose se produit lorsque l'amour vient frapper à notre porte. Amour égale... WOUPS ! les mémoires liées à l'amour — la souffrance, l'abandon, le rejet et la tristesse — émergent à la conscience. OOOH ! Alors, bien sûr, on n'en veut pas. On a peur de s'engager dans l'amour, car telles sont les associations qui ont été inscrites à l'intérieur de soi. On se dit : « Ça fait mal. Je n'en veux pas. » Mais, en même temps, on veut l'amour, car sans amour on meurt — c'est vital. Voilà pourquoi la dynamique d'attraction et de répulsion simultanées se met en route.

Par le Travail avec les Anges, on rectifie une à une chacune de ces mémoires. C'est un travail grandiose qui peut s'étaler sur plusieurs vies. On doit re-visiter toutes les mémoires marquées par l'absence d'amour, dont les séparations qui nous ont fait souffrir et au cours desquelles on a enregistré des sentiments d'abandon, de rejet, de trahison et toutes sortes d'autres affects douloureux. Mais on y retournera accompagné. C'est à cela que sert la pratique récitatoire. Lorsqu'on va dans ces zones de notre être, AAAH ! bien sûr, on ne se sent pas bien, car on sent une absence d'amour. Mais on invoque et on nettoie ce petit morceau. Ensuite, on en nettoie un autre, et puis un autre. De cette manière, arrivera un jour où, comme dans l'association douche égale dodo, ce sera: amour égale épanouissement, bonheur, joie, fusion et bien-être.

Avec du recul, l'infirmière missionnaire qui a vécu l'histoire du petit Patrick comprend beaucoup mieux ce qui s'est passé. Elle suit l'enseignement de l'Angéologie Traditionnelle et elle comprend que cet appel qu'elle a eu pour l'Afrique n'était pas dû au hasard. Si on allait scruter dans son inconscient, dans ses vies antérieures, on verrait certainement des vies en Afrique. Dans cette vie-ci, elle devait fermer des boucles; elle avait un grand rendez-vous avec l'Afrique. Inutile de vous dire—car vous l'avez sans doute déjà compris—qu'elle a contribué à changer le destin de l'âme du petit Patrick. Imaginez, cela, elle l'a fait simplement en contribuant à changer son nom.

Le nom d'un être est très puissant car il porte un symbolisme. On n'a qu'à prendre un exemple concret qui nous touche dans le quotidien. Si certaines céréales portaient la marque de commerce *Abandon*, personne n'en achèterait. Elles auraient beau être saines, nutritives et délicieuses, on n'aurait pas le goût d'en acheter ni d'en manger. Les associations symboliques sont très puissantes. Avec le nom *Massida*, ou orphelin, le négativisme descendait jusque dans le corps physique de l'être.

Mais le geste de cette femme n'était pas totalement désintéressé: il lui a servi à se libérer de l'un de ses nœuds karmiques. Lorsqu'on accorde notre aide à une autre personne, comment peut-on savoir si notre geste est totalement altruiste, ou si notre âme cherche à se libérer d'un nœud karmique? Si le geste répond à un désir et à un besoin personnels, c'est qu'il correspond à un karma. Par contre, et en guise d'exemple, les guides du monde invisible n'ont pas de karmas avec nous, et pourtant ils nous aident. Ils le font avec désintéressement, d'une manière altruiste, car ils ont atteint un degré supérieur d'évolution.

Analysons le comportement de cette infirmière missionnaire. Tout d'abord, le simple fait qu'elle ait été chagrinée par la situation de ce petit bébé montre qu'elle avait une résonance avec ce qu'il vivait. Sinon, la souffrance du petit ne l'aurait pas chagrinée. Elle aurait eu de la compassion et de la compréhension, et elle aurait pu fusionner avec le petit être, mais elle n'aurait pas ressenti de souffrance. Ensuite, sa résistance intérieure lorsqu'elle reçut le nom du petit Patrick en rêve, et sa réticence répétée à ce qu'il porte ce nom, sont très révélateurs de sa résonance avec la situation.

Que se passait-il? Ce petit enfant lui a montré une partie intérieure d'elle-même qui était orpheline. Si on allait dans les profondeurs inconscientes de cette femme, on pourrait sans doute voir que, dans une autre vie, elle-même avait abandonné un petit enfant. Quand on pose un geste, il s'inscrit à l'intérieur de soi, et, s'il est distorsionné, on sera amené à le revivre. Nul doute que cette femme a aussi été abandonnée. Au fil du temps, elle a travaillé sur elle-même par la dévotion et le service, et elle s'est mise en situation pour libérer ce karma.

Quelles sont les raisons pour lesquelles cette femme a tant résisté? Je vous ferai remarquer qu'on a tous tendance à réagir de cette façon lorsqu'on fait face à un karma. C'est comme si on se complaisait dans notre misère, dans nos difficultés. Cette tendance est due à certaines forces qui nous habitent et qui sont entretenues. On est engagé dans une lutte entre le bien et le mal. On résiste, et, un jour, on en est libéré. Alors, que ce soit le petit Patrick ou une autre âme que cette femme ait abandonné dans une autre vie n'a aucune importance. Ces deux êtres avaient les mêmes résonances, et on les a fait se rencontrer car elles avaient le même type de problème à régler, au même moment. OOOH! quand on comprend cela, on s'émerveille devant autant de précision.

J'aimerais maintenant partager avec vous un exemple qui touche l'un des sous-produits de l'absence de l'amour: la possessivité. Une femme qui suit cet enseignement depuis un certain temps et qui participe aux ateliers sur les rêves était très heureuse que son conjoint l'accompagne pour la première fois à l'une de ces rencontres. À cette occasion, elle a demandé une interprétation de rêve à mon époux. Dans son rêve, *elle était à une grande fête qui avait été organisée pour son conjoint, et à laquelle avaient été conviés tous les membres de sa famille et de nombreux autres invités. Mais elle était surprise de l'événement, comme si elle n'avait pas été informée de cette fête. Elle se trouvait dans la cuisine, et, à un moment donné, elle a vu, parmi les invités, l'ex-femme de son conjoint. Elle était mécontente de cela et elle a senti la jalousie l'envahir. Elle est descendue au sous-sol et y a rencontré son conjoint. Elle lui a demandé : « Qui l'a invitée, celle-là ? », ce à quoi il a répondu : « C'est ton père. »*

Alors, mon époux lui a demandé :
— Que représente cette femme, pour toi ?
— Ah ! beaucoup de problèmes. Elle a fait beaucoup d'interférence dans notre relation, au début.

Quand elle lui a répondu, mon époux a senti dans son énergie un manque d'amour vis-à-vis de l'ex-conjointe. Il a perçu de l'insécurité et une peur de perdre son conjoint. Puis elle lui a avoué cette insécurité et a ajouté :
— Mais je suis très surprise de ce rêve, parce que, moi, je ne fais jamais de crises de jalousie. C'est lui qui est tout le temps jaloux. Il m'en a fait une, encore, dernièrement.
— Tu vois, lui a répondu mon époux, dans ton rêve, On te montre que tu es porteuse de cette jalousie, de cette possessivité. C'est inscrit dans ton âme. Ton conjoint est un reflet de ton homme intérieur. Dans ce rêve, tous les personnages représentent des parties de toi. Ce n'est pas un rêve qui te servait à visiter l'âme de ton conjoint ou de son ex-conjointe. Au départ, tu étais dans la cuisine. La cuisine symbolise la préparation, la façon dont on prépare une action. Puis tu as vu que l'ex-conjointe était là. Cela ne veut pas dire qu'elle reviendra dans votre vie : elle représente simplement une partie de toi. Les deux principes, l'homme et la femme, sont là pour se rapprocher et faire une fête. On t'a montré que c'est toi qui invites une partie qui crée des interférences.

Dans le rêve, la dame est descendue au sous-sol. Ce dernier symbolise le niveau qui se trouve juste en-dessous du voile de l'inconscient. Il représente des aspects du subconscient, des éléments dont on n'est pas conscient. Puis On l'informe que c'est son père qui a invité l'ex-conjointe. Puisque le père est un homme, il marque l'action, le jour, la manifestation. Donc, On lui a montré qu'elle invite dans le monde de la manifestation ces parties d'elle-même — des parties intérieures, car l'ex-conjointe est une femme — qui créent des problèmes et qui ne cessent de détruire son bonheur.

Après lui avoir donné cette interprétation, il lui a dit: «Ça n'excuse pas son comportement à lui, et c'est sûr qu'il devra faire un certain travail sur lui-même. Mais reste que, d'une part, tu l'as attiré, et, d'autre part, tu ne t'engages pas et tu ne te donnes pas totalement. Quand l'amour vient frapper à ta porte, ça réveille des mémoires, et HHOH! ça fait comme dans l'histoire de la douche. Tu fais l'association amour égale souffrance, difficultés, tristesse, séparation et abandon. Et alors, tu ne te donnes pas; tu es fuyante, dans ton énergie. C'est comme si tu avais à la fois un pied en dedans et un pied en dehors, prête à partir. Même si tu ne dis rien, ça se dégage de toi, dans ton énergie. Alors, ton conjoint le sent et ça fait en sorte que, pour une bagatelle, à la moindre insécurité, il est prêt à te faire une crise de jalousie.» OOOH! là, elle comprenait beaucoup de choses.

Lorsqu'on voit des réactions aussi démesurées chez l'autre, même en l'absence de fondement au plan concret, si on ne comprend pas ce processus, c'est-à-dire si on ne sait pas qu'on porte ce problème dans notre âme—qu'on dégage ce parfum—, on peut facilement se dire: «Ça ne me donne rien de rester avec lui, il est tout croche» et changer de partenaire. Mais le problème se présentera à nouveau avec une autre personne. Ou encore, le même processus pourra se manifester sous une forme différente: au lieu de souffrir de la possessivité de l'autre, on sera soi-même possessif et on s'accrochera, car on aura trouvé un partenaire inaccessible, qui à son tour fuira.

Comprendre est une grâce, car, alors, on cesse de tourner en rond. On interrompt ce cycle karmique. On revient à soi-même et on utilise la relation pour faire un travail sur soi, à moins que, bien sûr, la relation ne soit compromise par des difficultés extrêmes, comme par exemple de la violence physique ou verbale. Mais, si ce n'est pas le cas, on demande au Ciel: «Est-ce juste, pour moi, de rester avec cet être?» et, dans le doute, on s'abstient. On travaille sur son homme intérieur—ou sa femme intérieure—et on reçoit la guidance d'En Haut. On apprend aussi à donner. On ne se dit pas: «Je ne sais pas s'il est l'homme—ou la femme—de ma vie. Alors, il est inutile de me donner totalement.» L'engagement nous permet d'apprendre à fusionner.

Qu'est-ce que la fusion ? La fusion n'est pas un amour naïf qui nous amène à nous dire : « Il faut que je sois toujours disponible et il faut que je me donne. » Ce n'est pas cela. La fusion n'est possible que lorsque l'on s'occupe des résonances qu'on a avec l'autre. Tout d'abord, on analyse tout ce qui se passe. À partir de tel ou tel comportement de l'autre, on est à l'écoute des résonances et on identifie la distorsion qu'on porte en soi. Ensuite, on la rectifie. Puisqu'on comprend ce que vit l'autre, on ne peut pas lui en vouloir. Alors, au lieu de réagir par la peur ou l'agressivité, on lui renvoie de l'amour et de la sagesse. La fusion agit à la façon d'un cercle énergétique.

Il est impossible d'atteindre ces hauts niveaux d'amour mystique sans la compréhension. D'ailleurs, cet Ange de l'Amour Universel touche la Sagesse et la Connaissance. Sans elles, l'Amour véritable n'est pas possible, car l'amour naïf ne mène qu'à la frustration et, éventuellement, à la séparation : l'être refoule beaucoup de choses. On voit que la relation entre un homme et une femme est un extraordinaire terrain d'apprentissage, et que, si on la considère comme telle, elle nous permet d'atteindre un jour les plus hauts sommets de l'Amour Universel.

Voici une anecdote qui touche les signes et les coïncidences. Pendant la période où je préparais ce cours sur l'état de conscience HAZIEL, un soir, notre fille Kasara a décidé de regarder un film enregistré sur une cassette vidéo que nous avons à la maison. C'est un très beau film, un film vraiment inspirant, tant pour les enfants que pour les adultes, et je vous le recommande. Il s'agit de *Kirikou et la sorcière*. C'est une histoire initiatique dans laquelle on fait bien comprendre que le mal est éducationnel, et la façon dont on peut arriver à le transformer, pour, finalement, en arriver à la fusion, au mariage.

Donc, Kasara avait décidé de regarder ce film, mais la cassette n'était pas rembobinée. Alors, elle l'a rembobinée, et, pendant ce temps, se déroulait sur l'écran un match de hockey. Elle a regardé les joueurs se taper dessus ; ils se battaient. Alors, elle a hoché la tête et m'a dit : « Mais pourquoi ils se battent ? » On voyait les milliers de spectateurs dans les gradins. Elle m'a demandé : « Pourquoi il y en a autant qui regardent ça ? » Alors, elle s'est levée et s'est mise à les mimer. Elle m'a dit : « Regarde. C'est comme si j'avais une petite balle, puis je te la lance, comme ça, puis on me filme, puis il y a des milliers de personnes qui me regardent. C'est quoi l'affaire ? »

Lorsqu'elle a entendu le déclic qui indiquait que sa cassette était rembobinée, elle s'est précipitée, et, dans son élan, elle s'est tordu le gros orteil droit et elle est tombée par terre. Oh! là, elle avait mal et elle pleurait à chaudes larmes. Alors, je l'ai prise dans mes bras et je l'ai consolée. Puis nous avons regardé son gros orteil pour vérifier si rien n'était cassé ni autrement abîmé.

Au bout d'un moment, elle s'est relevée. Elle était rétablie. Elle s'apprêtait à démarrer son film, et je lui ai dit :
— Kasara, avant de commencer, on va juste parler. Tu t'es fait mal au gros orteil. Tu sais qu'il n'y en a pas, de hasard? Quel est le signe, d'après toi? À quoi étais-tu en train de penser quand tu t'es fait mal au gros orteil?
— Ah! j'allais pour démarrer mon film.
— C'était juste avant. Qu'est-ce que tu faisais?
— Oh, oh! les joueurs de hockey, m'a-t-elle répondu après avoir réfléchi un peu.
— Tu l'as. Bien sûr, tu as raison : ce n'est pas juste de se taper dessus, de frapper les autres et d'attacher autant d'importance à une petite rondelle. Tu peux évaluer : « C'est juste » ou « Ce n'est pas juste », mais dans ton évaluation, il faut toujours qu'il y ait l'amour. Toujours. Et là, quand tu as fait tes commentaires, tu avais une énergie un peu négative. C'est pour ça qu'On t'a donné un signe. Tu es tombée et tu t'es tordu le gros orteil. Les gros orteils, c'est comme les pouces, ça représente l'Amour Divin, la Volonté Divine. Là, il n'y avait pas d'Amour Divin et tu n'as pas fait la Volonté Divine. CLAC! tu t'es fait mal. On a voulu te montrer que ce genre de pensée blesse.

OOOH! elle me regardait avec de grands yeux. Je lui ai dit :
— Si tu rencontrais un joueur de hockey, il ne se sentirait pas bien avec toi. Il aurait un mal-être, même si tu ne disais rien et que tu te contentais de le regarder. Son âme saurait ce que tu penses. Notre âme sait tout ce que pense l'autre. Alors, il percevrait que tu le juges et il ne se sentirait pas bien.
— Oui, je l'ai fait, mais là, ils n'étaient pas là : c'était à la télévision.
— Ah! ça ne fonctionne pas comme ça. Avec notre âme, on est tous liés. Et puis il faut que tu t'entraînes à évaluer tout en restant

dans l'amour, à comprendre que tous les êtres expérimentent et qu'ils sont tous des enfants de Dieu, comme toi.

J'ai poursuivi : « Tu sais, les joueurs de hockey sont des êtres qui ont énormément d'énergie, et ils ne savent pas toujours quoi faire avec ; ils ne savent pas encore comment bien la manifester pour l'instant. Alors, il y a des lieux exprès pour cela, où leur agressivité est canalisée de façon bien organisée. Et ça évite qu'elle ne soit projetée sur leur famille, sur leurs enfants. Ce genre de jeu a toute sa place, Kasara. C'est pour ça que Dieu laisse faire : ces êtres expérimentent. »

Là, elle m'écoutait attentivement. Je lui ai dit :
— Pense à ta petite cousine Ariel. C'est un petit bébé. Souviens-toi, il y a quelques mois, elle découvrait que c'était elle qui contrôlait ses mains. Quand elle mangeait, SPLACH ! elle jetait sa nourriture par terre, et toi, tu lui disais : « Non, Ariel, ne fais pas ça. Il ne faut pas jeter la nourriture par terre. » À ce moment-là, tu étais remplie d'amour ; tu n'étais pas dans la critique quand tu parlais.
— Oui, mais elle, elle est petite, et eux, ils sont grands.
— D'accord, mais tu sais que ça ne fonctionne pas de cette façon. Ne vois pas ça juste sur une vie, par rapport à l'âge de l'être. Tu dois voir ça sur plusieurs vies, en terme de conscience. Tu peux regarder agir des adultes, tout en sachant que dans leur conscience ils sont encore des petits bébés. Tu les verras comme Ariel : tu sauras que ce n'est pas juste de jeter la nourriture par terre ou de se battre pour une rondelle, mais tu auras tellement d'amour !

OOOH ! là, une toute autre vision des choses s'inscrivait en elle.

Nous avons commencé à regarder le film, et, tout à coup, le téléphone a sonné. Nous avons donc mis le magnétoscope sur le mode pause. Alors, le match de hockey est réapparu à l'écran. Kasara regardait le match, et, de temps en temps, on se faisait des clins d'œil en souriant.

La conversation a duré un certain temps, et, quand elle a été terminée, j'ai dit à Kasara :

— Le Bon Dieu s'occupe de toi, hein ? Il a envie que tu comprennes.
— Ah ! oui, mais c'est pas drôle.

—Kasara, lui ai-je dit, si tu ne règles pas ton problème avec les joueurs de hockey, qu'est-ce qui peut se passer dans une prochaine vie? Il se pourrait que ton papa ou ton mari, ou même ton petit garçon, soit un joueur de hockey.
—Oh, oh! je ferais mieux de me taire.
—Il y a eu un acte manqué. Alors, ce que je te propose, c'est de faire un dessin dans lequel tu vas manifester de l'amour pour les joueurs de hockey. Tu peux faire ta pratique récitatoire avec l'Ange HAZIEL, parce que, là, tu étais dans la distorsion de cet Ange. En faisant ton dessin, invoque cet Ange et demande pardon aux joueurs. Et puis envoie-leur de l'amour.

Elle a fait le dessin que je lui ai proposé, dans lequel on la voit en train d'envoyer aux joueurs de hockey de l'amour sous forme de cœurs. C'est une bonne pédagogie que de faire dessiner les enfants, parce que, lorsqu'on écrit ou dessine, on est amené à penser, à sentir, et à matérialiser ces pensées et émotions.

Voici maintenant un témoignage qui touche la réconciliation et le pardon. Une femme qui venait au cours pour la première fois m'a demandé une interprétation de rêve. Dans ce rêve, *elle se voyait assise sur un sofa, les yeux fermés. Donc, dans son rêve, elle était endormie. Elle sentait toutes sortes d'énergies négatives l'envahir, et elle essayait de prononcer le nom de Jésus, mais sans y parvenir. Tout à coup, son mari, lui aussi les yeux fermés, est venu s'asseoir à côté d'elle et lui a dit: « Ce sont des énergies négatives qui nous ont séparés. Réconcilions-nous. » Puis— toujours, dans son rêve—, elle s'est réveillée, elle a ouvert les yeux et elle a pu prononcer le nom de Jésus.*

Tout d'abord, je lui ai demandé:
—Que représente ton mari pour toi?
—Ah! il y a quelque temps, il m'a quittée pour une autre femme, me laissant avec les deux enfants qu'on a eus ensemble. Ensuite, j'ai eu une amie avec laquelle j'ai beaucoup échangé. Cette femme avait vécu le même genre de problème que moi; on se soutenait mutuellement et on se confiait beaucoup l'une à l'autre. À un moment donné, elle m'a dit qu'elle avait rencontré mon époux et qu'il lui avait fait des confidences. Mais, quelques mois plus tard, j'ai appris qu'elle était devenue la maîtresse de mon époux.

Puis elle a poursuivi : « Moi, j'étais une personne spirituelle. Quand je voyais le mot *haine*—comme on l'a vu dans la liste des distorsions de l'Ange H<small>AZIEL</small>—, c'était très loin de moi, ça. J'étais certaine que jamais je ne ressentirais la haine. Là, je l'ai haïe, cette femme. Un jour, elle s'est présentée chez moi et je l'ai carrément chassée. »

Qu'a-t-On voulu lui dire par ce rêve ? Pourquoi lui a-t-On envoyé un tel rêve ? On a voulu lui montrer que cette trahison et ses souffrances servaient à l'éveiller à la spiritualité et à un amour plus grand, plus universel. Voilà pourquoi elle essayait de prononcer le nom de Jésus. Jésus est un être qui a atteint les plus hauts niveaux d'Amour Universel dans la souffrance, et c'est cela qu'il symbolise. Cette femme souffrait, et par le rêve On lui disait : « Elle est utile, ta souffrance. Utilise-la pour grandir et atteindre ces hauts niveaux d'Amour Universel. » Dans ce rêve, elle allait visiter l'âme de son conjoint, mais de façon inconsciente. Celui-ci représente aussi une partie d'elle, une partie de son homme intérieur.

Puisque tous deux avaient les yeux fermés, On lui montrait que cette visite n'apporterait pas nécessairement une réconciliation dans le plan physique, mais qu'elle en annonçait une au niveau intérieur. Un rêve de ce type peut se manifester par l'établissement d'une bonne relation avec l'ex-conjoint. D'autre part, avec les interprétations de rêves, on ne doit pas adopter une interprétation définitive — par exemple, dans ce cas-ci, arrêter un diagnostic de non-retour à la relation. Ce rêve peut n'avoir montré qu'une partie de la trajectoire qui mènera cette dame à une réconciliation physique avec son mari. Bien sûr, certains rêves indiquent une rupture définitive, mais ce n'est pas le cas de celui-ci. Dans ce cas-ci, la femme devra rester ouverte aux divers scénarios possibles, tout en ayant suffisamment de maîtrise pour arriver à sacrifier ses désirs personnels. Cela demande un long travail intérieur avant d'atteindre de tels niveaux de conscience. C'est pour cette raison qu'il est impossible de recevoir des informations ultra précises dans les rêves avant d'avoir atteint certains degrés de sagesse. Avec ses désirs personnels, la personne chercherait à diriger le destin en sa faveur.

Quand, dans un rêve, On nous montre une personne endormie, cela indique une conscience ordinaire, non éveillée. Que signifie un être éveillé? Un être qui est dans une conscience ordinaire imite ce qu'il voit à l'extérieur; il apprend par imitation. Par contre, un être éveillé apprend à partir de l'intérieur. Bien sûr, il utilise des interfaces et il maintient des relations avec l'extérieur, mais il apprend vraiment à partir de l'intérieur.

Pour en arriver à ces hauts sommets d'Amour Universel, l'être doit aussi avoir fusionné ses principes masculin et féminin. Il doit avoir effectué un mariage intérieur. Pour illustrer cela, je vais vous raconter une histoire. Une femme qui suit cet enseignement nous a raconté un de ses rêves. Dans ce rêve, *elle était invitée au mariage d'un de ses amis. Elle a dansé une danse du ventre, du genre danse arabe. Puis son conjoint conversait avec elle, et, tout à coup, il l'a demandée en mariage. OOOH! à cette demande, elle a pris peur, elle est allée chercher ses quatre enfants et elle est partie en courant.*

Au réveil, elle était surprise de ce rêve, car elle s'entend bien avec son conjoint, leur relation est stable, et ils ont quatre enfants ensemble. Alors, je lui ai demandé:
—Avez-vous déjà parlé de mariage?
—Non, on n'en parle pas.

Ce couple entretenait une espèce de tabou au sujet du mariage. Alors, pourquoi lui a-t-On donné ce rêve? Dans son rêve, son conjoint représentait son homme intérieur, et On voulait lui montrer qu'elle n'avait pas fusionné complètement avec lui. Elle stimulait son conjoint, mais elle ne voulait ni s'engager ni fusionner totalement avec lui. Puisque l'homme représente l'Esprit, On voulait également lui montrer qu'elle avait peur de fusionner avec l'Esprit. Une personne qui aurait ce rêve pourrait se dire: «Oh! il faut que je me marie tout de suite. Il faut que je règle mon problème intérieur.» Ce n'est pas cela que vise un tel rêve. Celui-ci constitue simplement une ouverture par laquelle On nous montre un certain nombre de mémoires qui révèlent pourquoi on a peur de s'engager totalement. Et, évidemment, ce n'est pas en se mariant que l'on résout ses mémoires.

Depuis quelques décennies, il semble que les couples s'épanouissent beaucoup plus en dehors des liens sacrés du mariage qu'à l'intérieur de ceux-ci. Pourquoi en est-il ainsi? Dans le passé, la religion a imposé le mariage, le dépouillant de son sens profond et sacré. Or, qui dit imposition dit rigidité et attachement à la forme. Ainsi, le mariage a fini par évoquer l'emprisonnement, l'étouffement et la nécessité de renoncer à une partie de soi. Alors, les êtres n'ont plus voulu se marier, et la vieille approche est tombée en désuétude parce qu'elle n'était pas juste.

Cependant, le mariage connaît présentement un renouveau; de plus en plus, les nouveaux couples souhaitent se marier, s'unir dans les liens sacrés du mariage. Comment se manifeste l'amour mystique dans le mariage? Quelle place occupe-t-il? On doit d'abord comprendre une chose: pour que cet amour forme la base du mariage, l'être doit déjà avoir comme objectif de travailler sur lui-même et d'acquérir les qualités et les vertus. Seulement à partir de ce moment-là pourra-t-il s'engager. Ensuite, l'être recevra une autorisation de l'Intelligence Cosmique avant de s'engager. Comment la recevra-t-il? À l'intérieur de lui-même, par un rêve. L'engagement ne sera pas imposé de l'extérieur comme dans l'ancienne mentalité.

Avec cette compréhension, on saisit plus facilement le sens de l'expression *s'engager pour le meilleur et pour le pire*, formule qui a été mal comprise car on avait perdu le sens profond de l'engagement. Dans cette expression, s'engager pour le pire ne signifie pas supporter un conjoint violent. Ce n'est pas cela. S'engager pour le pire signifie que lorsque l'autre personne vivra un échec, une perte d'emploi, une maladie, un problème avec un enfant ou toute autre difficulté, avec la compréhension de la loi des résonances, on utilisera ces difficultés pour grandir. Notre couple nous servira de terrain d'apprentissage. Bien sûr, avec cette attitude, l'engagement est des plus évolutif. L'être se bâtit intérieurement car il rectifie constamment des parties de lui-même, et il se bâtit aussi extérieurement car — les preuves sont là — il fait montre de stabilité, d'intégrité et de fidélité.

Comme je l'ai laissé entrevoir, dans ce type de couple, la compréhension de la loi de la résonance joue un rôle-clé. Voyons comment. Lorsque deux êtres se rencontrent, bien sûr, ils ont beaucoup d'affinités ou de résonances au niveau des qualités, mais ils en ont tout autant au plan des distorsions. Ce n'est pas parce que l'être a reçu en rêve la permission de se marier que tout sera parfait; il abrite encore beaucoup de distorsions et devra donc s'ajuster maintes fois. Or, avec le mariage basé sur l'amour mystique, au lieu que la vie de couple soit le pire des enfers—évidemment, la proximité rend les distorsions d'autant plus dérangeantes—, elle peut devenir de plus en plus paradisiaque, et ce, de façon exponentielle.

Dans un premier temps, comme je viens de le dire, chacun des conjoints a encore beaucoup de distorsions. Or, l'être qui a la Connaissance sait que lorsque le comportement ou l'attitude de l'autre, AAAH! vient le chercher ou le dérange—et, bien sûr, il sait que l'attitude de l'autre n'est pas juste—, il revient à lui-même et il fait la pratique récitatoire. Ainsi, il nettoie ses propres mémoires distorsionnées et il attend de se sentir mieux avant de parler à son conjoint ou sa conjointe. Puisque l'autre aussi connaît ces lois—il ou elle aussi a la Connaissance—ils se parleront au bon moment, avec le bon *timing*. De cette façon, la communication acquiert et conserve une qualité supérieure. Voilà le secret. Souvent, on sait fort bien que l'on doit communiquer, mais on n'y arrive pas. Alors, en comprenant ces lois, la communication devient beaucoup plus aisée et efficace.

Il devient aussi plus facile de parler de ses propres défauts. Généralement, dans les couples, on ne désire parler que des succès et de tout ce qui est beau et bien, et on glisse le reste sous le tapis. Or, si on évite de parler de ce qui nous dérange, au bout d'un moment, la casserole déborde car on ne se sent pas bien à l'intérieur. Alors, quand on se met à parler, on s'affronte et cela fait des chicanes. Il faut savoir qu'avec la compréhension de la loi des résonances, parler de ses défauts est gratifiant et très intéressant. On est content, car on sait que les identifier fait partie du processus; on sait que pour devenir initié, on doit accepter de voir ses propres distorsions. C'est cela que fait le Travail avec les Anges. D'abord et avant tout, On nous dit: «Tu veux aller toucher—comme, dans ce cas, avec l'Ange HAZIEL—l'Amour Universel? Bravo! c'est bien. D'accord, mais On va te faire descendre dans tes mémoires inconscientes pour que tu puisses visiter toutes les absences d'amour qui sont enregistrées.»

OOOH! on le connaît, le processus. Alors, on sera content de parler tant de nos défauts que de nos qualités; cela ne fera aucune différence. En plus, quand deux êtres travaillent de cette manière et qu'ils se racontent mutuellement leurs rêves, la relation devient des plus authentique. Quand on raconte un rêve, on se met à nu. Déjà en partant, dans un rêve, on est à nu car les éléments ne sont pas filtrés : ils émergent directement de l'inconscient. Parfois, on ne savait même pas qu'on avait tel genre de problème, et, en parlant de notre rêve, tant soi que l'autre en arrivent à se dire : « AAAH ! je comprends ; c'est ça que je ressentais, mais je n'arrivais pas à mettre le doigt dessus. »

Et, si l'autre s'était senti dérangé, cette compréhension lui procure un *feed-back*, un enseignement, qui lui permet de mieux cerner la nature de la résonance. L'être s'expose, et il a tout intérêt à le faire. C'est même cela qu'il veut : il en a fait sa priorité. On a vu que ce cheminement de couple exige que les êtres veuillent s'améliorer et devenir plus beaux et plus altruistes. Vu cette intention, le processus qui est mis en route a un caractère transformateur et réparateur chez chacun des conjoints. On avance extrêmement vite quand on fonctionne de cette manière. On entend rarement parler de l'amour mystique dans le contexte du couple, comme si cette dimension de l'amour n'était accessible qu'en travaillant seul, à l'écart de la relation intime. On a vu que ce travail peut être extraordinaire en couple. Bien sûr, il n'est pas toujours facile car il implique des ajustements. Mais il fonctionne.

Quand on travaille de cette manière, on réalise de plus en plus que chaque fois qu'on rencontre une distorsion qui résonne dans notre couple, c'est que notre homme intérieur si on est une femme, ou notre femme intérieure si on est un homme, comporte des divisions. Cela nous permet aussi de comprendre les attractions multiples, car on réalise qu'elles ne sont qu'une manifestation de ces divisions. Quand on sent des attirances pour d'autres personnes, plutôt que de les laisser se manifester à l'extérieur, on inspire l'Ange et on revient à notre objectif spirituel de réunification intérieure.

Dans ce type de mariage, au lieu d'avoir l'impression — comme c'est le cas dans une conscience ordinaire — de perdre une partie de soi, on sait que, au contraire, on est en train de récupérer les diverses parties de notre femme intérieure — ou de notre homme intérieur — pour la réunifier. Elle était divisée et toute éparpillée, mais, avec l'engagement, on la retrouve à l'intérieur de soi, parce que, bien sûr, l'amour vient toujours de l'intérieur ; l'extérieur n'est qu'une manifestation. Arrive un jour où on a transcendé chacune de nos divisions intérieures. On est complet.

Alors, cela se manifeste à l'extérieur. On voit que ce genre de couple est très évolutif.

Dans une conscience ordinaire, la relation commence généralement par la passion, et, très vite, elle dégénère dans la mésentente ou bien elle prend la forme d'un statu quo dans lequel l'amour a perdu toute sa poésie. Par contre, une relation de couple spirituelle débute sous la forme d'une amitié, et, ensuite, elle ne cesse de progresser. On entend souvent dire que dans le mariage, au bout d'un moment, les gens s'ennuient car la relation devient ennuyante, stagnante. Dans un couple spirituel, c'est tout le contraire : la relation est des plus stimulante et évolutive, car l'être se transforme de jour en jour. Le soir, chacun s'endort dans un certain état de conscience, et, le lendemain, il n'est plus le même ; il se réveille dans un autre état de conscience car il est allé visiter des mondes intérieurs par les rêves. Des vies et des vies sont ainsi nettoyées. Les conjoints changent continuellement, et, puisqu'ils partagent un destin commun, ils ne sentent aucun décalage l'un par rapport à l'autre.

Voici un bel exemple de ce type de couple. Un jour, une femme qui suit l'enseignement des Anges m'a raconté un rêve qu'elle avait fait plusieurs mois auparavant. *Elle se trouvait dans un restaurant en compagnie de sa sœur, et cette dernière lui a montré un homme qui était assis à une table, en disant : « Voici ton futur conjoint. Vous vous marierez au mois de février. » Elle ne le connaissait pas, et lui ne la regardait pas ; il était dans son coin.*

Quelques mois se sont écoulés, et, à un moment donné, elle a rencontré un beau monsieur qui, depuis, suit aussi cet enseignement. Mais son rêve n'est pas revenu tout de suite à sa mémoire. Ce n'est qu'au cours de leur deuxième rencontre, alors qu'ils étaient en tête à tête, que, tout à coup, elle s'est souvenue de l'homme de son rêve. Ce monsieur avait la même coupe de cheveux particulière, et il avait la même apparence physique que l'homme du rêve. Elle m'a dit : « OOOH ! j'en ai rougi. » Elle en avait rougi, tellement elle était impressionnée. Elle a ajouté : « Je n'ai rien dit, mais c'est sûr que je me suis sentie un peu bouleversée, parce qu'il y avait une belle amitié entre nous. Mais, en tant que femme, je ne me sentais pas attirée par cet homme. Puis le temps a passé, et j'ai eu un autre rêve. » Dans ce rêve, *On lui annonçait qu'elle allait déménager dans le même type de maison que ce monsieur possédait.* À ce moment-là, elle a eu peur — elle sait qu'on doit accorder de l'importance aux rêves.

Alors, elle est venue nous voir pour nous parler. Or, quelques jours auparavant, mon époux, qui connaissait très bien chacun de ces deux êtres, les avait vus en rêve. Il était allé visiter leur âme et *il les avait vus se rendre à une chapelle vers l'est.* Il savait que cela annonçait une union spirituelle.

Lorsqu'elle nous a parlé des rêves qu'elle avait reçus et de sa peur de s'engager, mon époux ne lui a pas raconté son rêve. On peut voir bien des choses en rêve lorsqu'on va visiter l'âme des autres, mais parfois, il est préférable de ne pas leur en parler : il vaut mieux laisser l'autre expérimenter. Il lui a simplement dit : « Lorsque l'énergie passe, si on ne sait pas la recevoir, elle ne repassera plus, ou il faudra attendre très longtemps. »

Cela l'a fait travailler. Elle a choisi un Ange approprié et elle a fait sa pratique récitatoire pour se libérer de ses peurs, car elle savait que ce message provenait d'En Haut. Deux jours plus tard, ce beau monsieur est allé frapper à sa porte et, sur le seuil, un peu gêné, il lui a dit : « J'ai quelque chose à te demander. » Elle l'a regardé et a simplement dit : « Je sais, et c'est oui. » (rires) Il s'est exclamé : « Et dire que je m'étais torturé les méninges pour trouver la façon de te le demander ! » Il était content.

Ils vivent ensemble depuis plusieurs années déjà, et cette femme m'a avoué : « Autant c'était spécial au début — je me sentais aimantée, mais sans émotion ni passion — autant, maintenant, c'est devenu une relation évolutive. » Souvent, le soir, elle s'adresse à En Haut en disant : « Merci de m'avoir envoyé un tel trésor. » Elle bichonne son conjoint, elle le choie, et lui de même. Ils sont tellement bien ensemble ! C'est incroyable ! Leur relation grandit et les amène à fusionner de plus en plus. Voilà ce qu'est l'engagement évolutif. On ne peut pas s'engager à cent pour cent au niveau énergétique tant et aussi longtemps qu'on abrite des mémoires inconscientes qui doivent être nettoyées. Avec l'expérimentation et le travail sur soi, cet engagement s'approfondit, et, éventuellement, l'être atteint la fusion intérieure. Ensuite se produit la fusion extérieure. Les deux vont de pair car *tout ce qui est En Haut est comme ce qui est en bas, et tout ce qui est en bas est comme ce qui est En Haut.*

Pour sa part, ce beau monsieur m'a confié : « Si je devais remplacer cette femme, il m'en faudrait plusieurs pour avoir l'équivalent, tellement elle est complète. » On réalise que c'est de toute beauté, quand on fonctionne de cette manière. Et on voit que si on souhaite emprunter la voie de l'amour mystique, il est important de saisir que l'homme et la femme sont vraiment complémentaires. Certaines traditions spirituelles préconisent le célibat pour vivre l'amour mystique, mais on doit savoir qu'il ne s'agit que d'une première étape vers la réalisation concrète, c'est-à-dire la fusion extérieure.

Voici maintenant une histoire qui touche la pureté de l'enfance, celle que l'Ange HAZIEL nous aide à retrouver. Une nuit, mon mari a reçu un rêve. *Notre fille Kasara était face à un lavabo dans lequel se trouvait un rat. Ce dernier n'était pas gentil ; il était agressif. Elle s'est penchée pour le toucher, mais mon mari lui a dit : « Non, non, non ! n'y touche pas ! »* Il savait que ce rêve concernait notre fille, qu'il ne servait pas à lui montrer une partie de lui-même. Alors, il a attendu de voir comment ce rêve allait se matérialiser. Un rêve se matérialise toujours d'une manière ou d'une autre, car il décrit symboliquement l'état intérieur et/ou extérieur de la personne.

La journée qui a suivi, nous étions en tournée. Généralement, Kasara nous aide beaucoup, mais, ce jour-là, si on allait en profondeur — il fallait vraiment aller en profondeur —, on pouvait sentir qu'elle était moins engagée que d'ordinaire.

À un moment donné, je me trouvais tout au fond d'une salle, et j'ai entendu ce qui se passait à l'autre bout. Kasara était en train de préparer la table avec une autre personne qui nous aidait, et j'ai entendu cette dernière lui dire :
— Non, les CDs, il faut les mettre dans cet ordre-là.
— Non, répliquait Kasara, c'est dans l'autre ordre. C'est pas comme ça.
— Je t'assure que c'est comme ça.
— Non, je te dis que mon papa, il m'a montré que c'est comme ça qu'il faut les mettre.

Alors, l'autre personne n'a plus rien dit. Puis quand mon mari a regardé la table de présentation, il a vu que les CDs n'étaient pas tout à fait dans l'ordre. Il le leur a dit. Alors, l'autre personne s'est tournée vers notre fille et lui a dit : « Je te l'ai dit, Kasara, mais je n'ai pas voulu insister parce que tu étais vraiment très insistante. » Alors, j'ai pris Kasara à part, et, gentiment, je lui ai dit : « Kasara, il faut que tu fasses attention. Regarde, tu étais trop émissive, là. Tu étais trop autoritaire. Tu ne lui as pas laissé de place. En plus, elle n'a pas pu disposer les choses de façon juste. Tu as vu que tu n'avais pas raison. Il faut que tu fasses attention à cet aspect-là. » Alors elle a compris.

Au cours de la nuit suivante, Kasara a reçu un rêve. *Elle était dans une salle de cours et elle sentait qu'elle n'avait pas le goût d'aider. Une madame déguisée en carotte est entrée* (rires) *et elle avait le goût d'aller au parc d'attraction intérieur.* Quand Kasara a raconté son rêve, elle avait déjà une bonne idée de son interprétation ; il était suffisamment clair pour elle.

Tout de suite, je lui ai dit : « Chanceuse ! T'es donc chanceuse ! » Elle m'a regardée, car elle savait que son rêve dépeignait des distorsions, une attitude pas juste. Alors j'ai ajouté : « Réalises-tu quelle chance tu as de recevoir ce genre d'informations à l'âge de huit ans ? Il y a des adultes qui n'en recevront pas de toute leur vie. Ils devront attendre d'autres vies pour recevoir ce genre de rêve où On montre clairement l'intention. Dans ce rêve, On t'a montré ton intention réelle : tu n'avais pas le goût d'aider. Et On t'a aussi montré pourquoi. La madame qui était déguisée en carotte, c'était une partie de toi — intérieure, puisque c'était une femme. La carotte, c'est un beau et grand symbole d'émissivité, et, dans la distorsion, la couleur orange représente des plaisirs pas justes. Donc, là, On t'a montré qu'il y avait des parties de toi qui n'étaient pas dans la juste émissivité. Le déguisement, c'est faux, n'est-ce pas ? »

Ensuite, je l'ai amenée à faire le lien avec ce qui s'était passé la veille. Je lui ai dit : « Tu te souviens, Kasara, comment tu as parlé à la personne qui nous aidait. Tu étais trop autoritaire et trop émissive. Regarde, On te l'a montré dans ton rêve. On t'a montré que c'était cette énergie-là que tu avais en toi et qui faisait que tu n'avais pas le goût d'aider, d'être au service. Tu voulais plutôt aller au parc d'attraction intérieur. »

Kasara n'était pas consciente de cette énergie, mais, comme vous voyez, On nous révèle de grandes choses *via* les rêves. À ce moment-là, mon mari s'est souvenu de son rêve avec le rat ; il a pu faire la corrélation avec tout ce qui s'était passé.

Que symbolise le rat ? Dans un rêve, un animal peut avoir une signification tant positive que négative. Pour savoir de quel côté le symbolisme penche, il suffit d'analyser le comportement de l'animal. Dans le rêve, le rat était agressif. Il indiquait donc une distorsion. Généralement parlant, le rat vit dans les égouts, il mange des déchets et il prend. Il ne pense qu'à lui. Il symbolise donc l'opposé de la générosité et de l'altruisme.

Dans le rêve, mon mari avertissait Kasara de ne pas toucher à l'animal ; autrement dit, il devait interrompre le processus par lequel elle s'approchait de ce type d'énergie. Donc, ce rêve l'incitait à lui parler de façon claire et directe du service et de l'aide qu'on doit apporter aux autres. La raison en est simple : Kasara est encore une enfant et elle doit apprendre dès maintenant l'importance d'être altruiste.

Dans le passé, on est tombé dans les extrêmes. On a trop fait travailler les enfants, et on était rigide et autoritaire avec eux ; cela n'était pas juste. Puis quand ces êtres ont, à leur tour, assumé le rôle de parents, ils ont trop laissé faire leurs enfants. Ces derniers n'ont pas été mis au service, car les adultes qui en étaient responsables ont voulu leur éviter ce dont ils avaient souffert. Il est important de retrouver un équilibre et d'enseigner aux enfants à participer aux tâches ménagères et à servir.

L'une des beautés de cet enseignement est qu'on perçoit les tendances présentes dans le monde des causes, avant même qu'elles ne prennent racine dans le monde concret. Si les éducateurs n'interviennent pas lorsque c'est le temps, éventuellement, à la manière des mauvaises herbes, ces énergies refoulées prennent de plus en plus de place. Dix ans plus tard, cela donne un être égocentrique, égoïste et replié sur lui-même. Quand on sait que c'est l'attitude altruiste qui peut nous rendre heureux, on donne généreusement, sans attente d'être reconnu. Voilà ce qu'est apprendre à bien donner.

La même semaine, en revenant de l'école, Kasara a donné à son père un dessin qu'elle avait fait et sur lequel elle avait écrit : *À papa, de l'amour*. On y voit des étoiles, qui représentent son monde spirituel ou psychique. Mais l'amour n'était pas encore descendu dans le corps. Il était resté à un certain niveau : le dessin comporte beaucoup de barbouillis, qui dénotent une certaine énergie négative. Kasara ne fait jamais ce genre de dessins. Si on entre dans l'énergie de son dessin, on peut sentir ce qu'On avait montré à mon époux dans son rêve, avec le symbole du rat. Alors, son père lui a raconté ce rêve et il lui a fait part de son interprétation pour bien lui faire comprendre ces aspects qui sont parfois cachés et bien subtils.

Avec les enfants, on peut utiliser une pédagogie qui tient compte des mondes subtils et des profondeurs de l'être. Parfois, on se dit qu'à partir de six ou sept ans, l'enfant a perdu sa pureté. On en rend responsables les autres enfants—ceux qu'il côtoie—et la société en général. On a en partie raison, mais il ne s'agit là que d'une conséquence. Pour tous les enfants, la perte de la pureté ou de l'essence commence dans le monde des causes—le monde invisible—, duquel des énergies négatives sont injectées, des énergies que l'enfant doit apprendre à transformer. Ces énergies proviennent de karmas, et elles sont réintégrées chez l'être en accord avec son plan de vie et ses objectifs d'apprentissage sur Terre. Chez un être évolué, l'injection d'énergie négative l'amènera à renforcer et à développer sa conscience dans le sens de l'amour et de la sagesse. Chez ces êtres, l'énergie négative injectée est rapidement transcendée, et alors, elle n'engendre aucune conséquence ou karma. Répété de façon progressive, ce processus est celui qui mène à l'Illumination.

Avec l'Angéologie Traditionnelle, on entre dans les distorsions—on cesse de les fuir—et on les transforme. Une fois parvenu au plus haut niveau, l'initié a réussi à transcender tout le mal de l'humanité et il n'a plus aucune résonance. On peut aisément comprendre ce processus-clé en observant comment les enfants se comportent dans leurs multiples mutations de conscience. Et quand on comprend les Lois Universelles, OOOH ! c'est toute une belle pédagogie qu'on peut utiliser dans leur éducation.

L'amour mystique est le fruit d'un long travail sur soi.

Ange 72 Mumiah
La Mort et la Renaissance

Dernièrement, nous avons reçu un appel de détresse sur la ligne d'information de l'Univers/Cité Mikaël. Une femme avait eu des rêves qui l'avaient profondément bouleversée. Tout d'abord, elle avait rêvé qu'un homme vêtu de blanc venait la visiter et lui disait: «Tu vas mourir le 31 mars.» En entendant cette date, elle s'est sentie envahie d'une peur incroyable. Puis elle a dû se rendre compte, à la fin de la journée annoncée comme fatidique, que rien ne s'était passé; elle était toujours vivante. Quelques semaines se sont écoulées, et elle a reçu un autre rêve dans lequel On lui disait qu'elle allait mourir le 31 octobre. En se confiant à la coordinatrice de l'Univers/Cité, elle a expliqué à quel point elle se sentait effrayée et confuse, et qu'elle ne comprenait pas la signification de ces rêves, qui étaient bien intenses.

Tout doucement, la coordinatrice lui a dit: «Tu sais, la mort n'est pas nécessairement négative, et dans les rêves, elle peut avoir différentes significations.» Depuis un certain temps, nous recevons de nombreux témoignages de ce type. En fait, On annonce à ces personnes une grande renaissance spirituelle. Dans les rêves, la mort est un symbole fréquemment utilisé pour annoncer une ouverture de conscience. Marquant la fin d'une certaine façon de penser, cette mort symbolique engendre des bouleversements dans tous les aspects de la vie de l'être, qui, en fait, est en train de devenir un initié. Le mot *initié* signifie que la personne accède à la Connaissance.

Une première étape d'initiation s'effectue *via* nos rêves, au cours desquels on reçoit des informations précieuses qui nous permettent de comprendre avec profondeur ce que l'on vit dans notre quotidien. On comprend entre autres la vraie nature de la dépression, de la maladie, de la peur et de la mort. C'est en découvrant la vraie raison pour laquelle l'Esprit prend corps, ici, sur Terre, qu'On termine enfin le cycle des peurs et des limitations. On atteint alors l'Illumination.

Pourquoi doit-on mourir ? Voilà le thème de ce cours. Un Ange nous aide à comprendre le sens véritable de la mort, surtout celui de la mort à l'intérieur de la vie. Cet Ange se nomme MUMIAH. Il est le dernier de la série des 72 Anges définis dans l'Angéologie Traditionnelle ; c'est l'Ange numéro 72.

Sa qualité prédominante est *la renaissance*. Bien sûr, saisir le sens de cette qualité nous aide à *comprendre la loi de la réincarnation*, à savoir qu'on n'a pas qu'une vie — on en a de nombreuses —, mais elle nous aide aussi à saisir qu'on peut renaître à tout instant. C'est la mort au quotidien. Par exemple, lorsqu'on est irrité ou vexé parce qu'une personne nous a fait une remarque désobligeante, on doit apprendre à mourir à cet état de conscience, à cette vexation, pour, le plus vite possible, voire instantanément, renaître à un nouvel état de conscience d'une qualité supérieure.

Cet Ange nous aide à comprendre les fins de cycles et les débuts de nouveaux. Il est en cause chaque fois que l'on finit un travail, qu'on met fin à une relation ou même qu'on termine une discussion. Tant et aussi longtemps qu'on n'a pas bien compris cette énergie, on se trouve dans sa distorsion. Cela donne des difficultés, par exemple une perte d'emploi mal acceptée — un licenciement qu'on ne digère pas — ou une séparation mal vécue, où l'on ne comprend pas que l'ex-conjoint doit se diriger vers d'autres horizons.

L'Ange MUMIAH nous aide vraiment à bien conclure les étapes de notre vie pour recommencer sur une nouvelle base. Lorsqu'on ne réussit pas à bien fermer la boucle de ce que l'on a vécu, si on va dans les mondes psychiques, on peut voir qu'on traîne un certain nombre de boulets et que cela nous empêche de nous engager totalement dans une nouvelle activité ou une nouvelle relation. C'est lourd, et, surtout, tout ce qu'on n'a pas encore compris nous est resservi. On nous ressert le même plat parce que l'on conserve ces résonances à l'intérieur de soi. Et, d'une fois à l'autre, le plat peut être encore plus indigeste pour nous amener à saisir ce que l'on doit comprendre.

On voit que cet Ange nous aide à bien vivre notre vie quotidienne, ici sur Terre. Et on verra bientôt qu'il nous aide aussi à bien vivre dans les autres dimensions. Cet Ange *touche la médecine et la santé*. Il nous permet de comprendre la nature et l'origine des maladies, et, ce faisant, il nous aide à mettre fin à ces dernières. La formulation des prières pour le retour à la santé ne doit pas être : « Ô Ange MUMIAH, mets fin à telle maladie en moi », mais plutôt : « Mets fin aux comportements qui ont déclenché cette maladie », parce que, à moins d'identifier les causes du problème et de les transformer, inévitablement, celui-ci se présentera à nouveau sous une autre forme. Si on souhaite vraiment aller à la racine, En Haut, Ils vont nous montrer, *via* nos rêves et les signes du quotidien, la source réelle de nos difficultés.

L'Ange MUMIAH nous aide dans *l'accompagnement des mourants*, dont celui des personnes qui sont en phase terminale d'une maladie. Cette qualité s'applique aussi dans notre quotidien : cet Ange nous aide à accompagner les parties de soi qui sont en phase terminale. Lorsqu'on débute un cheminement spirituel, on réalise qu'on ne veut plus faire certaines choses parce qu'elles ne sont pas justes—jusque là, on les faisait par ignorance. Mais même si la question est réglée au plan de l'intellect, et malgré toute notre bonne volonté, des impulsions remontent pour nous ramener dans ces comportements pas justes, car il subsiste à l'intérieur de soi certaines mémoires inconscientes qui proviennent d'autres vies.

L'Ange 72 MUMIAH nous aide vraiment à mettre toutes ces parties de soi—ces impulsions—en phase terminale. On transportera donc à l'intérieur en soi un certain nombre de mourants parce qu'on aura décidé de ne plus les cultiver, de ne plus les nourrir. Ainsi, pendant un certain temps, on pourra avoir des attitudes et des comportements extrêmes qu'on ne se connaissait pas, car on a nourri ces parties pendant de nombreuses vies et, tout à coup, on leur dit : « Non ! c'est terminé. » On peut vivre de la rébellion, du marchandage et toutes sortes d'autres attitudes transitoires. À ce moment-là, à l'intérieur de soi, on se parle. On parle à ces parties. On leur dit : « Tu es en phase terminale, toi. Je vais t'accompagner », parce qu'on ne les laisse pas comme cela, ces parties. Elles recèlent tout un potentiel d'énergie qu'on ne veut pas gaspiller, qu'on va transformer. Ces parties de soi mourront pour nous faire renaître dans un nouvel état de conscience.

On peut aussi ressentir de profondes fatigues pendant un certain temps. Cela se produit parce qu'on cesse subitement de nourrir certaines forces intérieures qui n'étaient pas justes mais qui nous procuraient une certaine motivation. Lorsqu'on refuse de les nourrir, cette motivation n'est plus disponible, et, jusqu'à ce qu'on ait développé une nouvelle motivation basée sur des forces justes, on vit de grandes fatigues. Ces dernières ne sont pas faciles à accepter, mais on doit comprendre leur raison d'être et les accueillir. On ne force pas le processus et on ne se force pas non plus pour être tout *shiny*, tout sourire et tout beau à l'extérieur. On accepte ces phases de mutation.

Voyons maintenant les distorsions de l'Ange MUMIAH. *Mort inconsciente.* Quand on n'a pas intégré l'énergie de cet Ange, on ne comprend pas la mort et on meurt de façon non consciente. La distorsion de cet Ange touche aussi *le suicide et le désespoir*—l'être passe à l'acte car il se retrouve dans une situation où tous les horizons lui sont bouchés—.

La peur de mourir est l'une des peurs les plus courantes dans notre société, et la mort est pratiquement devenue un sujet tabou, inacceptable dans les conversations. Pourquoi? C'est qu'on vit dans une société où on s'est attaché à la forme, où on s'est enlisé dans la matière. On a perdu l'essentiel. Quand un être qui a vécu de cette manière se met à vraiment penser à la mort, il est contraint de remettre en question toutes ses valeurs. Son monde se révèle être fait d'illusions et il s'écroule. Voilà pourquoi l'être préfère ne pas y penser.

J'aimerais partager avec vous une belle anecdote qui touche la peur de la mort. Une jeune femme qui travaille avec l'Angéologie Traditionnelle m'a confié ce qu'elle a vécu. Un soir, en regardant la télévision, elle est tombée sur un film et elle a senti qu'elle devait le regarder. Ce film relate l'histoire d'une femme atteinte d'une maladie incurable, et qui avait un petit bébé qui ressemblait comme deux gouttes d'eau à sa propre petite fille. Elle m'a dit: «OOOH! c'était tellement difficile pour moi. Je pleurais à chaudes larmes. C'est à peine si j'arrivais à regarder le film, surtout quand on lui présentait son petit bébé.»

En regardant le film, elle s'est imaginé que ce soir-là, cela pourrait être la dernière fois qu'elle enlacerait et embrasserait son petit bébé. Elle m'a dit : « C'était insoutenable. Je me sentais vraiment déchirée. » Une fois le film terminé, elle est allée se coucher, mais elle n'arrivait pas à s'endormir. Elle regardait la photo de sa petite fille en se disant : « Mais que ferait ma fille si je devais mourir maintenant ? » Elle savait bien que son mari s'en occuperait, mais elle n'arrivait pas à se raisonner. Elle n'avait jamais autant pensé à la mort, et cela lui était insoutenable.

Le lendemain, elle en a parlé à son époux, qui, lui aussi, travaille avec l'Angéologie Traditionnelle. Il lui a dit : « Si ça devait arriver, c'est sûr que j'aurais un deuil à faire, et je m'occuperais de notre fille. Je veillerais sur elle. Mais la vie continuerait pour moi. Que veux-tu que je fasse ? » Puis avec beaucoup de sagesse et de bonté, il lui a conseillé de profiter de cet événement pour faire un travail afin de se libérer de ses angoisses de la mort.

Ce film avait fait émerger bien des mémoires de l'inconscient de cette femme. Or, dans cet enseignement, au lieu de subir tout ce qui nous arrive et d'être la proie de tout ce qui monte de l'inconscient, on l'utilise. C'est du matériel éducationnel. Mon époux et moi-même lui avons conseillé de travailler avec l'Ange Mumiah, qui est vraiment l'Ange idéal pour apprendre à se libérer de toutes ces peurs. Et nous l'avons prévenue : « Travailler avec l'Ange fera sortir toutes sortes de choses. Tu auras des cauchemars et tu devras vivre certains événements. » Alors, elle a commencé à travailler intensivement avec cet Ange.

Quelques semaines plus tard, je lui ai téléphoné, et, seulement d'après son bonjour, j'ai senti que quelque chose avait changé dans son âme. J'ai perçu dans sa voix quelque chose de nouveau. En allant en profondeur dans ce bonjour, j'ai senti une simplicité et une légèreté. C'était un bonjour sans artifice, empreint de joie de vivre.

Je lui ai dit :
— Ah ! tu as l'air de bien aller.
— Je suis en train de remercier. Je suis dans un état de grâce et de gratitude. Mais je me sens toute à l'envers.

J'ai été surprise de son *à l'envers*, mais je l'ai compris lorsqu'elle m'a expliqué ce qu'elle venait de vivre. Elle m'a dit : « J'ai donné à manger à ma petite fille, et ensuite, je l'ai laissée aller dans le salon. Il n'y a pas d'objets dangereux et elle y trouve ses jouets. Pendant ce temps-là, j'ai mangé et j'ai commencé certaines tâches dans la cuisine, tout en gardant une oreille attentive. Je l'entendais gazouiller. À un moment donné, je l'ai entendue tourner les pages d'un livre et ensuite retourner à ses autres jouets. Elle était tranquille et très joyeuse. À un moment donné, j'ai interrompu ma tâche et je me suis dit : "Il faut que j'aille lui changer sa couche." OOOH ! quand je suis arrivée au seuil du salon, oh ! horreur, la petite avait déjà un pied engagé dans le vide pour descendre les escaliers. J'avais oublié de remettre en place la barrière protectrice. »

Elle m'a dit : « J'ai fait un bond impossible à faire en temps normal. Mes forces étaient surmultipliées. Je l'ai attrapée et je l'ai serrée contre moi, et, En Haut, je Leur ai parlé. J'ai remercié le Ciel car je savais qu'il y avait eu une protection — j'avais été avertie par mon intuition. À une demi-seconde près, la petite aurait pu tomber, se fracasser la tête et mourir. Je Leur ai dit : "Je sais que vous êtes en train de m'éprouver. Je fais de mon mieux, mais je n'ai pas besoin de ça. S'il vous plaît, je n'ai pas besoin de ça." » Elle priait, elle remerciait et elle touchait à de hauts niveaux de conscience. C'était un merci, une gratitude pour le don de la vie.

C'est ce haut taux vibratoire que j'ai senti dans son bonjour, car cet événement lui avait fait toucher à l'essentiel, à la gratitude à l'état pur. Alors, je lui ai dit : « J'aimerais partager avec toi quelque chose que j'ai vécu, il y a une quinzaine d'années. Je m'étais inventé une formule. À cette époque, je ne connaissais pas encore l'Angéologie, et je n'avais pas la chance de connaître l'Ange MUMIAH, mais j'avais une formule qui touchait vraiment cette Essence Angélique. »

Quelle était cette formule ? Pendant quelques années, j'ai essayé — je dis bien essayé — de vivre chaque journée comme si elle devait être la dernière, mais, en même temps, avec un sentiment de découverte qui me faisait regarder chaque chose comme si c'était pour la première fois, un peu à la manière d'un enfant. C'était vraiment l'essence de l'Ange MUMIAH. Alors, une belle formule, c'est bien, mais si elle reste à un niveau intellectuel, elle est inefficace. Tout comme dans le Travail avec les Anges, ce qui fait l'efficacité d'une formule symbolique, c'est son application. Alors, je m'étais habituée à appliquer cette formule.

Comment ? Par mon intention. Le matin, avant de partir au travail, quand je faisais mon lit et mettais en ordre mon appartement, j'imprégnais mes gestes d'une intention très spéciale. Je me disais : « Je le fais comme si c'était mon dernier jour », en m'imaginant que je ne reviendrais peut-être jamais. Et le soir, en revenant dans mon appartement, je le regardais comme si c'était la première fois, avec un nouveau regard. Ces deux aspects étaient toujours présents.

Dans mes relations, je faisais la même chose. Lorsque je vivais une petite colère ou une vexation parce qu'on m'avait dit quelque chose de déplaisant, je me disais : « Christiane, si c'était ton dernier jour, continuerais-tu d'être susceptible ? » Évidemment, je me disais non, et cela me faisait changer d'état de conscience, CLAC! comme ça. Ce revirement se manifestait dans la communication avec l'autre personne et je pouvais constater qu'elle le ressentait. Bref, cette formule avait des effets bénéfiques : elle rendait toutes mes relations plus harmonieuses. Je donnais aussi le meilleur de moi-même, quelle que soit l'attitude de l'autre personne.

Je sentais très bien la différence entre les divers taux vibratoires auxquels je touchais, et cela me motivait à continuer de me pratiquer avec cette formule. Celle-ci m'amenait aux mêmes niveaux de conscience élevés que celui que j'ai perçu chez cette jeune maman. À l'époque, je n'avais pas la Connaissance que j'ai aujourd'hui, et, bien sûr, je chutais. Mais HOP ! je remontais avec ma formule. Je vivais continuellement des hauts et des bas au plan vibratoire, mais je continuais à m'entraîner. Cela m'a aidée à développer le non attachement, tant aux êtres — ne pas vouloir les posséder — qu'à la matière ou aux objets.

Comment m'a-t-il été possible d'appliquer cette formule avec autant de continuité ? Je pose cette question parce que, souvent, on apprend de belles formules, mais, très vite, les impulsions de l'inconscient remontent, et, OUPS ! on les oublie. J'ai pu être fidèle à ma pratique car, à cette époque, j'ai reçu un appel intérieur pour accompagner des personnes qui étaient en phase terminale. J'ai accompagné des personnes de tous âges, des petits enfants jusqu'aux personnes âgées, et tant des hommes que des femmes. À ce moment-là, je ne saisissais pas la raison de cet appel, mais, maintenant, je la comprends : c'était un signe avant-coureur de ce que j'allais vivre comme initiations au cours des années futures. On ne fait pas une activité par hasard. Quand on accompagne une personne mourante, c'est qu'on a quelque chose à apprendre de cette expérience.

Cette activité a mis en route de grandes initiations, au cours desquelles j'allais devoir mourir à de vieux concepts afin de renaître dans une nouvelle conscience. Et je dois vous avouer que j'ai très vite senti que je n'allais pas accompagner ces êtres avec une attitude de sauveur, car ils ont été mes plus grands enseignants. Ils m'ont appris tellement de choses ! C'est à cette époque que j'ai vraiment réalisé que quelle que soit notre activité avec des êtres, on est à la fois enseignant et enseigné. C'était gros : ces êtres étaient là, sur leur lit, complètement démunis de toute ressource, et, sans le savoir, ils étaient en train de m'enseigner. Ils m'enseignaient quoi ? La vraie vie. Ils me montraient, comme dans un miroir et à la loupe, mes peurs, mes résistances et l'aspect illusoire de la vie que parfois je menais.

Les moments les plus saisissants à cet égard étaient d'entendre certains de ces êtres me dire : « J'aimerais tellement qu'on me prolonge la vie. » Dans la pratique des accompagnements, on appelle marchandage cette étape où l'être désire ardemment que son existence soit prolongée. Dans ces cas, je demandais à la personne : « Pourquoi aimerais-tu vivre encore plusieurs années ? Que ferais-tu de ces années supplémentaires ? » Très souvent, l'être se mettait à pleurer à chaudes larmes et me disait : « Je voudrais tellement réparer ce que j'ai fait. C'était croche. Ce n'était pas juste. J'ai fait tellement de choses futiles. Maintenant, je le réalise et j'aimerais réparer. »

Voilà pourquoi, lorsque je revenais dans mon quotidien, dans l'abondance matérielle où il est si facile de s'enliser — surtout si on n'a pas la Connaissance et si on n'a pas pratiqué certaines valeurs —, j'arrivais à ne pas oublier ma formule, à vivre chaque journée comme si c'était la dernière fois et la première fois. Quand je traversais des difficultés, je me remémorais ces paroles des mourants et je me disais : « Christiane, tu es en train de perdre ton temps, là. Tu as la chance de pouvoir réparer. Apprécie et fais-le. » Quand on accompagne une personne mourante, elle nous apprend tellement de choses! Si on a oublié ces autres dimensions, elle nous aide à créer un passage. C'est comme si elle nous donnait une transfusion du sacré. Ces accompagnements m'ont vraiment rapprochée de Dieu. C'est par eux que je L'ai retrouvé. À cette époque, je L'avais un petit peu oublié.

Les êtres mourants peuvent se trouver dans la phase terminale d'une maladie et éprouver de grandes souffrances physiques. Très souvent, ils vivent aussi une dépression. Puisque leur condition les oblige à rester immobiles, ils ne peuvent plus se projeter à l'extérieur et ils sont obligés de s'intérioriser. Au cours de cette introspection, ils font tourner le film de leur vie. C'est à ce moment-là que leur monde peut s'écrouler. Or, quand on travaille sur soi, ce film, on le visionne quotidiennement. À la fin d'une soirée, on se rappelle: «Que s'est-il passé dans ma journée?» et on répare. Et on n'a pas besoin d'attendre la fin de la soirée. Par exemple, après une discussion, on peut se demander: «Ai-je été juste? Ah! j'aurais pu dire ceci, et j'aurais pu faire cela.» Et on ne se juge pas. On apprend, simplement.

Le nom *dépression* dérive du verbe *déprimer*, et, dans ce dernier, on trouve le mot *primer*. À quoi a-t-on oublié de donner la primauté? Si, dans notre vie, on a laissé primer la matière et la réussite matérielle, alors, quand la mort se pointe à l'horizon, la dépression nous envahit. Si, par contre, on met les qualités et les vertus à la première place—même si on est encore loin d'être parfait—, quand la mort approche, on n'éprouve ni regret ni remords.

Il arrive encore qu'on chute et qu'on se ravise: «Ah! j'aurais dû dire ceci, et j'aurais dû faire cela.» Mais si quelque chose nous échappe parce que des forces inconscientes étaient en jeu, alors, au cours de la nuit, On nous envoie un rêve pour nous permettre de réparer. Cela fait en sorte qu'on se sent continuellement *à jour*. À chaque journée, on a fait du mieux qu'on pouvait, malgré nos imperfections. Ainsi, on évite le remords de fin de parcours et on vit bien le temps qui nous est donné, ici sur Terre. Donc, le travail sur soi améliore grandement notre vie présente et nous prépare de belles incarnations futures.

Après avoir accompagné des mourants, à deux reprises, j'ai moi-même été confrontée à la mort physique. Cela a constitué un véritable test. Voici le premier événement. Je me trouvais à bord d'un véhicule, et, à un moment donné, j'ai vu arriver en sens inverse une autre voiture qui roulait à toute vitesse; le chauffeur avait perdu la maîtrise de son véhicule. Cette voiture avait été complètement déportée sur notre côté de la chaussée et fonçait droit sur nous. J'ai pu constater qu'elle ne pourrait pas arrêter à temps pour nous éviter, et, pendant quelques secondes, j'ai imaginé l'impact. La voiture a percuté la nôtre et nous avons fait un double tonneau. Notre véhicule a été complètement écrabouillé. Je me suis retrouvée la tête en bas, retenue par la ceinture de sécurité. Ma réaction a été de prier à haute voix, de répéter: « Mon Dieu, emmène-moi. Si mon heure est arrivée, emmène-moi. » En priant de la sorte, je me sentais vraiment en sécurité. J'avais totalement lâché prise. Je me sentais dans le cœur de Dieu.

Finalement, je suis sortie indemne de cet accident. Il a été mis sur ma route pour me permettre de comprendre avec encore plus de profondeur ce qu'est la mort, et surtout pour me faire réaliser que la vie, ici sur Terre, n'est qu'un passage.

Le deuxième événement s'est produit deux ans plus tard. Je faisais une randonnée spirituelle à ski dans les très hautes montags suisses, où reposent les neiges éternelles. Je dis *spirituelle* car je montais en méditant; je faisais une méditation active. En groupe, et accompagnés d'un guide de montagne, nous étions montés sur des sommets inaccessibles par téléphérique. Ce sont des régions sublimes, où les taux vibratoires prêtent tout naturellement à la méditation.

À un moment donné, alors que je descendais une pente abrupte, et que le reste du groupe se trouvait déjà un peu plus bas, tout à coup, j'ai entendu une avalanche se mettre en branle. La surface enneigée a commencé à trembler et à se dérober sous mes skis, et j'ai entendu le guide de montagne me crier d'en bas: « Fuis à gauche! Fuis à gauche! » J'ai eu une réaction qui peut paraître illogique: je me suis assise dans la neige. Et là, j'ai prié. Je répétais: « Mon Dieu, si mon heure est venue, emmène-moi. Que Ta Volonté s'accomplisse. » Pendant ce temps, le guide criait à tue-tête: « Lève-toi! Va vers la gauche. Lève-toi! » et le sol tremblait.

J'ai continué de prier et, AAAH! j'avais des sensations. J'avais tout lâché: un lâcher prise, une acceptation totale, une obéissance tranquille devant l'inévitable. Je me sentais dans le sein de

Dieu. Je ressentais une énergie incroyable et j'avais des sensations indescriptibles. Après un certain temps, l'avalanche s'est terminée ; mon heure n'était pas venue.

Bien sûr, cet événement m'a amenée à d'autres réflexions sur la mort, entre autres, à comprendre — et pas seulement d'une manière intellectuelle — que tout est écrit. Tout, absolument tout est écrit. Quand on comprend cette loi, à savoir que chaque être humain a un programme qui est déjà établi avant sa naissance en accord avec ses vies antérieures, alors, on s'abandonne, on ne lutte plus, et on accepte notre plan, même si parfois il peut être très difficile.

Dans l'Univers, tout est mathématique et le hasard n'existe pas. On peut comparer Dieu à un immense Ordinateur Vivant dans lequel on vit, et où tout est minutieusement préparé pour soi, où chaque événement est programmé pour nous amener un pas plus loin. Bien sûr, on peut se rebeller, mais on peut aussi accepter et bien vivre chaque événement, car, alors, tout notre être est dans l'acceptation.

On entend souvent l'expression *lâcher prise*, mais elle ne reste souvent que des mots. Trois Anges très importants peuvent nous aider à vraiment comprendre l'acceptation ou le lâcher prise, et à l'intégrer à tous les niveaux de notre être, pas seulement au plan intellectuel. L'un d'eux est l'Ange n° 33, qui s'appelle Yehuiah, et qui est l'Ange de la subordination. Dans le processus d'initiation, Il nous permet de vivre sous de très hautes tensions sans se rebeller, car on comprend qu'on doit assumer tout ce que l'on vit afin de le transmuter et de passer à une autre étape. Les deux autres sont l'Ange 34 Lehahiah, qui est l'Ange de l'obéissance, et l'Ange 39 Rehael, l'Ange de la soumission.

Une fois qu'on a incorporé les qualités de ces trois Anges, il ne subsiste plus aucun petit rebelle ni aucune trace de colère à l'intérieur de soi. On acquiert une grande réceptivité. Il est tellement plus facile d'écouter et d'être réceptif : on gaspille une énorme quantité d'énergie à se battre contre un plan de vie. Cependant, on doit prendre garde de ne pas confondre acceptation et résignation. La résignation est une servitude, tandis que dans l'acceptation réside une grande compréhension. Celle-ci fait toute la différence.

J'aimerais maintenant vous raconter une belle anecdote que mon époux a vécue. Au début de son cheminement spirituel, lui aussi a accompagné des mourants, et cela l'a aidé à changer sa manière de voir la vie. Un jour, il a été appelé au chevet d'une jeune fille qui avait la leucémie et qui, aux dires des médecins, allait mourir très prochainement. Cette jeune fille avait rêvé qu'elle devait rencontrer mon mari, et la première question qu'elle lui a posée quand elle l'a vu a été : « Parle-moi de Dieu. » Elle arrivait à peine à ouvrir les yeux, et, lui tenant la main, en toute simplicité, mon époux a partagé avec elle sa vision de la mort. Il lui a dit qu'il s'agissait d'un passage, et qu'elle allait traverser un tunnel de lumière d'une beauté inimaginable.

Avant qu'il ne parte, elle lui a confié son souhait de voir son existence prolongée de quelques jours, afin que ses parents comprennent que c'était vraiment la fin pour elle, qu'elle le sentait et qu'elle n'avait pas peur. Elle lui a ensuite demandé de prier pour elle, d'intercéder en sa faveur afin que son désir soit exaucé. Mon mari lui a répondu : « Tu sais, ce n'est pas moi qui décide. Fais confiance à Dieu et cela sera fait selon ton destin, selon ce qu'il y a de mieux pour toi. »

Quinze jours plus tard, mon mari a rêvé qu'*il était assis près d'une table, et que cette jeune fille lui tenait la main. Elle était accompagnée de son père et de sa mère, et elle lui a dit : « J'ai demandé la permission pour venir te remercier. Tu sais, Ils sont très contents de toi, ici. Tu verras, Ils ont de grands projets pour toi. Un cadeau t'attend. » Ensuite, elle l'a emmené dans une pièce aux murs noirs au centre de laquelle se trouvait une table. Lorsqu'il s'est approché de cette dernière, OOOH ! il a vu, à l'intérieur, le tunnel de lumière blanc et bleu cristal. Une force d'amour indescriptible s'en dégageait. Puis se tournant vers lui, la jeune fille lui a dit : « Normalement, pour voir le tunnel de lumière, on doit passer par la mort physique. Voici ton cadeau. N'aie crainte. Parles-en. »*

Mon mari s'est réveillé avec des larmes de joie et une paix qu'il n'avait jamais ressentie auparavant. Ce message s'est profondément gravé dans son âme. Trente minutes plus tard, il a reçu un appel téléphonique lui annonçant que la jeune fille était décédée, la veille, à 17 heures, et que ses parents le remerciaient pour son accompagnement. Cette rencontre a été pour mon mari l'une des expériences qui ont le plus contribué à son évolution spirituelle. En fait, elle a totalement changé sa vie. Depuis un certain nombre d'années, il travaille avec l'Angéologie Traditionnelle, il visite bien des mondes parallèles, et il reçoit beaucoup de rêves et d'enseignements durant la nuit.

☉
Où va-t-on après la mort ?

Lorsqu'on meurt au plan physique, va-t-on errer dans le noir, entre deux étoiles ? Non. On est transféré dans une autre dimension. Dans ces mondes parallèles existe toute une organisation, laquelle comporte des gouvernements et des sociétés régies par de grandes Intelligences.

On ne devient pas plus intelligent ou plus amour parce qu'on meurt. Alors, quelles sont les critères qui définissent dans quelles sphères on poursuivra notre voyage, après notre passage ici sur Terre. Ces critères sont très simples : comment on a vécu dans notre cœur, dans quel état de conscience, et surtout, quelles ont été nos intentions. Par exemple, on a pu paraître très généreux vis-à-vis des autres, mais, si derrière ces gestes de générosité se cachaient l'intention d'être reconnu et le désir d'être aimé, cela s'inscrit en nous et détermine comment se poursuivra notre voyage. Si, généralement parlant, on a vécu dans la distorsion, c'est vers ces mondes parallèles qu'on est dirigé. Par contre, si on a vécu avec amour, alors, c'est vers l'Amour qu'on ira, là où s'étendent des champs de roses et où tout est beau. Cela est absolu. D'ailleurs, cette idée n'est pas nouvelle. Dans la Bible, il est écrit : *Tu iras là où tu as vécu dans ton cœur.*

Lorsqu'on saisit cela—et pas seulement dans notre tête—et qu'on médite là-dessus, on se résout à mettre à la première place les qualités, les vertus et les pouvoirs à l'état pur. On continue à vivre dans notre société et dans la matière, mais on devient très vigilant vis-à-vis de chacune de nos intentions, car ce sont elles qui s'inscrivent en nous. Tout le reste—les résultats—n'appartient qu'au monde des conséquences et ne sert qu'à notre apprentissage.

Quand on meurt, on se retrouve exactement comme dans un rêve, c'est-à-dire dans une autre dimension. Pour ceux et celles parmi vous qui n'ont pas encore la possibilité de visiter ces mondes parallèles *via* leurs rêves, je vous suggère un film qui, bien que romancé, parvient à vraiment très bien montrer ce qui se passe après la mort physique. C'est le film *Au-delà de nos rêves*, très connu, dont l'acteur principal est Robin Williams.

☉

Pour continuer sur le sujet de la mort, parlons du suicide. Pourquoi commet-on cet acte? Je vais tout d'abord vous raconter une anecdote qu'a vécu notre fille Kasara. Cet été, elle est allée dans un camp pour enfants, et, à son retour, elle était bouleversée et troublée. Alors, elle nous a expliqué ce qui était arrivé. Pendant son séjour au camp, à un moment donné, la monitrice a demandé aux enfants les noms du père et de la mère de chacun. Quand est arrivé à l'une des petites filles le tour de nommer ses parents, elle a dit le nom de sa mère, mais, au moment de prononcer le nom de son père, elle a dit: «Il s'appelait... il est mort.»

Au cours de l'après-midi, cette petite fille de neuf ans se sentait plutôt abattue et elle est allée se confier à Kasara. Elle lui a dit: «Il y a quatre ans, mon papa s'est suicidé», et elle lui a confié qu'elle vivait cela d'une manière très difficile. Bien sûr, arrivée à la maison, Kasara nous a posé des questions. Elle nous a demandé:

—Pourquoi il a laissé sa petite fille? Pourquoi il a fait ça?

—Tu sais, Kasara, lui a expliqué son père, il n'y en a pas, de hasard. C'est vrai que c'est très difficile pour cette petite fille, mais, dans une autre vie, elle aussi a dû se suicider, et peut-être qu'elle aussi a laissé derrière elle des enfants. Elle a expérimenté.

Il lui a expliqué que le Bon Dieu n'est pas un Dieu vengeur, et que ce n'est pas pour punir cette petite fille qu'Il lui a retiré son papa. Il lui a fait comprendre que tout ce qu'on vit est inscrit à l'intérieur de soi, qu'on le transporte et qu'on doit éventuellement le vivre sous ses autres facettes. Et que le fait de subir ce qu'on a fait subir aux autres nous amène à ne pas répéter le geste.

Un jour, une dame a demandé à mon mari:
—Mon neveu vient de se suicider. Où ira-t-il? Est-il perdu?

—Non, lui a répondu mon mari. Il y a des guides qui s'en occupent. Il n'est pas perdu. Il ira dans un centre quelque peu comparable aux centres de rééducation pour les délinquants, qu'on a, ici sur Terre. Bien sûr, il se retrouvera entouré d'autres personnes qui se sont suicidées, et, donc, l'énergie sera lourde. Ce sera difficile. Son problème ne changera pas, mais il pourra bénéficier d'une rééducation.

☉

Le suicide

Pourquoi une personne se suicide-t-elle? Le suicide vient d'un manque de connaissance. La personne vit des distorsions, son inconscient est chargé, et cela la fait souffrir et ferme ses horizons. Elle veut donc mettre un terme à sa souffrance. Quand on a la Connaissance, on sait que les souffrances viennent de distorsions — on sait qu'on les crée avec notre esprit — et, au lieu de vouloir y mettre un terme dans la forme, c'est-à-dire en tuant le corps, on se résout plutôt à faire mourir ces distorsions. On leur dit: «Assez!», pour, un jour, renaître dans les qualités.

Quand on a la Connaissance, on sait que l'Esprit continue d'exister dans les autres dimensions et que nos souffrances nous y accompagnent. En travaillant avec l'Ange MUMIAH, bien sûr, les idées suicidaires peuvent revenir régulièrement — car cette tendance peut être très puissante, tout dépendant du programme —, mais on en profite pour parler à nos mémoires inconscientes. On leur dit: «STOP! C'est assez! Ça n'arrangera rien. Vous allez vous nettoyer, maintenant.» Avec la pratique récitatoire, au bout d'un moment, ces idées disparaissent: les parties de soi qui les nourrissaient n'ont plus suffisamment de force pour tenter l'être et l'amener à mettre fin à sa vie physique.

Si on a des envies suicidaires, L'Ange MUMIAH est vraiment l'Ange idéal. Mais Il l'est également dans les situations où des personnes de notre entourage proche ont de telles envies ou ont effectivement mis fin à leurs jours. Le hasard n'existe pas, et, bien sûr, ces situations sont mises sur notre route pour nous aider à comprendre la vraie nature de la mort. On peut n'avoir jamais ressenti soi-même l'envie de mettre fin à ses jours, mais ces situations qui éveillent des résonances douloureuses indiquent la présence, dans notre inconscient, de mémoires concernant le refus de vivre, mémoires que l'on doit rectifier.

☉

Une autre femme dont le fils adolescent avait des idées suicidaires est venue me faire part de son travail intensif avec l'Ange MUMIAH et des résultats de ce travail. Certains de ses rêves lui avaient dévoilé qu'elle était habitée par ces questions et ils l'avaient amenée à comprendre que les tendances suicidaires de son fils n'étaient pas le fruit d'un hasard. Finalement, son travail intense avec l'Ange l'avait aidée à mieux accompagner son fils. Mais il faut savoir qu'on ne peut pas sauver l'autre. Lui ou elle demeure la seule personne capable de se sauver.

On entend souvent parler des tendances suicidaires chez les adolescents. Tout d'abord, cette période de la vie est une phase de mutation. De plus, c'est à l'adolescence que la sexualité prend son essor, et l'être peut avoir de la difficulté à canaliser cette nouvelle énergie. Chez les êtres qui ont un inconscient chargé, l'adaptation peut être plutôt difficile. Alors, si on est parent d'un tel être, et s'il devait poser l'acte, le travail avec l'Ange MUMIAH peut vraiment nous être d'un grand secours, car il libère de la culpabilité ; on sait que ceux qui restent sont très souvent portés à se sentir coupables du décès. Cet Ange nous amène à comprendre qu'on doit laisser l'autre continuer son voyage et qu'il existe dans l'Au-Delà des êtres très bien équipés pour s'en occuper, pour l'amener à ce qu'il y a de meilleur pour lui ou elle.

Pour quelles raisons doit-on mourir au plan physique ? Pourquoi parcourt-on une telle succession de morts et de renaissances ? Avant d'aborder cette question, considérons l'exemple d'un cas extrême, celui de Hitler. Si cet homme n'était pas mort physiquement, il aurait continué ses méfaits pendant des centaines d'années, multipliant ses karmas à l'infini. Avec la mort physique, ce processus est interrompu, et l'être part dans une autre dimension pour avoir la possibilité d'être rééduqué.

Prenons un autre exemple. Supposons un être qui a reçu du Ciel beaucoup de pouvoir matériel et qui abuse de ce pouvoir. Il est ambitieux, il n'a aucune gratitude, et ses actions ne sont pas justes. Bref, il est dans un *trip* de pouvoir. Voyons en quoi la mort physique sera utile à cet être. Puisque, dans l'autre monde, la richesse se solde par l'ensemble des vertus et des qualités qu'on a développées, en mourant, cet être ira dans un endroit très pauvre au plan énergétique. Il devra laisser derrière lui tous les joujoux avec lesquels il s'est amusé, ici sur Terre—on voit de tels êtres comme des petits enfants qui jouent avec leurs jouets, comme des enfants de Dieu qui expérimentent —, puis, quand il reviendra se réincarner, son éducation se poursuivra et il pourra alors se retrouver dans un pays très pauvre. Donc, on voit que la mort physique est bénéfique à l'être ; elle évite que les karmas liés à l'expérimentation ne se multiplient à l'infini.

Voyons maintenant où se situe l'Ange MUMIAH dans l'Arbre de Vie. Dans le processus de densification des énergies, cet Ange se trouve vraiment en fin de parcours, dans la Séphira YÉSOD, celle qui représente l'étape précédant immédiatement l'action dans le plan physique ou la matérialisation. La planète symboliquement associée à cette Séphira est la Lune. On a vu que les Anges qui résident dans une Séphira donnée possèdent chacun leur spécificité ou sphère d'expression. Or, celle de l'Ange MUMIAH est encore une fois la Lune, ce qui en fait un Ange doublement lunaire.

La Lune représente le pôle féminin de l'être. Qu'on soit un homme ou une femme, on porte les deux pôles, le masculin et le féminin. Ainsi, avec l'Ange MUMIAH, on travaille sur notre pôle féminin, lequel — tout comme la Lune — a pour fonction principale de densifier, de cristalliser, de matérialiser ce qui réside dans les plans subtils. Une autre fonction de cet Ange est *la réceptivité*; il induit une grande réceptivité. À quoi sommes-nous réceptifs ? À ce que nos pensées génèrent, et, essentiellement, à ce que l'on met à la première place. C'est cela qu'on recevra ; c'est absolu. Alors, avec l'Ange MUMIAH, on fait mourir et on accompagne à la mort tout ce qui fait obstacle à la réception des énergies à l'état pur, comme si on installait un filtre qui laisse passer uniquement ce qui reflète la Connaissance.

Tout comme la Lune, la Séphira YÉSOD représente la transformation de tous les élans, de toutes les impulsions — bref, la transformation des commandes des autres Séphiroth ou planètes — en images concrètes. Ces impulsions arrivent dans la coupe qui symbolise cette Séphira et apparaissent sous forme d'images dans notre esprit. Une analogie permet de bien comprendre cette fonction de la Lune, et plus spécifiquement celle de l'Ange MUMIAH. C'est le poste de télévision. Lorsqu'on regarde un film au petit écran, bien sûr, ce n'est pas le téléviseur qui fabrique le film. Il reçoit simplement des impulsions et les transmet sous forme d'images. L'Ange MUMIAH joue le même rôle dans notre être.

Comment a-t-on accès au monde des images intérieures ? Il est important de le savoir, car ce sont ces images qui déterminent comment notre vie se réalise. Il existe à l'intérieur de soi une force interactive qui fait en sorte que toute image qui nous parvient intérieurement — qu'elle soit positive ou négative, qu'elle dépeigne une grande bonté ou qu'elle ressemble à un film d'horreur — se réalise concrètement dans notre vie. OOOH! quand on comprend cela, on voit qu'on a avantage à soigner la qualité de nos images mentales. On n'éteindra pas le téléviseur interne lorsque nos programmes d'agressivité, de critique et autres distorsions seront à l'affiche. Au contraire, on entrera dedans et on travaillera sur les distorsions, exactement comme l'a fait la mère de l'adolescent suicidaire.

Comment accède-t-on aux programmes qui se trouvent à l'origine de ces images ? Comment savoir ce qui se passe à l'intérieur de soi ? On a vu que les impulsions qui finissent par se traduire en images viennent principalement de parties inconscientes de soi. Ces dernières sont cachées et, Dieu merci, heureusement qu'elles le sont, du moins en un premier temps. Petit à petit, On nous y donnera accès, entre autres *via* nos rêves. OOOH! parfois, pendant la nuit, on voit des programmes cauchemardesques et on se dit : « C'est niaiseux ! » et on n'y prête aucune attention. Or, ces cauchemars nous dévoilent nos peurs. Si on n'arrête pas les forces qui les sous-tendent, un jour, ils se concrétisent. Et lorsque cela se produit, on ne comprend pas pourquoi on vit toutes sortes de situations difficiles pendant la journée. Mais on n'a pas tenu compte de notre rêve de la nuit.

Avec l'Ange MUMIAH, on acquiert vraiment cette faculté de retrouver nos images, celles que nous envoie notre Esprit *via* notre téléviseur intérieur. Lorsque la faculté d'imagerie n'est pas activée, la personne reçoit des rêves flous, ou bien seulement en noir et blanc. Ou encore, aucune image ne se présente, seulement le son. Parfois, la transmission est parasitée ou le téléviseur intérieur peut être complètement éteint.

On verra comment retrouver ces images, même si, pour l'instant, on ne rêve pas. Quand on travaille avec les Anges, progressivement ou instantanément—cela dépend d'En Haut et de la façon dont on réagit—, On nous redonne graduellement cette faculté d'imagerie en songe. Un exemple très simple nous permet de comprendre pourquoi la transmission d'images peut s'arrêter, pourquoi On cesse de nous envoyer des rêves. Si un ami nous appelle et nous laisse un message une fois, deux fois, trois fois, et qu'on ne lui répond pas, si on n'y prête pas attention, alors que fera l'ami? Au bout d'un moment, c'est bien simple, il ne nous appellera plus.

En Haut, c'est la même chose. Ils nous envoient des rêves, des beaux et des moins beaux, bref, l'ensemble du scénario que l'on doit vivre. Si on n'y attache aucune importance, Ils ne sont pas fâchés. Ils se disent simplement: «On va lui transmettre le message autrement: il devra subir.» Ceci est absolu: ce qu'on est, on devra éventuellement le vivre.

OOOH! quand on comprend cela, on réalise que le rêve est un grand cadeau. C'est un cadeau de Dieu qui nous aide à rectifier et à réparer, et, éventuellement, à anticiper tout ce que l'on vivra. Et quand on reçoit un rêve—même si on n'en fait qu'un seul par mois, il peut nous servir pendant toute une vie—, on le retourne dans tous les sens et on prête attention à tout ce que l'on vit afin d'observer comment il se matérialise. On le bichonne comme un bébé et on se demande: «Que veut-On me montrer par ce rêve?» Un jour, il ne subsiste plus aucune différence entre les rêves qu'On nous envoie, dans lesquels on évolue dans les mondes parallèles, et ce que l'on vit, ici sur Terre.

J'aimerais partager avec vous une anecdote qui illustre une intention de mettre fin à un cycle de façon arbitraire. Lorsqu'on décide de soi-même—sans en avoir reçu le signe d'En Haut—que l'étape est terminée, c'est qu'on n'est pas réceptif.

Un jour, une femme qui assistait au cours pour la première fois est venue me voir et m'a dit:
—Je sais que c'est ma dernière incarnation, ici sur Terre.
—Vous savez, madame, lui ai-je dit, en général, un initié ne parle pas de la fin de ses cycles, ici sur Terre. Il n'en parle pas car ses objectifs sont de se purifier à fond, de payer tous ses karmas et de servir. Alors, qu'il serve ici ou dans quelque autre dimension, sur quelque autre planète, n'a aucune importance pour lui. Absolument aucune.

— D'accord, a-t-elle insisté, mais je vous dis que, pour moi, c'est ma dernière vie ici. Je le sais. J'ai tellement fait de bien dans ma vie!

Elle attendait une acceptation de ma part. Alors, je lui ai dit:
— Je vais vous le mettre sur un plateau. Vous le recevrez ou non: vous êtes libre. Vous n'êtes pas la première personne qui vient me voir avec ce genre de réflexion; dans les milieux dits spirituels, on entend parfois ce genre d'affirmation. En général, dans ces cas, ce que j'ai perçu, c'est que la personne fuit certaines distorsions. Elle préfère demeurer dans une petite sphère où elle maintient artificiellement un soi-disant bien-être, parce qu'elle refuse d'explorer certaines zones d'elle-même. À cause de son orgueil, elle ne supporte pas l'idée de les mettre à jour. Quand on est dans cet état, on a tendance à se dire qu'on est correct et que ce sont les autres qui ne sont pas corrects. Mais c'est qu'on fuit quelque chose.
— Vous parlez comme ma fille de 13 ans, m'a-t-elle dit en me regardant avec de grands yeux. Elle est très intuitive, et quand j'exprime ce genre de réflexion, elle me dit: « Toi, maman, tu te penses parfaite pour dire que c'est ta dernière incarnation. »
— Eh bien, vous avez toute une enseignante à la maison. Vous feriez bien de l'écouter; elle est très sage, votre fille.

Alors, cette femme a souri.

Voici maintenant un exemple qui illustre comment peut être annoncée une renaissance à une plus grande réceptivité au niveau de la spiritualité.

Un homme m'a raconté son rêve. *Il était dans une église qui avait en son centre un foyer. Il se situait d'un côté de l'église, et, à un moment donné, des gens sont arrivés et se sont installés de l'autre côté pour écouter. Lui est resté là et il a vu le professeur arriver. Il s'est installé en position de méditation—en lotus—à côté du professeur, et il s'est planté un bâton d'encens dans la cuisse. Puis il a fait une sortie hors corps. Alors qu'il se voyait au-dessus de son corps, à un moment donné, il s'est dit: « Il faut que je revienne, parce qu'il y a un danger: ce bâton d'encens risque de me brûler la cuisse. » Il est revenu dans son corps, et le professeur l'a regardé en lui disant: « Tu n'aurais pas dû le faire. » En son for intérieur, le rêveur sentait qu'il y avait quelque chose de pas correct à l'intérieur de lui-même. Puis il s'est retrouvé dans l'autre partie de l'église, et, de là, tout à coup, il m'a vue arriver tenant un livre dont le titre était Angélica yoga. Il m'a demandé si je pouvais lui prêter ce livre, ce que j'ai fait. Puis tout à coup, sur un manuscrit qui était placé sur l'autel, il a vu apparaître des nombres lumineux: un, deux, trois, et tout le reste de la série, jusqu'à 72. Et le cycle des nombres recommençait.*

C'est un très beau rêve qu'a fait cet homme. Qu'a-t-On voulu lui dire? Puisqu'il était dans une église, On le situait dans son habitat spirituel, c'est-à-dire qu'On lui montrait comment il agissait et réagissait au niveau de la spiritualité. Bien sûr, dès que le spirituel est en cause, cela concerne tous les plans de l'être, car l'Esprit se manifeste dans tous les aspects de la vie. La spiritualité est importante car elle est le sommet de la pyramide de notre être.

Puisqu'il a pris place aux côtés du professeur, On lui a montré qu'il se positionnait du côté émissif. L'autre moitié de l'église symbolisait donc la réceptivité; en outre, les personnes qui écoutaient étaient installées de ce côté.

Il s'est planté un bâton d'encens dans la cuisse. Ce geste n'est pas juste. Que signifie-t-il? On a voulu lui montrer qu'il recherchait de bonnes odeurs au plan spirituel, mais d'une manière compensatoire, car, normalement, un bâton d'encens ne se plante pas dans la cuisse. Puisque l'odorat est associé au premier chakra, le rouge, qui représente la matière et l'action, On a voulu lui montrer qu'il avait encore des purifications à faire dans cette zone, et que c'était cela qui le rendait soucieux de *sentir bon*, c'est-à-dire de bien paraître vis-à-vis des autres.

On lui a montré que dans l'exercice des pouvoirs qu'il était en train de développer—il a fait une sortie hors corps—, son problème de compensation l'obligeait à revenir car il l'exposait au danger. On a voulu lui dire: «Ce n'est pas encore le temps pour toi de rechercher ces pouvoirs et d'exposer ton savoir. Tu dois d'abord nettoyer certaines de tes mémoires inconscientes.» Les reproches du professeur allaient dans le même sens. De plus, le simple fait de sentir que quelque chose n'était pas juste dans son attitude l'a automatiquement amené à prendre conscience de son problème d'ego.

Puis il s'est retrouvé dans l'autre partie de l'église, celle qui représente la réceptivité, et il m'a vue apparaître. J'ai été utilisée à la fois comme symbole spirituel—pour représenter sa partie spirituelle—pour cet enseignement, et comme symbole de réceptivité, puisque je suis une femme. On voit donc que c'était un beau rêve qui annonçait à cet homme une plus grande réceptivité au plan spirituel.

Son symbole spirituel tenait dans ses mains un livre, *Angélica yoga*. Pourquoi lui a-t-On mis ce titre? Le yoga est une pratique qui aide vraiment à développer la réceptivité dans l'action, et le terme *Angelica* signifie l'énergie des Anges. Donc, On lui signalait qu'il devenait plus réceptif aux Énergies Angéliques dans l'action, et qu'il accédait à la Connaissance. Quelque chose s'ouvrait en lui et de nouveaux horizons lui devenaient accessibles.

Par le déroulement, en ordre, des chiffres lumineux, On a voulu lui montrer que dans le travail intérieur on doit respecter les étapes, et que, parvenu à la fin du cycle, on vit une renaissance, un recommencement. Dans le Travail avec les Anges, si on suit le Calendrier Angélique n° 1, c'est-à-dire si, à chaque jour, on fait la pratique récitatoire avec l'Ange qui régit cette période, à la fin du cycle des saisons, soit le 21 mars, on commence un nouveau cycle du Travail. À chaque tour de piste, année après année, on nettoie un petit morceau, on rectifie une petite distorsion dans le rayon de chaque Ange. Autrement dit, on ne doit pas espérer tout nettoyer d'un coup.

Ce rêve m'amène à vous parler d'une formule Angélique. On a vu, par l'analyse du dernier rêve, que l'équilibre des pôles masculin et féminin—c'est-à-dire des aspects émissif et réceptif—est un facteur primordial dans le cheminement spirituel. L'homme qui a reçu ce rêve est un médecin qui a une très grande ouverture spirituelle et pour qui le Ciel réserve une très belle destinée. Il vit présentement de grandes initiations, et c'est bien pour lui. Or, justement, un piège qui guette tout thérapeute et tout enseignant est d'être trop émissif. Même s'il a une certaine réceptivité, il peut avoir tendance à être trop émissif. Dans un tel cas, il ne peut pas recevoir tout ce qui vient d'En Haut, tous les cadeaux que le Ciel lui envoie.

Voici la formule Angélique: *Avant d'être professeur, on doit être élève, et quand on devient professeur, on demeure élève.* Un jour, on réalise—comme je l'ai fait lorsque j'accompagnais les mourants—qu'on est toujours à la fois enseignant et enseigné. On doit se répéter cette formule. On demeure un élève toute sa vie, car Dieu nous envoie continuellement des enseignants. Bien sûr, on ne les reconnaît pas nécessairement, surtout lorsqu'ils ont des comportements distorsionnés, mais Dieu et les guides nous envoient des messages à travers tous les êtres qu'on rencontre ou côtoie. Trop souvent, ces messages nous échappent parce qu'on manque de réceptivité. Voilà le sens de l'humilité et de la simplicité. Un jour, on n'a plus d'orgueil, on est ouvert, et on est un élève à temps complet. La lecture des signes du quotidien nous met dans un état de réceptivité qui nous permet de se laisser guider 24 heures sur 24. Qu'on soit face à un vendeur ou face à un enfant, cela ne fait pas de différence : on conserve notre réceptivité, et on n'entretient plus l'idée de hiérarchie sociale, dans notre esprit. À ce moment-là, on peut tout recevoir.

Je vais vous raconter l'histoire d'une femme qui travaille avec les Anges et qui, elle aussi, était bouleversée par les rêves qu'elle avait faits. Elle en a demandé une interprétation à mon époux.

En rêve, elle a entendu le mot *Armagedon*. Ce matin-là, à son réveil, elle se sentait bouleversée et elle était aux prises avec des angoisses existentielles. Elle ne savait pas ce que signifiait le terme *Armagedon*, mais elle n'a pas tout de suite cherché à le savoir. Au cours de la journée, elle est entrée dans un magasin de vidéos pour louer une cassette. Elle avait déjà arrêté son choix lorsque, au comptoir, au moment de nommer le film qu'elle avait choisi, elle s'est entendue prononcer autre chose. Elle a dit : « Armagedon. » Évidemment, elle s'est demandé : « Mais voyons ! pourquoi je dis ce mot-là ? Pourquoi ça me sort à ce moment-ci ? » Elle a été encore plus décontenancée lorsque le commis lui a répondu : « Oui, oui, on a ce film. »

Elle a donc loué le film *Armagedon*, et, quand elle l'a regardé, elle a eu chaud. Le film débute sur une vue des deux tours du *World Trade Center* et il relate la destruction de la ville de New York par des météorites. Oh ! elle avait chaud et se demandait : « Mais pourquoi m'ont-Ils fait prononcer ce titre ? Que se passe-t-il ? » Puis cette nuit-là elle a eu un autre rêve. *Elle était dans une salle bondée de gens. Sur une table se trouvaient des pichets d'eau, et elle faisait des réserves d'eau pour des personnes qui devaient arriver. Elle pouvait voir, inscrit en grandes lettres sur le plancher,*

Harmagedon. Comme vous l'avez peut-être remarqué, cette fois-ci le mot commençait par un H. Elle s'est demandé : « Pourquoi me remettent-Ils ce mot, et pourquoi avec un H ? »

Lorsqu'elle a demandé l'interprétation de ses rêves, mon époux a perçu un tremblement dans l'âme de cette femme, bien que cette dernière ne soit pas du tout du genre alarmiste. Il a également senti qu'elle comprenait déjà ses rêves et qu'elle venait surtout chercher une confirmation.

Dans le premier rêve, On ne lui mis que la voix qui disait : « Armagedon », mais cela a éveillé chez elle certaines mémoires inconscientes. Mon époux lui a dit : « Ces rêves n'annoncent pas la fin du monde. Ce sont de beaux rêves qui t'annoncent la fin de certaines parties de toi-même et un renouveau prochain. Bien sûr, tu vivras des bouleversements et des restructurations de toutes sortes, mais cela est très positif. Ensuite, On t'a guidée pour que tu loues ce film afin de te faire réaliser l'ampleur des changements qui allaient s'effectuer à l'intérieur de toi. »

Puis On a ajouté un H au mot *Armagedon* pour l'amener à comprendre beaucoup plus profondément ce qui se passait. Le nom *Harmagedon* est cité dans la Bible. Où ? Dans l'*Apocalypse*, qui signifie révélation. Cette partie de la Bible prédit non pas la fin du monde, mais bien de grandes ouvertures de conscience.

Le terme *Harmagedon* vient de *Méguido*, le nom d'une montage et d'une vallée situées en Israël, la dernière communément connue comme le lieu d'une grande bataille entre les forces du bien et les forces du mal. Je vais faire quelques commentaires pour vous expliquer la raison pour laquelle on a référé cette femme au mot Harmagedon. Ce dernier apparaît dans un verset de l'*Apocalypse* dans lequel on lit : *Le sixième Ange versa sa coupe dans le grand fleuve, l'Euphrate, et son eau tarit.*

L'Apocalypse touche l'enseignement des Anges ; elle concerne l'ouverture des sceaux. L'Ange versa sa coupe et le fleuve se desséchа. L'Ange est pur, et le fleuve est asséché parce que, dans le monde de nos émotions—l'eau symbolise nos émotions—, on a vécu et enregistré toutes sortes d'expériences, et, pour cette raison, notre eau n'est pas des plus pures. Elle est corrompue. Donc, on doit *vider la cuve*, pour, un jour, la remplir d'une eau pure.

Le sixième sceau, le sixième Ange de l'Apocalypse, correspond à la sixième Séphira—TIPHERETH—, le troisième œil. Celui-ci est la source de pouvoirs spirituels tels que la médiumnité et la clairvoyance, pour ne nommer que ceux-là.

On lit aussi dans l'*Apocalypse: Et je vis sortir de la bouche de la Bête, de la bouche du faux prophète...* Ici, on évoque la notion de faux prophète. On ne doit pas voir dans le faux prophète uniquement une personne qui prophétise, qui prédit par divination. Cette notion s'applique également dans notre quotidien: chaque fois qu'on utilise la Connaissance d'une manière égoïste, pour obtenir des biens ou des faveurs personnelles, on est un faux prophète. Vous voyez que cela peut s'appliquer assez fréquemment.

Lorsque, En Haut, Ils décident de déclencher l'ouverture de l'inconscient, un incroyable nettoyage s'amorce. Voilà ce qu'est le Travail avec les Anges. Il s'agit d'une grande purification qui nous amène à de très hauts niveaux de pureté. Par ce travail, on touche à des énergies extrêmement puissantes à cause de leur caractère pur et essentiel. Ainsi, une grande bataille est déclenchée à l'intérieur de soi. Il s'agit d'une bataille entre les bienfaiteurs et les saboteurs. Jusqu'à ce que toutes ces mémoires soient transcendées, on vit de grands tremblements intérieurs.

Derrière chaque Ange se trouve le bien, et derrière chaque distorsion se cache un petit démon. Derrière la plus petite distorsion, la moindre critique ou la moindre agressivité, se cache le serviteur du mal—un démon—et celui-ci obéit à Dieu de façon inconditionnelle. Lorsque l'Intelligence Cosmique décide d'opérer l'ouverture de l'inconscient, on est amené à rencontrer ces démons intérieurs. Un jour, on arrive à leur faire face et cela nous permet de tout nettoyer, absolument tout. Lorsqu'on y est parvenu, on n'a plus aucune résonance et on comprend vraiment l'utilité du démon, du mal. On réalise qu'il est éducationnel. Lorsqu'on n'a plus de résonances, si une énergie négative se présente, elle est immédiatement transformée, transcendée. On comprend que Dieu est au-dessus du bien et du mal et on n'a plus peur du mal. On comprend toute son utilité.

Après avoir reçu l'interprétation de son rêve et les explications de mon époux, cette femme lui a dit: «Justement, après avoir reçu ces rêves, j'ai mis le CD de méditation avec l'Ange Mumiah; c'est mon Ange au niveau de la tête—elle est née entre 23 h 40 et 24 h. Quand je l'ai écouté, j'ai ressenti des choses que je n'avais jamais ressenties auparavant. J'avais des tremblements intérieurs et c'était même physique. C'est devenu tellement intense que j'ai dû arrêter le CD. »

Alors, mon mari a ajouté : « L'énergie est pure, mais, puisque, En Haut, Ils ont décidé de t'ouvrir la porte initiatique, tu dois rencontrer tes distorsions et effectuer des fins de cycle. Tu dois laisser mourir certaines parties de toi qui sont liées à ce dont on vient de parler, et il est vrai que cette étape est très éprouvante. »

Puis il lui a demandé :
— Depuis combien de temps viens-tu aux cours d'Angéologie Traditionnelle ?
— Ça fait trois ans.
— Ah! c'est ça; c'est graduel. Plus on avance, plus ça devient à la fois difficile et merveilleux. Certaines personnes vivent des situations extrêmement difficiles et leur inconscient n'est pas encore ouvert; il est voilé. Mais quand arrive le moment qui a été préétabli et qui est inscrit dans notre programme, En Haut, Ils soulèvent le voile et AAAH! on vit de grandes morts intérieures. Ce sont de puissantes initiations qui visent une renaissance de l'être. Ce sont Eux, En Haut, qui décident du volume de l'énergie qui passe. On peut invoquer l'Ange, et, un jour, tout à coup, l'énergie descend dans le corps d'une façon plus puissante qu'auparavant. Cette nouvelle étape mène à un mieux-être, mais, pendant les initiations, il est vrai que c'est très intense. Sachant cela, on comprend mieux ce qui se passe à l'intérieur de soi.

C'était le cas de cette dame : elle s'est sentie bien soulagée de comprendre ce qui se passait à l'intérieur d'elle-même.

Pour terminer cette histoire, quelques semaines plus tard, mon mari se trouvait à la poste. Il s'apprêtait à envoyer un paquet en Europe pour préparer notre tournée de l'automne prochain, et la postière lui a dit que le paquet pesait 720 grammes. Donc le chiffre 72 se présentait. Quand on travaille avec les Anges, on est aux aguets des moindres signes qui apparaissent dans notre quotidien, car on sait que tout parle, que la vie est magique. Juste à ce moment-là, il s'est retourné et il a vu arriver cette dame du rêve Harmagedon, cette dame qui a l'Ange 72 Mumiah comme Ange Gardien.

Elle lui a demandé : « Mais qu'est-ce que tu fais là ? » Alors, ils ont parlé un moment et elle lui a dit qu'elle venait de faire un rêve dans lequel *il lui remettait un livre blanc*. De son rêve, elle avait compris que mon époux représentait une partie d'elle dans la manifestation — un homme représente ce qui se passe au plan de l'action, de la manifestation —, et que le livre blanc symbolisait la Connaissance, la spiritualité. Elle savait que le rêve signifiait qu'elle avait su recevoir la Connaissance, et elle ressentait vraiment un mieux-être. Mais, bien sûr, un tel mieux-être est temporaire, à moins d'avoir atteint l'étape ultime d'Illumination. Avec les rêves qu'a faits cette dame — et qu'on a vus —, il est clair qu'elle n'a pas terminé : de nombreuses autres initiations l'attendent. Et, Dieu merci, c'est une grâce, car elles mènent un jour à de grands états de bonheur.

J'aimerais maintenant partager avec vous le témoignage d'un homme qui nous a autorisés à le nommer. Il participe à faire grandir l'Univers/Cité Mikaël à travers son talent de peintre. C'est Gabriel Lavoie, l'artiste qui a peint les toiles qui sont reproduites sur les livres et les pochettes de CD de l'Univers/Cité Mikaël. Son travail est vraiment très inspiré.

Gabriel travaille avec l'Angéologie Traditionnelle et il vit de grands moments initiatiques. Ce soir, j'aimerais partager avec vous l'un de ses rêves. *Il était sur son lit et tournait la tête vers la gauche. Au lointain, il pouvait voir venir une fumée grisâtre, qui, en s'approchant, se transformait en une tornade de plus en plus grosse et impressionnante. Tout à coup, cette tornade l'a envahi et l'a emprisonné.* Plus tard, il nous a dit : « C'était très intense, car j'avais conscience que j'étais dans un rêve, mais, en même temps, je savais que j'étais dans mon lit. » C'est comme cela, les rêves ; un jour, ils nous semblent aussi réels que les événements vécus en état d'éveil.

Continuant à nous raconter son rêve, il nous a dit : « *Au-dessus de ce mouvement, j'ai vu des êtres surnaturels qui avaient une forme humaine et qui se tenaient en cercle. J'ai d'abord éprouvé une petite crainte, mais, ensuite, j'ai réalisé qu'ils étaient simplement en train de m'observer avec un air joyeux. Puis je me suis entendu prononcer des incantations ; c'était comme des prières qui venaient d'une époque lointaine. Et ça ressemblait à de l'hébreu. Au bout d'un moment, ces incantations ont eu pour effet de me faire sortir de ma tornade et de ma torpeur. Puis j'ai vu de nouveau les guides qui étaient joyeux, qui manifestaient de l'humour, mais aussi de la compassion.* »

Pourquoi lui a-t-On envoyé ce rêve? Le lit représente des parties intimes de l'être. Gabriel a tourné la tête vers la gauche. La gauche représente le monde intérieur; On lui montrait des aspects intérieurs. La fumée circule dans l'air, qui représente les pensées, et elle symbolise la confusion. D'autre part, la couleur de la fumée, le gris, est un mélange de noir et de blanc, soit de bien et de mal. On voulait donc lui montrer que dans ses pensées se trouvait parfois de la confusion entre le bien et le mal. Puisque ce nuage s'avançait et augmentait de volume, cela signifiait que cette confusion pouvait prendre des proportions vraiment envahissantes. Puis le mouvement de la tornade dans lequel il s'est retrouvé captif l'avertissait du caractère turbulent et emprisonnant de ces pensées, qui, comme nous l'avons vu, avaient commencé par une simple confusion.

On lui a aussi montré ses guides. On peut lire sur les guides—certains livres en traitent ou les mentionnent—mais il est rare qu'on y ait accès directement et consciemment. Alors, pour Gabriel, c'était toute une confirmation. On a ainsi voulu lui montrer que nos initiations sont toujours supervisées par des guides. De toutes façons, quoi qu'on fasse, on est continuellement supervisé par ces êtres qui œuvrent de façon inconditionnelle et impersonnelle. Le fait de les voir induit un fort sentiment d'être protégé et guidé dans le plan concret.

Même lorsqu'ils nous voient vivre toutes sortes d'expériences très difficiles, les guides demeurent joyeux, car ils comprennent le bien et le mal. Ils ont transcendé tout cela et, bien sûr, ils ont beaucoup de compassion. Ils savent que les épreuves que nous vivons sont éducationnelles. Alors, nous voir souffrir ne leur fait aucun mal. Un jour, on adopte la même attitude: on n'est plus triste face au mal ou aux épreuves, car on en saisit toute l'utilité au plan éducationnel.

Gabriel a ce genre de rêves très puissants en ce moment: il doit faire face à des forces négatives, des démons intérieurs, et cela est très difficile. Un jour, il a appelé mon époux—ils ont souvent

it comme des frères—pour lui
araître le démon dans son rêve
il s'est entendu répéter le nom
iment toute une preuve de la

nce de ce genre, on ne réalise pas
ique récitatoire. Cette dernière
istants où la folie et le pouvoir
ience pour être transcendés. Un
dre que le mal est éducationnel
à ce moment-là, on saisit que
ontre l'Amour et la Sagesse infi-

ui est En Haut, et ce qui est En

Ange 49 Vehuel
L'Illumination

Sur le chemin vers l'Illumination, on doit passer par de nombreuses et très longues initiations. On peut distinguer quatre grandes étapes ou degrés d'Illumination auxquels on doit accéder avant d'atteindre l'étape ultime de l'Illumination. Le premier degré touche le domaine des pensées ; il nous donne accès au monde des causes. Le deuxième touche le cœur, le domaine des sentiments. Le troisième degré d'Illumination touche le monde physique et, quand il est atteint, de grands pouvoirs spirituels sont accordés à l'être. Finalement, la quatrième étape en est une d'application, de réalisation concrète.

Aujourd'hui, je partagerai avec vous un aspect très intime de ma vie dont je n'ai jamais parlé en public : je vous raconterai mon parcours initiatique sur le chemin vers l'Illumination.

Pendant de nombreuses années, j'ai cheminé spirituellement. J'ai essayé un certain nombre de philosophies et de méthodes de travail intérieur, et cela m'a réussi : j'ai développé une attitude positive, et j'ai acquis une certaine maîtrise dans des disciplines telles que le yoga et la sophrologie, et des attestations socialement reconnues qui témoignent de ma capacité à prodiguer des soins énergétiques. Je me sentais bien avec cela. Il me semblait que j'avais atteint un certain niveau de conscience, de bonheur et de bien-être. Mais je n'avais pas réalisé que les grandes initiations n'avaient pas encore commencé, que ce que j'avais vécu jusque là n'était qu'une préparation.

À partir d'un certain moment, On m'a avertie par quelques rêves que de grandes initiations allaient se produire en moi. C'est à l'intérieur que ces grandes initiations prennent place ; bien sûr, certains événements se produisent à l'extérieur, mais ils ne sont que la pointe de l'iceberg. J'aimerais partager avec vous mes trois principaux rêves initiatiques. Voici le premier.

J'étais dans ma ville natale, à Genève, en Suisse, et c'était la nuit. J'étais à l'une des extrémités du pont du Mont Blanc. De l'autre côté du pont, un lion se tenait à la verticale, et il était tout illuminé.

La ville natale est importante, dans les rêves, car elle représente l'origine de l'être. On me ramenait donc à l'origine. Un pont symbolise toujours un passage d'un état de conscience à un autre, et le nom de ce pont — du Mont Blanc — montre bien la dimension de ce passage ; le mont Blanc est une très haute montagne de France dont la dimension se compare à celles de l'Himalaya. Tout cela, associé au fait que c'était une scène de nuit, montre qu'On m'annonçait un grand travail intérieur. Pour passer à quel niveau ? La présence du lion, symbole de l'aspect instinctuel de l'être et de la force solaire, signale que l'être doit nettoyer et transcender ses instincts afin de retrouver sa force solaire. Dans mon rêve, le lion n'était déjà plus comme un animal, car il était en position verticale. Cette verticalité symbolise le lien entre le Ciel et la Terre. De plus, il était illuminé. Je devais traverser le pont avant de devenir cette force. Donc, ce rêve m'annonçait un important passage qui impliquait la transcendance de toutes les parties instinctuelles de mon être.

Le deuxième rêve m'a encore plus marquée. À cette époque, j'étudiais avec un enseignant spirituel qui s'intéressait entre autres à la Kabbale. Cet homme se trouvait dans mon rêve. Voici.

J'étais dans une classe d'université, tout en haut des gradins, avec cet enseignant spirituel. À l'avant de la classe, sur une estrade, se trouvait un professeur — c'était une femme. Elle avait un corps de femme et une tête de chacal, mais pas n'importe quel chacal : Anubis. Puis j'ai descendu les gradins pour aller lui parler, et elle m'a donné l'autorisation de passer derrière le grand rideau qui se trouvait derrière elle, ce que j'ai fait. Ensuite, je suis allée dans les coulisses et j'ai descendu des escaliers ; c'était une très longue descente vers les enfers. Puis l'enseignant spirituel, qui était resté en haut des gradins, a manifesté son désaccord et il est sorti de la classe.

L'université, dans les rêves, représente les hautes études sur soi. Tout ce qui est en bas est comme ce qui est En Haut, et tout ce qui est En Haut est comme ce qui est en bas. Donc, On m'annonçait des hautes études. Comme je connaissais un peu la symbolique égyptienne, on a utilisé l'image d'Anubis, symbole de la mort et gardien du seuil du monde invisible. J'allais donc à la rencontre de cette énergie, et, puisque le professeur était une femme, il s'agissait d'une mort intérieure.

En m'autorisant à aller derrière le grand rideau, cette femme me permettait d'aller voir derrière le voile de l'inconscient. Ce rêve a déclenché une longue série d'épreuves initiatiques qui m'ont fait descendre dans l'inconscient, dans les enfers. Quand on nettoie nos mémoires passées, c'est cela qu'on fait : on descend aux enfers. On pénètre dans les diverses couches de l'inconscient — personnel, familial, ethnique, etc. — car on va nettoyer toutes nos distorsions, toutes nos mémoires qui ne sont pas justes, afin d'accéder à nos pleines capacités. Mais l'enseignant spirituel n'était pas d'accord. Il ne voulait pas que je descende parce que, à cette époque, il ne savait pas que nos parcours allaient diverger, que nous n'avions pas la même route à suivre. Par ce rêve, On m'indiquait donc que nos chemins allaient se séparer.

Quand je me suis réveillée, je me sentais passablement déroutée. Je ne pouvais même pas raconter mon rêve à l'enseignant car il n'aurait pas accepté d'y faire face, et, de toutes façons, il n'accordait pas d'importance aux rêves. Donc, je ne le lui ai pas raconté, mais ce rêve allait vraiment marquer ma vie et changer le cours de ma destinée.

Voici le troisième rêve qui a jalonné cette étape d'initiations. *On m'a montré la paume de ma main gauche, et, sur le mont de Vénus, je voyais dessinées les pistes de ski des montagnes Laurentides, au Canada, tout illuminées, et un squelette et une faux, eux aussi tout illuminés.*

Quand je suis arrivée ici, au Québec, j'ai remarqué les pistes de ski illuminées. Elles sont nombreuses à l'être, et je trouvais cela magnifique. Je disais qu'elles étaient des pistes d'atterrissage des Anges. (rires) Alors, On a utilisé cette image dans mon rêve. La main gauche symbolise le monde intérieur, et le mont de Vénus représente l'aspect vénusien de l'être, l'amour. Le squelette symbolise la mort, et la faux représente ce qui coupe. Dans ce rêve, On voulait me dire : «Si tu veux que les Anges puissent atterrir en toi — que tu deviennes les qualités et les vertus

Angéliques—, tu devras mourir au niveau de ta conscience. Tu devras mourir à de vieux concepts et à tout ce qui n'est pas juste en toi. Tout ce qui est mal et tout ce qui est faux devra tomber.» C'est vraiment cela, la grande initiation : notre ancien monde s'écroule.

En effet, à partir de ce moment-là, mes initiations ont réellement commencé. J'en étais plus ou moins consciente, car ce processus m'était étranger; jamais je n'en avais entendu parler, ni lu sur le sujet. Bien sûr, je connaissais les qualités, les vertus et les distorsions des Anges. Je les avais trouvées dans certains livres sur la Kabbale et l'Angéologie Traditionnelle, mais on y parlait simplement d'invocation. Alors, très naïvement—et, bien sûr, j'étais dirigée par l'Intelligence Cosmique—, je me suis mise à invoquer les Anges pendant toutes mes heures d'éveil : avant de m'endormir, pendant la journée, à tout moment. Je faisais continuellement ma pratique récitatoire.

J'avais la possibilité de le faire car j'avais pris une période sabbatique. Bien sûr, cette disponibilité avait été prévue par En Haut, car On voulait que j'aie une dose suffisante pour être en mesure de communiquer cet enseignement plus tard. Donc, mon apprentissage a été extrêmement intensif.

Jusqu'à ce moment-là, j'avais toujours eu un tempérament enthousiaste et joyeux. J'étais dynamique et j'avais beaucoup de confiance en moi et en la vie—je ne savais pas ce qu'était la déprime. Plus tard, j'ai réalisé que c'était de la *surconfiance*, que certains aspects de ma confiance n'étaient pas justes et que je devais les nettoyer.

Et voilà que je me retrouvais avec de terribles angoisses existentielles et de grandes fatigues. Pourtant, je ne pouvais identifier aucune situation, à l'extérieur, à laquelle attribuer la cause de ces angoisses et fatigues. J'avais accompli mes responsabilités sociales, et tout était bien en place à ce niveau. Moi qui avais toujours été assez sportive, à peine faisais-je le tour du village que je rentrais chez moi épuisée. Je n'avais jamais connu cela auparavant. Et ma fatigue se prolongeait; cet état a duré des mois et des mois.

Quand l'enseignant spirituel dont je vous ai parlé m'a vue, il m'a demandé : «Mais où es-tu rendue, là? Qu'est-ce qui t'arrive?»

D'autres personnes aussi restaient surprises en me voyant. J'étais devenue toute maigre : je ne mangeais plus et j'avais perdu beaucoup de poids. Ils n'en revenaient pas. J'étais en train de vivre un grand changement intérieur, dans lequel j'accompagnais à la mort de nombreuses parties de moi-même. D'ailleurs — ce n'était pas le hasard —, la maison que j'habitais était située tout près d'un cimetière. (rires)

Je ressentais un grand besoin d'être authentique, et cela s'appliquait à tous les niveaux, jusque dans mon apparence physique. Depuis de nombreuses années, je me teignais les cheveux car, dès l'âge de 20 ans, j'avais une couronne de cheveux blancs. Je faisais comme tout le monde, et, pour moi, c'était bien de me teindre les cheveux en brun puisque c'était ma couleur naturelle. Mais là, je n'étais plus capable de me voir avec des cheveux teints. Je me suis dit : « Plutôt que d'attendre qu'il y ait une repousse, je vais me raser la tête. » Alors, j'ai fait un beau rituel — c'était vraiment très beau — et je me suis rasé la tête.

Bien sûr, cela faisait beaucoup de changements. Alors, quand je suis retournée en Europe, OOOH ! tout le monde, même ma propre famille, a réagi : « Mais qu'est-ce qui t'est arrivé ? » Certaines personnes n'ont pas du tout accepté mon changement ; elles sentaient que l'ancienne Christiane n'était plus là, que j'étais devenue quelqu'un d'autre. J'avais tellement changé à l'intérieur, et ce changement était marqué par quelque chose de très voyant — des cheveux blancs. Ils ne pouvaient donc pas l'ignorer.

Il était évident que les gens ne comprenaient pas mon parcours. Mais je l'ai accepté ; j'ai accepté de n'être pas comprise. Il était important pour moi de continuer sur ce chemin, car j'avais consacré ma vie à Dieu, et, ce qui comptait pour moi, c'était le service. Alors j'en ai accepté toutes les conséquences. Après la grande reconnaissance sociale, j'étais tout à coup retombée à zéro, socialement parlant. Bref, tout mon être était engagé dans une mort qui allait être suivie d'une renaissance. Dans beaucoup de traditions, on parle de ce processus de mort/renaissance ; j'y étais engagée, et mes rêves me l'avaient annoncé.

Quand j'étais plus jeune, je disais souvent : « Moi, je sais que je vais mourir jeune », sans aucune connotation négative ou suicidaire. Ce n'est qu'au début de mes initiations que j'ai compris pourquoi je disais cela. C'est que mon âme pressentait que, plutôt jeune, j'allais vivre une grande mort intérieure. La mort du corps physique n'est qu'un passage, mais la mort intérieure, c'est quelque chose de très puissant car on doit purifier consciemment notre passé. Depuis ces initiations, je ne pense plus du tout à ma mort, ni au nombre d'années qu'il me reste à vivre.

Pendant cette période d'initiations, j'ai fait une belle rencontre : j'ai rencontré celui qui allait devenir mon époux. Cette relation a commencé par une belle amitié. Lui aussi avait commencé son cheminement, et il rêvait énormément. C'était le premier être que je rencontrais avec lequel je sentais la même résonance, la même soif et la même aspiration à servir. Et il a tout de suite été intéressé par l'Angéologie. Quand je lui en parlais, j'avais l'impression que cela n'allait jamais assez vite pour lui; c'était comme s'il connaissait déjà tout cela. Donc, nous nous sommes apporté un grand soutien mutuel.

Moi, je découvrais ce que faisait le Travail avec les Anges. Beaucoup de personnes parlent de l'Arbre de Vie et des Anges, mais que signifie travailler réellement avec cet enseignement ? Cela signifie faire sa pratique récitatoire à la fois avec l'attitude du théoricien qui étudie, et celle de l'enfant. Dans les milieux spirituels, on analyse parfois les divers niveaux de conscience comme un scientifique analyserait un fruit : la pomme a telle texture, telle composition chimique, etc. Et on peut en tirer une vaste connaissance qui est bien utile, mais qui demeure à l'horizontale. Quant à l'enfant, il voit la pomme, il la croque et il la mange. Qui connaît le mieux le fruit ? Le scientifique ou l'enfant ?

Avec l'Angéologie Traditionnelle, on marie les deux approches, celle de l'enfant, qui aborde directement la démarche pour devenir ces fruits savoureux que sont les qualités et les vertus Angéliques, et l'approche scientifique, par laquelle on analyse, on réfléchit et on comprend. Alors, en faisant mienne cette démarche — en ressentant davantage les choses et les êtres, et en développant plus de clairvoyance —, je me suis habituée à ne plus me fier aux apparences et à aller en profondeur.

J'ai rencontré des êtres dont on n'aurait pas pu se douter de tout ce qu'ils avaient acquis comme bagage et de tout ce qu'ils avaient réalisé dans d'autres vies. Et chez de nombreuses autres personnes, j'ai remarqué — et je le remarque encore plus souvent maintenant — que, tout à coup, En Haut, Ils décident de les faire descendre dans leur inconscient et cela les amène à découvrir leur identité spirituelle. C'est toujours décidé par En Haut, quand, comment et pourquoi l'inconscient s'ouvre. Tout comme dans mon rêve avec Anubis, c'est l'Intelligence Cosmique qui donne l'autorisation : « Maintenant, tu peux descendre : tu es prête à connaître la Sagesse cachée. »

Quand on comprend cela, on ne peut plus faire autrement que de respecter le rythme et le niveau de conscience des gens qui nous entourent. Ce n'est pas parce qu'une personne vit de grandes initiations ou atteint certains degrés d'Illumination, qu'elle est meilleure qu'une autre qui n'en est qu'à la maternelle, au plan spirituel. Aux yeux du Créateur, il n'existe aucune différence entre ces deux êtres. Il est très important de se souvenir de cela.

Comme je vous l'ai dit, mon époux et moi-même nous sommes beaucoup entraidés et avons fait tout un travail. Plusieurs personnes nous ont demandé : « Comment avez-vous fait, tout seuls ? » parce qu'elles savaient qu'au départ, nous ne pouvions nous baser sur aucune directive ni aucune structure ; il n'en existait pas. Nous nous sommes simplement lancés dans cette démarche, sans savoir à l'avance quelles épreuves elle nous ferait traverser ni jusqu'où elle nous amènerait. Nous connaissions les qualités et les distorsions des Énergies Angéliques, mais nous avons dû découvrir par nous-mêmes l'impact du Travail avec les Anges.

J'avais tellement le goût de servir les autres, que lorsque je vivais ces grandes initiations et que c'était très difficile, je m'adressais à Dieu en Lui disant : « Eh bien, j'espère que mon parcours va aider les autres. J'espère qu'ils n'auront pas à traverser toutes les difficultés par lesquelles je dois passer. » J'étais comme une maman qui veut éviter la souffrance à ses enfants. Plus tard, j'ai compris que cela n'était pas possible : chacun doit parcourir son chemin, et lui seul peut le faire. La seule différence entre votre parcours et le nôtre est que, grâce à notre partage, lorsque vous vivez des initiations et que ce n'est pas facile, vous pouvez vous rassurer, vous dire : « C'est normal. Je suis sur la bonne voie. » Avec tout ce qu'on voit à l'intérieur de soi et tout ce qu'on ressent, on peut facilement verser dans la folie, car le chemin initiatique n'est nulle part décrit, et, pour l'instant, pas validé socialement.

Lorsqu'on lit sur l'Illumination, par exemple dans certains livres se rapportant aux traditions orientales, on se rend compte que nulle part n'est expliqué ce qui se passe chez l'être qui atteint les divers degrés d'Illumination. Le sujet demeure très abstrait, et le style, hermétique. Les seuls textes qui décrivent ces étapes d'une manière accessible sont les contes initiatiques. Ces derniers mettent en scène des situations semblables à celles que l'on vit dans les rêves. Tout y est possible: on rencontre des monstres, on traverse des épreuves, et cela décrit exactement ce que l'on vit intérieurement dans le processus initiatique. Les sages ont donc décrit les processus initiatiques sous forme de contes.

Après les premières étapes d'initiation, au cours desquelles je me dirigeais un peu dans le vide, j'ai acquis un certain sens de l'orientation et une certaine stabilité; des fondations s'étaient installées. Cependant, j'ai continué à faire l'expérience de très hautes tensions intérieures pendant encore un certain nombre d'années.

Afin de vous aider à comprendre le rôle de ces tensions, je vais vous raconter un fait vécu. Alors que je préparais ce cours, un homme est venu chez nous pour repeindre les planchers des balcons avec un liquide hydrofuge, et il m'a expliqué que son fils — un grand jeune homme dans la vingtaine qui l'accompagnait — faisait son apprentissage comme ingénieur dans l'armée, et qu'il était désamorceur de bombes. Alors, pendant que son père peignait, j'ai parlé avec ce jeune homme.

Il m'a entre autres décrit la première étape pour devenir officier dans les forces armées. Il m'a dit:
—C'est extrêmement difficile. On nous casse le moral pendant des semaines et des semaines.
—Mais qu'est-ce qu'ils vous font? lui ai-je demandé.
—Par exemple, un dirigeant peut prendre un meuble, le jeter par la fenêtre et nous dire: «Tiens, toi, va le chercher.» Ou bien ils prennent la photo de notre blonde et disent toutes sortes de choses sur elle. Ils font n'importe quoi. Parfois, ça n'a aucun sens. Et puis ils nous empêchent de faire des nuits complètes en nous obligeant à accomplir toutes sortes de tâches. Évidemment, quand on dort à peine quelques heures par nuit, on devient vite épuisé et démoralisé. Ils nous cassent, et c'est volontaire.

C'est là toute une pédagogie. Un initié aussi devient désamorceur de bombes, à la différence que les bombes qu'il neutralise se trouvent directement dans son environnement : elles se trouvent dans son monde intérieur et dans ses relations avec les êtres qu'il côtoie. L'art de désamorcer les bombes et l'art d'être initié se ressemblent aussi en ce que tous deux requièrent beaucoup de maîtrise et de diplomatie. On a vu que le travail de l'initié nécessite une maîtrise des pulsions intérieures. On verra tout à l'heure que l'Ange VEHUEL nous procure à la fois beaucoup de diplomatie, d'amour, de douceur et de fermeté.

Mais concernant la maîtrise, le parcours d'un initié se distingue de celui des officiers et soldats. Ces derniers acquièrent une maîtrise dans un rayon donné pour arriver à conserver leur sang froid dans certaines situations conflictuelles ou autrement difficiles. Mais, lorsqu'on observe leur vie, on se rend compte que, très souvent, ils ont divers exutoires : des manifestations excessives dues à l'agressivité refoulée, des excès dans la consommation d'alcool ou dans la sexualité, et d'autres comportements compulsifs. Ils n'ont pas la maîtrise totale, et on le voit par ces échappatoires. Par contre, un initié n'a aucun exutoire.

Pourquoi les futurs officiers se voient-ils imposer un entraînement aussi difficile ? C'est qu'ils auront des armes en leur possession et que cela représente toute une responsabilité. Ils doivent être en mesure de bien les utiliser. Voilà pourquoi on leur casse le caractère en les entraînant de la sorte. À l'initié aussi, On donne des pouvoirs extrêmement puissants, des pouvoirs spirituels. Un jour, l'initié a accès, par son petit ordinateur personnel, à l'inconscient collectif. Il doit donc avoir transcendé toutes les distorsions — la séduction, le pouvoir abusif, etc. — car, autrement, il pourrait se servir de cet accès pour faire des ravages. Alors, sur le chemin des initiations et de l'Illumination, on est continuellement testé par En Haut.

On mesure la force d'une chaîne à celle de son maillon le plus faible. Ainsi, dans le processus initiatique, on doit travailler sur ses propres faiblesses, et cela, sans répit. Comme dans l'armée, On nous pousse sans arrêt — même lorsqu'on est inconfortable ou qu'on souffre —, et on doit se départir de toute attitude rebelle. Il ne doit plus subsister à l'intérieur de soi le moindre petit degré de rébellion, car on doit apprendre à écouter les ordres des Hiérarchies Célestes. Alors, bien sûr, ce qu'On nous montre ou qu'On nous fait subir n'a parfois aucun sens, exactement comme ce que ces officiers font subir aux nouveaux soldats. On nous plonge dans des situations où les distorsions, le faux et le *pas juste* nous sautent à la face.

Ces tests se présentent dans notre quotidien — on les sent par de fortes résonances — et dans nos rêves, où, là, évidemment, tout est possible. Moi, la première fois qu'On m'a ouvert ce monde de vérité, j'ai eu un tel choc! À l'époque, je croyais que je sentais les autres en profondeur. Or, lorsqu'On m'a ouvert le fichier de leur âme, lorsqu'On m'a montré : « Regarde cette personne que tu considères comme proche ; regarde ce qu'elle est réellement et ce qu'elle pense de toi », et que je voyais de la critique et de l'envie — même si cette personne n'en avait même pas conscience —, souvent j'ai pleuré comme un enfant. Je disais : « C'est ça ? » et je n'avais plus vraiment le goût de poursuivre cette ouverture. J'étais un peu comme un petit enfant à qui on révélait que le père Noël était déguisé et qu'il était alcoolique. OOOH! ma naïveté en prenait un coup.

Au bout d'un certain temps, on s'habitue à ce mode de vérité. Mais tant qu'on n'a pas développé un certain degré de sagesse et de vertu, On ne peut pas nous ouvrir ces portes de la vérité, car cela nous serait insupportable : on serait démoli. Quand on a accès à l'âme de l'autre, plus rien n'est voilé ni filtré : on voit la vérité toute nue, même quand l'autre personne n'a aucune idée de ce qu'on peut voir. Par exemple, une personne qui a l'intention de nous trahir peut se présenter, toute gentille, et on peut voir, en percevant ses pensées, quelles sont ses réelles intentions. En Haut, Ils font exprès : Ils utilisent la personne pour nous amener à développer de la compassion et de l'amour, pour nous inciter à l'accueillir de la même manière qu'une autre personne. Au plan des événements, rien ne paraît, car c'est énergétique. C'est comme si la valve de l'autre personne était ouverte. Et, bien sûr, elle peut même véhiculer un égrégore collectif de critique ou d'envie.

Voilà pourquoi on est tellement chanceux d'avoir ces merveilleuses clés que sont les Anges. Dans de telles situations, on fait simplement sa pratique récitatoire. On ne doit pas réagir en se disant : « Ouf ! elle est croche, cette personne » et tenter de l'écarter de notre vie. Non ! on sait qu'elle est un messager de Dieu, un grand enseignant ou une grande enseignante qui est là pour nous apprendre à maîtriser le mal. Alors, on apprend, et, à la moindre petite rébellion, à la moindre petite pensée distorsionnée, HOP ! on en est averti dans nos rêves et par la loi des résonances ; On nous montre : « Regarde comment tu t'es comporté, là. Tu n'as pas bien fait ça. » Voilà pourquoi les rêves sont si précis. Ce qui nous a échappé, ce qu'on n'a pas vu ou senti nous est présenté sur grand écran, en version multiforme et en couleurs. On ne peut pas y échapper, et, en plus, c'est à l'intérieur de soi qu'on reçoit le message ; ce n'est pas quelqu'un qui nous dit : « Il n'est pas juste, lui. Qu'est-ce qu'il fait, là. » On est instruit à partir du monde spirituel. Prendre ces messages en considération nous amène à toucher à cette excellence, jour après jour, mois après mois, année après année, vie après vie.

Aujourd'hui, j'aimerais vous raconter comment j'ai vécu l'un des degrés d'Illumination. Quelques semaines avant que de telles ouvertures se produisent, en général, les tensions s'intensifient. C'est comme si, En Haut, Ils augmentaient les doses de mal. On vit toutes sortes de situations très intenses. Alors, pendant les quelques semaines qui ont précédé l'ouverture, je me sentais réellement comme une bombe ; je ne savais plus que faire de mon énergie, tellement elle était intense. Et dans mes rêves j'étais mitraillée : j'avais toutes sortes de cauchemars. Mais il faut rester dans la maîtrise, car la vie continue dans le quotidien. Dans cet enseignement, on ne vit pas retiré du monde : on doit s'occuper des enfants et de tout le reste.

Alors, voici quelques éléments de rêves que j'ai reçus pendant cette période. À plusieurs reprises, *On m'a montré le tunnel du mont Blanc*, un tunnel qui, dans la réalité concrète, s'étend sur plusieurs kilomètres sous le mont Blanc. Un tunnel constitue un passage sous terre ; il représente donc une visite de l'inconscient. Au cours de l'un de ces rêves, *je devais aller rejoindre mon grand-père en Italie, mais je ne pouvais pas passer car je n'avais pas le passeport requis*. Le grand-père et la grand-mère, on l'a vu, sont de grands symboles de protection.

Dans un autre rêve, *je devais traverser le même tunnel, et j'ai rencontré un homme qui n'avait pas d'yeux. À un moment donné, cet homme a éteint la lumière.* OOOH! pendant la journée qui a suivi ce rêve, j'avais l'impression de ne plus rien voir, comme si je n'avais plus de compréhension; je me sentais déconnectée de Dieu, comme s'Il m'avait tout enlevé. *Ils m'ont aussi montré que mon grand-père et ma grand-mère mouraient.* Cela signifiait qu'On m'enlevait ma protection pour m'amener à en chercher une autre, plus élevée. Je me sentais à nu et c'était extrêmement intense.

Dans l'un de ces rêves, *une hyène noire au comportement agressif s'est approchée de moi, et j'ai pu la caresser. Elle est demeurée agressive et elle est partie.* Que signifiait ce rêve? La hyène est un animal charognard. Le vautour aussi, mais, lui, comme il vole, il appartient au monde de l'air, des pensées, tandis que la hyène est associée au plan physique. Dans la symbolique, la hyène représente la méchanceté, mais elle est aussi utilisée pour annoncer un passage mystique vers l'Illumination. Dans le rêve, On m'a montré que j'étais capable de maîtriser ma peur puisque je caressais l'animal agressif. On m'a montré que lorsque je rencontrais ce type d'énergie, j'étais capable d'y faire face dans le calme et dans l'amour. Un symbole représente une force qui peut se manifester de façon tant positive que négative.

Pendant ces nombreuses semaines, j'ai vécu toutes sortes de situations intenses. Je me sentais épuisée. Puis, une nuit, j'ai eu un rêve très spécial. Ce soir-là — comme je le fais encore chaque fois que je m'endors —, j'ai invoqué un Ange et je me suis abandonnée. J'ai dit: «Que Ta Volonté s'accomplisse.» Souvent, au début, on dit: «Ouf! c'est difficile d'être brassé comme ça. Quand est-ce que ça va s'arrêter?» Mais on ne doit pas désirer que les turbulences s'arrêtent, car on sait qu'elles ont leur raison d'être dans notre cheminement et que la période d'initiation peut durer. Chez certaines personnes, les turbulences peuvent durer pendant des vies entières; cela dépend du programme de l'être. On n'a pas d'attentes, et, jour après jour, on vit ce qu'il nous est donné de vivre.

Alors, cette nuit-là, la première partie de mon rêve a été extrêmement intense. *On m'a montré l'ombre d'un scorpion sur mon front. Ensuite, On m'a fait visiter un genre de taverne ou de bar où ne se trouvaient que des hommes.* En fait, on me faisait visiter des énergies de basse fréquence qui descendaient jusque dans l'action, le corps, puisque c'était des hommes.

Puis On m'a montré plusieurs scènes. *Tout d'abord, On m'a fait rencontrer un violeur, face auquel je n'ai pas eu de jugement et n'ai ressenti ni peur ni répulsion. J'ai simplement continué à me sentir naturelle et dans la compassion. Puis On m'a fait rencontrer un homme drogué, et j'ai conservé la même attitude. Ensuite, On m'a montré un homme et une femme en pleine activité sexuelle et érotique, et, encore une fois, j'ai été capable de regarder la scène sans sourciller, sans aucun jugement et en demeurant bien centrée. Je suis sortie de la taverne et j'ai monté des escaliers, mais ceux-ci ne menaient nulle part, comme si j'étais dans un labyrinthe. À un moment donné, à la manière d'une petite fille, j'ai regardé vers le haut et je Leur ai dit : « J'aimerais tellement retrouver ma maison. »* La maison, c'est le lieu originel, celui d'où nous venons tous.

Puis à un moment donné, j'ai senti mon corps physique très intensément. J'ai senti des sueurs et des démangeaisons, et tout mon corps a tressailli. C'était comme si une source d'énergie pure venait s'incarner en moi. Les sensations étaient très puissantes. Et, subitement, cela a complètement cessé. Ensuite, j'ai vu une photo de moi-même prise dans le passé. C'était une photo où on pouvait dénoter un peu de séduction. Et une voix m'a dit : « C'est terminé, ça. » Je regardais cette photo avec amour. Puis est arrivé un bel homme en blouse blanche ; c'était un guide. Plusieurs personnes étaient présentes, et cet homme auscultait les colonnes vertébrales et la kundalini.

Il s'est gentiment adressé à moi en disant :
— J'aimerais ausculter votre colonne vertébrale.
— Ce n'est pas nécessaire, je n'ai rien.
— Oui, a-t-il insisté, vraiment, j'aimerais voir votre colonne vertébrale.

Cet homme chargeait des honoraires très élevés pour ses consultations. Finalement, j'ai accepté et il m'a fait une consultation sans rien me charger. Sur ma colonne vertébrale, il a passé sa main, de laquelle se dégageait une forte énergie électromagnétique, et il a ausculté tout mon corps. À un moment donné, j'ai pu voir autour de mes bras une aura très épaisse et très dense. Mon corps énergétique s'était épaissi et densifié. Ensuite, il a appelé les gens et leur a dit : « C'est très, très rare. Elle a un seuil de résistance plus élevé que les ceintures noires, et c'est lié au vin rouge. »

Cette partie du rêve comporte plusieurs symboles importants. La ceinture noire est le plus haut niveau d'accomplissement dans les arts martiaux. En terme de spiritualité, ce symbole indique que l'être a acquis une force intérieure tellement grande qu'il n'a plus besoin de combattre le mal. On m'indiquait que ma force était encore plus élevée que celle qui procure un tel degré de maîtrise, et que cela était lié au vin rouge. Sous son aspect positif, le vin rouge est un grand symbole d'ivresse mystique et de capacité d'éprouver la joie et l'émerveillement en toutes circonstances, quoiqu'il arrive. On me montrait qu'à ce moment-là, ma force était telle que mon seuil de résistance au mal était très élevé.

Ensuite, le guide m'a regardée et m'a dit: «Félicitations! Vous êtes un oiseau rare!» Ensuite, il m'a annoncé mon premier degré d'Illumination: le nombre 49 est apparu en gros chiffres rouges. Quelques secondes plus tard, il a été remplacé par le nombre 50. Le 49 est le chiffre de l'Ange de l'Illumination, et, par la couleur rouge, On me signifiait que cette énergie était descendue jusque dans mon corps physique. Le chiffre 50 est celui de l'Ange de l'éloquence et de la communication, et son apparition signifiait que j'allais pouvoir communiquer mon expérience.

Me réveillant avec ce rêve, je suis restée surprise, car je me trouvais en posture de méditation — en demi lotus —, alors que je m'étais endormie couchée. À mon réveil, je me sentais calme et très sereine, sans aucun débordement de joie. Je baignais dans une grande paix intérieure. Au cours de la journée, j'ai continué à vivre de façon normale, mais mon expérience de la nuit me plongeait dans de profondes méditations. J'ai beaucoup pensé à ce rêve.

Quand le guide m'a dit: «Vous êtes un oiseau rare», c'était pour m'annoncer le premier degré d'Illumination. L'oiseau appartient au monde de l'air, celui des pensées; On m'annonçait donc l'Illumination au niveau des pensées, soit celle du premier degré. Au cours de la journée, je me suis dit: «Eh bien, je vais continuer à me lever comme je l'ai toujours fait, en toute simplicité. Il va continuer à pleuvoir et à faire beau. Je vais continuer à rencontrer des personnes gentilles et d'autres moins gentilles.» La vie continuait, et, de toute la journée, je n'ai parlé de mon rêve à personne; j'ai vraiment vécu mon état d'intériorisation. Cette étape était majeure. Pendant les jours qui ont suivi, le processus a continué: les hautes tensions ont recommencé. Ce retour des tensions se produit pour nous permettre d'atteindre d'autres niveaux encore plus élevés.

☉
Les degrés d'Illumination

Afin de bien comprendre ce qui se passe dans l'être lorsqu'il atteint les divers degrés d'Illumination, faisons un bref survol de ces étapes. Lorsqu'ils se produisent, ces quatre niveaux sont aisément identifiables par l'analyse des symboles qui apparaissent en rêve.

Le premier degré d'Illumination se situe au niveau des pensées. Il nous donne accès au monde des causes, ce qui nous permet d'anticiper les événements et les situations avant même qu'ils ne se produisent, ici sur Terre, car, on le sait, tout est écrit. Même si le premier degré d'Illumination concerne principalement le monde des pensées, quand il est atteint, tout l'être est touché, dont ses dimensions émotionnelle et physique. Voilà pourquoi, dans mon rêve, le chiffre 49 apparaissait en rouge, couleur qui représente le plan physique.

Que se passe-t-il lorsque l'être accède au deuxième degré d'Illumination, celui qui se situe au niveau du cœur? À cette étape, l'être devient un saint ou une sainte, non pas au sens où on l'entend généralement, mais en ce sens que l'être est empreint de compassion et d'amour pour toute chose, tout animal, tout être. Peu importe les distorsions qui lui sont présentées, la compassion demeure.

Vient ensuite le troisième degré d'Illumination, dans lequel l'Énergie Divine descend jusque dans le corps physique. Les êtres qui atteignent ce degré sont les grands maîtres et les grands initiés. Ils ont acquis de grands pouvoirs spirituels qui leur permettent de matérialiser, ici sur Terre.

Enfin, la quatrième étape d'Illumination est celle de l'application des Lois Divines dans l'Univers; l'être ne s'écarte plus jamais des Principes Divins et il réalise la Volonté Divine sur Terre et dans les autres mondes.

Voilà où nous mènent la Kabbale et l'Angéologie Traditionnelle. Elles nous amènent à marier les deux mondes, celui de l'Esprit et celui de la matière. Si on souhaite arriver un jour à matérialiser avec le respect des Lois Cosmiques, on doit faire un long travail. On commence à zéro, car, jusque là, on avait fait des choses avec une certaine confiance, avec ce qui, en réalité, était une *surconfiance*, et, tout à coup, on doit changer complètement notre approche. Dorénavant, ce ne sont plus les résultats ou la réussite qui comptent, mais bien la façon d'agir et de matérialiser, l'intention injectée dans chacun de nos actes. Toutes nos œuvres — que ce soient nos enfants, nos paroles ou nos réalisations matérielles — deviennent à la ressemblance du Créateur.

☉

Examinons maintenant où l'Ange Vehuel se situe dans l'Arbre de Vie, ce qui nous aidera à saisir son rapport avec l'Illumination. Il s'agit d'un Ange vénusien car Il réside dans la Séphira NETZACH, cette sphère qui concerne l'amour palpable et les événements heureux de la vie. L'intégration des Anges vénusiens permet à l'être de réussir tout ce qu'il entreprend, de réaliser tous ses rêves et toutes ses aspirations, car alors, la Providence l'accompagne.

Cette énergie a son pendant négatif, qui est l'aspect illusoire des grandes tentations. Voilà pourquoi, avant qu'On lui accorde toutes ces ressources, l'être doit avoir nettoyé ses mémoires inconscientes ; autrement, il chuterait. Il en va ainsi parce que la matière doit être mise au service du Créateur. Alors, si cela fait partie de son plan de vie, l'être retrouve un jour toutes ces ressources. Mais tant et aussi longtemps que le travail de rectification n'est pas suffisamment avancé, il est préférable — comme le disait Kaya à l'atelier de ce matin — que l'être soit limité, sinon, il se paierait des karmas supplémentaires, qu'il devrait mettre des milliers de vies à rectifier.

Quand on comprend cela, on cesse de poursuivre la réussite matérielle. Il arrive même que l'être n'en veuille plus car il en a peur, et cela l'amène à fuir la matière. C'est en outre l'une des distorsions de l'Ange Vehuel que l'on rencontre souvent dans le cheminement spirituel. Dans d'autres vies, parce qu'il expérimentait, l'être a pu commettre des erreurs, et maintenant, il ne veut pas recommencer ; il craint le pouvoir matériel. Si on a peur de quelque chose, on devra y faire face un jour afin de développer la maîtrise de cet aspect de l'être.

Le caractère vénusien de l'Ange Vehuel procure l'émerveillement, la joie, la douceur, le raffinement, et un sens de l'esthétique et de la beauté. Tout être recherche la beauté — car Dieu est beau —, mais lorsqu'il ne la trouve pas à l'intérieur, il a tendance à trop la rechercher à l'extérieur. Un jour, on a les deux : on a retrouvé la beauté tant à l'intérieur que dans la forme, mais cela doit passer d'abord et avant tout par l'intérieur. On a de beaux *vêtements* à l'intérieur, et, ensuite, cela se manifeste à l'extérieur dans une grande simplicité.

Dans ce contexte ou ce pays vénusien, comment s'exprime l'Ange Vehuel ? On trouve sa spécificité dans la partie supérieure de l'Arbre de Vie, dans la sphère HOCHMAH. Cette Séphira est celle où résident les Chérubins, ces Anges qui représentent des niveaux de conscience extrêmement élevés, empreints de Sagesse et d'Amour Suprêmes. Ici, on touche vraiment à l'Amour Inconditionnel ou Universel. Le symbole astrologique associé à cette sphère est la planète Uranus, qui désintègre toute distorsion. L'énergie uranienne absout tout mal, car elle fait sauter tout ce qui n'est pas empreint d'altruisme. Lorsqu'une action — aussi généreuse et désintéressée puisse-t-elle paraître — est motivée par le besoin d'être reconnu ou d'être aimé, ou encore par le désir d'acquérir un privilège ou un bien matériel, En Haut, Ils nous montrent : « Tu n'es pas altruiste, là. Tu le fais pour toi. »

L'*hypocrisie* est une autre contrefaçon de l'Ange Vehuel. Dans le Travail avec les Anges, au fur et à mesure des étapes vers l'Illumination, tous nos masques doivent tomber les uns après les autres. L'hypocrisie consiste à afficher des qualités que l'on n'a pas réellement. C'est artificiel. Dans ces cas, En Haut, Ils vont très bien nous indiquer tout ce qui est faux en nous-même.

On voit que l'Ange 49 Vehuel — tant par son domicile que par sa spécificité — est complètement situé sur le pilier droit, celui du jour ; il implique donc une manifestation par la glorification du Divin. Voilà pourquoi, dans son élan vers la glorification du Divin, lorsque l'être atteint ces hauts niveaux, il se sent baigner dans une ivresse mystique. Mais, d'ici là, bien sûr, quand on invoque cet Ange, On nous montre : « Regarde, là, tu ne l'as pas du tout : c'est trop personnel, c'est égoïste. » On nous fait toucher à des parties de soi qui manquent encore d'Amour Universel.

Voyons maintenant les principales qualités de cet Ange. *Sentiments de fraternité, aide humanitaire, élévation vers la grandeur et la sagesse, Illumination, touche les grands personnages.* Ces grands personnages sont ceux que l'on doit retrouver à l'intérieur de soi. *Éloigne de l'emprise des désirs instinctifs.* À cause du caractère vénusien de cet Ange, On pourra porter à notre attention la chute dans la passion due à l'emprise des instincts. On nous montrera alors dans nos rêves des animaux, afin de nous amener à nettoyer les parties instinctuelles qui maintiennent notre degré d'amour à un faible niveau.

Du côté des distorsions de l'Ange VEHUEL, on a vu : *fuite et peur de la matière*. Puisque cet Ange nous amène à une grande dévotion, à une élévation par le service aux autres, il nous amène automatiquement à nous impliquer activement dans la matière, à ne pas la fuir mais à en être détaché. Le but des divers degrés d'Illumination est justement de nous amener à pouvoir nous impliquer dans cette matière sans nous laisser prendre ou captiver par elle. On réalise et on n'oublie plus jamais que la matière est éducationnelle et n'est qu'un résultat, que tout part d'En Haut et passe par la tête, le cœur et le corps pour enfin se matérialiser. Un jour, on n'oublie plus ce concept et on ne se perd plus dans la matière. On en est détaché, tout en y étant bien à l'aise.

J'aimerais partager avec vous quelques faits vécus, dont certains sont complétés de récits de rêves. On a vu que la montagne est un grand symbole d'élévation spirituelle en rapport avec la matière. Une femme qui venait aux cours d'Angéologie Traditionnelle depuis quelques mois m'a raconté un de ses rêves qu'elle avait fait trois ans auparavant et qui l'avait beaucoup marquée. *Elle montait une montagne dans un mouvement de spirale, et, au milieu du parcours, elle s'est sentie essoufflée et démotivée. Tout à coup, elle a entendu une voix qui lui disait : « Continue de monter » pour l'encourager. Puis en courant, elle est rapidement parvenue au sommet, et là, WOW ! elle a vraiment été impressionnée. Du sommet, elle voyait un pont qui se prolongeait à l'infini et qui n'était pas des plus communs : il était serti de diamants et d'autres pierres précieuses. Puis elle s'est entendue dire : « Ça valait vraiment la peine de monter. »*

Cette femme est une initiée, et, par ce rêve, On lui annonçait qu'elle allait s'élever en traversant des passages. On a vu que les ponts représentent des passages à de nouveaux états de conscience. Pour leur part, les pierres précieuses symbolisent de hauts niveaux de pureté de conscience. Donc, On lui annonçait qu'elle allait vivre des transitions vers des niveaux de conscience très élevés.

Cette femme m'a confié que, justement, elle se sentait en transition : elle avait cheminé spirituellement avec d'autres philosophies et méthodes, et, à un moment donné, elle s'est sentie essoufflée, mais les cours d'Angéologie Traditionnelle lui parlaient énormément. D'ailleurs, cette personne rêve beaucoup.

Elle m'a dit : « J'en suis arrivée à un point où j'ai le goût de changer d'orientation professionnelle. Je travaille comme comptable, mais je n'ai plus vraiment le goût de continuer ce genre de travail. J'aimerais aller dans le domaine de la santé. Alors, j'ai demandé si ce serait juste de me diriger dans ce domaine. »

Alors, On lui a répondu par le rêve suivant. *Elle montait au deuxième étage et s'est retrouvée devant une porte fermée. Elle a essayé de l'ouvrir, mais elle n'y parvenait pas. Elle s'est dit : « Si je pousse plus fort, elle va ouvrir. » Alors, elle a poussé fort et la porte a claqué contre le mur. Ensuite, elle a vu un chirurgien qui était en train d'opérer deux enfants — il leur enlevait le foie —, et elle a vu une petite main qui pendait. Puis elle a dit : « Il y a quelque chose qui se passe ici qui n'est pas correct, pas juste. »*

Qu'a-t-On voulu lui signifier par ce rêve ? En montant au deuxième étage, elle pénétrait dans le monde des causes. On ne lui a pas dit : « C'est bien de te diriger dans le domaine de la santé », ni « C'est bien de demeurer comptable. » On est allé à l'essence en lui montrant pourquoi elle se sentait attirée par le domaine de la santé.

Ce domaine est celui de la recherche de guérison. On lui a donc montré deux aspects importants à guérir. Le premier — on le devine aisément à la façon dont elle force la porte pour l'ouvrir — concerne sa tendance à forcer les choses. Alors, je lui ai dit : « Tu forces trop. Tu imposes. Tu n'attends pas le bon moment, et cela t'amène à ne plus être synchronisée. C'est quelque chose que tu dois guérir. » Le deuxième aspect devient évident lorsqu'on analyse les symboles de la deuxième partie du rêve. Un homme enlevait le foie aux enfants. Cela signifie que certaines parties d'elle-même, dans le jour — puisque c'était un homme —, lui enlevaient son filtre à toxines, c'est-à-dire son pouvoir alchimique. D'où son problème d'essoufflement et de démotivation qui, d'ailleurs, s'était manifesté dans le rêve qu'elle avait eu trois ans auparavant — le rêve de la montagne et du pont serti de pierres précieuses — et qui revenait constamment la perturber. Elle devait guérir ces parties d'elle-même.

Je lui ai dit : « Pour l'instant, travaille sur toi, car, comme le veut l'adage, dans le doute abstiens-toi. Et quand ce sera le temps de changer d'orientation professionnelle, Ils te le feront savoir. Pour le moment, Ils t'ont montré ce que tu devais guérir. Là est ton travail. Si tu te transformes à l'intérieur, après, c'est absolu, tu en verras les conséquences : des changements se produiront à l'extérieur. Mais on doit toujours travailler d'abord et avant tout à l'intérieur. »

Cet exemple m'amène à vous parler du fait que lorsqu'on chemine, à un moment donné, certaines activités qui ne nous semblent pas assez spirituelles peuvent nous rebuter. Si on est comptable, comme cette femme, c'est qu'on doit apprendre à bien gérer ses énergies, à ne pas les gaspiller en étant excessif, car c'est en cela que consiste le travail de comptabilité, une fois transposé dans la vie intérieure.

Si on souhaite que notre travail change à l'extérieur parce qu'il nous dérange et qu'on ne fait pas le travail correspondant à l'intérieur de soi, c'est qu'on essaie de sauter des étapes. Quand on se sent dérangé, il est important de s'arrêter pour se dire : « Si je suis dérangé, c'est qu'On veut me montrer quelque chose. Je ne peux pas atteindre ces hauts niveaux s'il me manque ce petit *pachon*, si je saute cette étape. Donc, je suis bien contente qu'On me le montre. Je suis dans une école, et le travail que je fais en ce moment est un stage. »

On retrouve cette attitude de fuite chez certaines mères de famille qui disent : « Ah ! j'ai les enfants, et les enfants, ça prend de l'énergie. Je ne peux pas me retirer, je ne peux plus méditer car je n'ai plus de temps. » La personne n'a que le goût de fuir, de rechercher l'Illumination sans avoir à remplir ses responsabilités. Si on a des enfants, ce n'est pas pour rien : il existe une bonne raison à cela. Quand on parle d'élever des enfants, on parle d'élévation, n'est-ce pas ? C'est le même terme. L'Ange Vehuel nous aide à élever nos enfants, non seulement nos enfants au sens littéral du terme, mais l'ensemble de nos œuvres. Il nous aide à élever leur taux vibratoire.

Le rôle de parent est un grand rôle qui permet une élévation extraordinaire. Notre fille Kasara et mon grand fils de 25 ans ont été et sont encore des sources d'enseignement extraordinaires pour moi. Donc, on s'élève et on cesse de se dire : « Je n'ai pas assez de temps pour faire ceci et cela. Je ne peux pas me retirer. » On se dit plutôt : « Mon enfant m'enseigne et m'aide à m'élever. J'apprends tellement de choses en l'aidant à s'élever, en étant juste avec lui et en respectant son rythme—où il est rendu, ce qu'il doit apprendre. » Ce faisant, on élève nos enfants intérieurs et on apprend l'application de la Sagesse et de l'Amour Inconditionnel.

Voici l'histoire d'une femme qui travaille intensivement avec les Anges et qui est brassée par de fortes initiations. Elle vit avec son conjoint, elle a deux enfants d'une première union, dont des ados, et, en plus, elle a un petit bébé. Déjà, le simple fait de traverser l'adolescence n'est pas facile, mais en plus, comme c'est souvent le cas dans le cadre d'unions secondes, les jeunes ont des susceptibilités et on doit être très diplomate avec eux. Alors, c'est très difficile pour cette femme. Dans son processus d'initiation, parfois, elle se réveille au cours de la nuit à cause de cauchemars, et, bien sûr, la journée qui suit n'est pas facile. Alors, un jour où elle était fatiguée, elle m'a dit : « Moi, personne ne pense à moi. » Je l'ai regardée et lui ai dit : « Je te comprends ; je sais que ce n'est pas facile. Mais toi, c'est ton chemin. N'oublie pas que tu es une initiée. Une initiée est un être qui a retrouvé sa connexion avec le monde invisible. Elle a conscience du grand nombre de guides et des grandes intelligences qui, avec beaucoup d'amour, pensent continuellement à nous et se consacrent avec dévotion à nous faire avancer. Quand on a conscience de cela, nous aussi, on veut penser aux autres. » En lui disant cela, j'ai vraiment touché un point : ses yeux se sont illuminés. Je venais de lui montrer une facette qui allait l'aider à continuer.

Avec cet enseignement—ce bijou qui nous est donné—, on utilise toutes les situations de la vie et on cesse de vouloir se retirer en se disant : « Oh ! je ferais donc autre chose. J'arriverais plus facilement à m'élever si j'avais une autre situation. » Non ! chaque situation qu'on vit est la meilleure pour soi. Elle est idéale, car elle est faite sur mesure pour soi. Elle est envoyée par cette Grande Intelligence qui sait absolument tout sur nous. En adoptant cette façon de penser, un jour, on n'a plus de rébellion. On en arrive à vivre un peu comme un enfant, à la différence qu'on comprend, dans chacune de nos cellules, l'utilité de chaque passage.

Voici une autre anecdote qui touche la montagne et l'élévation. Une personne qui travaille avec les Anges nous a raconté ce qui était arrivé à sa voisine. Cette dernière avait cheminé spirituellement, elle avait trempé dans diverses philosophies et méthodes, mais n'avait pas trouvé ce qui lui convenait, si bien qu'elle ne s'était jamais vraiment engagée. C'est une femme qui n'a pas d'enfants ; elle sentait un vide à combler et elle a fait un appel. Un jour, elle est montée sur une montagne et, recueillie dans une petite chapelle qui y était érigée, elle a parlé à Dieu. Elle s'est consacrée à Dieu en lui demandant : « Donne-moi une mission. »

Quelques semaines plus tard, son mari a eu un accident cardiovasculaire (ACV) qui a paralysé tout un côté de son corps. Les médecins ignoraient s'il allait pouvoir recouvrer les fonctions qu'il avait perdues, mais, de toutes façons, une grande période de rééducation s'avérait nécessaire. Alors, cette dame s'est souvenu de sa demande ; elle a réalisé qu'elle venait de recevoir sa mission. Sauf qu'elle était loin de s'attendre à en recevoir une de ce type-là. Non seulement devait-elle dorénavant s'occuper de son mari, mais elle devait reprendre en main les finances de la famille. Jusque-là, elle n'avait eu aucun problème d'ordre financier ou matériel. Avant l'ACV, son mari travaillait à son compte, il s'occupait de tout, et l'entreprise était fructueuse. Dorénavant, tout retombait sous la responsabilité de sa conjointe, et l'argent a subitement cessé de rentrer dans les coffres. Alors, cette dame s'est retrouvée assaillie par d'importantes insécurités financières. Son vide était maintenant comblé, mais par de grandes préoccupations.

Il est important de comprendre que lorsque l'on fait des demandes, elles sont analysées à la lumière de notre programme d'évolution, et non pas pour nous soulager. Il se peut même, comme dans ce cas-ci, que des épreuves se présentent.

On me demandera : « Mais pourquoi faut-il vivre des épreuves ? » On a vu que l'on transporte à l'intérieur de soi toute une masse de contenus négatifs. Celle-ci est constituée de toutes les mémoires qu'on a enregistrées et qui comportent des karmas, des actes manqués. Cette masse de contenus négatifs empêche notre potentiel positif de se manifester pleinement. C'est comme si on avait une pomme dont une moitié est bonne, et l'autre, pourrie. Si on ne fait rien, la partie pourrie contamine celle qui est saine et peut même contaminer d'autres pommes qui sont en contact avec elle. En Haut, ce sont de grands pédagogues : On nous fait goûter au bon côté de la pomme, à la partie savoureuse — autrement dit, On nous fait goûter à des états de bien-être — pour nous préparer, et, ensuite, On nous dit : « Va nettoyer les parties pourries à l'intérieur de toi. » Si, En Haut, Ils ne nous préparaient pas de la sorte, on serait atterré par l'ampleur de la tâche. On nous fait vivre toutes sortes d'épreuves et On nous fait descendre dans certains secteurs de notre inconscient pour nous permettre de les nettoyer, afin qu'un jour, on ne se sente plus jamais dérangé.

J'aimerais maintenant vous raconter quatre anecdotes qui concernent l'élévation, chacune faisant appel à un ou plusieurs éléments. La première fait appel à l'élément air, le monde des pensées ; la deuxième, à l'élément eau, le monde des émotions ; la troisième concerne la passion, donc un mélange d'eau et de terre ; et la quatrième concerne le plan physique, plus spécifiquement les handicaps, donc l'élément terre.

Nous avons vu que l'hypocrisie fait partie des distorsions de l'Ange VEHUEL ; nous verrons dans la première anecdote un symbole d'hypocrisie. J'aimerais d'abord vous situer la personne. C'est une femme qui vient aux conférences de temps à autre. Un jour, une de ses amies qui vient régulièrement, m'a dit :
— Je lui dis souvent : « Mais viens donc ! Et fais ta pratique récitatoire. »
— Tu ne devrais pas lui dire cela, lui ai-je dit. Tu vois que son âme est appelée, mais respecte son niveau. Respecte son rythme. Quand on veut aider l'autre, il ne faut pas en faire trop et lui répéter : « Viens donc ! » Si tu veux respecter son rythme, laisse-la demander.

Lorsqu'elles sont mises en contact avec cet enseignement, certaines personnes font un pas et d'autres en font dix. Justement, mon époux et moi-même en sommes presque toujours avertis dans nos rêves. On voit de nouveaux étudiants arriver, et dans nos rêves On nous montre : « Cette personne-là fera un pas mais elle ne reviendra pas, et cette autre marche sur la voie qui la mènera à l'Illumination. » Cela ne change en rien notre attitude vis-à-vis de la personne. On la laisse parcourir ses étapes, et c'est cela qu'il faut faire si on veut ressembler un jour à ces Grandes

Intelligences. On cultive ces hauts degrés de compassion et d'amour, on ne pose plus de jugement et on respecte le niveau de la personne en la traitant de la même manière que les autres. On ne lui accorde pas moins de valeur. La seule chose, bien sûr, c'est qu'on doit s'adapter à elle au niveau du langage.

Un jour, j'ai rencontré dans la rue cette dame qui vient aux cours de temps en temps, et elle m'a fait part de son désarroi. Son mari travaille dans l'aviation. On touchera donc le monde de l'air, celui des pensées. On n'a pas un conjoint dans l'aviation par hasard. Cette femme m'a dit que son mari l'incitait à se trouver un emploi. Puisqu'elle a tout ce dont elle a besoin au plan matériel, elle passe la majeure partie de son temps sur Internet. C'est cela qui ennuie son mari, et, avec beaucoup de diplomatie, il lui a dit : « Je pense que tu devrais te trouver une petite occupation. »

De plus, cette femme est vraiment obsédée par les chats. Le chat est un grand symbole qui revient souvent dans les rêves de personnes qui partagent leur espace avec cet animal. Le chat a une polarisation féminine ; il représente l'aspect féminin de l'être, donc, également la matière. Comme symbole, le chat était vénéré par les Égyptiens et rejeté dans d'autres traditions. Pourquoi ? Il existe près de la surface de la Terre des courants électriques qu'on appelle courants telluriques — les Égyptiens les connaissaient — et qui sont disposés en quadrillé, si bien qu'aux points de rencontre de ces lignes de courant, les fréquences énergétiques sont particulièrement basses. Or, les chats aiment se trouver sur ces nœuds telluriques. Cela signifie que cet animal a la capacité de transformer le négatif.

L'attitude qu'on a par rapport aux chats dévoile beaucoup de choses sur soi. Quand on a transcendé l'énergie du chat, c'est qu'on comprend le mal, qu'on a acquis une bonne compréhension du pôle féminin ou réceptif, et qu'on comprend la matière. Le chat est donc un grand symbole, mais il a aussi son pendant négatif : l'hypocrisie ou la sournoiserie, c'est-à-dire souvent créer des embuscades — guetter, mine de rien, pendant qu'on mijote un plan.

Quand je rencontre cette dame, elle me parle inévitablement des chats. Elle s'occupe d'une trentaine de chats qui vont manger chez elle. C'est incroyable ! C'est vraiment une passion chez elle. Elle va même travailler bénévolement dans un centre d'animaux domestiques qui héberge 200 chats.

Son amie qui vient régulièrement aux cours m'a dit :
— Elle me tape sur les nerfs avec ses chats ! Ça n'a pas de bon sens. Elle ferait mieux d'invoquer les Anges.
— Elle est en résonance avec les chats, avec leur dualité, lui ai-je dit. Pour elle, ça représente une partie de son monde intérieur, et s'en occuper fait en sorte qu'elle s'occupe de son animalité. Elle n'est pas rendue aux Anges. Tu devrais la respecter et l'aimer. Un jour, elle changera. Ça ne t'appartient pas. Ton dérangement te montre que l'animalité non transcendée de ton amie fait aussi partie de toi.

Alors, quand j'ai rencontré sur la rue la dame aux chats, elle m'a dit :
— Je suis déconcertée. Je suis découragée. Mon mari m'a trouvé un poste de réceptionniste dans une agence immobilière, et moi, je n'ai pas le goût d'aller faire ça.
— Regarde, être réceptionniste, ça veut dire être réceptive, accueillir. Si tu acceptes ce poste, tu pourras travailler sur ta réceptivité aux êtres humains. Tout ce que tu feras en bas, tu vas le développer En Haut. Tu sais très bien — on en a déjà parlé — que tu es trop émissive. Et là, On te présente cet emploi pour t'amener à être plus réceptive.
— Oui, a-t-elle dit, mais moi, j'aimerais mieux travailler dans un domaine spirituel. J'aimerais travailler dans une librairie ésotérique. J'ai tenu une librairie ésotérique pendant quelques mois et j'ai dû quitter, mais j'aimerais retourner dans ce genre de milieu.
— Ce n'est pas ça qui se présente à toi pour l'instant, lui ai-je dit. C'est autre chose. Et puis tu sais, dans une librairie ésotérique, ça peut être bien, mais ça peut aussi être le plus grand piège au niveau de l'ego spirituel. Dans une librairie ésotérique, il y a un grand nombre de livres, mais tout n'est pas juste, dans le contenu de ces livres. Certains livres véhiculent des idées fausses, et ils ont aussi leur place, mais si, toi, tu vends ce genre de livres, tu cautionnes ce qu'ils véhiculent. En les échangeant, tu engages ta responsabilité de conscience. D'autant plus que ces livres touchent la spiritualité. Bien sûr, puisqu'il n'y a pas de hasard, si les

clients achètent ces livres, c'est qu'ils ont une résonance avec. Mais quand on contribue soi-même à induire les êtres en erreur et qu'on en est conscient, on se paie des karmas. Quand on ne le sait pas, c'est qu'on a quelque chose à comprendre, mais quand on le sait, on ne veut plus le faire car on ne veut plus se payer des karmas.

J'ai vu que cela la faisait réfléchir. J'ai ajouté: «Je sais que tu aspires à atteindre de hauts niveaux spirituels. Alors, pourquoi n'acceptes-tu pas ce poste qui t'est offert? Tu pourras y apprendre à recevoir, à recevoir toutes les qualités de Dieu, à recevoir la Connaissance. Puisque tu aimerais travailler dans une librairie ésotérique, c'est que tu veux acquérir la Connaissance. Alors reçois-la de l'intérieur.»

Toute contente, elle m'a dit: «Je vais y aller.» Cela faisait du sens pour elle. Elle a ajouté: «Mais, avant de partir, il faut que je te raconte ce qui m'est arrivé. J'avais un de mes chats qui était tellement beau; il avait des petites pattes blanches et le reste était tout noir — noir et blanc, le yin et le yang, le bien et le mal —, et il fallait que je l'apporte à une personne en Floride, avec qui je communique depuis longtemps sur Internet. Et puisque mon mari travaille dans une compagnie d'aviation, j'ai des billets gratuits. Alors, j'ai fait le voyage — du Québec à la Floride — pour lui apporter ce petit chat. Mais j'ai été tellement malheureuse! Imagine ce qui m'est arrivé. J'ai rencontré la directrice de la compagnie, que je connaissais par mon mari, et elle m'a dit: "Viens donc en première classe pour m'accompagner pendant le voyage." Moi, j'étais en première classe, et mon petit chaton, lui, était dans la soute à bagages.» Ah! elle était tellement attristée de cela.

Dans une conscience ordinaire, lorsqu'on entend cela, on a tendance à se dire: «Ouf! elle exagère.» Mais ce récit a une portée symbolique, une signification importante pour cette femme, même si elle n'en était pas consciente. L'avion représente le monde de ses pensées, et le chat symbolise son côté instinctuel, son animalité. Dans d'autres vies, cette femme a eu accès à de hauts niveaux de compréhension et elle en a abusé. Cela a créé un décalage entre ses pensées et ses instincts. Maintenant, une partie d'elle veut parvenir à de hauts niveaux spirituels, mais ses instincts — le chat — se trouvent dans la soute à bagages. À cause de ce décalage, cette femme est écartelée. Dans son pendant négatif, le chat est aussi un grand symbole de dualité. Voilà pourquoi cette dame doit cheminer de façon très progressive. Elle doit nettoyer sa partie instinctuelle — sa soute à bagages — avant de parvenir à de hauts niveaux de conscience.

Donc, vous voyez, quand on écoute un être, tout parle. On entre dans sa symbolique, on écoute avec compassion et amour, et l'autre personne se sent comprise. Certains auraient pu réagir en se disant : « Comme elle est ridicule avec son histoire de chat », et la dame se serait sentie incomprise. Avec la compassion et l'amour, par contre, elle se sent comprise et aimée, et elle ne se sent pas du tout jugée ou critiquée lorsqu'elle raconte son vécu. Son récit touchait des mémoires très profondes ; il était chargé de signification.

Le fait vécu qui va suivre touche le monde de l'eau. Il illustre bien à quel point il importe de nettoyer nos émotions afin de pouvoir bien situer — diagnostiquer — les êtres. Cela évite ensuite de les induire en erreur ou de forcer leur développement.

Une femme est venue me voir, toute contente car elle était persuadée que son fils — un grand jeune homme — allait entrer dans un cheminement spirituel. Ce grand jeune homme avait fait un rêve dans lequel il avait rencontré un sage, et, selon elle, ça y était : c'était le départ. Mais ce n'était pas du tout cela. Cette femme chemine spirituellement, mais son conjoint ne veut rien entendre de la spiritualité. Et leur fils a pris la même tangente que son père : c'est plutôt la matière qui l'intéresse. Il aime la performance dans les sports et il a choisi de développer son côté sportif. Cela titille un peu sa mère ; elle semble avoir une petite tendance à essayer de forcer le destin des autres.

Alors, elle m'a raconté le rêve de son fils. *C'était la nuit, il se trouvait dans un paysage enneigé et il était en train de faire un marathon autour d'une maison. Dans le sous-sol de cette maison se trouvait un couple qu'il admire : ses voisins.* Elle m'a expliqué que ses voisins représentaient pour son fils, le couple idéal. Ils sont ensemble depuis un certain nombre d'années, ils ont des enfants et une belle famille, et ce que le fils admire chez ce voisin, c'est qu'il réussit dans la matière. Il est chef d'entreprise et il fait de la haute performance dans les sports.

Continuons le rêve. *Il s'est ensuite retrouvé dans des eaux extrêmement profondes, et, dans cette eau se trouvait un sage aux cheveux blancs et à la barbe blanche qui l'aidait à s'élever, à monter vers la surface de l'eau. Il partait des profondeurs sombres pour aller vers la lumière, car, à mesure qu'il s'élevait, il voyait de mieux en mieux les rayons du soleil percer à travers l'eau. Ensuite, il a vu son bras droit qui était gêné par quelque chose. Au début, il ne savait pas ce qui le gênait, mais, à un moment donné, il a vu que c'était une araignée, et cette dernière lui a sauté à la gorge.*

Il est important de ne pas conclure que le jeune homme atteindra bientôt l'Illumination, simplement à partir du fait qu'il a rêvé qu'un sage l'aidait à sortir de l'eau, de ses émotions. Si un être rencontre un sage, ce dernier se situe à son niveau, et le passage qu'il l'aide à traverser correspond au degré d'évolution de l'être.

Il était très important que la mère comprenne la signification de ce rêve pour ne pas qu'elle induise son fils en erreur. Au moment du rêve, l'idéal du jeune homme était représenté par ce couple. Par le marathon, On montrait que, pour l'instant, le jeune homme agissait beaucoup par la force de la volonté ; il forçait un peu dans sa vie. Autrement dit, ce n'était pas facile. La neige indique un sentiment de solitude ; c'est cela qui s'en venait pour lui. La présence des voisins dans le rêve montre que, tant dans le jour qu'à l'intérieur de lui, il doit traverser une étape de performance et de quête de réussite matérielle, et que ce sera bon pour lui car c'est cela que Dieu a prévu. Ce qui se trouve dans le sous-sol représente le subconscient, c'est-à-dire ce qui est sur le point de se matérialiser.

Dans la deuxième partie du rêve, puisqu'un sage faisait sortir le jeune homme de l'eau, des émotions, On a voulu montrer que, pour qu'il puisse incarner le couple idéal, le jeune homme devait effectuer un nettoyage, et que cela se manifesterait dans l'action, car le bras droit représente la manifestation. L'araignée est un symbole d'angoisse profonde. Puisqu'elle lui a sauté à la gorge, cela signifie que son angoisse l'empêche de s'exprimer et d'exprimer son amour. On lui a montré que ces émotions seraient nettoyées afin de le préparer à l'étape du couple.

Lorsque l'on comprend cela, on n'est plus porté à dire : « Oui, mais ce n'est pas un couple idéal : ils sont dans la performance et la quête matérielle. Ce n'est pas beau, ça. » Au contraire, on comprend que c'est le programme du jeune homme, et on y porte un grand respect. Si un enfant vient nous montrer son dessin, on ne lui dit pas : « Il n'est pas beau, ton dessin, il est tout croche. »

Devant tout être, la voie de la Sagesse nous apprend à réagir de la même manière, avec une compréhension globale.

Quand on interprète un rêve, on doit d'abord l'analyser en fonction de l'intérêt particulier de la personne et de son niveau de conscience. Par exemple, une personne peut n'être intéressée qu'à sa réussite matérielle, et, en examinant son rêve, elle se dira simplement : « C'est ça : je vais réussir », ou bien « Non, je ne réussirai pas. » De la même façon, ce n'est pas parce qu'un sage nous apparaît en rêve que l'Illumination est à notre porte. On doit analyser chaque symbole en fonction de l'être, de ses préoccupations et de ses objectifs de vie.

Prenons par exemple un rêve dans lequel vous avez un magnifique château en or, et que sur le plancher vous voyez une petite souris. Bien sûr, le château est l'un des plus grands symboles de réussite matérielle, mais la présence de la souris change toute la signification du rêve. La souris est un symbole de tristesse, et celle-ci empêche l'être d'accéder aux hauts niveaux représentés par le château ; le rêve met donc en évidence un décalage présent dans l'être. Tous les symboles sont importants — le château n'est pas plus important que la souris — et les symboles doivent être interprétés les uns par rapport aux autres. Dans un rêve, tous les éléments nécessaires à l'interprétation sont présents, et le langage qui y est parlé est celui de la vérité.

Je vous ai raconté le rêve du jeune homme pour souligner l'importance de mesurer et de respecter le niveau d'élévation de l'être. Ce qui importe, c'est d'aider l'autre, pas de le propulser là où on voudrait le voir. Si on le propulse, c'est qu'on n'a pas fait le travail soi-même. Si un être fait un demi-pas, c'est extraordinaire. Bien sûr, il est encore dans une conscience ordinaire, mais il a avancé. Il a appris à se manifester et à exprimer de l'amour, même s'il s'agit d'un amour personnel ou que cela est relié à son animalité. Quant à soi, on aide simplement la personne à vivre certains sentiments en l'accompagnant, sans pour autant faire ce qu'il fait.

Le prochain vécu, qui illustre une étape non moins importante qu'une autre, touche le domaine des émotions et l'une de ses distorsions, la passion. On verra que pour atteindre l'Illumination, on doit absolument avoir transcendé la sexualité. Parfois, on croit que lorsqu'une personne est restée seule pendant des années, sa sexualité est transcendée, car elle semble ne plus avoir de besoins sexuels. L'exemple qui suit montre que cette force peut être simplement endormie.

Une commerçante que j'ai rencontrée il y a un certain temps savait que je donnais des cours sur l'Angéologie Traditionnelle, elle avait un intérêt spirituel, et, chaque fois que j'allais dans son commerce, elle me posait des questions. Quand on me pose des questions, je réponds ; sinon, je ne parle pas ou je participe de façon régulière à la conversation tout en écoutant à la verticale. Donc, cette femme manifestait constamment un vif intérêt pour les Anges. Alors, au fil des rencontres, je lui ai parlé des signes, de la loi des résonances, de la notion des dérangements et d'autres sujets relatifs à l'enseignement. Et cela *cliquait* pour elle.

Elle et son conjoint consultaient régulièrement un couple qui enseignait une certaine philosophie spirituelle. À un moment donné, elle m'a dit : « Ce n'est pas normal : je dois y aller chaque semaine, et si je manque une rencontre, ils essaient de me faire sentir coupable. Et puis c'est comme si tout ce que fait mon conjoint était juste, et que tout ce que je fais était tout croche. C'est comme si je n'avais pas le droit d'avoir des faiblesses. Ils essaient de me culpabiliser en me disant : "Comment ça se fait, à ton niveau, tu vis encore ces choses-là ?" »

En Angéologie Traditionnelle, on apprend à regarder nos faiblesses et à les aimer pour pouvoir les transformer. Un jour, on ne veut plus rien cacher. Chez cette femme, tout cela commençait à tourner dans sa tête. Alors, à un moment donné, elle m'a demandé :
— Devrais-je les quitter, ces enseignants ?
— Ce n'est pas à moi de te dire cela, lui ai-je répondu.

Puis je lui ai rappelé la loi des résonances. Je lui ai dit que tant qu'on a des résonances avec quelqu'un, on continue à être en rapport avec de façon volontaire ou involontaire. Finalement, je lui ai dit : « Demande des signes, ce n'est pas à moi de te dire ce que tu dois faire », surtout que je voyais clairement que cette femme avait donné son pouvoir. Beaucoup de personnes ont cette tendance. Les gens ont tellement d'appréhension vis-à-vis des sectes ; ils craignent qu'on leur prenne leur pouvoir. Et pourtant, la première chose qu'ils font, en général, est justement de donner leur pouvoir. Dans l'enseignement de l'Angéologie Traditionnelle, on ne prend pas le pouvoir de la personne. Au contraire, cet enseignement mène à une grande autonomie spirituelle.

J'ai bien vu que cette dame voulait me donner son pouvoir et me confier une décision qui lui revenait. Et j'ai eu des signes. En Haut, Ils m'ont dit : « Tu ne dois plus y retourner, du moins, pas pour l'instant. » Alors, par amour pour cette dame, pour son âme, j'ai cessé d'aller dans son commerce.

Quelques mois plus tard, elle a commencé à venir aux cours ; je l'ai vue assister à plusieurs séances sur une période de quelques mois. À un moment donné, En Haut, Ils m'ont donné le feu vert ; alors, je suis retournée la voir dans son commerce. Elle était contente et toute rayonnante. L'enseignement des Anges constituait vraiment une révélation pour elle. Elle m'a raconté ce qui lui était arrivé. Elle m'a dit : « J'ai quitté ces enseignants et mon conjoint a continué, mais il m'a respecté dans mon choix. Mais là, il commence vraiment à faire des prises de conscience. Il réalise qu'il y a des choses qui ne sont pas tout à fait justes. Par exemple, ils lui disent : "Si tu sors de cet enseignement, des forces négatives vont s'emparer de toi." » Donc, le mari de la commerçante commençait à voir plus clair, mais il ne se sentait pas encore prêt à quitter ces enseignants.

Déjà, avant qu'elle ne vienne aux cours, alors qu'elle me faisait des confidences sur sa relation de couple, cette femme s'était plainte de son conjoint à plusieurs reprises. Un jour, elle m'avait dit :
— Moi, j'ai vécu seule pendant environ cinq ans. J'avais des problèmes avec les hommes. Et là, je me retrouve avec ce conjoint qui chemine spirituellement d'une certaine manière, mais il joue un jeu : il me rend jalouse par ses attitudes. En plus, il fait l'amour par Internet, et ça, je n'aime pas ça du tout ; je ne trouve pas ça correct. Toi, qu'en penses-tu ?
— Bien sûr, lui ai-je répondu, je ne peux pas te dire que ce genre d'activité est juste. C'est une expérimentation qui n'est pas juste, mais ça demeure une expérimentation. L'ordinateur touche le monde des pensées. Quand des personnes font ce genre de choses, c'est qu'elles vont chercher des fantasmes camouflés sans avoir à affronter le sentiment de culpabilité.

Ensuite, j'ai ajouté : « Ce n'est pas le hasard qui fait que tu es avec cet homme : tu as des résonances avec lui. » Cette dame a manifesté son accord.

Puis elle m'a dit :
— C'est spécial : une heure avant que tu arrives, je me suis cogné le petit orteil droit contre la chaise, et je me le suis cassé. Qu'est-ce que ça signifie, comme signe ?
— Les pieds représentent comment on avance, comment on se manifeste dans le plan physique. Le côté droit symbolise l'action de jour, et le petit orteil, la Connaissance. Quant à la chaise, on l'utilise lorsqu'on est immobile. Donc, quelque chose t'empêche d'avancer et c'est quelque chose qui te fait peur au niveau de la Connaissance.

Ensuite, elle m'a dit : « Il faut que je te raconte un rêve que j'ai fait cette nuit. Je travaillais avec l'Ange ROCHEL et je me suis endormie en l'invoquant. » Justement, l'Ange 69 ROCHEL compte, parmi ses distorsions, *les abus sexuel, le libertinage et les relations multiples*. Avec son conjoint, elle était en rapport avec ces distorsions. Alors, elle a fait un grand travail avec l'Ange ROCHEL.

Elle a continué : « On m'a envoyé ce rêve : *j'avais un rendez-vous, mais, avant de m'y rendre, je suis entrée dans un dépanneur. Le caissier m'a laissé sa place et j'ai tenu la caisse. Ensuite, je suis sortie du dépanneur, et là, il y avait un grand nombre de personnes. Toutes m'étaient étrangères, sauf une : un de mes clients, un homme que je trouve fascinant. Il a beaucoup de charisme, mais il cache beaucoup de choses. Il est secret, cachottier. Ensuite, je me suis rendue à un rendez-vous, mais ce n'était pas celui qui était prévu. Il y avait un couple et leur fille, et j'ai donné un massage à la fille. Quand je lui ai massé le visage, il y avait du pus qui sortait. J'ai fait sortir beaucoup de pus, mais j'ai dû arrêter avant que tout ne soit sorti car je devais partir. Ensuite, je me suis rendue au rendez-vous prévu ; c'était un couple d'handicapés — l'homme et la femme étaient en chaise roulante. Je leur ai demandé : "Mais pourquoi ne vous élevez-vous pas aux étages supérieurs ? Pourquoi restez-vous au rez-de-chaussée ?" Ils n'ont pas répondu. Alors, je leur ai fait chacun un massage, et, ensuite, je suis partie en voiture avec ma sœur. La voiture descendait à toute vitesse et j'avais très peur. J'essayais de freiner, mais ça ne fonctionnait pas. Puis je suis arrivée à bon port, devant la maison familiale, mais qui n'est pas la maison familiale, concrètement. Ma mère était dans la maison et elle m'a montré des photos érotiques, et ces photos me faisaient jouir. Je me suis réveillée avec ce rêve.* »

Reprenons le rêve depuis le début. Puisqu'elle a invoqué un Ange, En Haut, On lui a dit : « On va te faire visiter certaines de tes distorsions. » Autant elle devait, avant d'entrer dans cet enseignement, maintenir en tous temps une apparence parfaite pour se sentir bien, autant elle était maintenant prête à voir la vérité. Alors, On lui a montré comment elle se ressourçait au plan énergétique. Généralement, quand on va au dépanneur (magasin), c'est seulement pour se dépanner, car tout y est plus cher. On lui a montré : « Regarde, parfois, tu ne te sens pas bien et tu vas chercher de l'énergie de cette manière, comme lorsqu'on va au dépanneur. »

Ensuite, On lui a montré ce monsieur qui a un certain charisme. Elle, c'est une très belle femme, physiquement. Elle a beaucoup de charisme et elle est plutôt raffinée. Mais elle cache certaines choses pour maintenir une certaine apparence. On retrouve ici l'aspect hypocrisie : la personne cache certains aspects d'elle-même tout en simulant des qualités et en projetant une image un peu mystique. Les êtres qui n'ont pas développé les facultés de clairvoyance, de clairaudience et de clairsentience peuvent se sentir fascinés par ce genre de personne. Alors, On lui a montré cette partie d'elle-même.

Ensuite, On lui a indiqué ce qu'elle devait nettoyer. La fille du couple représente une œuvre intérieure. La rêveuse lui a massé le visage. Or, ce dernier est la partie du corps où sont réunis les organes de l'ouïe, de l'odorat, de la vue et du goût. Donc, par le pus qui en sortait, On lui montrait qu'elle devait nettoyer ses sens — elle avait des mémoires d'expériences très instinctives qui commençaient à remonter — afin qu'un jour, ils puissent se prolonger par la clairvoyance, la clairsentience et la clairaudience. Par le rêve, On lui disait : « Tout ne sortira pas tout de suite. On veut simplement te montrer que tu as beaucoup d'émotions reliées aux instincts qui sont refoulées à l'intérieur de toi. »

Bien sûr, l'enseignement qu'elle avait suivi avec le couple l'a quand même aidée jusqu'à un certain point. Je lui ai dit : « Tu dois les en remercier intérieurement et avoir beaucoup d'amour pour eux, même s'ils n'étaient pas tout à fait justes et qu'ils n'ont pas accepté que tu partes. » Cette étape a été indispensable pour cette femme, car, sans elle, elle n'aurait pas pu passer à l'étape suivante. On doit reconnaître l'utilité de chaque événement, de chaque personne rencontrée et de chaque enseignement, même s'ils sont parfois croches ou distorsionnés.

Dans la suite du rêve, à son rendez-vous, elle qui a le goût de s'élever spirituellement demandait à ses parties handicapées pourquoi elles restaient au rez-de-chaussée. On lui montrait : « Regarde, tu as des parties handicapées qui t'empêchent de t'élever, d'élever ta conscience. » Ensuite, elle est partie avec sa sœur. Celle-ci a aussi tendance à cacher des choses et elle a un enfant handicapé dans le plan concret. Puis elle descendait en voiture—cette dernière représente sa conduite. Cela symbolise une descente dans l'inconscient ; elle en avait des sueurs froides. Elle voulait freiner mais elle n'y parvenait pas. On lui montrait donc qu'elle avait enclenché tout un processus par son intention. Quand nous avons interprété cette partie du rêve, je lui ai dit : « Maintenant, tu comprends encore mieux ton signe, quand tu t'es cassé le petit orteil : dans ton rêve, On t'a montré ta peur de descendre dans l'inconscient. »

Ensuite, on la ramenait à l'origine, dans la maison familiale. La maison familiale est toujours importante dans nos rêves, car ce qui s'y passe dépeint nos incarnations passées. Sa mère—un important symbole du monde intérieur—lui montrait des photos érotiques. On ramenait donc à sa conscience certaines mémoires teintées d'érotisme et de sensualité, et, puisque ces photos la faisaient jouir, On lui indiquait qu'elle avait une résonance avec la distorsion de son conjoint. Maintenant, on comprend mieux pourquoi elle ne s'affirmait pas suffisamment pour qu'il cesse.

Je lui ai dit : « Tu es chanceuse. Tu as eu un beau rêve. Maintenant, tu vois que même si tu as eu tendance à juger ton conjoint, cette attitude qu'il a face à l'érotisme fait aussi partie de toi. Tant que tu n'auras pas terminé le travail de nettoyage à l'intérieur de toi, de deux choses l'une : ou bien tu resteras seule comme tu l'as fait pendant cinq ans, par peur des hommes, ou bien tu attireras encore le même type de conjoint. Tu l'as en toi. »
Ce langage de vérité est tellement beau ! On est tellement content

quand On nous montre nos défauts, parce qu'on peut enfin leur faire face et les transformer.

J'ai ajouté :
— Tu n'as qu'à continuer à invoquer l'Ange Rochel, et Il fera le travail.
— Maintenant, je comprends mieux le rêve que j'ai eu avant-hier. Dans mon rêve, *j'avais une sangsue sur la vulve et j'essayais de l'en enlever, mais elle restait collée. Mon beau-frère était là et il m'a dit : "Coupe-lui la queue, tu vas voir, elle va tomber." J'ai coupé la queue de la sangsue, mais elle est restée sur ma vulve. Elle a séché, mais elle n'est pas tombée.*
— Que représente ton beau-frère, pour toi ? lui ai-je demandé.
— Il est très contrôlant. Il veut tout contrôler.
— Ce n'est pas ton conjoint qui te vampirise par ses comportements. On t'a montré que tu les as en toi, ces types de pensées et d'émotions. Ce sont elles qui nous vampirisent, qui pompent notre énergie. Les sangsues pompent le sang. Et où vivent-elles ? Dans l'eau. Donc, tu dois aller rectifier des distorsions dans tes émotions.

Cette femme se contentait de couper le monde des conséquences — la queue — alors qu'elle aurait dû couper la tête. Tout commence par la tête. Le domaine des pensées est le premier où l'on acquiert une maîtrise. Voilà pourquoi le premier degré d'Illumination touche le monde des pensées.

Voici une image qui illustre bien que c'est par le monde des pensées que tout commence : Prenons un serpent, ce grand symbole de l'énergie vitale et sexuelle — il peut être long de plusieurs kilomètres —, et supposons qu'à un moment donné, il trouve une entrée, celle qui le mènera à l'Illumination. Même si seulement la tête a pénétré dans l'ouverture, et que la queue traîne encore dans les marécages, il demeure certain qu'un jour, tout le corps passera par la même ouverture. Par analogie, quand on a passé le premier degré d'Illumination, celui qui correspond à la tête, aux pensées, il est certain que les autres niveaux de l'être seront éventuellement touchés.

Parfois, dans nos rêves, On nous montre des personnes handicapées. C'est qu'on nous indique : « Regarde ce qui te handicape. »

Si on ne rectifie pas ce qui nous est montré, un jour, on pourra subir de grandes limitations corporelles.

Voici un vécu qui illustre ce processus karmique. Un jour, alors que j'invoquais l'Ange Vehuel et que je me promenais avec mon époux sur une piste à la fois cyclable et pédestre, nous avons entendu klaxonner avec insistance derrière nous. Nous nous sommes retournés et nous avons vu un homme qui se déplaçait dans une chaise roulante munie de pédales — une espèce de vélo chaise roulante. L'homme souffrait d'un handicap physique et mental qui ne l'empêchait pas de pédaler. Il avait klaxonné simplement pour attirer l'attention.

Alors, nous nous sommes arrêtés et mon mari lui a dit : « T'es donc coquin ! T'es un coquin de nous klaxonner comme ça, hein ? » pour mettre un peu d'humour dans le rapport avec cet homme. Nous avons parlé un peu avec lui. Il avait beaucoup de petites manivelles sur son vélo chaise roulante, et, pour plusieurs, nous lui demandions : « Et cela, ça sert à quoi ? » À un moment donné, il nous a dit : « C'est donc dur ! » Il y avait devant nous une toute petite pente — à peine visible — à monter, et cet homme se plaignait : « C'est donc dur de monter. »

Alors, mon mari lui a demandé :
— C'est quoi, ça ?
— Ah ! c'est une radio.

L'homme a pesé sur le bouton de la radio, et nous avons entendu cette chanson d'un rocker québécois qui jouait sur les ondes : « Mon Ange, les Anges, il est temps que je change le visage de mon Dieu. Veux-tu m'offrir ta beauté sur mes brûlures... »

Bien sûr, ce n'était pas le hasard si cette chanson jouait. À travers elle, l'âme de cet homme nous communiquait à quel point elle avait mal, à quel point elle était blessée. Il nous communiquait en même temps sa rébellion — cette chanson exprime beaucoup de rébellion — et l'ampleur du réservoir d'actes manqués et de karmas qu'il avait accumulés et qui faisaient en sorte qu'il se retrouvait handicapé, blessé et comprimé par tant d'armures. Son âme avait des armures et toutes sortes de protections.

Les handicaps et autres limitations

Si un être vient au monde handicapé ou le devient, c'est qu'il n'a pas respecté certaines Lois. Les Lois Cosmiques sont absolues et rigoureuses. Si on ne les respecte pas, on doit en subir les conséquences dans d'autres vies. Quand on sait cela, un jour, la compassion est toujours présente. Lorsqu'on voit quelqu'un qui utilise mal ses ressources matérielles, qu'il les gaspille ou les utilise d'une façon égoïste, voire destructive, on a tellement de compassion pour l'être ! On sait que dans une autre vie il sera pauvre, car il vivra les conséquences de ses actes. On a de la compassion, car on l'imagine déjà dans une autre vie.

Si, par exemple, une personne très belle utilise sa beauté pour séduire, pour faire tomber les autres ou pour obtenir des privilèges, dans une autre vie, elle pourra revenir obèse ou affligée de toutes sortes de handicaps. Elle perdra complètement sa beauté et, dans ses mémoires, elle conservera le souvenir diffus que sa beauté physique lui servait de passeport et lui ouvrait toutes les portes. Elle se sentira tellement limitée ! De la même façon, si un être a des ressources intellectuelles et des talents particuliers, et qu'il utilise mal les fruits de son travail, il pourra revenir dans une autre vie très limité, intellectuellement, voire handicapé mental. Quand on sait cela, on a de la compassion.

Une mauvaise utilisation des ressources dans une seule incarnation peut impliquer des milliers d'années de réparation et des centaines de vies comme handicapé sous toutes sortes de formes. Un être qui a eu beaucoup de pouvoir dans une autre vie — qui a pu être ministre ou se trouver à la tête d'un pays — et qui l'a mal utilisé se retrouve tout à coup dans une boutique, comme serveur, et il se sent tellement handicapé ou limité dans ce rôle. Une autre personne pourra aimer le même travail, le trouver beau car elle aime servir, mais lui s'y sentira vraiment diminué.

Quand on sait que ces lois sont absolues, on les respecte. On respecte aussi les êtres. On n'a pas à les changer. Si on sent qu'on doit dire ou faire quelque chose, on le fait, mais, autrement, on laisse Dieu et les guides s'en occuper. Et on aime la personne autant qu'une autre, autant que si c'était notre propre enfant. Un jour, on n'a plus de résonances et on continue d'aimer les êtres, quoi qu'ils fassent. Si on est dérangé, c'est qu'on a encore des petites résonances à l'intérieur de soi. Quand on chemine, on peut être encore plus choqué par le comportement distorsionné des autres ; il peut nous marquer encore plus qu'avant, car notre inconscient est plus ouvert. En utilisant ces dérangements et la loi de la résonance, on découvre la compassion et l'Amour Universel.

J'aimerais maintenant vous faire part d'un rêve extrêmement intéressant qui illustre les différentes étapes pour accéder à l'Illumination. L'homme qui a fait ce rêve est une vieille âme. Il a des rêves très élaborés et il est vraiment revenu ici, dans cette incarnation, pour retrouver toute sa pureté de conscience et sa noblesse spirituelle. C'est un homme qui a vraiment le goût de s'engager dans un travail altruiste.

Alors, voici ce rêve, qu'il a raconté à mon époux. *Tout d'abord, il m'a vue à l'extérieur d'un kiosque. Ensuite, il s'est dirigé vers l'entrée d'une bibliothèque où se trouvait une bénévole. Il lui a donné un billet de 20 dollars et elle lui a remis un billet de cinq dollars. Puis il est entré dans une pièce qui contenait une très grande bibliothèque. Il y avait aussi une salle adjacente, à l'entrée de laquelle mon époux se tenait et où il devait animer un atelier sur les rêves. Le rêveur s'est approché de l'entrée de la salle, et mon époux lui a dit : « L'atelier va bientôt commencer. » Il a regardé mon époux et lui a demandé : « Comment ça va ? » Ensuite, il l'a vu réfléchir et analyser s'il devait lui dire ce qu'il pensait. Mon époux l'a regardé et lui a dit : « Il faut que ça finisse », après quoi il est entré dans la salle et est allé s'installer à l'avant pour animer l'atelier sur les rêves. Puis le rêveur est entré et est allé s'asseoir dans la première rangée, de façon à être le plus près possible de mon mari pour le soutenir ; il regardait mon époux avec beaucoup d'amour et d'attention.*

Plusieurs journalistes se trouvaient à l'arrière de la salle. À un moment donné, le rêveur s'est vu avec un grand pain, une immense baguette, aussi longue que toute la rangée de chaises. Puis mon époux a commencé l'atelier. Le rêveur a vu mon époux portant des masques qui défilaient : un masque de vampire, un masque de séduction et d'autres masques qui, l'un après l'autre, tombaient et étaient remplacés par le suivant. À un moment donné, mon époux s'est même transformé en chien, et, finalement, il s'est retrouvé tout nu. Le rêveur s'est dit : « Très peu de personnes pourront évaluer, réaliser à quel degré il est rendu. » Puis sa baguette de pain s'est retrouvée transformée en un pain rond, tout rond.

Ce rêve est très important. On a montré à cet homme les étapes qu'il devra parcourir pour arriver à l'Illumination. Mon époux et moi-même représentons ses deux principes spirituels—extérieur et intérieur—pour cet enseignement. L'homme a d'abord franchi la première étape. J'étais à un kiosque ; cela représente l'étape que franchissent certaines personnes qui assistent aux cours mais qui ne font pas vraiment de travail intérieur. Elles ne sont pas totalement engagées dans la pratique récitatoire et ne font pas l'effort d'observer de quelle façon leurs rêves se matérialisent. Le degré d'engagement dépend du plan de vie de l'être ; certaines personnes ne s'engageront pas dans cette vie-ci, et d'autres s'engageront plus tard dans cette vie, n'y étant pas encore prêtes. Donc, On a montré à cet homme qu'il avait passé cette étape et qu'il allait vraiment entrer profondément dans l'enseignement.

Il a donné un billet de 20 dollars pour son entrée. L'Ange n° 20 est l'Ange PAHALIAH, celui qui nous aide à transcender la sexualité. Puis la bénévole lui a remis un billet de cinq dollars. L'Ange numéro 5 est l'Ange MAHASIAH. L'une de ses qualités est l'accès aux écoles initiatiques. Il allait donc avoir accès à sa propre école initiatique, à son école intérieure.

Pour vous éclairer un peu sur le cheminement de cet homme, laissez-moi vous dire que bien avant ce rêve, il avait eu plusieurs discussions avec mon mari. Un jour, il lui avait fait part de sa grande soif de spiritualité et il lui avait demandé :
— Qu'est-ce que je dois faire pour arriver à l'Illumination ?
— La seule façon, lui avait répondu mon mari, c'est d'observer une abstinence sexuelle pendant plusieurs mois, ce qui permet de transcender la sexualité, et d'invoquer uniquement l'Ange PAHALIAH pendant ce temps.

Il l'avait averti que cette méthode n'est pas facile parce qu'elle fait tout sortir. C'est comme si on avait toujours nourri des fauves— qui représentent certaines forces intérieures—et que, tout à coup, on les faisait jeûner. Alors, elles deviennent agressives et se mettent à faire du tapage. On nous présente toutes sortes de scènes dans nos rêves—par exemple des orgies sexuelles—pour nous amener à nettoyer toutes ces mémoires. Voilà pourquoi il vaut mieux être habitué au langage des rêves et être bien averti de ce qui se passera. Quand de tels contenus refont surface, on s'adonne à la pratique récitatoire. Cette méthode est très efficace pour transcender la sexualité. Donc, c'est cela que mon époux lui avait conseillé de faire.

Juste avant que cet homme vienne demander l'interprétation de son rêve, mon époux l'a vu en rêve ; il avait visité son âme. Cela se produit parfois. On nous donne des éléments, quelque temps à l'avance, pour nous permettre d'être en mesure d'aider la personne et comprendre sa démarche spirituelle dans la matière. Dans le rêve que mon mari a reçu, *ils étaient tous deux sur une montagne.* Cela symbolise l'élévation spirituelle. *Puis il a vu que cet homme déménageait en Afrique, et que sa nouvelle demeure était très belle et très éclairée.* L'Afrique représente les deux premiers chakras, le rouge et l'orange, qui touchent entre autres la sexualité, la force vitale et le monde instinctuel. Mon époux savait donc que cet homme ferait un stage de cette nature. Toujours dans le rêve, *cet homme est allé vers mon époux et lui a dit : « J'ai tellement peur de ce qui s'en vient. J'ai peur de travailler sur ma sexualité. » Et mon époux lui a dit : « C'est normal que tu aies peur. C'est vrai que c'est très difficile. »* Il parlait à l'âme de cet être. Ainsi, quand mon mari a vu arriver cet homme avec son rêve, il savait déjà ce qui se passait en lui.

Continuons l'interprétation. À mon époux—symbolisant sa partie spirituelle, dans l'action, dans le jour—, cet homme demandait : « Comment ça va ? », et la réflexion de mon époux a été : « Oui, tu es maintenant prêt à recevoir la vérité. Il faut que ça finisse. » C'est que cet être voulait sérieusement s'engager dans le processus d'élévation ; il était prêt à donner priorité à l'Esprit. Un atelier sur les rêves devait avoir lieu, ce qui signifie que l'élévation de cet homme allait se faire principalement *via* le travail avec les rêves.

Ensuite, il a assisté aux différentes étapes qui l'attendaient. Le pain symbolise une nourriture Divine, et, au départ, il était de forme très allongée. On montrait que l'aspect qu'il devait travailler pour atteindre ces niveaux était l'émissivité, la manifestation. Ensuite, il assistait à une transfiguration qui montrait toutes les étapes par lesquelles il devrait passer. Des masques devaient tomber, dont celui du vampire—qui représente la tendance à prendre l'énergie des autres—et celui de la séduction.

Puis mon époux se transformait en chien. Cela signifie que cet homme devait transcender sa dimension instinctuelle. Ensuite, il en arrivait à un état de nudité. Quand On nous fait plonger dans ces mémoires inconscientes, il s'agit vraiment d'une mise à nu. Pour un mystique, la nudité est très positive: elle signale que l'être a atteint de hauts niveaux de pureté, de transparence et d'authenticité. Un autre symbole de transparence qui se retrouvait dans le rêve est la présence des journalistes dans la salle. Que font les journalistes? Ils rendent publiques les données. Alors, On montrait à cet homme qu'il ne pourrait plus rien se cacher à lui-même, car tout ce qui l'avait habité jusque-là allait être publié, c'est-à-dire dévoilé à toute sa conscience.

Ensuite, il réalisait que très peu de gens sont en mesure d'évaluer, de reconnaître ces niveaux d'élévation. Et il avait raison, car cela demande une perception très affinée: les initiés qui ont atteint ces hauts degrés d'Illumination vivent dans la simplicité et l'humilité totales. On doit avoir beaucoup travaillé sur soi pour reconnaître ces hauts niveaux de conscience. Ensuite, il se retrouvait avec un pain rond, ce qui signifie qu'il allait recouvrer toute sa réceptivité. Il allait accéder au contenu de la grande bibliothèque qu'il avait vue au début du rêve. Il allait pouvoir recevoir la Connaissance en direct. C'est cela, l'omniscience; c'est une grande réceptivité retrouvée. Vous voyez, ce rêve est très important, car il décrit toutes les étapes qu'allait traverser cette personne sur son chemin vers l'Illumination.

Quand on travaille avec l'Ange VEHUEL pour atteindre ces hauts niveaux, On nous montre tout ce qui est faux et pas juste. On a vu les masques, mais voyons d'autres symboles d'aspects faux qui peuvent nous être montrés dans nos rêves. Par exemple, pour signifier la séduction, On peut nous montrer des cheveux teints ou une perruque. Même chose avec les dents; chaque fois qu'On nous montre des prothèses dentaires dans les rêves, On veut nous montrer des aspects faux en soi-même.

Une femme qui suit l'enseignement de l'Angéologie Traditionnelle depuis un certain temps m'a dit qu'elle avait vu sa prothèse dentaire dans un de ses rêves. Je lui ai dit: «On peut avoir des prothèses dentaires dans le plan physique, et tout de même se voir dans les plans subtils avec des dents naturelles. Cela est possible. Mais si on voit une prothèse dentaire en rêve, qu'on en ait ou pas dans le plan concret, cela signifie qu'On veut nous montrer quelque chose de faux. »

Ce que m'a confié cette femme sur sa situation touche aussi l'élévation. Elle habite dans la région du Bas-Saint-Laurent, au Québec (Canada), et elle doit déménager à Montréal car son époux vient d'y être transféré pour des raisons professionnelles. Elle m'a dit : « Moi, je suis tellement attachée à la mer, à ma maison et à mon village. Je n'ai pas du tout le goût d'aller vivre dans une grande ville. Mon conjoint est déjà là-bas et ça crée des problèmes. Je dois vendre la maison et je sais fort bien que si je n'arrive pas à la vendre, c'est parce que j'y suis attachée ; je ne veux pas partir. »

Puis elle m'a dit :
— Justement, j'ai fait deux rêves qui sont probablement reliés à cela. Dans mon premier rêve, *j'étais sur une motocyclette d'enfant que mon mari conduisait ; j'étais derrière lui, un peu plus bas*. Ah ! quand je me suis réveillée, je me sentais rabaissée — au lieu de se sentir élevée, elle se sentait rabaissée. L'idée de devoir suivre mon conjoint me donne l'impression que je n'ai plus mon destin en main et que ça me rabaisse. Je me sens rabaissée de devoir suivre mon mari.
— Oui, lui ai-je dit, c'est comme ça que tu te sens, mais tu connais l'enseignement ? Tu sais que ton conjoint représente ton homme intérieur, qu'il représente l'Esprit. Si tu n'apprends pas à suivre ton Esprit, c'est que tu ne te soumets pas ; c'est de la rébellion. Le rêve t'a montré que tu te sens rabaissée, alors que ce déménagement est organisé. Considère-le comme le début d'un stage organisé pour toi. Certaines personnes doivent quitter leur ville natale pour aller étudier à l'université. Imagine que, toi aussi, tu vas à la ville pour étudier à l'université, à l'Université de la Conscience.
— Eh bien, justement... Dans mon deuxième rêve, *ma prothèse dentaire était cassée en deux. Je voyais aussi quatre enveloppes blanches, et On me disait : « Il faut que tu les classes. » Ensuite, j'ai vu un escalier en construction qui n'avait pas encore de marches*.
— Cela montre que tout ce que tu vis présentement est en train de briser ce qui est faux en toi. La prothèse dentaire représente un faux concept de structure de la sagesse, et le fait qu'elle se brise montre que tu ne peux plus t'y fier. On t'annonce aussi quatre nouvelles qui vont se matérialiser, et que tu dois t'en occuper, les

classer. On te montre également que, par ces nouvelles, tu te prépareras à construire un escalier. Pour le moment, tu ne peux pas monter car tu n'as pas de marches, mais, par ce déménagement, tu retrouveras des qualités de l'Ange Vehuel. Ta nouvelle situation va t'amener à te détacher de la matière, c'est-à-dire de ton travail, de ta maison et de la mer. Tu es attachée à ce lieu. Une fois qu'on a retrouvé notre Patrie Céleste, notre pays d'origine, on peut aller partout; le lieu n'a plus d'importance. Si on est attaché à un lieu, c'est significatif. Un jour, on doit pouvoir le quitter. Certaines personnes n'aiment pas les grandes villes; elles les voient un peu comme des monstres. Si tu ne t'habitues pas à vivre dans la grande ville, si tu rejettes cet aspect-là dans ta vie présente, alors, dans une autre vie, tu te retrouveras en pleine mégalopole, dans un quartier difficile, et tu seras obligée d'y rester.

Cela lui donnait une toute autre vision de la chose. Elle m'a dit: « J'ai compris. Je vais aller faire mon stage à la ville. » (rires) Quand on comprend, c'est tellement plus facile. On peut se dire : « Ça n'a aucun sens d'aller vivre dans une grande ville, ça m'écarte même de ma spiritualité car je serai moins tranquille », mais cela peut être tout le contraire. Par le rêve, On a montré à cette femme: « Regarde, ça va t'élever, car tu vas transcender certaines de tes limitations. Plus tard, tu pourras retourner à la campagne, si cela fait partie de ton plan de vie. » Bien sûr, l'environnement idéal pour vivre est un lieu propice à la méditation, loin des bruits et de la pollution. Mais si on doit aller à la ville, il ne faut pas être sectaire; on doit arriver à pouvoir étudier Dieu partout où Il nous guide.

J'aimerais partager avec vous un dernier fait vécu qui touche de près l'état de conscience Vehuel. C'est l'histoire d'une personne qui invoquait cet Ange et qui a fait un rêve, qu'elle a raconté à mon époux Kaya. Voici ce rêve. *Elle est entrée dans un magasin où se trouvaient des vêtements somptueux, or et blancs, et il y avait une vendeuse qui était très gentille. Elle a vu entre autres une blouse blanche et un sac à main or et orange. Elle a demandé à une personne de lui dire si le sac à main s'agençait bien avec la blouse, et l'autre lui a répondu: « Oui, ça va très bien ensemble. » Sur l'étiquette de la blouse était indiquée la marque de fabrique de ces vêtements: Aux grandes âmes.*

À un moment donné, la vendeuse a dit: « La boutique va fermer. » Alors, la rêveuse s'est dirigée vers la caisse. Elle avait noté que la blouse coûtait 800 dollars—OOOH! c'était cher—, mais elle s'est dit: « Je vais faire des efforts: je vais m'arranger pour pouvoir l'acheter. » Lorsqu'elle est arrivée à la caisse, la vendeuse lui a dit: « C'est 8 000 dollars. » OOOH! là, c'était au-dessus de ses moyens. Toute confuse, elle a dit: « Je m'excuse. En plus, je vous ai fait perdre votre temps. » La vendeuse, tout amour, toute compassion lui a dit gentiment: « Ne vous en faites pas. Ça n'a pas d'importance ». Puis la rêveuse est partie; elle ne pouvait pas se payer ces vêtements. Ensuite, dans une autre partie du rêve, elle s'est retrouvée sur un trône de reine—elle était une reine—, mais elle était incapable de rester en place. Elle avait une telle énergie sexuelle—et c'était érotique—qu'elle en était dérangée et n'arrivait pas à tenir en place sur son trône.

Qu'a-t-On voulu dire à cette femme? Par ce rêve, On lui a fait visiter son monde intérieur, puisqu'il n'y avait que des femmes. On lui a fait toucher à de très hauts niveaux de conscience; l'Ange VEHUEL amène à ces niveaux élevés. Les vêtements représentent notre aura, nos qualités spirituelles, et la marque de commerce, *Aux grandes âmes*, indique une élévation de la conscience. C'était des vêtements pour les grandes âmes. Le niveau des prix et les couleurs or et blanc indiquent eux aussi de hauts niveaux énergétiques. Le sac à main symbolise les ressources dont nous disposons pour nous manifester. Que symbolise la couleur orange du sac à main? Cette couleur est celle du deuxième chakra, celui qui touche la sexualité, et, puisqu'elle était sur le sac, elle indiquait de hauts niveaux de pureté dans la manifestation.

Cependant, On lui montrait qu'elle n'avait pas encore les moyens ou les ressources pour avoir accès à ces hauts niveaux. Que signifie être riche, dans les mondes parallèles? Sur quoi est basée notre richesse dans ces mondes? Sur des qualités et des vertus. Donc, pour avoir accès à ces hauts niveaux de conscience, on doit développer les qualités et les vertus, ces hauts niveaux de pureté.

Dans la deuxième partie du rêve, On lui a donné un autre grand symbole: la royauté. Mais On lui montrait également: « Regarde, ton énergie sexuelle n'est pas encore transcendée. Elle est encore rattachée à de la séduction et à toutes sortes d'autres distorsions. Tu ne peux pas tenir sur ton trône et obtenir des pouvoirs terrestres. Tu dois d'abord nettoyer. »

Cette dame a dit à mon époux : « Le lendemain, j'avais une énergie très puissante, mais je me sentais mal dans ma peau. » C'est qu'il y avait un gros décalage. On lui avait fait goûter à de hauts niveaux de conscience, mais, en même temps, elle n'y avait pas accès. C'était comme si elle sentait à la fois beaucoup de richesse et une grande pauvreté. C'était inconfortable. Dans des cas comme celui-là, on se sent vraiment écartelé.

On voit à quel point il est important de bien comprendre nos rêves. On n'est pas là, à se demander : « Mais qu'est-ce qui se passe ? », à ne pas savoir que faire de sa peau et à accumuler les actes manqués et les karmas. Au moins, on sait ce qui se passe à l'intérieur de soi.

Alors, quelle est l'utilité d'avoir montré à cette femme de tels niveaux de conscience si, en fin de compte, elle n'y a pas accès ? C'est, d'une part, pour développer son humilité, car, pour atteindre ces hauts niveaux, on doit retrouver l'humilité, et, d'autre part, pour la motiver, lui dire : « Regarde, ça vaut la peine. Quand tu auras tout nettoyé, tu pourras toucher ces hauts niveaux. Continue ton travail. »

Pour terminer, voici un dernier commentaire sur l'Ange VEHUEL. L'une de ses qualités est *l'élévation par le service*. Dans certains cours de croissance personnelle, on dit à l'être : « Tu t'es assez occupé des autres. Maintenant, c'est le temps de penser à toi et de t'affirmer. » Dans la même ligne de pensée, j'entends parfois : « J'ai été trop généreux. » Or, on n'est jamais trop généreux. Si on croit qu'on a trop donné et qu'on ne s'est pas assez affirmé, c'est qu'on n'a pas donné d'une manière altruiste. On a été généreux afin de recevoir quelque chose en retour, pour être reconnu, pour être aimé ou pour être apprécié. On avait des attentes, et, puisqu'elles n'ont pas été satisfaites, on se sent lésé et on se dit : « Il faut que je pense à moi, maintenant. Je dois m'affirmer. »

Avec les Anges, cela ne fonctionne pas de cette façon. On apprend qu'en mettant la Divinité à la première place, un jour, on retrouve notre être dans son intégralité, et alors, l'affirmation se fait tout naturellement. Tout se fait tellement naturellement ! Lorsqu'on arrive à ces niveaux de conscience, le métier qu'on pratique n'a plus d'importance, car ce n'est plus l'aspect pécuniaire qui nous motive : c'est vraiment la dimension altruiste.

À ce moment-là, tout le reste s'ensuit car l'équilibre est nécessaire. L'argent est de l'énergie densifiée. Alors, l'abondance s'ensuit, sauf que ce n'est pas elle qui nous sert de motivation.

Voilà ce que sont les hauts niveaux de conscience. C'est tout cela qui est enseigné dans cette belle école qu'est l'Univers/Cité Mikaël, afin qu'un jour, on en arrive tous à retrouver ces hauts niveaux d'altruisme, à retrouver notre Divinité et à atteindre l'Illumination.

Ange 17 Lauviah
Révélations

Dernièrement, j'ai rencontré une femme tourmentée, déchirée entre la spiritualité et la matière. Ce déchirement la plongeait quelquefois dans de profondes angoisses existentielles. Tout son corps lui faisait mal et ses mains étaient parfois engourdies, sans vie. Je l'écoutais avec beaucoup de compassion, et son témoignage me ramenait dans le passé, lorsque j'ai débuté mon parcours initiatique.

À cette époque, je me croyais pure ; or, dans mes rêves, On me révélait mes multiples facettes de séductrice. Je me pensais détachée de la matière ; dans mes rêves, On me dévoilait que ce détachement n'était en fait qu'une façade qui masquait des désirs de pouvoir. Je me considérais humble ; dans mes rêves, On me montrait un orgueil bien enrobé, camouflé derrière des actes soi-disant généreux. J'étais sûre que j'avais été une bonne mère ; et dans mes rêves, On me disait que j'avais parfois été contrôlante. Souvent, à mon réveil, je pleurais à chaudes larmes, envahie par la culpabilité et le remords.

Tout s'effondrait. L'image que je m'étais forgée de moi-même s'effritait au fur et à mesure de ces révélations. Un jour, ce fut le vide. J'avais pourtant demandé qu'On me révélât les mystères de l'Univers. Je n'y comprenais plus rien. J'étais perdue, écrasée par le poids de ces révélations. Puis à mesure que le temps passait, j'ai senti une fatigue chronique s'installer. J'étais épuisée et je n'arrivais à me sentir bien nulle part ni dans aucune position — que ce soit couchée ou dans l'activité. Je ressentais des douleurs intenses et bizarres aux muscles, aux tendons, et en d'autres points du corps, et ces souffrances étaient plus intenses durant la nuit. C'était tantôt des sensations de picotement qui passaient d'un point à un autre, sans raison apparente, tantôt des sensations de brûlures qui se déplaçaient le long de la colonne vertébrale ou en d'autres points du corps. Parfois, les extrémités de mes membres étaient engourdies et sans vie. J'avais de la peine à m'exprimer, et certaines odeurs et certains bruits m'étaient devenus insupportables. Seul le son des enfants qui jouaient à l'extérieur me ramenait à la vie, alors que mon existence était devenue sans saveur. Cela me semblait bien étrange, car j'avais toujours été une femme dynamique et très optimiste.

Au bout de quelques années d'intenses luttes intérieures et de grandes purifications avec les Anges, années au cours desquelles il m'est arrivé de toucher à de très hauts états mystiques, j'ai fini par comprendre, dans toutes mes cellules, que ces révélations avaient été des cadeaux du Créateur, qu'elles m'avaient rapprochée de Lui. Progressivement, j'ai repris goût à la vie. J'ai alors réalisé que tous mes sens s'étaient développés : plus de clairvoyance, de clairaudience et de clairsentience. Mon attitude vis-à-vis de mes rêves avait totalement changé ; je remerciais Dieu et ses messagers — et je les remercie encore —, consciente de la valeur de ce qui m'avait été révélé sur moi-même. Des révélations de tous ordres peuvent maintenant se multiplier, et des centaines de personnes me témoignent d'une expérience semblable à la mienne. Je les écoute avec compassion, touchée au plus profond de mon âme, comprenant leur souffrance. Comme moi à l'époque, ces personnes font l'expérience de l'ouverture de l'inconscient, au cours de laquelle le voile se lève pour faire place aux révélations.

Le thème de la soirée est comment recevoir des révélations. Un Ange peut nous y aider ; c'est l'Ange LAUVIAH qui porte le chiffre 17. Il est l'Ange des révélations par excellence.

Parmi les 72 Anges, un autre porte le même nom — Il s'appelle aussi LAUVIAH et fait l'objet d'un chapitre de ce livre —, mais Il a un autre chiffre et d'autres qualités. Dans la Tradition, on dit que les deux se complètent. L'Ange LAUVIAH numéro 11 est l'Ange de la victoire, de l'expansion, de l'enthousiasme et de la réussite. C'est un Ange de jour et d'action, tandis que l'Ange LAUVIAH numéro 17 est un Ange de nuit, qui travaille de l'intérieur et qui nous fait recevoir des révélations par les rêves et par les songes en état d'éveil.

L'une des qualités de l'Ange 17 LAUVIAH est qu'Il *agit contre les tourments et la tristesse.* Donc, avant de pouvoir un jour toucher à cet enthousiasme, à cette joie à l'état pur, on doit descendre dans nos profondeurs inconscientes. On doit nettoyer et transformer tout ce qui est à l'origine réelle des tourments, ce qui est tapi, caché dans l'inconscient, et qui nous fait rechercher des compensations extérieures. Un jour, on fait face à toutes ces mémoires.

À chaque fois qu'on transgresse une Loi Divine, on génère un tourment ou une tristesse, exactement comme lorsqu'on transgresse une loi terrestre. La transgression amène inévitablement des troubles.

Quand on travaille avec les Anges, on peut utiliser les nombres comme des signes et en lire la signification; ces nombres représentent des états psychologiques Angéliques. Certaines personnes qui viennent aux cours pour la première fois et qui ne connaissent pas la science initiatique nous disent: «C'est bizarre. Ça fait plusieurs semaines, voire plusieurs mois, que chaque fois que je m'adonne à regarder l'horloge, je vois toujours le même nombre. Je vois 11:11. En d'autres périodes, je vois toujours 12:12, ou encore 4:44.» Le nombre varie avec la personne et la période de temps, mais il revient sans arrêt. Au début du cheminement, on voit aussi de plus en plus de coïncidences se produire.

En un premier temps, ces coïncidences n'ont aucune signification précise. L'Intelligence Cosmique veut simplement stimuler la conscience de l'être pour l'amener à chercher des réponses en profondeur, l'habituer à aller derrière la forme, derrière le voile. De cette manière, on s'habitue vraiment à pénétrer dans les plans parallèles. Ces coïncidences nous amènent à développer notre curiosité spirituelle, la bonne curiosité, celle de l'enfant qui se pose des questions. Elles constituent la première porte qui ouvre l'être à une plus grande dimension, ouverture *via* laquelle il cherche à aller de plus en plus en profondeur. C'est un processus qui est déclenché.

Un nombre ne revêt une signification qu'à partir du moment où l'être établit un lien entre ce qu'il voit et ce qu'il était en train de penser à ce moment-là. Ce lien fait du nombre un signe: le nombre endosse une signification. La même idée s'applique à tout ce qui peut être observé dans l'environnement immédiat. Par exemple, dans une salle où se trouvent 100 personnes, si tout à coup se produit un bruit, celui-ci pourra avoir une signification différente pour chacune des 100 personnes, et la signification dépendra de ce à quoi la personne pensait au moment où le bruit s'est produit. Un jour, on se met à penser de cette manière, à voir et à lire les événements en profondeur. Puis, avec l'habitude, on finit par lire continuellement les signes dans le quotidien; on est constamment connecté. Cela nous amène—conjointement avec l'interprétation des rêves—à développer une grande autonomie spirituelle. Arrive un jour où on ne perd plus sa connexion avec le Divin.

Voyons quelles sont les qualités de l'Ange LAUVIAH numéro 17. *Fait percevoir les grands mystères de l'Univers pendant la nuit, révélations en rêve, en songe.* L'Ange 17 LAUVIAH nous aide vraiment à recouvrer la propension à rêver si on l'avait perdue, et, surtout, à bien comprendre ce qu'On veut nous dire dans nos rêves. Nous avons vu que, avant que les mystères de l'Univers nous soient révélés, on doit faire face à un grand nombre d'obstructions dans nos mémoires inconscientes. Ainsi, On nous révélera d'abord qui on est et ce que l'on doit changer. Au début, ces révélations sont vraiment difficiles à prendre, mais, un jour, on en arrive à dire: « Encore ! Encore ! » On ne veut plus que ce processus de révélation prenne fin car on sait où il nous conduit. C'est un vrai cadeau, mais, dans les premiers temps, bien sûr, ce n'est pas un cadeau.

Un jour, grâce à ce processus, on peut recevoir des inspirations de toutes sortes, car l'Ange 17 LAUVIAH procure un *don pour la musique, la poésie, la littérature et la philosophie transcendantes.*

Cet Ange nous permet de connaître les mécanismes de la psyché. Le mot psyché vient de la racine grecque psy, qui signifie ce qui touche à l'âme. En fin de compte, la psyché est comparable à un miroir que l'on peut incliner à volonté. Ce concept de psyché comme miroir de l'âme est très ancien. Tellement d'aspects nous sont voilés que, lorsqu'on n'a pas réintégré ce rayon représenté par l'Ange Lauviah—lorsqu'on le distorsionne—, pratiquement toutes nos perceptions s'en trouvent faussées. D'où également *les tourments, la tristesse, la dépression, l'insomnie et l'hyperactivité,* toutes des distorsions de cet Ange.

J'aimerais vous raconter une histoire vécue qui montre comment fonctionne la psyché, plus particulièrement comment les mémoires inconscientes peuvent fausser nos perceptions. Un jour, une dame m'a dit que dans la pension où elle vivait, un matin où

le cuisinier avait servi de la confiture de fraises, la femme qui était assise à côté d'elle lui a dit :
— Trouves-tu que la confiture a un goût d'aspirine ?
— Non, lui a-t-elle répondu, je trouve qu'elle est délicieuse, cette confiture.

Et toutes les autres personnes qui étaient à table étaient du même avis. Alors, la femme qui avait perçu un goût d'aspirine a médité sur ce sujet, et, le lendemain, elle a dit qu'elle avait compris la raison pour laquelle elle avait perçu cette saveur dans la confiture. Elle a expliqué que lorsqu'elle était petite et qu'elle souffrait d'une fièvre, sa mère avait l'habitude d'écraser une aspirine et de la mélanger à de la confiture de fraises pour la lui faire avaler plus facilement. Elle a ajouté : « Je n'aimais pas ça. Mais je n'avais pas le choix : ça m'était imposé. »

Par ce simple exemple, on voit la puissance de l'esprit, qui peut altérer le goût, matérialiser un autre goût que le goût original. On voit que les mémoires inconscientes peuvent altérer les perceptions. Dans une situation comme celle de cette femme — où on fait une association déplaisante —, on peut réagir de deux façons possibles. Dans une conscience ordinaire, et en reprenant le même exemple, on se dit : « Si chaque fois que je mange de la confiture de fraises, je goûte l'aspirine, c'est bien simple, je n'en mangerai plus. » Mais, alors, le problème n'est jamais réglé. Par contre, avec une conscience éveillée, on traite cette situation comme un signe qui nous révèle des parties de soi-même. À ce moment-là, au lieu d'éviter la question, on médite dessus.

Souvent, on croit que méditer consiste à faire le vide. Or, faire le vide est la dernière étape, et on ne doit jamais se l'imposer. Lorsque des pensées remontent, on les traite, simplement. Elles ne sont souvent que la pointe de l'iceberg, c'est-à-dire la petite partie visible d'un problème de taille. Par exemple, en méditant, cette femme est retournée dans son enfance et elle a fait un pas. Mais on ne doit pas s'arrêter là. On profite de l'occasion pour analyser symboliquement le fait vécu, comme s'il s'agissait d'un signe ou d'un rêve. Voilà la clé.

J'aimerais maintenant vous parler d'une situation que vit une femme et qui touche certaines distorsions de l'Ange 17 LAUVIAH, plus spécifiquement *l'insomnie et les angoisses.* Cet exemple illustre aussi comment on reçoit des révélations sur une personne au moment où elle nous parle, c'est-à-dire comment, quand on sait *lire*, on peut percevoir des contenus inconscients qui l'habitent.

Cette dame venait au cours pour la première fois, et elle est venue se confier à moi. Tout d'abord, elle m'a dit que sa maison avait brûlé. Il n'existe pas de hasard ; lorsqu'un événement se produit dans notre vie, on peut toujours en extraire une signification d'ordre intérieur. ==Le feu est lié à l'Esprit.== Il peut s'agir d'un esprit positif, constructeur et lumineux, mais cela peut aussi être un esprit négatif, qui détruit. Un esprit négatif est comme un être incendiaire. Il nourrit des critiques, et ces pensées descendent dans les émotions et se manifestent à l'extérieur par de l'agressivité et des gestes destructeurs.

Alors, je lui ai dit :
— Vous aviez quelque chose à comprendre. La réalisation d'un événement tire toujours son origine du monde des pensées.
— Ah ! a-t-elle fait remarquer, c'est sûr que lorsque la maison a brûlé, c'était peu de temps avant qu'on se sépare, mon ex-conjoint et moi. On vivait beaucoup de troubles et d'agitation à ce moment-là. Mais c'est mon ex-conjoint qui a toujours eu peur du feu.

D'où viennent ces phobies et ces peurs irraisonnées ? Si on allait dans l'inconscient de cet homme, on pourrait probablement voir qu'il a subi des incendies dans d'autres vies. Mais, encore une fois, on doit aller plus loin. Sinon, on cultive ces peurs et on se justifie en disant : « C'est normal que j'aie peur, puisque j'ai vécu ça. » On doit aller à la base du problème. On se dit : « J'ai eu des pensées qui n'étaient pas justes. Quelles sont-elles ? »

J'ai fait remarquer à cette dame : « Même si c'est votre conjoint qui avait peur, reste que vous n'étiez pas avec cet homme par hasard : vous avez des résonances avec lui. » On a vu, en examinant le schéma de la Poire de Jung, que le conscient n'est qu'une toute petite partie de soi, qu'on abrite à l'intérieur de soi des masses de mémoires qui nous sont voilées et qui attirent des événements spécifiques. Ces événements et les êtres qu'on côtoie sont donc révélateurs de ce qui habite notre inconscient. Et, si on veut vraiment comprendre ce que l'on vit, ces contenus nous sont révélés. Alors, j'ai ajouté : « Dans le monde des causes, ce qui a amené cet incendie fait aussi partie de vous, pas seulement de votre ex-conjoint ; ce sont des attitudes et des façons de penser que vous devez rectifier. Si vous ne les changez pas, elles se manifesteront à nouveau, sous la même forme ou sous une autre. »

Ensuite, elle m'a fait part des difficultés qu'elle vivait sur son lieu de travail. Elle m'a dit : « Je travaille là depuis quelques années, mais mon patron et ma patronne, qui sont frère et sœur, répètent toujours la même chose et je suis tannée de les entendre. À part ça, ils sont agressifs et critiquent sans arrêt. »

De plus, cette femme ne se sentait pas appréciée à son travail. Alors, je lui ai dit : « Vous n'êtes pas là par hasard. C'est que vous avez des résonances avec eux : quelque part dans votre inconscient sont tapies des mémoires similaires. Même si, dans un premier temps, cette idée est difficile à accepter, si vous apprenez à *lire* à la verticale, vous verrez que ça aidera beaucoup. »

Pour lui montrer comment faire, je lui ai demandé :
— Qu'est-ce qu'elle vous répète tout le temps, votre patronne ?
— Elle répète souvent que son conjoint est parti avec sa carte de crédit, qu'il a tout dépensé, et que, de toutes façons, il ne participait jamais aux tâches ménagères et voulait seulement se faire servir.
— Mais quand une personne parle d'une autre, que ce soit de ce qui l'attire ou de ce qui la dérange, en fait, c'est d'elle-même qu'elle parle. Une personne parle toujours d'elle, même quand elle parle des autres, à moins qu'elle n'ait déjà transcendé tout ce qui tourne autour de la question — en de tels cas, la vibration est bien différente et la personne généralement ne parle pas de l'autre. Quand votre patronne vous parle de son ex-conjoint, c'est d'elle-même qu'elle vous parle. Vous pouvez analyser ce qu'elle vous dit exactement comme si c'était un rêve qu'elle vous racontait. Le vol de cartes de crédit indique que certaines parties d'elle volent ou prennent l'énergie des autres. C'est normal de prendre l'énergie des autres, au début. On ne sait pas recevoir l'énergie parce que certains centres d'énergie sont bouchés par toutes sortes d'obstructions, dont des critiques et de l'agressivité. Alors, on est obligé de prendre l'énergie à l'extérieur, chez les autres, faute de pouvoir la recevoir en direct. Et, quand elle dit que son conjoint ne voulait jamais travailler à la maison et ne voulait que se faire servir, à ce moment-là aussi, elle parle d'elle-même. Ça montre qu'elle a encore en elle des aspects égocentriques, qui ne veulent pas s'occuper des autres.

Un jour, on ne tient plus ce genre de propos; on est tellement heureux de servir les autres, dont son conjoint. Bien sûr, cet échange ouvrait de nouvelles dimensions dans sa façon de percevoir sa patronne.

J'ai ajouté: «Tant et aussi longtemps que vous vous sentirez dérangée par les propos de votre patronne, cela indiquera que vous êtes un peu comme elle. Quand elle vous parle de ces questions, au lieu de vous stresser et de refouler, profitez-en pour faire votre pratique récitatoire. Intérieurement, répétez le nom de l'Ange. Personne ne peut vous empêcher de le faire. Et dites-vous: "Je me sens dérangée. Ça veut dire que moi aussi, quelque part, j'ai ces aspects en moi, même s'ils ne s'expriment pas de façon manifeste à l'extérieur. En faisant ma pratique récitatoire, il y a des bouchons qui vont partir." Sinon, vous refoulez de l'agressivité et vous la critiquez silencieusement, et, en faisant cela, vous nourrissez ces mêmes forces en vous. À ce moment-là, ce sont d'autres karmas qui s'inscrivent.»

Je vais vous donner mon truc; je vais vous dire comment j'ai fait pendant de nombreuses années. Parmi l'ensemble des Lois Divines, je me suis appliquée à m'en rappeler continuellement quatre. Ces quatre Lois formaient ce que j'ai appelé mon pense-Angélique.

Et pendant toute la période où je me rappelais ces Lois, je dialoguais avec moi-même. Parce qu'on ne doit pas s'en vouloir; on doit éviter de se dire: «Ah non! comment se fait-il que j'aie encore rechuté, et avec la même personne, en plus.» Lorsqu'on chemine spirituellement, on veut incarner la bonté, la générosité et toutes les autres belles qualités. Mais quand on sort de ses gonds, on ne se sent pas bien, on se trouve laid et on se tape sur la tête; c'est normal.

Or, ne pas réussir à conserver une maîtrise parfaite n'est pas nécessairement une rechute. Vous avez vu dans le schéma de la Poire de Jung à quel point le réservoir des mémoires inconscientes est vaste. On touche à de multiples vies, et une personne qu'on a devant soi peut incarner 72 distorsions. Alors, on en travaille une, puis une autre, puis une autre, et, à un moment donné, On nous ouvre le canal. Si On nous ouvrait tout de suite à tout ce qu'on est, on sauterait comme une bombe, tellement c'est puissant. En Haut, Ils procèdent de cette façon : Ils nous donnent de l'énergie et Ils nous laissent expérimenter toutes sortes de choses plus ou moins justes. On est bien avec cela et on a amplement d'énergie. Mais arrive un jour où Ils nous ouvrent à nos mémoires inconscientes. Alors on travaille sur soi, et, par périodes, Ils disent : « Merveilleux ! elle a passé une étape. On va l'amener un peu plus loin. » Alors, l'augmentation de la dose de mal ou de distorsion dans laquelle on est plongé correspond à un passage, à un degré initiatique. En ce sens, ce qui nous apparaît comme une rechute peut n'être que l'apprentissage à un test plus difficile.

Je me rappelais continuellement mes quatre Lois, parce que, bien sûr, dans le feu de l'action, quand quelqu'un vient nous chercher — quand il pousse exactement le bon bouton et avec une intensité précise au millionième près —, on oublie tout. On se fait prendre par la puissance de ce qui monte, et la loi des résonances et tous ces beaux concepts partent en fumée. Voilà pourquoi je gardais mon pense-Angélique à portée de la main. À la maison, je l'affichais un peu partout, en des endroits où je me trouvais souvent, comme par exemple sur le frigo, et, CLAC ! il me sautait aux yeux. Il me servait à inscrire profondément ces Lois en moi.

☉

Mon pense-Angélique

La première Loi concerne la justice. Je me disais : « Christiane, n'oublie pas. Tu es dérangée. Ce que cette personne fait en ce moment n'est pas juste. Mais rappelle-toi : **la Justice Divine est absolue**. On récolte ce que l'on sème. Cette personne, les guides vont s'en occuper ; c'est absolu. » Je me disais aussi : « En plus, ce n'est pas le temps pour toi d'intervenir pour faire justice : tu ne te sens pas bien, tu es décentrée, tu es fâchée. Si tu vas lui parler maintenant, tu vas te payer un autre karma. Si tu dois lui parler, cela doit se faire en douceur, sans sentiment de vengeance. Respire bien, médite... »

D'autre part, on doit faire attention lorsqu'on dit : « Les guides vont s'en occuper », car on doit se rappeler que si l'on se sent dérangé, c'est qu'on l'a aussi en soi, cette attitude—manifestée chez l'autre—qui nous dérange. Au début, le retour à soi n'est pas facile, car les forces qui montent avec l'éveil des résonances sont très puissantes. Ainsi, sitôt après avoir remis entre les mains du Créateur le jugement de l'autre, on se concentre sur ce qui se passe à l'intérieur de soi et on se rappelle **la loi des résonances**, la deuxième Loi de mon pense-Angélique.

Je me répétais à moi-même : « Tu as ce problème-là. Tu payes simplement tes karmas. Tu grandis. » Il n'est pas nécessaire d'avoir fait des grandes études de psychologie pour détecter ce qui nous dérange dans l'attitude et le comportement des autres. Quand on se sent dérangé, on revient à soi-même. De cette façon, on découvre certaines parties de son inconscient. Et, en faisant la pratique récitatoire, on amorce le nettoyage des mémoires impliquées. De cette manière, on brise la chaîne des karmas ; autrement, on continue de les accumuler.

Lorsqu'on se sent bien avec une personne, il est facile de dire : « Tu es moi, et je suis toi » et de se sentir faire partie du grand Tout. Ce sont en outre des paroles qu'on entend bien souvent dans les milieux dits spirituels. Mais il est moins facile de dire que l'autre est une partie de soi quand on se sent dérangé. OOOH ! cela constitue tout un pas. Si on n'arrive pas à le faire, c'est qu'on n'est pas encore engagé dans le parcours initiatique. Lorsqu'on revient à soi dès qu'on se sent dérangé, la force qui émerge de l'inconscient n'a plus d'exutoire. Puisqu'on ne peut plus se fâcher, cette force ne peut plus se déverser et nous procurer un bien-être momentané. Elle reste à l'intérieur de soi et on est obligé de lui faire face. Bien sûr, elle fait du tapage à l'intérieur. Mais ce n'est pas du refoulement, lequel n'est pas juste. C'est une conscientisation du fait que l'on est partie intégrante du tout. On fait sa pratique récitatoire, on demande à l'Ange de nous aider, on respire et on nettoie. À un moment donné, le calme revient et on peut sentir que le bouchon a sauté. On a passé une étape ; c'est une victoire. Bien sûr, on doit répéter souvent ce processus, car le nettoyage de l'inconscient est une longue entreprise, mais, un jour, on y est tellement habitué qu'il devient automatique.

Voici la troisième Loi : **le mal est éducationnel**. Le mal a sa place ; il est là pour nous faire grandir, il nous renforce et il nous stimule. Si certains événements ne se produisaient pas dans notre vie pour nous bousculer un peu, on resterait dans notre petit confort en continuant de cultiver des attitudes et des comportements injustes. Ainsi, ce qui en un premier temps nous apparaît comme un événement malheureux peut être considéré comme une bénédiction. Comprendre que le mal est au service du bien nous aide à faire face aux situations, quelles qu'elles soient.

Je me répétais aussi la quatrième Loi, me disant: «Christiane, rappelle-toi que **la matière est temporelle.**» Pour toutes sortes de raisons — qui viennent généralement du besoin d'être reconnu et aimé — on s'attache aux résultats concrets, qui, croit-on, vont nous procurer prestige, admiration et pouvoir. Nos actions sont axées sur le résultat. Je me disais: «La matière est temporelle. Par contre, la qualité que tu es en train de développer, elle, est éternelle.»

Je me suis répété ces quatre Lois pendant des années. Au fil du temps, elles me revenaient de plus en plus rapidement à l'esprit au moment où j'en avais besoin pour conserver la maîtrise. Elles me calmaient et m'aidaient à me recentrer et à poursuivre mon travail. Quand on fait cela, notre taux vibratoire s'élève, et, à un moment donné, comme par miracle, le ciel se dégage, on voit plus clair, tout devient plus assimilable et la situation se replace d'elle-même. C'est absolu, et on s'en rend compte soi-même quand on a appliqué un certain nombre de fois cette façon de procéder. Un jour, ces Lois — qui représentent la base fondamentale du premier degré d'Illumination — sont inscrites dans notre cœur et dans toutes nos cellules, mais, avant qu'elles ne s'y inscrivent, bien sûr, on doit s'entraîner.

Voici une analogie bien simple qui rappelle l'importance de répéter et de persévérer, et qui montre qu'une certaine discipline est indispensable lorsqu'on est dans un cheminement. Au Canada, la conduite automobile se fait sur la voie de droite. Alors, quand on prend notre véhicule, on ne se dit pas: «Attends une minute! De quel côté dois-je conduire? À droite ou à gauche?» Non, on prend le véhicule et on conduit à droite; c'est inscrit en soi.

Mais si on va vivre pendant plusieurs années dans un pays où la conduite se fait à gauche, on inscrit en soi des mémoires de conduite à gauche. Et quand on revient ici, au début, on doit être très vigilant et se demander chaque fois de quel côté conduire, car on a des mémoires de conduite à droite et d'autres de conduite à gauche, et on est tout mélangé. Même après plusieurs années, on peut avoir un petit moment de faiblesse, et OUPS! se retrouver sur la voie de gauche. Cela peut causer des accidents. Il en va de même avec la conscience. De nombreuses mémoires se sont accumulées qui nous font retourner à nos anciens comportements et attitudes distorsionnés, et, même si on a beaucoup travaillé sur soi, on peut s'échapper et perdre sa maîtrise. Voilà pourquoi il faut être vigilant et se rappeler constamment les grandes Lois qui nous permettent de conserver la maîtrise.

Je continue avec l'exemple de cette dame, pour vous montrer comment le métier qu'on pratique peut révéler nos besoins intérieurs, en accord avec notre programme de vie. Autrement dit, on ne fait pas un métier par hasard.

Cette dame m'a dit:
—Mais moi, je ne l'ai pas choisi, cet emploi, avec ces gens comme patrons. J'étais au chômage et j'ai été parachutée à cet endroit. Ensuite, je n'avais pas le choix. Et ça fait maintenant plusieurs années que je subis cette situation.
—Ah! qu'on ait été parachuté dans un lieu de travail ou un métier, c'est-à-dire qu'on ne l'ait pas choisi consciemment, ne change en rien le fait que notre travail à l'extérieur nous indique ce que l'on doit développer et inscrire à l'intérieur de soi. Quand les oiseaux migrateurs se déplacent, ils sont dirigés par leur instinct, qui les amène à suivre certaines trajectoires déterminées par des champs électromagnétiques. Pour nous, c'est la même chose: on a un programme et on est dirigé vers certains lieux et certains êtres. On croit choisir, mais, en fait, on ne choisit pas. Ce sont entre autres des dimensions karmiques de notre programme qui nous amènent là où on est, et on se trouve exactement là où on doit être.

Alors, quand on commence à s'éveiller, à comprendre ce processus, on se dit: «Je suis là et je n'ai pas le goût d'y être—je n'y suis pas vraiment bien—, mais cela fait partie de mon programme. Je comprends que je dois inscrire à l'intérieur de mon être ce type d'activité.» On voit l'utilité de notre travail, et, même s'il représente une composante karmique, notre vie devient très belle et agréable, parce qu'on a acquis une compréhension de ce que l'on vit.

Que faisait cette dame comme travail rémunéré ? Elle cousait des toiles pour la fabrication d'abris d'auto. Quand on analyse un métier, on utilise la même symbolique que celle des rêves, et on l'examine avec la même profondeur. Tout d'abord, quand on coud, on assemble ; on réunit les pièces. Au plan intérieur, la couture représente donc un besoin d'unification de nos différentes personnalités. On a vu que, dans l'inconscient, on a divers types de mémoires qui créent autant de personnalités. Quand on coud un vêtement, puisque celui-ci est lié à l'aura, cela indique un besoin d'unification de la personnalité. Cette dame cousait des toiles pour des protections d'autos. Une auto — comme tout autre véhicule — symbolise notre conduite, notre façon de se comporter en société, avec les autres. Alors, le métier de cette femme touche la protection au niveau de la conduite personnelle en société. Ainsi, cette dame assemble des parties d'elle-même qui, recousues, assureront sa protection intérieure, et pour que cela se produise, elle doit cesser de se comporter avec les autres de la façon dont elle le fait actuellement.

Il existe une protection positive et une protection négative, et la dernière doit être travaillée. Qu'est-ce qu'une protection négative ? La protection négative consiste à s'isoler lorsqu'on ne se sent pas bien avec les autres. On se ferme et on se construit des carapaces. Mais, à force de se fermer, on s'isole aussi du grand Tout, du Créateur.

J'ai dit à cette dame : « Puisque vous êtes dans la couture et que vous faites souvent des gestes répétitifs, vous pouvez en profiter pour faire votre pratique récitatoire très fréquemment. Vous avez une grande disponibilité pour travailler sur vous-même. En utilisant la loi des résonances, vous pouvez vous dire, tout en cousant : "Ah ! je me sens dérangée. Mais au lieu de me fermer, j'accepte l'idée que, moi aussi, j'ai cet aspect-là. AAAH ! ça ouvre la plaie et ça vient me chercher." De cette façon, vous allez travailler sur votre protection intérieure. »

Vers la fin de notre entretien, cette dame m'a confié qu'elle souffrait d'une phobie qui s'était installée en elle. Elle avait peur de devenir agressive, d'éclater et de perdre le contrôle. Cela l'angoissait beaucoup et lui créait des insomnies. Je lui ai dit : « Cette phobie dont vous me parlez révèle vos résonances avec votre conjoint, résonances qui chez lui s'expriment par la peur du feu. Il s'agit de mémoires d'agressivité. La même chose avec vos employeurs dont vous m'avez dit qu'ils étaient agressifs. Vous avez des mémoires à nettoyer à ce sujet. Quand vous m'avez parlé d'eux, c'est de leur agressivité que vous avez parlé. Et c'est bien correct. Un jour, on apprend à lire de cette façon. Tout ce qu'on a refoulé et qu'on maintient dans l'inconscient finit par créer une charge affective qui peut à tout moment éclater. Quand le voile de l'inconscient est levé, la soupape qui, normalement, maintient cette charge sous contrôle, devient tout à coup inopérante. Alors, on est obligé de s'occuper de ces mémoires, et, bien sûr, les gens qui ne le font pas finissent par éclater. Cela se manifeste jusque dans le plan physique, parfois par un acte criminel. » Cette femme était contente ; ces explications étaient de vraies révélations pour elle.

Par ailleurs, elle m'a dit : « J'ai lu un livre sur la magie blanche, dans lequel on expliquait qu'on pouvait aider les autres avec cette technique. Je me suis dit que j'aimerais bien faire ça — cela paraissait simple pour elle. Alors, le soir, avant de m'endormir, j'ai demandé si c'était bien, pour moi, de faire de la magie blanche et d'aider les autres de cette façon. Cette nuit-là, j'ai eu un rêve. *J'étais sur une plage qui grouillait d'insectes. Il y en avait partout. Il y avait même une bouteille vide qui se remplissait d'insectes.* Le matin, quand je me suis réveillée, j'ai constaté que j'avais ma réponse. Le rêve était clair : "Pas de magie blanche ! Occupe-toi d'abord de tes insectes avant d'aller t'occuper de ceux des autres." » (rires)

J'ai félicité cette dame. Je lui ai dit : « Bravo madame ! je vous félicite de votre honnêteté spirituelle, de votre intégrité. Certaines personnes pensent qu'elles font de la magie blanche, mais, à leur insu, sont injectés dans leur pratique des désirs de pouvoir personnel ; cela devient alors de la magie noire. Vraiment, vous avez épargné à votre âme d'importants karmas. » La magie est une expérimentation, et, en ce sens, elle n'est pas dramatique, mais elle crée des karmas que l'on doit ensuite nettoyer. On peut aider les autres — on doit être altruiste —, mais avant de pratiquer la magie blanche, on doit d'abord faire un grand nettoyage intérieur.

Avant de partir, cette dame m'a raconté un rêve qui, vous allez voir, est très révélateur. Elle m'a dit : « Juste avant ma séparation d'avec mon conjoint, je ne m'entendais plus du tout avec lui, et On m'a envoyé un rêve. » Voici ce rêve. *Une femme montait des escaliers. Arrivée en haut, elle a vu, installé dans un panier à chien, un homme tout maigre qui semblait revenir de guerre. La femme était indifférente ; elle ne le regardait même pas. Puis elle a chuté dans l'escalier et elle s'est brisée en mille morceaux.*

Que signifie ce rêve ? Je lui ai dit : « Tous les personnages du rêve représentent des parties de vous. Mis en rapport avec un rez-de-chaussée, le haut d'un escalier symbolise l'avenir, le monde des causes, ce qui s'en vient. Ce rêve comporte deux parties. Voyons la première. L'homme symbolise le monde de l'action et de la manifestation, et le fait qu'il soit maigre et semble revenir de guerre indique un manque de ressources et d'amour ; l'être a vécu des conflits et de l'agressivité, et cela l'a vidé de ses énergies. Il est dans un panier à chien ; cela montre que cette partie de votre être se sentait traitée comme un chien. Dans la deuxième partie du rêve, la femme, qui réfère au monde intérieur, est indifférente ; elle ne voit rien et demeure froide. On vous annonçait — le contenu d'un rêve se manifeste toujours, car il décrit le programme qui se met en route, qu'on le veuille ou non, et qu'on en tienne compte ou pas — que votre carapace ou votre indifférence serait bientôt brisée, et que ce qui resterait après coup serait le sentiment de n'être pas bien traitée, d'être écrasée. »

C'est exactement cela que cette dame ressentait en présence de ses employeurs. Elle avait fait ce rêve quelque temps auparavant, et il était déjà en train de se matérialiser. On voit qu'elle s'était construit une carapace d'indifférence, qu'elle s'était durcie afin de moins ressentir les résonances douloureuses que les autres éveillaient en elle.

Voici comment fonctionne l'arrivée des révélations : on développe des attitudes et des comportements compensatoires, mais, à un moment donné, En Haut, Ils brisent notre carapace, et on doit aller visiter tout ce qui nous dérangeait. Ce sont de telles situations qui peuvent amener des dépressions, surtout lorsqu'on ne comprend pas ce processus. Donc, on est content d'avoir des rêves comme celui-là : ils sont tellement libérateurs. Ce sont de beaux rêves.

Comment peut se manifester un tel rêve? C'est bien d'avoir des rêves et de les interpréter correctement, mais on doit aussi essayer de déceler leur manifestation dans le quotidien. Un rêve comme celui-ci se manifeste plusieurs fois dans la journée, puis au cours des jours et des mois qui suivent. La dame dont on vient de parler pourrait travailler pendant des années sur le contenu de ce rêve. Dans le concret, elle aurait pu voir arriver un homme doté d'aisance et d'un beau parler, et alors, inconsciemment, elle serait entrée en contact avec cette partie d'elle-même couchée dans un panier à chien et elle se serait sentie écrasée. Que cet homme ait été juste ou non, elle se serait comparée: «Moi, je n'ai pas cette aisance», et se serait sentie diminuée. Puis deux minutes plus tard, un autre homme serait arrivé, celui-là gauche et d'apparence pauvre, et elle aurait adopté face à lui une attitude complètement indifférente, voire écrasante.

Bien sûr, on ne se rend pas compte de tels comportements et attitudes—cette femme est une belle personne—car cela se passe au plan énergétique. Dans l'exemple qu'on vient de voir, vu de l'extérieur, le comportement de cette dame aurait semblé correct: elle n'aurait dit aucune parole blessante à l'homme pauvre. Mais on aurait pu ressentir son dédain au niveau de l'énergie. Au début, on ne perçoit pas clairement ces subtilités car elles se mêlent à d'autres perceptions plus grossières.

Quand on a reçu un rêve qui attire notre attention sur certaines distorsions, on peut cibler ce rayon spécifique, et, lorsque la situation se produit, on perçoit plus facilement nos réactions intérieures. À ce moment-là, on se dit: «Non! ça vient de moi. Ça n'a rien à voir avec ce monsieur. Nettoie cette partie-là.» En prenant l'habitude de s'observer soi-même et de réagir de la sorte, un jour, on peut tout recevoir et on comprend son environnement en tout temps.

On voit la richesse et la beauté de tels rêves. Ce sont de grands cadeaux qui nous sont offerts. Et, bien sûr, En Haut, Ils sont gentils: de temps à autre, Ils nous envoient des rêves pleins de lumière et Ils nous montrent: «Regarde, tu as évolué.» Les beaux rêves sont faciles à accepter, mais on doit arriver à recevoir des rêves de toutes sortes en maintenant une attitude humble—même ceux qui ne sont pas très gratifiants. De cette manière, on avance très vite. En Haut, Ils se disent: «Elle n'a pas trop besoin qu'On lui passe de la pommade ou qu'on l'encourage. Allez ! » et Ils ne lésinent pas sur les messages à effet miroir. Et on est content. C'est comme si on participait à un atelier continu dans lequel l'enseignement est tout à fait personnalisé, car l'information nous est constamment communiquée en direct, de l'intérieur. C'est cela, l'autonomie spirituelle.

Je vais vous parler d'une autre situation vécue qui touche les révélations et qui montre que le lieu de travail est un endroit idéal pour recevoir des révélations et développer des qualités et des vertus. Cette situation a été vécue par un homme qui suit l'enseignement de l'Angéologie Traditionnelle depuis un certain nombre d'années déjà, et qui se confie et demande régulièrement des interprétations de rêves à mon époux. Il travaille dans une compagnie multinationale et il gère des portefeuilles financiers de millions de dollars. À un moment donné, il a dit à mon mari : « Je suis fatigué de travailler avec certaines personnes. Je dois élaborer de grands projets et cela m'amène parfois à travailler avec des hommes d'affaires vraiment imbus d'eux-mêmes. » Il se sentait déchiré entre sa philosophie spirituelle et ce qu'il devait vivre sur son lieu de travail.

Alors, mon époux lui a dit : « Tu sais que la loi de la résonance s'applique aussi dans ton cas. Tant et aussi longtemps que tu seras dérangé par l'orgueil de ces hommes d'affaires, c'est que, quelque part dans tes mémoires inconscientes, tu as encore ces aspects-là. Un jour, tu seras capable d'aimer ces êtres et de les voir comme des petits enfants qui se vantent d'avoir de beaux jouets. C'est exactement ça qu'ils font. Mais, d'ici ce temps-là, tu devrais utiliser ton travail dans cette compagnie pour nettoyer tes mémoires. C'est pour ça que tu vis cet inconfort. »

Plus tard, cet homme lui a raconté un de ses rêves dans lequel On lui révélait les progrès qu'il avait faits et où il en était rendu dans son cheminement. *Il se trouvait au Mexique, sur le sommet d'une montagne, avec des hommes d'affaires. Alors qu'il descendait la montagne, à mi-chemin, tout à coup, il a senti quelque chose lui piquer la poitrine. C'était un chardon. En essayant de l'enlever, il s'est déchiré la peau, mais il n'a pas vu de sang qui coulait. À un moment donné, il s'est retrouvé avec le chardon dans la main, et, à l'intérieur de sa poitrine, au niveau du cœur, se trouvait un œil vivant.*

Mon mari lui a dit : « C'est un beau rêve, ça. C'est un grand rêve dans lequel On te montre une ouverture dans ta descente dans la matière, dans ta spiritualisation de la matière. À partir de maintenant, tu pourras voir avec l'œil du cœur. Tu seras moins dérangé par les distorsions de ces hommes d'affaires parce que tu as fait un grand travail sur toi. » Ah ! cet homme était content. Tout souriant, il a dit : « C'est comme ça que je l'avais interprété. »

Analysons ce rêve. Sachant ce que vit cet homme au travail, le fait qu'il se retrouve au Mexique avec des hommes d'affaires nous indique qu'On le ramenait à d'anciennes mémoires, par exemple celles d'une vie chez les Aztèques où il a dû avoir d'importants pouvoirs économiques et sociaux, et n'en a pas fait bon usage. Il a découvert un chardon sur sa poitrine ; il aurait pu y trouver un tout autre symbole à caractère douloureux, mais le chardon a une signification particulière. Tout d'abord, il appartient au règne végétal, lequel est symboliquement lié aux sentiments. Ce symbolisme est renforcé par le fait que le chardon était situé tout près du cœur. Ensuite, le chardon a des propriétés thérapeutiques : parmi d'autres vertus, il stimule la sécrétion biliaire et il est très efficace en cas d'intoxication du foie.

Grâce à son rêve, cet homme a réussi à comprendre la cause profonde d'une grave intoxication alimentaire dont il avait souffert, quelques années auparavant. Quand on analyse une intoxication de ce type à un certain degré de profondeur, on peut se dire : « Eh bien, j'ai mangé telle chose, et c'est ça qui m'a intoxiqué. » Mais ce rêve lui montrait la cause profonde de l'intoxication : c'était l'ensemble des résonances qu'il avait avec les hommes d'affaires qui n'utilisaient pas bien leur pouvoir. Cet homme a un programme très spirituel, et alors, On a voulu l'inciter à changer certains comportements et attitudes qui étaient encore inconscients chez lui. Avec le symbole du chardon, on voit une fois de plus que le mal peut avoir des valeurs thérapeutiques et qu'il peut nous aider à grandir. Le déchirement que cet homme vivait au travail l'a amené à travailler sur lui-même et à retrouver plus de valeur de cœur.

Ces réalisations l'ont amené à recevoir un autre rêve qui, pour lui, s'est avéré une révélation bien surprenante. *Il se promenait à l'intérieur des murs d'une université et, tout à coup, il s'est rendu compte que tout le monde l'observait. Il s'est regardé et s'est aperçu qu'il portait une couche de bébé. (rires) « Ah ! s'est-il dit, ça n'a pas de bon sens », et il se sentait gêné.* Imaginez-vous, c'est comme si je portais une couche, là, devant vous. C'est quelque chose, n'est-ce pas ?

Pourquoi lui a-t-On donné ce rêve ? Même si on n'a jamais fait d'études universitaires, l'université dans un rêve symbolise les hautes études au niveau de la conscience. On lui disait : « Au niveau des hautes études de la conscience, tu es un tout petit bébé. Tu portes encore une couche : tu n'en es qu'au b.a.-ba. » OOOH ! Et tous ceux qui le regardaient représentaient des parties de lui. On aurait pu lui donner un autre rêve dans lequel les gens auraient trouvé tout à fait normal de le voir se balader en couche. Quelle aurait été la différence ? Ce rêve, où tous les personnages, y compris le rêveur, sont conscients que ce dernier porte une couche, indique un degré d'évolution spirituelle supérieur, car il montre que cet homme sait à quel niveau il en est rendu. Cet homme a de grandes responsabilités professionnelles et il a fait des études universitaires ; il jouit donc d'un grand prestige social. Mais, dans ce rêve, On lui a dit : « Au niveau de tes hautes études de la conscience, tu es un tout petit bébé. »

À quoi sert ce genre de rêve ? À apprendre l'humilité. Voilà la clé. Si on veut recevoir des révélations — c'est absolu —, on doit développer l'humilité. C'est pour cette raison que lorsqu'Ils commencent à ouvrir notre conscience et à nous révéler qui on est, toute l'image qu'on s'était forgée de soi-même — on se croyait généreux et on pensait qu'on avait toutes sortes de qualités — tout à coup s'avère complètement fausse. On réalise : « Non, ce n'est pas comme ça que je suis. Et là, c'est pas ça. Et là non plus, je ne suis pas comme ça. » Au début, face à ces révélations, on a vraiment le vertige. On se sent brisé aux plans mental, affectif et même physique. Mais on finit par se rebâtir. Entre-temps, on accepte de se voir tel que l'on est, et on est tellement heureux ! L'humilité est vraiment la porte qui ouvre sur les révélations. Beaucoup de traditions l'affirment, mais on doit soi-même passer par là.

Cet homme a un grand charisme et une belle simplicité. Il est vraiment un bel être. Alors, il reçoit des révélations dans ses rêves et il s'en sert dans sa vie concrète. Par exemple, à un moment donné, il a décidé de changer le processus de recrutement dans son entreprise—il doit recruter des collaborateurs, à l'occasion. Alors, il a avisé les agences de placement avec lesquelles il faisait affaire que, dorénavant, il souhaitait qu'elles fassent une première sélection parmi les postulants, et qu'il rencontrerait ensuite les candidats qu'elles auraient sélectionnés. Son idée était d'attendre avant de consulter les curriculum vitæ, de n'en prendre connaissance que vers la fin du processus, juste avant la décision finale.

Bref, il ne voulait plus décider à partir des CV. Bien sûr, il allait continuer de fournir aux agences les spécifications de tâche et de compétences, mais ce sont elles qui dorénavant allaient devoir vérifier si les candidats rencontraient ces critères. Les agences étaient déroutées, et les candidats de même. Cette façon de procéder est vraiment peu commune, surtout pour l'embauche de cadres.

Pourquoi cet homme a-t-il voulu modifier ainsi le processus d'embauche ? C'est qu'il s'est rendu compte que lorsqu'il lisait d'abord le CV, il abordait la rencontre du candidat avec des préjugés sur lui—l'approche analytique enferme l'image de la personne dans un carcan. De plus, il avait acquis une confiance en *l'approche intuitive, non analytique*, qui est l'une des qualités de l'Ange 17 LAUVIAH. Il croyait que cette nouvelle façon de procéder allait l'aider à développer encore plus son intuition et sa faculté de saisir l'être *via* la perception subtile, c'est-à-dire en ressentant la vibration derrière la présentation concrète et le discours. De toutes façons, cette méthode ne l'empêchait nullement d'étudier le CV en un deuxième temps.

Bien sûr, les méthodes non analytiques de connaissance de l'autre ne sont pas nouvelles. Beaucoup d'ouvrages—entre autres sur la gestion des ressources humaines—traitent de cette question. C'est bien, et ces ouvrages ont leur utilité, mais reste que la profondeur avec laquelle on peut percevoir l'autre demeure à la mesure de notre connaissance de nous-même. Autrement dit, il nous est impossible de saisir un être dans sa profondeur si on n'a pas fait ce travail à l'intérieur de soi, car l'image qu'on s'en fera sera déformée par nos propres mémoires inconscientes. Dans une conversation, l'autre personne nous dira quelque chose, et OUPS! cela touchera une mémoire inconsciente et on croira que l'autre — pour reprendre cet exemple — a mis de l'aspirine dans la confiture de fraises. On sera mélangé; notre perception sera trouble. Mais c'est soi-même qui l'aura ajouté, l'aspirine. Alors, une partie seulement de notre perception sera juste; l'autre sera déformée. C'est de cette manière que fonctionne la perception. Bien sûr, au début, on ne peut pas percevoir clairement et ainsi être juste dans son estimation de l'autre, mais on peut apprendre à se dire: «Ah! j'ai senti ça, et dans mon rêve On m'a montré ça, et telle mémoire est remontée en moi. De cette façon, on apprend à se connaître soi-même à travers les autres.»

On dénoue ses propres nœuds karmiques, et, un jour, on n'a plus de résonances dues à des distorsions et on arrive à bien saisir les êtres, car, en un sens, on est neutre. À partir de ce moment-là, si on se dit: «Oui, d'accord, c'est de la confiture, mais elle contient de l'aspirine», c'est que la confiture contient réellement de l'aspirine. Mais on doit faire un long travail intérieur pour en arriver à un tel niveau de précision perceptive. Il s'agit d'un travail de raffinement, d'une véritable orfèvrerie de la conscience.

Comme je vous l'ai dit — et vous avez pu en voir les raisons —, cet homme se sentait déchiré entre sa philosophie spirituelle et son travail professionnel. Depuis un certain temps, il se demandait constamment s'il devait quitter ou conserver ce poste, et, bien sûr, il en a parlé à mon époux, qui lui a conseillé de simplement demander un rêve — cet homme rêve beaucoup et ses rêves sont très précis. «Demande qu'On te signifie clairement, si c'est le cas: "OK, maintenant, c'est le temps de partir: tu as terminé ton stage dans cette entreprise." Mais tu dois t'engager à suivre la consigne, à ne pas réagir en disant: "D'accord, mais j'avais une promotion qui s'en venait, et ceci et cela. Et avec quoi je vivrai si je laisse cet emploi?" Ce n'est pas de cette façon que le rapport avec le Divin fonctionne.» Quand on demande à être guidé par nos rêves, on doit s'habituer à travailler sans filet.

Lorsqu'on se met à vivre de cette manière, beaucoup d'horizons nous sont ouverts. On expérimente d'abord sur des questions plus ou moins importantes, et, graduellement, on base des décisions à portée de plus en plus grande sur la guidance d'En Haut.

Un jour, s'orienter à partir des rêves et des signes devient un mode de vie ; on se fie totalement à l'Intelligence Divine.

Cet homme s'est senti très soulagé, et, pour le moment, il sait qu'il a encore des expériences à vivre dans cette entreprise. Mais il n'est plus avec un pied en dehors et un autre en dedans, torturé par l'ambivalence. Il assume son programme, et, quand le temps sera venu, il passera à autre chose.

J'aimerais maintenant vous faire part d'un témoignage qui illustre comment fonctionnent nos deux principes. On doit toujours se rappeler qu'on a les deux principes — le masculin et le féminin — à l'intérieur de soi.

Ce témoignage m'a été confié par une femme qui est venue me demander une interprétation de rêve et qui a une apparence naturelle et très sobre, je dirais même avec une petite touche d'austérité. Elle m'a dit : « *J'ai eu un rêve. J'étais dans la maison natale, celle où j'ai passé mon enfance. À un moment donné, j'ai entendu un bruit qui venait de l'extérieur. Alors, je suis allée dans la cuisine et j'ai regardé par la fenêtre pour voir ce qui se passait dehors. J'ai vu une vache, tranquillement assise, qui mâchouillait de l'herbe. Tout à coup, un taureau est arrivé, rempli de vitalité et tout pimpant. Il a commencé à donner des petits coups de museau à la vache, à lever les pattes et à batifoler. Ah ! il était content, le taureau. La vache l'a regardé et lui a dit : "Va-t'en ! Laisse-moi tranquille !", puis elle a continué à ruminer son herbe en balançant ses mâchoires à droite et à gauche. Le taureau est parti, mais au bout d'un moment, il est revenu, toujours aussi fringuant, et il a recommencé à lui donner des petits coups de museau. Là, la vache était irritée. Elle l'a regardé et lui a dit : "Va-t'en, fatiguant ! Arrête de m'importuner." Le taureau est reparti et la vache a continué à ruminer son herbe dans tous les sens. Mais, au bout d'un moment, il est revenu, et là, il avait le poitrail gonflé et il s'est mis à chanter comme un ténor. (rires) J'étais surprise. Puis je me suis réveillée avec ce rêve.* » (rires)

Cette femme avait le goût d'avoir un compagnon, et quand elle a reçu ce rêve, elle s'est dit : « Est-ce qu'Ils veulent me signifier que ce sera le joli cœur de la chorale ? Ah non ! s'il vous plaît, pas lui ! Pas le joli cœur de la chorale ! » (rires) Elle a aussi pensé : « Peut-être qu'On m'annonce un homme sous le signe du taureau », parce qu'elle fait un peu d'astrologie.

Je lui ai dit : « On ne vous annonce ni le joli cœur de la chorale ni un homme sous le signe du taureau. Dans ce rêve, le ténor et la vache représentent des parties de vous-même. » OOOH! elle était surprise. Elle se reconnaissait un peu dans la vache, (rires) mais pas du tout dans le ténor. Elle m'a brièvement parlé de sa vie et elle m'a confié qu'elle avait toujours été un peu farouche avec les hommes.

Alors, j'ai interprété son rêve. Je lui ai dit : « Dans ce rêve, On vous a ramenée à votre lieu d'enfance. Cela signifie qu'On fait appel à des mémoires d'autres vies. Vous étiez dans la cuisine. Une cuisine symbolise la préparation à l'action, et ce qui s'y passe, comment on se prépare. Donc, ce rêve vous indique comment vous vous préparez à vous manifester. Pourquoi a-t-On utilisé des animaux comme symboles ? C'est pour vous signaler que vous avez un travail à faire sur des mémoires inconscientes relatives à l'énergie vitale. Le ténor a toute une énergie sexuelle et matérialisante — puissante, fringante — qui stimule l'autre. Et vous avez aussi des parties de votre énergie vitale qui rejettent, qui disent : "Va-t'en, fatiguant" et qui ruminent. En langage courant, quand on dit : "Arrête de ruminer", on veut dire : "Arrête de ressasser tes tourments." C'est de l'herbe que la vache rumine. Or, l'herbe — comme tous les végétaux, nous l'avons vu — symbolise des sentiments, et le vert représente l'amour. Vous avez donc des mémoires inconscientes qui vous amènent à ruminer des questions concernant l'amour. Et cela ne vous rend pas heureuse. »

Cette belle dame a ouvert grand les yeux et a dit : « Ah ! maintenant, je comprends mieux mon parcours. » Dans le passé, elle avait pu observer qu'un certain nombre d'hommes la courtisaient, mais c'était des hommes convoités par des femmes, que, personnellement, elle trouvait très aguichantes. Quand ces hommes s'approchaient d'elle, elle les fuyait ou bien devenait très farouche. Grâce à ces explications, elle comprenait mieux sa réaction face aux hommes qu'elle attirait.

J'ai continué : « C'est pour cette raison que vous ne vous êtes pas reconnue dans le ténor qui tentait d'exciter la vache. » Vu de l'extérieur, cette dame n'avait rien d'une séductrice ; son allure était très sobre et rien ne laissait supposer qu'elle pouvait abriter des parties aguichantes. La vache qu'On lui a montrée pouvait représenter des mémoires de blessures reliées par exemple à des ruptures ou à des abandons. Puisque ces mémoires sont douloureuses, l'être résiste à les rencontrer. Cela crée une certaine dualité dans l'énergie, et la personne à la fois stimule et rejette l'autre. C'était toute une révélation pour cette femme.

Quand je l'ai revue quelque temps plus tard, elle m'a dit : « Maintenant, je le reconnais, mon ténor. » Autrement dit, quand cette énergie ou ce parfum se dégage, elle le sent. Alors, on voit la beauté de telles révélations. Dans la forme, ces attitudes ne sont pas du tout évidentes. Parfois même, elles se manifestent d'une façon tout à fait contraire, comme, dans le cas de cette femme, par une allure très sobre, voire quelque peu austère. Alors, comment prendre conscience de ce qui nous habite ? On réalise que ces rêves, qui, en fait, sont de réelles révélations, constituent de précieux cadeaux. Avec un rêve comme celui-là, la vie de cette femme peut changer totalement. Mais, bien sûr, elle devra faire un certain travail de purification de ses mémoires.

☉

Fibromyalgie, fatigue chronique et dépression

Ce soir, j'aimerais vous faire une révélation sur l'une des maladies du 21e siècle. Pour le moment, elle est très mal cernée par le corps médical, et on ne peut la détecter à partir d'examens radiologiques ou biologiques. Elle n'est pas encore classifiée ; par conséquent, on parle de syndrome.

Quelle est cette maladie ? C'est la fibromyalgie. Quels en sont les symptômes ? La liste est longue : fatigue chronique pouvant aller jusqu'à l'épuisement total ; douleurs intenses aux tendons, aux muscles et en d'autres points du corps, senties tantôt sous forme de sensations de picotement bougeant d'un point à un autre, tantôt par de sensations de brûlure le long de la colonne vertébrale, ces douleurs s'amplifiant durant la nuit ; difficulté occasionnelle à parler, à s'exprimer ; insomnie et angoisses profondes et inexplicables pouvant même mener à la dépression ; intolérance à certaines odeurs et certains bruits ; et engourdissements aux extrémités du corps, parfois accompagnés de crampes.

Ces symptômes ne vous rappellent pas quelque chose ? Ce sont les mêmes que ceux que je vous ai énumérés dans mon introduction, et dont j'ai souffert il y a quelques années, au début de mon parcours initiatique. Si, à ce moment-là, j'étais allée consulter un médecin dépourvu d'ouverture spirituelle, il aurait pu me diagnostiquer comme fibromyalgique, encore qu'à l'époque cette maladie n'était pas reconnue.

Comme dans les cas de dépression, de fatigue chronique et de *burn-out*, les médecins se sentent dépourvus face au problème de la fibromyalgie, et la plupart prescrivent à leurs patients des antidépresseurs. Quand on sait que l'utilité de ces substances se limite à *geler* le mal et à reporter à plus tard un traitement réel, on est amené à se poser des questions. Au Canada, plus de 700 millions de dollars sont dépensés chaque année pour l'achat d'antidépresseurs, ce qui représente 100 dollars par famille par année. On sait qu'en cinq ans, le nombre de prescriptions d'antidépresseurs est passé de deux à cinq millions. Certains médecins vont même jusqu'à prescrire ces substances dès qu'un patient traverse un deuil, une séparation ou un licenciement. Ce phénomène, qui est devenu un véritable problème de société, est vraiment lourd de conséquences.

Comme je vous l'ai dit, j'ai souffert de fibromyalgie pendant un certain temps, et mon époux est passé par les mêmes douleurs, angoisses et autres difficultés. Mais, Dieu merci, nous nous en sommes sortis grâce à l'Angéologie Traditionnelle, et il ne nous est jamais venu à l'esprit de prendre des antidépresseurs. Nous avons cherché la cause profonde de ce malaise, et nous avons découvert que, à la base, il s'agit d'une réaction de l'être à l'ouverture de l'inconscient. L'être est immergé dans ses mémoires — dont la plupart sont douloureuses — et cela n'est pas facile, car, bien sûr, l'esprit résiste. Ce qu'on a appelé la fibromyalgie est en réalité un problème au niveau de l'essence, de l'âme, et, vu sous cet angle, ce n'est pas une maladie.

Un jour, au lieu de dire : « Je suis malade », on dira simplement : « J'entre en initiation. » Cela fera toute une différence. On jouit pendant de nombreuses années d'une bonne vitalité, on expérimente et tout va bien, puis, tout à coup, sans qu'on sache pourquoi, certains êtres sont immergés dans leurs mémoires inconscientes. Ils se retrouvent placés au seuil des révélations. La fibromyalgie est la réaction de l'être à ce plongeon subit dans l'inconscient. La personne se sent très incomprise car elle semble être comme les autres : à l'extérieur, rien n'a changé, malgré que, parfois, un événement déclencheur — un deuil, un licenciement, une séparation — précède le diagnostic. Un tel événement ne joue que le rôle de déclencheur. Les spécialistes attribuent la cause de la fibromyalgie à une sécrétion insuffisante de certains neurotransmetteurs qui sont responsables de la modulation de la douleur. Autrement dit, l'hypothalamus ne ferait plus son travail.

L'Angéologie Traditionnelle fournit une explication et une méthode de travail à l'être qui souffre de cet état. Un objectif extraordinaire se dessine : retracer notre Origine Céleste, et recouvrer notre pureté de conscience et cet Amour à l'état pur. Un jour, plus rien ne nous dérange et on vit dans la compassion, car on comprend la souffrance des autres : on l'a soi-même traversée. À ce moment-là, les souffrances physiques liées à la fibromyalgie disparaissent — et cela s'applique aussi à la fatigue chronique, au *burn-out*, aux troubles périmenstruels et à ceux de la ménopause. Voilà tout un message d'espoir. Au cours des années à venir se produira une grande ouverture de l'inconscient chez une importante partie de la collectivité, et ainsi, beaucoup de personnes feront l'expérience de ce qui a été décrit ce soir. L'être a un programme, et lorsque le moment est venu pour lui d'aller visiter son inconscient, il n'a pas le choix. Il ne peut même plus s'adonner à ses anciennes activités compensatoires car il n'en a plus la force.

La fatigue chronique est justement là pour cette raison : elle ramène l'être totalement à lui-même, car, à l'extérieur, tout est bloqué. Même si le corps est pratiquement paralysé, l'esprit, lui, peut continuer de voyager. Alors, avec cette grande ouverture de l'inconscient, l'être peut plus facilement qu'en d'autres moments visiter de vieilles mémoires empreintes de pauvreté, de violence et de toutes sortes d'autres distorsions. Il est alors soumis à de très hautes tensions. Voilà pourquoi il se sent tellement chaviré et déstructuré, et pourquoi son corps devient pratiquement non fonctionnel.

Voici un cas vécu qui illustre bien cette problématique. Une femme qui a été diagnostiquée fibromyalgique souhaitait se guérir et voulait savoir avec quel Ange travailler à cette fin. Alors, elle a reçu un rêve, qu'elle nous a raconté. *Elle était à l'hôpital pour rencontrer un chirurgien, avec qui elle avait pris rendez-vous et qui devait l'opérer au ventre. Elle était dans la salle d'attente, avec, en main, le numéro 19. Quand son numéro a été annoncé, elle n'a pas entendu et elle a perdu son tour ; une autre femme a pris sa place. Au bout d'un moment, elle s'en est aperçu et elle est allée parler aux infirmières. Mais celles-ci ne l'écoutaient que d'une oreille ; elles ne prêtaient pas attention. Alors, elle a insisté : « Oui, mais moi, j'ai pris congé aujourd'hui ; demain, je dois aller travailler. Sinon, que dira mon patron ? » Alors, les infirmières lui ont simplement dit : « Le chirurgien n'est pas disponible. »*

Qu'a-t-On voulu signifier à cette dame ? Tous les personnages de ce rêve représentaient des parties d'elle-même. On lui montrait comment elle pouvait améliorer sa façon de se soigner. Puisqu'il s'agissait d'une opération au ventre, On lui annonçait une transformation au plan émotionnel. Elle avait le numéro 19. Or, l'Ange numéro 19 nous amène à visiter nos vies antérieures ; Il est le spécialiste des vies antérieures. On a donc voulu lui dire : « Ton problème est vraiment relié à des mémoires de vies antérieures. Il faut que tu les nettoies. »

Dans la salle d'attente de l'hôpital, ou bien elle n'écoutait pas quand son numéro a été annoncé, ou bien celui-ci a simplement été oublié. Un manque d'attention et un oubli ne sont jamais anodins. On a voulu montrer à cette femme qu'elle avait à l'intérieur d'elle-même des forces inconscientes qui l'empêchaient de faire ce qu'il fallait pour guérir, parce que tout son être savait que si elle amorçait vraiment le processus de guérison, cela ne serait pas facile. Donc, certaines parties reculaient.

Les infirmières — des femmes, symboles du monde intérieur — ne portaient pas attention. Elles représentaient donc des parties d'elle-même qui ne mettent pas toute l'énergie nécessaire pour guérir. Le fait que le chirurgien n'était pas disponible signifie que dans l'action, cette dame n'est pas encore prête à aller toucher le cœur du problème, qui, nous l'avons vu, est lié à des mémoires de vies antérieures, des karmas à payer, des purifications qui doivent se faire. C'est cela, un parcours initiatique. Puisqu'elle a dit : « Demain, je dois aller travailler, sinon, que vais-je dire à mon patron ? », on voit qu'elle accordait plus d'importance à son emploi qu'à sa guérison.

Cette femme occupe un poste à responsabilités—elle est cadre au sein de la fonction publique—et elle retire une grande valorisation de son travail. Dans un premier temps, on recherche à l'extérieur tout ce que l'on n'a pas à l'intérieur. Et quand vient le temps de se dire : « Je dois renoncer à cette activité qui me donne un peu de reconnaissance à l'extérieur », cela implique que pendant un certain temps—le temps de retrouver la vraie reconnaissance—on n'a plus rien. Et en plus, on doit s'atteler à la tâche difficile de nettoyer tout ce qui jusque-là nous était occulté.

Ce rêve lui a montré qu'elle devait passer à l'acte. Comment ? En prenant plus de temps pour elle-même, entre autres pour méditer sur ce qu'elle a refoulé et sur certains chocs émotionnels dont elle a fait l'expérience, en se répétant les quatre Lois dont je vous ai parlé et en faisant la pratique récitatoire. Cette descente dans l'inconscient lui permettra de transcender ses mémoires et de retrouver sa vraie nature, le sens même de la vie sur Terre.

J'aimerais terminer avec l'interprétation d'un rêve dans lequel On révélait à une jeune fille qu'elle allait entrer en initiation. Cette belle jeune fille, qui assistait au cours pour la première fois, est venue me parler à la fin, avec des yeux lumineux. Elle m'a dit : « En écoutant la conférence, j'ai compris un rêve que j'ai eu il y a quatre ans, alors que j'avais 19 ans. *Je me trouvais dans une cuisine, et mon frère, en qui j'ai toute confiance, était haut perché sur un escabeau ; il nettoyait les garde-manger. À un moment donné, il m'a tendu une énorme Bible. Quand je l'ai ouverte, j'ai vu des démons en sortir. Ça n'arrêtait pas de sortir, tellement il y en avait. Ah ! j'avais tellement peur ! Je suis partie en courant. Puis je me suis retrouvée dans mon lit et j'ai vu apparaître l'image d'une amie en qui j'ai aussi une grande confiance. Elle m'a dit : "Prie, demande de l'aide. Ça commence par M." Je me suis dit : "..., M..., M pour Mamaca."* Puis je me suis réveillée. »

Je lui ai dit :
—Est-ce que je peux te demander ce que signifie pour toi Mamaca ?

— Ah ! m'a-t-elle répondu, c'est le nom d'une chanteuse de rock blues que j'écoutais il y a quatre ans et que je n'écoute plus maintenant. Mais, tout dernièrement, je suis entrée dans une chapelle et j'ai vu un tableau intitulé *Archange Mikaël, Celui qui a terrassé les démons*, et là, j'ai compris que la lettre M qui m'avait été indiquée dans mon rêve était pour Mikaël. Peu après, j'ai vu sur votre affiche le nom *Univers/Cité Mikaël*. Je suis venue et, justement, vous avez parlé de ce sujet.

Ce soir-là, nous avions parlé de l'Apocalypse, qui signifie révélation, et de la compréhension du bien et du mal. Par ce rêve, On a voulu montrer à cette jeune femme qu'elle allait vivre une ouverture de l'inconscient qui allait lui donner accès à la Connaissance du bien et du mal. Ce parcours est celui de tous les grands sages, dont Abraham, Moïse, Jésus et plusieurs autres dont l'Histoire n'a pas retenu le nom. Ils sont tous passés par là : ils ont transcendé tout le mal de l'humanité, ils sont entrés dans la maîtrise et ils ont pu recevoir les Révélations Divines, la Sagesse cachée.

LISTE DES SITUATIONS ET PROBLÈMES COURANTS EN RAPPORT AVEC LES ANGES À INVOQUER

A

abandon, Sentiment d'	9 Haziel, 56 Poyel
Abondance	30 Omael, 43 Veuliah, 48 Mihael
Accidents	28 Seheiah, 42 Mikael
Accompagnement des mourants	70 Jabamiah, 72 Mumiah
Accouchement	8 Cahetel, 30 Omael, 72 Mumiah
Accusations	11 Lauviah, 32 Vasariah, 18 Caliel
Acné	30 Omael, 66 Manakel, 68 Habuhiah
Adultère	13 Iezalel, 16 Hekamiah
Affaiblissement	1 Vehuiah, 45 Sealiah
Affinité, amitié	61 Umabel
Agoraphobie	12 Hahaiah
Agressivité	33 Yehuiah, 44 Yelahiah, 71 Haiaiel
Agriculture	8 Cahetel, 30 Omael, 31 Lecabel
Alcoolisme	15 Hariel, 33 Yehuiah, 40 Ieiazel
Altruisme	9 Haziel, 14 mebahel, 65 Damabiah
Amabilité	9 Haziel, 38 Haamiah, 66 Manakel
Ambassadeur	16 Hekamiah, 26 Haaiah, 42 Mikael
Amnésie	19 Leuviah
Angoisse	12 Hahaiah, 17 Lauviah
Apprendre	21 Nelkhael
Architecture	3 Sitael
Arthrite	66 Manakel
Astrologie	61 Umabel
Audace	1 Vehuiah, 44 Yelahiah, 71 Haiaiel
Autoritarisme	39 Rehael, 34 Lehahiah, 60 Mitzrael

B

Bactéries	68 Habuhiah
Béatitude	49 Vehuel
Beauté	6 Lelahel, 54 Nithael
Bégaiement	50 Daniel, 56 Poyel
Bénédictions	8 Cahetel

Blessures	23 Melahel, 68 Habuhiah
Bonté	9 Haziel, 56 Poyel
Bouche	50 Daniel
Bravoure	71 Haiaiel
Bronches	60 Mitzrael
Brûlures	23 Melahel, 68 Habuhiah

C

Calculs rénaux	66 Manakel, 68 Habuhiah
Calomnie	11 Lauviah, 21 Nelkhael
Cambriolages	24 Haheuiah
Cancer	30 Omael, 56 Poyel, 68 Habuhiah
Catastrophes	8 Cahetel, 28 Seheiah
Célébrité	6 Lelahel, 11 Lauviah, 22 Yeiayel, 54 Nithael
cérébrale, Activité	1 Vehuiah, 58 Yeialel
Changement	37 Aniel, 67 Eyael
Chant	40 Ieiazel, 50 Daniel
Charlatans	10 Aladiah, 51 Hahasiah
Chirurgie	54 Nithael
Chômage	36 Menadel
Clairvoyance	12 Hahaiah, 46 Ariel
Cœur	45 Sealiah
Communication	50 Daniel, 53 Nanael, 63 Anauel
Compréhension	51 Hahasiah
Concentration	21 Nelkhael, 58 Yeialel
Confiance	27 Yerathel, 29 Reiyel, 45 Sealiah
Conscience	61 Umabel
Consolation	40 Ieiazel, 55 Mebahiah
Construction	3 Sitael
Contagion	68 Habuhiah
Courage	44 Yelahiah, 71 Haiaiel
Crampes	23 Melahel
Critique	64 Mehiel, 71 Haiaiel
Culpabilité	32 Vasariah
Culture	30 Omael

D

débuter, Aide pour	1 Vehuiah, 19 Leuviah
Décès	70 Jabamiah, 72 Mumiah
Délinquant	24 Haheuiah, 34 Lehahiah

Dents	66 Manakel
Dépendances	15 Hariel, 37 Aniel, 40 Ieiazel
Dépression	30 Omael, 72 Mumiah
Désordre	42 Mikael
Détachement	9 Haziel, 37 Aniel
Dévouement	65 Damabiah
Digestion	28 Seheiah, 70 Jabamiah
Discernement	55 Mebahiah, 57 Nemamiah, 71 Haiaiel
Discrétion	26 Haaiah
Divorce	48 Mihael, 62 Iahhel
Dos	1 Vehuiah, 3 Sitael, 19 Leuviah, 45 Sealiah
Douceur	56 Poyel
Drainage lymphatique	65 Damabiah
Dyslexie	60 Mitzrael, 68 Habuhiah

E

Écriture	40 Ieiazel, 59 Harahel, 64 Mehiel
Édition	7 Achaiah, 40 Ieiazel, 64 Mehiel
Éducation	21 Nelkhael, 42 Mikael, 47 Asaliah, 61 Umabel
Effacer	5 Mahasiah
Efficacité	3 Sitael, 31 Lecabel
Effort	1 Vehuiah, 45 Sealiah
Élévation	49 Vehuel
Élocution	32 Vasariah, 50 Daniel
Embellir	6 Lelahel, 54 Nithael
Émigration	36 Menadel
Émotivité	31 Lecabel, 36 Menadel, 52 Imamiah
Emploi	36 Menadel
Enfant	9 Haziel, 30 Omael
Enregistrer	64 Mehiel, 7 Achaiah
Enseigner	21 Nelkhael, 42 Mikael, 47 Asaliah, 61 Umabel
Enthousiasme	11 Lauviah, 45 Sealiah
Entorse	23 Melahel
Entreprendre	1 Vehuiah
Épuisement	28 Seheiah, 72 Mumiah
Esclavage	22 Yeiayel, 36 Menadel

Esthétique	54 Nithael
Estomac	70 Jabamiah
Éveil	45 Sealiah
Exactitude	31 Lecabel
Examen	5 Mahasiah, 21 Nelkhael, 60 Mitzrael
Excellence	31 Lecabel
Exorcisme	14 Mebahel, 27 Yerathel, 38 Haamiah
Expérience mystique	55 Mebahiah

F
Fanatisme	29 Reiyel, 20 Pahaliah
Fatigue	64 Mehiel, 72 Mumiah
Fécondité	30 Omael, 48 Mihael
Féminité	9 Haziel, 54 Nithael, 56 Poyel
Fidélité	13 Iezalel, 35 Chavakhiah
Fièvre	23 Melahel, 68 Habuhiah
Foie	70 Jabamiah
Force	44 Yelahiah, 52 Imamiah, 71 Haiaiel
Foudre	11 Lauviah, 28 Seheiah
Franchise	16 Hekamiah, 18 Caliel
Fraterniser	61 Umabel

G
Gencives	66 Manakel
Générosité	56 Poyel, 22 Yeiayel
Genoux	17 Lauviah, 39 Rehael
Gentillesse	38 Haamiah
Gorge	50 Daniel
Grâce	10 Aladiah
Grossesse	8 Cahetel, 30 Omael, 48 Mihael
Guérison	6 Lelahel, 23 Melahel, 68 Habuhiah
Guerrier (de Lumière)	43 Veuliah, 44 Yelahiah, 71 Haiaiel
Gynécologie	30 Omael

H
habitation, Bénédiction de l'	8 Cahetel
Hallucinations	12 Hahaiah, 17 Lauviah
Hanches	28 Seheiah
Hémorragies	65 Damabiah

Hémorroïdes	68 Habuhiah
Héritage	35 Chavakhiah, 69 Rochel
Hernies	39 Rehael
Herpès	20 Pahaliah, 30 Omael
Homéopathie	23 Melahel
Honnêteté	18 Caliel, 32 Vasariah
Humilité	56 Poyel
Humour	56 Poyel

I

Ignorance	21 Nelkhael
Illusions	25 Nith-Haiah
Impatience	7 Achaiah
Imprimerie	7 Achaiah, 40 Ieiazel, 64 Mehiel
Improvisation	50 Daniel, 64 Mehiel
Impuissance	20 Pahaliah, 33 Yehuiah, 48 Mihael
Indiscrétion	26 Haaiah
Infection	23 Melahel, 68 Habuhiah
Inflammations	23 Melahel, 68 Habuhiah
Inondations	8 Cahetel
Inquiétudes	17 Lauviah
Insomnies	12 Hahaiah, 17 Lauviah
Instruction	21 Nelkhael, 42 Mikael, 62 Iahhel
Intelligence	31 Lecabel, 59 Harahel
Intestins	70 Jabamiah, 72 Mumiah
Intoxication	23 Melahel
Inventions	15 Hariel, 31 Lecabel, 46 Ariel

J

Jalousie	11 Lauviah, 16 Hekamiah, 48 Mihael
Jambes	1 Vehuiah, 27 Yerathel, 33 Yehuiah, 36 Menadel
Jardinage	23 Melahel, 30 Omael
Jeunesse	54 Nithael
Joie	11 Lauviah
Jugement	18 Caliel, 32 Vasariah
Juré, jury	18 Caliel, 32 Vasariah
Justice	18 Caliel, 32 Vasariah

K
karma,
    Aide à résoudre le   10 Aladiah, 44 Yelahiah, 52 Imamiah
Kystes   30 Omael, 68 Habuhiah

L
Laisser-aller   31 Lecabel
langues,
    Apprentissage des   5 Mahasiah, 60 Mitzrael
Libération   29 Reiyel
Liberté   27 Yerathel, 29 Reiyel
Librairie   40 Ieiazel, 64 Mehiel
liens, Renforce les   61 Umabel
Litiges   32 Vasariah
lois, Respect des   18 Caliel, 20 Pahaliah, 32 Vasariah, 42 Mikael
lombaires, Vertèbres   3 Sitael, 20 Pahaliah
Longévité   28 Seheiah
Loyauté   16 Hekamiah
Lucidité   55 Mebahiah, 58 Yeialel
Lumière   6 Lelahel, 27 Yerathel
Luxure   20 Pahaliah, 43 Veuliah, 62 Iahhel

M
Magie   25 Nith-Haiah, 38 Haamiah
Magnanimité   32 Vasariah
Mains   3 Sitael, 63 Anauel
Maladies (en général)   23 Melahel, 66 Manakel, 68 Habuhiah
Malveillance   9 Haziel, 66 Manakel
Mariage   48 Mihael, 62 Iahhel
Martyr   41 Hahahel
Matérialisation   30 Omael
Médecine   51 Hahasiah
Médiation   2 Jeliel
Mémoire   19 Leuviah, 32 Vasariah
Méningite   39 Rehael, 60 Mitzrael
Menstruations   65 Damabiah
Mental   58 Yeialel, 59 Harahel, 60 Mitzrael

Mère	61 Umabel, 70 Jabamiah
Métier	31 Lecabel, 36 Menadel
Microbes	68 Habuhiah
Migraines	60 Mitzrael, 68 Habuhiah
Miséricorde	9 Haziel
Mission	41 Hahahel
Modestie	32 Vasariah, 56 Poyel
Mort	72 Mumiah
Multiplication	30 Omael
Muqueuses	68 Habuhiah
Muscles	45 Sealiah
Musique	40 Ieiazel, 50 Daniel, 59 Harahel
Myopie	58 Yeialel

N

Naissance	30 Omael
Naufrages	65 Damabiah
négocier, Pour	26 Haaiah, 63 Anauel
Nervosité	1 Vehuiah, 60 Mitzrael
Nuque	68 Habuhiah
Nutrition	23 Melahel

O

Obéissance	34 Lehahiah
Obésité	10 Aladiah, 68 Habuhiah
Obscurité	6 Lelahel
Omniscience	21 Nelkhael
Opérations chirurgicales	51 Hahasiah
Optimisme	11 Lauviah, 45 Sealiah
Orateur	50 Daniel, 56 Poyel
Ordre	20 Pahaliah, 42 Mikael
Oreilles	39 Rehael
Organisation	31 Lecabel, 63 Anauel
Orgueil	11 Lauviah, 56 Poyel
Os	3 Sitael, 28 Seheiah
Oublis	19 Leuviah, 69 Rochel
Ouragans	8 Cahetel, 45 Sealiah

P

Paix	43 Veuliah
Pardonner	9 Haziel
Paresse	7 Achaiah, 45 Sealiah
Paroles	50 Daniel
Paralysie	28 Seheiah
Parasite	23 Melahel, 68 Habuhiah
Parents	35 Chavakhiah
Patience	7 Achaiah
Peau	23 Melahel, 30 Omael
perdus, Objets	69 Rochel
Père	39 Rehael, 60 Mitzrael
Perspicacité	47 Asaliah
Pessimisme	17 Lauviah
Peur	12 Hahaiah
Phobies	12 Hahaiah
Pieds	27 Yerathel
plaies, Guérison des	68 Habuhiah
Plantes	23 Melahel, 30 Omael
Politique	26 Haaiah, 42 Mikael
Pollution	8 Cahetel, 23 Melahel
Possessivité	9 Haziel, 48 Mihael
Poumons	68 Habuhiah
Précision	31 Lecabel
Préparation (sur tous les plans)	3 Sitael, 38 Haamiah
Prisonniers	36 Menadel, 52 Imamiah, 57 Nemamiah
Profession	31 Lecabel, 36 Menadel
Programmer	58 Yeialel, 64 Mehiel
Prospérité	43 Veuliah, 56 Poyel
Prostate	39 Rehael
Protection	24 Haheuiah
Prudence	28 Seheiah
Psychiatrie	39 Rehael, 60 Mitzrael
Psychologie	60 Mitzrael
Publicité	59 Harahel
Pureté	65 Damabiah

Q
Querelles   35 Chavakhiah

R
Rancunes   9 Haziel
Rapatriement   35 Chavakhiah, 36 Menadel, 69 Rochel
Rate   68 Habuhiah
Rebelle   33 Yehuiah, 34 Lehahiah
Réconciliation   9 Haziel, 35 Chavakhiah
Réconforter   40 Ieiazel, 55 Mebahiah
Rectifier   5 Mahasiah, 60 Mitzrael
refuge, Trouver   12 Hahaiah
Réincarnation   19 Leuviah, 52 Imamiah, 72 Mumiah
Reins   50 Daniel
Renaissance   72 Mumiah
Réparation   4 Elemiah, 60 Mitzrael
Restitution   69 Rochel
Rêves   12 Hahaiah, 17 Lauviah, 66 Manakel
Rhumatisme   66 Manakel
Rhume   66 Manakel, 68 Habuhiah
Richesse
    (sur tous les plans) 56 Poyel
Rire   56 Poyel
rituels, Sens des   38 Haamiah

S
Sagesse   25 Nith-Haiah
Saignements   65 Damabiah,
Savoir   62 Iahhel
Scénario   64 Mehiel
Schizophrénie   60 Mitzrael
Sciatique   28 Seheiah
Sexualité   20 Pahaliah, 48 Mihael
Sinusite   60 Mitzrael, 68 Habuhiah
Sommeil   17 Lauviah, 67 Eyael
Soutien   56 Poyel
Stabilité   66 Manakel
Stimulation   45 Sealiah

Succession	35 Chavakhiah, 69 Rochel
Suicides	72 Mumiah

T
Talents	31 Lecabel
Télévision	7 Achaiah, 59 Harahel, 64 Mehiel
Ténacité	1 Vehuiah
Tentations	10 Aladiah, 66 Manakel
terminer, Bien	72 Mumiah
Thymus	64 Mehiel, 68 Habuhiah
Timidité	56 Poyel
Trahisons	4 Elemiah, 13 Iezalel, 16 Hekamiah
Transformation	70 Jabamiah
Travail	36 Menadel
Tristesse	17 Lauviah

U
Ulcères	51 Hahasiah
Unité	63 Anauel
universel, Sens de l'	29 Reiyel, 41 Hahahel, 63 Anauel
Utérus	30 Omael

V
Varices	23 Melahel
Vérité	18 Caliel
Vertèbres	3 Sitael, 19 Leuviah, 51 Hahasiah
Vocation	36 Menadel, 41 Hahahel
Voix	50 Daniel
Volonté	1 Vehuiah, 45 Sealiah
voyageurs, Protection des	22 Yeiayel, 42 Mikael

X
Xénophobie	12 Hahaiah

Y
Yeux (vue)	58 Yeialel

TABLEAU DES CORRESPONDANCES ZODIACALES

1 KÉTHER		2 HOCHMAH		3 BINAH	
1 Vehuiah	Bélier	9 Haziel	Taureau	17 Lauviah	Gémeaux
2 Jeliel	Bélier	10 Aladiah	Taureau	18 Caliel	Gémeaux
3 Sitael	Bélier	11 Lauviah	Taureau	19 Leuviah	Cancer
4 Elemiah	Bélier	12 Hahaiah	Taureau	20 Pahaliah	Cancer
5 Mahasiah	Bélier	13 Iezalel	Gémeaux	21 Nelkhael	Cancer
6 Lelahel	Bélier	14 Mebahel	Gémeaux	22 Yeiayel	Cancer
7 Achaiah	Taureau	15 Hariel	Gémeaux	23 Melahel	Cancer
8 Cahetel	Taureau	16 Hekamiah	Gémeaux	24 Haheuiah	Cancer

4 HÉSED		5 GUÉBOURAH		6 TIPHERETH	
25 Nith-Haiah	Lion	33 Yehuiah	Vierge	41 Hahahel	Balance
26 Haaiah	Lion	34 Lehahiah	Vierge	42 Mikael	Balance
27 Yerathel	Lion	35 Chavakhiah	Vierge	43 Veuliah	Scorpion
28 Seheiah	Lion	36 Menadel	Vierge	44 Yelahiah	Scorpion
29 Reiyel	Lion	37 Aniel	Balance	45 Sealiah	Scorpion
30 Omael	Lion	38 Haamiah	Balance	46 Ariel	Scorpion
31 Lecabel	Vierge	39 Rehael	Balance	47 Asaliah	Scorpion
32 Vasariah	Vierge	40 Ieiazel	Balance	48 Mihael	Scorpion

7 NETZACH		8 HOD		9 YÉSOD	
49 Vehuel	Sagittaire	57 Mebahiah	Capricorne	65 Damabiah	Verseau
50 Daniel	Sagittaire	58 Yeialel	Capricorne	66 Manakel	Verseau
51 Hahasiah	Sagittaire	59 Harahel	Capricorne	67 Eyael	Poissons
52 Imamiah	Sagittaire	60 Mitzrael	Capricorne	68 Habuhiah	Poissons
53 Nanael	Sagittaire	61 Umabel	Verseau	69 Rochel	Poissons
54 Nithael	Sagittaire	62 Iahhel	Verseau	70 Jabamiah	Poissons
55 Mebahiah	Capricorne	63 Anauel	Verseau	71 Haiaiel	Poissons
56 Poyel	Capricorne	64 Mehiel	Verseau	72 Mumiah	Poissons

TABLE DES MATIÈRES

Préface vi

Introduction viii

L'Angéologie Traditionnelle 1
    La Kabbale   1
    La Kabbale pratique   2
    Qu'est-ce qu'un Ange?   3
    Les avantages de l'Angéologie Traditionnelle   3
    Le Travail avec les Anges   4
    La Poire de Jung   5
    La pratique récitatoire   6
    Les effets à court terme   7
    Les conséquences du Travail avec les Anges   9
    Les Anges Gardiens   9
    Calendrier Angélique nº 1, plan physique   12
    Calendrier Angélique nº 2, plan émotionnel   14
    Calendrier Angélique nº 3, plan intellectuel   16

L'Arbre de Vie 19
    La configuration Angélique de l'Arbre de Vie   20
    Description des Séphiroth   27
    Chemins aller-retour   29

Les 72 Anges: L'Angéologie Traditionnelle 33

Ange 24 HAHEUIAH – La Protection Divine 109
    La Connaissance vient de l'intérieur   112
    Les types de rêves   114
    La loi de la résonance   115
    Tout est écrit   127
    L'aide Angélique   146

Ange 11 Lauviah – La vraie réussite 153
   Dieu est un Ordinateur Vivant   157
   La lecture des signes   166
   Les principes masculin et féminin   169

Ange 19 Leuviah – Mémoire des vies antérieures 191
   La réincarnation et le voile   206

Ange 15 Hariel – Vivre sans dépendances 221
   L'essence des dépendances   230
   Symboles de purification   245

Ange 20 Pahaliah – La transcendance de la sexualité,
de la force vitale 253
   Âmes sœurs et âmes jumelles   287

Ange 18 Caliel – Les enfants de la vérité 289

Ange 23 Melahel – Médecine de l'âme 317
   L'interprétation des rêves et des signes   345

Ange 13 Iezalel – Fidélité 359

Ange 22 Yeiayel – La renommée 397
   Anges, guides et entités   401
   Comment identifier le type de rêve   412

Ange 9 Haziel – L'amour mystique 431

Ange 72 Mumiah – La mort et la renaissance 457
   Où va-t-on après la mort ?   469
   Le suicide   471

Ange 49 Vehuel – L'Illumination 487
   Les degrés d'Illumination   501
   Les handicaps et autres limitations   523

Ange 17 Lauviah – Révélations 533
   Mon pense-Angélique   541
   Fibromyalgie, fatigue chronique et dépression 556

Liste des situations et problèmes courants en
rapport avec les Anges à invoquer   563

Univers/Cité Mikaël (UCM) organisme sans but lucratif
Maison d'édition et de diffusion

L'Univers/Cité Mikaël (UCM) a pour mission de faire connaître l'enseignement de l'Angéologie Traditionnelle à travers le monde. Basé sur une philosophie d'altruisme, cet organisme sans but lucratif réunit des gens de toutes nationalités et de toutes religions qui s'unissent dans le but d'approfondir et de développer les capacités et les pouvoirs de la conscience.

Les scientifiques et les philosophes du monde entier s'accordent à dire que l'humanité traverse présentement une importante période de restructuration de la pensée et de la société. De même, les études récentes dans divers domaines d'intervention en santé publique démontrent que l'avenir de la planète repose sur de nouvelles orientations personnelles et collectives, soit la recherche de l'équilibre et de la façon juste de matérialiser. L'individualisme et la poussée fulgurante de l'informatique, de la technologie et des maladies causées par le stress auront marqué le 20e siècle. Le 21e siècle, lui, sera spirituel ; il sera axé sur l'étude de la conscience.

En tant que lieu de rencontre à caractère neutre, universel et unique, l'Univers/Cité Mikaël se positionne comme mouvement novateur en matière d'enseignement sur la santé intérieure, la métaphysique et la philosophie, ce, pour l'ensemble des générations présentes et à venir. Elle se place ainsi à l'avant-garde des besoins éducationnels et des principes qui guideront les dirigeants de demain, ceux qui développeront, dans un souci d'universalité et d'altruisme, un monde meilleur.

L'Univers/Cité Mikaël repose sur un concept global. Dans son plan d'expansion future, elle prévoit la mise sur pied d'un établissement d'enseignement qui accueillera des étudiants et des personnes en quête de ressourcement. Les bâtiments abriteront des salles de cours et toutes les infrastructures nécessaires à l'hébergement, à la restauration et aux soins de santé, ce qui permettra d'accueillir des gens de partout dans le monde.

Nous sommes au début d'une ère nouvelle.

Joignez-vous à nous, à l'équipe de l'Univers/Cité Mikaël.

Remerciements
Nous tenons à remercier tous les bénévoles qui nous aident
et qui participent à faire connaître l'enseignement de
l'Angéologie Traditionnelle à travers le monde, tant
par le don de leur temps que par leur aide financière.

Pour nous contacter :
L'Univers/Cité Mikaël offre des conférences sur l'Angéologie
Traditionnelle et la Kabbale, des ateliers sur l'interprétation des rêves,
des cours d'Angelica yoga et des camps d'été.
Toute personne qui souhaite participer à organiser des activités
dans sa région, à se joindre à l'équipe de bénévoles ou à faire
des dons est invitée à nous contacter à :

univers/cité Mikaël
organisme sans but lucratif
Maison d'édition et de diffusion

51, rue St-Antoine
Sainte-Agathe-des-Monts, QC
Canada J8C 2C4

Administrateur :
Jean Morissette, avocat

Téléphone :   (450) 227-8581
Télécopie :   (819) 326-8834
Adresses électroniques : info@ucm.ca
Sites (français et anglais) : www.72anges.ca et www.72angels.ca

*L'Univers/Cité Mikaël est un organisme sans but lucratif qui n'est lié en aucune
manière à un groupe ou à un mouvement religieux. L'enseignement dispensé est
de type universel et il s'adresse à tous et chacun.*

AUTRES RÉALISATIONS

- Livre *Les Ailes de la Vie; psychologie initiatique*, livre de 406 pages sur l'Angéologie Traditionnelle, par Kaya et Christiane Muller;

- Livre *Angélica yoga, introduction; manuel pratique, Angéologie Traditionnelle*, livre de 144 pages par Kaya et Christiane Muller;

- Ensemble de cartes *Les 72 Anges; Angéologie Traditionnelle*, aide-mémoire définissant les qualités et les distorsions des états de conscience Angéliques, accompagné d'un manuel d'instruction, par Kaya et Christiane Muller;

- CDs de méditation guidée *Les 72 Anges au Quotidien*, Vol. 1 (Anges 72 à 67), Vol. 2 (Anges 66 à 61), Vol. 3 (Anges 60 à 55), Vol. 4 (Anges 54 à 49) et Vol. 5 (Anges 48 à 43), comprenant chacun 6 méditations guidées de 12 minutes accompagnées de musique originale, par Christiane Muller;

- CDs de méditation instrumentale *Les 72 Anges au Quotidien*, Vol. 1 (Anges 72 à 67), Vol. 2 (Anges 66 à 61), Vol. 3 (Anges 60 à 55), Vol. 4 (Anges 54 à 49) et Vol. 5 (Anges 48 à 43), par Kaya et André Leclair;

- Livre *Au pays du Ciel Bleu*, conte pour enfant par Kaya, Christiane Muller et Gabriell;

- Affiche *Moïse et le petit Ange*, reproduction de peinture par Gabriell;

- Expositions *Angelica*, peintures sur le thème des Anges par Gabriell.

Notes

HAHAIAH : rêves - méditation (12)
MANAKEL : libère potentiel dans
profondeurs (66) rêves
bois : (arbre) = connaissance - construction
pendentif = lieu - identification
fidelité à ce que le me-
daillon représente
neige = eau gelée.

Symboles : pendentif - coeur - pierre bleue.

symbolise : protection analyser la pierre et la couleur - forme

pendentif : lien, identification, fidélité à ce que le médaillon représente.

feu : passer au feu = mourir à de vieux concepts

eau : émotion - sentiment

gauche : monde intérieur